U0574894

《三州辑略》校注

（清）和 宁◎撰

牛海桢◎校注

人民出版社

整理前言

　　新疆古稱西域，是我國面積最大的省區。地處歐亞大陸腹地，是偉大祖國的西北邊陲。生息繁衍於此的衆多民族曾經創造了令世人矚目的古代文明，成爲中華文化的重要組成部分。

　　清朝時期，從乾隆重新統一西北邊疆地區至光緒十年（1884）新疆建省以前，在新疆地區實行了軍府制度和郡縣制度并行的管理體制，以烏魯木齊爲中心的新疆東部實行了與内地相同的郡縣制，但是在軍事上歸屬於受伊犁將軍節制的烏魯木齊都統管轄，其統轄地區東起哈密、巴里坤，西至精河，南達吐魯番，包括今天的哈密地區、吐魯番地區、昌吉回族自治州、烏魯木齊市、石河子市及博爾塔拉蒙古族自治州的精河縣。記述這一地區的清代方志主要有《烏魯木齊政略》《烏魯木齊事宜》和《三州輯略》三部。《烏魯木齊政略》不分卷，約兩萬餘字。該書爲烏魯木齊地區首部方志，記載烏魯木齊所屬巴里坤、奇台、昌吉、瑪納斯等地建置沿革、官制、營制、疆界、屯田、廠務、軍台、墩塘、驛站等事，記事至乾隆四十三年（1778），有抄本傳世。《烏魯木齊事宜》，永保纂，成書於嘉慶元年（1796），三萬字，分疆域、山川、城池、古迹、官制、兵額、粮餉、屯田、户口、賦税、倉儲、庫貯、鐵廠、馬廠、官鋪等門，於墾荒屯田記載尤詳，有嘉慶年間刻本和《邊疆叢書續編》油印本傳世。其中，和寧任烏魯木齊都統時編纂的《三州輯略》因爲記述門類齊全、資料翔實、多有創新、史料價值頗高而備受學術界認可。

一、和寧生平及其著述

和寧，字潤平，號太庵，姓額爾德特氏，蒙古鑲黃旗人，道光元年避清宣宗旻寧諱，改名和瑛。乾隆六年（1741）七月二十七日生，道光元年（1821）六月二十九日卒於北京，贈太子太保，謚簡勤①，是乾隆、嘉慶時代重要的思想家、文學家和學者，著名封疆大吏、政治家。

和寧祖籍内蒙古卓索圖盟喀喇沁地方，順治元年，始祖廷弼從龍入關，遂定居於京師，隸屬蒙古鑲黃旗京旗。其父德克精額，原任御前三等侍衛，以軍功叙賞頭等功牌。良好的家庭出身和優渥的家庭環境，使和寧擁有了良好的受教育條件，一改其家族尚武傳統，轉而開始習文以謀出身。乾隆十二年（1747），和寧七歲時開始跟隨紹興人俞敦甫啓蒙學習，十八年（1753），讀完“五經”，二十二年（1757），投到著名文人何嵩堂門下學習，在學習時文的同時開始了詩歌等文學創作。三十三年（1768）以順天府廩生參加科舉，考中舉人。三十六年（1771）參加會試、殿試，考中進士。籤派戶部學習，尋補廣東司主事。四十年（1775）升爲浙江司員外郎，不久調山西司員外郎。四十七年（1782）充張家口稅務監督，四十九年（1784）充理藩院内館監督。五十一年（1786）京察一等，六月授安徽太平府知府，十二月調任潁州知府。五十二年（1787）擢任廬鳳道觀察，五十三年（1788）二月，“以安徽廬鳳道和寧爲四川按察使”②。五十四年九月，因四川秋審人犯當中，原定緩決的七起殺人罪犯，被刑部審定改爲斬立決，相關官員因執法不嚴受到處分，總督李世傑因爲年老免於議處，和寧因爲“臬司爲刑名總匯，乃於罪無可逭之犯，輕縱多起，實屬錯誤。”③被乾隆交部議處。五十五年（1790）二月，擢爲安徽布政使，但因四川布政使王站柱染患風痰，一時不

---

① 關於和寧姓名、姓氏以及生卒年，孫文傑先生考證甚詳，詳參孫文傑整理《回疆通志·前言》，中華書局 2018 年版。
② 《清高宗實錄》卷一二九八“乾隆五十三年二月癸卯”條。
③ 《清高宗實錄》卷一三三八“乾隆五十四年九月乙未”條。

能就愈，而和寧"於川省事務尚爲熟練，且係蒙古人員，於番情更屬諳習。"①調補爲四川布政使，并於當年七月參加了乾隆八十壽辰慶典。九月調爲陝西布政使。

在陝西布政使任上，因廓爾喀人入侵西藏，和寧被朝廷指定負責京兵赴藏途徑陝西境内的沿途驛站供應，馳遞文報以及沿途需用車輛馬匹廩給等諸項事務，因辦理妥當獲得朝廷嘉獎。乾隆五十八年（1793）十一月，清廷以"陝西布政使和寧，係蒙古人員，人尚明白，亦稍諳衛藏情形。著賞給副都統職銜，即由彼處馳赴西藏。"②賞和寧副都統銜，命赴西藏任職。五十九年（1794）三月，和寧自成都進藏，繼前任成德爲幫辦大臣。不久，又授内閣學士兼禮部侍郎、兼副都統銜。六十年（1795）春間，和寧會同駐藏大臣松筠，奏准豁免前後藏百姓本年應交粮石及舊欠錢粮，捐白銀四萬兩，撫恤失業百姓，并親自督率辦理前藏東南各部撫恤事宜，四月三十日辦理完成。嘉慶四年（1799），駐藏大臣松筠調任户部尚書，兵部侍郎英善爲駐藏大臣，和寧仍爲幫辦大臣。嘉慶五年（1800）正月，英善因前在四川鎮壓白蓮教起義過程中畏葸不前而被革職，和寧繼任爲駐藏辦事大臣。嘉慶五年（1800）七月，召爲理藩院右侍郎，離藏赴京。和寧在西藏任事八年，雖爲幫辦大臣，亦曾多次赴前後藏巡防，維護地方治安，處理民間關係事務。十月，又命和寧兼正白旗蒙古副都統，十一月交代回京。嘉慶六年（1801）正月，和寧被調爲工部侍郎，四月轉爲左侍郎兼正白旗滿洲副都統，七月調户部侍郎。九月因原任倉場侍郎達慶與副手不和，予以降級處分，和寧即在通州就任倉場侍郎。在倉場侍郎任上，和寧詳細考察通州一帶漕運河道，根據地勢和土壤性質，提出了疏浚舊有河道的合理化建議③。十月，安徽巡撫荆道乾因病請辭，嘉慶皇帝令授和寧爲安徽巡撫，未及到任，十一月，因山東巡撫惠齡調任陝甘總督，嘉慶又授和寧爲山東巡撫。

嘉慶七年（1802）四月，和寧在山東巡撫任上，因爲金鄉縣皂役之孫張

---

① 《清高宗實録》卷一三五〇"乾隆五十五年三月己未"條。
② 《清高宗實録》卷一四四〇"乾隆五十八年十一月甲午"條。
③ 《清仁宗實録》卷八七"嘉慶六年九月丁亥"條。

敬禮冒考被告发、隱匿蝗灾等事照溺職例被免職，嘉慶皇帝認爲和寧"聞其在署，日以文墨爲事，於屬員亦不輕易接見。朕即恐其於地方不無廢弛。"① 被發配烏魯木齊，自備資斧效力贖罪。當年十一月，和寧在發配新疆途中行至哈密時，新疆地區人事發生變動。原烏里雅蘇台參贊大臣永保調任雲南巡撫，葉爾羌辦事大臣富俊調任烏里雅蘇台參贊大臣，葉爾羌帮辦大臣多善被提升爲辦理大臣，和寧以罪臣身份被重新啓用，被朝廷恩賞藍翎侍衛，充葉爾羌帮辦大臣。軍機處以明發上諭對和寧進行鞭策和鼓勵②。嘉慶八年（1803）十月，和寧又被擢爲三等侍衛，調任喀什噶爾參贊大臣③。嘉慶九年（1804）七月，賞三品頂戴，授理藩院右侍郎，九月轉左侍郎，仍留喀什噶爾辦事④。嘉慶十年（1805）十二月，兼任正紅旗漢軍副都統⑤。在任查處前任喀喇沙爾辦事大臣麒麟保等收受饋送一案，歷任喀喇沙爾辦事大臣均受到嚴懲。嘉慶十一年（1806）正月，和寧調任吏部右侍郎、鑲藍旗滿洲副都統⑥，奉召回京。五月，又被調任倉場侍郎，但并未到任，而是由左都御史庚音兼署，和寧本人繼續處理喀喇沙爾歷任大臣挪借庫項案件的善後工作。

十月，回京任職不滿一年的和寧被任命爲烏魯木齊都統⑦。嘉慶時期的新疆東部地區，經過乾隆年間的移民墾荒和大軍駐防，人口增加，經濟發展，已經成爲新疆地區繼伊犁之外的又一政治、經濟和文化中心。和寧在烏魯木齊都統任上四處考察，大力招徠商民屯田，整頓吏治，協調民族關係，促進了當地社會經濟的發展。政務之餘，爲了給地方治理提供借鑒和資料，和寧遍考諸書，翻閱檔案，獨自編撰成《三州輯略》一書。十三年（1808）

---

① 《清仁宗實録》卷一〇二"嘉慶七年八月乙丑"條。

② 中國第一歷史檔案館，軍機處寄信上諭：《爲和寧賞藍翎侍衛授葉爾羌帮辦大臣伊當盡心辦事如仍不改必治重罪事》，嘉慶八年正月二十四日，檔號：03-18-009-000143-0003。

③ 《清仁宗實録》卷一二二"嘉慶八年十月戊子"條。

④ 《清仁宗實録》卷一三四"嘉慶九年九月丙午"條。

⑤ 《清仁宗實録》卷一五五"嘉慶十年十二月己亥"條。

⑥ 《清仁宗實録》卷一五六"嘉慶十一年正月壬戌"條。

⑦ 《清仁宗實録》卷一六九"嘉慶十一年十月癸巳"條。

十月，嘉慶皇帝"命烏魯木齊都統和寧來京，另候簡用"①。當和寧與繼任都統色克通阿交代完畢，通過驛路赴京時，恰逢陝甘總督長齡在山東巡撫任上行賄欽差廣興事發，嘉慶上諭"現在和寧已卸烏嚕木齊都統之任，將屆回京。著伊於接奉諭旨後，即速馳驛前往蘭州署理陝甘督篆。"②同時在蘭州審理長齡行賄一案。五月，實授和寧陝甘總督。就在和寧初任總督，準備大展宏圖，整頓陝甘官場之弊之時，六月，因前在倉場侍郎任上失察盜米事暴發，加之甫任陝甘總督，就推薦西寧縣令圖善接任綏來縣知縣一職又被吏部駁回③，嘉慶皇帝認爲和寧年齒已老，不堪封疆大任，又被降爲五品京堂留用，并賠補倉場侍郎任内虧空。十五年（1810），和寧補任大理寺少卿。十六年（1811）三月，擢任盛京刑部侍郎。十一月，因爲察勘復州寧海縣灾情并據實陳奏，和寧被調爲盛京將軍，負責奉天地方賑灾事務。和寧在盛京將軍任上，禁止八卦教在東北地區傳教，安頓京師宗室到盛京屯田謀生，協助穩定朝鮮義州内亂卓有成效。十九年（1814）正月，坐對部屬疏於監管，任其對人犯嚴刑拷打，逼認謀逆而革職留任。二月調任熱河都統，閏三月奉召回京任禮部尚書兼鑲紅旗滿洲都統，三月又調兵部尚書，四月因爲在盛京將軍任上對宗室裕瑞逼買有夫之婦爲妾失察事降爲盛京副都統。五月和寧又回任熱河都統。二十一年（1816）七月，回京任工部尚書兼正黄旗漢軍都統，九月充翻譯鄉試正考官，并賞紫禁城騎馬特殊待遇。十二月和寧被派遣赴甘肅，查辦西寧縣倉庫虧缺案件，陝甘總督先福因徇庇部屬，被摘去頂戴，交部議處，由和寧署理陝甘總督。此後和寧仕途一路通達，深受皇帝信任，轉任兵部、户部、工部，并擔任《明鑑》總纂官，嘉慶皇帝外出巡狩、謁陵時，特旨留京辦事。二十二年（1817）六月，調兵部尚書，加太子少保銜，七月調禮部尚書，兼鑲藍旗滿洲都統，十一月又調兵部尚書。二十三年（1818）二月，受命在軍機大臣上行走，五月充文穎館總裁官，八月充崇文門監督，九月授正黄旗領侍衛内大臣、閱兵大臣，十月充上書房總諳達。二

① 《清仁宗實録》卷二○二"嘉慶十三年十月丙午"條。
② 《清仁宗實録》卷二○六"嘉慶十四年正月丙子"條。
③ 《清仁宗實録》卷二一三"嘉慶十四年六月丙申"條。

十四年（1819）正月，調任刑部尚書，罷軍機大臣任。

道光元年（1821）六月，和寧卒於刑部尚書任所。道光皇帝給予了他很高的評價，諭旨："刑部尚書和瑛，服官五十餘年，撫綏封圻，内擢正卿，總理部務，老成勤慎，宣力三朝。驟聞溘逝，深爲軫惜。著加恩晋贈太子太保，其任内降罰處分悉予開復，所有應得恤典，該衙門察例具奏。"① 尋賜祭葬，晋贈太子太保，謚簡勤。

和寧家世較顯，生長於北京，在清朝統治者提倡習練漢文，漢語漢文學習蔚然成風的大背景下，從小接受了傳統的漢文化教育，具有較高的漢文化素養，自出仕後半生爲官，轉任四方，屢經沉浮，和其蒙古族出身不無關係。清王朝作爲中國歷史上第二個少數民族入主中原建立的統一性的多民族政權，在政治上首崇滿洲，但由於滿蒙兩個民族生活方式、地域文化和宗教信仰方面的相似性，清朝統治者歷來重視與蒙古族的關係，又非常重視重用蒙古官員，認爲他們更爲熟悉邊疆少數民族事務。和寧雖然由於出身蒙古族，深受清廷信任，多次黜革之後仍然能够東山再起，屢獲重用，但是其六十餘年志情高潔，公務之餘筆耕不輟，醉心於學術研究和文學創作，在當時的蒙古官員中還是非常稀少的。

和寧在哲學、文學和史學領域都做出了卓越的貢獻。他精通經術，嫺於掌故，對傳統文化有較深的研究，著述頗豐，曾著有《讀易擬言》、《經史彙參》、《讀易彙參》十五卷、《易貫近思録》四卷、《風雅正音》、《孔子年譜》等學術著作，對中國傳統文化多所闡釋與發揮。和寧一生爲官四方，留心地方習俗，雅好吟咏，以詩賦爲紀，創作了《西藏賦》《易簡齋詩鈔》等詩賦類文學作品，有一千一百多首詩歌傳世。與其同時期的詩人吳慈鶴對其推崇備至，謂："平居所學，邃於韋編，著有易説，奔藏家弄。若夫城名小録，地理新書，等桂海之虞衡，擬鐸椒之檮杌，皆可備隸首之紀，綴山海之圖。至於範水模山，感時體物，顆緝雅頌，撒披風騷"。稱其"書破萬卷，學窮百家，强識博聞，敦行不怠"，又謂："公挺河岳之英，應璣衡之曜，有楷模

---

① （清）李桓：《國朝耆獻類征初編》卷一〇〇，廣陵書社 2007 年版，第 39 頁。

之範，爲宗棟之資。孜孜窮年，娓娓好學。其始也，雖名冑華閥而惟事縹
緗；其繼也，雖南北東西而必携鉛槧；其允升也，雖高牙大纛不廢雅歌；其
耆艾也，雖黃髮兒齒猶事絺素。可謂聿修厥德，終始於學者矣。"認爲其詩
作，"乃歐、梅之替人，奪蘇、黃之右席。既能思精體大，亦復趣遠旨超，
自成一家。"① 其詩作内容也大都追憶歷史，深入民間，謳歌山水，吟咏各地
風俗、山川氣象，向内地介紹西部邊疆社會狀况。符葆森《國朝正雅集》收
和寧詩四首，附《寄心庵詩話》評其詩曰："太庵先生官半邊陲，有《紀游
行》、《續紀游行》兩詩，自云前行十萬里，續行四萬餘里，可謂勞於王事
矣。詩述諸邊風土，可補輿圖之闕。"②

　　和寧在爲官之餘，留心於地志編纂，作爲理政治民的總結和參考。赴任
西藏時，刻印了《西藏志》，參與編纂了《衛藏通志》。任職新疆時在喀什噶
爾參贊大臣任上編撰了《回疆通志》十二卷，在烏魯木齊都統任上編纂了
《三州輯略》九卷。另外，還編撰有《續水經》、《藩疆攬要》十二卷等地志
類著作，這些都是研究地方歷史、地理、社會、政治、宗教信仰、風物山川
的重要著作。

二、《三州輯略》的成書及主要内容

　　《三州輯略》是和寧在烏魯木齊都統任上編纂的一部志書。關於《三州
輯略》的成書時間，和寧在序末署爲"時嘉慶歲次乙丑孟冬"，嘉慶乙丑歲
是嘉慶十年，即公元 1805 年，但是根據《清仁宗睿皇帝實錄》卷一六九
"嘉慶十一年十月癸巳"條，"以戶部右侍郎和寧爲烏魯木齊都統。"日期當
是嘉慶十一年十月二十四日。《清實錄》是以諭旨下發時間記載日期的，其
到任時間當在嘉慶十一年十月廿四日之後。加之從京城到烏魯木齊驛路行程
大概是一月多時間，所以當年十二月二十四日和寧連續上奏《奏接任日期
摺》《奏原駐藏大臣成林到烏魯木齊戴罪效力摺》《奏采買吐魯番、巴里坤官

　　① （清）吳慈鶴：《易簡齋詩鈔序》，見和寧《易簡齋詩鈔》，載《續修四庫全書》第
1460 册，上海古籍出版社 2002 年版，第 454 頁。
　　② （清）符葆森：《國朝正雅集》卷二六，清咸豐六年（1856）京師半畝園刻本。

兵所需粮石摺》①。同時不見檔案目録的還有當日上奏的《爲遵旨議奏吐魯番招商墾地一案》，文中提及"臣於十一月十五日，在嘉峪關外接准軍機處字寄。"②可見當年十一月底，和寧行程還在嘉峪關，所以《三州輯略》卷二《官制門·烏魯木齊歷任都統姓名》載和寧"嘉慶十一年十二月任事"，應當是當年十二月到達烏魯木齊後同前任都統奇臣接篆任事時間，同時以都統兼署烏魯木齊領隊大臣。既然和寧任職及到任時間十分清楚，均在嘉慶十一年，和寧自序中自署嘉慶乙丑孟冬，即嘉慶十年（1805）十月，合理的解釋就是序寫作於和寧擔任喀什噶爾參贊大臣期間，也有可能是和寧在此期間已經完成了《回疆通志》，已經開始著手編纂《三州輯略》，其中"忝護北庭"之類的説法是後來任職後另加的文字，但是序言完成時自署時間沒有改變，導致《三州輯略》各種抄本、刻本雖然落款不一，有的是"都統和寧"，有的是"都統和"，有的是"太荨和瑛"，但時間均爲"嘉慶歲次乙丑孟冬"，也就是關於成書時間，各書均題爲嘉慶十年；另一種可能是和寧從嘉慶七年在新疆任職開始，歷任葉爾羌幫辦大臣、喀什噶爾參贊大臣，政聲卓著，朝廷有讓其任職烏魯木齊都統的考慮，而和寧又通過某種渠道得知了這種意圖，以其注重地方文獻的習慣，提前開始搜輯資料，着手編纂關於烏魯木齊都統轄地的志書。至於成書時間，根據其中所抄撮引用的大量檔案來看，應當在嘉慶十三年十月離任之前。比如記載歷任各主要官員任期，從第一任開始，都詳細記載任事和解任、升職、回任或者卸事時間，而最後一位僅記載到任或兼署時間。如"烏魯木齊歷任都統姓名"條下，第一位是"索諾木策凌，滿洲鑲黃旗人，乾隆三十七年四月任參贊大臣，三十八年五月改都統任，四十年十月卸事進京。"最後一位是作者本人，"和寧，蒙古鑲黃旗人，嘉慶十一年十二月任事。""巴里坤歷任總兵姓名"條下，最後一位是"閻俊烈，山東濟南府人，嘉慶十一年三月任事。"所有歷任官員姓名條下，到任

---

① 以上三摺原件均藏中國第一歷史檔案館，檔號分別爲 03-0198-3713-013、03-0198-3713-012 和 03-0198-3713-014。

② （清）和寧：《三州輯略》卷三《賦稅門》，臺灣成文出版社 1968 年影印本，第113 頁。

時間最晚的是"烏魯木齊歷任領隊大臣姓名"條下最後一位,"德昌,滿洲鑲黃旗人,嘉慶十二年八月任事。"所以《中國西北文獻叢書》二編《西北稀見方志文獻》序録中介紹《三州輯略》時,説它"成書於嘉慶十三年(1808)"是正確的説法,大量提要類目録根據卷首和寧自注著録爲"嘉慶十年"成書是值得商榷的。

《三州輯略》是和寧一生最重要著作之一。成書於作者任職烏魯木齊都統時期。在自序中,和寧坦陳著書原因:"兹乃忝護北庭,旁搜西史,爰成輯略,衷紀三州。"之所以以三州命名,作者在自注中説:"哈密曰伊州,吐魯番曰西州,烏魯木齊曰庭州。"加之當時這三個地方在行政上隸屬於甘肅省,由陝甘總督統管,但是在軍事防禦方面却是由烏魯木齊都統直轄。烏魯木齊都統品級與將軍相同,均爲從一品,下屬包括哈密辦事大臣與吐魯番、巴里坤、庫爾喀喇烏蘇、烏魯木齊領隊大臣以及緑營的烏魯木齊提督與巴里坤總兵。烏魯木齊及吐魯番、哈密、巴里坤、古城、庫爾喀喇烏蘇等地駐防八旗及緑營皆歸其統轄。烏魯木齊、哈密和吐魯番地區比較接近内地,是新疆地區較早實行郡縣制的地方,也是清朝時期農業的重點開發地區之一,内地各省百姓在政府鼓勵和支持下不斷湧入,兵屯、民屯、犯屯、商屯各類屯莊星羅棋布,荒地大片開墾。各族官兵屯駐列戍,大小牧場牲畜成群,軍台驛站横貫各主要交通綫,人口緩慢增加,城市不斷興起,各城次第設立書院,開科取士,一片和内地相似的欣欣向榮景象。各民族群體互動交融,和合共生,既保持著各自的文化傳統,形成多語言和多宗教信仰共存的多元文化特色,又相互交融,呈現出中華文化一體化的特色。《三州輯略》的内容正是對當時這一地區政治、經濟、社會發展情況的真實反映,給後人瞭解烏魯木齊、哈密和吐魯番三地這一時期的發展留下了寶貴的資料。

《三州輯略》對烏魯木齊都統所轄的烏魯木齊、吐魯番、哈密地區政治經濟、歷史文化、軍事建制等多方面的歷史資料進行了系統梳理。全書吸收了中國方志編纂的傳統,分門別類,區分編纂。全書共分九卷二十一門。卷一爲沿革、疆域、山川三門,分別叙述伊、西、庭三州歷史上至嘉慶年間的重大歷史事件、三地的區域劃分及各地的山川地形,尤其和寧搜輯了當時的檔案資料，對上述三地來自內地的移民到達時間、數字的記載非常詳盡，是研究清前期至統一新疆期間烏魯木齊都統轄區歷史、地理和人口的重要史料；卷二爲官制和建置二門，詳細記載了清政府在此三地的設官置吏及各地衙司建置情況，是研究清代中期三地官員設置及城市地理極爲重要的歷史資料；卷三爲庫藏、倉儲、戶口和賦稅四門，對清中期伊、西、庭三地的倉儲物資和戶口數字等方面有較爲詳細的記載，是研究該地區社會狀況的重要史料；卷四爲屯田、俸廉、糧餉三門，對當時烏魯木齊都統轄區各地兵屯、民屯開展情況、賦稅征收，各級官吏養廉銀的發放數額和各地駐軍的糧餉動支情況進行了詳細記載，大量內容爲本書所僅見；卷五爲營伍、馬政、台站三門，對此三地的軍事建制、組織及軍事地理有非常翔實的記載，是研究清中期新疆地區軍府制情況的重要史料，其中台站門記載了各地的交通路線以及各類軍台、塘汛、驛站的設置，對於研究新疆東部地區的交通路線走向具有重要意義。卷六爲禮儀、旌典、學校、流寓四門，主要反映乾隆中期以來烏魯木齊以東地區的國家祭祀、爲國捐軀的將士、受朝廷表彰的列女、教育的發展及新疆流人情況，對該地區的社會文化的研究有着極其重要的歷史價值；卷七、卷八、卷九上爲藝文門，大量收錄履新官員及貶謫文人的詩文作品，大多屬於罕見資料，極具價值。卷九下爲物産門，對該地區的動植物和礦藏物産進行了詳細記述，對於理解當地的社會發展環境和各地采礦業情況有重要的參考價值。

全書根據略古詳今的原則進行書寫編排，文獻來源主要是清代的官方文獻和官署檔案，尤其是以和寧本身的社會調查資料爲基礎，保證了該著作資料來源的可靠性，爲清朝重新統一新疆後的社會治理提供了借鑒。

三、《三州輯略》的史學和文學價值

我國很早就有編修地方志的傳統，到清朝時期方志發展到了高峰。清朝入關以後，先後與明末農民軍作戰，擊破南明勢力，平定三藩叛亂，收復台灣，在全國範圍內迅速鎮壓了各地的抗清斗爭，建立了統一的多民族的封建中央集權政權。隨着政權的逐步穩定和各地的社會經濟發展，出現了"康乾

盛世”的繁榮局面。伴隨着清王朝社會經濟的發展，科學文化也有了顯著的進步。康熙時期就開始組織編纂全國性的《大清一統志》《皇輿全覽圖》，以彰顯興隆盛世，爲此，康熙十一年（1672）詔令各省開始修志，供《一統志》採擇使用。雍正時期繼續這一文化工程，更是於雍正六年（1729）下詔各省催修通志，“著各省督撫，將本省通志，重加修輯。務期考據詳明，搜采精當，既無闕略，亦無冒濫，以成完善之書。如一年未能竣事，或寬至二三年內，纂成具奏。如所纂之書，果能精詳公當，而又速成。著將督撫等官，俱交部議敘。儻時日既延，而所纂之書，又草率濫略，亦即從重處分。”① 但是由於各種原因，《大清一統志》直到乾隆五年（1740）才編成，九年刊行。

由於新疆到乾隆二十五年才重新統一，烏魯木齊等地更是遲至乾隆中後期才設立行政機構，因此關於新疆地區的方志相比全國而言數量偏少。乾隆二十四年，清廷平定了大小和卓的叛亂，鞏固了中央王朝對南疆的統治後，立即派人到新疆測量各地經緯度，同時纂修《西域圖志》，這是清朝第一部官修的關於新疆的方志。乾隆四十九年，《大清一統志》之“西域新疆統部”才開始陸續編成，但是由於新疆東部的行政建置直到乾隆中期之後才逐步完成，因此各地方志的編纂進展一直比較緩慢，很多都是地方官員爲了行政之便而編纂的，如關於南疆的有固世衡和永貴編成的《回疆志》、和寧編成的《回疆通志》，關於烏魯木齊的有不著撰人的《烏魯木齊政略》② 和永保編修的《烏魯木齊事宜》。《三州輯略》作爲和寧私人纂修的方志，既參考了當時官方編修的如傅恒主編的《西域圖志》《西域同文志》等圖書，也大量參考了七十一《西域聞見録》以及前述兩部和烏魯木齊有關的方志，并且有所繼承和發展。

根據朱士嘉先生的總結，清朝的地方志有十五個類型③。每一類型都與

---

① 《清世宗實録》卷七五“雍正六年十一月甲戌”條。

② 王希隆先生考證認爲《烏魯木齊政略》的纂修主持者是首任烏魯木齊都統索諾木策凌，見王希隆《新疆文獻四種輯注考述》，甘肅人民出版社 1995 年版，第 150 頁。

③ 朱士嘉：《清代地方志的史料價值》，《文史知識》1983 年第 3 期。

行政區劃相對應，但一般都由當地主政官員主修。和寧編撰《三州輯略》的時代，正是新疆初入版圖，民族成分複雜，地方行政建置隨着人口的增加逐步推進，軍府制與州縣制并行不悖的特殊時期。因此，和寧編撰的《三州輯略》，以烏魯木齊都統下轄的迪化直隸州、鎮西府和吐魯番三地爲分野，取唐朝時期舊有的庭州、伊州和西州之稱而統名之"三州"，既是對歷史上中原王朝統轄西域地區的大一統歷史的繼承和追憶，也是對按照行政區劃修志的傳統的一種適應，三地同修一志也是對方志體例的一大創新。

在全書所列的二十一門中，和寧充分發揮其文史特長，綜合采摘各類資料，全面記述，其中最有特點的還是《流寓門》和《藝文門》。傳統的方志一般都有專門記載外來任職官員的"名宦"或者專門記述當地社會有影響的"人物"的類別，但是新疆情況比較特殊，"烏魯木齊設官分職，其創制規模，清理政務，已詳設官等門，不必更載名宦。至商民戶口，悉由甘省遷移，尚無世居土著，故人物亦闕焉。"新疆規復後，在當時人們心目中屬於荒僻險遠的地方，加之塞外氣候苦寒，條件惡劣，成爲清朝政府流放重罪官員的主要地區，而因各種原因流放新疆的官員大多都具有一定的才能和文化修養，更不乏才學優長，有遠見卓識的優秀人才。這批廢員到新疆效力贖罪後，發揮了各自的特長，他們爲新疆的生產建設、邊防鞏固，尤其是文化事業方面的建設做出了巨大的貢獻。有些人流放時間到期後還受到了朝廷的重用。因此，和寧創造性地設立了"流寓"一門，羅列記錄了自乾隆二十五年至嘉慶十二年流放烏魯木齊地區的三百八十餘名各類官員的名單、籍貫、原任官職等情況，其中包括了紀曉嵐、洪亮吉、李鑾宣、秦承恩、顏檢等文化、政治名人。流寓門的設立，屬於《三州輯略》首創，不僅對後世方志的編纂有著巨大的影響，更爲我們今天研究流放文人在新疆的生活狀況、文化貢獻保存了大量的可靠的第一手資料。

清代方志所列的藝文門一般有三種不同的題材：一是以書目或者書目提要的形式著錄本地人著作以及有關本地掌故的書目。二是以"天章"的形式，收錄歷代皇帝關於本地的文字。三是搜輯有關本地史事的詩文。散附於各門的詩文，大部分以附注的形式出現。

《藝文門》廣泛地收録當時任職和流寓官員的詩文，是《三州輯略》的一大特點。清朝是我國地方志的大發展時期，方志的編纂無論是理論、體例還是内容取捨，都已經趨於成熟。傳統的方志編寫中，對於"藝文"一門的收録内容，學者們主張各異，但大致上是以班固《漢書·藝文志》爲濫觴，以章學誠的方志理論爲指歸，也就是傳統的"藝文志"編撰主張"詳載書目，而不可類選詩文也。"① 和寧在《三州輯略》編纂中，不拘文體，不限時代，廣泛收録有關新疆的各類詩、文、碑刻全文，不像傳統方志藝文門詳録各類書籍目録，以目録的形式更大範圍地保存當地的文史作品。雖然《三州輯略·藝文門》與當時的藝文著録原則相背離，却爲文化相對内地落後的新疆地區搜求、輯録、保存了大量的詩文。作品年代上，收録有漢代、隋代、唐代、清代四個重要年代的作品；作品體裁上，涵蓋了碑文、序文、祭文、雜記、考、贊、賦、歌、詩等多種類型，豐富多樣；内容上，着重反映了清代新疆地區生活、經濟、文化、歷史事件、地理氣候等多方面内容。從這個意義上説，《三州輯略》的藝文門可謂清代方志編纂領域的一大創舉，正如和寧在"藝文門"的序言中言及："國朝闢新疆四十餘年，恐有提絜懷鉛、吟披嘯卷於其間而湮没不傳者。"藝文門中收録如紀昀、顏檢、李鑾宣等人三百餘首關於新疆地區風物的詩歌，極具文學、文獻學價值。

當然，在《三州輯略·藝文門》中，作者個人的作品收録數量最多、範圍最廣，計有祭文一篇，賦兩篇，歌一首，詩三十四題五十一首，所以《新疆圖志》卷九十《藝文》評價《三州輯略》時説："其藝文采録尤雜，亦乖斷限之義，而多收己作，尤涉自衒云。"② 關於這種説法，讀者閱讀時盡可見仁見智，做出自己的判斷。

---

① （清）章學誠著，葉瑛校注：《文史通義校注》卷八《外篇三》，中華書局 2000 年版，第 882 頁。

② 王樹枬等纂修，朱玉麒等整理：《新疆圖志》，上海古籍出版社 2017 年版，第 1691 頁。

四、整理《三州輯略》所用的版本

《三州輯略》成書後，作爲新疆東部地區較早的方志著作，側重於記載烏魯木齊都統所轄地域的形勢沿革、山川物産、户口賦税、學校藝文、營伍馬政、軍台驛站，歷來受到學者們的重視和推崇。目前該書最初的稿本尚未發現，主要是以抄本和刻本的形式傳世。關於抄本的收藏，朱士嘉主編的《中國地方志綜録》著録爲"九卷，嘉慶十年抄本。"分别收藏於北京圖書館、中國科學院圖書館、北京大學圖書館、天津圖書館、湖北省圖書館、財政經濟出版社上海辦事處圖書館①。由於當時調查條件所限，新疆、甘肅等地圖書館收藏的抄本没有録入，但是這些抄本大都被視爲秘藏，不能輕易被讀者和研究者見到，甚至收藏館自身的書目中亦無法查到。目前流傳最廣、最接近稿本原貌的抄本是臺灣成文出版社 1968 年影印發行的版本，該書根據和寧序末"時嘉慶歲次乙丑孟冬"的記載，在書名頁題"據清嘉慶十年修舊抄本影印"。該抄本字體娟秀，前後風格統一，明顯是由一人抄寫而成。抄本無行格，每半頁 8 行 21 字，小字雙行。全書共分九卷二十一門。在抄寫過程中，存在避諱現象，主要是"寧"寫作"寕"。可見該書抄成應該在道光之後，本次整理即以成文出版社影印本爲底本進行標點。

《三州輯略》另一抄本是國家圖書館收藏的嘉慶年間抄本。共九卷，每卷一册。卷首有和寧自序，署名爲"都統和　題"，缺"寧"字，"時嘉慶歲次乙卯孟冬"。每半頁 8 行，行 21 字。抄寫中避諱比較嚴格。就抄寫書法風格而言，該抄本似非一人抄成，故而各卷各門品質良莠不齊，且多用異體字，部分地方錯誤較多。和寧原序落款寫成了"嘉慶歲次乙卯孟冬"，嘉慶年間無"乙卯"年，"乙卯"顯係"乙丑"之誤。該書大概有十餘處後人閲讀時加的眉批，如批《都統明亮望祀博克達山長歌一章》，頁眉批曰："神似太白《蜀道難》，殆有過之無不及也"。次頁又批："大氣包舉，恰與題稱。讀此書即如此山横亘在目前"。部分頁碼還有閲讀者順手標點的句讀。儘管

---

① 　朱士嘉主編：《中國地方志綜録》，商務印書館 1958 年修訂版，第 75 頁。

如此，該抄本仍不失爲研究《三州輯略》的難得資料，保存了抄本演變的部分痕迹。此外，國家圖書館還藏有《三州輯略·藝文門》《三州輯略·物產門》等門的單抄本，文字内容基本相同。

關於《三州輯略》的刻本，廣爲人知的是現藏於國家圖書館的刻本，其成書時間與成文出版社影印抄本一致。自序仍署"嘉慶歲次乙丑孟冬太荄和瑛題"。該書版高 27.1 厘米，寬 17.2 厘米，四周雙邊，白口，單魚尾，書口上題書名，中題卷次，下題頁碼，每半頁 8 行 21 字，小字雙行。書衣明黄色，函套藍色。每册首頁鈐有"簡庵藏書之章"，疑曾爲私人藏書，另有"國立北平國書館珍藏"朱文印記。之所以説此本廣爲人知，是因爲國家圖書館（國家古籍保護中心）建設的綜合性古籍特藏數字資源平臺，作爲"中華古籍保護計劃"的重要成果，目前線上發布資源包括國家圖書館收藏善本和普通古籍、甲骨、敦煌文獻、碑帖拓片、西夏文獻、趙城金藏、地方志、家譜、年畫、老照片等，以及館外和海外徵集資源，總量約十萬部（件）。國家圖書館（以下簡稱國圖）所藏《三州輯略》抄本和刻本恰在公布之列，正是這一嘉惠學林的偉大工程，使我們能夠足不出户便可網上目睹琳琅秘藏，從而使《三州輯略》的校勘和整理成爲可能。

本書即是以臺灣成文出版社 1968 年影印出版《中國方志叢書》西部地方第十一號《三州輯略》爲底本進行標點，國圖藏刻本爲對校本，以國圖藏九卷抄本爲參校本。之所以以成文本爲底本，是因爲這部抄本内容最爲全面，最爲接近稿本原貌，而國圖刻本刻於道光年間，避諱嚴格，以之對校，發現和糾正底本訛脱衍倒。對於書中所引歷代資料，儘量翻檢原書進行查考。對於所引用的清代檔案史料，主要利用《清實録》等資料進行對照比勘，《藝文門》部分，如書中所收紀昀著"如是我聞"和"姑妄聽之"兩部分，則用《閲微草堂筆記》進行校勘。爭取形成一部相對完整的整理本。所有校勘所用書籍，均在書後以參考文獻的形式列出所用版本。需要説明的是，對於校出的訛脱衍倒等錯訛之處，除個别無傷原文原義的文字予以增補外，其餘主要以校勘記形式附於頁下，便於讀者參考使用，讀者在使用時，建議儘量翻檢原文。對於書中涉及人名、地名和典故的部分内容，則根據便於讀者閱讀的原則，將相關內容予以注釋。所有原文部分，則盡量保持原貌，便於讀者見仁見智，各取所需。

在本書校勘和整理過程中，得到了工作單位西北民族大學各位領導和同事的大力協助，作爲學校"中國西北少數民族交往交流交融史料整理與中華民族共同體意識研究創新團隊"的課題之一，得到了學校民族學重點學科予以經費資助，尹偉先教授、趙學東教授、段小强教授、周松教授、多洛肯教授、楊永鋒教授都在提供資料、文本、校記和注釋審讀方面給予了切實的幫助，人民出版社的邵永忠等老師提供了許多的校勘經驗，幫助我避免了很多錯誤。對以上給予我支持的諸位先生，謹在此表示衷心的感謝。由於時間倉促，更由於整理者眼界、水平有限，對諸版本的源流問題研究不是十分透徹，以至於整理過程中肯定還存在各種失誤，誠懇地希望得到讀者的批評指正！

牛海楨

2024 年 1 月 20 日於蘭州

校注凡例

一、堅持歷史唯物主義和辯證唯物主義的觀點和方法，按照“存真、求實、慎改、標注”的原則，以保持原文、原意爲宗旨。整理格式主要以中華書局《古籍點校釋例》爲依據而略作變通。

二、和寧《三州輯略》自嘉慶年間成書後，有抄本和刻本傳世。流傳較廣的是臺北成文出版社收入《中國方志叢書》後影印發行的舊抄本，基本無錯頁。國家圖書館亦藏有抄本，後由其子壁昌等人刊行，有刻本傳世。本書以《中國方志叢書》影印本爲底本，以國圖藏抄本、道光刻本爲校本進行校勘。

三、原文無論抄本、刻本均無標點、斷句，校注根據文意分段、斷句標點，標點按《常用標點符號用法簡表》進行。

四、抄本、刻本中的异體字和俗字，如叫-叫，雋-隽，觔-斤，欵-款，踈-疏，碁-棋，溆-溯，畊-耕，寕-寧，胷-胸，㤀-忘等，除個別因特殊情況保留外，校注本一般使用規範字。

五、原文明顯衍、訛、倒、缺者，在“〔　〕”內注出正字并出校記。對重要脱誤出校勘記注明，校勘記以“①、②……”采用頁下注形式出注。部分常見寫法如抄本中“厢黄”“鑲黄”并用，刻本一律用“鑲黄”，除第一次出現不同出校記外，其餘尊重底本，不再出校記。

六、對原書中比較生僻的歷史地名、人物、地方掌故及歷史事件、容易引起歧義的字詞等，加注必要而簡明的注釋。注釋用“〔1〕、〔2〕……”以尾注形式在每卷子目（相應位置）出注。

七、原書各卷目録與正文内篇、節標題不符及錯誤者，處理方法亦同上。對原書内容和史實失當之處，則不作增删改易。

八、爲保持古書原貌，原書中的夾注位置保持不動，用小一號字體與正文區別。原文注解均不分段，今按文義分段標點。

九、度量衡單位數位保持原字碼。

十、竪排版式改爲橫排。

目　録

序

蓋聞倉頡[1]六書[2]傳於華土，佉盧四梵播於暇荒。《法苑珠林》[3]：上古之世，生兄弟三人，始造文字，長曰梵，次曰佉盧，三曰倉頡之字，傳於中國，今六書也。佉盧之字[4]，傳於西北，今蒙古字也。梵之字[5]，傳於西南，今諸番字也，又名四梵天[6]。《夏書》[7]即叙之戎，蔑詳疆址。《周書》[8]西旅之貢，不紀封圻。厥後《佛國記》[9]，法顯[10]浮夸，法顯《佛國》載于闐崇信釋教，今考之不然，知附會也。《水經注》[11]，道元罣漏，酈道元《水經注》獨不載黑水。張博望[12]初通西域，鑿空[13]之道里失真。《前漢書》：張騫出隴西徑匈奴中，留十餘載，得間西去，數十日至大宛，抵康居，傳至大月氏。乃史稱大宛去長安萬二千五百里，康居在大宛西僅止萬二千三百里，月氏①更在康居西，乃止萬一千六百里，是其所行愈遠，道里愈近，不可信。篤招討[14]再溯河源，重譯之山川多舛，元世祖至正十七年，遣篤什爲招討窮河源。指巴延喀喇爲昆侖并積石山而謬定，《元史·地理志》以大雪山爲昆侖，大雪山者，巴延喀喇山總名，庫爾坤非昆侖也，又以河州西之小積石山，本名唐述山，誤爲《禹貢》積石，非是。今考積石山在青海境内，名阿木尼瑪勒占穆遜山，當羅卜淖爾東南之境。山東麓有水出焉，名阿勒坦河，東北流三百餘里，有泉千百泓，名鄂敦塔拉，所謂星宿海也。取羅卜淖爾爲星宿兼蒲類海而訛傳。《西域聞見録》誤以羅卜淖爾爲星宿海，又《西陲紀略》[15]誤以蒲類海爲蒲昌海，皆非也。今考星宿海在青海，繞積石山之北。羅卜淖爾即蒲昌海，在吐魯番東南。蒲類海在北天山之陰巴里坤。他如柳陳[16]、魯陳，今庫車城。火州[17]、和卓[18]，吐魯番東，喀喇和卓又名火州。皮禪、闢展[19]，《通鑑》作皮禪，今名闢展。海都、開都，河名，俗稱通天河，在喀喇沙爾。和闐、赫探，古于闐國。輪台[20]、侖頭，今烏魯木齊。烏兔、務塗，古名務塗谷，又名浮圖，今名烏兔水，在巴里坤。伊犂、伊列。又名伊麗。或一地而名

---

① 國圖抄本作"底"，應爲"月氏"。

1

殊，或近音而字异。黑河有六，執泥[21] 則相去徑庭，詳《黑水考》。疏勒凡三，渾同則更離宵壤。今喀什噶爾，古疏勒國也。安西州，疏勒河也。耿恭守疏勒在烏魯木齊。皆由荒酋裂土，代遠年堙，一惑於羅什方言，鳩摩羅什譯梵音。再惑於昂宵[22] 譯語。潘昂霄因篤什窮河源，譯《河渠志》①。此《地志》《山經》所不載，《類函》《通考》所未詳者也。

【注释】

〔1〕倉頡：也寫作蒼頡，又稱作史皇氏。《呂氏春秋》："倉頡作書"。《淮南子·本經訓》："昔者倉頡作書，而天雨粟，鬼夜哭"。相傳是古代文字的創造者。

〔2〕六書：古人分析漢字歸納出的造字法和用字法。"六書"一詞最早見於《周禮·地官》，"六藝"禮、樂、射、御、書、數，書即爲"六書"。《漢書·藝文志》始列"六書"名目：象形、象事、象意、象聲、轉注、假借。許慎《説文解字叙》記"六書"名目與次第爲：指事、象形、象事、轉注、假借、會意。

〔3〕《法苑珠林》：作者唐釋道世，是一部佛教類書，具有佛教百科全書的性質，概述佛教思想、術語、法數等，博引諸經、律、論、紀、傳等，全書分一百篇六百餘部。作者係唐代僧人，字玄惲，俗姓韓，長安（今陝西西安）人，又因名字中"世"字犯唐太宗諱，所以以字代名，通常稱爲玄惲，著有《諸經要集》和《法苑珠林》等。

〔4〕佉盧文字：是我國新疆地區最早的民族古文字之一。它是一種字母，因爲没有相應的佉盧語存在，所以不用"佉盧文"來稱謂。佉盧文字是公元前五世紀隨着古波斯帝國大軍傳入印度河流域，流行於喀布爾與白沙瓦地區，用來拼寫當地居民使用的印度語支中的西北俗語，即犍陀羅語。後傳入于闐、鄯善地區，拼寫當地居民使用的一種語言。現在最早發現的文獻是公元前三世紀阿育王時期的刻石。

---

① 此處有誤，潘昂霄所著爲《河源志》。

〔5〕梵字：古印度的語言文字。另有"梵語""梵書"等詞。梵文，原是古印度的書面語，故在中國古代以"梵"表示與古印度有關的一切事物，以示與中華相區別，如沈約《均聖論》曰："雖葉書橫字，華梵不同。"另外與佛教有關的事物也稱"梵"，如"梵宮""梵天""梵宇""梵刹""梵鐘""梵音""梵行""梵學""梵家""梵聲""梵唄"和"梵净山"（貴州境内第一高峰，佛教聖地之一）等。

〔6〕四梵天：佛教傳説中的上天世界，爲常融天、玉隆天、梵度天、賈奕天。

〔7〕《夏書》：是傳説中夏代的政治文獻彙編，共有七篇文章，分别爲《禹貢》《甘誓》《五子之歌》《胤征》《帝告厘沃》《湯征》《汝鳩汝方》，其中後三篇正文亡佚，只有序言。

〔8〕《周書》：又稱《逸周書》或《汲塚周書》，是中國古代歷史文獻彙編，又名《周書》，隋唐以後亦稱爲《汲塚周書》。作品中内容主要記載從周文王、武王、周公、成王、康王、穆王、厲王到景王年間的時事。

〔9〕《佛國記》：全書共一卷，爲東晋釋法顯所作，此書即爲記載他西行的經歷，因此此書又叫《法顯傳》。

〔10〕法顯（約337—約422）：東晋僧人、旅行家、翻譯家。本姓龔。平陽郡（治在今山西省臨汾市西南）人。三歲出家做沙彌，二十歲受具足戒。慨律藏殘缺，矢志尋求，于東晋隆安三年（399）偕慧景、道整、慧應、慧嵬等四人，從長安（今陕西省西安市）出發，穿行大戈壁，經西域諸國，越葱嶺，遍歷北、西、中、東天竺等地，再泛海南下，經獅子國（今斯里蘭卡），東渡印度洋，到耶婆提國（在今印度尼西亚的爪哇）。義熙八年（412）回到青州長廣郡牢山（今山東省青島市嶗山）。前後凡十四年，游三十余國，帶回很多梵本佛經。回國後，在建康（今江蘇省南京市）道場寺與佛馱跋陀羅共譯六卷本《大般泥洹經》《摩訶僧祇律》《方等般泥洹經》《雜藏經》《雜阿毗曇心論》等。又記旅行見聞，撰成《佛國記》，爲研究古代中亞、南亞各國歷史和中外交通史的重要資料，已被譯成多種文字出版。

〔11〕《水經注》：作者是北魏晚期的酈道元，共四十卷。全書共三十多

萬字，詳細介紹了我國境内一千多條河流以及與這些河流相關的郡縣、城市、物產、風俗、傳説、歷史等。《水經注》因注解《水經》而得名，《水經》一書約一萬字，《水經注》看似爲《水經》的注解，其實是以《水經》爲綱，詳細記載了一千多條大小河流及有關的歷史遺迹、人物掌故、神話傳説等，是中國古代最全面、系統的綜合性地理著作之一。

〔12〕張博望：即張騫（前164—前114年），曾出使西域并隨大將軍衛青擊匈奴，因功封博望侯，故稱。

〔13〕鑿空：古代稱對未知領域探險爲鑿空，其中最著名的即是張騫通西域。《史記索隱》解釋説："案謂西域險，本無道路，今鑿空而通也"。

〔14〕篤招討：又作都實。姓蒲察氏，女真人。元世祖時候大臣，曾任烏斯藏路都統和招討元帥等職務。至元十七年（1280），爲了加强對青藏高原的控制，元世祖派都實爲招討使，佩戴金虎符前往青海探求河源所在。這是我國封建社會歷史上第一次專門組織的對黄河源頭的考察。這次探求的結果後來被元人潘昂霄根據都實之弟闊闊出的叙述寫成了考察河源的專著《河源志》，後被《元史・地理志》收入，因之傳世，記述了黄河上游的主要支流和水文特徵，以事實否定了漢代以來盛行的"重源伏流"説。

〔15〕《西陲紀略》：全書一卷，清朝黄文煒撰。載乾隆《重修肅州新志》中，有乾隆二年（1737）初刻本和乾隆二十七年（1762）補刻本。書中州縣衛所分志又分星野、建置、疆域、形勝、城池、鄉堡、山川、古迹、景致、户口、田賦、經費、雜税、水利、屯田、驛傳、橋梁、公署、學校、祠廟、風俗、物產、祥异、職官、名宦、軍政、邊防、人物、選舉、列女、流寓、仙釋、詩文、屬夷等目。根據各自的不同情况，細目有所增删。《西陲紀略》内分關西路程、哈密、巴里坤、吐魯番、準噶爾、西域諸國。民國年間張維曾寫有《校讀記》，叙述修志緣起、内容、體例，并指出書中存在的錯誤。《新疆圖志・藝文志》中對該書有專條著録："《西陲紀略》無卷數，不著撰人名氏。所叙國朝西陲屯防事，止于雍正十二年（1734），則雍正間人作也。是書於哈密、巴里坤、土魯番山川、古迹、風俗、物產記載頗詳。"

〔16〕柳陳：地名，又作魯陳，今鄯善縣西南魯克沁，漢屬車師前部，

東漢時曾爲西域長史、戊己校尉治所，唐貞觀十四年（640）設置柳中縣。明作柳陳、魯珍城兒、魯城。十五世紀中葉爲吐魯番所并。清作魯克察克、魯克沁、魯古沁、陸布沁、魯布沁。

〔17〕火州：又名哈喇火州，在新疆维吾尔自治区吐魯番市東三十里。隋朝时爲高昌国，唐置交河縣，安史之乱后被回鶻所占领，元朝名火州。永樂、宣德同，數遣使貢屬。

〔18〕和卓：伊斯蘭教對有威望人物的尊稱。《元史》《明史》譯作"火者"，清代史籍多譯爲"和卓"。又譯作"霍加""華者""華哲""虎者""和加""呼加""霍查"等。該詞原爲波斯薩曼王朝的官職稱謂，後演變爲對權貴和有身份之人的尊稱。該詞引入维吾爾語是從察合台語開始的，使用歷史很長，已成爲维吾尔語的基本詞彙。现代维吾尔語中該詞釋義爲"主人""東家""掌櫃"等。

〔19〕闢展：地名，爲吐魯番六城之一。清乾隆二十四年（1759）設辦事大臣。時爲吐魯番行政中心。四十四年，改辦事大臣爲領隊大臣，移駐吐魯番。光緒二十八年（1902）置縣，闢展誤爲古鄯善，改稱鄯善，隸吐魯番直隸廳。今爲鄯善縣。

〔20〕輪台：今新疆维吾爾自治區巴音郭楞蒙古族自治州輪台縣，西漢神爵二年（前60年），西漢政府在輪台設立西域都護府，是西域三十六國政治、軍事、經濟、文化中心。

〔21〕執泥：執拗拘泥，不知變通。

〔22〕昂霄：指潘昂霄，生卒年不詳，字景梁，號蒼崖。元代濟南歷城人。歷官昆山縣尹，世祖至元二十六年（1289）任南台御史，不久升爲閩海憲僉。成宗大德六年（1302），轉任南台都事，累官翰林侍讀學士、通奉大夫。雄文博學，爲世所重。謐號"文僖"。潘昂霄著有《河源記》一卷，記至元十七年（1280）朝廷遣官員都實至星宿海尋找黃河源頭之事。潘昂霄據都實之弟闊闊出所言，撰成此書，對黃河源頭一帶地形、水系、動植物、人口分布等風情物產記述較詳，被視爲第一部黃河源頭的風土志。另著有《金石例》十卷，诗文集《蒼崖類稿》《蒼崖漫稿》各数卷。

　　欽惟我盛朝，神謨遠爥，渥澤遐流，史館銘勛，儒林作傳，以國書等其韵，辨舌齒於微茫；以漢楷和其聲，叶羽宮之巨細。帕西鳥迹，陽布能通，帕兒西字，回部書也。西南廓爾喀別有字，必以帕兒西字譯之。托特驢脣，烏斯偏解。托特字，蒙古字也。西藏用唐古特字，又能解蒙古字也。昔也傳聞異語，耳食[1] 無征，今則刊正同文，字①書志信矣！凡碑字②多用四譯字，國書、漢文、蒙古兼用唐古特字，或回字或羅斯字、廓爾喀字，又厄訥特克字皆可通也。於是考荒彝之遠系，空餘貉長蕃酋；搜往烈之遺踪，半蝕唐碑漢碣。龍堆[2] 瀚海，數千里同軌行車；金嶺松塘[3]，幾萬里③置郵傳命。建連城於絕徼，車輔相依；聚比戶於平原，室家相保。區塍萬隴，開田越充國[4] 而遥；房駟[5] 千群，考牧在秦非[6] 之上。厥貢惟金，三品采冶，以利民生。南路和闐、葉爾羌皆産金。北路迪、庫爾喀喇烏蘇亦産金。聽民、回采取納課，惟塔爾巴哈台屬之達爾達木圖及烏蘭托羅渾④二處，封閉禁采⑤。又阿克蘇銅廠，烏魯木齊、伊犁鐵廠，俱聽軍民采取。和闐大玉，千斤投畀，聿昭聖德。和闐使臣貢大玉三塊。大者色青，重萬斤，次者葱白，重八千斤，小者極白，重六千斤。以車送至喀喇沙爾。嘉慶四年，奉旨停運，弃於道旁。今存烏沙克塔爾台。嚴壁壘，則龍驤虎旅，何憂乎封豕[7] 長蛇；建黌宮[8]，則雁戶魚民，佇俟乎騰蛟起鳳。穹廬毳幕，奉揚玉⑥帳仁風；蔀屋蓬門，漸沐琴堂時雨。莫不向九邊之使節，祝⑦萬里之堯封[9] 也。

【注释】

〔1〕耳食：意思是指聽來的没有確鑿根據、未經思考分析的傳言。《史記·六國年表序》："不察其始終，因舉而笑之，不敢道，此與以耳食無异。"

---

　①　"字"，國圖抄本、刻本作"筆"。
　②　"字"，國圖抄本、刻本作"志"。
　③　"里"，國圖抄本作"重"。
　④　"渾"，國圖抄本、刻本均作"琿"。
　⑤　"采"，國圖抄本作"操"。
　⑥　"玉"，國圖抄本做"王"。
　⑦　"祝"，刻本作"重"。

〔2〕龍堆：白龍堆的略稱，古西域沙丘名稱，在今羅布泊東，爲羅布泊三大雅丹群之一。揚雄《法言·孝至》："龍堆以西，大漠以北，鳥夷獸夷，郡勞王師，漢家不爲也。"李軌注："白龍堆也。"

〔3〕金嶺松塘：指北庭至吐魯番之間的金沙嶺和巴里坤的松樹塘。

〔4〕充國：指趙充國（前137年—前52年），字翁孫，隴西上邽（今甘肅省天水市）人，徙金城令居（今甘肅省永登縣）。始爲騎士，善騎射，以六郡良家子補羽林。爲人沉勇有大略，少好將帥之節，而學兵法，通知四夷事。歷任車騎將軍長史、大將軍都尉、中郎將、水衡都尉等職。宣帝時獲封營平侯。神爵元年（前61年），出征西羌。以屯田法圍困叛羌。甘露二年（前52年）去世，享年八十六歲，諡號"壯"。繪像未央宮麒麟閣，其屯田備邊的措施，對當時及後世均產生了深遠的影響。

〔5〕房駟：又稱爲房宿、天駟，指東方蒼龍七宿中的底第四宿。古人以房宿主車馬，此處指新疆地方的馬群。

〔6〕秦非：嬴姓，趙氏，名非子，號秦嬴。伯益之後，商朝重臣惡來五世孫，周朝諸侯國秦國開國君主，秦非子因善於養馬，得到周孝王的賞識，受命在汧水、渭水的交界地爲周孝王養馬并立功，周孝王爲此賜非子秦地，成爲秦國始封君。

〔7〕封豕：又作封豨，古代傳說中的大獸，或以爲大猪，比喻暴虐殘害，也是星宿中奎星的別稱。

〔8〕黌宮：也作黌門、黌校。《幼學瓊林》卷三《宮室類》："黌宮膠序，乃鄉學之稱。"此處指的是學校。

〔9〕堯封：傳說堯舜時開始劃定我國疆土爲十二州，故以"堯封"稱中國的疆域。杜甫《諸將五首》："滄海未全歸禹貢，薊門何處盡堯封。"

寧①識同尾焰，學等蹄涔[1]。游异域十三年，未窺半豹；歷訓方[2] 二萬里，敢目全牛。癸丑，使西藏，萬三千里，辛酉還都。壬戌，使西域，萬二千餘里，至今凡

---

① "寧"，刻本作"瑛"。因刻本印行于道光年間，爲避諱改爲"瑛"。

十三年。兹乃忝護北庭[3]，旁搜西史，爰成輯略，哀紀三州。哈密曰伊州，吐魯番曰西州，烏魯木齊曰庭州。蓋不志西州不知庭州之所自始，漢車師前王庭在吐魯番，後王庭在烏魯木齊。不志伊州不知庭州之所由通，由哈密南山口，抵巴里坤大道。匪干著作之林，聊當簿書之藪。若夫頌揚盛烈，願質實於石渠宿老[4]之門；點綴鴻詞，甘讓能於藝苑才人之筆。是爲序。

時　嘉慶歲次乙丑[5]　孟冬①

都統　和寧　題②

【注释】

〔1〕蹄涔：語出《淮南子·泛論訓》"夫牛蹄之涔，不能生鱣鮪。"高誘注："涔，雨水也，滿牛蹄迹中，言其小也。"後以"蹄涔"指容量、體積等微小。

〔2〕訓方：即訓方氏，官名，《周禮》夏官之屬。"掌道四方之政事，與其上下之志，誦四方之傳道。正歲，則布訓四方，而觀新物。"

〔3〕北庭：地名，北庭故城遺址，當地俗稱"破城子"，位於今新疆維吾爾自治區吉木薩爾縣城北偏東約十二千米處的護堡子。兩漢時期，這裏就建有金滿城，是當時西域的車師後國王庭所在地。唐代金滿城已經發展成爲天山北麓的政治、軍事和文化中心。景雲三年（712），唐朝於此設置北庭都護府，統轄天山以北的廣大地區，故稱北庭。宋代此城爲高昌回鶻王朝的陪都，元代在北庭設別失八里帥府。北庭故城前後雄踞天山北麓六百餘年，十四世紀中期開始逐漸衰落，十五世紀前期毀於戰火之中。

〔4〕石渠宿老：指有學問的人。漢高祖入關後命蕭何創建石渠閣，收藏入關時所得秦代圖籍。宣帝時，在閣中召集當時著名學者議定五經。

〔5〕嘉慶歲次乙丑：嘉慶十年，即公元 1805 年。

---

① "乙丑"，國圖抄本作"乙卯"，嘉慶年間無"乙卯"，顯誤。
② 刻本此處"都統"作"太莽"，"和寧"作"和瑛"。國圖抄本作"和"，無"寧"字。

《三州輯略》 卷之一

沿革門

哈密

謹案：哈密，漢伊吾廬地。唐稱伊州，宋如之。元始稱哈密，如之。其地爲南北兩路中分最要之區，土著皆纏頭回種，設札薩克[1] 領之。蓋回人錯居西域，以天方爲祖國，或城郭處，或逐水草徙牧，稱花門。相傳祖瑪哈，教以事天爲主，重殺，不食犬豕肉。常以白布蒙頭，故名曰纏頭回，又名曰白帽回。回人自呼白帽曰達斯塔爾，別有紅帽回、輝和爾、哈拉回諸族，然以纏頭回爲著。札薩克居哈密舊城，戶十，設甲長一。

國初康熙間，其回長[2] 投誠，累世襲封。總領回衆。設辦事大臣[3]二、哈密通判[4] 一、副將[5] 一，管理營屯、驛站、民、回事務，詳載《回疆通志》。爲回疆北路之門戶也。序歷代及本朝紀略如左。

【注释】

〔1〕札薩克：札薩克制，即盟旗制，是清朝統治蒙古的政治制度。札薩克爲官職名，蒙語音譯，即執政之意。清政府改變了蒙古地區舊的區劃，進行了重新分封，培植新貴族，并在此基礎之上建立盟旗制。蒙古的基層政權組織是旗，相當於中原地區的縣一級政權機構。札薩克就是旗長（與八旗制同），由有功於清皇室的蒙古王公貴族充任。在新疆地區，這一制度推行到了哈密和吐魯番地區。

〔2〕回長：指哈密首任回王額貝都拉，曾被準噶爾噶爾丹封爲“達爾漢伯克”，後於昭莫多之戰清朝勝利時擒獲噶爾丹之子色布騰巴勒珠爾獻於清朝，康熙封其爲“一等達爾漢”，并在哈密實行盟旗制，開創了回王家族在哈密二百多年的世襲統治。

〔3〕辦事大臣：清代統治邊疆地區的官員，駐哈密、葉爾羌、和闐、庫車、烏什、阿克蘇、喀喇沙爾、吐魯番、喀什噶爾等地，掌理該地軍政、粮餉等事務。青海亦設有西寧辦事大臣，其職略同。

〔4〕通判：官名，初置時全稱爲“通判州軍事”。宋初始于諸州府設置，地位略次於州府長官，但握有連署州府公事和監察官吏的實權，號稱“監州”。明清時期設於各府，分掌粮運及農田水利等事務，另有州通判，稱州判。

〔5〕副將：官名，各級武將的輔佐將領。南宋武職有副將，位在統制、統領、正將下。清代的副將，隸于總兵，統理一協軍務，又稱爲協鎮。又漕運總督下亦設副將，掌理催護粮艘等事。

漢之通西域也，張博望創其議而不能成其功。漢武帝元朔三年，募能通西域月氏者，張騫以郎應募，出隴西，徑匈奴中。單于得之，留十餘歲。騫得間去，數十日至大宛。爲發譯道，傳至大月氏，留歲餘，乃還。復爲匈奴所得。匈奴亂，騫乃逃歸。乃建言：烏孫王昆莫，本匈奴臣，不肯復朝事匈奴。而故渾邪地空無人，宜招烏孫居故渾邪之地。拜騫爲中郎將，齎金帛致烏孫。自是西域稍通於漢，而以渾邪故地置酒泉郡，今肅州高台縣是也。

至元封三年，將軍趙破奴[1] 擊姑師，即車師，自哈密以西皆車師地。

宣帝地節三年①，侍郎鄭吉[2] 破車師，因田其地。

安帝永初元年，罷西域都護及伊吾廬、柳中屯田。

永寧元年，復以行長史索班[3]，將千②餘人屯伊吾。而北匈奴與車師後王軍[4] 就殺索班，略有北道。班勇[5] 議營兵居敦煌，雖羈西域，然亦未敢

① 《漢書·西域傳》作“地節二年”。
② “千”，國圖抄本作“十”。

出屯伊吾也。三年，勇擊走匈奴田車師者，西域復通。順帝永建六年（131），帝以伊吾膏腴，傍近西域，匈奴資之以爲鈔暴，復置伊吾司馬[6]，開設屯田。

【注释】

〔1〕趙破奴（？—前91年）：太原人，幼時流落於匈奴，後歸漢，爲驃騎將軍司馬。元封三年（前108年），奉命與王恢擊車師，虜樓蘭王，震動西域，封浞野侯。太初二年（前103年），以浚稽將軍率軍擊匈奴，爲匈奴左王所俘，其軍全没。居匈奴中10年，復與其子趙安國歸漢。後從巫蠱，滅族。

〔2〕鄭吉（？—前49年）：會稽（治在今江蘇省蘇州市）人。宣帝時，任侍郎，屯田渠犂（今新疆庫爾勒和尉犂西），攻破車師，爲衛司馬。神爵二年（前60年）率兵迎匈奴西部日逐王歸漢。次年任西域都護，封安遠侯，治烏壘城（今新疆輪台東北）。漢朝設置西域都護自此始。

〔3〕索班（？—119）：東漢西域長史。元初元年（114），西域復屬匈奴。敦煌太守于元初六年（119）遣索班率一千余人屯伊吾以招撫之，於是車師前王及鄯善王降漢。永寧元年（119），後匈奴復率車師後部王共同擊敗索班，擊走其前部王。索班被匈奴所殺，西域北道被北匈奴控制。

〔4〕軍就（？—125）：漢安帝時車師後王，叛順不定，曾與其田沙麻襲擊漢軍，殺死後部司馬及敦煌長史索班等人，趕走車師前王、控到西域北道，後被西域長史班勇所殺，傳首洛陽。

〔5〕班勇（？—127）：字宜僚，扶風平陵（今陝西省咸陽市東北）人，班超少子。班勇生長於西域，東漢永元十三年（101），班超遣班勇隨安息使者入朝。永初元年（107），西域叛亂，以班勇爲軍司馬，出敦煌，迎都護及西域甲卒而還。延光二年（123），班勇任西域長史，率兵出屯。延光三年，班勇開導龜茲、姑墨等國，使之降附。隨後，班勇又發兵到車師前部（今新疆維吾爾自治區吐魯番一帶），擊走北匈奴，并屯田柳中城（今新疆維吾爾自治區鄯善縣魯克沁鎮）。延光四年，班勇大破車師後部，斬其王軍就。永

建元年（126），班勇發諸國兵出擊北匈奴呼衍王，呼衍王遠逃，車師前、後部由此得到安定。永建二年，班勇與敦煌太守張朗共討焉耆，焉耆降。班勇因後至而獲罪下獄，免官，後卒於家。

〔6〕伊吾司馬：東漢順帝永建六年（131）置，管理西域伊吾盧城（今新疆維吾爾自治區哈密市西四堡一帶）屯田，員一人。

隋煬帝大業三年，以裴矩[1]爲黃門侍郎[2]，經略西域。矩撰《西域圖》三卷，又別造地圖，窮其要害，凡爲三道。北道從伊吾，中道從高昌，南道從鄯善。今考南道，沙磧不通，中道則哈密西之吐魯番，高昌。北道則哈密北之巴里坤。哈密，則古伊吾盧地也。五年，高昌王麴伯雅[3]，伊吾突厥監視官吐吞設等朝帝於燕支山。

【注释】

〔1〕裴矩（？—627）：隋河東聞喜（今山西省聞喜縣東北）人，字弘大。北齊太子舍人裴訥之之子，在北齊任司州兵曹從事。北周時，楊堅爲定州總管，召補記室。隋軍滅陳，他領元帥記室，又巡撫嶺南。旋任吏部侍郎等職。隋煬帝時在張掖主管西域互市，采訪西域政教、風俗、山川、交通、物產等，著《西域圖記》三卷，叙四十四國事。并導使西域各族首領入朝。後歷仕宇文化及、竇建德，均受信用。入唐，任吏部尚書。貞觀元年（627）卒，贈絳州刺史，謚曰敬。事迹見《隋書》卷六七《裴矩傳》，《舊唐書》卷六七《裴矩傳》，《新唐書》卷一一三《裴矩傳》。

〔2〕黃門侍郎：唐代前期，門下省副貳多稱黃門侍郎，直至代宗大曆二年（767）復稱門下侍郎，其後不復改。《舊唐書·職官志二·門下省》："門下侍郎二員，隋曰黃門侍郎。龍朔爲東台侍郎。咸亨改爲黃門侍郎。垂拱改爲鸞台侍郎。天寶二年改爲門下侍郎。乾元元年改爲黃門侍郎。大曆二年四月復爲門下侍郎。"宋王溥《唐會要》卷五四《省號上·門下侍郎》："龍朔二年，改爲東台侍郎。咸亨元年，改爲黃門侍郎。垂拱元年二月二日，改爲鸞台侍郎。神龍元年，復爲黃門侍郎。天寶元年二月二十五日，改爲門

下侍郎。乾元元年，改爲黄門侍郎。大歷二年四月，復爲門下侍郎。其年九月，升爲正三品。"

〔3〕麴伯雅（？—623）：祖籍金城（今甘肅省蘭州市），高昌王麴幹固之子，高昌麴氏第八代君。仁壽元年（601）年即高昌王位，改年號延和，大業五年（607）至張掖朝見隋煬帝，被封爲光禄大夫、弁國公、高昌王。大業七年隨征高麗，隋煬帝將華容公主宇文玉波嫁給麴伯雅。大業九年歸國後失去王位，後於唐高祖武德三年（620）復國，改元重光。武德六年去世，子麴文泰繼位。

　　唐太宗貞觀四年，西突厥種落散在伊吾，至是來降，以其①置西伊州[1]，故城在哈密境。十六年，西突厥乙毗咄陸可汗自恃强大，遣兵寇伊州。安西都護郭孝恪[2] 討之，奔〔吐〕②火羅。葱嶺[3] 西滸河之南。元③宗天寶三載，突厥大亂。回紇[4] 骨利裴羅[5] 定其國，又攻殺白眉[6]，突厥遂亡其地，盡入回紇。東極室韋，西抵金山，南控大漠，盡得古匈奴地矣。

【注释】

〔1〕西伊州：唐貞觀四年（630）置，治所在伊吾縣（今新疆維吾爾自治區哈密市）。貞觀六年改名伊州。

〔2〕郭孝恪（？—649）：本名郭敬，字孝恪，許州陽翟（今河南省禹州市）人。隋朝末年，率鄉曲數百人附于李密，後歸唐，封陽翟郡公。歷任貝、趙、江、涇四州刺史，又任太府少卿、左驍衛將軍、安西道行軍總管等職。貞觀十八年（644），率軍擒獲叛唐歸突厥的焉耆王。貞觀二十二年，拜昆丘道副大總管，跟隨阿史那社爾進討龜兹。留守延城時，遭到龜兹國相那利的襲擊，以身殉國，獲贈安西都護。

〔3〕葱嶺：古代對帕米爾高原和昆侖山、喀喇昆侖山脉西部諸山的總

---

① "其"，國圖抄本、刻本作"其地"。
② 底本無"吐"字，據國圖抄本及刻本補。
③ "元"，當作"玄"，避康熙諱。

稱。古代中國與西方之間的交通，常經由蔥嶺山道。漢代屬西域都護統轄，唐代安西都護府在此設有蔥嶺守捉。舊說以山上生蔥或山崖蔥翠得名，一說即《穆天子傳》中的舂山，舂、蔥係一音之轉。

〔4〕回紇：亦稱回鶻，作爲鐵勒的一部，散居在今蒙古色楞格河一帶，臣屬於突厥汗國。隋末唐初，回紇因不堪突厥貴族的奴役和壓迫，一再進行反抗。貞觀元年（627），在首領菩薩的率領下，大敗東突厥，聲威大震。這一仗對三年後唐朝滅亡東突厥也給予了有力的幫助。東突厥滅後，回紇協同唐朝擊滅鐵勒的另一部薛延陀并盡據其地。唐朝在那里廣置羈縻府州，而總隸于燕然都護府。自此，唐朝和回紇的關係日益密切，雙方經濟文化的交流也日趨頻繁，唐朝的絹、茶和回紇的馬匹成爲交易的主要商品。天寶三載（744），回紇滅後突厥，建立政權，唐玄宗册封其首領骨利斐羅爲懷仁可汗。懷仁可汗時，回紇成爲北方最強大的民族政權。安史之亂時期，回紇一再出兵助唐平叛，收復長安和洛陽。此後，回紇人留居長安者常以千計。他們在中原接觸到摩尼教，并將其傳到回紇，定爲國教。貞元四年（788），回紇骨咄禄闕毗伽可汗請唐朝改稱其爲回鶻，取"迴旋輕捷如鶻"之意。

〔5〕骨利裴羅（？—747）：本名逸標芯，回紇族，姓藥羅葛氏，唐朝時回紇可汗，天寶三載（744），唐玄宗先封骨力裴羅爲奉義王，後封其爲懷仁可汗。《新唐書·回紇傳》記載其在位時，回紇"東極室韋，西抵金山，南控大漠。盡得古匈奴之地。"死後其子磨延啜繼立。

〔6〕白眉（？—745）：名阿史那鶻隴匐白眉特勒。突厥最後一任可汗，被回紇骨力裴羅所殺。

明成祖永樂九年，封哈密推勒特莫爾爲忠義王。初，哈密忠順王托克托以俘虜得歸襲封，帝眷特厚。而托克托凌侮朝使，且沉湎不恤國事。帝賜敕戒諭之，未至，暴卒，乃封其從弟推勒特莫爾爲忠義王，賜印誥，世守哈密。

憲宗成化九年，吐魯番據哈密。初，哈密忠順王布拉噶卒，無子，王母主國事。加嘉色凌見哈密無主，乘隙侵掠，謀據其地。成化二年，以都督同知巴圖莫爾襲封王爵，爲都督攝行國王事，又卒。其子哈商請襲都督，許之，而不令其主國事，由是政令無所出。時，吐魯番酋阿里自稱蘇勒坦，乘機破哈密城，虜王母及金印去。留其妹婿伊蘭舊作雅蘭。鎮之。兵部言：哈密實西域咽喉，若弃而不救，則我之赤金蒙古、苦峪、沙州等恐爲所脅。藩籬盡撤，肅州多事矣。乃遣都督同知李文[1] 等進兵討吐魯番。李文等兵至布隆吉爾川，在今安西州淵泉縣西北，流徑敦煌縣，入哈喇淖爾，阿里及①衆抗拒，文等不敢進。令哈商舊作罕慎。及默克里輝和爾之衆退居苦峪築城，移哈密衛於其地，命哈商主國事焉。十八年，哈商寄居苦峪既久，率所部萬人糾罕東、赤金二衛，夜襲哈密城，破之。伊蘭遁。乘勢連復八城，遂還居哈密，帝進哈商左都督。

　　孝宗宏治②元年，帝從其國人請，封哈商爲忠順王。土魯番酋阿里死，子阿哈瑪特嗣爲蘇勒坦，怒曰："哈商非忠順族，安得封？"乃僞與結婚，誘而殺之，仍令伊蘭據其地。四年，阿哈瑪特叩關，獻還哈密城及前阿里所掠金印。馬文升[2] 言："番人重種類，且素服蒙古，非蒙古後裔鎮之不可。"乃求故忠順王托克托從孫善巴，舊作陝巴。襲封爲王，以思克保喇哈商之弟。爲都督同知，阿穆呼朗爲都督僉事輔之。吐魯番阿哈瑪特潛兵夜襲哈密，執善巴，支解阿穆呼朗，仍令伊蘭據其地。六年，閉嘉峪關，不通吐魯番貢使。阿哈瑪特既據哈密，僭稱汗，侵沙洲，迫罕東部附己。帝以馬文升言，命巡撫許進往討。八年冬，諸軍會伊濟莫爾川。夜半大雪，奄③至哈密城下，拔之。伊蘭遁去，乃斬其遺族④，撫降餘衆而還。阿哈瑪特懼，乃送還善巴，款關求貢。仍命善巴爲忠順王，哈密復安。善巴卒，子巴雅濟襲封忠順王，淫虐不親政事，常恐其屬部害己。吐魯番酋莽蘇爾阿塔瑪特子。數以甘言誘之，有吞復哈密之意。

　　武宗正德八年，巴雅濟弃其國，奔吐魯番。莽蘇爾奪其印，即遣和卓塔濟迪音據守哈密。

---

① "及"，國圖抄本、刻本作"集"。

② "宏"，本爲"弘"，和寧为避乾隆諱改。

③ "奄"，國圖抄本作"掩"。

④ "遺族"，國圖抄本作"遺旅"。

世宗嘉靖三年，吐魯番圍①肅州，尚書金獻民[3]、都督杭雄[4]往禦之。七年，吐魯番復寇肅州，王瓊[5]請令入貢，詔許之。自是吐魯番通貢，而哈密城印及巴雅濟存亡，遂置不問。哈密後沙布塔子莫爾瑪穆特據有，服屬吐魯番，比歲入貢，至隆慶、萬曆朝不絕，非復蒙古忠順王裔矣。

【注釋】

〔1〕李文（1398—1489）：陝西行都指揮使司西寧衛（今青海省西寧市）人，宣德年間任陝西行都司都指揮僉事，後累升至都指揮使。天順元年（1457），因奪門之變冒迎駕功，晋升爲都督僉事。未幾出任右都督出鎮大同，率衆擊敗蒙古入侵，封高陽伯。成化年間，與右通政劉文往甘肅經略援助哈密，後無功而還。弘治初年去世。

〔2〕馬文升（1426—1510）：字負圖，號三峰居士，回族，河南鈞州（今河南省禹州市）人。景泰二年（1461）進士，授御史。以鎮壓陝西固原（今屬寧夏）滿四農民起義，整飭遼東軍務，總督漕運、賑災，積功由左副都御史遷官至兵部尚書。成化十四年（1478），受誣陷，貶戍四川重慶衛，曾主持修建重慶十八梯清真寺。弘治二年（1489）復爲兵部尚書，力裹朝政，上屯田、馬政、邊備、守禦等十五策，遷都御史。正德元年（1506），中官王瑞誣其抗旨，去官家居。三年，司禮監劉瑾又以朋黨罪誣之，坐除名。次年去世。撰有《西征石城記》《復興哈密記》，後人輯有《馬端肅公奏議》《馬端肅公文集》。

〔3〕金獻民（1460—1541）：字舜舉，號蓉溪，成都府綿州（今四川省綿陽市）人，明朝成化二十年（1484）進士，官至兵部尚書。曾總制陝西四鎮軍務，防禦吐魯番侵邊，因大禮議事件獲罪罷職。嘉靖二十年（1541）卒，隆慶三年（1569）追贈太子少保，謚“端簡”。

〔4〕杭雄（1459—1528）：字世威，綏德衛（今陝西綏德）人，明朝中期西北名將。承荫綏德衛總旗并積功升爲指揮使，正德七年（1512），以都

---

① “圍”，國圖抄本作“寇”。

指揮僉事守備西寧，經尚書楊一清推薦昇爲延綏游擊將軍。後從都御史彭澤經略哈密。十一年，擊敗來犯的蒙古貴族小王子部衆，昇爲都督僉事、改參將，連昇爲都督同知，統率邊兵守衛京師。嘉靖三年（1524）九月，吐魯番酋長擾肅州（今甘肅酒泉）。杭雄佩“平虜大將軍”印任總兵官提督陝西、延綏、寧夏、甘肅四鎮軍務。六年，小王子以數萬騎兵踏冰越過黃河擾寧夏，杭雄及副總兵趙鎮率部奮力抵禦。因作戰不力被總督王瓊奏劾，罷官閑住。嘉靖七年去世。

〔5〕王瓊（1459—1532）：字德華，號晋溪，晚號雙溪老人，山西太原人。明朝中期名臣。明憲宗成化二十年（1484），王瓊舉進士，曾任工部主事、都水郎中、參政、布政使、都御史、户部尚書、兵部尚書、吏部尚書、總制三邊軍務等職，嘉靖十一年（1532）病逝於京城。王瓊在職期間主張朝廷開通邊關，與周邊民族相互交往，此後明朝與吐魯番及邊境民族的關係逐漸趨於緩和。著有《北邊事迹》《西番事迹》等。

國朝順治四年，甘肅巡撫張尚奏：哈密衛輝和爾都督及赤金蒙古衛都督永柱等願投誠內附。六年，河西逆回丁國棟等煽哈密及吐魯番部掠內地民，僞立哈密巴拜子土倫泰爲王，據肅州叛，大軍討之。八年，回目克拜至嘉峪關，稱哈密使，請通貢使。甘肅提督張勇責盡歸內地民人乃可。十二年，克拜齎葉爾羌表至，稱哈密巴拜汗，獻內地民請罪，納之。

康熙十八年，張勇諜噶勒丹[1]襲哈密，設備邊汛。噶勒丹懼不至，尋與兄子策旺阿喇布坦修怨。策旺阿喇布坦牧博囉塔拉，噶勒丹牧阿爾台。哈密居其間，畏準噶爾威，强事之。三十二年，使臣赴博囉塔拉，道經哈密，爲噶勒丹所屬戕害。將軍郎坦請剿噶勒丹及哈密。護軍統領蘇丹議：噶勒丹無定牧，哈密隸噶勒丹久，遽①剿之，非所以體好生之仁。遂釋回族。

三十五年，噶勒丹爲大軍敗，遁哈密。達爾漢伯克額貝都拉，奉表至嘉峪關，而以噶勒丹虐哈密故，懼襲已，且聞大軍嚴備②，不果赴。

---

① “遽”，刻本作“據”。
② 此處刻本作“懼襲，己丑，聞大軍嚴備，不果赴。”

三十六年，哈密俘噶勒丹子色布騰巴勒珠爾及其屬以獻，噶勒丹尋自殺。額貝都拉貢使入都，子郭帕伯克屯肅州。

三十七年，遣官赴哈密，編旗隊，設管旗章京、參領等官。肅州別設佐領[2] 一，以哈密市甘肅便。

三十九年，策旺阿喇布坦憾哈密擒獻噶勒丹子故，掠其屬赴市吐魯番者，準噶爾怨哈密甚。

五十四年，噶勒丹①遣兵二千襲哈密，掠北寨五，抵城。我駐防兵二百率回卒奮擊，斬九十級，擒三人。賊退屯城南，聞肅州援至，遁。

五十五年，富寧安[3] 奏：哈密屬之布魯爾圖古哩克接壤地，并巴里坤都爾博勒津、哈拉烏蘇及西吉木達里圖、布隆吉爾附近之上浦、下浦等處地可耕，請募兵興屯。

雍正三年，撤大軍還。四年，王大臣等議駐防哈密兵止②五百，請撥安西鎮標兵五百駐③哈密。七年，大軍復屯巴里坤，議墾哈密及塔勒納沁地。

十年，噶勒丹策凌遣將分兵襲哈密及塔勒納沁，回衆拒之。乞援岳鍾琪[4] 軍。鍾琪檄④總兵曹勷救之。勷軍抵二堡，遇賊五千餘，奮擊之。賊由烏克克嶺越塔呼納呼遁。

十一年，護理寧遠大將軍印務張廣泗[5] 奏，吐魯番回民內徙，置瓜州。

十二年，所部獻可耕地之錯軍營屯田者，別給地畝銀兩及牛具、穀種償之。

十三年，總督札朗阿[6] 請簡兵三千，屯哈密西三堡。別簡兵五千，屯赤金等五處，互爲守望。

乾隆元年（1736 年），免納粮，給種地回民銀萬兩。

六年，大學士查朗阿奏，哈密駐防兵請屯塔勒納沁、賽巴什達哩雅、三堡各三百。哈密城駐千二百。

---

① 此處應爲策妄阿拉布坦，和寧誤爲噶爾丹。
② "止"，國圖抄本作"正"。
③ "駐"，國圖抄本、刻本作"往駐"。
④ "檄"，國圖抄本作"撽"。

十三年，以安置肅州金塔寺之吐魯番回衆，交哈密貝子玉素卜并入所屬，加意撫恤。

十八年，哈密所屬賽巴什達哩雅等屯田①給回人耕種，所獲穀石全行償給，停其交官。

二十一年，上諭哈密生齒日繁，準噶爾全部底定，哈密屬邑德都摩垓、圖古哩克地不必復設汛哨②，其③仍給回民爲世業。

二十四年，議撤駐防兵二千。以靖逆衛兵二百、瓜州兵三百移置哈密，黃墩營兵二百移置塔勒納沁，隸哈密副將。轄回部旗一，郡王品級札薩克多羅貝勒一。

【注释】

〔1〕噶勒丹：即準噶爾部首領噶爾丹（1644—1697），綽羅斯氏，巴圖爾琿台吉第六子。早年被五世達賴喇嘛認定爲温薩活佛轉世，入西藏學佛。康熙九年（1670），其兄僧格琿台吉在準噶爾貴族内訌中被殺。噶爾丹自西藏返回，成爲準噶爾部首領，被五世達賴封爲博碩克圖汗。十九年，出兵攻占天山南路，駐扎于伊犁。隨後移駐科布多，勾結沙俄，不斷侵掠喀爾喀蒙古，并企圖進犯中原。二十九年，噶爾丹在沙俄支持下，大舉内犯，在烏爾會河擊敗清朝理藩院尚書阿喇尼所率清軍。後因康熙親征，於烏蘭布通（今内蒙古克什克騰旗境）大敗，因遣信于清軍主將福全，得以逃脱。三十四年，發兵掠西卜退哈灘巴圖爾及納木札陀音牧地，屯兵于巴顔烏蘭（今蒙古國烏蘭巴托西南）地區，獲悉康熙第二次親征，逃至特勒爾濟（今蒙古國烏蘭巴托東南），被清軍誘引至昭莫多後，大敗，逃往塔米爾河。三十六年，康熙駕幸寧夏，揮軍捕殺噶爾丹。因衆叛親離，飲藥自盡。

〔2〕佐領：清代八旗制度軍政基層組織編制單位及其主官名稱。佐領是滿語"牛録"和"牛録章京"的漢譯名。作爲户籍組織，是編民的一個小團

---

① "田"，國圖抄本作"曰"。

② "汛哨"，國圖抄本作"汛哨兵"。

③ 國圖抄本無"其"字。

體；作爲軍事組織，它相當於一個營、連；作爲官名，它是這一級組織的統領者。

〔3〕富寧安（？—1728）：姓富察氏，滿洲鑲藍旗人。大學士阿蘭泰子。清康熙五十四年（1715）準噶爾部策妄阿拉布坦擾哈密，富寧安赴西寧督軍務。旋駐肅州，督辦軍糧。五十六年，授靖逆將軍屯駐巴里坤、烏魯木齊，屢敗敵。五十九年，進兵烏蘭烏蘇（今奇台境）、闢展、吐魯番。旋回駐巴里坤。雍正四年（1726）署西安將軍。六年卒，謚"文恭"。

〔4〕岳鍾琪（1686—1754）：字東美，號容齋，平番（今甘肅省永登縣）人，岳飛第二十一世嫡孫。其父岳升龍爲康熙時代的議政大臣、四川提督，曾隨康熙西征噶爾丹。康熙五十八年（1719）岳鍾琪隨軍征討西藏，因功授四川提督。雍正元年（1723），佐年羹堯平定青海，被封爲三等威信公，任甘肅提督兼甘肅巡撫，後任川陝總督。六年任寧遠大將軍，赴哈密防備準噶爾。九年，以征討不力被雍正削爵奪官。乾隆十三年（1748），以四川提督復起從征金川，招降莎羅奔。十五年，西藏珠爾墨特叛亂，岳鍾琪奉命出兵康定，討平叛亂。十九年卒，謚"襄勤"。乾隆皇帝作《御製懷舊詩》，稱岳鍾琪爲"三朝武臣巨擘"。

〔5〕張廣泗（？—1749）：漢軍鑲紅旗人。以監生捐納爲知府，先在貴州思州，後在雲南楚雄任職。雍正五年（1727）任貴州按察使，次年升任巡撫，代寧遠大將軍岳鍾琪進擊準噶爾，任正紅旗漢軍都統。十三年任湖廣總督。乾隆初，鎮壓苗民起義，升任雲貴總督，兼領巡撫，後加太子少保。乾隆十一年（1746）調任川陝總督，率軍進攻大金川，轉戰兩年多，毫無成效。乾隆十三年末，以貽誤軍機罪處死。

〔6〕札郎阿：也寫作查郎阿（？—1747），字松莊，滿族，納喇氏，滿洲鑲白旗人。初襲職任佐領，後遷參領。雍正元年（1723），任吏部郎中。次年，改侍郎，署鑲黃旗滿洲都統。雍正五年，遷左都御史，率兵入藏平叛，俘阿爾布巴，斬之。雍正七年，署川陝總督兼西安將軍，加太子少保，駐肅州辦理軍需。雍正九年，甘、陝分置總督，查郎阿改署陝西總督。雍正十年，署寧遠大將軍，防備準噶爾。雍正十三年，噶爾丹策零乞和，授文華

殿大學士，兼兵部尚書、川陝總督。乾隆五年（1740），加太子太保衘。乾隆六年，與侍郎阿里衮清查黑龍江、吉林烏拉開墾地畝。乾隆十二年，以衰病致仕，卒。

吐魯番

謹按：吐魯番，漢車師[1] 前王地。唐、宋稱吐魯①，元、明稱吐魯番。自唐咸亨以後，吐蕃强盛，寇河源，今青海境。寇臨洮至渭源。而西洱諸蠻[2]皆降於吐番②，吐番③之地東接松、凉、茂、雟等州，今四川西。南鄰天竺，今西藏。西陷龜兹、今庫車。疏勒今喀什噶爾。等四鎮，北抵突厥，今天山北路。地方萬餘里，而天山南北伊、西、庭三州盡爲所有矣。至明成化間，李文進兵討吐魯番，不克，後遂圍肅州，世爲回紇所據。序歷代及本朝紀略如左。

【注释】

〔1〕車師：古西域國名。原名姑師，國都在交河城。漢宣帝時分其地爲車師前國、車師都尉國，車師後國等。其地在今新疆吐魯番境内。

〔2〕西洱諸蠻：指唐朝時期雲南洱海附近的少數族群，也稱爲"河蠻"，與當地六詔烏蠻并存。係不斷遷入的漢族與當地白蠻等融合而成，故"自云其先本漢人。"語言、生産及習俗等亦與漢族有許多相似之處。有楊、趙、李、董等數十姓，各有城郭、村邑，不相統屬。有文字，各部首領以習慣法治理屬民。男女耕織，物産豐富，有船無車。貞觀二十二年（648）唐將梁建方征服松外蠻後，招降其帥楊盛等。後其大首領楊同外、楊棟附顯先後附唐入朝貢。其後，吐蕃勢强，臣屬之。開元二十五年（737），南詔首領皮邏閣戰勝河蠻諸部，占領大理城，河蠻被迫向北遷徙，唐朝封皮邏閣爲雲南王，吐蕃勢力逐漸退出，河蠻諸部并入南詔，後大部分融合成爲白族。

---

① "魯"，國圖抄本作"蕃"，刻本作"番"。
② "番"，國圖抄本作"蕃"。
③ "番"，國圖抄本作"蕃"。

漢武帝元鼎二年，張騫使西域。自玉門、陽關出，有二^①道：從鄯善旁南山，循河西行，至莎車今葉爾羌。爲南道。南道西逾葱領，則出大月氏、安息^[1]，至車師前王庭。隨北山至疏勒今喀什噶爾。爲北道。北道北逾葱嶺，則出大宛、康居、奄蔡，《通鑑》作西蹻，誤。故皆役^②屬匈奴。車師部有前後王庭。前王治交河城，今之吐魯番廣安城也。元封間，趙破奴將兵虜樓蘭王，遂破姑師。蓋姑師、車師一國兩名。《綱目》以姑師爲樓蘭王名，非是。

宣帝地節三年，鄭吉破車師，王奔烏孫^[2]。匈奴更以王昆弟兜莫爲王，收^③其餘民東徙。吉使吏卒往田車師前王庭地，以實之。

元康二年，匈奴擾車師田者，常惠將騎往車師迎吉。吏卒還渠犂^[3]，遂以車師故地與匈奴。新莽始建國五年，焉耆今喀喇沙爾。殺莽都護但欽^[4]，莽遣五威將王駿等出西域。焉耆詐降駿等，伏兵襲殺之，西域遂絕不通。

明帝永平十七年，司馬令班超平于闐、今和闐。龜兹今庫車。之亂。諸國悅服，皆遣子入侍。西域與漢絕六十五載，至是復通。冬十一月，竇固、耿秉定車師，車師前王即後王之子，相去五百里。耿秉降之，司馬耿恭爲戊校尉^[5]，屯後王金蒲城，今巴里坤。謁者關寵爲己校尉，屯前王部柳中城。《明史·西域傳》：柳城，一名魯城，即後漢柳中城，西域長史所治。唐於此置柳中縣，東去哈密千里。

章帝建初元年，焉耆、龜兹攻没都護陳睦，北匈奴圍己校尉關寵，復圍耿恭。段彭將兵救之，擊車師，斬獲數千，北匈奴驚走。時關寵已没，車師復降。

安帝永初元年，罷西域都護、戊己校尉官。永寧元年，車師與匈奴共殺漢吏。敦煌太守曹宗患^④爲邊寇，上言遣索班將千餘人屯伊吾，以招撫之。至是北匈奴等殺索班，擊走前王。延光二年，以班勇爲西域長史^[6]，將兵出屯柳中。三年，勇擊走匈奴田車師者，發龜兹兵到車師前王庭，擊匈奴于伊

---

① "二"，國圖抄本作 "兩"。

② "役"，國圖抄本作 "後"

③ "收"，國圖抄本作 "牧"。

④ "患"，國圖抄本訛作 "惠"。

和谷。於是，前部復開通。

順帝永建二年，敦煌太守張朗[7]將河西四郡兵，與班勇共擊焉耆。張朗先期至爵離關。釋氏《西域記》，龜兹國南山上有寺名雀離。焉耆王元孟乞降，朗入，受降而還。

【注释】

〔1〕安息：又稱帕提亞帝國。帕提亞大致相當於今伊朗的呼羅珊地區，在波斯帝國和塞琉西王朝時期是一個省。公元前三世紀前期，游牧部落帕爾尼部從今錫爾河流域遷徙到帕提亞，與當地居民融合。秦莊襄王三年（前247年），帕爾尼部的首領阿薩息斯殺死塞琉古王朝的總督，以尼薩（今土庫曼斯坦阿什哈巴特）爲都城，建立阿薩息斯王朝。漢朝取阿爾薩息王朝的漢語音譯"安息"作爲國名，將其稱之爲安息，西方史家將其稱之爲帕提亞（Parthia）。

〔2〕烏孫：古族名。最初在祁連、敦煌間駐牧。漢武帝初年，西遷至今伊犁河和伊塞克湖一帶，都赤穀城，故址在今伊塞克湖東南。西漢時人口達六十餘萬，從事游牧。元狩四年（前119年），張騫出使烏孫，武帝兩次以宗室女爲公主嫁烏孫王。宣帝立漢外孫元貴靡爲大昆彌，遣長羅侯常惠將三校屯赤穀城，後屬西域都護府。南北朝時烏孫已西遷葱嶺北，和北魏關係密切。契丹會同元年（938），遣使入貢。後漸與鄰族融合。

〔3〕渠犁：古西域國名。在今新疆維吾爾自治區庫爾勒市境。有都尉一人。地廣，饒水草。爲漢通西域北道必經之國。

〔4〕但欽：西漢第十八任西域都護，漢平帝元始中到任。王莽稱帝后，派人更換匈奴印璽，激起匈奴怨恨，王莽始建國五年（13），西域焉耆等叛漢歸匈奴，攻西域都護，被殺於輪台。

〔5〕戊校尉：官職名，《漢書·百官公卿表》上："戊己校尉，元帝初元元年置。顏師古曰："甲乙丙丁庚辛壬癸皆有正位，唯戊己寄治耳。今所置校尉亦無常居，故取戊己爲名也。有戊校尉，有己校尉。"

〔6〕西域長史：官名。東漢元和三年（86）始設此職。班超曾任第一任

西域長史。永元元年（89），班超改任西域都護後，徐幹繼任西域長史，屯兵疏勒。元興元年（105），班勇任西域長史時，長史府設于柳中（今鄯善縣）。永建二年（127），班勇免職後，西域長史的職權削弱。朝廷的命令一般都是通過敦煌太守下達西域長史的。

〔7〕張朗：東漢順帝時人。曾任敦煌太守。永建二年（127），西域皆服，唯焉耆王元孟未降，班勇奏攻之。乃遣朗將河西四郡兵三千人出關與勇會師，征討焉耆。大軍分兩路出擊，朗從北道，勇從南道，并約期俱至焉耆。朗欲徼功自贖，軍先至，派司馬攻擊，斬首俘虜兩千餘人，焉耆王乞降，朗受降而還。元孟竟不肯面縛，遣子詣闕貢獻。朗遂得免誅。

北魏太延三年，西域龜茲、疏勒、烏孫、悦般、其先本匈奴部落，爲竇憲所破，北單于西走康居，其不能去者爲悦般國，居龜茲北珠勒都斯山。渴盤陀、在葱嶺，其國有高山，夏多積雪。鄯善、焉耆、車師、即前後王庭。粟特一名温那沙，在葱嶺之西，康居西北，古奄蔡國，疑即①今之温都斯坦也。九國入貢於魏。

唐太宗貞觀四年，高昌王麴文泰入朝。西域諸國皆因文泰請朝，上欲令文泰使人迎之。魏徵諫曰：昔光武不聽西域送侍子，置都護，以爲不以蠻夷勞中國。前者文泰之來，緣道供億甚苦。諸國皆來②，將不勝其弊。姑聽其商賈往來，與邊民市易則可矣。倘以賓客遇之，非中國之利也。上乃止。

五年，康國[1]求内附，不受。《西域圖》③：其王姓温，本月支氏，居祁連北，爲突厥所破。稍南依葱嶺即有其地，支庶分爲九國，康其一也。十四年夏五月，侯君集滅高昌，以其地爲西州。初，高昌王麴文泰聞唐兵起，謂其國人曰：唐去我七千里，而沙磧居二千里。地無水草，寒風如刀，熱風如燒。安能致大軍乎？及聞唐兵臨磧石，憂懼發疾，卒。子智盛立，刻日將葬。諸將請襲之。侯君集曰：天子以高昌無禮，使吾討之。今襲人於墟墓④之間，非問罪之師也。於

---

① “疑即”，國圖抄本作“即居”。

② “諸國皆來”，國圖抄本、刻本作“若諸國皆來”。

③ “圖”，國圖抄本、刻本作“國”。

④ “墓”，國圖抄本訛作“暮”。

是，鼓行而進。詰朝攻之，及午而克。智盛出降，高昌麴氏，自嘉至智盛，凡五世，百三十四年而滅。君集分兵略地，下其地二十二城，户八千四十六。上以其地爲西州，置安西都護府。左屯衛將軍姜行本[2] 勒石紀功，在哈密北之南山口内松樹塘山上，其西北則巴里坤也。

【注释】

〔1〕康國：古國名。故此在今烏兹别克斯坦撒馬爾罕一帶，其王本月氏人，旧居祁連山北昭武城（今甘肃省临澤縣），因被匈奴所破，西逾葱嶺，遂有其國。康國右左，均以昭武爲姓、以示其不忘本。其地气候温和、宜五穀；其人高鼻深目多須，善商贾；其國善音乐，俗奉佛。北魏以後，康國人大多入居中原。

〔2〕姜行本：本名姜確（595—645），字行本，秦州上邽縣（今甘肃省天水市清水縣）人。唐朝時期岷州都督姜謨之子。歷任將作少匠，監修九成、洛陽二宫殿。遷宣威將軍，統領飛騎，拜左屯衛將軍，隨潞國公侯君集平定高昌，拜行軍副大總管，因軍功遷左屯衛大將軍，封金城郡公。貞觀十九年，隨駕攻打高麗，中箭而亡，贈左衛大將軍、郯國公，諡號爲襄，陪葬昭陵。

國朝順治三年，吐魯番蘇勒坦猶蒙古稱汗，明成化時酋如之。阿布勒阿哈默特阿濟汗，遣都督瑪薩朗琥伯峰等奉表貢。京師會同館及蘭州予市，以官役監，勿市熟鐵與軍器。

六年，河西逆回丁國棟等叛據肅州，陰通①哈密，煽惑吐魯番，助掠内地民。大軍定肅州，斬吐魯番頭目哈什克伽等，閉嘉峪關，絶貢。

十年，吐魯番使穆蘇喇瑪察派克等叩關請貢，表署蘇勒坦賽伊特汗。甘肅提督張勇盡歸内地民②，乃許。

---

① "通"，國圖抄本作"過"。
② "盡歸内地民"，刻本作"責盡歸内地民"。

十二年，回使克拜齋葉爾羌表，獻内地民十五人，以拜城[1]、薩嘛罕諸地使從，表署阿布都喇汗[2]。勇斥不盡歸内地民人，詰表異名違例。故克拜告曰：哈密、吐魯番、葉爾羌長皆昆弟。其父曰阿都喇汗，居葉爾羌[3]，卒已久。有子九，長即阿布都喇汗，居葉爾羌；次即阿布勒阿哈默特汗，居吐魯番，先二年卒；次蘇勒坦賽伊特汗，嗣之；次巴拜汗，居哈密，以得罪天朝故，爲葉爾羌長所禁，阿布勒阿哈默特子代之；次瑪哈默特蘇勒坦，居帖力；次沙汗，居庫車；次早死；次伊思瑪業勒，居阿克蘇；次伊卜喇伊木，居和闐。前葉①爾羌汗遣其弟②自吐魯番請貢，故表吐魯番汗名。今以葉爾羌汗爲昆弟長，故表稱葉爾羌名。察歸内地民百五十，爲準噶爾巴圖爾琿台吉[4]所掠，存者僅十五人，謹以獻，請即納貢。許之。

【注释】

〔1〕拜城：在新疆維吾爾族自治區的天山南麓，位於木札提河的上游。漢時屬龜兹地，清末置拜城縣，屬新疆温宿府。民初屬新疆阿克蘇道。境内礦産豐富，牧業亦盛。

〔2〕阿布都喇汗：維吾爾族，葉爾羌人。清朝初年，爲地區首領。其弟多人分管阿克蘇、庫車、喀喇沙爾、吐魯番、哈密等地。順治十二年（1655），遣使至肅州送回哈密所内地民人。次年進京貢獻方物。順治詔允許五年一貢。進京人數定額三十人，其餘均留甘肅。所帶貨物，允許在京師會同館照例互市。後因準噶爾部干擾，貢使中斷。

〔3〕葉爾羌：清西域地名。在今新疆莎車，原爲莎車城。《元史》作押兒牵，清作葉爾羌，乾隆二十四年（1759）設葉爾羌辦事大臣。道光十一年（1831），改置參贊大臣。光緒八年（1882），置莎車直隸州。

〔4〕巴圖爾琿台吉（？—1653）：綽羅斯氏，衛拉特蒙古準噶爾部的首領哈剌忽剌的長子，也是歷史上準噶爾汗國的奠基者。他大力推崇黄教，崇

---

①　國圖抄本衍一"前"字，缺"葉"字。
②　"弟"，國圖抄本訛作"地"。

禎八年（1635），五世達賴喇嘛賜給他"額爾德尼·巴圖爾琿台吉"稱號。他與和碩特部的鄂齊爾圖汗共爲丘爾幹盟主。在位期間，促進準噶爾的農牧業和手工業發展。崇禎十三年（1640），與喀爾喀札薩克圖汗共同召開衛拉特、喀爾喀各部領主會議，組成了更廣泛的聯盟，制訂了《蒙古衛拉特法典》。多次擊敗沙皇俄國和哈薩克汗國。清順治十年（1653）去世，以第五子僧格爲繼承人。

康熙十二年①，吐魯番使烏魯和卓等貢西馬四、蒙古馬十五、璞玉千斤，嗣令自璞、馬外，餘物免進②。二十年，吐魯番使伊思喇木和卓等貢璞、馬如前額③，自是免貢馬。

二十五年，遣使烏魯和卓等④，表稱：臣青吉斯汗裔，承蘇賚滿汗⑤業，謹守疆界，向風殊切，今特遣獻方物。

三十四年，大軍議征噶勒丹。先是，準噶爾台吉噶勒丹强脅吐魯番爲己屬，兄僧格子策旺阿喇布坦與構怨，携父僧格舊臣七人走吐魯番，尋徙和博克薩哩，吐魯番爲策旺阿喇布坦屬。至是，刑部尚書圖納請檄吐魯番，令知罪只噶勒丹，勿驚懼。

三十五年，噶勒丹敗遁葉爾羌，汗阿布都斯伊特⑥自軍所降，告葉爾羌有兵二萬，吐魯番有兵五千，請携拿赴吐魯番，偕策旺阿喇布坦，擒獻噶勒丹。噶勒丹尋走死。策旺阿喇布坦師噶勒丹詐，復不靖。

五十四年，陰以兵襲哈密，西安將軍席柱奏，由哈密北大山后烏蘭烏蘇進闢展，取吐魯番。

五十九年，散秩大臣阿喇納[1] 以兵赴闢展、魯克沁、吐魯番諸城。諭

---

① "十二年"，國圖抄本作"十五年"。查《清聖祖實錄》卷四二，應爲"十二年"，國圖抄本訛。

② "免"，國圖抄本作"先"。

③ "額"，國圖抄本訛爲"頭"。

④ "等"，國圖抄本作"至"。

⑤ "汗"，國圖抄本訛作"漢"。

⑥ 國圖抄本作"河卜都期伊特"，刻本作"阿卜都斯伊特"。

曰：大兵征準噶爾，非仇爾也，若不速決計，將破爾城，悔無及矣。回衆乞降，納畜、械各五百餘。撫其衆，以總管沙克札拍爾、頭目阿克蘇勒坦等歸，又有回衆百餘户聚魯克沁，以托克托瑪穆特[2] 爲總管，拒準噶爾兵。

【注释】

〔1〕阿喇納（？—1724）：又作阿爾納，伍彌氏，蒙古正黄旗人，騎都尉阿南達之長子。康熙間歷任侍衛、散秩大臣、鑲紅旗蒙古副都統，自康熙五十五年（1716）起，阿喇納一直在哈密、吐魯番和安西一帶領兵，雍正二年（1724）卒于布隆吉爾。

〔2〕托克托瑪穆特（？—1728）：雍正時期吐魯番維吾爾部族首領，康熙五十九年（1720）降清。時阿濟斯和卓拒降，走準噶爾，在策妄阿拉布坦授意下，脅吐魯番衆數千户徙喀喇沙爾。衆怨，脱歸者千餘户，聚魯克沁，公舉其爲總管，與額敏和卓遣使請内附。雍正四年（1726），率衆六百五十餘户内徙，被清廷置於肅州金塔寺、威魯堡諸地，仍授總管。六年（1728），與闢展頭人伊特格勒和卓毆斗中死亡。

六十年，吐魯番回人阿喇布坦抵大兵，訴回衆不堪準噶爾虐，約内附，且獻所獲準噶爾甲乞援。又準噶爾博斯和勒額木齊罕桑①以兵襲吐魯番，托克托瑪穆特乞援。阿喇納以兵二千馳援吐魯番，副都統莊圖、穆克登各督二千兵繼之，別以兵八千屯鄂隆吉、科舍圖、色畢特伊勒布林和碩爲應，阿喇納抵吐魯番，遇準噶爾賊二千餘，迎擊之，賊弃騎走。俘斬百②，遂屯吐魯番。

雍正二年，吐魯番納屯糧五千餘石。嗣歲，獲數以贏計。三年，撤大兵還，闢展、魯克沁、吐魯番諸城回衆内徙者六百五户，安置肅州金塔寺、威魯堡諸地，以托克托瑪木特爲總管。

---

① “罕桑”，國圖抄本、刻本作“宰桑”。
② “俘斬百”，國圖抄本作“俘斬首”，刻本作“俘斬百餘名”。

九年，岳鍾琪奏遣總兵張元①佐率兵三千赴吐魯番，別以兵六千屯塔呼及洮賓隘。準噶爾賊圍魯克沁，越四旬餘②，不下，復以木梯三百攻喀喇和卓，回衆拒，斬五百③餘級。聞我師將至，弃甲械遁。

十年，北路軍大敗準噶爾於額爾德尼昭④[1]。賊創甚，不敢復襲西路。尋吐魯番回目額敏和卓[2] 率回衆就道，查朗阿奏請安置肅州王子莊。明年，奏吐魯番自塔勒納沁徙瓜州，凡八千一十三口。

【注释】

〔1〕額爾德尼昭：古迹名。在今蒙古人民共和國中部哈爾和林。爲漠北蒙古第一座喇嘛教寺廟。萬曆十四年（1586），由外喀爾喀土謝圖汗阿巴岱汗所建。寺院呈正方形，四周圍有土墻，墻四角各有一具石龜。圍墻上築有九十個佛塔。正殿入口處有哼哈二將，殿内有八大金剛和十八羅漢的塑像。院内正中有一蒙古包遺址，爲昔日阿巴岱汗召集會議的地方。

〔2〕額敏和卓（1694—1777）：吐魯番的維吾爾貴族。康熙五十九年（1720），清軍西征討伐準噶爾到今鄯善縣境内，額敏和卓以阿奇木伯克的身份率衆歸附清朝。雍正十年（1732），爲了躲避準噶爾部的報復，他率衆東遷甘肅瓜州。乾隆二十年（1755），在隨清軍西征準噶爾後，於乾隆二十三年（758），又隨清軍平定大小和卓的叛亂，由於屢建戰功，被封爲郡王，駐葉爾羌辦事，主管該地的民政和軍事，并且畫像掛於紫光閣，乾隆皇帝爲他親撰贊詞說："吐魯番族，早年歸正。命贊軍務，以識回性。知無不言，言無不宜。其心匪石，不可轉移。"乾隆四十二年（1777）病逝。

乾隆二年，定吐魯番來朝廩給，限四旬。札薩克視喀爾喀輔國公，正千户視佐領，副千户而下視驍騎校。

---

① 國圖抄本衍一"元"字。
② 國圖抄本脱"餘"字。
③ "五百"，國圖抄本作"一百"。
④ "額爾德尼昭"，國圖抄本爲"厄爾德尼非"。

十九年，遣官赴瓜州，編旗隊。置管旗章京、參佐領、驍騎校各員，如哈密例。

二十年，瓜州回兵三百從大軍征達瓦齊[1]。軍機大臣奏吐魯番係內地，俟準噶爾定，察獲頭目安置之，并遣瓜州札薩克歸。定邊右副將軍薩拉勒檄招吐魯番伯克莽噶里克[2]，納户籍四百餘，復偕弟阿里尼咱爾迎降定西將軍永常[3]，納户籍千餘。莽噶里克祖曰瑪爾占楚克，父曰圖默爾庫濟，世居吐魯番，爲總管。莽噶里克嗣稱達爾罕伯克。有綽囉斯台吉噶爾藏多爾濟、輝特台吉巴雅爾者，準噶爾屬，游牧額琳哈畢噶，鄰吐魯番，聞大軍至，請降。巴雅爾以乏畜産告永常，遣①吐魯番耕種，檄莽噶里克給穀種。大軍尋抵伊犁，定北將軍班第奏，吐魯番舊頭目莽蘇爾[4]爲元太祖裔，居喀喇沙爾，應②遣歸吐魯番，轄舊屬。至瓜州，回民請遣官護歸魯克沁。軍機大臣議奏，俟勘界後乃議從。時達瓦齊就擒，撤③瓜州兵歸。尋阿睦爾撒納[5]叛擾伊犁。莽蘇爾不獲歸吐魯番，偕弟哈什木走葉爾羌。後大軍定逆回霍集占之亂，乃獲之以歸，授一等台吉，隸正白旗蒙古都統。

【注释】

〔1〕達瓦齊：清朝蒙古首領。準噶爾部人。策妄阿拉布坦謀臣大策凌敦多卜之孫。葛爾丹策零死後，他得到阿睦爾撒納的擁護和支持，自立爲首領，後與阿睦爾撒納不和，互相攻伐，阿睦爾撒納乃降清。乾隆二十年（1775），清遣大軍討伐，他兵敗被擒。後遇赦，封親王，使居京師，尚宗室女，充侍衛，卒于京師。

〔2〕莽噶里克（？—1757）：維吾爾貴族。世居吐魯番，父圖默爾庫濟爲總管。莽噶里克嗣父業，稱達爾汗伯克。乾隆二十年（1755）歸附清朝。翌年遣子白和卓入覲。請將所屬部從編旗分佐領，管轄吐魯番之伊里克至阿斯塔克地方。不久反叛，殺寧夏將軍和起。二十二年（1757）重歸附清，爲

---

① "遣"，國圖抄本、刻本作"遣赴"。

② "應"，國圖抄本作"鹿"。

③ 底本自"撤"字後至"二十二年春"一頁混入後頁，今據國圖抄本及刻本調整。

安西提督傅魁所殺。

〔3〕永常（？—1756）：清朝大臣。董鄂氏，滿洲正白旗人。自三等侍衛累遷至鑲紅旗滿洲都統。歷任湖廣、陝甘總督。乾隆二十年（1755），清廷討伐準噶爾部達瓦齊叛亂，他以定西將軍出西路。因行動遲緩受斥，左遷吏部侍郎。後討伐阿睦爾撒納叛亂，又被斥爲怯儒，奪官，逮送京師，死於途中。

〔4〕莽蘇爾：察合台後裔，世居吐魯番。康熙五十九年（1720）清軍征準噶爾，自吐魯番進兵烏魯木齊歸附清朝。清軍撤走後，被策妄阿拉布坦拘禁于喀喇沙爾。乾隆二十年（1755）清軍平伊犁，爲避阿睦爾撒納，與其弟哈什木走葉爾羌。清軍平定大小和卓之亂後，遷居北京，授一等台吉，隸蒙古正白旗。

〔5〕阿睦爾撒納（1723—1757）：厄魯特蒙古輝特部台吉，策妄阿拉布坦外孫。清乾隆十七年（1752）先擁立達瓦齊，後與之爭斗，失敗後投附清朝，封和碩親王，加俸。乾隆二十年，清出兵平定達瓦齊，授定邊左副將軍，率軍至伊犁。伊犁平定後，欲謀擔任四部總台吉未遂，乃反叛，旋被清軍擊敗，逃入哈薩克境，二十二年（1757）逃亡俄羅斯。死於天花。

二十一年，薩拉勒自伊犁歸吐魯番，陝甘總督黄廷桂[1]獻額敏和卓繪吐魯番圖，奏吐魯番不復有蒙古裔，瓜州回民願歸故土。已而阿睦爾撒納竄哈薩克，徙瓜州回民歸魯克沁。莽噶里克遣子白和卓至，軍機大臣議奏，吐魯番東界自闢展至喀喇和卓，令額敏和卓轄。西界自伊拉里克至阿思塔克，令莽噶里克轄。未幾，噶爾藏多爾濟以巴雅叛告，寧夏將軍和起携索倫兵百往剿，檄額敏和卓、莽噶里克兵闢展，而噶勒雜特宰桑[2]、哈薩克錫喇布魯古特、台吉呢瑪陰應巴雅爾，詭以兵千五百會。和起望兵至，疑之，遣莽噶里克往偵，莽噶里克紿曰：我兵也。逾時，呢瑪等操戈前，莽噶里克自後噪，和起偕衆兵百死①之。安西提督馳往剿，會白和卓自京旋，抵哈密就擒。

---

① "死"，國圖抄本作"冗"。

【注释】

〔1〕黄廷桂（1690—1759）：字丹崖，號前黄，北京人，漢軍鑲紅旗。雍正年間，由總兵擢四川提督。乾隆年間，歷任兩江總督、陝甘總督、四川總督，吏部尚書，武英殿大學士等職。後奉命督辦陝甘軍需，佐清軍進討阿睦爾撒納。以籌畫有方，得乾隆帝稱許，加太子太保，封三等忠勤伯。卒謚文襄，圖形紫光閣，御製懷舊詩，列黄廷桂爲五督臣之首。

〔2〕宰桑：官名。漢語"宰相"音譯。準噶爾部管理鄂托克和集賽事務的首領，統歸於汗。一宰桑管理一鄂托克，也有三四宰桑管理一鄂托克，一般是世襲。政務需上報經汗批准後方能實施。宰桑下有達魯噶、德木齊、收楞額、和碩齊等，分管軍事、民政、監察、司法、稅務等。

二十二年春，傅魁兵次鹽池。莽噶里克携厄魯特俘一、馘十二。迎告曰①：厄魯特虐我甚，我子不即歸，以故擒獻厄魯特賊，且將迎我子。傅魁以執而獻非己功，碟莽噶里克及從者十九人，詭稱道遇莽噶里克，擊斬三十三級。上以賊迎赴我軍，且從者寡，不俘獻反聚殲之，情必詐。械傅魁至廷，訊悉欺罔狀，予闕。宥白和卓罪，任副都統。額敏和卓自魯克沁馳赴吐魯番，擒斬其從逆宰桑十餘人，徙居吐魯番，兼轄莽噶里克屬户五百餘。

二十三年，户部侍郎阿里袞剿沙拉斯瑪呼斯城，兵抵羅卜淖爾。羅卜淖爾舊有户二千餘，存者六百餘，聞大軍擒達瓦齊，遣使携鶴貢。抵吐魯番，伯克哈什哈、呢雅斯呼里等獻户籍請降。

二十六年，陝甘總督楊應琚[1]奏，甘州威魯堡安置吐魯番回民計二百五十户，墾地萬五千三百六十餘畝，户口日增，地畝有限，請遣千户珈如拉等歸吐魯番。尋議奏，酌給闢展、吐魯番可耕地。七月，舒赫德[2]奏，附闢展之連木齊木有地六千畝，闢展、英格二邑有地千餘畝，請令千户珈如拉

---

① 國圖抄本無"迎告曰"三字。

徙居①，魯克沁衆赴連木齊木，百户伊明和卓徙舊居，英格衆歸故土。授五品、六品伯克有差。又羅卜淖爾部有二，一爲喀喇庫勒，一爲喀喇和卓。喀喇庫勒置伯克二，喀喇和卓凡五邑，各置伯克一。每年②納哈什翎百枝，海倫九張。吐魯番札薩克多羅郡王一，一等台吉[3]一，二等台吉一。

【注释】

〔1〕楊應琚（1696—1766）：字佩之，號松門，青海西寧人，清代學者、詩人。漢軍正白旗人。乾隆朝歷任西寧道、甘肅布政使、巡撫、陝甘總督。對西北屯田、籌辦軍需及處理戰後事宜多有貢獻。乾隆三十一年，在雲貴總督任上因攻緬甸戰事不力，且虛報戰功，被清廷召還，削籍逮問，勒令自盡。

〔2〕舒赫德（1710—1777）：姓舒穆禄，字伯容。滿洲正白旗人，滿族。雍正間由筆帖式授内閣中書，充軍機處章京。乾隆間歷兵、户、工部尚書等。從大臣傅恒征金川及平準噶爾叛、阿睦撒納叛等，以功加太子太保。後遷武英殿大學士。

〔3〕台吉：清朝蒙古貴族封爵之第七等，位次輔國公。土默特左旗和喀喇沁三旗稱“塔布囊”。有一、二、三、四等之别，秩視一品至四品。此外，新疆回部吐魯番和哈密的貴族封爵制同蒙古，亦有台吉。清朝設於内蒙古各族之職官，稱協理台吉，輔助札薩克管理旗務。

烏魯木齊

謹案：烏魯木齊、巴里坤在北天山之北麓，漢車師後王庭地。烏魯木齊即古輪台[1]也。《西陲紀略》[2]云：輪台在庭州[3]之西，亦曰侖頭。《漢書》“侖頭”皆作“侖台”③。至昭帝時，以扞彌太子即今哈密。賴丹爲校尉，

---

① “徙居”，國圖抄本、刻本作“徙舊居”。
② “每年”，國圖抄本作“年年”。
③ “侖”，國圖抄本、刻本作“輪”。

田輪台，即此。回語謂禾稼爲烏魯木齊^①，以其地可種禾稼，故名。蓋古輪、烏魯木齊音相近也。桑宏羊^②言，輪台以東捷枝、渠犂皆可屯田。渠犂故地即金蒲城，庭州舊治。章懷太子云，金蒲城即車師後王庭。《文獻通考》：車師後王治務塗谷金蒲城。《北庭府考》：巴里坤西一百四十里，地名烏爾圖布拉克。蒙古語烏爾圖，長也；布拉克，泉也，言長流水也。《舊唐志》：貞觀十四年討高昌，西突厥遣其葉護屯浮圖城，與高昌相應，即此。《一統志》云：浮圖即務塗之轉音也。巴里坤本名巴爾庫勒，蒙古語謂虎爲巴爾，足爲庫勒，言山形似虎足也。舊名蒲類縣，以城西山凹有海名蒲類海，亦名婆息海，故以名其城。《西陲紀略》謂蒲類海在吐魯番西南，非也。吐魯番西南乃蒲昌海，又名羅卜淖爾，一名黝澤是也。巴里坤東南，過松樹塘，出南山口，通哈密大道。巴里坤西北至古城，由古城東北通科布多大道。又由古城西達烏魯木齊，由烏魯木齊西北至庫爾喀喇烏蘇，北通塔爾巴哈台大道，西至晶河交伊犂界。又由烏魯木齊南達吐魯番。設府廳州縣，叙歷代及本朝紀略如左。

【注释】

〔1〕輪台：城邑名，在今新疆輪台縣東南，原爲輪台國（一作侖頭國）。西漢武帝開拓西域，爲李廣利所攻滅，于其地置使者校尉，屯田于此。武帝晚年頒《輪台罪己詔》中之輪台即此。後并於龜兹。維吾爾語稱布古爾。

〔2〕庭州：古州名。唐代在西域所置三州之一。因漢爲車師後王庭得名。貞觀十四年（640）侯君集滅高昌後置，領金滿、蒲類、輪台、西海四縣。治所在金滿縣（今新疆維吾爾自治區吉木薩爾縣），武則天長安二年（702）改爲金蒲縣。寶應元年（762）又改爲後庭縣，置北庭都護府，在此置燭龍軍，後改瀚海軍。開元二十一年（733）改置北庭節度使，以伊西北庭節度使例兼都護，故亦稱北庭，統轄天山以北諸游牧部落。

---

① 國圖抄本、刻本無"齊"字。
② 據《漢書》，當爲"桑弘羊"，此處避乾隆諱而作"宏"。

漢武帝元鼎二年，張騫使西域，知車師前王庭爲北道，而不知復有車師後王庭也。至太初三年大發兵，從貳師將軍李廣利伐大宛，宛殺其王毋寡，出善馬以降。於是自敦煌西至鹽池，往往起亭，而輪台、渠犁皆有田卒數百人，置使者校尉領護，以給使外國者。

征和四年，桑宏羊①言：輪台以東捷枝、渠犁故國，地廣，饒水草，有溉田五十頃以上，可遣屯田卒。置校尉，募民壯健敢徙者詣②田所，墾田築亭，以威西國。

宣帝地節三年，鄭吉田渠犁，車前王③奔烏孫，餘民東徙。吉使吏卒往田車師地以實之，蓋前後庭皆漢屯田之所。

元康二年，匈奴以爲車師地肥美，使漢得之，多田積穀，必害人國，不可不爭，數遣兵擊車師田者。鄭吉爲匈奴所圍，常惠往援，鄭吉迎歸渠犁，遂以車師故地與匈奴。

元帝初元元年，匈奴款④服，復命安遠侯鄭吉爲都護，置戊己校尉，復屯田車師故地。

明帝永平十八年，北匈奴攻殺車師後王安得，而攻金蒲城。耿恭以毒矢射之，遂解去。恭以疏勒城胡三省曰：此疏勒在車師後部，非疏勒國城也。傍有澗水可固⑤，引兵據之。已而匈奴復來攻，壅絕澗水。恭於城中穿井，有飛泉湧出。恭令吏士揚水以示虜，虜大驚，復引去。時都護陳睦、己校尉關寵俱没。

章帝建初元年，酒泉太守段彭擊車師，斬獲數千，北匈奴驚走，車師復降。罷都護及戊己校尉官。

安帝永寧九年⑥，北匈奴率車師後王軍就共殺伊吾行長史索班，詔復置

① 據《漢書》，當爲"桑弘羊"，和寧避乾隆諱而作"宏"。
② "詣"，國圖抄本作"諸"。
③ "車前王"，國圖抄本、刻本作"車師王"。
④ "款"，國圖抄本作"致"。
⑤ "固"，國圖抄本作"圖"。
⑥ 漢安帝永寧年號僅使用兩年，此處"九年"當爲"元年"，形近而誤。

都護屯田。延光二年，北匈奴連與車師寇河西。議者復欲閉玉門、陽關以絕其患。敦煌太守張璫上言，北虜呼延王常輾轉蒲類、東海①間，專制西域，共爲寇鈔。今以酒泉屬國吏士二千餘人集昆侖塞，今昆侖②侖。先擊呼延，絕其本根，因發鄯善五千人脅車師後部，此上計也。若不能出兵，置軍司馬將士五百人，四郡供其犁牛、穀食，出據柳中，此中計也。如又不能，則宜弃交河城，收鄯善等，使入塞，此下計也。三年，班勇擊走匈奴田車師者。四年，擊斬車師後王軍及③匈奴使者。西域復通。

唐太宗貞觀十四年，侯君集[1]滅高昌，以其地爲西州，今吐魯番是也。又以車師後王庭置庭州。

高宗永徽二年，西突厥[2]召集離散，廬帳漸盛，自稱沙鉢羅可汗。有咄陸弩什畢十姓統之，進寇庭州，攻陷金嶺城。《唐書·地理志》云：西州交河縣北行經柳谷，度金沙嶺至北庭都護城，今烏魯木齊舊城是也。西突厥賀魯之亂，武侯大將軍梁建方率回紇五萬騎討之。顯慶二年，以蘇定方[3]名烈。爲伊麗即今伊犁。道行軍總管，討沙鉢羅[4]。先是，上遣使册拜西突厥真珠葉護爲可汗，至碎葉城，《唐西域傳》：安西至葱嶺，度雪海，春夏常雨雪。北行又千里得細葉川，東曰熱海，地寒不凍，其西有碎葉城。爲沙鉢羅所拒。程知節討之，不克。至是蘇定方督諸軍進討。考唐碎葉城④，即細葉川，亦曰素葉水，在伊麗河西。今伊犁河西之水，最大者爲圖斯庫爾，即碎葉舊迹也，其水周廣六百餘里。冬十月，蘇定方至曳咥河，在伊犁河東。西擊敗沙鉢羅，斬獲數萬。會大雪，平地數尺，軍中咸請俟晴而行。定方曰：賊⑤恃雪深，謂我不能進，必且休息，亟追之，可及也。乃兼行，直抵其牙帳，縱兵擊之，斬獲又數萬。沙鉢羅脫走，趨石國[5]，大宛北鄙。蕭嗣業追獲之。分西突厥地，置昆陵都護府，居碎葉川[6]西；蒙池都護府，居碎葉川東。以彌射爲興昔亡可汗，押

---

① "東海"，國圖抄本作"泰海"。

② "侖"，國圖抄本、刻本作"都"。

③ "及"，刻本作"就及"車師後王名軍就，當以刻本爲是。

④ "城"，國圖抄本、刻本作"川"。

⑤ "賊"，國圖抄本作"虜"。

五咄陸部落。以步真爲繼往絶可汗，押五弩什畢部落。永隆以後，吐魯①漸强盛矣。

元②宗開元十年，吐魯③圍小勃律[7]。《西域傳》：大勃律，或曰布露，直吐魯④西，與小勃律接距，吐蕃贊普牙，東南對大勃律。今東西布魯特，即其地也。小勃律王設謹莽，求救於北庭節度使張孝嵩。孝嵩將蕃漢步騎往擊，大破之。天寶後，突厥亂，回紇骨力裴羅封爲懷仁可汗，突厥亡，其地盡入回紇矣。

【注释】

〔1〕侯君集（？—643）：豳州三水（今陝西省旬邑縣北）人。隋末戰亂，被李世民引入幕府，征討有功，累遷左虞侯、車騎將軍。武德九年（626），參與玄武門之變。太宗即位，任左衛將軍，封潞國公，遷右衛大將軍。貞觀四年（630），任兵部尚書、檢校吏部尚書、參議朝政（即宰相）。九年，爲積石道行軍總管，隨李靖平吐谷渾。十一年，改封陳國公。十二年，遷吏部尚書，仍參朝政。出爲將領，入參朝政，稱譽當時。十二年，爲當彌道行軍大總管擊吐蕃。十三年冬，爲交河道行軍大總管，率兵擊高昌王麴文泰。十四年八月入高昌，私取寶物，後被人揭發下獄，雖得赦免，心懷不滿。十七年，因參與太子李承乾謀反案，受牽連被殺。

〔2〕西突厥：突厥族在天山南北和中亞、西亞建立的汗國。隋文帝開皇二年（582）突厥正式分裂，西突厥盡得烏孫故地。貞觀初，突厥國內大亂，貴族爭立，汗國分爲十姓部落。高宗永徽時，阿史那賀魯立爲沙鉢羅可汗，統攝十姓部落，總有西域諸國，有勝兵數十萬，國勢稍振，不斷侵擾唐境。顯慶二年（657）爲唐所滅，共歷76年。唐在其地置都督府、州，又於其上設昆陵、蒙池二都護府。

---

① "魯"，刻本作"番"，國圖抄本作"蕃"。
② "元"，當作"玄"，和寧避康熙諱改。
③ "魯"，刻本作"番"，國圖抄本作"蕃"。
④ "魯"，刻本作"番"，國圖抄本作"蕃"。

〔3〕蘇定方（592—667）：名烈，字定方，以字行。冀州武邑（今河北省衡水市武邑縣）人。父邕，隋末聚鄉里數千人，在信都郡本土鎮壓農民起義軍。時定方15歲，隨父作戰。父死，代領其衆，殺張金稱于郡南，敗楊公卿於郡西。後降竇建德，爲建德大將高雅賢養子，攻城克邑，累建戰功。劉黑闥敗後，定方歸鄉里。唐貞觀初，爲匡道府折衝都尉，四年（630）爲李靖前鋒，擊敗東突厥頡利可汗，授左武候中郎將。顯慶元年（656）任前軍總管，從程知節征西突厥。次年，敗西突厥鼠尼施等部於鷹莎川（今新疆維吾爾自治區開都河上游）。次年，定方爲伊麗道行軍大總管西征，擊破可汗阿史那賀魯的主力，追至石國蘇礎城，俘獲賀魯，西突厥亡。因功遷左驍衛大將軍，封邢國公。四年冬，鐵勒思結部首領都曼脅所部及疏勒等叛，蘇定方爲安撫大使再次西征，至葉水，圍馬保城，都曼降，葱嶺以西悉定，累功遷爲左武衛大將軍。五年，又爲神丘道大總管，攻百濟，擒其王。後任凉州安集大使，防禦吐蕃。乾封二年（667）卒。

〔4〕沙鉢羅：即阿史那賀魯，西突厥曳步利設射匱特勤之子。生卒年不詳。乙毗礎陸可汗心腹，立之爲葉護，取代阿史那步真，主多邏斯川（今額爾齊斯河）處密、處月、姑蘇、葛羅禄、昇失等五部。乙毗射匱可汗代爲大可汗後，于貞觀二十二年（648）率衆降唐。太宗命其參加討伐乙毗射匱可汗的昆丘道行軍，翌年授瑶池都督；高宗即位，晋升左驍衛大將軍，仍領瑶池都督如故。其時賀魯已連續挫敗乙毗射匱可汗，并占有其封地。庭州刺史駱賓義密奏賀魯將反，高宗遣人召其子咥運入京爲侍子，旋又遣其返回封地，示以并無猜疑。永徽二年（651），阿史那賀魯父子共叛，率衆西遷，建牙千泉（今吉爾吉斯斯坦共和國比斯凱克西），號沙鉢羅可汗，子咥運爲莫賀咄葉護，興兵犯庭州（今吉木薩爾）。唐朝連續發動弓月道行軍、葱山道行軍、伊麗道行軍等三次大規模的軍事行動，先後以梁建方、契苾何力、程知節、蘇定方爲主帥。顯慶二年（657），蘇定方與另一支以阿史那彌射、阿史那步真爲首的流沙道行軍會師，直搗千泉。賀魯奔石國（今烏兹別克斯坦共和國塔什干），被石國首領伊涅達幹俘獻唐軍，後終老長安。

〔5〕石國：唐朝時西域國名，昭武諸國之一。古籍亦作柘支、柘折、者

舌、赭時。西方史籍稱之爲沙胥（Shash）。公元六世紀中葉後，隸屬突厥。七世紀中葉，唐朝破西突厥，於其地設大宛都督府。天寶九載（750），唐朝大將高仙芝俘其王，石國乞助于阿拉伯人。次年，阿拉伯軍隊大敗高仙芝軍于怛羅斯（Talas）。後石國臣屬於阿拉伯帝國。

〔6〕碎葉川：唐代西域河名。一作素葉水、碎葉水、細葉水。元作垂河、吹没輦。清稱吹河，即今中亞的楚河。著名的碎葉城即傍水而建。

〔7〕小勃律：古國名。國都在今克什米爾的蘖多城（今吉爾吉特，Gilgit），唐朝時葱嶺大國。東距長安九千多里，東南距吐蕃邏些（今拉薩市）三千里，東南距大勃律三百里。

國朝康熙五十五年，散秩大臣祁里德奏：來年由巴里坤剿吐魯番，乘勢取珠勒都斯地。在喀喇沙北山，周二千里，水草暢茂。五十六年，靖逆將軍富寧安請遣巴里坤兵，分擊烏魯木齊及吐魯番。富寧安以兵抵烏魯木齊，擒賽音塔喇諸邑回人百餘，振旅還。六十一年，遣巴里坤兵五千，赴吐魯番築城墾地，挽粮守汛，防禦準噶爾賊。

雍正八年，寧遠大將軍岳鍾琪統軍屯巴里坤，準噶爾盗運粮駝馬。總兵樊廷等馳擊之，敗遁。十三年，大軍撤還。王大臣議設駐防哈密及巴里坤，兵各二千。

乾隆二十三年，乾清門侍衛努三等查勘田，自木壘至烏魯木齊、昌吉、羅克、闢展等處，皆可耕種，始議撥兵屯田。

二十七年正月，派撥户民赴烏魯木齊屯田。張掖東樂、山丹共撥種地二百户，男婦大小七百七十七口。

二十九年十月，派撥張掖縣户民赴烏魯木齊等處屯田，共撥種地民三百五十口①，男婦大小一千三百八十七口。

三十二年，派撥張掖縣户民赴木壘、奇台、西吉爾瑪泰等處屯田，共撥種地民男婦大小一千一百七十三口。

---

① "口"，國圖抄本、刻本作"户"。

三十三年，派撥張掖縣戶民再赴木壘、奇台等處屯田，共撥種民一百五十户，男婦大小五百四十二口。

三十四年，派撥張掖縣戶民再赴木壘等處屯田，共撥種地民一百户，男婦大小四百七十四口。

三十五年①七月，分巡甘肅道[1]畢沅[2]往木壘一路，安插屯田，佑築古城工程。九月，總督明山會勘木壘一路安插民户屯田，佑築古城工程。木壘一路增設屯田，自東、西吉爾瑪泰至特納格爾，先安一十堡，開墾地四萬餘畝。復馳往濟木薩[3]，會同駐扎烏魯木齊大臣徐績等勘辦，議築古城，繪圖以進。

三十六年十一月，派撥户民赴濟木薩東北古城等處屯田。張掖、山丹、撫彝共撥種地民一百户，男婦大小五百三十六口。

四十一年十二月，派撥户民再赴烏魯木齊等處屯田。張掖、山丹共撥種地民一百四十户，男婦大小五百九十六口

四十二年十二月，派撥户民迪化州、古城等處屯田，撫彝廳、東樂二處共撥種地民四十四户，男婦大小一百八十七口。

四十三年九月，派撥張掖縣户民再赴迪化州等處屯田，共撥種地民一百二十户，男婦大小五百二十三口。

【注释】

[1] 分巡道：即道員。明初布政、按察二司以轄區廣大，由布政司的佐官左右參政、參議分理各道錢穀，稱爲分守道；按察司的佐官副使、僉事分理各道刑名，稱爲分巡道。乾隆時始專設分守、分巡道，多兼兵備銜，轄府、州，成爲地方省和府、州之間的高級行政長官，其職掌亦逐漸不分。清代又設督粮、鹽法等道，清末更在各省設置巡警、勸業二道。中華民國成立後改稱道尹。清代道員爲正四品官。

[2] 畢沅（1730—1797）：字湘蘅，一字秋帆，小字潮生，自號靈巖山人，安徽休寧人。乾隆十八年（1753），鄉試中舉。以舉人身份授内閣中書，

---

① 刻本作“三十四年”。

後任軍機章京。二十五年狀元及第。三十二年至四十九年，歷任甘肅鞏秦階道、安肅道、陝西按察使、陝西巡撫。離開西北後又任河南巡撫、湖廣總督等職。嘉慶二年（1797）卒。因在湖廣總督任內失察過多，未加謚號。四年，受和珅牽連，下旨後人不准承蔭，籍没其家。畢沅一生著述較多，有《關中勝迹圖志》《關中金石記》等著作，于經史、小學、地理無不通曉，著有《傳經表》《説文解字舊音》《音同義异辨》《續資治通鑒》等。善爲詩，有《靈岩山人詩集》傳世。

〔3〕濟木薩：乾隆三十七年（1772），在此築愷安城。四十一年，設濟木薩縣丞。光緒二十年（1894），重修，改名孚遠城。二十九年，升置孚遠縣。1953 年改爲吉木薩爾縣。位於今新疆昌吉回族自治州東部。

疆域門

謹案：烏魯木齊爲準噶爾游牧之所，今鞏寧城[1] 東四十里，名古牧地，其遺迹也。所屬之境西界伊犂，古名伊麗，又名伊列，爲噶勒丹駐牧之地。西北界塔爾巴哈台[2]，又名雅爾，阿睦爾薩納駐牧之地。北至沙磧，即戈壁瀚海。東北界科布多[3]，亦阿睦爾薩納游牧之所。東界哈密，漢伊吾廬地，唐曰伊州，五代號胡廬磧。東南抵吐魯番、漢車師前王庭，唐高昌王麴文泰治，更名西州。闞展又名皮禪。屬境，南界天山，北祁連山。西南界喀喇沙爾[4]，東蘇巴什台。

【注释】

〔1〕鞏寧城：指烏魯木齊滿城，原爲準噶爾部落游牧地，地處烏魯木齊河西岸。乾隆三十七年（1772）築城，駐烏魯木齊都統、領隊大臣、印房粮餉司員等官及滿營兵丁等。四十八年重修，同治三年（1864）年毀於戰火，至今俗稱"老滿城"。

〔2〕塔爾巴哈台：即塔城，因塔爾巴哈臺山得名。原爲準噶爾游牧地。乾隆三十年（1765），清朝先於雅爾築肇豐城，駐參贊大臣。翌年又于楚呼楚築綏靖城，移參贊大臣、領隊大臣等駐之。同治三年（1864）簽訂《中俄勘分西北界約記》，塔爾巴哈臺屬齋桑湖及其以東、以南領土被俄方割占。光緒十六年（1890）設塔城直隸廳，轄塔城、額敏、裕民、托里四縣及和布賽克，隸塔城道。

〔3〕科布多：清初爲喀爾喀蒙古及烏梁海各部游牧之地，雍正九年（1731）在布彦圖河畔築科布多城。乾隆二十四年（1759）擴建。二十六年于此設科布多參贊大臣，歸烏里雅蘇台將軍節制，統轄阿爾泰山南北、厄魯特蒙古諸部和阿爾泰烏梁海、阿爾泰淖爾烏梁海諸部。近代以來，沙俄通過一系列不平等條約，占領了原屬科布多的大量土地，1864 年簽訂《中俄勘分

西北界約記》，被沙俄割占了阿爾泰諾爾烏梁海。1881 年《中俄伊犁條約》和以後的《中俄科塔界約》簽訂，又被沙俄割占了烏梁海西部地區，即今新疆維吾爾自治區哈巴河縣國界以外的齋桑泊以東一帶。剩餘的阿勒泰烏倫古河以北地區，1919 年劃入新疆。

〔4〕喀喇沙爾：清朝時期新疆地名，維吾爾語"黑城"之意。明爲別失八里部，準噶爾時期爲牧場，乾隆二十三年（1758），建喀喇沙尔城，置喀喇沙爾辦事大臣駐守。光緒八年（1882），改設喀喇沙爾直隸廳。二十四年升爲焉耆府。1913 年，改爲焉耆縣。即今新疆維吾爾自治區焉耆回族自治縣。

回城皆在天山南也。考山南諸國，曰焉耆，即喀喇沙爾，距吐魯番西南一千三十里。曰龜兹，即庫車，距喀喇沙爾西九百四十里。曰温宿，即阿克蘇，距庫車西南一千五十里。曰尉頭。即烏什[1]，距阿克蘇西二百里。又西南曰莎車，即葉爾羌，本名葉爾奇木，距阿克蘇西南一千四十里。又東南曰于闐，即和田，距葉爾羌東南七百餘里。又北曰依耐，即英吉沙爾，距葉爾羌三百餘里。曰疏勒。即喀什噶爾，距葉爾羌西北五百九十里。而莎車、依耐、疏勒、尉頭邊外皆大小勃律也。今東西布魯特。又西曰巴達克山，曰温都斯坦，又名温那沙[2]。曰喀什米爾，又名卡契，又名纏頭回回。又北曰敖罕，又名霍罕。曰安集延[3]，即古罕开。曰哈薩克，即古大宛。接伊犁、塔爾巴哈台之境矣。惟烏魯木齊當山北四路之沖，哈密、科布多、伊犁、塔爾巴哈台。東西三千餘里，南北或七八百里或四五百里。至於哈密，扼南北兩路之要，西南通吐魯番，北通巴里坤。故與吐魯番屬境并載焉。

【注释】

〔1〕烏什：在阿克蘇河支流托什幹河谷地，今爲烏什縣。漢爲温宿國地，唐置温肅州，州治大石城。又稱作于祝。元、明以來有倭赤、烏赤等名稱，或爲其地。《西域同文志》載："回語烏什即烏赤，蓋山石突出之謂，城居山上故名。"明末清初準噶爾部統治時期，稱圖爾口，即吐魯番之异譯，因當時吐魯番的維吾爾族居民大量遷居烏什而得名。乾隆二十四年（1759），設辦事大臣。光緒九年（1883），設烏什直隸廳。民國時期改稱烏什縣。

〔2〕温那沙：又叫粟特，即古代的奄蔡，一名温那沙。《北史・粟特傳》說它"居於大澤"。大澤，或疑爲里海。北魏太武帝太延元年（435）、三年、五年、太平真君五年（444），粟特國王都派遣使節來魏訪問，并饋贈方物。粟特人善於經商，從漢朝開始，粟特地区和粟特人就已在中亚與中國的絲路貿易之間占有中心地位。

〔3〕安集延：地名。今烏兹別克斯坦城市，安集延州首府。在費爾幹納盆地的東部，是絲綢之路上的重要商業城市。

哈密距京師七千一百八十里，距蘭州省城三千五百里。東至安西州[1]交界紅土崖子五百二十五里，南至南湖三十里，以外俱係戈壁。西至吐魯番交界沙坡五百里，北至宜禾縣交界栅門口一百七十里。屬邑十三：曰蘇門哈爾輝，曰阿思塔納，曰托克齊，曰拉卜楚克，曰喀喇都伯，曰格子烟墩①，曰星星峽，曰下磨艾，曰上磨艾，曰塔勒納沁，曰半池泉，曰柳樹溝，曰博羅特口，皆哈密回部札薩克郡王屬。

吐魯番在嘉峪關外，至京師八千三百五十里。東界哈密，西界喀喇沙爾，南至沙磧，北至博克達山，爲天山界。邑二十有九：曰塔呼，曰納呼，曰齊克塔木，曰特庫斯，曰洪，曰舒歸，曰色爾奇木，曰魯克沁，曰闢展，曰英格，曰喀喇和卓，曰阿思塔納，曰玉門口，曰勒木丕，曰交河城，曰雅木什，曰安集彦，曰波衮，曰托克遜，曰伊拉里克，曰勒木津，曰雅土溝，曰漢墩②，曰蘇巴什，曰僧吉木，曰罕和羅，曰莫爾圖拉克，曰布拉里克，曰濟木薩，皆吐魯番回部札薩克郡王屬。

烏魯木齊東至哈密屬之松樹塘，計程一千五百里。

迪化城[2] 至黑溝六十里。

黑溝至阜康縣七十里。

阜康縣至大泉五十里。交濟木薩界。

---

① "墩"，刻本作"燉"。

② "墩"，刻本作"暾"。

大泉至清水七十里。

清水至三台九十里。

三台至濟木薩九十里。

濟木薩至古城六十里。交奇台縣界。

古城至奇台縣九十里。

奇台縣[3] 至木壘九十里。

木壘至阿克塔斯九十里。

阿克塔斯至烏蘭烏蘇九十里。

烏蘭烏蘇至色畢六十里。

色畢至噶遜八十里。

噶遜至務塗水九十里。交宜禾縣界。

務塗水至肋巴泉七十里。

肋巴泉至蘇吉九十里。

蘇吉至巴里坤九十里。

巴里坤至奎素九十里。

奎素至哈密屬之松樹塘八十里。

又，古城北至科布多屬之鄂倫布拉克台，計程三百六十里。設卡倫四。

古城至素畢口卡倫四十里。

素畢①至噶遜布拉克卡倫九十里。

噶遜布拉克卡倫至蘇吉卡倫一百四十里。

蘇吉卡倫至科布多屬之鄂倫布拉克卡倫九十里。

烏魯木齊南至喀喇沙爾屬之蘇巴什台，計程七百一十里。

鄂倫拜星至昂吉爾圖淖爾一百二十里。

昂吉爾圖淖爾至喀喇巴爾噶遜[4] 一百一十里。

喀喇巴爾噶遜至哈畢勒罕布拉克一百一十里。

哈畢勒罕布拉克至根特克一百里。

①　"素畢"，國圖抄本、刻本作"素畢口"。

根特克至吐魯番城五十里。

吐魯番西至布幹七十里。

布幹至托克遜[5] 六十里。

托克遜至喀喇沙爾屬之蘇巴什台九十里。

又，吐魯番城東至哈密屬之礳槽溝，計程八百里。

勝金台[6] 至連木沁六十里。

連木沁至闢展六十里。

闢展至素魯圖六十里。

素魯圖至齊克騰木七十里。

齊克騰木至鹽池一百八十里。交巴里坤界。

鹽池至梧桐窩一百二十里。

梧桐窩至陶賴台一百四十里。

陶賴台至肋巴泉六十里。

肋巴泉至哈密屬之礳槽溝五十里。

烏魯木齊西至伊犁屬之胡素圖布拉克，計程一千三百九十里。

鄂倫拜星至洛克倫七十里。交昌吉縣界。

洛克倫至呼圖壁六十五里。交呼圖壁。

呼圖壁[7] 至土古里克六十五里。

土古里克至瑪納斯七十五里。交綏來縣界。

瑪納斯至烏蘭烏蘇八十里。

烏蘭烏蘇至安濟海七十五里。

安濟海至奎屯七十里。交庫爾喀喇烏蘇界。

奎屯至庫爾喀喇烏蘇八十里。

庫爾喀喇烏蘇至布林噶濟五十里。

布林噶濟至敦木達六十里。

敦木達至固爾圖五十五里。

固爾圖至托多克五十里。交晶河界。

托多克至晶河一百二十五里

晶河至托里台六十里。

托里台至托霍木圖七十里。

托霍木圖至伊犁屬之胡素圖布拉克九十里。

烏魯木齊北至塔爾巴哈台屬之烏爾圖布拉克，計程八百九十五里。庫爾喀喇烏蘇分路。

庫爾喀喇烏蘇至庫爾和台九十里。

庫爾和台至沙拉烏蘇九十里。

沙拉烏蘇至鄂倫布拉克九十里。

鄂倫布拉克至塔爾巴哈台屬之烏爾圖布拉克九十里。自庫爾喀喇烏蘇至此三百四十里。

【注释】

〔1〕安西州：乾隆三十九年（1774）以安西府改名，治所即今甘肅省瓜州縣。

〔2〕迪化城：地名，原爲準噶爾庫木諾雅特部游牧地。乾隆二十八年（1763）築城，周長五里，四門分別爲東惠孚、西豐慶、南肇阜、北懷惠，爲烏魯木齊漢城，駐烏魯木齊提督及其屬下參將、守備、巡檢官等。光緒十年（1884）新疆建省後爲省治，駐巡撫、布政使各官，也是迪化府治。

〔3〕奇台縣：地處新疆維吾爾自治區東北部，準噶爾盆地東南緣。漢爲車師後王地。乾隆四十一年（1776）始置奇台縣，屬鎮西府。因境內有古奇台站，故名。

〔4〕喀喇巴爾噶遜：地名，位於迪化城東南一百八十里處。乾隆四十七年（1782）築城，賜名"嘉德"，城門東曰寅輝、西曰仰極、南曰成順、北曰遵道。駐粮員、守備、把總等官及綠營兵丁，隸迪化州。今爲烏魯木齊市達阪城區。

〔5〕托克遜：隸屬吐魯番地區，位於新疆中東部，北距烏魯木齊一百六十二千米。舊稱篤進、他古新、托克三等，今爲托克遜縣。《西域同文志》卷二載："回語，托克三，九十數也。九十戶居之，故名。"唐貞觀十四年

（640）置天山縣，屬西州。清朝屬額敏和卓轄地。。

〔6〕勝金台：鎮名。舊稱勝金口。在新疆維吾爾自治區吐魯番市東部，博格達山南麓。爲鄯善到吐魯番間的交通要衝。

〔7〕呼圖壁：在烏魯木齊西七十六千米處，呼圖壁縣所在地。呼圖壁地名久遠，《元史·地理志·西北地附録》稱古塔巴，清《西域圖志》稱呼圖克拜。有同名河，以河得名。《西域水道記》載"準語，胡圖克拜者，吉祥也。今彼中之諺，易曰呼圖壁，譯爲有鬼。"乾隆二十二年（1757）設羅克倫巡檢，二十八年改設呼圖壁巡檢。乾隆三十八年（1773）置昌吉縣，呼圖壁屬昌吉縣，1918年分置呼圖壁縣。

山川門

　　謹案：嘉峪關外，安西州西，哈密北，其山名北天山，即所謂北祁連山也，又名雪山。山之陽，西通回疆諸城，爲南路。山之陰，北通巴里坤諸城，爲北路。蓋天山自葉爾羌西南衺延七千餘里，始至哈密之鹽池，山截然而止。其間最大而名著①者八：在哈密者曰折羅漫山，在吐魯番者曰靈山，在烏魯木齊者曰博克達山，在喀喇沙爾者曰大小珠勒都斯山，俗名準土斯山。在伊犁、阿克蘇之交者曰穆蘇爾達巴罕，即冰山。在烏什者曰貢古魯克山。在葉爾羌者名闢勒山，又名米勒岱山，山多青玉。又東南爲和闐南山，曰仇摩置山，山多白玉石，古所云玉出昆山是也。其山自和闐至喀什噶爾綿亘二千餘里，統名塔爾塔什達巴罕，古所云葱嶺是也。山之陽水皆東南流，山之陰水皆西北流。而山陰水多無名，蓋由天山積雪消融瀦泄成泉耳。至山陽山水，只録哈密、吐魯番兩境。餘悉載《回疆志》[1]。

【注释】

　　〔1〕《回疆志》：又名《回疆通志》，亦名《回疆事宜》，和寧撰。嘉慶九年（1804）成書，共十二卷。卷一記述自乾隆二十年至乾隆二十四年清王朝平定準噶爾始末、主要戰例及贊頌詩等；卷二爲《欽定哈密回部總傳》《額貝都拉傳》；卷三爲《吐魯番回部總傳》；卷四至卷六爲《回疆諸氏列傳》，共記二十一個，後附《土爾扈特全部歸順詩》《土爾扈特全部歸順記》《優恤土爾扈特部衆記》等內容；卷七至卷十一分別記述喀什噶爾、英吉沙爾、葉爾羌、和闐、烏什、阿克蘇、庫車、喀喇沙爾、吐魯番等地沿革、疆域、山川、道里、建置、古迹、官制、兵防、軍械、粮餉、賦稅、錢法、牧

---

　　①　“名著”，國圖抄本、刻本作“著名”。

場、卡倫、軍台、伯台、回務、布魯特等事宜；卷十二爲《回部紀略》，涉及南疆地區的宗教、習俗、物產等。

烏魯木齊

博克達山

烏魯木齊東二百餘里，北天山之間，突起三峰，高插雲霄，削如太華，豐下而銳上，四時積雪不消。其山之陽，自吐魯番望之在北，自蘇巴什[1]望之在東。其山之陰，自巴里坤望之在西南，自鞏寧城望之在東南。面面連崗剗崦，環抱神皋，或起或伏，如拱如揖。千餘里惟博克達獨尊，洵西邊之重鎮也。其山之嶺有大龍潭，周數十里，水清而甘，深不可測。其山之麓有小龍潭，周十餘里，水盈而流，沛然莫禦。興雲致雨，引水灌田數萬家，惟博克達是仰，又輪台之靈山也。博克達者，蒙古語神靈之稱，故俗名曰靈山。將軍兆惠[2]曾望祭於察漢柱爾地方。乾隆己卯，侍衛努三奏言宜在巴爾哈達肇興祀典。自是每歲內頒香帛，都統等以太牢致祭於紅山之上①，其祭文由禮部撰成頒發。

【注释】

〔1〕蘇巴什：指蘇巴什古城，即昭怙厘大寺，是一座規模宏大的地面寺院。位於新疆維吾爾自治區庫車縣城北山龍口。佛寺分東西兩寺，東寺有佛殿、佛塔、佛像，三座佛塔有著波斯建築式的穹頂。西寺佛殿規模宏大，方形土塔保存完好，北部有十七個禪窟，造型奇特，窟內殘存部分壁畫和石刻古龜兹文字。

〔2〕兆惠（1708—1764）：烏雅氏，字和甫。滿洲正黃旗人。雍正九年（1731），由筆帖式入值軍機處，補內閣中書，乾隆十三年赴金川軍營督辦粮運。二十一年充參贊大臣，旋授定邊右副將軍。參與平定阿睦爾撒納之役，

---

① "上"，國圖抄本作"山"。

以軍功封一等武毅伯。次年授定邊將軍。乾隆二十三到二十四年（1758—1759）的黑水營（在今新疆維吾爾自治區莎車縣境）之戰，兆惠以寡敵衆，反敗爲勝，因功封一等武毅謀勇公，授協辦大學士兼刑部尚書，加太子太保。後卒於京。

紅山

鞏寧城東南三里，山高里許，周寛數里。峭壁懸崖，形如蟾蜍昂首。南面陡坡直上，山巔建玉皇廟一座，堆①鄂博。東面爲望祀博克達山之所，都統索諾木策凌〔1〕題額曰："上方山"。每歲四月十五日，居民商户，車馬雲屯，雜技百工，靡不聚集，爲塞上一勝會也。南北兩路稱②烏魯木齊爲紅廟子，本此。

【注释】

〔1〕索諾木策凌（？—1782）：乾隆三十七年（1772），補授烏魯木齊參贊大臣，次年授烏魯木齊都統。爲清朝首任烏魯木齊都統。任内奏巴里坤、古城、吐魯番等駐兵，烏魯木齊改設道、府、州、縣等事宜。乾隆四十五年（1780），授盛京將軍。兩年後，烏魯木齊粮價案敗露，涉案被懲處，令自盡。

溪河

紅山嘴下溪河二道，自天山北衆派分流，匯歸於此。蓋由東南湍西北也。夏秋水勢淼漫③，舊架虹橋④，今傾圮無存。冬春冰雪匝野，滑蹅難行，又一琉璃世界。

---

① "堆"，國圖抄本、刻本作"旁堆"。
② "稱"，國圖抄本、刻本作"均稱"。
③ "淼漫"，國圖抄本作"溺漫"。
④ "虹橋"，國圖抄本作"紅橋"。

福壽山

城南里許。自紅山平斷處平衍二百里，其南岡巒忽起，蜿蜒西行，直赴瑪納斯大河，層崖迭嶂。其陽則珠勒都斯山場也，其北復向西南接庫爾喀喇烏蘇南山，西至晶河，直抵伊犁，皆天山也。每見雲霧迷漫，夏必雨，冬必雪，俗稱靈應山。西向建龍王廟一座，山腰開渠宛轉如帶，疏泄消融之雪①，繞鞏寧城西南北流，灌民屯地畝。

智珠山

福壽山東南，平地孤起一峰，漫坡高里許。上建八蠟神廟，添設風神牌位於西廂，東向顔曰：解愠天山，聯曰：歌北歌南，申命四方能偃草；叩商叩角，發生萬物不鳴條。楹聯曰：有聲無形，偕燠暘而時若；真空是大，佐雷雨以成功。其東爲文昌殿，東南兩面，周廊船屋，開窗遠眺，爲文人嘯咏勝境也。

温泉

城東二十里，自南岡山口而入，由八旗水磨紆回宛轉而至其地。泉上有亭，以巨石甃地，清温澈地，浴之可以愈疾。傍建龍王廟，勒石碣一②。

鹽池海

大小二區。一在城南二十里，名曰小鹽池，周二里許。一在迤南一百二十里之昂吉爾圖淖爾軍台之前，長八十餘里。中流止水無波③，兩岸積鹽盈丈，層層堆疊，儼如白玉堅冰。土人或以車載，或以驢馱，賣資民食，每斗售價不過四五分，不藉煎煮，更便於蜀中鹽井。爲烏魯木齊第一稱便之事。

---

① "雪"，國圖抄本、刻本作"雪水"。
② 國圖抄本、刻本作"并勒石碣一"。
③ "波"，國圖抄本作"溄"。

齊克達巴罕

在城南二百三十里，喀喇巴爾噶遜營東十里。山巔①崎嶇，道途磽礫，七上七下四十餘里，俗名七個達坂。南通喀喇沙爾大道，東通吐魯番、哈密，安設軍台。考宋供奉官[1] 王延德[2]《使高昌録》云：王邀延德至北庭，凡六日至金嶺口。上金嶺即多雨雪，嶺上有龍堂，刻石記云"小雪山"也，疑即此嶺。

【注釋】

〔1〕供奉官：唐高宗時置東頭供奉官、西頭供奉官，掌宮中侍奉之事。宋朝内侍省、入内内侍省皆置。神宗元豐（1078—1085）改制，隸入内侍省者定爲從八品。哲宗元佑年間（1086—1094），隸内侍省者定爲從八品。

〔2〕王延德（939—1006）：大名人。宋太宗時爲供奉官，後官至左千牛衛上將軍。太平興國六年（981），受宋太宗之遣出使高昌回鶻（今吐魯番市東哈拉和卓）。其時，高昌國篤信佛教，有五十餘座佛教寺廟，"皆唐賜額"，"復有摩尼寺，波斯僧各持其法"。雍熙元年（984），王延德偕回鶻等族使者百余人返宋。著有《西州程記》一書，叙述旅途見聞和高昌的風土人情、生產情況等，是研究宋時吐魯番歷史的重要史料。

瑪納斯河

在綏來縣[1] 城外，南北大河一道，距城里許。每至夏月，山水漲發，往來行人，過渡維艱。

【注釋】

〔1〕綏來縣：地名。原爲準噶爾游牧地。乾隆二十八年（1763）於瑪納斯河東築綏來堡。三十三年設縣丞。四十二年，又建康吉、綏寧二城，駐副

---

① "山巔"，國圖抄本作"山嶺"。

將、都司等官。翌年置綏來縣。光緒十年（1884）康吉、綏寧合爲一城。今爲新疆維吾爾自治區瑪納斯縣。

陽關

瑪納斯西南舊有傾倒城基，厄魯特等名爲陽巴勒哈遜，漢人名此爲陽關。非沙州[1] 之陽關也。

【注释】

〔1〕沙州：地名。前凉張駿太元十二年（335）分敦煌、晋昌、高昌，西域都護、戊己校尉、玉門大護軍三郡、三營置沙州，以鳴沙山爲名。治敦煌縣（今甘肅省敦煌市西）。轄境相當於今甘肅省玉門、敦煌，新疆維吾爾自治區哈密、吐魯番地區及羅布泊等地。晋安帝司馬德宗隆安四年（400），敦煌太守李暠稱凉公，都敦煌，是爲西凉。後北凉得其地，亦置沙州。

喀喇烏蘇河

譯言黑水也，又晶河通伊犁大路，水俱北流。山雪夏融，水亦盛漲。

蓮花池

在庫爾喀喇烏蘇[1] 西門外二里許，有小土山，周二里餘，形如釜①甑。中間碧水盈池，約深數丈，其水甚凉，四時無消長。每至夏季，自水底挺出白蓮花滿池，花葉較内地荷花稍小，而潔白馨香，殊堪玩賞；亦有如椀②盂大者。俗名其池爲蓮花池，乃天地所自生者。池之深，雖善泅者不能到，惟沿邊以長竿弋取其花。其幹長一二丈，此爲可异。

【注释】

〔1〕庫爾喀喇烏蘇：庫爾即庫爾河（今奎屯河），喀喇烏蘇，維吾爾語

---

① "釜"，國圖抄本作"金"。
② "椀"，國圖抄本作"桃"。

意爲黑水。清初爲準噶爾古布爾古特部游牧地，乾隆二十二年（1757）設官率兵駐防此地，二十六年設庫爾喀喇烏蘇辦事大臣，三十七年，修築慶綏城，仍名庫爾喀喇烏蘇，設領隊大臣，并設縣丞。四十八年築安阜城（今精河），設粮員一人，兼轄西路舊土爾扈特旗（晶河土爾扈特）。光緒十二年（1886）置庫爾喀喇烏蘇直隸廳。今爲新疆維吾爾自治區烏蘇市。

千佛洞

在濟木薩[1]城西南山内，距城十餘里。入山約行數里，重岩迭嶂，高下不等，樹木叢茂，并未見有洞口。傳聞自乾隆三十五①年間，有濟木薩城内賣菜民人患眼疾，逾年不痊，將至失明，無以糊口。幸賴熟悉山徑，每遇天氣晴明，拄杖赴山撿柴度日。一日入山，眼疾遽發，其痛難忍，至欲輕生，遂摸索至一山崗樹下，解帶欲縊。忽聞旁有人言，此山下有水，洗眼可痊。其人回問，四無應聲，又聞人言，如是者三。乃匍匐下坡，聽有水聲，祝曰：“此必神明指示，如果洗愈，誓出家爲僧。”隨坐溪邊掬水洗目，疼痛即止，漸漸透明，洗一日夜，兩目即能視物。望空拜謝，復上山坡背山歇坐，忽見坡土坍裂，透露白灰墙壁，用手刨挖，竟虛空有門洞之迹，因出山遍告村人，携帶鍬钁②，赴山觸開。洞門内甚黑暗，取炬照之，洞形如半月。見一臥佛身長丈六，金面跣足，衣服顔色如新。又有洞③佛大小不計其數，自尺餘至三五寸不等，土花銹蝕者極多。民人感泣，即日落髮募化，即在洞前接蓋廟宇，極其壯麗。都統索諾木策凌曾貢此洞中銅佛九尊。考宋供奉官王延德《使高昌録》云：時四月，師子王避暑於北庭，邀延德。凡六日至北庭，憩高台寺。又④明日引延德遍游境内佛寺，有曰應運泰寧之寺，貞觀十四年造。此洞蓋亦唐時舊迹⑤也。

---

① “三十五”，國圖抄本、刻本作“三十五六”。

② “钁”，刻本作“鋤”。

③ “洞”，國圖抄本、刻本作“銅”。

④ “又”，國圖抄本作“凡”。

⑤ “舊迹”，國圖抄本、刻本作“高昌舊迹”。

【注释】

〔1〕濟木薩：即今新疆維吾爾自治區吉木薩爾縣。唐爲金滿縣。乾隆二十四年（1759），清朝在該地設濟木薩巡檢駐濟木薩堡，管理民屯粮食收支、監放軍粮與地方防務，歸鎮西府奇台縣管轄。三十七年，移巡檢於建愷安城。四十一年，撤銷濟木薩巡檢設縣丞，隸屬迪化州阜康縣。光緒二十年（1894）重建愷安城，改名孚遠城。二十八年，濟木薩縣丞升格爲縣，以城名爲縣名，名孚遠縣，隸屬於鎮迪道迪化府，後隸屬於迪化道。1953 年改爲濟木薩爾縣。

大沙山

在濟木薩、奇台一帶，無水草。

南泉腦

在濟木薩南山，由南山流出泉水，開渠灌溉民户屯工地畝，餘歸草①廠牧馬。

一碗泉

在奇台縣西南山中，全爲牧廠。

河身山

在奇台縣南山中，北流大河一道，又北流徑皂角溝，分爲三支，灌溉民莊地畝。

達坂河

在奇台縣南山，有二源，至龍口合爲一流，水草豐茂，俱爲牧廠。

---

① "草"，國圖抄本作"馬"。

蒲類海

在巴里坤西北沙山下，長一百餘里，蒲類縣因此海得名。考漢遣竇固、耿秉擊破白山虜於蒲類海上，又班超將兵擊伊吾於蒲類海，即此。俗名婆息厥海。南山軍台由肋巴泉東南登山嶺[①]，即望見此海。

松樹塘

在巴里坤東一百五十里，連崗峭壁，盤道紆回二十四折，始至其嶺[②]。松柏亭亭，遍滿山谷，上建關聖帝君廟，靈異最著。有唐碑一。文載《藝文門》。

哈密

北天山

《西陲紀略》云，伊吾郡[1]北有天山，春夏積雪不消，一名雪山。匈奴謂之天山，過皆下馬羅拜焉。漢遣貳師將軍李廣利將二萬騎出酒泉，擊右賢王於天山，得虜萬騎而還，即此地也。《元和志》云："一名折羅漫山，出好米及金錢。"《一統志》云："唐伊、西二州皆有天山，蓋東西二州千里之界也。"今考哈密城北一百三十里雪山，即北天山，又名折羅漫山。苟不窮其山脉之所自來，皆臆説也。其山自葉爾羌西，西南蜿蜒而來曰葱嶺，至闢勒玉山分脉。其東南一支繞和闐而東行。其西北一支繞英吉沙爾、喀什噶爾之西；又北行達布魯特[2]境，東行繞烏什之北，又徑阿克蘇之北，又徑庫車、喀喇沙爾、吐魯番之北，綿亘七八千里而至哈密東北百餘里，爲北天山；又百餘里截然而止，則在巴里坤之東名鹽池山，伏入地中矣。此山爲南路回疆、西路伊犁之分界。山陽爲自哈密至葉爾羌南路；山陰則由巴里坤之[③]伊犁北路也。其山之最大者，又隨地而异名。在葉爾羌者，統名塔爾塔什達巴

---

① "嶺"，刻本作"巔"。
② "嶺"，國圖抄本作"巔"。
③ "之"，國圖抄本、刻本作"至"。

罕，直包喀什噶爾西北兩路①；在烏什者，名貢古魯克達巴罕；在阿克蘇者，名穆蘇爾達巴罕，蓋冰山也，北通伊犁；在喀喇沙爾者，名大、小珠爾都斯山；在烏魯木齊者，名博克達山，即靈山；在哈密者，名折羅漫山，又東名鹽池山。此山之南，沙磧漫野，即希爾哈戈壁，所謂千里瀚海也。其山伏地千餘里，至嘉峪關外沙州之東突兀起頂，東行名祁連山，所謂南天山也；再東行至洞素達巴罕過脉，東北行至巴圖爾達巴罕，北分一支至八寶山，形如蓮華，尊稱②岳體，乃西寧、涼州、甘州、肅州四郡之鎮山也；又自洞素達巴罕東行至野馬川之東景陽嶺，自南而北，東分一支結涼州屬諸山。西分一支與察罕鄂博過脉，西行至祁連達巴罕過脉向北，分一支結甘州屬諸山。其自景陽嶺北行插一支結中山，又名大王山、祁連山；再東行過松龍界。又環抱寶鷄口、武功、太白、鰲屋以東，總名終南山；再東則又分支，東行爲楚境諸山也。終南之東北爲西岳華山。自黃河底過脉，北行爲太行、中條山也。此南北天山之始末也。

又葱嶺東南一支繞東南行者，至和闐復分爲二。其南行一支，東南行爲西藏諸山、諸番部之山、南遠③雲南諸山也。其北一支，東行直達青海境之庫爾坤山、巴延喀喇達巴罕。北則爲積石山，南則爲三十九族諸山，直達打箭壚爲四川境之諸山。再東南則爲貴州境之諸山、湖南境之諸山也。其兩廣、江浙、閩中諸山可以意會矣。此葱嶺南幹諸山之始末也。

程子曰："山本同而末异"，信然。其南路諸山分載於各城山川條。

【注释】

〔1〕伊吾郡：漢朝稱哈密爲伊吾廬，隋大業六年（613）置郡，治今新疆維吾爾自治區哈密市。隋朝末年地入西突厥。

〔2〕布魯特：柯爾克孜古族名。唐代稱柯爾克孜人爲"黠戛斯"。游牧于北海（今貝加爾湖）西北的葉尼塞河上游，語言屬阿勒泰語系突厥語族，

---

① "路"，國圖抄本、刻本作"面"。
② "稱"，國圖抄本、刻本作"成"。
③ "遠"，國圖抄本作"達"。

先後臣屬於匈奴、鮮卑、突厥等部。唐代中期，其族日益强大，并于唐開成五年（840）攻克回鶻汗國，建立黠戛斯汗國。此後不斷發兵西南，侵入回鶻汗國天山以北之地。至唐後期，其族已逐漸擴散到天山以北地區。宋朝初年，高昌回鶻汗國中多有黠戛斯人。此後，遼稱其爲黠戛斯，元稱其爲"吉利吉斯""乞兒吉斯"，清稱其爲"布魯特"。

拘密山

哈密西北。《元和志》[1] 云："在伊州納職縣北一百里，又北六十里，直抵蒲類海上。"按：他①説誤以蒲類海爲蒲昌海，非是。蓋蒲昌海在闢展，土魯番之東南，即羅卜淖爾，與此無涉。漢貳師將軍李廣利大破匈奴於蒲類海上，封海西侯，乃哈密北境也。

【注释】

〔1〕《元和志》：即《元和郡縣圖志》，李吉甫撰。是唐元和年間修成的全國地理總志，原書有文有圖，至北宋時，圖佚，遂自宋後稱《元和郡縣志》。全書有目録兩卷，正文四十卷，記述全國地理情況。以唐初全國一級行政區劃的十道（關内、河南、河東、河北、山南、淮南、江南、劍南、嶺南、隴右道），結合安史之亂後形成的一級行政兼軍事區劃的四十七鎮（節度使）爲綱，以下分別記府、州情況（内容包括治城、地方等級、户數、鄉數、沿革、八到、貢賦），再下分記各縣情況（包含縣的等級、沿革、山川、古迹、道里，關塞等）。全書内容豐富精核，以記述唐代疆域政區爲主；却往往上溯到周秦兩漢，保存了大量珍貴資料，尤其是有關魏晋南北朝時期政區沿革的記述更有意義。在體例上，相當完整地繼承了《漢書·地理志》以來正史《地理志》的編纂方法以及六朝圖文相輔而行的圖經傳統，以一朝疆域爲範圍，以州郡爲綱爲目，記述建置沿革、户口、山川、古迹、物産等，同時又開創了府（州）境、八到、貢賦等新門類，豐富和完善了沿革地理著作體系，現爲我國保存最早的全國地理總志。全書今闕卷十九、二十、二十

---

① "他"，國圖抄本作"地"。

三、二十四、三十五和卷三十六；另卷十八和卷二十五有闕頁。有《四庫全書》本、中華書局本等多種版本。

高梧谷

《十六國春秋》[1]云，呂光自龜兹還至宜禾，凉州刺史梁熙謀閉關拒之。高昌太守楊翰以高梧谷口險阻之要，宜先守之，而奪其水道。如以其遠，不守伊吾之關，亦可阻也。光初聞翰謀大懼，既而聞熙不聽，乃進。按：高梧谷疑即上梧桐窩險隘，若繞其東則爲下梧桐窩，其間有三間房、十三間房，乃風戈壁。

【注释】

[1]《十六國春秋》：北魏崔鴻撰。一百卷，又序例、年表各一卷。記傳體晉代北方十六國史。每國各爲篇卷，叫作“録”。原書北宋時已散失，今流傳的明人屠喬孫、項琳文刊本，乃取《晋書》所載十六國事及類書中所引《十六國春秋》佚文，彙編而成，已非原書。《漢魏叢書》中收有崔鴻書的十六卷節鈔本，清湯球曾以此節鈔本爲主，重加輯補，名《十六國春秋輯補》。

柳谷水

《元和志》云，柔鄉縣柳谷水有東西二源，出縣東北天山，南流十五里合流。

鹽池

《西陲紀略》云，《唐志》：伊吾、納職兩縣俱有鹽池，水自生鹽，不待煎煮。漢、夷俱仰賴焉。

吐魯番

天山

即祁連山，由哈密北袤延至此。《通鑑》[1]云，月氏居祁連、敦煌間。

注：祁連山即天山。匈奴呼天曰祁連，其山在今甘州府張掖縣西南，綿亘甘州①之境。一名南山，一名雪山，西連肅州、安西。又西極於葱嶺，蓋數千里。今考祁連有二，曰甘、涼達安、肅者爲南祁連，即《西域傳》所云南山也。其北祁連則在哈密城北一百三十里，巴里坤之東，名鹽池山，番名折羅漫山，綿亘西南至土魯番，即西域傳所謂北山也。杜佑《通典》[2]云："自張掖以西至於庭州，山皆周遍"者，蓋統南北兩祁連而言之也。

【注释】

〔1〕《通鑑》：即《資治通鑑》，宋司馬光所著，徵引史料三百二十二種。其紀事年代，上起戰國三家分晉，下至五代。全書二百九十四卷，《目錄》三十卷，《考异》三十卷。其後續作仿作極多，最著者爲南宋朱子《通鑑綱目》、清代畢沅《續資治通鑑》。本書注釋有元朝胡三省的音注。

〔2〕《通典》：唐代杜佑撰寫的中國第一部體例完備的政書。全書共二百卷，上起傳說中的黃帝，下及唐天寶末年。全書分爲食貨、選舉、職官、禮、樂、兵、刑、州郡、邊防九門，開創了政書體撰寫的先河，在中國史學發展史上具有重要地位。

靈山

即博克達巴罕之陽也。《西陲紀略》云："靈山在安樂城西北百里，其山最高大。"土人言，此十萬羅漢削髮涅盤處。近山有高台，傍有僧寺，寺下有石泉林木。人山行二十里，至一峽，峽南有小屋②。南登山坡，坡上有石屋，中有小佛像五。屋前有池，東池③有山青黑色，遠望披如毛髮，土人言此十萬羅漢洗髮處。循峽南行六七里，登高崖，崖下小山累累，峰巒秀麗，羅列成行。峰下白石成堆，似玉，輕脆不可把握。堆中有若人骨狀者，堅如石，文縷明晰，顏色光潤。土人言此乃十萬羅漢靈骨也。又東石崖下，石笋

---

① "甘州"，國圖抄本、刻本作"甘涼"。
② "小屋"，國圖抄本、刻本作"小土屋"。
③ "東池"，國圖抄本、刻本作"池東"。

如人手足。稍南至山坡，坡石瑩潔如玉。土人言此乃闢支佛涅盤處也。周行群山約二十餘里，砂石火焰灼人。四面峻壁石崖，天巧奇絶，不可勝紀，惟鳥獸絶無耳①。

火焰山

自哈喇和卓歷土魯番、喀喇沙爾、庫車北一帶，山色皆赤色，如火焰形。其中産硇砂，常有烟霧湧起。至夕，光焰若炬，照②禽鳥皆成光彩。

貪汗山

在土魯番北。夏有積雪，山陰即烏魯木齊。

瀚海

地皆沙磧，無水草，赤地千里。《通志》云，經前庭縣有大沙海，在柳中縣東南九十里，亦名旱海，即所謂白龍堆也。今考瀚海有二。《通鑑》所云，漢霍去病封狼居胥山，禪於姑衍山，登臨瀚海。注：狼居胥山，在漠北喀爾喀地方。瀚海，在蘇尼特之北，喀爾喀之南，其西則接伊犁之界。據此，則回疆乃南瀚海也。

沙陀金山

月氏別種，西突厥之苗裔。本號朱邪，世居金沙山之陽，蒲昌海之北，其地有大磧，名曰沙陀。後因以沙陀爲號，朱邪爲姓。唐憲宗時有朱邪盡忠，始見於中國。其後有朱邪赤心，懿宗時賜姓李，名國昌。克用，其子也。

羅卜淖爾

在土魯番東南五百餘里，闢展南三百餘里。其澤周千餘里，乃西域東南

---

① 國圖抄本無"獸"字，作"惟鳥絶無耳"。
② "照"，國圖抄本、刻本作"照見"。

一大藪澤也。其中有回莊二處，皆呼之曰羅卜淖爾回子，人户各四五百家。其人不種五穀，不知游牧，以魚爲食，織^①野麻爲衣，取天鵝絨爲裘，卧藉水禽之翼。語言與回子通，曾不知諷經禮拜^②之事。時有入庫爾勒回城者，不能食牲畜之肉、穀麥之食。食即大吐不止，以庫爾勒多魚，故肯來，他處則不敢往矣。開闢回疆時，伊等投誠，每年進貢水獺皮九張。設六品伯克居住土魯番，專司催取皮張。至其地，以放火爲號，伊等即乘^③皮筏而出，照數交納，領隊大臣代爲呈進焉。設五、六品伯克十員，管束其衆。其伯克缺出，即由本處公舉一人呈報土魯番，由領隊大臣奏放。《西域聞見録》以羅卜諾爾爲星宿海，非也。考《漢書》云：于闐河與葱嶺河合，東注蒲昌海，一名鹽澤。《括地志》云：鹽澤，一名蒲日海。一名穿蘭，一名臨海，蓋蒲昌海又名黝澤，番名羅卜淖爾也。其淖爾受西域外番諸大水，西北雪山春夏消融之水匯於此，渟而不流，潛行地下耳。其所受之水：一自葉爾羌西南徼外温都斯坦部落西北山后，有大河曲曲東北流，徑拉虎爾^④部落、克什米^⑤部落。又東至葉爾羌城西南二百里，分爲二流，又自米爾台玉山流出一水注之，總名曰玉河，又名得葉爾河^⑥，其水最大，夾白沙而行，其色如銀，東南流。

一自和闐南山中流出，分而爲二，亦名玉河。一自葉爾羌正北葱嶺外流出一河，在坎達哈爾部落之南。一自布哈爾部落山后流出一河，俱南行至什克南城北山后合流，徑瓦罕城，至大河沿分而爲二，至奇蘭戈壁又分而爲三支。

一自葉爾羌東北拜哈爾城北流出一河，西南行至闊喇普分而爲二，經塔什干城東南流。此葉爾羌西、南、北三路諸水皆歸於羅卜淖爾者也。

又自喀什噶爾，北來伊蘭烏瓦斯河，西來圖舒克塔什河、烏蘭烏蘇河，

---

① "織"，國圖抄本作"纖"。
② "諷經禮拜"，國圖抄本作"議經拜拜"。
③ "乘"，國圖抄本作"襄"。
④ "拉虎爾"，國圖抄本作"拉處爾"。
⑤ "克什米"，國圖抄本、刻本作"喀什米爾"。
⑥ "得葉爾河"，國圖抄本作"得葉爾羌"。

南來泰里布楚克河、霍色爾河①，俱東南流歸羅卜淖爾。又烏什西來大河一道，源出布魯特胡什齊地方，東至察哈喇克台出境。

又阿克蘇城西渾巴什河，源出穆蘇爾達巴罕。

又托什罕河、瑚瑪喇克河、陽②納哈克河、楚克達爾河、穆雜喇特河，俱東南流歸羅卜淖爾。

又庫車城西之渭甘河，繞沙雅爾東南流。喀喇沙爾城西海都河，又名開都河，俗名通天河。源出北大雪山，東南俱流歸羅卜淖爾。

又吐魯番城外交河二道，源出金嶺，自北東南流。

又闢展北來之河、又哈密西雪山融化之水東南流。

此南路水③，自西、北兩面皆歸於羅卜淖爾者也。其水渟而不流，潛行地中，東至青海境庫爾坤山之巴延喀喇達巴罕東麓，始復出爲星宿海，又名鄂敦淖爾。蒙古語鄂敦，星也。淖爾，海也。即《元史》所稱火敦腦兒者也。史傳謂黃河源出星宿海，不知更有羅卜淖爾，受西域諸大水。程子曰："水本異而末同。"不信然與？

---

① "霍色爾河"，國圖抄本作"霍巴爾河"。

② "陽"，國圖抄本、刻本作"湯"。

③ "水"，國圖抄本、刻本作"諸水"。

《三州輯略》卷之二

官制門

乾隆三十八年，奉上諭：前因烏魯木齊駐扎滿洲、綠營兵丁，是以補放參贊大臣[1]管轄，受伊犁將軍[2]節制。今烏魯木齊地方遼闊，相距伊犁窎遠，且兵民輻輳，辦理一切事宜，甚屬冗繁。參贊大臣之缺以之改放都統[3]，則管轄兵丁以及辦理一切事宜，更屬妥協，而與體制亦屬符合。索諾木策凌自派往烏魯木齊以來，尚自留心，辦理周詳，頗為奮勉，即將伊補授烏魯木齊都統。嗣後定為烏魯木齊都統之缺，仍為伊犁將軍所屬，受節制①，凡一切應奏應咨②事件，一面具奏，一面知照伊犁將軍，仍交該部改鑄都統印信頒發。欽此。

【注释】

〔1〕參贊大臣：清代官職。清朝於乾隆二十四年（1759）重新統一新疆後，先後在伊犁、烏魯木齊、塔爾巴哈台（今塔城）、喀什噶爾（今喀什）等地設置了參贊大臣，其下設辦事大臣、領隊大臣等官職。此外，在臨時出征之統帥之下也設置參贊大臣，以分轄軍力。

---

① 《清高宗實錄》卷九三五，乾隆三十八年五月丁丑條作"仍屬伊犁將軍節制，聽其調遣。"

② 《清高宗實錄》卷九三五，乾隆三十八年五月丁丑條作"應奏應辦"。

　　〔2〕伊犁將軍：全稱爲總統伊犁等處將軍。清朝新疆地區最高軍政長官。於乾隆二十七年（1762）設置。治所在惠遠城（今新疆維吾爾自治區霍城縣南）。所管轄範圍包括巴爾喀什湖以東、以南，額爾齊斯河上游，天山南北兩路，直至帕米爾等地的軍政事務。伊犁將軍之下設都統、參贊大臣、辦事大臣、領隊大臣等職，分駐天山南北各地，管理本地軍政事務。光緒九年（1883）新疆正式建省，省府設在迪化（今烏魯木齊），惠遠城逐漸失去了全疆政治中心的地位。辛亥革命後，伊犁將軍被裁撤。

　　〔3〕都統：清代官職，是清代八旗兵高級將領。都統作爲武職官名，始見於前秦。建元十九年（383），"苻堅興兵攻東晉，徵富家子弟年二十以下者三萬餘騎，置少年都統一人領之"。唐代後期討伐藩鎮和鎮壓農民起義，設諸道行營都統，爲各道出徵兵的統帥；遼金亦有都統、副都統之名。清代設八旗都統，爲一旗的最高軍政長官。滿語稱"固山額真"。明萬曆四十三年（1615）置，并各置左、右梅勒額真爲佐官。天聰八年（1634），改梅勒額真爲梅勒章京。順治十七年（1660）定梅勒額真漢名爲"都統"，梅勒章京爲"副都統"。滿洲、蒙古、漢軍旗各一人，共二十四人。秩爲從一品（初制正一品）。分掌各該旗之户籍、田宅、教養、營制、兵械以及選官序爵、操演訓練等軍政事務。都統也是駐防八旗的最高軍政長官之一，"掌鎮守險要、綏和軍民、均齊政刑、修舉武備"。清代於不設駐防將軍之地置之，如烏魯木齊都統、察哈爾都統（駐張家口）、熱河都統（駐承德）。除掌駐防旗營軍政事務外，并兼管駐防地區的民政事務。此外，山海關、密雲、青州、涼州等地還各置副都統一人，亦爲該處駐防八旗的最高軍政長官。

　　謹案：烏魯木齊都統，即漢都護秩也。都護之設自鄭吉始。宣帝神爵二年（前60年），匈奴屬王日逐率衆降，至渠犁，吉發諸國五萬人迎日逐王，送京師。既降日逐，遂破車師，拜吉爲護車師西北道，故號都護，中西域而立幕府，治烏壘城，督察三十六國，此漢之號令所以班於西域也。然漢之都護不過治屯行軍，其地未入版圖，他無職掌。我朝高宗純皇帝平定準、回兩部，天山南北置巡道府廳，州縣無異直省，而以都統轄之，則是以治屯行軍而兼膺民社也，責綦重焉。且分設領隊大臣五，如漢戊己校尉之制。明帝永平十七年，置西域都護及戊己校尉，以陳睦爲都護司馬，耿恭爲戊校尉，謁者關寵爲己校尉，分治天山南北。師古曰：甲乙丙丁庚辛壬癸皆有正位，惟戊己寄治。所置校尉亦無常居，故以戊己爲名也[1]。今南路回部、吐魯番以西各設領隊辦事大臣，分治八城，喀什噶爾、英吉沙爾、葉爾羌、和闐、烏什、阿克蘇、庫車、喀喇沙爾。而以喀什噶爾參贊大臣轄之。其制亦與都護、戊己校尉同。

【注释】

〔1〕 顏師古注《漢書》解釋戊己校尉時還有一種説法："一説戊己居中，鎮覆四方，今所置校尉亦處西域之中撫諸國也。"

烏魯木齊都統

駐扎鞏寧城，統轄滿漢文武官員，督理八旗綠營軍務，總辦地方刑錢事件。乾隆四十年，軍機處議覆都統索諾木策凌具奏：烏魯木齊所屬地方，命盜錢穀一切案件，由該道轉呈都統辦理。其巴里坤地方一切事件，向由該道徑報總督辦理。查該處距蘭州省城四千餘里，鞭長莫及，難免貽誤。且現在巴里坤、古城、吐魯番滿營事務俱屬烏魯木齊都統總理，應將巴里坤、奇台、古城地方事務全歸烏魯木齊都統辦理。

轄：領隊大臣[1] 五：本城一，吐魯番一，巴里坤一，古城一，庫爾喀喇烏蘇一。協領[2] 十二：本城六，外城六。節制提鎮[3]：迪化城提標，巴里坤鎮標，哈密協，瑪納斯協。城守營一。駐扎鞏寧城。所屬道一：鎮迪道。府一：鎮西府。直隸州[4] 一：迪化州。同知[5] 一：吐魯番。通判一：本城。縣五：昌吉、綏來、阜康縣、宜禾、奇台。

【注释】

〔1〕 領隊大臣：清代官名。乾隆朝統一新疆後派駐各地，隸屬關係不一。統領惠遠城滿營，及其周圍地區的錫伯、索倫、察哈爾、厄魯特諸攜眷駐防營，執掌各營軍政事務與屯田、孳生牧廠等農牧業生產事宜，受伊犁將軍直接節制。庫爾喀喇烏蘇（今烏蘇）、吐魯番、古城（今奇台）、巴里坤諸領隊大臣，執掌駐防滿營與綠營兵屯田事宜，及駐防地區軍政事務，受烏魯

木齊都統節制。英吉沙爾（今英吉沙）或參贊大臣駐地的領隊大臣，統領地方軍政事宜，受總理回疆事務參贊大臣節制。屬下設章京、筆帖式等員主持日常工作。光緒十年（1884）新疆建省後裁撤。

〔2〕協領：清代職官名。清代駐防八旗各旗所設武職官員，負責駐防旗一旗的軍政事務，帶領所屬官員操練守衛，協理防務。位在副都統之下、佐領之上，官階爲從三品。在東北地區，協領可以擔當一個駐防城的最高長官，如吉林琿春、三姓等地。

〔3〕提鎮：清代官職，提督軍務總兵官、鎮守總兵官連稱。提指提督，鎮是總兵的別稱。

〔4〕直隸州：明、清地方行政建置之一。地位略次於府，有下屬之縣。因直隸于布政使司，故名，以別於府屬州（散州）。

〔5〕同知：明清時期的官名。同知爲知府的副職，正五品，因事而設，每府設一二人，無定員。同知負責分掌地方鹽務、粮草、捕盜、江防、海疆、河工、水利以及清理軍籍、撫綏民夷等事務，同知辦事衙署稱"廳"。另有知州的副職稱爲州同知，從六品，無定員，分掌本州内諸事務。

都統衙門：舊制①有隨部辦事章京一員，筆帖式二員。三十八年，都統索諾木策凌奏添章京二員，筆帖式一員，委筆帖式六員，分印務、粮餉、駝馬、營務四處。印房章京[1] 一，筆帖式[2] 一，委筆帖式三。粮餉處章京一，筆帖式一，委筆帖式一。駝馬處章京一，筆帖式一，委筆帖式一。營務處委筆帖式一。

【注释】

〔1〕印房章京：清代官職，又稱"協理事務章京""印務章京"。清朝八旗騎營之屬官。雍正十三年（1735），省左、右司掌關防章京設。乾隆元年（1736）定滿州旗各八人，蒙古旗各四人，漢軍旗各六人，共 144 人。各於本旗世職及佐領、驍騎校等官員内選補兼管。負責協助印務參領辦理章奏

① "舊制"，國圖抄本作"官制"。

文移、檔案、印務之事。此外，景運門值班大臣下設一員，嚮導處設二員，庫倫、哈密、塔爾巴哈台、喀什噶爾、烏什等處駐扎大臣衙門亦設，分掌各處文書檔案事務。

〔2〕筆帖式：清代官職，意爲辦理檔案、文書的人。主要掌管翻譯滿漢奏章文書、記録檔案文書等事宜。筆帖式爲國家正式官員，有品級。早年有五品、六品者。雍正以後除極少數主事銜筆帖式爲六品外，一般爲七至九品。因爲筆帖式升遷較爲容易，速度較快，被稱爲"八旗出身之路"。

章京[1] 等缺由京揀派者，三年期滿更換；由本處筆帖式升用者七年期滿更換。嘉慶十一年，伊犁將軍松筠、都統奇臣等會奏：駝馬處章京作爲京缺，營務處、粮餉處章京作爲外缺。又乾隆三十八年，都統索諾木策凌奏准，筆帖式暨委筆帖式等行走年滿，應行升轉之處，均照伊犁之例辦理。

【注释】

〔1〕章京，清代官職，滿語音譯。清不論職位高低，世爵大小有無，凡有職守之官，皆稱此。如大將軍或總兵官稱"昂邦章京"，參領稱"甲喇章京"，佐領稱"牛録章京"。又，蒙古各旗札薩克的屬員有"管旗章京"。軍機處和總理各國事務衙門辦理文書事務的官員亦稱"章京"，爲堂官重要助手。軍機處章京，被稱爲"小軍機"。在滿族官員中，又爲對上級的自稱。

書吏[1] 十八名，吏房二名，户房三名，禮房一名，兵房二名，刑房三名，工房二名，駝馬處二名，摺房一名，簽押房二①名，承發房一名。貼寫二十二名。吏房二名，户房三名，禮房一名，兵房二名，刑房五名，工房二名，駝馬處二名，折房一名，簽押房一名，承發房二名，號房一名。

【注释】

〔1〕書吏：清代内外各官署的吏員均稱書吏。係雇員性質，承辦例行公

---

① "二"，國圖抄本、刻本作"一"。

事。舊制，服役有期限，在京的書吏，役滿應即回籍，不得在京逗留。實際
上往往为世業，役滿之吏也多與現任書吏互相勾結，把持公事。又役滿之吏
經考試録取一等者，得任從九品雜職，二等者得任未入流雜職。同治年間，
因捐納、保舉，乃有以現任書吏而任爲七品知縣者。清代，書吏在國家政治
生活中的作用越來越大，以至梁章鉅《制義叢話·隸典》云："上自公卿，
下至守令，總不能出此輩圈牢。刑名簿書出其手，典故憲令出其手，甚至於
兵樞政要，遲速進退無不出其手。一刻無此輩，則宰相亦束手矣。"光緒二
十七年（1901）命各部堂官督率司員，躬親部務，裁汰書吏，其制始廢。

《吏部則例》内開：新疆辦事書吏，於著役時將籍貫、年歲、著役日期
并頂補額缺造册咨部。五年役滿，該處大臣咨明交部議叙者，俱免其考職以
應用之。各項代爲簽掣，歸於雙月外應班七缺之後選用。如著役時并不造册咨部，
至報滿時始行造册送部者，俱不准其簽掣注册。若辦事好，咨留二三年者，准其以原
掣之項統歸於雙月升遷①，十缺之後選用。如咨留年滿又復留辦二三年者，
准其遇缺即用，年滿後俱令其回籍候選。

理事通判

乾隆三十七年，伊犁將軍舒赫德等具奏：烏魯木齊移駐滿洲官兵之後，
旗民雜處，不無口角争訟之事，必應設立官員以專其責。所有原設涼州理事
通判一缺應請裁汰，移駐烏魯木齊新城，即鞏寧城。以資彈壓。三年期滿，咨
部辦理。

通判衙門：典吏[1] 二名，門子二名，皂隸[2] 八名。

【注释】

〔1〕典吏：清制，司道、府廳、州縣所屬吏員的通稱。

〔2〕皂隸：指舊時衙門里的差役，古代稱之爲賤役。明代衙門皂隸雜役

---

① "遷"，國圖抄本、刻本作"選"。

穿青色布衣，交領、窄袖長袍，下打密褶，腰間繫束紅布織帶。地位更低的，穿青衣，外罩一件紅布馬甲，腰繫青絲帶。俗語說的"販夫皂隸"即泛指社會地位低下的人。

烏魯木齊領隊大臣

駐扎鞏寧城，管理八旗駐防官兵，差操一切事務。乾隆三十七年奉上諭：德雲著調補巴里坤，明山著施恩補放副都統，作爲烏魯木齊領隊大臣。欽此。協領六員：鑲黃正白一，鑲白正藍一，正黃正紅一，鑲紅鑲黃一，左翼四旗蒙古一，右翼四旗蒙古一。佐領二十四員，防禦二十四員，驍騎校[1] 二十四員，委筆帖式二員。

以上協領等官，乾隆三十七年，伊犂將軍舒赫德奏准，由涼州、莊浪二處派撥移駐。

巴里坤領隊大臣

駐扎會寧城，管理駐防八旗官兵差操一切事宜。乾隆四十九年，奉上諭：巴里坤、古城領隊大臣原爲操演兵丁而設，向不辦理地方事務，嗣因海祿[2] 具奏，盤查地方官虧空，始令兼管。但滿洲領隊大臣內能管轄兵丁、復能辦理地方事宜者鮮有。彼處現有烏魯木齊都統、道員，所有地方事宜，著照舊制，責令烏魯木齊都統、道員管理。其地方事務，毋庸領隊大臣稽查，惟以訓練兵丁爲務。欽此。協領二員：左翼四旗，右翼四旗。佐領八員，防禦八員，驍騎校八員，筆帖式一員，委筆帖式二員。

乾隆三十七年，補放協領等官由西安駐防移駐。至三十九年，烏魯木齊都統索諾木策凌、陝甘總督勒爾謹會奏，將寧夏官兵全行移駐古城。

古城領隊大臣

駐扎孚遠城，管理駐防八旗官兵差操一切事務。乾隆三十九年，陝甘總督勒爾謹奏准，補放古城領隊大臣一員，將寧夏滿營原移駐巴里坤協領等官，改撥古城安設。協領二員，左翼四旗一，右翼四旗一。佐領八員，防禦八員，驍騎校八員，筆帖式一員，委筆帖式二員。

吐魯番領隊大臣

駐扎廣安城，管理駐防八旗官兵差操一切事務。乾隆四十五年，兵部議復陝甘總督勒爾謹具奏，闢展辦事大臣改爲吐魯番領隊大臣，所有該處一應員弁升調預保、軍台屯田暨回務，應咨應奏事件呈報烏魯木齊都統，分別奏咨，以歸畫一。由内地調撥屯田差兵七百名，於烏魯木齊滿營壯丁内挑選五百名，携眷安設。其領隊大臣照依巴里坤之例，作爲額缺，歸烏魯木齊都統管轄。其屯田收成、牛馬銷賠等項奏咨事件，俱照庫爾喀喇烏蘇之例，呈報都統查辦。

協領二員，左翼四旗一，右翼四旗一。佐領四員，防禦四員，驍騎校四員，筆帖式一員，委筆帖式二員。兵吏八名。

【注释】

〔1〕驍騎校：清朝八旗組織中基層編制單位的副長官，位在佐領之下，亦爲驍騎營之下級武官，滿語稱"分得撥什庫"。順治十七年（1660），定漢名爲驍騎校。每佐領下設一人，計滿洲六百八十一人，蒙古二百零四人，漢軍二百六十六人，共一千一百五十一人。正六品。協助佐領管理所屬戶口、田宅、兵籍，以及驍騎營操練、守衛等事務。

〔2〕海禄：齊普齊特氏，蒙古正藍旗人，以前鋒校從征伊犁、葉爾羌，升二等侍衛。後又隨將軍温福進討金川，因功升任爲陝西固原鎮總兵。金川平定後，授雲南提督。乾隆四十六年（1781），隨大將海蘭察鎮壓甘肅蘇四十三回民起義，授烏魯木齊都統。後被奪職，旋又升爲侍衛，累遷至福建陸路提督。

吐魯番回部

乾隆四十四年，將吐魯番回人分別居處，中立界址，自哈喇和卓迤東，回人一千六百餘戶，歸額敏和卓之子管束，吐魯番領隊大臣統轄；自吐魯番西，回人七百五拾餘戶，歸扎奇魯克齊[1]呼達巴爾第管束，吐魯番領隊大臣專管。五十一年，將扎奇魯克齊裁汰，選蘇們[2]章京一人，管理回戶事務。

哈喇和卓東，札薩克郡王一。伊斯堪達爾[3]，現在①喀什噶爾阿奇木。

頭等台吉一，丕爾敦，現署札薩克。二等台吉一。

吐魯番西，蘇們章京四，所管回户現在吐魯番、雅爾湖、雅木什、托克遜等處居住。

乾隆三十七年，伊犁將軍舒赫德、烏魯木齊參贊大臣索諾木策凌會奏：烏魯木齊安設滿兵三千，照伊犁之例，協領俱戴用花翎，揀選委前鋒翼長一員，委前鋒章京四員，令其戴用花翎[4]；又於委前鋒校内揀選二十四名戴用金頂藍翎[5]；每佐領下補放催總一名，戴用金頂。自此，吐魯番、巴里坤、古城協領等官，暨委前鋒校、催總等，翎頂均照烏魯木齊一律辦理。四十五年，烏魯木齊都統索諾木策凌奏准，吐魯番協領等官由烏魯木齊滿營官員内升用，其額設兵吏即在該處差營兵内考補。

【注释】

〔1〕扎奇魯克齊：滿文 jakirukci 的音寫，漢語爲管旗章京。

〔2〕蘇們：蒙語稱 sumun，蘇目或蘇木的音寫，即滿文的牛録。

〔3〕伊斯堪達爾（？—1811）：清代吐魯番郡王額敏和卓第五子。乾隆三十一年（1766）赴伊犁辦理屯田事務。後入覲，命乾清門行走。五十三年後，先後任喀什噶爾、葉爾羌阿奇木伯克，喀什噶爾協辦大臣。

〔4〕花翎：清朝的禮帽，在頂珠下有翎管，質爲白玉或翡翠，用以安插翎枝。翎枝分花翎和藍翎兩種，花翎爲孔雀羽所做，是一種辨等威、昭品秩的標志，非一般官員所能戴用。花翎又分一眼、二眼、三眼，三眼最尊貴。所謂"眼"，指的是孔雀翎上眼狀的圓，一個圓圈就算作一眼。藍翎以染成藍色的鶡鳥羽毛所做，無眼，賜予六品以下、在皇宫和王府當差的侍衛官員享戴，也可以賞賜建有軍功的低級軍官。

〔5〕金頂藍翎：是清朝八旗下級武官藍翎長所戴禮帽。設于内務府三旗包衣護軍營、三旗包衣前鋒營，以及火器營、健鋭營等諸軍營。均爲正九

———————

① "在"，國圖抄本、刻本作"任"。

品。屬護軍者十五人，掌理營務。屬前鋒營者十二人，掌習馬上技藝。屬火器營者一百二十人，健鋭營一百人，分管所轄之兵士。

庫爾喀啦烏蘇領隊大臣

駐扎慶綏城，管轄土爾扈特游牧，兼管緑營屯田、差操事務。乾隆三十七年，伊犁將軍舒赫德奏設領隊大臣額缺，筆帖式一員，委筆帖式二員。乾隆四十八年烏魯木齊都統明亮奏准，將委筆帖式三員内裁汰一員，改設實缺筆帖式一員，在烏魯木齊滿營内調任①，三年期滿更換。民書二名。

土爾扈特部

駐牧濟爾哈朗地方。初，土爾扈特札薩克卓哩克圖汗渥巴錫族弟巴木巴爾，乾隆三十六年，從渥巴錫來歸，授札薩克多羅錫呼勒圖郡王，安插濟爾哈朗駐牧。又巴木巴族子固山貝子奇布騰亦駐牧其地。東至奎屯河邊定界，西至古爾圖、托多克兩處軍台之中立界，南至南山，北至戈壁湖灘，四圍約五六百里。

巴特瑪烏巴什，號烏訥恩蘇珠克圖盟長，札薩克多羅畢錫呼勒圖郡王，轄右翼旗務。瑪爾噶錫哩襲伊特格勒貝子，爲副盟長，轄左翼旗務。

郡王屬下台吉一員，管旗章京一員，副章京一員，參領一員，佐領四員，驍騎校四員。貝子屬下台吉一員，管旗章京一員，副章京一員，參領一員，佐領二員，驍騎校三員。

土爾扈特一千二百二十户。

烏魯木齊歷任都統姓名

索諾木策凌　滿洲鑲黃旗人。乾隆三十七年四月任參贊大臣，三十八年五月改都統任，四十年十月卸事進京。

伯永慶　滿洲鑲藍旗人。乾隆四十年十月以領隊署事，四十一年十二月交代[1]。

---

①　"任"，國圖抄本、刻本作"往"。

索諾木策凌　乾隆四十一年十二月接任，四十四年十一月卸事進京。

全　鑑　滿洲正藍旗人。乾隆四十四年十一月以領隊署事，四十五年三月交代。

索諾木策凌　乾隆四十五年三月接任，本年六月升授盛京將軍。

公奎林　滿洲鑲黃旗人。乾隆四十五年六月任事，四十六年七月升授烏里雅蘇台將軍。

圖思義　覺羅，鑲黃①旗人。乾隆四十六年七月以領隊署事，本年十一月交代回吐魯番。

伯明亮　滿洲鑲黃旗人。乾隆四十六年十一月任事，四十八年八月緣事解任。

圖思義　乾隆四十八年八月以領隊署事，本年十月交代回吐魯番。

海　禄　蒙古正藍旗人。乾隆四十八年十月任事，四十九年五月升授烏什參贊大臣。

圖思義　乾隆四十九年五月以領隊署事，本年九月交代回京。

常　青　滿洲鑲白旗人。乾隆四十九年九月任事，五十年五月升授西安將軍。

公奎林　乾隆五十年五月任事，本年七月署伊犁將軍，卸事。

尚　安　滿洲正白旗人。乾隆五十年七月以領隊署事，本年七月交代回吐魯番。

永　鐸　宗室，正藍旗人。乾隆五十年七月暫護印務，八月實授。五十二年十月署伊犁將軍，卸事。

博　厚　滿洲鑲紅旗人。乾隆五十二年十一月以領隊署事，本月初八日交代回古城。

尚　安　乾隆五十二年十一月以領隊署事，五十三年正月實授，五十九年三月卸事進京，改名宜綿。

明　興　滿洲鑲黃旗人。乾隆五十九年任事，本年十一月交代。

宜　綿　乾隆五十九年任事，六十年八月升授陝甘總督，卸事。

書　麟　滿洲鑲黃旗人。乾隆六十年八月以領隊署事，本年十一月卸事回古城。

永　保　滿洲正紅旗人。乾隆六十年十一月任事，本年十二月卸事，赴京陛見。

書　麟　乾隆六十年十二月署事，嘉慶四年正月交代進京。

興　奎　滿洲鑲白旗人。嘉慶四年正月以提督兼署，本年四月交代回提督任。

富　俊　蒙古正黃旗人。嘉慶四年四月任事，本年八月卸事，升授喀什噶爾參贊大臣。

興　奎　嘉慶四年八月任事，五年二月卸事進京。

靈　泰　滿洲正藍旗人。嘉慶五年二月以領隊署事，本年七月交代回本任。

① "黃"，國圖抄本、刻本作"藍"。

興　奎　嘉慶五年七月任事，七年二月卸事，回京守制。

扎克杭阿　滿洲鑲藍旗人。嘉慶七年二月以提督兼署，本年十一月交代回本任。

明　亮　嘉慶七年十一月任事，九年十二月卸事，升授兵部尚書進京。

奇　臣　宗室，正藍旗人。嘉慶九年十月任事，十一年十二月緣事解任。

和　寧　蒙古鑲黃旗人。嘉慶十一年十二月任事。

烏魯木齊歷任領隊大臣姓名

永　慶　滿洲鑲藍旗人。乾隆三十九年六月任事，四十二年五月卸事。

全　鑑　滿洲正藍旗人。乾隆四十二年五月任事，四十五年四月卸事。

索諾木策凌　滿洲鑲黃旗人，乾隆四十五年四月以都統兼署，本年十二月卸事。

巴林泰　滿洲鑲紅旗人。乾隆四十五年十二月任事，四十八年八月卸事。

圖思義　覺羅，鑲藍旗人。乾隆四十八年八月以署都統兼署，本年十二月卸事。

陽春保　滿洲正白旗人。乾隆四十八年十二月任事，四十九年十二月卸事。

常　青　滿洲鑲白旗人。乾隆四十九年十二月以都統兼署，五十年二月卸事。

永　泰　蒙古鑲藍旗人。乾隆五十年二月任事，五十五年正月卸事。

特成額　滿洲鑲黃旗人。乾隆五十五年正月任事，五十六年三月卸事。

尚　安　滿洲正白旗人。乾隆五十六年以都統兼署，本年七月卸事。

公善保　滿洲正黃旗人。乾隆五十六年七月任事，五十九年七月卸事。

宜　綿　滿洲正白旗人。乾隆五十九年七月以都統兼署，本年十一月卸事。

靈　泰　滿洲正藍旗人。乾隆五十九年十一月任事，嘉慶六年四月卸事。

德勒克札布　蒙古正白旗人。嘉慶六年四月任事，九年五月卸事。

明　亮　滿洲鑲黃旗人。嘉慶九年五月以都統兼署，本年九月卸事。

恩　明　滿洲鑲藍旗人。嘉慶九年九月任事，十一年十月卸事，調署庫爾喀喇烏蘇。

奇　臣　宗室，正藍旗人。嘉慶十一年十月以都統兼署，本年十二月卸事。

和　寧　蒙古鑲黃旗人。嘉慶十一年十二月以都統兼署，十二年三月卸事。

恩　明　嘉慶十二年三月回任，本年六月升授喀什噶爾協辦事務大臣。

和　寧　嘉慶十二年六月以都統兼署，本年八月卸事。

德　昌　滿洲鑲黃旗人。嘉慶十二年八月任事。

巴里坤歷任領隊大臣姓名

德　雲　滿洲鑲黃旗人。乾隆三十八年四月任事，四十一年三月卸事。

岱星阿　滿洲鑲紅旗人。乾隆四十一年三月任事，四十五年四月卸事。

永　安　蒙古正白旗人。乾隆四十五年四月任事，五十四年十二月卸事。

和興額　滿洲鑲白旗人。乾隆五十四年十二月任事，六十年四月卸事。

奇　臣　宗室，正藍旗人。乾隆六十年四月任事，嘉慶五年二月卸事，調庫車辦事大臣。

宜　興　滿洲鑲紅旗人。嘉慶五年二月任事，七年六月卸事，調科布多參贊大臣。

舒永阿　滿洲正黃旗人。嘉慶七年六月任事，本年十一月病故，協領花尚阿護印。

西凌阿　滿洲鑲黃旗人。嘉慶八年七月以烏魯木齊協領署事，本年十月卸事。

恒　博　宗室，嘉慶八年五月任事，本年六月卸事，交花尚阿護印。

西凌阿　嘉慶八年七月署事，本年十月卸事。

圖　善　滿洲鑲黃旗人。嘉慶八年十月任事，十一年九月卸事。

德　昌　滿洲鑲黃旗人。嘉慶十一年九月任事，十二年八月調烏魯木齊領隊大臣。

古城歷任領隊大臣姓名

永　安　蒙古正白旗人。乾隆三十九年十二月任事，四十五年四月卸事。

巴林泰　滿洲鑲紅旗人。乾隆四十五年四月任事，本年九月卸事。

伊里布　滿洲正白旗人。乾隆四十五年九月任事，五十年七月卸事。

阿　林　滿洲鑲黃旗人。乾隆五十年七月以烏魯本齊協領署事，本年九月卸事。

博　厚　滿洲鑲紅旗人。乾隆五十年九月任事，五十五年三月卸事。

勒璃善　滿洲鑲紅旗人。乾隆五十五年三月任事，五十九年十二月卸事。

書　麟　滿洲鑲黃旗人。乾隆五十九年十三月任事，嘉慶元年十二月卸事。

阿　林　嘉慶元年十二月以烏魯木齊協領署事，二年十一月卸事。

琅　玕　覺羅，正藍旗人。嘉慶二年十一月任事，五年二月卸事。

伊江阿　滿洲正白旗人。嘉慶五年二月任事，六年三月病故。

西凌阿　滿洲鑲黃旗人。嘉慶六年三月以烏魯木齊協領署事，本年八月卸事。

吉勒章阿　蒙古鑲黃旗人。嘉慶六年八月任事，十年二月卸事。

札郎阿　嘉慶十年二月任事，本年十月卸事。

盛　柱　滿洲正白旗人。嘉慶十年八月任事，本年十月卸事，升授葉爾羌辦事大臣。

柯蒙額　滿洲正黃旗人。嘉慶十年十月以烏魯木齊協領署事，十一年二月卸事。

果勒明阿　滿洲鑲藍旗人。嘉慶十一年二月任事，本年六月卸事。

柯蒙額　嘉慶十一年六月署事，本年八月卸事。

富森布　嘉慶十一年八月任事，十二年正月病故。

柴凌阿　滿洲正白旗人。嘉慶十二年正月以烏魯木齊協領署事，本年六月卸事。

薩炳阿　滿洲正黃旗人。嘉慶十二年六月任事。

吐魯番歷任領隊大臣姓名

圖思義　覺羅，鑲藍旗人。乾隆四十四年九月任事，四十九年八月卸事。

尚　安　滿洲正白旗人。乾隆四十九年八月任事，本年十二月卸事。

陽春保　滿洲正白旗人。乾隆四十九年十二月任事，五十一年十一月卸事。

尚　安　乾隆四十九年十二月任事，五十一年十一月卸事。

穆和藺　滿洲正黃旗人。乾隆五十一年十一月任事，五十四年四月卸事。

伊江阿　滿洲正白旗人。乾隆五十四年四月任事，五十八年六月卸事。

塔　琦　滿洲正紅旗人。乾隆五十八年六月任事，五十九年七月卸事。

善　保　滿洲正黃旗人。乾隆五十九年七月任事，六十年五月卸事。

佛　智　滿洲正紅旗人。乾隆六十年五月任事，嘉慶五年六月卸事。

明　興　滿州鑲黃旗人。嘉慶五年六月任事，七年十一月卸事。

绷武布　宗室，正白旗人。嘉慶七年十一月任事，九年八月卸事。

玉　衡　宗室，鑲藍旗人。嘉慶九年九月任事，本年九月卸事。

西凌阿　滿洲鑲黃旗人。嘉慶九年九月以烏魯木齊協領署事，本年十一月卸事。

安　福　滿洲鑲藍旗人。嘉慶九年十一月任事，十年十一月卸事。

玉　衡　嘉慶十年十一月任事。

庫爾喀喇烏蘇歷任領隊大臣姓名

雅郎阿　乾隆三十七年十二月任事，三十九年四月卸事。

舒通阿　乾隆三十九年四月任事，四十一年四月卸事。

西津泰　乾隆四十一年四月任事，本年十月卸事。

全　鑑　滿洲正藍旗人。乾隆四十一年四月任事，本年十一月卸事。

格瑋額　滿洲鑲黃旗人。乾隆四十一年十月一任事，五十一年十月卸事。

永　泰　蒙古鑲藍旗人。乾隆五十一年口月以烏魯木齊領隊署事，五十二年六月卸事。

同福保　滿洲正黃旗人。乾隆五十二年六月任事，本年九月卸事。

永　泰　乾隆五十二年九月署事，五十三年五月卸事。

同福保　乾隆五十三年五月任事，本年十二月卸事。

盛　柱　滿洲正白旗人。乾隆五十三年十二月任事，五十四年十一月卸事。

策　巴　蒙古正黃旗人。乾隆五十四年十一月任事，五十八年九月卸事。

明　興　滿州鑲黃旗人。乾隆五十八年九月任事，五十九年二月卸事。

善　保　滿洲正黃旗人。乾隆五十九年二月以烏魯木齊領隊署事，本年七月卸事。

阿　琳　滿洲鑲黃旗人。乾隆五十九年七月以烏魯木齊領隊署事，本年十一月卸事。

明　興　乾隆五十九年十二月任事，嘉慶元年二月卸事。

奇豐額　滿洲正白旗人。嘉慶元年五月任事，本年五月卸事

成　德　滿洲鑲紅旗人。嘉慶元年五月任事，二年七月卸事。

靈　泰　滿洲正藍旗人。嘉慶二年七月以烏魯木齊領隊署事，三年二月卸事。

成　德　嘉慶三年二月任事，本年十一月卸事。

靈　泰　嘉慶三年十一月署事，四年二月卸事。

雅滿泰　蒙古正黃旗人。嘉慶四年二月任事，七年二月卸事。

安　麟　蒙古正白旗人。嘉慶七年二月任事，十年十一月卸事。

台斐音　蒙古正黃旗人。嘉慶十年十一月任事，十一年十月卸事。

恩　明　滿洲鑲藍旗人。嘉慶十一年十月以烏魯木齊領隊署事，十二年三月卸事。

岐　山　滿洲正紅旗人。嘉慶十二年三月任事。

分巡鎮迪粮務兵備道[2]

乾隆三十八年，設鎮迪道一，駐扎烏魯木齊鞏寧城。乾隆二十五年，原設烏魯木齊同知一員，管理地方事務及監放兵餉。三十七年，陝甘總督文綬具奏，烏魯木齊總管粮餉

道員原係差缺，請將安西道移駐巴里坤，兼轄哈密、闢展、烏魯木齊、木壘等處事務。其烏魯木齊原設粮道差缺，聲明裁汰。三十八年，吏部議准陝甘總督勒爾謹具奏，將巴里坤道移駐烏魯木齊鞏寧城。

　　轄鎮西府一暨宜禾、奇台縣二，直隸迪化州一暨昌吉、綏來、阜康縣三，吐魯番同知一，庫爾喀喇烏蘇、晶河。乾隆四十八年都統海禄具奏，庫爾喀喇烏蘇、晶河粮員歸鎮迪道管轄。喀喇巴爾噶遜乾隆五十六年都統尚安奏設。粮員三。原議鎮迪道員缺定爲衝、繁、難三要滿缺，三年俸滿，咨部辦理。

　　鎮迪道衙門：書吏十四名、門子四名，門吏二名，皂隸十二名，鋪兵[3] 二名，庫子[4] 四名，快手十二名，傘扇轎夫七名，民壯[5] 二十名。

【注释】

〔1〕交代：指前後任相接替，移交。《漢書·元後傳》："予伏念皇天命予爲子，更命太皇太后爲'新室文母太皇太后'，協于新故交代之際，信於漢氏。"《明史·秦逵傳》："議籍四方工匠，驗其丁力，定三年爲班，更番赴京，三月交代。"

〔2〕分巡鎮迪粮務兵備道：即鎮迪道，駐迪化州。屬甘肅省，兼受烏魯木齊都統管轄。轄安西府、迪化州及哈密、闢展、木壘等處。乾隆五十四年（1789）六月，兼管吐魯番、庫爾喀喇烏蘇、昌吉等處。光緒八年（1882），轄迪化州和鎮西、哈密、吐魯番三廳。十年屬新疆省。十一年五月，加按察使銜，全稱爲整飭巴里坤分巡鎮迪粮務兵備道，按察使銜，兼轄哈密、闢展、烏魯木齊、木壘等處事務。關防爲"甘肅新疆鎮迪道兼按察使銜管理全省刑名驛傳事務"。

〔3〕鋪兵：亦稱"鋪卒""鋪丁""鋪夫"，是在驛站傳遞公文的兵士。鋪，即指驛站。元、明、清時因軍事需要設急遞鋪，鋪兵即指急遞鋪兵。

〔4〕庫子：舊時對管理倉庫的雜役之稱謂。《稱謂録》卷二六《各役·庫子》："《賦役全書》，各縣有此名目。"

〔5〕民壯：地方武裝，指中國古代王朝通過提供一定的報酬和待遇招募民間青壯年勞動力參軍的一種制度。這些鄉兵是國家的預備兵員，遇有緊急簽軍，多從鄉兵中徵發。鄉兵與保甲什伍連坐相結合，在維持地方治安和鎮

壓人民反抗活動中起着相當重要的作用。

鎮西府

鎮西府駐扎巴里坤，在烏魯木齊東一千二百三十七里。乾隆三十八年二月奉上諭：勒爾謹奏，巴里坤地方近來生齒增繁，子弟敦書講射已蔚然可觀，請照烏魯木齊迪化、寧邊二廳封題代試之例，專設學額一摺，已批交該部議奏矣。自平定西陲以來，關外耕屯日闢，商旅往來，生聚滋繁，久已共安作息，其秀民蒸蒸向化，弦誦相聞，漸成樂土。前已議准辦事大臣所奏，烏魯木齊等處專設學額。今巴里坤復請照例取進生童，將來人文日盛，即當設立膠庠，使遐方文德誕敷，聲教廣被，實從來所惟①有。惟是該處民居稠密，閭井殷繁，兼之屬國來王，征輅輻輳，實爲邊陲一大都會。今既議定學額，而原駐僅一同知，尚與體制未合②。自應將巴里坤改設爲府，烏魯木齊改設爲府屬，或將安西府移於巴里坤，而設③安西爲州。其應如何定制設官，酌予嘉名及建立學校，著大學士九卿詳悉妥議具奏。欽此。吏部議擬府縣嘉名，定鎮西府。設鎮西府一。駐扎漢城。

三十八年，吏部議，鎮西爲衝、繁、難三要缺，遇有缺出，在於陝甘兩省滿員内揀選調補，三年俸滿，咨部辦理。經歷一，裁安西缺。教授[1]一，裁安西缺。領宜禾、同城。奇台古城西。縣二。

【注釋】

〔1〕教授：古代官學的學官。原爲傳授學業之意，宋代始爲學官。至道元年（995），宋太宗在宮内爲皇室子弟學習經史而置師、傅，以教授爲名。後即以此稱諸王宮大小學教授，又在宗學、武學、律學、算學、醫學等學設教授爲學官。慶歷四年（1044），仁宗詔令各路、州、縣學，皆置教授爲學官，以五經、六藝訓誨學生。元代諸路散府及上中州學設教授。明府學設教授，清代沿襲。光緒三十年（1904）廢除科舉之後各地教授缺出不補。清末京師大學堂稱爲教習。辛亥革命後，教授始爲大學教師職稱。

---

① "惟"，國圖抄本、刻本作"未"。
② "合"，國圖抄本作"符"。
③ "設"，國圖抄本、刻本作"改"。

知府衙門：書吏十二名、門子二名、庫子四名、皂隸十六名、傘扇轎夫七名、民壯十六名、馬快[1] 十名、禁卒八名、步快十六名。

經歷衙門：攢典[2] 一名，門子一名，皂隸四名，馬夫一名。

教授衙門：攢典一名，門斗八名，齋夫五名，膳夫二名。

【注釋】

〔1〕馬快：中國舊時衙門裏騎馬的捕役。《稱謂録》卷二六：“馬快、步快，《賦役全書》各府縣均有此名目。”清黃六鴻《福惠全書》：“遇有機密緊事，另差馬快，星馳回繳，不在此限”。

〔2〕攢典：金朝始置，爲掌管錢粮帳目的吏員。設于諸倉、草場，歲收一萬石以上之倉設二人，草場二人。元朝沿置，凡與錢粮有關之倉、庫務中均設，員額不等，任滿後可轉爲司吏或典吏。明朝負責稅務之衙署亦設。清朝四種外吏（書史、承差、典吏、攢典）之一，即各首領官、佐貳官、雜職官所屬之吏。

宜禾［縣]①

宜禾縣駐扎巴里坤城。三十八年同判②改爲知縣。設訓導一，裁汰内地靈台縣缺。典吏一。吏部議定宜禾縣爲衝、繁、難三要缺，三年俸滿，分別題咨升用。

知縣衙門：典吏八名，門子二名，皂隸十四名，馬快八名，庫子四名，民壯十名，傘扇轎夫七名，斗級[1] 四名，禁卒五名，作作二名。

訓導衙門：攢典一名，門子三名，齋夫三名，膳夫二名。

典史衙門：攢典一名，門子一名，皂隸四名，馬夫四名。

奇台縣

奇台縣在烏魯木齊東七站，舊名靖寧城，改設奇台縣。乾隆四十年，軍機大臣會同吏部議覆都統索諾木策凌條奏，奇台爲巴里坤、烏里雅蘇台各路衝要之區，現住户民一千

---

① “宜禾”，國圖抄本、刻本作“宜禾縣”，據補。

② “同判”，國圖抄本、刻本作“通判”。

一百五十户，商賈聚集一千數百户。原設通判一員，不足以資彈壓，亦照巴里坤、宜禾縣之例，改設知縣作爲滿缺，仍兼古城滿營管理事廳事務。補修城池，以符體制。訓導一，裁汰内地平涼縣缺。典史一，裁汰濟木薩巡檢缺。古城巡檢[2] 一。四十年，吏部議奏，古城駐扎屯田綠營兵丁二百五十名，又移駐滿洲眷兵一千名，商賈聚集，并無文員彈壓。應將東吉爾瑪泰巡檢移駐古城，管理商民事務，駐扎孚遠城。吏部議定奇台縣爲衝、繁、難三要缺，三年俸滿，分别題咨升用。

知縣衙門：典吏八名，門子二名，皂隸十四名，斗級四名，庫子四名，民壯三十名，馬快八名，禁卒五名，仵作二名，傘扇轎夫七名。

訓導衙門：攢典一名，門斗三名，齋夫三名，膳夫二名。

典史衙門：攢典一名，門子一名，皂隸四名，馬夫一名。

巡檢衙門：攢典一名，弓兵四名，皂隸四名，馬夫一名。

【注释】

〔1〕斗級：主管倉粮的役吏，斗謂斗子，級謂節級。清制，各省府州縣之額定官役中，例設斗、級若干人，照例由官供給工食。

〔2〕巡檢：從九品。掌捕盗賊，詰奸宄。凡州縣關津險要則置。隸州廳者，專司河防。

直隸迪化州

乾隆三十八年，設直隸迪化州一，駐扎鞏寧城。乾隆三十八年三月，陝甘總督勒爾謹奏，改烏魯木齊同知爲知州，屬鎮西府。吏部議奏，烏魯木齊新設知州一員。所屬地方相距兩千餘里，若僅令一知州統轄，勢必顧此失彼，將烏魯木齊擬設之迪化州改爲直隸州。設學正一，乾隆三十八年，由内地裁汰秦安縣巡檢①改設。吏目一，乾隆三十八年，將烏魯木齊倉大使改設。巡檢一，乾隆四十一年，由内地裁汰秦安②縣巡檢，改設迪化城。頭屯所千

---

① "秦安縣巡檢"，國圖抄本、刻本作 "華亭縣訓導"。據《清高宗實録》卷九四二，"乾隆三十八年九月己巳" 條，迪化州學正由華亭縣訓導改設，底本訛。

② "秦安"，刻本作 "泰安"。據《清高宗實録》卷一〇二三 "乾隆四十一年丁巳" 條，迪化城巡檢係由秦安縣屬隴城巡檢改設，刻本訛。

總^[1]一。舊制，由屯防差派管。四十二年，改爲千總實缺。領昌吉、綏來、阜康縣三。三十九年奏准，迪化州員缺定爲衝、繁、難三要缺，在於陝甘兩省滿洲人員內揀選調補。三年俸滿，分別題咨升用。

知州衙門：書吏八名，門子二名，皂隸十二名，傘扇轎夫七名，民壯四十六名，馬快八名，庫子四名，斗級四名，禁卒八名，仵作四名。

學正衙門：攢典一名，門斗三名，齋夫三名，膳夫二名。

吏目^[2]衙門：攢典一名，皂隸四名，馬夫一名。

巡檢衙門：攢典一名，弓兵四名，馬夫一名，皂隸二名。

【注释】

〔1〕千總：封建王朝軍隊中的一級職稱。清代爲從六品。在少數民族地區，千總同土司一樣，爲轄區內行政和軍事最高長官。

〔2〕吏目：明清知州以州同、州判爲其佐官，以吏目爲其事務長。吏目主管刑獄，掌管典簿文書。

昌吉縣

鞏寧城西北七十里，舊爲寧邊城，改設昌吉縣。乾隆三十八年，吏部議奏，陝甘總督勒爾謹擬設寧邊州同，改爲昌吉縣，隸直隸迪化州。又議添典史一、訓導一。設訓導一，由內地裁汰靖遠縣訓導改設。典史一，蘆草溝所千總一，四十二年，改爲實缺。呼圖壁巡檢一。呼圖壁離縣城七十里。乾隆二十八年，辦事大臣旌額禮奏將寧邊巡檢移駐呼圖壁，故名。三十九年，吏部議定昌吉縣爲繁、難三^①要缺，由陝甘兩省滿員揀調。三年俸滿，分別題咨升用。

知縣衙門：典吏八名，門子二名，皂隸十四名，馬快八名，庫子四名，民壯三十名，禁卒六名，斗級四名，仵作二名，傘扇轎夫七名。

訓導衙門：攢典一名，門斗三名，齋夫三名，馬夫一名。

典史衙門：攢典一名，門子一名，皂隸四名，馬夫一名。

———————

① 三，國圖抄本、刻本作“二”。

千總衙門：攢典一名，門子一名，軍牢四名，馬夫二名，斗級二名，民壯九名。

巡檢衙門：攢典一名，弓兵四名，皂隸二名，馬夫一名，斗級四名。

綏來縣

鞏寧城西北二百七十里，康吉城改設綏來縣。乾隆四十四年①，都統索諾木策凌具奏，瑪納斯商民日漸增聚，地方人命鬥毆事務紛繁，每歲應交粮石及查辦兵民交涉事件，僅設縣丞一員，不足以資彈壓。請將縣丞改爲知縣，添設典史一員、訓導一員、千總一員，歸縣屬。設訓導一，由內地裁汰岷州訓導移駐。典史一，塔西河所千總一。四十二年，改爲實缺。四十四年，吏部議定綏來縣爲衝、繁、難三要缺，三年俸滿，分別題咨升用。

知縣衙門：典吏八名，門子二名，皂隸十四名，馬快二名，庫子四名，傘扇轎夫七名，民壯三十名，作作二名。

訓導衙門：攢典一名，門斗三名，齋夫三名，膳夫二名。

典史衙門：攢典一名，門子四名，皂隸四名，馬夫一名。

千總衙門：攢典一名，門子一名，斗級二名，馬夫二名，軍牢四名。

阜康縣

鞏寧城東一百三十里，阜康城改阜康縣[1]。乾隆四十年，軍機大臣會同吏部議覆都統索諾木策凌條奏，烏魯木齊迤東之格納格爾②地方舊有城池，現住戶民一千三百九十八戶，商賈輻輳，僅設州判一員，不足以資彈壓，應改設知縣一員。再裁內地巡檢一員，改爲典史移駐。裁莊浪縣知縣移駐阜康。設訓導一，裁莊浪學缺③。典史一，裁莊浪缺。濟木薩巡檢一。四十一年，都統索諾木策凌奏稱，烏魯木齊城東五站之濟木薩設有巡檢一員，收支民屯各項粮石，并監放兵餉，彈壓地方。且路通巴里坤、烏里雅蘇台，往來衝區，極爲緊要。現住屯兵六百五十名，戶民六百餘戶，商賈日增。應改縣丞，於稽查地方始有裨益。四十年，吏部議定阜康縣爲衝、繁、難三要缺，三年俸滿，分別題咨升用。濟木薩離鞏寧城三

---

① 此處應爲"四十二年"，中國第一歷史檔案館藏有索諾木策凌於乾隆四十二年十二月二十八日録副奏摺《奏請將瑪納斯縣丞改爲知縣事》，檔號03-0168-039。

② "格納格爾"，國圖抄本、刻本作"特納格爾"。

③ 國圖抄本作"學缺一"。

百七十里。

知縣衙門：典吏八名，門子二名，皂隸十四名，馬快二名，庫子四名，斗級四名，傘扇轎夫七名，民壯三十名，仵作二名。

訓導衙門：攢典一名，門斗三名，齋夫三名，膳夫二名。

典史衙門：攢典一名，門子四名，皂隸四名，馬夫一名。

縣丞衙門：攢典二名，弓兵十名，皂隸二名，馬夫一名，仵作一名。

【注释】

〔1〕阜康縣：地名，在新疆維吾爾自治區烏魯木齊市東北。漢屬卑陸國，唐屬庭州。清乾隆三十年建特納格爾城，四十一年設阜康縣，隸迪化直隸州。1992 年 11 月撤銷阜康縣，改設阜康市。

吐魯番同知

吐魯番廣安城，在烏魯木齊南四百九十里，裁闢展同知移駐吐魯番城。乾隆四十五年，吏部議覆陝甘總督勒爾謹具奏，吐魯番駐扎滿兵，既有旗民交涉事件，應安設同知，作爲滿缺，兼管理事通判事務。至闢展，原設巡檢一員。該處商民廣聚，各種田園，而回人等種田安業，仍留巡檢在彼彈壓。其吐魯番管理倉庫，緝拿盜賊，同知一人，難以周顧。應增設巡檢一員，責成專管。仍照闢展舊章，報明該廳，以歸核實。設巡檢一，增設。闢展巡檢一。三十六年，由内地裁汰平番縣苦水巡檢缺移駐。吏部議，吐魯番同知定爲衝、繁、難三要缺，照闢展之例，在於陝甘兩省滿員内揀選調補。五年俸滿，分別題咨升用。巡檢例同。

同知衙門：典吏五名，門子二名，皂隸十二名，民壯十名，斗級六名，仵作一名，傘扇轎夫六名。

巡檢衙門：攢典一名，弓兵四名，皂隸二名，禁卒二名，馬夫二名。

闢展巡檢：攢典一名，弓兵四名，皂隸二名，馬夫一名。

庫爾喀喇烏蘇粮員

庫爾喀喇烏蘇在鞏寧城西北五百五十里，名慶綏城。乾隆四十八年，都統明亮具奏，庫爾喀喇烏蘇商賈貿易僅數十家，并無安插民户，又無駐扎滿兵，請裁汰同知，派效力廢員管理收支糧石事務。又都統海禄具奏，精河糧務亦請以效力廢員管理。五十九年，俱改由京差派。設糧員一。三年更換。

糧員衙門：典吏二名，斗級一名，民壯六名，作作一名。

精河粮員

精河在鞏寧城西北九百五里，名安阜城。設粮員一。亦係由京派給職銜管理。

糧員衙門：典吏二名，斗級一名，民壯三名，作作一名。

喀喇巴爾噶遜粮員

喀喇巴爾噶遜在鞏寧城南二百三十里，名嘉德城。乾隆五十六年，都統尚安具奏，喀喇巴爾噶遜地方係通南路回城衝途，商賈往來不絕，兼之種地民户每歲交粮六百餘石，請設粮員一員，賞給虛銜管理。設粮員一，五十九年亦改由京撿放管理。

糧員衙門：典吏二名，斗級一名，民壯四名，作作一名。

烏魯木齊駐扎歷任巴里坤道姓名 乾隆三十七年移駐。

永　慶　滿洲鑲黄旗人。乾隆三十七年八月任事，三十九年十月卸事，進京引見。

巴彦岱　蒙古正藍旗人。乾隆三十九年十月以鎮西府知府護理，四十年二月卸事。

觀　禄　滿洲鑲紅旗人。乾隆四十年二月以安肅道署事，本年九月卸事。

永　慶　乾隆四十年九月回任，本年十月卸事，升授湖南按察司。

穆和倫　滿洲鑲紅旗人。乾隆四十年十月以迪化州知州護理，四十二年二月卸事。

巴彦岱　乾隆四十二年二月以鎮西府知府升任，四十二年改爲鎮迪道，四十六年被參卸事。

歷任鎮迪道姓名

德　平　滿洲正白旗人。乾隆四十六年十一月以迪化州知州護理，四十七年三月被參卸事。

觀　成　覺羅，滿洲鑲黄旗人。乾隆四十七年三月以委用知州護理，本年八月卸事。

保　年　滿洲正黃旗人。乾隆四十七年八月任事，四十九年四月卸事。

德爾炳阿　滿洲正白旗人。乾隆四十九年四月任事，本年六月丁憂卸事。

永　慶　滿洲正黃旗人。乾隆四十九年六月以鎮西府知府護理，本年十月卸事。

翰　圖　滿洲鑲黃旗人。乾隆四十九年十月任事，五十三年四月卸事。

鳳　翔　滿洲正黃旗人。乾隆五十三年四月任事，五十五年八月卸事。

文　會　蒙古鑲紅旗人。乾隆五十五年八月以鎮西府知府護理，五十六年六月卸事。

榮　德　蒙古鑲紅旗人。乾隆五十六年六月任事，六十年六月卸事。

福　慶　滿洲鑲黃旗人。乾隆六十年六月任事，嘉慶三年十月卸事。

巴寧阿　滿洲鑲白旗人。嘉慶三年十月任事，七年二月卸事。

富　英　滿洲正藍旗人。嘉慶七年二月任事，十年九月卸事。

同　福　蒙古鑲紅旗人。嘉慶十年九月任事。

歷任鎮西府知府姓名

巴彥岱　蒙古正藍旗人。乾隆三十九年三月任事，四十一年二月升署巴里坤道卸事，進京引見。

納　福　滿洲正黃旗人。乾隆四十一年二月以奇台通判護理，四十三年正月卸事。

松　柱　滿洲鑲黃旗人。乾隆四十三年正月任事，四十四年五月被參卸事。

傅明阿　滿洲鑲白旗人。乾隆四十四年五月以昌吉縣知縣護理，四十六年十一月被參卸事。

博　通　滿洲鑲黃旗人。乾隆四十六年十一月以理事通判護理，四十七年四月卸事。

祥　泰　滿洲正紅旗人。乾隆四十七年四月任事，四十九年正月被參卸事。

富　昇　滿洲鑲黃旗人。乾隆四十九年正月以吐魯番通知護理，本年九月降調卸事。

永　慶　滿洲正黃旗人。乾隆四十九年九月任事，本年十二月被參卸事。

亮　保　滿洲鑲白旗人。乾隆四十九年十二月以庫屯粮員護理，五十年七月卸事。

舒永阿　滿洲正黃旗人。乾隆五十年七月任事，五十四年十月升任湖北督粮道卸事。

德　光　滿洲鑲黃旗人。乾隆五十四年十月以吐魯番同知護理，五十五年四月卸事。

文　會　蒙古鑲紅旗人。乾隆五十五年四月任事，本年八月卸事。

慶　延　滿洲鑲黃旗人。乾隆五十五年八月以迪化州護理，五十六年五月丁憂卸事。

臨　保　滿洲鑲紅旗人。乾隆五十六年五月以理事通判護理，五十七年二月卸事。

富興阿　滿洲正紅旗人。乾隆五十七年二月任事，本年四月病故卸事。

福　善　滿洲鑲藍旗人。乾隆五十七年以迪化州知州護理，五十八年二月卸事。

莫爾薩　理滿洲正黃旗人。乾隆五十八年二月任事，嘉慶三年降調卸事。

巴靈阿　滿洲鑲白旗人。嘉慶三年五月以鎮迪道兼攝，本年六月卸事。

哈達納　滿洲正藍旗人。嘉慶三年六月任事，五年十一月俸滿卸事，進京。

和　齡　滿洲正藍旗人。嘉慶五年十一月以吐魯番同知護理，七年二月卸事。

哈達納　嘉慶七年二月回任，八年十一月卸事。

雅爾賽　滿洲正白旗人。嘉慶八年十一月任事，十年十月俸滿卸事，進京引見。

福　定　滿洲鑲紅旗人。嘉慶十年十月以理事通判護理，十二年四月卸事。

恒　明　滿洲鑲白旗人。嘉慶十二年四月任事。

歷任宜禾縣知縣姓名

文　福　乾隆四十年二月任事，本年四月病故。

巴彥岱　蒙古正藍旗人。乾隆四十年四月以鎮西府知府兼攝，四十一年二月卸事。

張建庵　四川峨眉縣人。乾隆四十一年二月以安西州吏目署事，四十二年二月卸事。

瑚圖里　漢軍鑲藍旗人。乾隆四十二年二月任事，四十七年三月被參卸事。

博　通　滿洲鑲黃旗人。乾隆四十七年三月以護理鎮西府知府兼攝，本年四月卸事。

韋馱保　滿洲鑲白旗人。乾隆四十七年以候補知縣署事，四十八年月被參卸事。

祥　泰　滿洲正紅旗人。乾隆四十八年二月以鎮西府知府兼攝，本年四月卸事。

恒　亮　滿洲正紅旗人。乾隆四十八年四月任事，本年七月卸事。

祥　泰　乾隆四十八年七月以鎮西府知府兼攝，四十九年正月被參卸事。

富　昇　滿洲鑲黃旗人。乾隆四十九年正月以護理鎮西府知府兼攝，本年三月卸事。

特通額　滿洲鑲黃旗人。乾隆四十九年三月任事，五十五年三月卸事。

豐延泰　［滿洲正白旗人］①。乾隆五十五年三月任事，五十六年八月卸事。

齊默慎　蒙古鑲紅旗人。乾隆五十六年八月任事，五十七年四月卸事。

---

①　國圖抄本、刻本作"滿洲正白旗人"，據補。

連彭年　浙江上虞縣人。乾隆五十七年四月以濟木薩縣丞護理，本年十二月卸事。

武什杭　阿滿洲正白旗人。乾隆五十八年十二月任事，六十年九月卸事。

張利溥　漢軍包衣鑲黃旗人。乾隆六十年九月以昌吉縣知縣署事，嘉慶元年十月卸事。

白　晉　漢軍正白旗人。嘉慶元年十月任事，四年十月被參卸事。

景　安　滿洲鑲白旗人。嘉慶四年二月以昌吉縣知縣署事，五年七月卸事。

星額特　滿洲正藍旗人。嘉慶五年七月任事，六年九月卸事。

和　齡　滿洲正藍旗人。嘉慶六年九月以護理鎮西府知府兼攝，八年十一月卸事。

觀　恒　滿洲正白旗人。嘉慶八年十一月任事。

歷任奇台縣知縣姓名

納　福　滿洲正黃旗人。乾隆四十一年十月任事，四十二年十月卸事。

窩什渾　漢軍鑲藍旗人。乾隆四十二年十月任事，四十七年六月被參卸事。

楊桑阿　滿洲正藍旗人。乾隆四十七年六月以候補知縣署事，四十九年三月被參卸事。

富　廉　滿洲正藍旗人。乾隆四十九年三月以阜康縣知縣署事，本年八月卸事。

五明安　蒙古正藍旗人。乾隆四十九年八月以精河糧員署事，本年十二月卸事。

田種玉　陝西城固縣人。乾隆四十九年十二月以鎮西府教授署事，五十年七月卸事。

成　順　滿洲鑲黃旗人。乾隆五十年七月任事，五十六年十一月卸事。

豐延泰　滿洲正白旗人。乾隆五十六年十一月任事，嘉慶二年十一月卸事。

百　祥　滿洲鑲黃旗人。嘉慶二年十一月任事，三年五月卸事，委署通判卸事。

蔣錦城　江蘇元和縣人。嘉慶三年五月以濟木薩縣丞護理，本年十一月卸事。

百　祥　嘉慶三年十一月回任，六年九月被參卸事。

星額特　滿洲正藍旗人。嘉慶六年九月以宜禾縣知縣署事，七年十一月丁憂卸事。

徐維城　漢軍鑲黃旗人。嘉慶三年十一月以庫屯糧員署事，八年二月卸事。

誠　忠　蒙古正藍旗人。嘉慶八年二月任事。

歷任直隸迪化州知州姓名

木和儉　滿洲鑲黃旗人。乾隆三十九年正月任事，四十二年二月推升知府卸事。

德　平　滿洲正白旗人。乾隆四十二年二月以昌吉縣知縣護理，四十五年十二月升補迪化州卸事，進京引見。

廣　玉　滿洲正白旗人。乾隆四十五年十二月以通判護理，四十六年八月卸事。

德　平　乾隆四十六年八月回任，四十七年三月被參卸事。

觀　成　滿洲鑲黃旗人。乾隆四十七年三月任事，四十九年三月被參卸事。

圖桑阿　蒙古鑲白旗人。乾隆四十九年三月任事，五十四年五月被參卸事。

達　琳　蒙古正黃旗人。乾隆五十四年五月以通判護理，本年九月卸事。

慶　延　滿洲鑲黃旗人。乾隆五十四年九月任事，五十五年八月委署鎮西府知府卸事。

德　光　滿洲鑲黃旗人。乾隆五十五年八月以吐魯番同知署事，本年十二月被參卸事。

福　善　滿洲鑲藍旗人。乾隆五十五年十二月以吐魯番同知署事，五十七年四月升署迪化州卸事，進京引見。

齊默慎　蒙古鑲黃旗人。乾隆五十七年以宜禾縣知縣護理，五十八年六月丁憂卸事。

喀爾炳阿①　滿洲鑲黃旗人。乾隆五十八年六月以通判署事，五十九年六月卸事。

福　善　乾隆五十九年六月回任，嘉慶元年四月告病卸事。

莫爾薩理　滿洲鑲白旗人。嘉慶元年四月以鎮西府知府兼攝，三年三月卸事。

那靈阿　滿洲鑲白旗人。嘉慶二年三月任事，五年五月降調卸事。

巴寧阿　滿洲鑲白旗人。嘉慶五年五月以鎮迪道兼攝，本年六月卸事。

時　敏　滿洲正藍旗人。嘉慶五年六月以通判署事，本年十月卸事。

那靈阿　嘉慶五年十月奏留接任，十年十月卸事。

景　峨　滿洲鑲白旗人。嘉慶十年十月任事。

歷任理事通判姓名

德　平　滿洲正白旗人。乾隆三十七年十一月任事，四十年八月卸事。

傅明阿　滿洲鑲白旗人。乾隆四十年八月任事，四十三年四月卸事。

廣　玉　滿洲正白旗人。乾隆四十三年四月任事，本年七月卸事。

德　平②　乾隆四十三年七月以署迪化州兼攝，四十四年十月卸事。

博　通　滿洲鑲黃旗人。乾隆四十四年十月任事，四十六年五月卸事。

---

① "喀爾炳阿"，國圖抄本、刻本作"喀勒炳阿"。
② "德平"，刻本作"廣平"。

兆嘉保　滿洲正紅旗人。乾隆四十六年五月以主事兼攝，四十七年四月卸事。

良　泰　滿洲正黃旗人。乾隆四十七年四月以主事兼攝，四十八年六月卸事。

穆騰額　滿洲包衣正紅旗人。乾隆四十八年六月任事，本年八月卸事。

握陞額　滿洲正紅旗人。乾隆四十八年八月以主事兼攝，五十年四月卸事。

達　琳　蒙古正黃旗人。乾隆五十年四月任事，五十四年四月卸事。

臨　保　滿洲鑲紅旗人。乾隆五十四年四月任事，本年十月卸事，委署吐魯番同知。

文　弼　滿洲鑲白旗人。乾隆五十四年十月以主事兼攝，五十五年十月卸事。

德　光　滿洲鑲黃旗人。乾隆五十五年十月以署知州兼攝，本年十二月卸事。

福　善　滿洲鑲藍①旗人。乾隆五十五年十二月以署知州兼攝，五十六年四月卸事。

達　林　滿洲正紅旗人。乾隆五十六年四月以主事兼攝，五十七年四月卸事。

臨　保　乾隆五十七年四月回任，本年十二月卸事。

喀爾炳阿②　滿洲鑲黃旗人。乾隆五十七年十二月任事，五十八年六月署迪化州卸事。

達　林　乾隆五十八年六月以主事兼攝，五十九年六月卸事。

喀勒炳阿　乾隆五十九年六月回任，六十年八月署昌吉縣卸事。

達　林　乾隆六十年八月以主事兼攝，嘉慶元年七月卸事。

喀勒炳阿　嘉慶元年七月回任，二年六月卸事。

岱清阿　滿洲鑲藍旗人。嘉慶二年六月任事，三年四月卸事。

百　祥　嘉慶三年四月以奇台縣知縣署事，本年十月卸事。

善　桂　滿洲鑲紅旗人。嘉慶三年十月任事，四年二月卸事署昌吉縣。

德　昌　滿洲鑲黃旗人。嘉慶四年二月以員外郎兼攝，五年五月卸事。

時　敏　滿洲正藍旗③人。嘉慶五年五月任事，六月卸事署迪化州，十月回任，六年二月卸事署綏來縣。

文　裕　滿洲鑲紅旗人。嘉慶五年六月以員外郎兼攝，本年十月卸事。

常　福　滿洲正黃旗人。嘉慶六年□月④以主事兼攝，八年二月卸事。

---

① "藍"，國圖抄本作"紅"。

② "喀爾炳阿"，國圖抄本、刻本作"喀勒炳阿"。

③ "正藍旗"，國圖抄本作"正黃旗"。

④ 底本及刻本均空月份，國圖抄本作"六年"，不記月。

福　定　滿洲鑲紅旗人。嘉慶八年二月任事，十年九月卸事，署理鎮西府知府。

常　福　嘉慶十年九月以主事兼攝，十一年十二月卸事。

固凝泰　滿洲鑲黃旗人①。嘉慶十一年十二月任事。

歷任昌吉縣知縣姓名

徐維緞　江西奉新縣人。乾隆三十九年十月以縣丞署事，四十年二月卸事。

德　平　滿洲正白旗人②。乾隆四十年二月以通判署事，四十二年四月卸事。

五彩文③　江西新建縣人。乾隆四十二年四月以縣丞署事，本年八月卸事。

傅明阿　滿洲鑲白旗人。乾隆四十二年八月任事，四十五年五月卸事。

王　喆　江蘇元和縣人。乾隆四十四年五月以阜康縣知縣署事，本年十二月卸事。

黃廷柱　江蘇震澤縣人。乾隆四十四年十二月以迪化城巡檢護理，四十六年五月卸事。

張建庵　四川峨眉縣人。乾隆四十六年五月以縣丞署事，本年八月卸事。

廣　玉　滿洲正白旗人。乾隆四十六年八月以通判署事，本年十月卸事。

王　喆　乾隆四十六年十月以阜康縣知縣署事，四十七年四月被參卸事。

楊桑阿　滿洲正藍旗人。乾隆四十七年四月以候補知縣署事，本年六月卸事。

巴精阿　滿洲正白旗人。乾隆四十七年六月任事，四十九年七月卸事。

亮　保　滿洲鑲白旗人。乾隆四十九年七月以庫屯粮員署事，本年十二月卸事。

趙福清　浙江仁和縣人。乾隆四十九年十二月以迪化州吏目署事，五十年三月卸事。

阿昌阿　滿洲鑲白旗人。乾隆五十年三月任事，五十三年十月丁憂卸事。

永　舒　蒙古鑲黃旗人。乾隆五十三年十月以阜康縣知縣署事，五十四年四月卸事。

占　慶　滿洲正黃旗人。乾隆五十四年四月任事，五十五年十月被參卸事。

臨　保　滿洲鑲紅旗人。乾隆五十五年十月以通判署事，五十六年五月卸事。

達洪阿　滿洲鑲白旗人。乾隆五十六年五月以阜康縣知縣署事，本年八月卸事。

張利溥　漢軍包衣，鑲黃旗人。乾隆五十六年八月任事，五十七年九月卸事。

姜松華　山東昌邑縣人。乾隆五十七年九月以巡檢護理，五十九年六月卸事。

---

① 國圖抄本脫此句。

② 國圖抄本脫此句。

③ "五彩文"，國圖抄本、刻本作"伍彩文"。

張利溥　乾隆五十九年六月回任，六十年八月卸事。

喀勒炳阿　乾隆六十年八月以通判署事，本年十二月卸事。

景　安　滿洲鑲白旗人。乾隆六十年十二月任事，嘉慶四年二月卸事。

善　柱　嘉慶四年二月以通判署事，本年八月卸事。

百　慶　滿洲正藍旗人。嘉慶四年八月以精河粮員署事，五年四月卸事。

羅君祚　漢軍鑲紅旗人。嘉慶五年四月以庫屯粮員署事，本年十卸事。

明　德　蒙古正黃旗人。嘉慶六年十一月以噶遜粮員署事，八年二月卸事。

悅　寧　滿洲正黃旗人。嘉慶八年二月任事，十二年六月病故。

書通阿　滿洲正黃旗人。嘉慶十二年四月任事。

歷任阜康縣知縣姓名

王　喆　江蘇元和縣人。乾隆四十一年十月任事，四十二年十二月卸事，進京引見。

黃廷柱　乾隆四十二年十二月以迪化城巡檢護理，四十三年七月卸事。

王　喆　乾隆四十三年七月回任，四十四年正月被參卸事。

張建庵　四川峨眉縣人。乾隆四十四年正月以縣丞署事，本年十月卸事。

王　喆　乾隆四十四年十月奉文革職留任，四十八年八月卸事，委署綏來縣知縣。

張建庵　乾隆四十五年八月以縣丞署事，四十六年三月卸事。

王　喆　乾隆四十六年三月回任，本年四月卸事，委署昌吉縣知縣。

張建庵　乾隆四十六年四月以縣丞署事，本年八月卸事。

王　喆　乾隆四十六年八月回任，本年十一月卸事。

黃廷柱　乾隆四十六年十一月以迪化城巡檢護理，四十七年四月卸事。

廣　玉　滿洲鑲白旗人①。乾隆四十七年四月以通判署事，本年四月卸事。

黃廷柱　乾隆四十七年四月以巡檢護理，本年八月卸事。

富　廉　滿洲正藍旗人。乾隆四十七年八月以候補知縣署事，四十九年三月卸事。

黃廷柱　乾隆四十九年三月以濟木薩縣丞署事，本年七月卸事。

張　翰　陝西寶雞縣人。乾隆四十九年七月以迪化州學正署事，本年十月卸事。

---

①　前後文均爲"正白旗"，此處疑誤。

劉　枋　江蘇常熟縣人。乾隆四十九年十月以鎮西府經歷署事，五十年六月卸事。

申　保　滿洲鑲白旗人。乾隆五十年六月任事，五十一年八月卸事，調補綏來縣知縣。

永　舒　蒙古鑲黃旗人。乾隆五十一年八月任事，五十三年十月卸事。

富　廉　乾隆五十三年十月任事，五十五年三月卸事。

朱　鍾　福建邵武縣人。乾隆五十五年三月以濟木薩縣丞署事，本年十二月卸事。

達洪阿　滿洲鑲白旗人。乾隆五十五年十二月任事，五十六年五月卸事，委署昌吉縣知縣。

朱　鍾　乾隆五十六年五月以縣丞署事，本年八月卸事。

達洪阿　乾隆五十六年八月回任，六十年二月卸事。

景　明　滿洲鑲白旗人。乾隆六十年十二月任事，嘉慶七年七月被參卸事。

達　楷　嘉慶七年七月任事，十一年十二月被參卸事。

楊光祖　漢軍鑲藍旗人。嘉慶十一年十二月以綏來縣俸滿知縣署事。

歷任綏來縣知縣姓名

徐維綏　江西奉新縣人。乾隆四十四年八月以縣丞署事，四十五年八月卸事。

王　喆　江蘇元和縣人。乾隆四十五年八月以阜康知縣署事，四十六年三月卸事。

孟相基　河南鄭州人。乾隆四十六年三月任事，四十七年正月卸事。

王　喆　乾隆四十七年正月以阜康縣知縣署事，本年七月卸事。

寧　貴　滿洲鑲白旗人。乾隆四十七年七月任事，本年十二月卸事。

廣　玉　滿洲正白旗人。乾隆四十七年十二月以通判署事，四十八年八月卸事。

程騰額　包衣正紅旗人。乾隆四十八年八月以通判署事，四十九年四月卸事。

持　莊　滿洲鑲白旗人。乾隆四十九年四月任事，五十一年十月卸事

申　保　滿洲鑲白旗人。乾隆五十一年十月任事，五十五年一月卸事。

常　善　滿洲正紅旗人。乾隆五十五年一月任事，五十七年九月病故。

張利溥　漢軍包衣鑲黃旗人。乾隆五十七年九月以昌吉縣知縣署事，五十八年十一月卸事。

鳴　岐　滿洲正藍旗人。乾隆五十八年十一月任事，嘉慶三①年三月卸事。

①　"三"，刻本作"二"。

武什杭　阿滿洲正白旗人。嘉慶三年三月任事，六年三月卸事。

時　敏　滿洲正藍旗人。嘉慶六年三月以理事通判署事，七年九月卸事。

楊光祖　漢軍鑲藍旗人。嘉慶七年九月任事，十一年二月卸事。

濟寧阿　滿洲正藍旗人。嘉慶十一年十二月任事。

歷任吐魯番同知姓名

福　善　覺羅，滿洲鑲藍旗人。乾隆四十四年七月任事，四十五年四月卸事。

博　通　滿洲鑲黃旗人[①]。乾隆四十五年四月以理事通判署理，本年十月卸事。

張建庵　四川峨眉縣人。乾隆四十五年十月以縣丞署事，四十七年四月被參卸事。

富　廉　滿洲正藍旗人。乾隆四十七年以候補知縣署事，本年六月卸事。

富　昇　滿洲鑲黃旗人。乾隆四十七年六月任事，四十九年正月卸事。

吳　懷　浙江紹興府山陰縣人。乾隆四十九年正月以巡檢護理，本年二月卸事。

曹夢箕　安徽南陵縣人。乾隆四十九年二月以巡檢護理，本年四月卸事。

廣　玉　滿洲正白旗人。乾隆四十九年四月以理事通判署事，本年七月卸事。

曹夢箕　乾隆四十九年七月以巡檢護理，本年十二月卸事。

富　昇　乾隆四十九年十二月回任，五十年二月卸事。

德　光　滿洲鑲黃旗人。乾隆五十年二月任事，五十四年十月卸事。

臨　保　滿洲鑲黃旗人。乾隆五十四年十月以理事通判署事，五十五年十月卸事。

福　善　覺羅，鑲藍旗人。乾隆五十五年十月任事，五十六年八月卸事。

申　保　滿洲鑲白旗人。乾隆五十六年八月以俸滿知縣署事，五十七年九月病故。

朱　鍾　福建邵武縣人。乾隆五十七年十月以濟木薩縣丞署事，六十年四月卸事。

和　齡　滿洲正藍旗人。乾隆六十年四月任事，嘉慶五年十月卸事，委署鎮西府。

景　安　滿洲鑲白旗人。嘉慶五年十月以昌吉縣知縣署事，八年十二月卸事。

和　齡　嘉慶八年十二月回任，九年十二月卸事。

達洪阿　滿洲鑲白旗人。嘉慶九年十二月任事。

乾隆二十九年（1764年），將軍明瑞具奏，烏魯木齊等處安設綠營官弁。

---

①　國圖抄本脱此句。

欽奉諭旨：塔爾巴哈台地方新築城垣安設兵丁，理宜專派大員駐扎。著將巴里坤提督移駐烏魯木齊，其烏魯木齊大臣即著移駐塔爾巴哈台。巴里坤既有總兵雅爾，駐兵後將巴里坤大臣即著裁撤。欽此。欽遵將巴里坤提督移駐烏魯木齊。

烏魯木齊提督

駐扎迪化城，統轄巴里坤總兵暨本標中、左、右、城守四營，鞏寧城守營，哈密協、瑪納斯協、庫爾喀喇烏蘇營、精河營、喀喇巴爾噶遜、濟木薩營等處弁兵操防，總理屯田、馬政、台站事務。仍受都統節制。

中營參將[1] 一員，守備一員，千總一員，把總[2] 四員，經制外委[3] 五員，額外外委八名。

【注释】

〔1〕參將：明清官職，明代鎮守邊區的統兵官，無定員，位次於總兵、副總兵，分守各路。清代綠營的統兵官，位次於副將，爲正三品武官，統領本營軍務。清代京師巡捕五營，亦設參將防守巡邏。又明清漕運官所轄武職置參將，任防守巡邏，協同督催糧運。清代河道官的江南河標、河營都設置參將，掌管調遣河工，守汛防險等事務。

〔2〕把總：清代官名。屬中級領兵官。明代京營兵分爲三大營，設千總、把總等領兵官；各地方總兵之下亦設把總領兵。清代綠營兵（清制，漢兵執綠旗稱綠旗兵或綠營兵），營以下爲汛，設把總分領。京師巡捕五營設把總，川、滇少數民族設土把總。

〔3〕外委：清代低級武官，本係額外之意，如外委把總，職務與把總略同，而品級俸禄較低，但後來又有經制外委與額外外委之分，前者在額定編制之內，後者則爲額外委任的人員。

左營游擊一員。駐扎寧邊城。守備一員，千總二員，把總四員，經制外委六員，額外外委七名。

右營都司一員。駐扎景化城。守備一員，千總二員，把總四員，經制外委六員，額外外委七名。

城守營都司一員，迪化城。守備一員，千總二員，把總四員，經制外委六員，額外外委八名。

城守營都司一員，鞏寧城。千總一員，把總一員，經制外委二員。額外外委四名。鞏寧城守營，乾隆四十二年，由內地鳳翔等營裁撤移駐。舊制係烏魯木齊都統管轄，嗣於乾隆四十九年，都統海祿奏准，改歸提督管轄。

濟木薩營參將一員，守備一員，千總二員，把總四員，經制外委八名，額外外委八名。

瑪納斯營副將一員，左營都司一員，駐扎康吉城。守備一員，千總二員，把總四員，經制外委四員，額外外委六名。

右營都司一員，駐扎綏寧城。守備一員，千總二員，把總三員，經制外委六員，額外外委六名。該營舊制係烏魯木齊都統管轄，嗣因四十九年都統海祿奏，改由提督管轄。

庫爾喀喇烏蘇營游擊一員，守備一員，千總二員，把總二員，經制外委四員，額外外委五名。

精河營都司一員，乾隆四十七年，陝甘總督李侍堯奏，將陝甘各營裁移安設。千總一員，把總二員，經制外委三員，額外外委三名。

喀喇巴爾遜營守備一員，乾隆四十七年，總督李侍堯奏准移設。把總二員，經制外委二員，額外外委二員。以上三營舊制係烏魯木齊都統管轄，嗣因四十九年都統海祿奏，改由提督處管轄。

巴里坤總兵

駐扎巴里坤漢城，管轄中、左、右、城守四營，哈密協營，古城營，木壘營等處，總理營汛軍台事務。

中營游擊一員，守備一員，千總二員，把總四員，經制外委六員，額外外委六員[①]。

---

① "員"，國圖抄本、刻本作"名"。

左營游擊一員，守備一員，千總二員，把總四員，經制外委六員，額外外委六名。

右營游擊一員，守備一員，千總二員，把總四員，經制外委六員，額外外委六名。

城守營都司一員，守備一員，千總二員，把總四員，經制外委六員，額外外委六員[①]。乾隆四十四年，陝甘總督勒爾謹具奏，巴里坤城守營向係左營游擊管轄，因該員管理軍台公庫，事務紛繁，委難兼顧，請添設城守，即將踏實、沙州二營裁拔移駐。

哈密協副將一員，乾隆二十六年安設。都司二員，分駐塔爾納沁管屯一員。千總二員，把總六員，經制外委六員，額外外委七名。

古城營游擊一員，乾隆三十六年安設。千總一員，把總二員，經制外委四員，額外外委四名。

木壘營守備一員，乾隆三十二、三十六等年安設。把總二員，額外外委二名。

吐魯番聽差都司一員，守備一員，千總四員，把總四員，經制外委八員。乾隆四十五年，陝甘總督勒爾謹奏准，將闢展聽差內地官弁移駐吐魯番。聽差按五年輪流更換。

吐魯番屯田都司一員，乾隆四十四年，烏魯木齊都統索諾木策凌奏准由內地各營官弁派撥，五年更換。千總四員，把總三員，經制外委七員。

烏魯木齊歷任提督姓名

五　福　滿洲正白旗人。乾隆二十九年十一月任事，三十三年三月卸事。

溫　福　乾隆三十三年三月署事，三十四年十月卸事。

巴彥弼　覺羅，鑲白旗人。乾隆三十四年十月任事，三十八年十二月卸事。

俞津鼇　天津府人。乾隆三十八年十二月任事，四十三年三月卸事。

陳　傑　漢軍正白旗人。乾隆四十三年三月任事，本年四月丁憂卸事。

索諾木策凌　滿洲鑲黃旗人。乾隆四十三年四月以都統署事，本年四月卸事。

喬　照　松江府人。乾隆四十三年四月任事，四十五年十二月進京卸事。

---

① “員”，國圖抄本、刻本作“名”。

奎　林　滿洲鑲黃旗人。乾隆四十五年十二月以都統署事，四十六年七月卸事。

喬　照　乾隆四十六年七月回任，四十七年二月卸事。

彭廷棟　寧夏府人。乾隆四十七年二月任事，本年十月進京卸事。

明　亮　滿洲鑲黃旗人。乾隆四十七年十月以都統署事，四十八年四月卸事。

彭廷棟　乾隆四十八年四月回任，五十一年閏七月卸事。

永　鐸　宗室，正紅旗人。乾隆五十一年閏七月任事，五十二年二月卸事。

興　奎　滿洲白旗人。乾隆五十二年二月任事，嘉慶四年八月補都統兼署提督。

圖桑阿　滿洲正白旗人。嘉慶四年十二月任事，六年九月病故。

興　奎　嘉慶六年九月以都統兼署，七年二月卸事。

札勒杭阿　滿洲鑲藍旗人。嘉慶七年二月任事，十年十二月卸事。

奇　臣　宗室，正藍旗人。嘉慶十年十二月以都統署事，十一年二月卸事。

定　柱①　滿洲鑲黃旗人。嘉慶十一年二月任事。

巴里坤歷任總兵姓名

德　昌　滿洲鑲黃旗人。乾隆二十九年十二月任事，三十三年三月卸事。

紹　涵　乾隆三十三年三月任事，本年六月卸事。

存　泰　滿洲鑲黃旗人。乾隆三十三年六月以永固協副將署事，本年十二月革職卸事。

色倫泰　乾隆三十三年十二月以河州協副將署事，三十四年六月卸事。

巴彥弼　覺羅，鑲白旗人。乾隆三十四年六月任事，本年十月卸事。

色倫泰　乾隆三十四年十月署事，本年十一月卸事。

存　泰　乾隆三十四年十一月署事，三十五年四月卸事。

四十六　乾隆三十五年四月由固原鎮總兵調署，本年十二月卸事。

存　泰　乾隆三十五年十二月任事，三十六年十二月卸事。

巴　格　滿洲鑲紅旗人。乾隆三十六年十二月由涼州鎮總兵調署，三十八年七月卸事。

俞金鼇　乾隆三十八年七月任事，本年十一月卸事。

巴　格　乾隆三十八年十一月任事，四十一年九月進京卸事。

---

① "定柱"，國圖抄本、刻本作"定住"。

周　鼎① 　乾隆四十一年九月以靖遠協副將署事，四十二年三月卸事。

巴　格 　乾隆四十二年三月回任，四十三年正月解任卸事。

策卜坦 　乾隆四十三年正月以哈密協副將署事，本年三月卸事。

喬　照 　乾隆四十三年三月任事，本年四月卸事。

策卜坦 　乾隆四十三年四月署事，本年六月卸事。

西德布 　滿洲正黃旗人。乾隆四十三年六月任事，四十五年三月卸事。

佛　喜 　滿洲鑲藍旗人。乾隆四十五年三月任事，本年八月進京卸事。

全富寧 　乾隆四十五年八月以哈密協副將署事，四十六年二月卸事。

佛　喜 　乾隆四十六年二月回任，五十年二月卸事。

和　倫 　滿洲正藍旗人。乾隆五十年二月以大通協副將署事，五十一年五月卸事。

札勒杭阿 　乾隆五十一年五月以安西協副將署事，本年十月卸事。

和　倫 　乾隆五十一年十月任事，五十六年十一月卸事。

德成額 　乾隆五十六年十一月以安西協副將署事，五十七年閏四月卸事。

和　倫 　乾隆五十七年閏四月回任，六十年十月卸事革職。

德成額 　乾隆六十年十月署事，嘉慶七年三月卸事。

忠　慶 　嘉慶七年三月以陝甘督標中軍副將署事，十年二月卸事。

國興阿 　滿洲正黃旗人。嘉慶十年二月任事，十一年正月卸事。

忠　慶 　嘉慶十一年正月署事，本年三月卸事。

閻俊烈 　山東濟南府人。嘉慶十一年三月任事。

---

① “周鼎”，國圖抄本作“周弼”。

建置門

謹案：祁連山南北自月氏、烏孫、突厥[1]、吐蕃[2]、回鶻諸部乘除割據，率皆逐水草移，冬夏聚族而居，僅行國耳，未傳建置也。漢武帝伐破匈奴，屯兵伊吾[3]，未嘗置郡。明帝設宜禾都尉[4]，亦未嘗置縣。至晋始置宜禾縣，後魏始置伊吾郡。唐貞觀中，改伊州，領縣三，曰伊吾，曰納職，曰柔遠。置西州，領縣曰交河，曰柳中。置庭州，領輪台、蒲類、金蒲三縣。高宗龍朔[5]中，置西域府八州七十六。其遺名舊址雖不可盡考，要皆在伊、西、庭三州境也。我朝雍正九年議征噶勒丹，在巴爾庫勒地方建築城垣，屯兵貯粮，爲西北兩路最要之區。其餘各城一次①興築，按年分注如左。

【注释】

〔1〕突厥：六世紀以後中國北方、西北方操突厥語的民族及其建立的汗國名稱。突厥和鐵勒同族，以狼爲圖騰，共有十個氏族（姓），其中以阿史那氏最顯赫，突厥諸可汗俱出此氏族。原居踐斯處折施山，後遷高昌北山（今新疆維吾爾自治區柏格多山）。五世紀中葉，漠北柔然族占據高昌一帶，突厥人被迫遷至金山（今阿爾泰山）南麓。六世紀初柔然衰落，突厥逐漸强盛，其頭人阿史那土門曾派人到塞上市繒絮，表示"願通中國"，與北朝開始交往。後來土門擊敗柔然，自立伊利可汗，建立了突厥汗國。此後，其控制區域一度發展到東起遼海、西至西海（今里海）、北至北海（今貝加爾湖）、南至漠北。隋開皇元年（581）汗室内訌，分爲東、西汗國。

〔2〕吐蕃：公元七至九世紀青藏高原上由雅隆農業部落爲首的部落聯盟發展而來的藏族奴隸制地方政權。計傳九代，歷時二百餘年。其間，贊普松

---

① "一次"，國圖抄本、刻本作"以次"。

贊干布時定都拉薩，松贊干布和弃隸縮贊先後與唐文成公主、金成公主聯姻，雙方通使頻繁，經濟文化聯係至爲密切。拉薩大昭寺門前立有唐蕃會盟碑，碑文中的彝泰年號是目前僅知的唯一的吐蕃年號。吐蕃政權崩潰後，宋、元、明史籍仍沿用舊稱。"吐蕃"，音轉爲"土伯特"。

〔3〕伊吾：又稱"伊吾盧"，古地名，西域門户。東漢永平十六年（73），置宜禾都尉，屯田伊吾。漢舊城約在今新疆維吾爾自治區哈密市西四堡。南北朝初，西凉殘部唐契據此爲伊吾王。隋大業六年（610），於舊城東重築新城，置伊吾郡，即今哈密市。

〔4〕宜禾都尉：官名。永平十六年（73），東漢奉車都尉竇固攻破匈奴呼衍王於天山，占領伊吾盧（今哈密），設置此官，管理屯田事宜。

〔5〕龍朔：唐高宗李治的第三個年號，自661年三月至663年十二月。

烏魯木齊

鞏寧城，乾隆三十七年建築。周九里三分，高二丈二尺五寸，厚一丈七尺。城濠寬二丈，深一丈。城門四，東曰承曦，西曰宜稼，南曰軌同，北曰樞正。城樓四，敵樓四，角樓四，城中鼓樓一座。

萬壽宮，東門大街路北。

關帝廟，鼓樓北正中。春秋致祭。

城隍廟，北街偏西。春秋致祭。

文昌宮，北街偏東。春秋致祭。

昭忠祠，嘉慶十年設立。春秋致祭。

文廟，東門外路北。春秋致祭。

社稷壇，西門外西路隅。春秋致祭。

先農壇，東門外東南隅。春秋致祭。

龍王廟，靈應山上向西。春秋致祭。

八蠟廟，智殊山上向南。春秋致祭。

都統衙署一所，鼓樓西路北。

領隊衙署一所。鼓樓南路東巷内。

印房處、粮餉處、駝馬處、司員衙署各一所，辦事公所三處，營務處公所一處。

左右翼義學二所，蒙古學一所。

滿洲駐防協領衙署六所，佐領衙署二十四所，防禦衙署二十四所，六協教弓箭房各一所，每佐領教弓箭房一所，驍騎校衙署二十四所，磨房二十四處，軍器庫一所，馬圈六處，公庫一所，滿營房租處一所，滿營攏馬廳一所，步軍營廳一所，鳥槍營廳一所，鞏寧營步軍廳一所，八旗兵房六千六百五十九間。

官鋪面房四百間，各街巷口小堆房四十四所，四城門内堆房八所，東門内外堆房各一所。東門外小教場一所，大教場一所，官廳二所，迪化州學正衙署一所，養濟院一所，鎮迪道衙署一所，鼓樓東。迪化州衙署一所，理事通判衙署一所，州吏目衙署一所，面倉一所，監獄一所，城守營都司衙署一所，東北隅緑營兵房三百間，把總住房一所，西南隅緑營兵房三百間，大小公館三所，官房六所。

迪化城，乾隆三十年建築。周四里五分，高二丈一尺五寸，底寬一丈，頂寬八尺，城濠寬深各一丈。城門四，東曰惠孚，西曰豐慶，南曰肇阜，北曰憬惠。城樓四，敵樓四，角［樓］①四。

萬壽宮，城隍廟，北城門樓上建。真武廟，文昌廟，魁星閣，甕城建。財神廟。

提督衙門一所，參將衙門②一所，中營守備衙署一所，千總衙署二所，把總衙署一所。火藥庫一所，小教場一處，中營馬圈一所，城守營馬圈一所，鐵局一所。迪化州大倉一所，中營軍器庫一所，城守營軍器庫一所，城守營備撥軍械庫一所，兵房二千間，四城門堆房八座。

迪化城巡檢衙署一所，南關廂。大教場一處，東門外。火藥局一處，東門外。

---

① “角”，國圖抄本、抄本作“角樓”，據補。

② “衙門”，國圖抄本、刻本作“衙署”。

接官廳一所。五道灣梁。

巴里坤　烏魯木齊東一千二百三十七里

會寧城，乾隆三十七年建築。周六里三分，高一丈六尺。城門四，東曰宣澤，西曰導豐，南曰光被，北曰威暢。城樓四，角樓四，駐扎滿洲官兵。

萬壽宮，關帝廟。

領隊大臣衙署一所，協領衙署四所，佐領衙署四所，防禦衙署十六所，驍騎校衙署十六所，筆帖式衙署二所，檔房四所，兵戶司衙署一所，印房衙署一所。兵丁住房三千七百九十二間，軍器庫四所，倉房四所，八旗磨房十六處，牌房四座，堆房十二處，城外教場一處。

漢城，雍正七年建，乾隆四十一年添設府縣衙署。

萬壽宮，文廟，城隍廟。

鎮西府衙署一所，教授衙署一所，經歷衙署一所，宜禾縣衙署一所，典史衙署一所，監獄一所，倉廒一所，總鎮衙署一所，中、左、右三營游擊衙署三所，中、左、右三營守備衙署三所。城守營都司衙署一所，千把總住房一十一所，兵丁住房三千①七百六十四間。

古城　烏魯木齊東四百六十里

孚遠城，乾隆四十年建築，周四里，高一丈六尺。城門四，東曰賓旭，西曰慶成，南曰景熏，北曰拱樞。城樓四，角樓四，駐扎滿洲官兵。

萬壽宮，關帝廟。

領隊大臣衙署一所，協領衙署二所，佐領衙門八所，防禦衙署八所，驍騎校衙署八所。弓房一所，學房二所，馬房一所，磨房一所，大公館一所，左右司房二所，軍器庫一所。筆帖式衙署二所，印房一所，兵丁住房一千九百四十八間，鼓樓一座，四角堆所，四城門堆房八所，關厢官鋪面一百五十間，城外教場一處。

---

① "三千"，國圖抄本作"二千"。

舊堡，乾隆四十一年添建。兵房八百間，游擊衙署一所，千總衙署一所，把總住房二所，外委住房三所，東門外古城巡檢衙署一所。堡牆係綠營兵丁自行補築，并未動項。

奇台縣　　烏魯木齊東五百二十七里

靖寧城。舊堡，周一里，内有通判衙署，倉廠房間。乾隆四十年，改設知縣，將舊堡展築，周二里七分，高一丈五尺。城門四，東曰延曦，西曰景灝，南曰熏阜，北曰徠安。

文廟，關帝廟，城隍廟。

知縣衙署一所，訓導衙署一所，典史衙署一所，監獄一所，倉廠一所，把總衙署一所，兵丁住房一百間，堆房四處。

昌吉縣　　烏魯木齊北七十里

寧邊城，乾隆二十七年建築。周三里五分，高一丈五尺。城門四，東曰文同，西曰武定，南曰諧邇，北曰燮遐。乾隆四十二年改設知縣。

文廟。

知縣衙署一所，訓導衙署一所，典史衙署一所，監獄一所，游擊衙署一所，守備衙署一所，把總住房四所，兵丁住房一千八百九十八間，軍器庫一所，馬圈一處。乾隆五十六年，原任副將余鼎仕①捐修城垣一次。

呼圖壁　　烏魯木齊北一百四十里。

景化城，乾隆二十九年建築，周三里五分，高一丈六尺，城門四。東曰熙景，西曰寶城，南曰阜熏，北曰溥信。乾隆四十二年添建巡檢衙署。

都司衙署一所，守備衙署一所，千總衙署二所，把總住房四所，兵丁住房一千八百九十八間，倉廠一所，巡檢衙署一所。

綏來縣

康吉城，乾隆四十二年建築。周三里分，高一丈六尺，城門四，東曰迎

---

① "余鼎仕"，國圖抄本、刻本作"徐鼎士"。

曦，西曰兆成，南曰來熏，北曰慶豐。城樓四。

文廟，關帝廟，城隍廟。

知縣衙署一所，訓導衙署一所，典史衙署一所，監獄一所，倉廒一所，副將衙署一所，都司衙署一所，守備衙署一所，千總衙署二所，把總住房四所。兵丁住房五百三十六間，大公館一所，屯倉一所，軍器庫一所，馬圈一處，堆房六所，驗房四所。

城外大教場一處，小教場二處。

綏寧城，乾隆四十二年建築，與康吉城毗連。周三里一分，高丈六尺。城門四，東曰延旭，西曰鞏遏，南曰麗端，北曰寧漠。城樓四。

都司衙署一所，守備衙署一所，千總衙署二所，把總住房四所，兵丁住房一千八百六十二間，小公館一所，火藥局一所，馬圈一處，軍器庫一所，屯倉一所，驗房四所，堆房六所。

阜康縣　烏魯木齊東一百三十里

阜康城，乾隆二十八年建築。周三里五分，高一丈六尺。城門四。東曰綏惠，西曰振威，南曰麗陽，北曰寧朔。城樓四。

文廟。

知縣衙署一所，訓導衙署一所，典史衙署一所，監獄一所，倉廒一所，公館一所，千總衙署一所，把總住房一所，兵丁住房一千二百間。

濟木薩　烏魯木齊東三百七十里

愷安城，乾隆三十七年建築。周二里二分，高一丈一尺。城門三，東曰麗旭，西曰同風，南曰覃惠。城樓三。與保惠城相連。

縣丞衙署一所，乾隆四十二年添建。義學一所，巡檢舊署改設。倉廒一所，草廒一所，民房八百間，堆房二處。

保惠城，乾隆四十二年，［由］① 愷安城西面接展城垣三面，周一里零，

---

① 國圖抄本、刻本有"由"字，據補。

高一丈二尺。城門三，東曰舒景，西曰阜登，南曰萃昌，北無門。

參將衙署一所，千總衙署一所，把總住房一所，兵丁住房五百一十六間，倉廒一所，軍器庫一所，堆房四處。

吐魯番　　烏魯木齊南四百九十里

康安城，乾隆四十六年建築。周四里，高一丈六尺。城門四，東曰朗曦，西曰宣義，南曰殷阜，北曰利成。城樓四，角樓四，城中鼓樓一。

萬壽宮，關帝廟。

領隊大臣衙署一所，協領衙署二所，佐領衙署四所，防禦衙署四所，驍騎校衙署四所，左右司衙署二所，筆帖式衙署一所，義學一所，軍器庫一所，公庫一所，同知衙署一所，倉廒一所，公館一所，兵丁住房一千間，弓房四所，學房四所，教場一處，馬圈一處，堆房十處，監獄一所，巡檢衙署一所，官鋪面房一百間。

闢展城，距烏魯木齊七百四十里。周一里八分，高一丈六尺。係回人舊移城堡。東西城門二，原建同知衙署。乾隆四十四年（1779 年），改爲巡檢衙署。

東路城堡

六道灣　　烏魯木齊東五里。

惠徠堡，乾隆二十六①年建築。周一里七分，高一丈二尺。堡門四，東曰憬德，西曰宣城②，南曰迎陽，北曰拱化。中營屯兵住房三百間。

七道灣③　　烏魯木齊東二十里。

屢豐堡，乾隆二十七年建築。周一里七分，高一丈二尺。中營屯兵住房三百間。

古牧地　　烏魯木齊東四十里。

---

① "六"，國圖抄本、刻本作"七"。
② "宣城"，國圖抄本作"宣成"。
③ "七道灣"，刻本作"七里灣"。

辑懷城，乾隆二十七年建築。周二里七分，高一丈五尺，中營屯兵住房三百間。

三台　<small>烏魯木齊東三百里。</small>

惠徠堡，乾隆四十二年建築。周一里六分，高一丈二尺。堡門四，東曰賓曦，西曰景化，南曰來熏，北曰豐穡。

千總衙署一所，外委住房二所，倉房一所，軍器庫一所，公館一所，堆房二所，兵丁住房四百四間。

雙岔河　<small>烏魯木齊東三百四十四里。</small>

育昌堡，乾隆三十六年建築。周一里五分，高一丈一尺。堡門，東曰廣生，西曰徠極，南曰兆嘉。

千總衙署一所，把總住房一所，倉廠一所，軍器庫一所，屯兵住房四百四間，堆房二處。

柳樹溝　<small>烏魯木齊東三百六十里。</small>

時和堡，乾隆三十六年建築。堡門三，東曰皞平，西曰肅正，南曰麗照。

千總衙署一所，把總住房一所，倉廠一所，軍器庫一所，屯兵住房四百四間，堆房二處。

木壘營，乾隆三十七年建築。

守備衙署一所，把總住房二所，兵丁住房三百間，倉廠一所，軍器庫一所，堆房二處。

西路城堡

頭工　<small>烏魯木齊西二里。</small>

宣仁堡，乾隆二十七年建築。周一里七分，高一丈一尺，屯兵住房三百間。

二工　<small>烏魯木齊西十里。</small>

懷義堡，乾隆二十七年建築，周一里七分，高一丈一尺，屯兵住房三百間。

三工　　烏魯木齊西十五里。

樂全堡，乾隆二十七年建築。周一里七分，高一丈一尺。屯兵住房三百間。

四工　　烏魯木齊西二十里。

寶昌堡，乾隆二十七年建築，周一里七分，高一丈一尺，屯兵住房三百間。

頭屯所，乾隆四十二年築土堡，距鞏寧城六十里。

千總衙署一所，倉廠一所。

蘆草溝所，乾隆四十二年築堡。

千總衙署一所，倉廠一所。

塔西河所，乾隆四十二年築土堡。

千總衙署一所，倉廠一所。

靖遠關，距鞏寧城西二百七十里。乾隆四十二年建築。關墻高二丈三尺，上寬一丈一尺，底厚一丈八尺，南北長四千四百二十三丈。關門內堆房二所，驗房二所。

綏來堡，距鞏寧城西二百七十里。

遂城堡，距鞏寧城西五百五十里。

豐潤堡，距鞏寧城西八百四十里。

以上三堡皆屯兵自行修築。

庫爾喀喇烏蘇　　距鞏寧城西五百五十里。

慶綏城，乾隆四十八年建築。周三里一分，高一丈六尺。城門四，東曰撫仁，西曰向義，南曰溥澤，北曰奉恩。城樓四。

萬壽宮，關帝廟。

領隊大臣衙署一所，清漢檔房一所，粮員衙署一所，監獄一所，倉廠一所，公館三所，游擊衙署一所，守備衙署一所，千總衙署一所，外委住房八所，屯兵住房一千間，乾隆五十一年，添建兵房二百零①四間。軍器庫一所，官廳一

---

① 國圖抄本無"零"字。

所，堆房九處，馬圈一處，牌房①四座。

精河　烏魯木齊西九百零五里。

安阜城，乾隆四十八年建築。周二里二分，高一丈六尺。城門四，東曰登春，西曰永豐，南曰輯和，北曰保康。城樓四。

萬壽宮，關帝廟。

粮員衙署一所，倉廠一所，都司衙署一所，千總衙署一所，外委住房四所，堆房五處，兵丁住房六百間，乾隆五十一年，添蓋把總、外委兵房二百零八間。牌坊四座，馬圈一處。

南路城堡

喀喇巴爾噶遜　鞏寧城南二百三十里。

嘉德城，乾隆四十七年建築。周二里五分，高一丈二尺。城樓②四，東曰寅輝，西曰仰極，南曰成順，北曰遵道。城樓四。

粮員衙署一所，倉廠一所，守備衙署一所，把總住房二所，兵丁住房六百間，軍器庫一所，火藥局一所，公館一所，堆房四所，馬圈二所，教場一所。

鞏寧城廟宇

北門內正大街，關帝廟一座，乾隆三十七年建。東傍殿，昭忠祠一座。東邊，文昌宮一座，嘉慶十年建。西邊，城隍廟一座，乾隆三十七年建。

鑲黃旗滿洲，無量廟一座。東北漢兵墻，關帝廟一座。正白旗滿洲，菩薩廟一座。鑲黃旗滿洲，菩薩廟一座，斗母宮一座。西南漢兵墻，關帝廟一座。鑲紅旗蒙古，關帝廟一座。鑲藍旗蒙古，娘娘廟一座。鑲白旗滿洲，菩薩廟一座。正藍旗蒙古，無量廟一座。鑲白旗蒙古，菩薩廟一座。東門甕

---

① "牌房"，國圖抄本、刻本作"牌坊"。
② "城樓"，國圖抄本、刻本作"城門"。

城，赤帝宮一座。

城外廟宇

文廟一座。

靈應山：山頂建塔一座。龍神祠一座，乾隆五十二年建，嘉慶六年重修。先農壇一座。

智珠山：蟲王廟一座，乾隆五十四年建，嘉慶六年重修。東院，文昌神像一尊。西傍殿，風神牌位一尊。廟後，八卦亭一座，石碑一座。刻智珠山三字。

紅山嘴上方山：山頂建塔一座。玉皇廟一座，乾隆四十四年建。山下，地藏廟一座。山西邊，三皇廟一座。

頭工宣仁堡：關帝廟一座。

北極山頂：無量廟一座，嘉慶三年建。

西關：五聖宮一座，牛王廟一座，羅真廟一座，關帝廟一座。

西煤窰：老君廟一座。西南，社稷壇一座。

南關：東岳廟一座。

南梁：財神廟一座。

東南梁：火神廟一座。

迪化城廟宇

城內西南隅：三官廟一座，乾隆四十年建。

西門內：城隍廟一座，乾隆三十二年建。

北門甕城：真武廟一座，乾隆五十六年建。

北關五涼會館：關帝廟一座，乾隆五十年建。

東北梁：關帝廟一座，乾隆三十四年建。

左邊：娘娘廟一座，乾隆三十四年建。

西北隅：大佛寺一座，嘉慶四年建。報恩寺改修。

山西會館：關帝廟一座，乾隆四十四年建；仙姑廟一座，乾隆四十九年建；城隍廟一座，乾隆四十二年重修。

乾州會館：城隍廟一座，乾隆四十三年建。

西南隅：菩薩庵一座，乾隆四十九年建；關帝廟一座，乾隆二十七年建；龍王廟一座，乾隆二十八年建；財神樓一座，乾隆五十八年重修。

東北隅：羅真人廟一座，乾隆三十三年建。

東南隅：藥王廟一座，乾隆三十八年建；老君廟一座，乾隆三十六年建；馬王廟一座，乾隆三十二年建。

南關：三官樓一座。

鞏寧城東關：養濟院一所。

乾隆四十四年（1779年）六月，都統索諾木策凌具奏：查烏魯木齊一帶地方自入版圖以來，仰賴聖主鴻庥，歲獲豐登。近年改設州縣，遷移內地戶民以及商民，聞風而至已有三萬餘戶。現居民商，固自各有生業，但地方遼闊，人民衆多，其中間有流寓孤貧。節年以來，隨經地方官隨時查明，量爲收養。惟查近來情形大非昔比，烟戶日廣，孤貧亦增，若不明立章程，恐致日久懈弛。自應推廣皇仁，不使一夫失所之意，請自四十五年爲始，在於所屬迪化州宜禾、奇台、昌吉、阜康、瑪納斯等縣處所，各設立養濟院一所，以資收養。循照安西州之例，各墾地二百畝，在於州縣以上俸廉內捐建倉房，置辦馬牛器具，慎選殷實，領種經營。秋收扣除工價籽種之外，其存剩粮石，官爲稽查。按照實在孤貧，每日給白麵半斤，每屆冬令，給與棉衣一件。倘將養①人數漸多，口粮不敷，亦照安西州之例，另籌公項支給，仍於年底造冊報銷，并將捐備各項，咨部立案，造入州縣交代，永遠遵行，以仰副聖主痌瘝在抱之懷等因。奉朱批：知道了。欽此。

---

① "將養"，國圖抄本、刻本作"將來"。

《三州輯略》 卷之三

庫藏門

謹案：新疆庫藏掌屯營度支，歲數十萬計。而三州膏腴，輸粟爲賦，歲無丁銀。其所需帑項，悉由蘭州藩庫常川撥解，有出而無入，是由徙東庫以實西庫耳。職斯任者，管鑰維謹，亦如口司出納，而腹制多寡，庶幾備邊積完，爲長久之計也。否則虧移侵冒，法令綦嚴，監察者烏得卸其咎？爰恭檢憲章奏牘，依次編纂。其庫存實數，則按照嘉慶十二年正月監查清册載焉。

乾隆四十六年十月，奉上諭，據佛德等奏：查辦冒賑之哈密通判經方任所貲財，查出該員經營庫項銀二萬①三千餘兩，用去無存。詢據該員供稱，係在省還債使用及不肖家奴書役花費等語。此事尤堪駭異，是於冒賑之外復敢將領存貯庫正項盡行侵用，公然無忌，非尋常虧空挪移者可比，不可不徹底嚴查，另案專辦。該員現在解赴蘭州審訊，著傳諭李侍堯[1]即親提該犯，用刑嚴鞫，何以侵冒官項至如許之多，將來定案時又當以侵盜庫銀爲重，不得歸入冒賑各犯案內，僅按銀數多寡爲定罪之輕重也。至此項庫存銀兩該員侵用無存，佛德、哈靖阿②近在同城豈無見聞？乃直至此時查辦始行和盤托出，平日所司何事？佛德、哈靖阿即著革去職銜，其經方侵用之庫項二萬三

---

① “二萬”，國圖抄本作“一萬”。據《清高宗實錄》卷一一四三“乾隆四十六年十月丁亥”條，國圖抄本訛。

② “哈靖阿”，國圖抄本作“哈清阿”。

千餘兩，并令伊兩人照數分賠。至奎林[2] 曾任烏魯木齊都統，所有各屬員經管之項尤應留心稽查，乃一任劣員侵用花消，全無覺察，其不是更大，并著奎林仍將此項銀兩照數賠繳。其失察之道、府，亦著李侍堯查明，并令數按①賠繳，以示懲儆。嗣後新疆各處所有錢糧庫項，除本營該都統應行實力查驗，不得僅以道府盤查結報塞責。如有侵挪虧缺等弊，惟該都統是問外，其駐扎同城之辦事大臣②，著一體稽查③，無分畛域。欽此。

【注释】

〔1〕李侍堯（？—1788）：字欽齋，漢軍正藍旗人，其祖李永芳是最早降清的明臣。李侍堯早年以蔭生任印務章京，乾隆二十年（1755）以後，歷任工部侍郎、廣州將軍、兩廣總督、户部尚書、工部尚書、刑部尚書等職。乾隆三十二年，第三次奉派赴廣州，任兩廣總督十年之久，此間承襲昭信伯、晋封大學士，李氏家族抬入漢軍鑲黃旗。其後任雲貴總督時獲罪被判斬立决，後獲釋派往甘肅。署理陜甘總督時再次獲罪論死，獲釋後調往湖廣和福州，并名列平定臺灣二十個功臣之中。乾隆五十三年去世。

〔2〕奎林（？—1792）：字鍾山、質方，富察氏，滿洲鑲黃旗人。曾任鑲白旗蒙古副都統、正白旗滿洲副都統、鑲白旗護軍統領、鑲紅旗漢軍都統、烏魯木齊都統、烏里雅蘇臺將軍、伊犁將軍、福建臺灣鎮總兵、福建水師提督、正紅旗蒙古都統、成都將軍。乾隆四十五年（1780）授烏魯木齊都統，旋改授烏里雅蘇台將軍。越五年復授烏魯木齊都統，遷伊犁將軍，因事被奪職。五十六年（1791）授成都將軍、參贊大臣，率師入西藏。

乾隆四十三年，都統索諾木策凌具奏：查烏魯木齊每歲應需各項銀兩，

---

① "數按"，国圖抄本、刻本作"按數"。
② "大臣"，《清高宗實録》作"大員"。
③ 國圖抄本作"并著一體稽查"。刻本作"并着一體稽查"。《清高宗實録》卷一一四三"乾隆四十六年十月丁亥"條所記與刻本同。

俱由内地調取備用。此數年來携眷兵民，倍加①增添，各項事務較前股繁。又添設道、府、州、縣，一切章程雖與内地無異，究係新疆孔道，爲各處總匯之區，接借過往大臣、官兵鹽菜等項，并運送伊犁、塔爾巴哈台官物，所需運脚銀兩，較前亦屬倍多，并無外備項款。近年以來，接濟各項使用，若有不敷，因距内地窎遠，當時調取不及，或由内地運送伊犁餉銀截留，或在提督庫貯經費銀内調取使用。雖與公事無誤，倘遇緊急之事，始往内地調取，當時不及，實與公事無益。自應預爲籌計辦理，請仿②照内地道、府、州、縣庫貯備用銀兩之例。烏魯木齊鎮迪道署内設庫，貯銀二十萬，以備經費不敷之用，并將用過銀兩照例報部核銷。至缺欠之數，仍咨陝甘總督，照數補解，常川存貯，作爲正項備用。

乾隆四十八年，都統明亮具奏：查烏魯木齊每年所需各項銀兩，合計一年敷用數目，調取備用。一面奏聞，一面行文陝甘總督，於年前冬季解送之處，奏明遵辦在案。今查迪化州庫貯存銀兩，足敷明年一歲支用，毋庸調取外。其餘庫爾喀喇烏蘇、宜禾縣、奇台縣并吐魯番廳四處，明歲所需大臣官員俸廉，以及各項官兵鹽菜等項銀九萬一千三百五十四兩零。其各該處現貯銀兩估計至本年底止外，尚應調八萬五千九百四兩零，又估需一年接濟過往官兵鹽菜銀并公用銀四千兩。應行文陝甘總督，照例解送。其用過銀兩，年底照例報部核銷。

乾隆四十九年，都統海禄具奏：經軍機處議覆，查烏魯木齊等處，自從新疆開闢以後，蒙皇上天恩，設立經費，不惜多費帑金，爲萬年經久之計。從前章程初定時，一切支用本屬有贏無絀。惟是奉行日久，不肖官吏因庫貯充盈，遂至任意浮消，自當設法清厘，據實核減，以節靡費而杜弊端。除鎮迪道庫貯銀二十萬兩，應照舊存貯備用外，現據該都統查，照四十七年造銷核計所有。哈密廳已歸内地管轄，每年造銷運脚銀兩，應聽督臣會同該處駐扎大臣查辦。其烏魯木齊所屬年例經費，實需銀一十二萬五千五百餘兩，内

① "倍加"，國圖抄本作"加倍"。
② "仿"，國圖抄本作"敕"。

運脚一款，經該都統奏請安設車輛，計節省銀五萬九千餘兩。又巴里坤總兵
檔房雜費、各營出差坐卡官兵鹽菜，磨工、醫生、石匠工食、屯田卡倫騎駄
馬鞍銀兩、碾造硝斤火藥牲畜草料等項均係浮費，應行裁汰，節省銀兩九千
餘兩，應照該都統所奏節省銀數辦理，以歸核實。又該都統奏稱，巴里坤過
往官兵鹽菜等項，每年約需銀二千一百餘兩。自東來者可由哈密支至伊犁、
塔爾巴哈台等處，自西回者可由各該處支至哈密，不必沿途支領。其吐魯
番、古城屯田聽差官兵鹽菜并各營分數加增賞項，需銀一萬八千餘兩。此
外，宜禾縣、吐魯番采買供支滿營兵糧，每歲約需銀一萬五六千兩，均可
於哈密取領。查哈密係新疆門戶，為銀糧總匯之區，有駐扎大臣經理，更
昭慎重，亦應如該都統所奏。嗣後總交哈密駐扎大臣，隨時據實支領，由
台車運，毋須開銷運脚，致滋糜濫。至該處應支辦事大臣、司員、筆帖式
養廉、鹽菜、紅白賞項、南路換防軍台、驛站修補農器車輛一切供支，各
項銀三萬五千五百餘兩。據該都統奏稱，奇台縣、濟木薩解交迪化州買補
倉糧一項，現在倉糧足敷備貯，毋庸買補，每年約扣銀七千五百餘兩。又
各廳、州、縣房租、地課、牲稅每年約計收銀二萬八千餘兩，連前共銀三
萬五千五百餘兩，盡數解交道庫，足敷支領。應照該都統所請，按季具領，
支用造報，即以本地款項供本地支銷。所有內地撥解經費銀二十餘萬，應
永行停止。

　　乾隆四十九年，署都統圖思義具奏：經軍機處議准，烏魯木齊所屬各廳
州縣房租、牲稅原係盡收盡報，并無定額。經前任都統海禄奏請裁汰經費案
內，清查各屬徵收數目，計月分攤，作為定額，共銀二萬七千九百餘兩，抵
作經費。茲據該署都統圖思義查明，濟木薩短銀六百九十餘兩，宜禾縣短銀
一千餘兩。迪化州屬昌吉、綏來、呼圖壁所收租稅亦有不敷。臣等詳加覆
核，自屬該處實在情形。若仍照海禄所定額數，概行加增，而該處往來商販
鋪面開閉無常，牲畜多寡又難懸定，地方官惟恐徵收缺額，或致累及商民，
轉非仰體我皇上愛養邊氓至意。應請將烏魯木齊各屬租稅銀兩，盡收盡報，
毋庸按照原額辦理。該處年例經費實共需銀若干，除收穫租稅外，尚須添補
若干，亦須通盤籌畫，應令該都統詳細查明具奏。

乾隆五十三年，户部咨復：准烏魯木齊滿營五十三年應需俸餉銀兩，在於上年冬撥案内，題請預撥銀二十萬兩[1]。

嘉慶十二年（1807年），都統和寧具奏：盤查鎮迪道庫存貯備用雜項等款，共銀二十七萬九千五百六十三兩零；又存嘉慶十年糶賣四屬倉粮價銀五萬一千七百八十五兩；又存八年至十一年課金五百五兩零。迪化州庫存貯滿洲兵餉并經費等款共銀二十一萬四千四百兩。

本年五月，都統和寧具奏：爲停調經費銀兩以節靡費事。竊照烏魯木齊所屬，歲需經費銀兩，例應先一年五六月，約估數目奏明，由陝甘總[2]督臣調取，解赴烏魯木齊應用。歷久遵辦在案。兹届應行調取之期，據各屬册報，十三年分應需銀六萬六千餘兩，由鎮迪道核轉，詳請查辦等因。臣批飭該道詳查，現存道庫銀若干，是否足敷明歲供支，毋庸由内地調取經費。確查詳報，以憑核辦去後。嗣據該道詳稱，道庫現存經費，粮價并雜項銀兩共一十八萬三千一百餘兩，足敷一二年之用，并造具細册申送前來。臣覆核數目相符，應將十三年所需經費六萬六千餘兩，即在道庫現存銀款照數支發，毋庸由内地調取，以省長途挽運之費。此外，尚有餘剩銀兩，待明年核定數目，可否再停調取，另行具奏。除咨報户部并知照陝甘督臣外，恭折奏聞。

奉朱批：户部知道。欽此。

鎮迪道庫

共存各項銀三十三萬一千三百四十八兩四錢三分九厘六毫，備用銀一十三萬七百二十四兩，經費銀一十三萬六千九百九十七兩七錢三分五厘，雜項銀一萬一千八百四十一兩七錢四厘，粮價銀五萬一千七百八十五兩，共貯課金五百五兩三分一厘，遇有便員帶解内務府交納。共貯制錢三十千八十文。

---

① 國圖抄本無"兩"字。

② 國圖抄本、刻本無"總"字。疑爲衍文。

迪化州庫

共存各項銀二十一萬三千九百五十三兩三錢八分八厘，滿餉銀二十萬六千三百八十九兩七錢一分六厘，經費銀六千五百七十三兩一錢八分二厘，雜項銀九百九十四兩四錢九分。

倉儲門

謹案：常平、社、義，自古倉儲之制尚矣。顧內地之倉，以濟民食爲主，而新疆之倉，以裕軍糈①爲要，尤不可不慎也。蓋烏魯木齊地方雨澤稍稀，水泉頗旺，穿渠灌漑，比歲豐登。向無蠲賑之條，故城邑倉庾，累積以百餘萬計。且出陳易新，以防朽蠹，借籽貸口，以蘇困窮，法良意美，殆以裕軍糈而兼濟民食者也。定例量出入則以合勺爲斷，不得多設尾零，所以杜飛灑浮收之弊。乾隆三十一年，戶部議定。平糶糴則以市直爲準，不得任情增減，所以絶勒價派買之端。乾隆五十四年，戶部議定，各屬糧價每月奏報。兹檢歷年文卷，依次纂列。其倉存實數，則按照嘉慶十一年冬季册報載焉。

乾隆二十七年，辦事大臣旌額理[1] 等具奏，內地民人四百餘户，召集墾種地畝，辦給農具口粮籽種，每户各開墾種至三十畝。

乾隆三十一年，户部咨覆：遷來户民七百零六户，每户照例撥地三十畝，共地二萬一千一百八十畝。應將散給籽種等各項，仍照原議，分年徵還報部。

乾隆四十四年，都統索諾木策凌具奏：內地辦送户民抵屯，遲早不一。有立夏以後到屯，不及播種夏禾者共一千五户；有芒種以後到屯，不能趕種秋禾者一十三户。酌議立夏後到者，借給籽種并到九月口粮；芒種後到者，借至次年六月口粮。照例於升科後，分作三年帶徵扣還。

乾隆四十九年，奉上諭：前據常青奏宜禾縣采買粮石一摺，因思新疆既有收穫粮石，何以仍需采買？據軍機處大臣查奏，伊犁、塔爾巴哈台等處所獲粮石俱足敷供支，并無采買。惟烏魯木齊、巴里坤、吐魯番、哈密四處供支尚有不敷，向係動支采買粮石。又或因秋收豐稔，平糶倉貯，預備借給籽

---

① “糈”，刻本作“需”。

粮等語。采買最易滋弊，非浮冒開銷，即短價勒買，從前經方等獲罪皆由乎此。如果供支不敷，則烏魯木齊各處隙地甚多，與其聽内地民人前往開墾，迨收穫粮石，地方官又重價向買，殊屬非計。何不派兵耕種，俾每年粮石多爲收穫，既可備供支之用，無須采買滋弊，兼可使兵丁習勞耕作。豈不一舉兩得？著傳諭常青、永安、尚安[2]、巴延三、穆和藺[3]公同籌畫，據實覆奏。欽此。

【注释】

〔1〕旌額理（？—1777）：伊拉理氏，乾隆四年（1739）挑補護軍，十年考中筆帖式。乾隆十六年，以筆帖式授吏部主事。十九年，升吏部員外郎。二十二年，任吏部郎中。二十四年，署鑲白旗漢軍副都統，次年署兵部右侍郎。二十六年，任鑲白旗滿洲副都統、烏魯木齊辦事大臣。二十八年，任兵部右侍郎、同年轉左侍郎。二十九年，改吏部右侍郎。次年，署户部右侍郎、刑部右侍郎，稽查京通各倉收放粮石事務大臣。三十年，任鑲黄旗滿洲副都統、稽查龍門接談換卷大臣、會試外場監同稽查大臣。乾隆三十一年，擔任葉爾羌辦事大臣。三十四年，授吏部左侍郎，任烏什參贊大臣。三十六年去世，贈都統銜。

〔2〕尚安（？—1812）：鄂濟氏，後改名宜綿，滿洲正白旗人。乾隆四十三年（1778）擢陝西布政使。後調任廣東巡撫，因事奪職戍新疆。尋以四品銜充任吐魯番領隊大臣。五十一年，調任喀喇沙爾辦事大臣。翌年，補授烏魯木齊都統。奏報烏魯木齊等地雪災、征粮、屯種、遣犯、廢員、販運大黄、鐵礦金礦開采等情形。六十年授陝甘總督。

〔3〕穆和藺（？—1796）：烏雅氏，滿洲正黄旗人。乾隆五十年（1785）派往烏什協同辦事。次年任吐魯番領隊大臣。五十二年署理喀喇沙爾事務。越二年，派往哈密辦事。後任光禄寺卿，升河南巡撫。旋因事革職發往烏魯木齊效力。六十年，賞四品頂戴往哈密任辦事大臣。

五十年，都統常青等會奏：查吐魯番、哈密毗連回田，并無隙地，且沙石相連，缺水灌溉，難以屯種。惟烏魯木齊、迪化州各工，除現在屯田外，尚有餘地一萬餘畝，可以分駐提標，加添屯種。迪化州可多收粮九千餘石，其不敷粮三萬八千餘石，仍舊撥運。查巴里坤每歲供支，共需小麥一萬八千餘石，除户民每歲額徵小麥二千二百餘石，屯兵等交收小麥四千四百餘石，不敷粮一萬一千四百石。查沙山子[1]、奎素[2]、石人子[3]等處隙地，俱零星不成片段，且現安插户民居住，恐渠水不足，反致周章，毋庸加兵屯種。其不敷粮石，查奇台縣現存粮一十四萬餘石，若撥運巴里坤備用，原可停止采買。

【注释】

〔1〕沙山子：位於巴里坤哈薩克自治縣松樹塘鎮東北。方圓約二十平方千米，最高海拔二千一百多米。東西坡陡峭如削，南北坡平緩可攀。由於其特殊的地理位置和構造，沙細而無土，每當微風吹起，或有人從山上向下滑動時，山内便發出各種響聲，時起時伏，强時如雷鳴，弱時似笛聲。該山爲中國四大鳴沙山之一，爲巴里坤草原的一大名勝。

〔2〕奎素：蒙古語，"肚臍"的意思。今新疆維吾爾自治區巴里坤哈薩克自治縣奎蘇鎮。

〔3〕石人子：今巴里坤哈薩克自治縣石人子乡。

乾隆五十年，陝甘總督福康安、都統奎林等遵旨會奏：查采買一事，如其查察不嚴，誠屬弊端百出。果能核實辦理，視每歲價賤之時，按照市價，公平購買。每①許浮開價值，抑勒閭閻，則采買亦非必不可行之事。如常青所議，加兵屯種，增收粮石，實係隔礙難行。其不敷粮石，仍核實采買。視價賤之時，不妨多買存貯，足備二年之用。遇價貴之年，即行停止。

乾隆五十三年，都統尚安具奏：查烏魯木齊所屬迪化、昌吉、阜康、綏來、宜禾、奇台等六州縣，并濟木薩、呼圖壁，歷年倉貯麥豆在十年以上者

---

① "每"，國圖抄本、刻本作"毋"。

共六萬三千餘石。若不籌酌辦理，必致霉變，實屬堪虞。查關內各直省，原有存七糶三之例。新疆現存倉粮至六萬三千餘石，已在十年以上，請分作三年出糶，於秋季買補還倉。嗣後如有逾十年之粮，即照此例辦理。

乾隆五十七年，都統尚安具奏：查巴里坤現牧孳生駝隻，年久并無使用。迪化州每年支放滿營官兵不敷粮四萬二三千石，雇覓牛車撥運，歲需脚費，已及萬兩。若將此項孳生駝五百隻，招募殷實商民，承領運送。現有商民袁起、劉呈强、馬興承領此駝。自八月起至次年三月止，可運官粮四萬七八千石，需費銀六千七百餘兩。至此項駝隻常川使用，難保不無倒斃，但駝隻內亦有孳生者。如有倒斃，即以孳生撥補。如有倒斃，不准報倒，亦不取孳生。

嘉慶十二年正月，都統和寧具奏：爲體察新疆實在情形，酌擬更正，以除積弊，以順民情事。竊查烏魯木齊地方，水土旺盛，民戶殷繁，每歲豐收，并無荒歉。雖巴里坤、古城等處稍覺枯寒，然不過節候較遲，其麥豆收成，一律豐稔。是以各鄉戶民按畝輸粮，別無徭役，民力原無拮据，洵樂土也。惟地方官不知體恤民艱，踵增剝削，藉口采買倉粮，出陳易新，并出借籽種口粮等款。一切短發浮收，催科勒派，百弊叢生，實非撫馭邊氓之道。臣檢齊案卷，細察民情，謹擬五條，酌定行止，爲我皇上敬陳之：

一、州屬四鄉采買倉粮十萬石，宜亟行停止也。查都統奇臣原奏，因昌吉、綏來、濟木薩、呼圖壁等四處粮石過多，請撥十萬石存貯迪化州倉，以備緩急。此爲裒多益寡，充裕州倉。措詞近理，是以奉旨允行。但不應將粮石仍在四屬本處變價，復由該州領價采買，輾轉出納，致啓弊端。且州城人戶衆多，豈不虞市價增昂，商民艱食，辦理未爲盡善。臣查昌吉縣現存倉粮二十二萬二千餘石，呼圖壁現存倉粮十九萬三千餘石。此兩處距州城不過一二站，盡可撥官駝數百隻，每處撥解五萬石，分年陸續運貯州倉，以足十萬石之數。何必按戶攤買，致累小民口食？請自十二年春季起，將采買粮石永行停止。其糶價銀兩存貯道庫，作爲經費。庶官吏減一采買之名，則閭閻少一追呼之苦，而倉庫俱臻充裕矣。

一、夏間出借口粮，宜通行裁革也。查乾隆四十四年，前任都統索諾木策凌因内地民人初到，量爲安插，議以借給口粮，俾資接濟，并非常例，乃各州縣相沿二十餘年，每年按户借給口粮。春放秋收，動至五萬餘石，殊屬不成事體。今查烏魯木齊所屬，一府一直隸州，各莊户民，安立室家，生計久遠，并無歉收之歲，何需借給口粮？徒爲官吏藉端，短發浮收，致滋弊竇。應請嗣後通行裁革，以慎倉儲，百姓亦少拖累矣。

一、春間出借籽種，最便農民，宜禁止攤派也。查乾隆三十二年，前任總督温福[1] 因户民甫經招徠，安插未定，春間恐乏籽種，有誤農時，酌議奏請借給籽種，及時播種。奉旨允行在案，此後各州縣歷久遵行。雖與農民有益，但不應按户攤派，致啓弊端。請嗣後嚴飭各屬，詳查户民，願借者借給，不願者聽，務令支放本色。秋成後平斛收納，每石照例加收一斗，小民亦所樂從。如有額外浮收，并折價抵扣等弊，一經發覺，定將該地方官嚴參究治。

一、倉粮出陳易新，宜照舊例遵行也。查迪化州并所屬及庫屯精河[2] 等八處，存貯倉粮一百五萬九千五百八十餘石。恐其日久霉變，虧缺額數，是以原定章程，照内地出糶之例，每春將十年前存貯之粮按時價糶賣，秋成後買補還倉。雖無一定之數，約不過二萬八千餘石。請嗣後仍照舊例辦理，并嚴飭各屬務須公平出納，以裕倉儲。

一、采買兵粮，宜照舊例遵行也。查吐魯番、宜禾縣兩處，歲收粮石不敷支放兵餉，每年約采買一萬七八千石，接濟兵食，應照舊例辦理。

以上五條，臣悉心籌畫，分別行止，以除積弊，以靖地方。如蒙俞允，俟命下之日，臣一面出示曉諭鄉民，并飭屬造具細册咨報户部查核，永遠遵行。庶於新疆久住農民稍有裨益，爲此恭折具奏。奉朱批：軍機大臣會同該部議奏。欽此。

大學士慶桂[3] 等具奏：臣等謹按和寧具奏各款，悉心參酌，公同核議，分款開列，恭呈御覽。查嘉慶十年六月内，據前任都統奇臣具奏，請將昌吉、綏來、濟木薩、呼圖壁等四處倉粮撥出十萬石，在各該處分糶，將所糶價銀解交道庫；飭令迪化州分作兩年，照數采買，歸入州倉，永遠存貯備用等因，奏准在案。今該都統以前項粮石，若由該處出糶，該州領價采買，恐市價增昂，商民艱食。請將附近倉貯充裕之昌吉、呼圖壁兩處，用官駝數百隻，撥運十萬石，分年運貯州倉。將糶價銀兩存貯道庫，作爲經費。自係該都統體察地方情形，酌擬停止采買，改爲撥運，與倉貯民食，兩有裨益。惟原奏内稱撥運粮石，請用官駝數百隻分年駝運。查此項粮石，究係用駝若干隻，應否需用牽夫運脚等項，需銀若干，并應動用何款銀兩？其綏來、濟木薩兩處現在存貯倉粮若干石，是否無庸撥運？摺内均未聲明。應令該都統詳細查明覆奏，到日再行核議。

查乾隆四十四年五月内，據原任都統索諾木策凌具奏，内地初到民人，量爲安插，請酌借口粮，俾資接濟等因，奏准在案。今該都統以該處民户生計久遠，并無歉收之歲，其出借口粮，係因安撫初到户民，并非常例，請將每年借給口粮一項通行裁革。係爲剔除弊竇，慎重倉貯起見，所奏自屬可行。應令該都統將該處每年按户出借口粮，於本年春間即行停止，以杜弊端。

查烏魯木齊所屬各州縣種地户民，均係各處招徠，其春間應需籽種，全賴官爲借給，以資耕作，節年辦理在案。今該都統以應借籽種，應聽從民便，禁止按户攤派之累，誠爲體察民情，亦應如所奏辦理。第摺内聲稱，秋成後平斛收納，每石照例加收一斗之處。查出借倉粮，惟社倉定例，每石加息十升，其常平倉粮，例免加息。并查烏魯木齊歷年徵還出借籽種各案，皆係照數徵還，并無加息粮石，今因何遽請每石加收一斗？邊氓生計攸關，理宜詳細酌核，所有前項加收息粮，應令該都統詳查例案，分析聲覆，另行核議。

查乾隆五十三年三月内，據前任都統宜綿[4] 具奏，烏魯木齊所屬各州縣倉貯粮石有在十年以上者，共六萬三千①餘石，霉變堪虞。請將前項粮石分年出糶，責令各②州縣於秋季買補還倉，并請嗣後如有逾十年之粮，即照此例辦理等因，奏准在案。該都統請將各處十年以上粮石，仍照舊例出陳易

---

① "三千"，國圖抄本作"三十"。
② "各"，國圖抄本、刻本作"該"。

新，係屬聲明舊制，業據奏明，節年遵行在案，應毋庸議。

查吐魯番、宜禾縣二處，每歲供支滿營并綠營官兵口粮等項，約需粮五萬餘石。除二處額徵粮石支放外，不敷粮一萬七八千石不等，每年均係該都統奏明采買，供支事竣，專案題銷。今該都統以該二處采買粮石，仍請照舊遵行。自因該二處倉粮不足，兵食攸關，勢須采買。除准其照舊辦理外，仍令該都統嚴飭所屬，每年采買粮石，務須公平購買，毋得稍有抑勒，致滋流弊等因具奏。旨①：依議。欽此。

【注释】

〔1〕温福（? —1773）：字履綏，費莫氏，滿洲鑲紅旗人。乾隆二十三年（1758），授内閣侍讀學士，參加平定大小和卓叛亂，在葉爾羌負傷，擢内閣學士，進理藩院尚書。三十一年（1766），爲副都統，奏報有關烏魯木齊、昌吉等兵丁俸餉、屯田、遣犯、屯犯等情形。後授福建巡撫、署福州將軍，三十八年參加征金川，陣亡。

〔2〕精河：河名。蒙古語“精”爲“蒸甑”，即今新疆精河，源出於天山，三源合而北流，徑安阜城（今精河縣西），北入布勒哈齐池（今艾比湖）。乾隆二十二年（1757），平定準噶爾部後，在精河邊建安阜城，設典史。四十八年，於城東二里建新城，設都司、粮員、巡司，裁典史，隸烏魯木齊都統。新疆建省後，光緒十四年（1888），置精河直隸廳。1913 年改爲精河縣。經濟以農業爲主，畜牧業亦盛。境内艾比湖以產鹽著名。

〔3〕慶桂（1735—1816）：字樹齋，章佳氏，滿洲鑲黃旗人。初以蔭生授户部員外郎，充軍機章京。後遷理藩院侍郎兼副都統、烏里雅蘇台將軍。乾隆三十六年（1771）任伊犁參贊大臣、塔爾巴哈台參贊大臣。四十二年授吏部侍郎，調烏里雅蘇台將軍。四十六年，授盛京將軍。五十一年，授兵部尚書，平定廓爾喀之亂。以功名列十五功臣榜、畫像紫光閣。嘉慶四年（1799），授文淵閣大學士兼軍機大臣，加太保。死謚文恪。

---

① “旨”，國圖抄本、刻本均作“奉旨”。

〔4〕宜綿（？—1812）：初名尚安，鄂濟氏，滿洲正白旗人。從征金川，晉爲郎中。後累官至烏魯木齊都統、陝甘總督。嘉慶元年（1796），移軍商州，鎮壓鄖陽、鄖西等地白蓮教起義。翌年又進軍四川，在川北各地同起義軍作戰。後因勞師無功，被奪職遣戍伊犁，後又以員外郎起用，升至大理寺卿。十七年卒。

本年五月，烏魯木齊都統和寧具奏：爲原議徵收春借籽種、籌運州倉粮石、分析聲覆各緣由，仰祈聖鑒事。准户部咨稱，所有停止迪化采買粮石，裁革各屬出借口粮，春領籽種聽民自便，其出陳易新并宜禾、吐魯番買備兵粮等款，均經議准。知照前來，臣當即繕寫告示，分發各屬，遍爲曉諭，俾令周知，鄉邑户民莫不歡忭。惟原擬每歲出借籽種，秋後每石加收一斗一款，部議以出借倉粮，惟社倉例有加息，至烏魯木齊歷年出借籽種，皆係照數徵還，今因何每石遽請加收一斗，理宜分析聲覆，另行核議等因。查烏魯木齊州縣，并無地丁錢粮，只按畝徵收粮石，支放官兵口粮，與内地情形迥異。自乾隆三十二年，前任陝甘總督温福奏請招徠農民，借給籽種，及時播種春田，係專爲體恤邊黎起見。亦與内地常平、社倉偶因歲歉，借給籽種之例不同。惟各州縣每年出借，相沿四十餘年，關内民人遷集日衆，若一旦概行停止，其富者固無虞拮据，而貧者未免怨咨。臣仰體皇仁，曾當堂細詢鄉民等，僉稱今既蒙革除采買折發浮收諸弊，小的等受惠無窮，仍請春間借領籽種本色，秋成後情願每石加粮一斗交倉等語。臣細加體察，似宜俯順輿情，并量予限制。是以於前摺内聲明，該州縣不得按户攤派，其願借者借給，不願借者聽其自便。每石即照該户民等所請，於秋成後照社倉例，加收一斗。現據鎮迪道同福詳稱，各户民願借籽種者，出具甘結，并委員監散①本色，其數目已較從前減少。至加收一斗之粮，每年約可得四五千石，應俟秋收後，徵有成數，另款充公，報部查核。

又原擬撥動昌吉、呼圖壁兩處倉粮十萬石，請用官駝數百隻，分年運貯

① "散"，國圖抄本作"放"。

迪化州一款。部議以此項粮石用運駝若干，需運費若干，應動何項銀兩，詳細查明覆奏，再行核議等因。查前任都統宜綿奏明，在巴里坤孳生駝内挑撥五百隻，交給殷實商户，承運四屬倉粮四萬餘石，協濟八旗官兵口粮，每年議給工價銀六千七百餘兩，歷久辦理在案。今擬將所撥昌吉、呼圖壁兩處倉粮十萬石，分作五年運赴州倉，以充積貯，仍用官駝馱運。每年祇運二萬石，共應用駝一百八十九隻，約需喂飼駝隻及牽夫口食銀二千五百餘兩。隨飭令該州傳唤運户劉金魁、劉成强等當堂詢問，據稱情願承領帶運等語。至所需運費，即在各户民領借籽種，每石加收一斗充公項下支銷，毋庸另撥庫存正項銀兩，每年造册，咨報户部查核。

再查綏來、濟木薩兩處距州城較遠，毋庸議撥等因具奏。奉上諭，和寧接准部咨，將徵收春借籽種、籌運州倉粮石二款，分晰聲覆一摺。據稱烏魯木齊所屬州縣無地丁錢粮，只按地畝徵收粮石，支放官兵口食，與内地情形不同；所借籽種，係爲農民及時播種春田，體恤邊黎起見，亦與内地常平社倉偶因歲歉借給籽種者有别；詢據該鄉民等僉稱春借籽種本色，秋成後情願每石加粮一斗交倉。又撥運昌吉、呼圖壁兩處倉粮十萬石分作五年運赴州倉，仍用官駝一百八十九隻馱運，約需喂飼及牽夫口食銀二千五百餘兩，即在加粮一斗充公項下支銷等語，著照所請。該處民户春借籽種，准其照社倉之例，每石於秋成後加收一斗；所撥昌吉、呼圖壁倉粮十萬石，准其分作五年用官駝馱運，所需運費，即於各民户領借籽種，每石加收粮一斗充公項下支銷。該部知道，摺并發。欽此。

又，都統和寧查辦官成控案内一款。官成議將官駝五百隻燙烙官印，不准出境馱運私貨等語。查此項駝隻例無倒斃，亦不取孳生。該運户若常年喂養，實在力不能支，是以吐魯番、科布多等處運貨，些微沾潤，實係有便商賈[①]，歷久相安。官成所議不准出境之處，事不可行。

迪化州倉

共貯各色京石粮一十一萬八千七十九石三斗零，小麥一十萬九千九百一

---

① "賈"，國圖抄本作"買"。

十七石四斗零，豌豆二千四十五石八斗零，青稞二千六百九十石九斗零，粟穀三千四百二十一石一斗零，胡麻一石，稻穀二石，菜子一石。

昌吉縣倉

共貯各色京石粮二十二萬三千六百八十四石八斗零，小麥二十萬一千四百四十八石三斗零，豌豆七千四百八石一斗零，粟穀四千八百二十八石三斗零。

阜康縣倉

共貯各色京石粮一十一萬二千八百四十石五斗，小麥九萬九千三百九十六石九斗零，豌豆八千一百七十三石八斗零，青稞二千一百五十七石零，粟穀三千一百一十二石五斗零。

綏來縣倉

共貯各色京石粮二十萬八千三百五十九石零，小麥二十萬六百石七斗零，豌豆三千二百四十八石零，青稞四千三百七十九石六斗零，粟穀一百三十石六斗零。

宜禾縣倉

共貯各色京石粮六萬四千七百石四斗零，小麥三萬一千九十一石七斗零，粳米三十一石六斗零，豌豆三萬三千三百三十三石六斗零，青稞二百四十三石三斗零。

奇台縣倉

共貯各色京石粮七萬一百七十二石六斗零，小麥五萬九千一百五十三石一斗零，豌豆一萬一千一十九石五斗零。

吐魯番倉

共貯各色京石粮三萬三千六百四十三石二斗零，小麥二萬六千九百九十五石一斗零，粟米八百五石四斗零，糜米一千五百五十四石七斗零，粟穀五百二十五石五斗零，糜穀二千三十五石四斗零，高粱千七百二石一斗零，胡麻二十五石六斗。

庫爾喀喇烏蘇倉
共貯各色京石粮五萬三千一百二十石三斗零，小麥三萬七千一百一十四石四斗零，豌豆一百四十二石七斗零，青稞一萬五千七百六十九石二斗零，粟穀九十三石九斗零。

晶河倉
共貯各色京石粮三萬三千一百七十石八斗零，小麥一萬七千二百七十九石六斗零，大麥一萬五千八百四十八石二斗零，粟穀四十三石零。

喀喇巴爾噶遜倉
共貯各色京石粮四千六百六十四石六斗零，小麥四千三百九十二石四斗零，豌豆六十五石一斗零，粟穀二百七十石。

濟木薩倉
共貯各色京石粮一十九萬三千三十八石五斗零，小麥一十六萬七千二百二十七石九斗零，豌豆四千六十三石四斗零，青稞二萬一千五百八十五石零，粟穀一百六十二石一斗零。

呼圖壁倉
共貯各色京石粮二十萬一千五百八十六石零，小麥一十八萬千二百三十九石零，豌豆一萬三千一百二十二石四斗零，青稞四千四百六十六石零，粟米二千七百五十八石五斗零。

頭屯所倉
共貯各色京石粮七千四百二十四石八斗零，小麥六千八百二十石九斗零，豌豆五百六十石五斗零，粟穀四十一石三斗零。

蘆草溝所倉

共貯各色京石糧一萬五千六百三十石三斗零，小麥一萬四千九百七十六石七斗零，豌豆五百九十六石三斗零，粟穀五十七石一斗零。

塔西河所倉

共貯各色京石糧一萬三千五百一十九石一斗零，小麥一萬一千九百八十三石零，豌豆九百六十八石五斗零，粟穀五百六十七石五斗零。

以上所屬各倉，共存各色京石糧一百三十五萬三千六百三十餘石，小麥一百一十七萬九千六百三十七石八斗零，豌豆八萬四千七百四十八石五斗零，青稞五萬一千二百九十一石三斗零，粟穀一萬六千一十一石八斗零，糜穀二千三十五石四斗零，高粱一千七百二石一斗零，大麥一萬五千八百四十八石二斗零，粟米八百五石四斗零，糜米千五百五十四石七斗零，粳米三十一石六斗零，胡麻二十六石六斗，稻穀二石，菜子一石。

户口門

謹案《周禮》："户版之書，登於天府；司民之職，隸於秋官。"所以重民生，慎民命也。顧三代以前肇州域①，制井田[1]，其計户口也較易；三代以後土地闢，生齒繁，其計户口也甚難。惟唐貞觀之初，口分世業[2]，三年獻書，後世因以爲制。我朝定制，凡天下民數，歲終，大司徒彙黄册[3]以聞，而烏魯木齊所屬州縣户口歲附於陝甘總督辦理。嘗詢嘉峪關吏，内地民人出關者歲以萬計，而入關者不過十之一二。今考乾隆四十八年烏魯木齊所屬民數，共男婦大小一十萬二千有餘，兹二十餘年又將倍蓰矣。不寧惟是，南路回部十三城暨土爾扈特、和碩特、布魯特等游牧，其户口至不可思議，安居樂業，共沐皇仁。雖耕農牧畜風俗不同，然聖天子一視同仁，初無分畛域也。《易》曰："容保民無疆"，長民者其慎思之！

【注释】

〔1〕井田：井田是商周時期的一種土地分配方式。有説井田始于夏朝。其具體方式是將土地劃分爲多塊一定面積的方田，阡陌縱横，像一個"井"字，周圍八塊作爲私田，分予私人耕種；中間一塊作爲公田，由八家共同負責耕種，其收成作爲賦税上繳國家，税率大概爲十分之一。

〔2〕世業：即"世業田"，又叫永業田，世代承耕之土地。北魏行均田制，定男夫十五歲以上授露田四十畝，老免及身没退歸公家。又授桑田二十畝，種植定量的桑、榆、棗等作物，依法課税，并准買賣。因世代承耕，不在收授之限，故名永業田。北齊、隋、唐沿用此制，而授田多少有差，但自唐中期以後，土地兼并，此制名存實亡。另，隋唐時期，自諸王以下，至於

---

① "州域"，國圖抄本作"州城"。

都督或散官五品以上，都按等級分授永業田，子孫世襲，皆免課役。古代土地買賣，書契例有賣與某人永遠爲業等語，此類私田轉賣後亦稱永業田。參閱《魏書·食貨志》《通典·食貨典二》《新唐書·食貨志一》。

〔3〕黄册：明清時期爲徵派賦役編造的户口名簿册。明洪武十四年（1381）命各州縣分“里”（一百十户爲一里）編造，以户爲主，詳列丁口、田産以及應負賦役的簿册四份，作爲徵收賦役根據。命名用意，一説男女始生爲黄，“黄”代表人口，一説因送户部的簿册封面爲黄色，故稱黄册。每十年編訂一次，與洪武二十年以丈量土地爲基礎的魚鱗册合爲明代賦役制度的主要根據。清康熙七年（1668），因每五年造送丁口增減册，停造黄册。乾隆三十七年（1772）取消五年編審户口一次的規定。

迪化州

嘉慶十一年止，共男女三萬六千九百七十口，男大口八千五百八十五口，男小口一萬一千八百六十九口，女大口六千九百五十八口，女小口九千五百五十八口。

昌吉縣

嘉慶十一年止，共男女一萬八千四百八十八口，男大口七千六百四十四口，男小口二千六百六十五口，女大口五千七百七十二口，女小口二千七百四口。

綏來縣

嘉慶十一年止，共男女一萬二千七百八十五口，男大口五千四百八十一口，男小口二千五十一口，女大口三千七百七十二口，女小口千四百八十一口。

阜康縣

嘉慶十一年止，共男女一萬一千五百一十八口，男大口四千三十七口，男小口二千四百五十六口，女大口二千八百三十五口，女小口千一百九十口。

呼圖壁

嘉慶十一年止，共男女一萬一千一百七十六口，男大口四千五百五十四口，男小口二千一百六十一口，女大口三千三百六十五口，女小口一千九十五口。

濟木薩

嘉慶十一年止，共男女一萬八千二十五口，男大口七千四百八十四口，男小口二千六百三十九口，女大口六千一百五十一口，女小口一千七百五十一口。

喀喇巴爾噶遜

嘉慶十一年止，共男女一千六百七十四口，男大口六百二十二口，男小口三百三十七口，女大口四百二十一口，女小口二百九十四口。

精河

嘉慶十一年止，共男女八十七口，男大口四十五口，男小口十一口，女大口二十五口，女小口六口。

庫爾喀喇烏蘇

嘉慶十一年止，男大口一百一十三口。

塔西河[1]

嘉慶十一年止，共男女一千一百五口，男大口七百五十四口，男小口九十八口，女大口一百五十七口，女小口九十六口。

蘆草溝[2]

嘉慶十一年止，共男女八百六十三口，男大口二百九十一口，男小口二百五十二口，女大口一百八十七口，女小口一百三十三口。

【注释】

〔1〕塔西河：源於瑪納斯縣境内天山北坡冰山地。《西域圖志》記作"塔什根郭勒"。屬常年性河流，與瑪納斯河形成當地兩大水系，沿河形成很多灌區，塔西河屯所是清朝時期主要移民區之一。

〔2〕蘆草溝：即蘆草溝古城遺址，位於今新疆維吾爾自治區昌吉市偏西北十三千米處，此城建於清乾隆四十二年（1777）。屯田發展期間，駐有千總一員，管理屯田。當時城堡内建千總衙署一所、倉廒（即粮倉）一所，民居錯落，史稱蘆草溝所。蘆草溝是迪化西去伊犁大道的必經之地。

頭屯所

嘉慶十一年止，共男女七百七十七口，男大口一百八十二口，男小口一百九十五口，女大口一百八十九口，女小口二百一十一口。

宜禾縣

嘉慶十一年止，共男女八千六十四口，男大口三千九十九口，男小口二千五十九口，女大口二千三百五口，女小口六百一口。

奇台縣

嘉慶十一年止，共男女三萬一千七十五口，男大口九千七百五十口，男小口八千六百八十六口，女大口六千五十三口，女小口五百八十六口。

以上戶口，均按每年查報之數，彙册咨送陝甘總督核辦，其綠營眷兵家口不在其内。各屬綠營眷兵一萬一千五百餘名，其口數約有四萬數千餘口。

乾隆三十九年，户部奏查，定例三年一次編審壯丁，均由各省駐防造具編審壯丁印册，送部。

乾隆四十八年二月，軍機大臣議覆都統明亮具奏：烏魯木齊地方係新疆要地，遇有馬甲缺出，俱於壯丁内揀選年力强壯、弓馬嫻熟者挑補。但官兵移駐以來已數十年，生齒日繁，户口多寡不一，或壯丁過多之佐領下出有甲缺，應挑之丁甚多；或壯丁稀少之佐領下出有甲缺，一時不能挑取精壯之人。若不均齊辦理，則挑補甲缺以及當差不克均匀。查乾隆二年，西安將軍秦禄①以八旗壯丁多寡不一，奏請均匀，荷蒙允准，并飭令各省駐防將軍、都統等，將所屬壯丁一體均匀，辦理在案。今烏魯木齊户口繁衍多寡不一，請將八旗壯丁均匀在各佐領下挑甲當差，不但户口均匀，而新疆兵丁亦獲精壯足額。嗣後或十年，或五年，生齒多寡不一，又需均匀之時，再行查明辦理等因。查烏魯木齊駐防滿兵已有十年，户口繁衍多寡不一。明亮請將壯丁均齊辦理，是爲駐防要地選放官兵起見，應如所奏辦理等因，奉旨依議。欽此。

---

① 此處疑訛。乾隆二年，西安將軍當爲“秦布”。

賦稅門

謹案：則壤成賦本乎地，算口出賦係乎丁，此地丁之所自昉也。市廛園圃則以租，駞馬牛羊則以稅，此租稅之所由名也。新疆回部納粟出錢，制頗近古。若準噶爾部行廬爲國，專資牧畜，不事農田，故漢、唐屯制已泯而不傳。我朝天兵北下，擒達酋，達瓦齊。剿阿逆，阿睦爾薩納。而祁連山背凡古所謂北庭、輪臺、金蒲、宜禾、蒲類者，周數千里虛無人焉。然後徙甘、涼之戶以實之，招商賈之徒以益之，開易菑畬，播琴①菽麥。其賦不以丁而以地，不以錢而以粮。人土相依，兵農稱便。茲考烏魯木齊所屬，自乾隆壬午至今四十餘年，安集農民二萬九百餘戶，升科熟地九千五百餘頃，徵粮七萬四千一百餘石。外域田賦，曠古所無。至於授市廛，榷牲畜，鑿園圃，則別爲租稅，附編於末。

田賦

迪化州

乾隆二十七年至四十一年止，由内地携眷移來民人并本地招募戶商，共一千三百一十一戶。每戶認墾荒地多寡不一，共墾地四百二頃五十七畞。内除撥歸喀喇巴爾噶遜安插戶民一百四戶，退出地三十頃八十一畞。實在共戶民一千二百七戶，共墾熟地三百七十一頃七十六畞。每畞照依科則，徵京石粮九升六合三勺，共額徵京石粮三千五百八十石四升八合八勺。

乾隆四十二年，本地招募戶民三百一十九戶，每户認墾荒地多寡不一，共種地九十八頃八十九畞。内除撥歸喀喇巴爾噶遜安插戶民一十九戶，退出地五頃八十七

---

① "琴"，刻本作"勤"。

畝。實在共戶民三百戶，共墾熟地九十三頃二畝。

　　乾隆四十三年，本地招募戶民一百八十八戶，每戶認墾荒地三十畝，共種地五十四頃。內除撥歸喀喇巴爾噶遜安插戶民三十九戶，退出地十一頃七十畝。實在共戶民一百四十一戶，共墾熟地四十二頃三十畝。

　　乾隆四十三年，由內地携眷移來民人五百六十一戶，每戶認墾荒地三十畝，共墾熟地一百六十八頃三十畝。

　　乾隆四十四年，本地招募并由內地携眷移來民人七百一十戶，每戶認墾荒地三十畝，共種地二百一十三頃。內除撥歸喀喇巴爾噶遜安插戶民一十九戶，退出地五頃七十畝外。實在共戶民六百九十一戶，共墾熟地二百七十頃三十畝。

　　乾隆四十五年，本地招募戶民二百戶，每戶認墾荒地三十畝，共種地六十頃。內除撥歸喀喇巴爾噶遜安插戶民二十一戶，退出地六頃三十畝。實在共戶民一百七十九戶，共墾熟地五十三頃七十畝。

　　乾隆四十六年，本地招募戶民三十七戶，每戶認墾荒地三十畝，共種地一十一頃十畝。內除撥歸喀喇巴爾噶遜安插戶民五戶，退出地一頃五①十畝。實在共戶民三十二戶，共墾熟地九頃六十畝。

　　乾隆四十七年，本地招募戶民八戶，每戶認墾荒地三十畝，共墾熟地二頃四十畝。

　　乾隆五十五年，本地招募戶民五戶，每戶認墾荒地三十畝，共墾熟地一頃五十畝。

　　乾隆六十年，本地招募新增一戶，墾熟地三十畝。

　　嘉慶五年，本地招募認種撤退屯地戶民七十九戶，每戶認種地三十畝，共種地二十三頃七十畝。

　　嘉慶五年，秋後招募認種撤退屯地戶民九十六戶，每戶認種地三十畝，共種地二十八頃八十畝。

　　以上自乾隆四十二年至嘉慶五年，共戶民二千一百九十六戶，共種地六百六十一頃九十九畝。內除撥歸喀喇巴爾噶遜安插戶民一百三戶，退出地三十一頃七畝。

① "五"，國圖抄本作"三"。

實存①户民二千九十三户，共墾熟地六百三十頃九十二畝，額徵粮六千七十五石七斗零。

乾隆五十一年，丈出餘地八百二十七頃九十四畝，內除撥歸喀喇巴爾噶遜地一十一頃九十六畝。實在餘地八百一十五頃九十八畝。都統宜綿奏准照例減半徵收，共應徵京石粮三千九百二十八石九斗零。

以上實在户民三千三百户，共種地一千八百一十八頃八十六畝，共額徵京石粮一萬三千五百八十四石七斗零。小麥一萬二千二百二十六石二斗零，豌豆一千三百五十八石四斗零②。

昌吉縣

乾隆二十七年至四十一年止，招來各户并頂認故民地畝共二千二百一十一户，每户認墾荒地多寡不等，共種地六百六十九頃三十八畝，每畝照依科則，徵京石粮九升六合三勺。共額徵京石粮六千四百四十六石一斗二升九合四勺。

乾隆四十二年，招徠農民五十二户，每户認種地三十畝，共墾地一十五頃六十畝。

乾隆四十三年，招徠農民一百户，每户認墾荒地多寡不等，共種地三十二頃五十三畝。

乾隆四十四年，由內地遷移并招徕農民八百六十一户，每户認墾荒地多寡不等，共種地二百六十五頃二十一畝。

乾隆四十六年，招徠農民一户，認墾荒地三十二畝。

嘉慶五年，本地招募認種撤退屯地户民一百八十五户，每户認種地三十畝，共種地五十五頃五十畝。

嘉慶六年，本地招募認種撤退屯地户民七十一户，每户認種地多寡不等，共種地二十一頃三十六畝。

以上自乾隆四十二年至嘉慶六年止，共户民一千二百七十户，共種地三

---

① "存"，國圖抄本、刻本作"在"。
② 國圖抄本無"豌豆一千三百五十"句。

百八十九頃五十二畝，額徵粮三千七百五十一石七斗[①]零。

乾隆五十一年，丈出餘地五百九十六頃七十七畝。都統宜綿准奏照例減半徵收，共應徵京石粮二千八百七十三石四斗零。

以上實在户民三千四百八十一户，共種地一千六百五十五頃六十七畝，共額徵京石粮一萬三千七十石六斗零。小麥一萬一千七百六十三石，豌豆一千三百七石。

綏來縣

乾隆四十一年，安插安南種地廠徒一百八十六户，每户種地三十畝，共種地五十五頃八十畝，內除殘廢不能耕作并陸續病故廠徒八十九户，退出地二十六頃七十畝。實在廠户九十七户，每户種地三十畝，共種地二十九頃一十畝，每畝徵京石粮九升六合三勺。共額徵粮二百八十石二斗零。

乾隆四十二年，招徠户民四百二十八户，每户種地三十畝，共種地一百二十八頃四十畝。

乾隆四十二年，安插眷兵子弟分户二百七十八户[②]，每户種地三十畝，共種地八十三頃四十畝。

乾隆四十三年，招徠户民并安插眷兵子弟分户一百三十五户，每户種地三十畝，共種地四十頃五十畝。

乾隆四十四年，招徠户民并安插眷兵子弟分户一[③]百七十五户，每户種地三十畝，共種地二百六十二頃五十畝。

乾隆四十五年，招徠户民并安插眷兵子弟分户二百三十五户，每户種地三十畝，共種地七十頃五十畝。

乾隆四十六年，安插户民子弟分户二十一户，每户種地三十畝，共種地六頃三十畝。

乾隆四十七年，安插商户一十五户，每户種地三十畝，共種地四頃五

---

① "斗"，國圖抄本作"升"。
② "户"，國圖抄本作"畝"。
③ "一"，國圖抄本、刻本作"八"。若按照一户三十畝地計算，應爲"八"。

十畝。

乾隆五十二年，安插子弟分户、有眷商民、由阜康、宜禾、濟木薩移來户民、廠徒、爲民遣犯，除陸續病故省釋回籍八户。退出地二頃四十畝。實在户民五百一户，每户種地三十畝，共種地一百五十頃三十畝。

乾隆五十三年，招募商民并子弟分户四十四户，每户種地三十畝，共種地一十三頃二十畝。

乾隆五十四年，本地招募户民三户，每户種地三十畝，共種地九十畝。

乾隆五十五年，本地招募并有眷商户一百二十一户，每户種地多寡不等，共種地六十九頃八十畝。

乾隆五十六年，本地招募子弟分户一百二十一户，每户種地多寡不等，共種地六頃四十畝。

乾隆六十年，本地招募子弟分户六户，每户種地三十畝，共種地一頃八十畝。

以上自乾隆四十二年至六十年，實在共户民二千七百八十三户，共種地八百六十八頃五十畝，額徵粮八千三百六十三石六斗零[①]。

乾隆五十一年，丈出餘地六十九頃二十二畝，除殘廢病故廠徒退出地五十七畝，實在餘地六十八頃六十五畝。都統宜綿奏准照例減半徵收，共應徵京石粮三百三十石五斗零。

以上實在户民二千八百八十户，共種地九百六十六頃二十五畝，共額徵京石粮八千九百七十四石四斗零。小麥八千七十七石零，豌豆八百九十七石四斗。

呼圖壁

乾隆三十八年至四十一年，本地招募户民并安插廠徒共户一百三十二户，每户種地三十畝，共種地三十九頃六十畝。内除病故并殘廢不能耕作廠徒三十二户，退出地九頃六十畝。實在共户一百户，共種地三十頃，每畝徵粮九升六合三勺。共額徵京石粮二百八十八石九斗。

---

① 國圖抄本無"三斗六石零"五字。

乾隆四十二年，安插内地招徠户民九十四户，每户種地三十畝，共種地二十八頃二十畝。

乾隆四十三年，安插内地招徠户民并携眷商户一百八十四户，每户種地三十畝，共種地五十五頃二十畝。

乾隆四十四年，安插内地招徠户民并携眷商户四百二十一户，每户種地三十畝，共種地一百二①十六頃三十畝。

乾隆四十六年，招募商民并子弟分户二百三十三户，每户種地三十畝，共種地六十九頃九十畝。

乾隆五十五年，本地招募認種廠徒病故遺地一十五户，每户種地三十畝，共種地四頃五十畝。

乾隆五十九年，本地招募認種廠徒病故遺地二户，每户種地三十畝，共種地六十畝。

嘉慶元年，本地招募認種廠徒病故遺地二户，每户種地三十畝，共種地六十畝。

嘉慶三年，本地招募認種廠徒病故遺地一户，種地三十畝。

嘉慶五年，招募新户二百五十六户，每户種地多寡不等，共種地七十六頃八十六畝。

嘉慶七年，本地招募認種廠徒病故遺地新户二户，每户種地三十畝，共種地六十畝。

以上自乾隆四十二年至嘉慶七年止，共户一千二百一十户，每户地多寡不等，共種地三百六十三頃六畝，共額徵京石粮三千四百九十六石二斗零。

乾隆五十一年，丈②出餘地一百二十六頃四十三畝，内除病故殘廢退出地一頃八畝。實在餘地一百二十五頃三十五畝。都統宜綿奏准照例减半徵收，共應徵粮六百三石五斗零。

以上實在户民一千三百一十户，共種地五百一十八頃四十一畝，額徵京石

---

① "二"，國圖抄本訛爲"一"。

② "丈"，國圖抄本作"又"。

粮四千三百八十八石七斗零。小麥三千九百四十九石八斗零，豌豆四百三十八石八斗零。

阜康縣

乾隆二十九年至四十一年止，招徠户民并安插廠徒共一千四百九十一户，内除病故廠徒四十五户退出地畝。實在共户一千四百四十六户，共種地四百三十五頃四十七畝。每畝照依科則徵京石粮九升六合三勺，共額徵京石粮四千一百九十三石五斗七升六合一勺。

乾隆四十二年，招徠户民一百二十户，每户認墾荒地三十畝，共種地三十六頃。

乾隆四十三年，招徠户民一百七十三户，每户認墾荒地三十畝，共地五十一頃九十畝。

乾隆四十四年，招徠户民二百户，每户認墾荒地三十畝，共地六十頃。

乾隆四十五年，安插爲民人户二户，每户認墾荒地三十畝，共地六十畝。

乾隆四十九年，安插爲民人户一户，墾種地三十畝。

嘉慶五年，本地招募認種撤退屯地民户八十二户，每户種地三十畝，共地二十四頃六十畝。

以上自乾隆四十二年至嘉慶五年止，共户民五百七十八户。内除遷移綏來縣安插户民六十五户，退出地一十九頃五十三畝。實在户民五百一十三户，共種地一百五十三頃八十七畝，額徵京石粮一千四百八十一石七斗零。

乾隆五十一年，丈出餘地四十七頃八十六畝，内除病故廠徒退出地四十二畝。實在餘地四十七頃四十四畝。都統宜綿奏准照例減半徵收，共應徵粮二百二十八石四斗零。

以上實在共户民一千九百五十九户，共種地六百三十六頃七十八畝，額徵京石粮五千九百三石七斗零。小麥五千三百一十三石三斗零，豌豆五百九十石三斗零。

宜禾縣

乾隆二十七年至三十七年止，招募商民并安插①户民湖廣、海城等户，共墾荒地五百五頃二十一畝。内除逃亡病故户民退出地六十六頃二十畝。實在種地四百三十九頃一畝，每畝照安西州之例，正粮四升一合八勺零，加粮四合一勺八抄零，草折粮二升②。共額徵粮三千三百三十九石三升③零。

乾隆四十三年，安插巴里坤、哈密屯田爲民遣犯，共墾種地九十畝。

乾隆四十四年，安插巴里坤、哈密爲民遣犯，共墾地九十畝。

乾隆四十五年，安插安南廠徒，共墾地二頃四十畝。

乾隆四十六年，安插武威、永昌户民，共墾種地九頃四十二畝。

乾隆五十四年，安插商民共種地六頃。

乾隆五十五年，安插商民共種地一頃九十畝。

嘉慶八年，招募商民認墾大有莊缺額遣犯遺地，共種地一十七頃四十七畝。

以上自乾隆四十三年至嘉慶八年止，共實墾地三十八頃九十九畝，額徵京石粮二百九十六石六斗零。

乾隆五十一年，丈出餘地六十七頃七十六畝。都統宜綿奏准照例減半徵收，共應徵京石粮二④百五十七石七斗零。

以上實在共種地五百四十五頃七十七畝，共額徵京石粮三千八百九十三⑤石六斗零。

奇台縣

乾隆三十二年至四十一年止，安插招募民商各户，共種地七百七十頃五

---

① "插"，國圖抄本作"種"。
② "二升"，國圖抄本、刻本作"三升"。
③ "升"，國圖抄本作"斗"。
④ "二"，國圖抄本作"一"。
⑤ "三"，國圖抄本作"一"。

畝，每畝照安西州之例，正粮四升一合八勺零，加粮四合一勺八抄零，草折粮三升①。共額徵京石粮五千八百五十七石二斗零。

乾隆四十二年，安插爲民遣犯共墾地四頃八十畝。

乾隆四十三年，安插内地携眷户民并本地招募子弟分户，共墾種地二百一十三頃九十畝。

乾隆四十四年，安插内地携眷户民并本地招募子弟分户，共墾種一百四十九頃七十畝。

乾隆四十五年，本地招募子弟分户共墾種地六頃九十畝。

乾隆四十六年，本地招募子弟分户共墾種地三頃三十畝。

乾隆四十八年，本地招募子弟分户共墾種地一十七頃四十畝。

乾隆四十九年，本地招募子弟分户共墾種地八頃。

乾隆五十二年，本地招募子弟分户共墾種地三頃九十畝。

乾隆五十六年，本地招募子弟分户共墾種地四頃八十畝。

乾隆五十八年，本地招募子弟分户共墾種地九十畝。

嘉慶元年，本地招募商民共墾地九十畝。

以上自乾隆四十二年至嘉慶元年止，安插招募民商各户共墾種地四百一十五頃一十畝。額徵京石粮三千一百五十七石四斗。

乾隆五十一年，丈出餘地九百三頃八十六畝七分。都統宜綿奏准照例減半徵收，共應徵京石粮三千四百三十七石五斗零。

以上實在共種地二千八十九頃一畝七分，額徵京石粮一萬二千四百五十二石二斗零。

吐魯番

嘉慶十一年十二月二十四日，都統和寧爲遵旨議奏吐魯番招商墾地一案。臣於十一月十五日，在②嘉峪關外接准軍機處字寄。欽奉上諭：玉衡奏，

---

① "三升"，國圖抄本作"五升"。

② 國圖抄本無"在"字。

查明曠地籌酌辦理，并請將地租充公備用一摺。據稱查閱吐魯番雅爾湖、葡萄溝一帶曠地頗多，當經派員勘量，得空地一千餘畝，宜於墾種，約計一年可收租銀三百餘兩，可否准其招商開墾等語。從前吐魯番回衆原係内投，伊界内地畝俱應令其自行擇便耕種，各爲生計。今所丈得雅爾湖等處空地一千餘畝，如係回人之地，雖據稱離伊耕種地畝尚遠，并無關礙，究非官地可比。玉衡遽欲招商開墾，歲收租銀三百餘兩，所見未免太小。著傳諭和寧，即查明雅爾湖等處曠地是否吐魯番回人之地。如查非回人地畝，即將該處是否可以耕種，應行招商開墾，徵收租銀之處，據實詳悉奏聞，再降諭旨。欽此。

欽遵寄信前來，臣伏查吐魯番地方原係額敏和卓所屬舊地。乾隆[1]年間，額敏和卓率領全部内投，初設官兵駐守闢展，嗣因其子蘇賴滿獲罪，抄没其私產田地，分爲安展等七屯，派綠營兵七百名屯種收粮，額設領隊大臣一員，移駐吐魯番管理在案。自此吐魯番地方除建立城郭、市廛、軍台、馬廠并七處屯工佔用官地外，其餘高原下隰仍令札薩克郡王、台吉等屬下回人自擇所便。此我高宗純皇帝所以普育群生於西域也。臣在南路總理八城，其各城所屬回莊曠地頗多，從未聞有招商墾種之事。其回人賃田於民人者聽，相安四十餘年。今玉衡創爲招商墾地之議，得田不過千畝，徵租不過三百。誠如聖諭所見，未免太小，且非官地可比，宜聽回人自便。睿慮所及，仁至義精，實已無可移易。乃復特交臣詳細查明，據實議奏。竊照[2]臣等職守斯疆，惟在平心撫馭民夷，使之各安生業。與其更張舊制，謀小利以集游民，莫若仰體皇仁，留餘地以處回衆。所有雅爾湖、葡萄溝一帶曠地，無論是否可耕，應請毋庸招商開墾，以杜煩擾回疆之漸。是否有當，伏祈聖明訓示遵行，謹奏。奉到朱批：所見是。另有旨。欽此。

奉上諭：和寧議奏吐魯番招商墾地一摺，所見甚是。吐魯番地方本係額敏和卓所屬舊地，嗣經抄没入官，立城屯種。蒙皇考高宗純皇帝，仍將餘地

---

① "乾隆"，三本皆誤，額敏和卓率衆内投，寄居安西事爲雍正十一年。

② "照"，國圖抄本作 "思"。

令札薩克等屬下回人自擇所便，柔遠恩施，至爲優渥。今已日久相安，回民樂業。揆之政體，自不應以沾沾小利輕議更張。和寧所奏能見其大，與朕前降諭旨適合，已於摺內用朱筆圈出，此事即可無庸置議，并知會玉衡遵照可也。欽此。

　　嘉慶十二年五月，烏魯木齊都統和寧案：據吐魯番蘇們章京和卓木尼雜爾等呈稱，查得回子阿卜甲伊斯等二十二名，前於嘉慶六年，在[①]雅爾湖地方偷種地畝，經前任明大人查出奏明，賞給六十家窮苦回子耕種在案。今相隔數年，阿卜甲伊斯等雖有本身地畝，但家口日增，實屬窮苦，伏乞施恩等情。隨飭委吐魯番同知會同協領都司，前往雅爾湖查明曠地，丈量五百畝，定立界址。飭令蘇們章京具領，分給回户阿卜甲伊斯等二十二家，按名均分，自行開種，報明存案。又據民人魏良灝等十三家，情願認墾雅爾湖潮地一千三百四十畝，堪墾卡爾地二百五十一畝。潮地每畝交納租銀四錢，卡爾地每畝交納租銀六錢，交同知衙門存貯，每年飭令蘇們章京具領，分給回户提依普等一百二十一家養贍家口。吐魯番管理札薩克事務頭等台吉丕爾敦、蘇們章京和卓木尼雜爾分管回人，額交粮三千石。京斗小麥一千五百石，高粱七百五十石，糜穀七百五十石。

　　闢展、連木沁二處，裁撤屯地一萬五千六百五十畝，額交粮一千五百六十五石。京石小麥六百一十石，高粱六百七十石，糜穀二百八十石。

　　吐魯番自乾隆四十四年安設駐防滿洲、屯工漢兵，向無招安民户墾種荒田之例，惟附近吐魯番、闢展城外認種圍[②]地。共商户一十六户，種圍地二百三十畝九厘。每畝額徵租銀三錢五分，共徵八十兩五錢二厘。闢展屬之呵呵雅爾東西二處，并齊克勝木台認種沙地園户一十二户，共種沙地四百八十畝一厘。每畝額徵租銀一錢，共徵銀四十八兩一厘。

庫爾喀喇烏蘇

　　嘉慶六年，本地招募認墾屯地商民八十四户，每户種地三十畝，共種地

---

① "在"，國圖抄本作 "任"。
② "圍"，國圖抄本、刻本作 "園"。

二十五頃二十畝，每畝徵京石粮九升六合三勺。共額徵粮二百四十二石六斗零。小麥二百一十八石四斗零，豌豆二十四石二斗零。

喀喇巴爾噶遜

乾隆五十七年，迪化州原安户内撥歸喀喇巴爾噶遜粮員經管，共户二百七户，每户種地多寡不等，共地六十一頃八十八畝，每畝額徵粮九升六合三勺。共額徵粮五百九十五石九斗零。

乾隆五十一年，丈出餘地一十一頃九十六畝。都統宜綿奏准照例減半徵收，共應徵京石粮五十七石五斗零。

以上共户民二百七户，共額徵粮六百五十三石四斗零。小麥五百八十八石一斗零，豌豆六十五石三斗零。

頭屯所

乾隆三十二年至四十一年止，安插爲民并安南夷民廠徒等户共五百三十七户，共種地一百六十二頃。内除病故省釋等户四百八十五户，退出停徵地一百四十六頃。實在共户五十二户，共種地一十六頃二十畝，額徵粮一百五十六石六合。

乾隆四十三年，安插滇省土夷并安南子弟分户五十户，每户種地三十畝，共種地一十五頃。内除病故三十三户，退出地九頃九十畝。實在共户十七户，共種地五頃一十畝。

乾隆五十年，安插爲民人户二户，共種地六十畝。

乾隆五十二年，安插爲民人户三户，共種地九十畝。

乾隆五十五年，安插爲民人户二户，共種地六十畝。

乾隆五十八年，安插爲民人户二户，共種地六十畝。

乾隆五十九年，安插爲民人户一户，共種地三十畝。

乾隆六十年，安插爲民人户五户，共種地一頃五十畝。

嘉慶二年，安插爲民并子弟分户共四十四户，共種地一十三頃二十畝。

嘉慶五年，安插爲民并子弟分户共四十五户，共種地一十三頃五十畝。

嘉慶六年，安插爲民并子弟分户，共七十八户，共種地二十三頃四十畝。

嘉慶八年，安插爲民人六户，共種地一頃八十畝。

嘉慶九年，安插爲民人五户，共種地一頃五十畝。

嘉慶十年，留所種地三年抵免徒罪人二户，共種地六十畝。

以上自乾隆四十三年至嘉慶十年止，安插爲民并安南夷民廠徒等户，共二百一十二户，共種地六十三頃六十畝，額徵粮六百一十二石四斗零。

乾隆五十一年，丈出餘地四十三畝，都統宜綿奏准按例減半徵收，共應徵粮二石七升四勺。

以上實在共户二百六十四户，共種地八十二頃二十三畝，額徵京石粮七百七十石五斗零。小麥六百九十三石四斗零，豌豆七十七石五升零。

蘆草溝所

乾隆三十五年至四十一年止，安插爲民及廠徒共六百七十一户，每户種地三十畝。內除病故省釋回籍人户六百一十三户，退出地一百八千三頃九十畝。實在共户五十八户，共種地一十七頃四十畝，每畝額徵京石粮九升六合三勺。共徵粮一百六十七石五斗零。

乾隆四十三年，安插爲人户二户。內除撥入鐵廠一户。實在一户，種地三十畝。

乾隆四十三年，安插滇省土夷及安南礦徒，共户二十一户，共種地六頃三十畝。

乾隆四十四年，安插爲民人户四户，每户種地三十畝，共種地一頃二十畝。

乾隆五十一年，安插爲民人户三户，每户種地三十畝，共種地九十畝。

乾隆五十四年，安插爲民人户一户，種地三十畝。

乾隆五十五年，安插爲民人户一户，種地三十畝。

乾隆五十六年，安插爲民人户一户，種地三十畝。

乾隆五十七年，安插爲民人户一户，種地三十畝。

乾隆五十八年，安插爲民人户三户，種地九十畝。

乾隆六十年，安插爲民人户四户，種地一頃二十畝。

嘉慶元年，安插爲民人户三户，種地九十畝。

嘉慶三年，安插爲民人户一户，種地三十畝。

嘉慶四年，安插爲民并子弟分户二十三户，共種地六頃九十畝。

嘉慶五年，安插爲民人一户，種地三十畝。

嘉慶六年，安插爲民并子弟分户，共四十七户，共種地一十四頃一十畝。

嘉慶八年，安插爲民人一户，種地三十畝。

嘉慶九年，安插爲民人二户，種地六十畝。

以上自乾隆四十二年至嘉慶九年止，安插爲民并子弟分户共户一百一十八户，種地三十五頃四十畝，額徵京石粮三百四十石九斗零。

乾隆五十一年，丈出餘地三十三畝，都統宜綿奏准減半徵收，共應徵粮一石五斗八升九勺。

以上實在共户一百七十六户，共種地五十三頃一十三畝。額徵京石粮五百一十石零。

塔西河所

乾隆三十六年至四十一年止，安插爲民人户共一百八十四户，每户種地三十畝，共種地五十五頃二十畝。内除病故減釋回籍一百五十八户，退出地四十七頃零。實在共户二十六户，共種地七頃八十畝，額徵京石粮七十五石一斗零。

乾隆四十三年安插滇省土夷四十六户，種地一十三頃八十畝。内除病故三十三户，退出地九頃九十畝。實在共户一十三户，共種地三頃九十畝。

乾隆四十四年，安插子弟分户九户，共種地二頃七十畝。

乾隆四十五年，安插爲民一户，種地三十畝。

乾隆四十七年，安插爲民一户，種地三十畝。

乾隆四十八年，安插爲民九户，共種地二頃七十畝。

乾隆四十九年，安插爲民十一户，種地三頃三十畝。

乾隆五十年，安插爲民十五户，種地四頃五十畝。

乾隆五十一年，安插爲民十一户，種地三頃三十畝。

乾隆五十二年，安插爲民一户，種地三十畝。

乾隆五十四年，安插爲民二十户，種地六頃。

乾隆五十五年，安插爲民二户，種地六十畝。

乾隆五十六年，安插爲民十八户，種地五頃四十畝。

乾隆五十七年，安插爲民一户，種地三十畝。

乾隆五十八年，安插爲民七户，種地二頃一十畝。

乾隆五十九年，安插爲民十户，種地三頃。

乾隆六十年，安插爲民十五户，種地四頃五十畝。

嘉慶元年，安插爲民十七户，種地五頃一十畝。

嘉慶二年，安插爲民分户十户，種地三頃。

嘉慶三年，安插子弟分户五十八户，共種地一十七頃四十畝。

嘉慶四年，安插爲民分户二十五户，共種地七頃五十畝。

嘉慶五年，安插爲民十七户，共種地五頃一十畝。

嘉慶六年，安插户三十五户，共種地一十頃五十畝。

嘉慶八年，安插爲民八户，共種地二頃四十畝。

嘉慶九年，安插爲民二户，共種地六十畝。

以上自乾隆四十三年至嘉慶九年止，共户三百一十六户，種地九十四頃八十畝，額徵粮九百一十二石九斗零。

乾隆五十一年，丈出餘地二頃六十九畝。都統宜綿奏准減半徵收，共應徵粮一十二石九斗零。

以上實在共户三百四十二户，共種地一百五十頃二十九畝。共額徵京石粮一千石九斗九升三勺。小麥九百石八斗九升一合零，豌豆一百石九升九合。

租稅

乾隆二十七年，辦事大臣旌額禮等具奏，烏魯木齊商民開設鋪面房五百餘間，酌量作爲三等：頭等者三錢，二等者二錢，三等者一錢。按月收取。

乾隆二十九年，户部議覆辦事大臣旌額禮等具奏，烏魯木齊兵民買賣馬匹牲畜，俱官給印票，按每兩抽税三分，所收銀兩作爲公用。

乾隆四十九年，軍機大臣議覆署都統圖思義具奏，烏魯木齊所屬各廳州縣房租牲税等項，原係盡收盡報，并無定額。嗣經都統海禄奏請裁汰經費案内，將各屬徵收税銀數目，計月分攤作爲定額，共額收銀二萬七千九百餘兩，抵作經費。兹據署都統圖思義查明，各屬所收租税不敷原額，因該處商販鋪開閉無常，牲畜多寡又難懸定。若照海禄所定額數，地方官惟恐徵收缺額，或致累及商民。請將烏魯木齊各屬租税銀兩盡收盡報，毋庸按照定額辦理。

嘉慶十二年三月，都統和寧查辦官成控案，親赴迪化城南關外税局、檢查抽税票根册簿，逐日徵收税錢係按原賣價銀多寡之數。每銀一兩，實收銀四分，俱係盡收盡報。

迪化州，每年約收房租銀六千六百四十二兩，每年約收牲税銀三千二百二十六兩。

昌吉縣，每年約收房租銀一千七百二十七兩，每年約收牲税銀八百零三兩。

呼圖壁，每年約收房租銀二百四十一兩，每年約收牲税銀一百零一兩。

綏來縣，每年約收房租銀八百十六兩，每年約收牲税銀八百八十兩。

阜康縣，每年約收房租銀三百零八兩，每年約收牲税銀二百三十三兩。

濟木薩，每年約收房租銀六百十兩，每年約收牲税銀四百五十四兩。

宜禾縣，每年約收房租銀一千零二十二兩，每年約收牲税銀一千三百八十五兩。

奇台縣，每年約收房租銀二千①三百三十七兩，每年約收牲税銀二千②一百六十五兩。

吐魯番，每年約收房租銀一千二百五十四兩，每年約收牲税銀三百九十二兩。

庫爾喀喇烏蘇，每年約收房租銀一百六十六兩。

---

① "二千"，國圖抄本作 "一千"。
② "二千"，國圖抄本作 "一千"。

精河，每年約收房租銀三十五兩。

以上各屬，共約收房租牲稅銀二萬四千八百四兩零，房租銀一萬五千一百六十二兩零，牲稅銀九千六百四十一兩六錢。解交鎮迪道庫。

烏魯木齊所屬各城園戶，共五百六十六戶，共種園地三百二頃九十畝，每畝額徵地租銀一錢至三錢五分不等。共額徵園地租銀三千八十六兩零，交鎮迪道庫。

迪化州，園戶一百一十二戶，共種園地一千八百六畝，共徵租銀一百八十兩六錢。

昌吉縣，園戶三十五戶，共種園地一千三十六畝零，共徵租銀一百三兩六錢零。

綏來縣，園戶一百二十一戶，共種園地九千一百六畝，共徵租銀九百一十兩零。

呼圖壁，園戶三十二戶，共種園地七百五十七畝，共徵租銀七十五兩七錢。

阜康縣，園戶一十三戶，共種園地三百六十六畝，額徵租銀三十六兩六錢。

濟木薩，園戶八十一戶，共種園地一千八百四十一畝，額徵租銀一百八十四兩零。

吐魯番闢展，近城園戶一十六戶，共種地二百三十畝，額徵租銀八十兩五錢零。

闢展東西呵呵雅爾、齊克騰木等處，沙地園戶一十二戶共種園地四百八十畝，額徵租銀四十八兩。

庫爾喀喇烏蘇，園戶九十九戶，共種地一百三十四頃二十三畝，額徵租銀一千三百四十二兩零。

精河，園戶四十五［戶］①，共種地一千二百四十三畝，額徵租銀一百二十四零。

---

① 國圖抄本、刻本均有"戶"，據補。

《三州輯略》卷之四

屯田門

謹案：箕子衍疇，農用八政[1]，而食、貨、師居其三，孔子繫易，容民畜衆，以地水師當其象。蓋寓兵於農，此屯田之所自昉也。然漢、晋屯田伊吾，未幾而罷，鄭安遠南屯車師、北屯渠犁，時有匈奴之擾。我朝自蕩平準部以後，輪台、蒲類間悉設府廳州縣，雞犬相聞，烟火相望。於民屯之外，羅布兵屯。是禦邊省徵調之繁，餉軍無挽輸之苦，誠久安之長策也。設屯九，駐兵三千五百三十名，墾地七萬六百畝，徵粮三萬①二千五百七十五石，而哈密不與焉。又遣犯無定額，附注於末。

乾隆二十四年，陝甘總督楊應琚具奏，由凱旋徵兵內酌留三千餘名，分撥烏魯木齊、昌吉等處開墾屯田試種。二十六年，由闢展撥赴烏魯木齊、昌吉、洛克倫等處屯田，每兵三名合給馬二匹，農具一全副，每兵二名合給牛一隻，該屯兵由內地輪班更換。

自二十七年至三十二等年，由內地甘、涼提標各營移來携眷及告留兵丁，分撥各營屯田。

三十二年，辦事大臣溫福具奏：每兵一名，撥給地二十畝，每名每年額收粮十八石。如有多收者，官員議叙，兵丁獎賞。

四十年，都統索諾木策凌具奏：每屯兵百名，添足馬、牛八十四隻，以

---

① "三萬"，國圖抄本作"六萬"。

資耕作。

五十年，都統常青具奏：古城、吉布庫收成十八石以上，議叙。其餘各城俱照十五石以上，一體議叙獎賞。

乾隆四十四年，軍機處議覆永貴、索諾木策凌等奏准，吐魯番定爲屯兵七百名，在於吐魯番所屬自闢展至托克遜作爲七屯耕作。由陝甘各營派官兵七百一十四員名，烏魯木齊差派參將何廷臣，同郡王伊斯堪達爾、札奇①魯克、齊呼達巴爾第等，親勘得地土情形，與回人并無關礙，酌量在於托克遜派兵一百名，安占派兵二百五十名，哈喇派兵一百名。[共]②駐兵四百五十名，都司一員管理耕作。又阿斯坦納派兵一百名，和色爾圖喇派兵五十名，勝金派兵五十名，闢展派兵五十名，共駐兵二百五十名，守備管理耕作。阿斯坦納屯兵一百名，每名種地二十一畝，納粮十五石。安占涼州③屯兵五十名，每名納粮十五石。安占西寧④屯兵一百名，每名納粮十三石。哈拉⑤陝安屯兵一百名，每名納粮十三石。和色爾圖喇屯兵五十名，每名納粮十三石。托克遜屯兵五十名，每名納粮十三石。托克遜屯兵一百名，每名納粮十二石。安占陝安⑥屯兵一百名，每名納粮十二石。勝金屯兵五十名，每名納粮十二石。闢展屯兵五十名。每名納粮十二石。

乾隆四十九年，陝甘總督福康安具奏：查伊勒圖原定屯田賞罰章，程及海禄續請加增分數，其意原爲裨益倉儲，多收粮石起見。惟是地土有肥磽，水泉有盈紬，均非人力所能争。一兵承種地二十畝，期以二十八石、二十六石之豐收，在内地大有之年，收成尚罕至十分。今口外地畝轉報至二十分、二十四分，此必非二十畝地力之所能，其勢不得不倍爲加種。以一兵種二兵之地又非一人力作之所能，其勢不得不加夫帮種。於是扣餉雇人在所不免。迨耕種之後，在地肥水足之處，或可及額豐收，而地瘠水少之區，仍自收成

---

① "奇"，國圖抄本誤作 "等"。
② 國圖抄本、刻本作 "共駐兵"。據補。
③ 國圖抄本、刻本作 "安展涼州"。
④ 國圖抄本、刻本作 "安展西寧"。
⑤ 據上文，當爲 "哈喇"。
⑥ 國圖抄本、刻本作 "安展陝安"。

歉薄。屯員顧恤處分，自必虛報分數，兵丁懼干責處，又必多方彌補。既將加賞鹽菜銀兩貼補賠償，又將應關月餉存倉扣折，甚至終歲勤劬，無以養贍家口，殊非所以仰體我皇上軫念邊陲，[惠]養①士卒之至意。只因各處辦事大臣每年積習相沿，止報收成加稔，并未將兵力拮据情形，縷陳聖聽，竟致下情壅於上聞。況原定分數章程，已虞竭蹶，今乃復議加增。向之准叙賞者改爲功過相抵，向之功過准抵者改爲議處議責。似此年復一年，殊屬不成事體。且設兵原爲操防，如果兵力從容，則稼穡之暇仍可隨時訓練。若以一歲之力尚不敷收成之數，更何能復有餘力以事操演？行之日久，將使兵盡成農，所謂營伍亦屬有名無實，更非聖主②整飭邊防之遠計也。

再，濟木薩等處廣招内地民人開墾，期於膏腴日闢，歲獲豐登，户民樂於種地，則編户頻歲加增。桑麻雞犬，烟火相望，新疆與内地無殊，更爲億萬載綏寧之計，聖明遠慮，本極周詳。今地有餘而水不足，非但兵民爭水，訟牘殷繁，抑且兵丁加占之地愈多，即民人承墾之地日少。此等户民原爲種地而來，并非土著。如地畝不敷墾種，即現在户民尚恐易散，又安望將來再有加增？倘數年之後，烟火③漸稀，人民漸少，更與新疆無益。至口外地方，如果有必須廣收粮石以備官兵口食情形，則又不得不另籌辦理。今即以烏魯木齊、瑪納斯、濟木薩三處而論，每歲屯兵口粮約需三萬餘石。就去歲屯田收穫九萬有餘，是一年所收已有屯兵三年之食，況烏魯木齊所屬現存倉貯，截至四十八年年底止，共有京斗粮八十萬餘石。而伊犁四十八年奏銷册報，亦存貯各色粮④五十四萬餘石，均可無虞缺乏，似不必强兵力所不能，屢增分數。況每年加報分數，鮮能及額，究與邊屯實政，仍無裨益，殊非核實辦公之道。臣所知者雖止烏魯木齊所屬，恐伊犁等處情形亦未必不相仿。臣受恩深重，何敢因循緘默，上負聖恩？唯有據實奏明。請旨敕交伊犁將軍、烏什參贊大臣、烏魯木齊都統，將各該處屯田分數據實查明，酌量情形妥協議

---

① "養"，國圖抄本、刻本作"惠養"，據補。
② "聖主"，國圖抄本作"聖上"。
③ "火"，國圖抄本作"户"。
④ "各色粮"，國圖抄本作"本色粮"。

奏等因。

　　奉上諭，據福康安奏，新疆各處屯田，因①頻年收成，分數加增，致兵力頗形竭蹶，究與屯政無裨，請交伊犁將軍、烏什參贊大臣、烏魯木齊都統，將各該處屯田分數，據實查議一摺，所奏是②。新疆耕屯日闢，歲獲豐登，原定賞罰章程，伊犁收穫細粮至十八石，烏魯木齊收穫細粮至十五石者，官員議叙，兵丁加賞。嗣經海禄具奏，古城、吉布庫二處，須報至二十四分，濟木薩須報至二十分。如再能加增，方准從優叙賞，其意固③爲裨益倉儲，多收粮石，急於見長起見。但地土有肥磽，水泉有盈絀。在地肥水足之處，或可豐收，而地瘠水少之區，鮮能及額，以致屯員顧恤④處分，虛報分數，兵丁懼干責處，賠累多端。殊非朕體恤兵丁之至意。福康安所奏自屬實在情形，著交伊犁將軍及新疆各處辦事大臣，查明每年各該處支放兵餉口粮等項，共應需粮石若干，每年兵民耕種地畝，實收粮石若干。通盤籌畫，各按該處實在情形，酌定屯田收成分數，另行妥議具奏。[期於足敷兵食而止，庶可]⑤永遠遵行，不致賠累⑥。至本年，烏魯木齊所屬屯田，收成有不及分數者，屯員兵丁，均毋庸照新增之例議處責懲。將此由五百里諭令伊勒圖等，并諭福康安知之。福康安原摺并著抄寄。欽此。

　　乾隆五十年二月，烏魯木齊都統常青具奏：查地土肥磽，水泉盈絀，原無一定，收成分數，自應就各處實在情形，酌中定議。各屯兵丁固不可令其怠惰偷安，亦不可令其賠累，方爲妥協⑦。逐細訪查，復經咨詢管理屯務駐扎大臣、提鎮大員去後，兹據吐魯番領隊大臣尚安、庫爾喀喇烏蘇副都統職銜格琫額、烏魯木齊提督彭廷棟、巴里坤總兵佛喜查明各該處情形，均稱照依舊定章程辦理，十二石以上功過相抵，十五石以上議叙加賞。古城、吉布

---

① "因"，據《清高宗實錄》卷一二二〇 "乾隆四十九年十二月己丑" 條，當作 "固"。
② "是"，據《清高宗實錄》，當作 "甚是"。
③ "固"，據《清高宗實錄》，當作 "雖"。
④ "顧恤"，據《清高宗實錄》，當作 "顧慮"。
⑤ 此句據《清高宗實錄》補。
⑥ "賠"，《清高宗實錄》作 "拖"。
⑦ "妥協"，國圖抄本作 "安協"。

庫十五石以上功過相抵，十八石以上議叙加賞，原可據實遵辦。若照新定加增分數，不免兵力竭蹶，應請舊定章程辦理等因。經軍機大臣議覆，奉旨依議。欽此。

謹案：《戶部則例》：伊犁屯田兵丁每名收穫細粮以十八石，烏魯木齊收穫以十五石，此係錯誤，應云以十二石爲額。及額者官員議叙，兵丁賞給一月鹽菜銀兩。應云十五石以上給與叙賞。如烏魯木齊收至二十五石，官員加倍議叙，兵丁賞給兩月鹽菜銀兩。此條應删。若收不及額，該管各員均分別查議，兵丁責處。古城、吉布庫照伊犁之例，以十五石爲額，十八石議叙加賞，巴里坤照烏魯木齊例辦理。庫爾喀喇烏蘇例同。

嘉慶四年，都統興奎奏准，將提標中、左、右三營①，每營額設屯田兵八百八十六名，酌議每營止留五百名；庫爾喀喇烏蘇原額屯兵二百四十名、晶河原額屯田兵一百二十名，酌議每營各留一半，令其耕作，其餘歸營差操。兹照依實數編纂。

提標統轄屯田中營

參將一員，兼管守備一員，專管把總二員，經制外委三員，額外外委三名，屯兵五百名。按三名合給農具一全副，每百名合給馬牛八十匹隻。共農具一百六十六副六分零，馬牛四百匹隻。

提標統轄屯田左營

游擊一員，兼管守備一員，專管千總一員，把總三員②，經制外委一員，額外外委三名。屯兵五百名。按三名合給農具一全副，每百名合給馬牛八十匹隻。共農具一百六十六副六分零，馬牛四百匹隻。

提標統轄屯田右營

都司一員，兼管守備一員，專管千總一員，把總一員，經制外委三員，

---

① "三營"，國圖抄本作"二營"。
② "三員"，國圖抄本作"一員"。

額外外委三名，屯兵五百名。按三名合給農具一全副，每百名合給牛馬八十匹隻。共農具一百六十六副六分零，馬牛四百匹隻。

提屬統轄屯田庫爾喀喇烏蘇營

游擊一員，兼管守備一員，專管把總一員，屯兵一百二十名。按三名合給農具一全副，每百名合給馬牛八十匹隻。共農具四十副，牛馬九十六匹隻。

提屬兼管屯田晶河營

都司一員，專管把總一員，屯兵六十名。按三名合給農具一全副，每十名合給馬牛八匹隻。共農具二十副，馬牛四十八匹隻。

巴里坤鎮屬統轄屯田右營

游擊一員，專管把總二員，經制外委四員，屯兵五百名。按三名給農具一全副，每百名合給馬牛一百匹隻。共農具一百六十六副六分零，馬牛五百匹隻。

鎮屬統轄屯田古城營

游擊一員，專管把總二員，經制外委三員①，屯兵五百名。按三名合給農具一全副，每百名合給馬牛八十匹隻。共農具一百六十六副六分零，馬牛四百匹隻。

鎮屬兼管屯田木壘營

守備一員，專管把總一員，經制外委一員，屯兵一百五十名。按三名合給農具一全副，每百名合給馬牛八十匹隻。共農具五十副，馬牛一百二十②匹隻。

吐魯番統轄屯田

都司一員，由陝甘提督各營調任。兼管守備一員，專管千總四員，把總三員，

---

① 國圖抄本無"經制外委三員"句。
② 國圖抄本脫"十"字。

經制外委七員，屯兵七百名。按三名合給農具一全副，每百名合給馬牛八十匹隻。共農具二百三十三副零，馬牛五百六十匹隻。

屯工應納糧石

中左營[①]屯兵七百名，每年納糧一萬六千六十四石，交迪化州倉。小麥一萬一千七百五十石零，豌豆一千八百五十三石七斗，粟穀二千四百六十八石八斗八升八合零。

左營二工、三工屯兵三百名，每年納糧六千三百七十二石四斗七升，交昌吉縣倉。小麥三千五百四十六石二升零，豌豆二千六百八十五石四斗零，粟穀一百四十一石零。

右營屯兵五百名，每年納糧一萬二千一百九十一石，交呼圖壁巡檢倉。小麥九千一百七十六石零，豌豆一千九百九十三石零，粟穀一千二十一石零。

吐魯番屯兵七百名，每年納糧一萬一千八十四石零，交吐魯番同知倉。小麥九千七百四十三石零，粟穀兩千零一十石。

庫爾喀喇烏蘇管理屯田糧員，由京揀派。屯兵一百二十名，每年納糧二千五百石零，交糧員倉。小麥一千三百六十石零，青稞一千六石，粟穀七十二石。

晶河管理屯田糧員，由京揀派。屯兵六十名，每年納糧一千二百五十七石零，交糧員倉。小麥五百四十石零，大麥六百七十四石零，粟穀四十三石零。

巴里坤屯兵五百名，每年納糧四千八百五十石零，交宜禾縣倉。小麥三千二百三十石零，豌豆一千六百一十石零。

古城屯兵五百名，木壘屯兵一百五十名，每年納糧九千六百五十七石。交奇台縣倉。小麥七千五十七石零，豌豆六百石。

遣犯

中營管遣犯四十二名。按六名合給農具一全副，每三名合給牛一隻。共農具七副，牛十四隻。每名種地十二畝，收糧六石。

左營管遣犯三十九名。按六名合給農具一全副，每三名合給牛一隻。共農具六副五分，牛十三隻。每名種地十二畝，收糧六石。

---

① 此處疑有誤，據前後文義似應爲"中營"。

右營管遣犯三十八名。按六名合給農具一全副，每三名合給牛一隻。農具六副三分零，牛十二隻六分。每名種地十二畝，納粮六石。

庫爾喀喇烏蘇管遣犯十二名。按六名合給農具一副，每三名合給牛一隻。共農具二副，牛四隻。每名種地十二畝，納粮六石。

晶河管遣犯十二名。按六名合給農具一全副，每三名合給牛一隻。共農具二副，牛四隻。每名種地十二畝，納粮六石。

巴里坤管遣犯一百三十八名。按六名合給農具一全副，每百名合給馬牛一百匹隻。共農具二十三副，馬牛一百三十八匹隻。每名種地十二畝，納粮六石。

農具一全副。犂鏵一張，鐵鍁二把，斧頭一把，钁頭一把，鐮刀二把，鋤頭一把，擁脖二副，撇繩一根，鏟子二把，繮繩二條，罱頭二副，弓弦五根，馬絆一副，肚帶一根，搭背二副。

每年需用皮麻係按五分銷算，在於口內調撥補額。鐵器按三分銷算，在迪化城鐵廠打造農具內飭撥補額。

提標吐魯番各屯馬匹按三分銷算，牛隻按一分五厘銷算，俱由伊犁咨調補額。巴里坤屯田馬匹按一分五厘銷算，在於孳生馬內撥補，牛隻按一分二厘銷算，由伊犁咨調補額。

【注释】

〔1〕 八政：古代國家施政的八個方面。説法不一，具體所指有异，皆以其爲與政治關係密切，爲政者應予重視的事務。《尚書·洪範》以食、貨、祀、司空、司徒、司寇、賓、師爲八政；《禮記·五制》以飲食、衣服、事爲（百工技藝）、异別（用器不同）、度（丈尺）、量（斗、斛）、數（百、十）、制（布帛幅寬狹）爲八政；《逸周書·常訓》以夫妻、父子、兄弟、君臣爲八政。後世八政多指《尚書》所言。

俸廉門

謹案：制祿之典，載在周官，出使之臣，昉乎漢代。我朝平定西域，拓疆萬里，隸入版圖，置節使參署等官。官其人則予以例俸，俸以外優以養廉。俸惟視其秩品，廉獨厚於內臣。誠以遠遷邊塞，鎮撫民番，不得不裕資斧，勵清操，恐沉黎往者不廉耳。漢制長史、都護、校尉，其詔糈差等皆不可考。今考都統、領隊、司員、協佐領校暨道府、廳、州、縣教丞佐雜，并提、鎮、協、參、游、守、千、把等官，歲需俸廉照數纂列，而以條例弁其首。

乾隆三十七年，奉上諭：據舒赫德奏稱，烏魯木齊參贊大臣應否與烏什、塔爾巴哈台參贊大臣一體，同提督總理一切事務之處，請旨。烏魯木齊參贊大臣，如今只管滿營，不預地方事務，不無掣肘。所有滿洲綠營官兵并屯田一切事務，著烏魯木齊參贊大臣俱同提督總統辦理，并加恩賞給烏魯木齊參贊大臣每歲養廉銀一千兩，領隊大臣養廉銀七百兩。欽此。乾隆三十八年，戶部議覆陝甘總督勒爾謹具奏：查烏魯木齊初經設立都統，辦理一切屯政并專管營制，事務殷繁，較之內地駐防都統尤為緊要。將來即永遠作為該處額設都統，自應酌定俸廉等項，以資辦公。如現在索諾木策凌，前由護軍統領派往烏魯木齊為參贊大臣，原支在京本任俸廉等銀一千一百九十八兩，加以參贊大臣養廉銀一千兩，共支銀二千一百九十八兩。今索諾木策凌奉旨補授①該處都統，其護軍統領業經開缺，即係駐防都統，自應照都統應支俸廉之例議給。查各省駐防都統，俱照蒙古、漢軍都統分例支食。臣等酌中定議，除該都統應支俸銀俸米仍照本身職銜支領外，其養廉隨甲等銀，請照在京蒙古、漢軍都統之例，歲支銀八百八十八兩。但辦理新疆事務較內地緊要，仍請將原支參贊大臣養廉一千兩一并賞給，俱作為新疆都統養廉。將來

---

① "補授"，國圖抄本作"補放"。

凡補放烏魯木齊都統，悉照此額給①。奉旨依議。欽此。

乾隆四十年，軍機處議定：烏魯木齊領隊大臣歲支②養廉銀六百兩。巴里坤、古城領隊大臣歲支養廉銀各五百兩。

乾隆四十八年，户部議新疆升調③、調派人員未經到任以前，沿途行走有不支鹽菜仍支舊任養廉者，亦有支新任養廉者，辦理未能畫一。雖所支銀兩不甚懸殊，而造報奏銷未免參差。嗣後西路升調人員未經接辦新任事件，其沿途行走，自應仍支舊任養廉等因，行知在案。今喀什噶爾辦事大臣阿④，前赴葉爾羌辦事沿途行走，據該大臣咨報，支給官役五日⑤鹽菜銀三兩，口粮麪六十五斤。核與支食舊任養廉、分例無浮，應准其照數支給。應仍咨該大臣，并咨陝甘總督轉咨各處。嗣後凡遇新疆調任人員⑥，仍照原議支食舊任養廉可也。

乾隆五十二年，户部議奏，查向來派往新疆辦事之員，所有廉俸及一切得項，應行支給與不應支給之處，均係查照前案辦理。惟是歷年既久，條款繁多，未盡畫一。且間有掛漏，推原比擬，更恐岐誤。公同悉心酌議，謹核其輕重，縷晰條分，逐款開列，敬陳睿鑒。

一、内外大臣官員，由現任奉旨作爲參贊、領隊大臣，或賞給職銜，派往新疆辦事者，在京之俸銀、俸米、隨甲、養廉；在外之養廉、鹽菜、馬駝等項均請照銜支給。

一、派往新疆人員，但經賞給頂戴，及有［效力及］⑦效力贖罪字樣者，

---

① "給"，國圖抄本、刻本作"支給"。

② "支"，國圖抄本訛作"之"。

③ "升調"，國圖抄本作"升補"。

④ 此處原文缺。該辦事大臣阿當指阿揚阿。據《清高宗實録》卷一一七一"乾隆四十七年十二月甲申"條："諭：現在達爾吉善患病，一時不能痊癒，著不必前往喀什噶爾，令其即行回京。保成，著賞給副都統銜，前往喀什噶爾更換阿揚阿。俟保成到彼後，阿揚阿即往葉爾羌，更換復興來京。"

⑤ "日"，國圖抄本訛作"月"。

⑥ "人員"，國圖抄本作"各員"。

⑦ 據《清高宗實録》卷一二八二"乾隆五十二年六月己酉"條補。

均令其自備資斧，在京、在外一切得項，均不准支給。

一、革職後弃暇録用，賞給職銜派往新疆辦事者，無論已未補缺，所有俸禄、養廉、隨甲均不準支給，俟差滿回京得缺及到任後，再行照例支給。并鹽菜、口粮、馬駞准其照銜支給，［并］^① 不准給與在外養廉。

一、［向例］^② 藩^[1]、臬^[2] 兩司，或曾經獲咎，或係不能勝任，以本銜派往新疆辦事者，所有俸廉及鹽菜駞馬等項分例，一概不准支給等因，奏准在案。臣等查藩、臬兩司既如是辦理，其獲咎與不勝任之督、撫亦應照此例，一概不准支給。若并無過犯，只以辦事需人，奉特旨以本銜派往之督撫兩司，歷任養廉優厚，除不准支給俸廉外，所有鹽菜、駞馬等項及在外之養廉仍准支給。

一、外任大臣官員，丁憂回旗後，由京派往新疆辦事者，有賞銜者，照銜支給俸廉、隨甲，司道照例支給郎中俸禄，知府照例支給員外郎俸禄。其在外應得之項，均請照指派地方職任分例支給。現有派往人員，即查照此次奏定章程辦理。

嘉慶十一年，户部因古城領隊大臣盛住^[3] 錯支養廉一案，自行檢舉，交部分別查議，并奏明補定章程。

一、前任和闐協辦大臣繼善，先因獲咎，部議革職，奉旨賞給筆帖式，未經補缺，復經賞銜派往。經臣部查吏部核准，支給養廉在案。查定例，由現任官員派往新疆辦事，京外廉俸、鹽粮、駞馬均准支給。又革職後弃瑕録用，賞銜派往者，只准支給鹽粮、駞馬，其俸禄、養廉、隨甲均不准支給。繼善於從前獲咎，部議上時雖未照議革職，究係咎應革職之人。甫蒙恩賞給筆帖式，尚未補缺，旋奉賞銜派往，實係弃瑕録用，不應遽照現任官員之例辦理。今擬嗣後凡獲咎未經革職，當即降用，侍衛、章京以上等官，無論曾否得缺，准照現任官派往，照例支給廉俸等項。其議應革職賞給筆帖式已經補缺者，亦照現任官辦理外，其尚未補缺者仍照弃瑕録用例，畫一辦理。

---

① 據《清高宗實録》卷一二八二 "乾隆五十二年六月己酉" 條補。
② 據《清高宗實録》卷一二八二 "乾隆五十二年六月己酉" 條補。

一、前任庫爾喀喇烏蘇領隊大臣安麟、巴里坤領隊大臣舒永阿[4]，俱因獲咎革職，後復蒙賞給拜唐阿[5]，嗣又賞銜派往。臣部准支養廉等項在案。查拜唐阿係無頂戴差使，與現任官員不同，且安麟等先經革職，後蒙派往，亦不得謂非弃瑕録用。今擬嗣後似此革職賞給拜唐阿、披甲[6]等差使復蒙派往者，概照弃瑕録用例，畫一辦理。前任葉爾羌協辦大臣和寧，先行獲咎革職，續奉賞銜派往，經臣部照例不准支給廉俸。嗣經調任喀什噶爾參贊大臣，又經升授理藩院侍郎，臣部仍照差滿回京方準支給之例，概未準支在案。查定例，弃瑕録用，只准支給鹽粮、駝馬，此外得項不准支給；但既經升調，必俟回京後始一體支給廉俸，未免漫無區別。今擬嗣後除欽奉諭旨自備資斧效力人員，仍照專條，一切得項均不准支外，其弃瑕録用之員，初次賞給①派往，止支鹽粮、駝馬，不支京外廉俸。若初任無過，一經調任，應得京外廉俸，准其減半支給；若升調他處及加等賞銜，或指補京堂仍留辦事，即照升銜現任，全支京外俸廉，俾資辦公，以昭平允。

【注释】

〔1〕藩台：明清時期布政使司的別稱。

〔2〕臬台：明清時期按察使之別稱。始于唐初，職在赴各道巡察，考核吏治。至唐睿宗景云二年（711）分置十道按察使，成爲常設官職。後曾改稱采訪使、觀察處置使，實爲各州刺史之上司，權力僅次於節度使，凡有節度使處則以節度使兼。宋代不設節度使，初以轉運使兼領提刑，後別設提點刑獄，遂爲後世按察使前身，其職務則與唐觀察使有別。金章宗承安四年（1199）改提刑使爲按察使，主管一路的司法刑獄與官員考核。元代稱肅政廉訪使。明初復稱按察使，爲省提刑按察使司的長官，主管一省的司法。明中葉以後，各地多設巡撫，按察使成爲巡撫的屬官。清代沿置，隸屬於各省總督、巡撫。別稱臬台、臬司、廉訪。

〔3〕盛住（？—1807）：姓喜塔臘氏，正白旗滿洲人。乾隆三十四年

---

① "賞給"，國圖抄本作"賞銜"。

(1769)，遷侍讀。歷直隸大名等地道員。四十六年（1781），擢浙江布政使兼杭州織造及南北稅務。因事革職留任。留內務府郎，專事織造。再因事降，賞主事并自備資斧赴伊犁充糧餉章京。歷辦事大臣、熱河總管、海關監督、擢總管內務府大臣。嘉慶九年（1804），署泰寧鎮總兵，因故發烏魯木齊，後任授古城領隊、葉爾羌辦事大臣，擢蒙古副都統。嘉慶十二年卒。

〔4〕舒永阿（？—1802）：滿洲正黃旗人。乾隆五十年（1785）任鎮西府知府、巴里坤領隊大臣。因事革職。五十四年升任湖北督糧道。嘉慶七年（1802）回任巴里坤領隊大臣，旋病故。

〔5〕拜唐阿：滿語，漢譯爲"有用的""成材料的"，是清代皇家奴僕。另外，此稱亦指在各衙門當差而無品級者。

〔6〕披甲：清朝"八旗兵"的別稱。"甲"指索子甲，"披甲"即穿索子甲的兵。八旗制度規定：男丁及齡（16歲），由各佐領選充甲兵。幾丁抽一披甲，視各時期需要而定。應選的人要通過馬、步、箭的考試，入選者稱爲"披甲"。有馬甲（騎兵）、步甲（步兵）等名目。

烏魯木齊都統

俸銀一百八十兩，俸米留京。養廉銀一千兩，京城養廉、隨甲銀八百八十兩。

司官三員

［每員］① 俸銀六十兩，鹽菜銀一百八十兩。

筆帖式三員

俸銀二十一兩一錢零，鹽菜銀九十六兩。

委筆帖式八員

鹽菜銀三十六兩。

---

① 刻本有"每員"，據補。

領隊大臣一員

俸銀、視本身品級，如係副都統始有隨甲。養廉銀六百兩。

協領六員

俸銀一百三十兩，米折銀九十四兩一錢零，馬匹草料折銀二百一十八兩二①錢零。

佐領二十四員

俸銀一百五兩，米折銀六十七兩三錢零，馬匹草料折銀一百四十五兩零。

防禦二十四員

俸銀八十兩，米折銀四十兩三錢零，馬匹草料折銀九十兩九錢零。

驍騎校二十四員

俸銀六十兩，米折銀三十一兩三錢零，馬匹草料折銀七十二兩七錢零。

巴里坤領隊大臣一員

俸銀、視本身品級，或留京或在任所支領，聽其自便。如係副都統始有隨甲。養廉銀五百兩。

協領二員

俸銀一百三十兩，米折銀九十四兩一錢零，馬匹草料折銀二百一十八兩二錢零。

---

① "二"，國圖抄本作"三"。

佐領八員

俸銀一百五兩，米折銀六十七兩三錢零，馬匹草料折銀一百四十五兩。

防禦八員

俸銀八十兩，米折銀四十兩三錢零。

驍騎校八員

俸銀六十兩，米折銀三十一兩三錢零，馬匹草料折銀七十二兩七錢零。

筆帖式一員

俸銀二十一兩一錢，鹽菜銀九十六兩。

委筆帖式二員

鹽菜銀三十六兩。

古城領隊大臣一員

俸銀、視本身品級。養廉銀五百兩。

協領二員

俸銀一百三十兩，米折銀九十四兩一錢零，馬匹草料折銀六十七兩三錢零。

協領八員

俸銀一百兩，米折銀六十七兩三錢零，馬匹草料折銀一百四十五兩。

防禦八員

俸銀八十兩，米折銀四十兩三錢零。

驍騎校八員

俸銀六十兩，米折銀三十一兩三錢，馬匹草料折銀七十二兩七錢零。

筆帖式一員

俸銀二十一兩一錢零，鹽菜銀九十六兩。

委筆帖式二員

鹽菜銀三十六兩。

吐魯番領隊大臣一員

俸銀、視本身品級。養廉銀五百兩。

協領二員

俸銀一百三十兩，米折銀九十四兩一錢零，馬匹草料折銀二百一十八兩
二錢零。

佐領四員

俸銀一百五兩，米折銀六十七兩三錢零，馬匹草料折銀一百四十五兩。

防禦四員

俸銀八十兩，米折銀四十兩三錢零，馬匹草料折銀七十二兩七錢零。

驍騎校四員

俸銀六十兩，米折銀三十一兩三錢零，馬匹草料折銀七十二兩七錢零。

筆帖式一員

俸銀二十一兩一錢零，鹽菜銀九十六兩。

委筆帖式二員

鹽菜銀三十六兩。

庫爾喀喇烏蘇領隊大臣一員

俸銀、視本身品級。養廉銀四百兩。

筆帖式一員在原旗支食本身錢粮。

鹽菜銀九十六兩。

委筆帖式二員

鹽菜銀三十六兩。

鎮迪道一員

俸銀一百五兩，養廉銀三千兩，公費銀七百兩，書役工食銀三千二百一十八兩零。

鎮西府知府一員

俸銀一百五兩，養廉銀二千兩，公費銀五百兩，書役工食銀五百八十二兩。

教授一員

俸銀四十五兩，書役工食銀一百六十六兩零。公費銀六十兩。

經歷一員

俸銀四十兩，書役工食銀三十六兩，養廉銀三百兩。

宜禾縣知縣一員

俸銀四十五兩，養廉銀六百兩，公費銀五百兩，書役工食銀二千二百八十八兩八錢。

訓導一員

俸銀四十兩，公費銀六十兩，書役工食銀六十七兩三錢零。

典史一員

俸銀三十一兩五錢，養廉銀二百兩，書役工食銀三十六兩。

奇台縣知縣一員

俸銀四十五兩，養廉銀六百兩，公費銀七百兩，書役工食銀二千二百八十四兩八錢。

訓導一員

俸銀四十兩，公費銀六十兩，書役工食銀二①百四十九兩六錢。

典史一員

俸銀三十一兩五錢，養廉銀二百兩，書役工食銀二百一兩六錢。

古城巡檢一員

俸銀三十一兩五錢，養廉銀三百兩，書役工食銀二百二十五兩六錢。

迪化直隸州知州一員

俸銀八十兩，養廉銀八百兩，公費銀七百兩，書役工食銀二千七百四十兩零。

吏目一員

俸銀三十一兩五錢，養廉銀三百兩，書役工食銀二百五十九兩。

---

① “二”，國圖抄本作“一”。

學正一員

俸銀四十兩，公費銀八十兩，書役工食銀二百四十九兩六錢。

巡檢一員

俸銀三十一兩五錢，養廉銀三百兩，書役工食銀二百二十五兩六錢。

昌吉縣知縣一員

俸銀四十五兩，養廉銀六百兩，公費銀七百兩，書役工食銀三^①千三百八兩八錢。

訓導一員

俸銀四十兩，公費銀六十兩，書役工食銀二百四十九兩六錢。

典史一員

俸銀三十一兩五錢，養廉銀二百兩，書役工食銀二百一兩六錢。

綏來縣知縣一員

俸銀四十五兩，養廉銀六百兩，公費銀七百兩，書役工食銀二千三^②百八兩八錢。

訓導一員

俸銀四十兩，公費銀六十兩，書役工食銀二百四十九兩六錢。

典史一員

俸銀三十一兩五錢，養廉銀二百兩，書役工食銀二百一兩六錢。

---

① "三"，國圖抄本、刻本作 "二"。
② "三"，國圖抄本作 "二"。

呼圖壁巡檢一員

俸銀三十一兩五錢，養廉銀三百兩，書役工食銀三百二十①一兩六錢。

阜康縣知縣一員

俸銀四十五兩，養廉銀六百兩，公費銀七百兩，書役工食銀二千三②百八兩八錢。

訓導一員

俸銀四十兩，公費銀六十兩，書役工食銀二百四十九兩六錢。

典史一員

俸銀三十一兩五錢，養廉銀二百兩，書役工食銀二百一兩六錢。

濟木薩縣丞一員

俸銀四十兩，養廉銀四百兩，書役工食銀五百四十七兩二錢。

理事通判一員

俸銀六十兩，養廉銀六百兩，公費銀七百兩，書役工食銀三百五十五兩二錢。

吐魯番同知一員

俸銀八十兩，養廉銀八百兩，公費銀七百兩，書役工食銀一千一百七十六兩。

---

① "二十"，國圖抄本作"一十"。
② "三"，國圖抄本作"二"。

吐魯番巡檢一員

俸銀三十一兩一錢，養廉銀三百兩，書役工食銀二百七十三兩六錢。

闢展巡檢一員

俸銀三十一兩五錢，養廉銀三百兩，書役工食銀二百二十五兩六錢。

庫爾喀喇烏蘇粮員一員

鹽菜銀八十六兩四錢，公費銀一百兩，書役工食銀二百七十六兩。

晶河粮員一員

鹽菜銀八十六兩四錢，公費銀一百兩，書役工食銀二百一十一兩二錢。

喀喇巴爾噶遜粮員一員

鹽菜銀八十六兩四錢，公費銀一百兩，書役工食銀二百三十二兩八錢。

頭屯所千總一員

俸銀六十六兩七錢，養廉銀四百兩，書役工食銀五百四十七兩二錢。

蘆草溝所千總一員

俸銀六十六兩七錢，養廉銀四百兩，書役工食銀五百四十七兩二錢。

塔西河所千總一員

俸銀六十六兩七錢，養廉銀四百兩，書役工食銀五百四十七兩二錢。

烏魯木齊提督

俸薪等銀六百五兩六錢零，養廉銀二千八百兩，馬乾銀六十兩，例馬草料折銀一百四十六兩五錢。

瑪納斯營副將一員

俸薪等銀三百七十七兩零，養廉銀一千二百兩，馬乾銀三十兩，例馬草料折銀八十七兩九錢零。

參將二員

俸薪等銀二百四十三兩零，養廉銀八百兩，馬乾銀二十四兩，例馬草料折銀五十八兩零。

游擊二員

俸薪等銀二百三十一兩零，養廉銀六百兩，馬乾銀一十八兩，例馬草料折銀四十三兩九錢零。

都司六員

俸銀一百四十一兩，養廉銀三百八十兩，馬乾銀一十二兩，例馬草料折銀二十九兩三錢零。

守備九員

俸薪等銀九十兩零，養廉銀三百二十兩，馬乾銀一十二兩，例馬草料折銀二十九兩三錢零。

千總十八員

俸薪等銀四十八兩，養廉銀一百八十兩，馬乾銀六兩，例馬草料折銀一十四兩六錢零。

把總三十六員

俸薪等銀三十六兩，養廉銀一百二十兩，馬乾銀六兩，例馬草料折銀一十四兩六錢零。

經制外委五十二員

養廉銀二十八兩。

巴里坤總兵

俸薪等銀五百一十一兩，養廉銀二千一百兩，馬乾銀四十八兩，例馬草料折銀三百五十七兩九錢零。

哈密協副將一員

俸薪等銀三百七十七兩四錢零，養廉銀一千二百兩，馬乾銀三十六兩，例馬草料折銀二百六十八兩四錢零。

游擊四員

俸薪等銀二百三十一兩三錢零，養廉銀六百兩，馬乾銀一十八兩，例馬草料折銀一百三十四兩二錢。

都司三員

俸薪等銀一百四十一兩三錢零，養廉銀三百八十兩，馬乾銀一十二兩，例馬草料折銀八十九兩四錢零。

守備四員

俸薪等銀九十兩零，養廉銀三百二十兩，馬乾銀一十二兩，例馬草料折銀八十九兩四錢。

千總十員

俸薪等銀四十七兩九錢零，養廉銀一百八十兩，馬乾銀六兩，例馬草料折銀四十四兩七錢零。

把總二十四員

俸薪等銀三十六兩，養廉銀一百二十兩，馬乾銀六兩，例馬草料折銀四十四兩七錢。

經制外委三十二員

養廉銀二十八兩。

粮餉門

謹案：治軍之道，士不飽則兵氣不揚，師不貞則戎行無律。粮餉者，群策之先務也。嘉峪關外，龍堆沙磧，播種維艱；瀚海風霾，轉輸匪易。我大軍宵征驛騎，囓雪赢粮，北掃天山，西隉月窟，爲曠古所未聞。乃相烏魯木齊一帶地方，山環水抱，土厚草肥，可以容民，可以畜衆，遂徙甘肅提鎮之屬，莊凉①駐守之家，分駐各城，屹爲重鎮，修養生齒四十餘年。昔之華夏干城，今則爲雄邊子弟矣。且爲之籌衣食則官爲購辦，備婚喪則公設肆廛。是以月餉歲粮，益形紓裕，室家温飽，然後責其技藝精嫻。司其事者，可不慎諸？

烏魯木齊八旗駐防兵丁

領催前鋒三百六十名

［每名］餉銀三十六兩②，家口折米銀二十二兩三錢，例馬草料折銀二十七兩二錢零。

馬甲二千三百四名

［每名］餉銀二十四兩，家口米折銀二十二兩三錢零，例馬草料折銀二十七兩二錢零。

炮手四十八名

［每名］餉銀二十四兩，家口米折銀一十五兩六錢二分零。

---

① “莊凉”，應指莊浪、凉州兩地滿營。國圖抄本作“莊浪”，顯誤。
② 刻本作“每名餉銀三十六兩”，據補。後例同。

步甲匠役養育兵六百六十四名

［每名］餉銀一十二兩，家口米折銀四兩四錢六分零。

鰥寡孤獨五百四十餘名

每月需銀五百四十餘兩。口粮折麵二萬七千餘斤。家口衆多，每月帮銀六百餘兩。

巴里坤

前鋒領催八十名

［每名］餉銀三十六兩，家口米折銀二十二兩三錢二分，例馬草料折銀二十七兩二錢八分。

馬甲七百六十八名

［每名］餉銀二十四兩，家口米折銀二十二兩三錢二分，例馬草料折銀二十七兩二錢八分。

炮手十六名

［每名］餉銀二十四兩，家口米折銀十五兩六錢二分。

步甲匠役養育兵二百二十名

餉銀十二兩，家口米折銀四兩四錢六分零。

古城

前鋒領催八十名

［每名］餉銀三十六兩，家口米折銀二十二兩三錢二分，例馬草料折銀二十七兩二錢八分。

馬甲七百六十八名

［每名］餉銀二十四兩，家口米折銀二十二兩三錢二分，例馬草料折銀二十七兩二錢八分。

炮手十六名

［每名］餉銀二十四兩，家口米折銀一十五兩六錢二分零。

步甲匠役養育兵二十二名

［每名］餉銀一十二兩，家口米折銀四兩四錢六分零。

吐魯番

前鋒領催六十名

［每名］餉銀三十六兩，家口米折銀二十二兩三錢零，例馬草料折銀二十七兩二錢八分。

馬甲三百八十四名

［每名］餉銀二十四兩，家口米折銀二十二兩三錢二分，例馬草料折銀二十七兩二錢二分。

炮手八名

［每名］餉銀二十四兩，家口米折銀十五兩六錢八分。

步甲匠役養育兵一百一十二名

［每名］餉銀一十二兩，家口米折銀四兩四錢二分。

烏魯木齊滿營官兵本色口糧馬匹料石

迪化州供支京石粮五萬一千六百三十九石零。

巴里坤滿營官兵本色口粮馬匹料石

宜禾縣供支京石粮一萬九千四百六十石零。

古城滿營官兵本色口粮馬匹料石

奇台縣供支京石粮一萬九千八百九十五石零。

吐魯番滿營官兵本色口粮馬匹料石

同知供支京石粮一萬二百三十六石零。

乾隆三十七年，將軍舒赫德、參贊大臣索諾木策凌等具奏：涼州、莊浪移駐烏魯木齊兵丁，照依伊犁移駐滿兵之例，將應得恩賞行裝銀三十兩內，每兵扣留銀十五兩，共扣留銀三萬九千九百六十兩。即在涼州差派官兵由西安、蘭州等處置買貨物、開設官布鋪生息。自是年十二月十五日開設起，至四十一年十二月止，將扣過兵丁行裝銀作爲三年分還兵丁外，淨獲利銀一萬九千六百四十兩。即以此項利銀作本開設官布鋪，每年所獲利銀交存公庫，以備兵丁出差帮貼等項之用。

嘉慶十一年十二月止，布鋪現存貨物并各項欠帳共合銀九萬八千七百九十七兩。原本銀一萬九千六百四十兩，欠州庫製裝本銀九千四百兩，新欠州庫製裝本銀六萬兩，官兵欠利銀九千七百五十一兩四錢零，未交公庫利銀五兩六錢零。

乾隆三十八年十二月二十三日，參贊大臣索諾木策凌具奏：修理兵房所剩木料，添蓋鋪面房招商取租，以備獎勵兵丁之用。除各公所辦事房間外，現有鋪面房二百零一間，轉角樓四座。城裏城外地基二百二十五處，四城門外園粮地基七百二十五畝，每年約收租銀二千五百二十餘兩，交存公庫。

乾隆三十九年，參贊大臣索諾木策凌具奏：烏魯木齊駐防兵丁馬匹，請照伊犁之例，每兵各拴養馬一匹，公庫存貯一匹，馬價以備各回城換防兵丁帶往。其餘一匹馬價銀以①入於官鋪生息，每年所獲利銀以備兵丁倒斃馬匹之用。於是年九月初一日，領過公庫存貯兵丁馬價銀二萬②一千三百一十二兩，開設恩成當鋪。五十年，都統奎林因所獲利銀三萬一千九十二兩零足敷生息，咨明戶部，將原領馬價銀兩照數交還公庫。五十六年，都統宜綿因所得利銀按月交收公庫，以備養贍鰥寡孤獨，其本銀不敷運籌，咨明戶部，將各官鋪所得利息銀內動用一萬兩，亦入於當鋪作本。現在以利作本四萬一千九十二兩零，每年約獲利銀六千餘兩，交存公庫，以備兵丁補立馬匹及帮③貼借貸之用。

嘉慶四年，署都統書麟[1]因正月內所獲利銀不敷使用，奏明將④公庫所存兵丁馬價動用銀二萬兩，飭交地方官借給商民，一分生息，每年所獲利銀二千四百兩，統入各官鋪利銀內，以備帮貼家口衆多并各項差使用。

嘉慶十二年正月十八日止，架本應存共合銀四萬九千九百一十六兩零。以利作本銀三萬一千九十二兩零，各官鋪餘利銀作本銀一萬兩，暫借估衣鋪應存個頭銀五千兩，錢一千八百千⑤，暫借公庫利銀二千兩。

乾隆三十九年，八旗協領會呈，請將官布鋪利銀內暫借銀四百三十九兩零，在內地置買藥料，於是年七月開設藥鋪，至四十二年六月，將本銀交還官布鋪，現在以利作本銀一千兩，每年所獲利銀交存公庫。

嘉慶十二年正月止，藥料價本并現存外欠共合銀四千五百一十三兩零。以利作本銀一千兩，欠官布鋪藥料銀三千兩，八旗兵丁欠利銀五百一十三兩零。

乾隆四十七年，八旗協領會呈，請將官布鋪利銀內暫借銀五百兩作本銀，於是年十月十五日開設木鋪。至五十五年三月將本銀交還官布鋪，現在以利作本銀一千兩，每年所獲利銀交存公庫。

嘉慶十二年正月止，現存貨物銀兩并兵丁下欠帳目，共合五千二百四十二兩零。以利作本銀三千兩，欠恩裕號貨物本一千八百兩，八旗兵丁欠貨物銀四百三十九兩

---

① "以"，國圖抄本、刻本作"亦"。

② "二萬"，國圖抄本作"一萬"。

③ "帮"，國圖抄本作"布"。

④ "將"，國圖抄本作"借"。

⑤ "千"，國圖抄本作"兩"。

零，利銀三兩二錢零。

乾隆四十年，八旗協領會呈，請將官布鋪利銀內暫借銀一千兩作本銀，於是年八月二十日開設匠役局，至四十五年八月將本交還官布鋪，現在所存貨物銀錢欠帳共合銀七千六百五十九兩五錢零。以利作本銀四千兩，欠官布鋪貨物本銀三千一百兩，八旗兵丁欠利銀五百五十七兩六錢零。現得未交利銀一兩八錢零。

乾隆二十七年，烏魯木齊辦事大臣旌額禮等具奏：烏魯木齊居住攜眷兵民商賈日漸聚集，采取柴薪日遠，臣等竊思，山中若產石煤，即敷永遠燒用，隨差人於烏魯木齊一帶山中踏勘，數處皆產石煤。現今兵民商賈人等，俱於就近處刨取石煤燒用，較之燒柴愈為節省，均謂頗勝安西，於兵民大有裨益。三十七年，協領等會議，每兵拽煤一車，共拽煤一百一十一車，每車扣銀三錢，共扣銀三十三兩三錢。內除每車交煤價銀一錢四分，共交煤價銀一十五兩五錢四分。交公庫煤利銀二兩九錢九分，統入各官鋪利銀內養贍鰥寡孤獨。其餘銀一十四兩七錢七分，以充各佐領下車夫工價、喂馬草料及各佐領檔房、弓房、學房工費之用。

嘉慶十二年正月止，公庫應存官布鋪利銀四千四百四兩二錢零，當鋪利銀二千二百三十六兩一錢零，藥鋪、木鋪、匠役局、煤利、房租地基、馬價生息等項利銀共二千三百六十九兩三錢零，共銀九千一百五十四兩零。八旗官兵欠借貸銀三千一百三十六兩九錢，當鋪欠銀二千兩，巴里坤官兵欠借貸銀四百兩。墊放[①]紅白事賞銀二百九十兩。應存八旗兵丁馬價銀四萬二千六百二十四兩，南路換防各處軍台并沿途備用兵丁帶去馬價銀七千二百一十二兩，八旗新放馬甲等欠軍器銀三千二百六十兩零，交給地方官生息馬價銀二萬兩。實存馬價銀一萬二千一百五十一兩七錢五分。內元寶二百二十錠，餘平銀七十二兩六錢一分。

以上官布鋪約歲得利銀一萬數百兩，當鋪約歲得利銀六千二三百兩，匠役局約歲得利銀一千二百餘兩，木鋪約歲得利銀一千五六百兩，藥鋪約歲得利銀五百餘兩，房租處歲收房租等銀約三千五百餘兩，兵丁燒煤約歲得利銀一千三百餘兩，以上歲得利銀約共二萬四千五六百兩。

每年用項：

---

① "墊放"，國圖抄本作"整故"。

一、養瞻革退殘老及家口衆多、鰥寡孤獨等約需銀一萬二千餘兩。

一、豁免兵丁倒斃馬價約需銀三千數十兩。

一、兵丁出差行圍帮貼約需銀二千一百餘兩。

一、兵丁出遠差，每名每日帮銀一錢，車價銀四分，借銀一錢。

一、卡倫馬廠每兵一名每月帮銀一兩。

一、各處軍台每站借銀五錢。

一、各處公費及帮給小甲煤炭山價銀約一千五百餘兩。

一、每年各官鋪公所修葺房間約需銀二百餘兩。

以上每年約公用銀二萬餘兩。

乾隆三十八年，移駐頭二起滿兵抵城，准戶部咨照，依伊犂之例，在於粮廳屯所辦供麵斤以資兵食。因粮廳尚未①設有碾磨，而各處營屯止敷辦供本屯口粮，不能供應滿營兵食，遂踏勘距城十五里之熱水塘地方，有民人自立水磨二盤，用價銀二百四十兩買獲，歸入滿營。又借粮廳房租銀二千八十三兩，修造水磨十盤。前後共水磨十二盤，交六協領承管。至三十九年十月，將所借粮廳銀兩解還歸款，在磨當差兵丁每日赴州倉領麥磨麵，供支二十四佐領官兵口食。將所獲麩子變價作爲雇人工價及水磨月費，至年底清算，將餘剩銀兩呈明分給兵丁。又每協領屬馬圈內設車一輛，赴倉支領麥石及拽送麩子。閑暇日期雇給滿漢城來往人等乘坐，所獲車錢入於馬圈費用。又每佐領下設立收放麵斤官所一處，車二三輛不等，雇覓民趕車赴水磨拽面，煤窯運煤。每兵月給煤一車，扣銀三錢，所餘銀兩至年底分給兵丁。

乾隆四十二年八月，伊犂將軍伊勒圖，會同烏魯木齊都統、塔爾巴哈台參贊大臣具奏：由烏魯木齊移駐齋爾之厄魯特等帶往孳生羊隻，特爲搭放烏魯木齊官兵口食之需。嗣後齋爾厄魯特等應交孳生羊二萬六十隻，每年若由烏魯木齊差派官兵前往領取，路途窵遠，未免糜費，若令厄魯特等徑送至烏魯木齊，亦力所不能。嗣後應令塔爾巴哈台差派厄魯特官兵送至瑪納斯，由烏魯木齊差派官兵前赴瑪納斯接收，於每年八月運送一次。

---

① "尚未"，國圖抄本作"向未"。

巴里坤官鋪貨物派委官員赴西安、蘭州、涼州等府采買布匹絨褐等物，又赴山西蒲州府采買茶葉二萬斤，共需銀一萬二千兩。在於陝、甘兩藩庫支領，三年製辦一次。

巴里坤官當鋪架存當號及使用公費銀兩，每年造冊咨報戶部。截止嘉慶十一年底止，共存本利銀三萬一千九百八十五兩一錢零。本銀一萬六千四十七兩六錢零，利銀一萬五千五百三十七兩四錢零。架存衣物當出銀三萬三百一十九兩八錢零。現存銀一千六百六十五兩二錢零。

古城官鋪貨物派委官員赴蘭州、西安、涼州等府，采買各項貨物。又赴山西蒲州府買茶五千封，共需銀二萬兩。在於陝、甘兩藩庫支領，三年製辦一次。

古城官當鋪截止嘉慶十一年底止，應存銀二萬八千一百四十兩四錢零。舊存銀二萬四千六百七十兩八錢零，新收利銀三千四百六十九兩六錢零。開除一年用過銀四千一百一十四兩七錢，養贍鰥寡孤獨家口衆多人等，共用銀二千九百五十九兩五錢，補立①倒斃馬匹用銀一千五十九兩二錢，本鋪公費銀九十六兩。實在現存本利銀二萬四千二十五兩八錢零。

吐魯番官鋪貨物派委官員赴蘭州、涼州、西安等府采買布匹茶葉共需銀八千兩，在司庫支領，三年製辦一次。

吐魯番官當鋪係滿營馬甲四百四十四名，每名②生息銀三千五百五十二兩作本，截至嘉慶十一年底止共存銀一萬四千六百二十六兩零，本銀三千五百五十二兩，利銀一萬一千七十四兩零。新收利銀二千一百四十兩零。開除用過銀二千一百四十四兩，養贍鰥寡孤獨家口衆多人等銀一千五百六十四兩零，兵丁補立馬匹銀二百四十兩，鋪中公費銀二百四十兩。實在存銀一萬四千七百二十二兩零。架存號物當出本銀八千五百九十兩五錢五分，現存銀六千一百三十兩四錢八分。

提標綠營

馬兵三千九百七十名，八個月餉銀一十六兩，四個月粮折銀二十五兩一

---

① "補立"，國圖抄本作"設立"。

② 此處文意難解，"每名"疑爲衍文。

錢零。

步兵三千九百七十三名，八個月餉銀一十二兩，四個月粮折銀一十八兩八錢零。

共支粮餉銀二十八萬五千九百三十一兩三錢零，八個月餉銀一十一萬一千一百九十六兩，四個月粮折銀一十七萬四千七百三十五兩。共支馬乾銀二萬五千六百九十六兩零。

鎮標綠營

馬兵二千一百二十五名，八個月餉銀一十六兩，四個月粮折銀十五兩一錢零。

步兵一千五百五十三名，八個月餉銀一十二兩，四個月粮折銀一十八兩八錢零。

共支粮餉銀一十三萬五千三百四十九兩零。八個月餉銀五萬二千六百三十六兩，四個月粮折銀八萬二千七百一十三兩一錢零。共支馬乾銀四萬八千一百一十四兩一錢零。

烏魯木齊各衙門書役口粮

迪化州供支麥麵七萬八千一百二十斤。

巴里坤各衙門書役口粮

宜禾縣供支麥麵四萬六千五百九十斤。

古城各衙門書役口粮

奇台縣供支麥麵三萬八千八百八十斤。

吐魯番各衙門書役口粮

同知供支麥麵二萬四千四百八十斤。

昌吉縣、呼圖壁衙門書役口粮

共麥麵四萬五百八十斤。

綏來縣衙門書役口粮

共麥麵三萬六千三百六十斤。

阜康縣衙門書役口粮

共麥麵三萬六千三百六十斤。

濟木薩縣丞衙門書役口粮

共麥麵七千二百斤。

頭屯、蘆草溝、塔西河三所千總衙門書役口粮

共麥麵二萬一千六百斤。每所七千二百斤。

庫爾喀喇烏蘇粮員衙門書役口粮

共麥麵九千三百六十斤。

晶河粮員衙門書役口粮

共麥麵七千五百六十斤。

喀喇巴爾噶遜粮員衙門書役口粮

共麥麵五千四百斤。

經費雜款

迪化州供支過往屯田、軍台、卡倫、南路換防官兵、滿營紅白賞項、清漢檔房、民書工食，并運脚等項。共歲支經費銀二萬八千七百餘兩。

吐魯番供支過往南路換防、軍台、差屯營官兵鹽菜，檔房、民書、工食、運脚并采買粮價。共歲支經費銀二萬四千五百二十一兩零。

宜禾縣供支過往南路換防官兵鹽菜、滿營紅白賞項、采買粮價運脚等項。共歲支經費銀二萬六千四百八十七兩零。

奇台縣供支過往南路換防、屯田官兵鹽菜，滿營紅白賞項。共歲支經費銀三千①八百八十六兩零。

庫爾喀喇烏蘇供支過往軍台、屯田官兵鹽菜，檔房、民書、工食。共歲支經費銀四千六十九兩零。

【注释】

〔1〕書麟（？—1801）：字紱齋，高佳氏，滿洲鑲黄旗人。乾隆三十八年（1773），以征金川圖形紫光閣，授廣西巡撫、兵部侍郎，五十二年擢兩江總督。當年因罪被謫戍伊犁，旋起用，先後授巡撫、總督。五十六年又犯事，復奪職，以三等侍衛赴伊犁效力。五十九年授古城領隊大臣，六十年至嘉慶四年（1799）署烏魯木齊都統。後任禮部尚書、閩浙總督、湖廣總督。五年卒于湖廣總督任上。

---

① "三千"，國圖抄本作"五千"。

《三州輯略》卷之五

營伍門

謹按：兵可百年不用，不可一日不備。坎之象曰："常德行，習教事。"萃之象曰："除戎器，戒不虞。"坎取其游①習有恒②，萃防其潰絶爲患，古今之通義也。蓋習教事者，教以忠信仁義，則有勇知方；教以步伐止齊，則有備無患。藏不測於至順之中，師之能以衆正也。除戎器者，除其刀矛弓矢，則進可以戰；除其甲胄干戈，則内可以保。寓善動於至静之機，豫之以待暴客也。

我朝兵制：八旗[1]勁旅，桑梓中堅。各省緑營[2]，干城外倚。然緑營之制，兵與民分，科與伍別。果能選鄉閭强力以汰游閑，括武試生童以充馬步，則勇出於鄉而無鄉勇之名，武歸於兵而收兵武之實矣。新疆營伍倍要於中原，其技藝宜勤加練習。如講射以步騎之準，雨駛風馳；布陣以火器之威，霆奔電疾。苟訓練不勤，如虎皮羊質，上辜豢養之恩；簡閲不謹，如空卷槽矛，外負岩疆之寄。董其衆者，罪莫大焉。爰志營伍一門，并列③其目於簡端，曰布靶，曰地毬，曰三箭，曰過隊，曰木牌，曰九子，曰短刀，曰長矛。以備稽考。

---

① "游"，國圖抄本、刻本作"洧"。
② "恒"，國圖抄本作"常"。
③ "列"，國圖抄本作"別"。

烏魯木齊駐防八旗兵丁共三千三百七十六名。催總二十四名，領催[3]九十六名，前鋒校[4] 二十四名，委前鋒一百九十二名，前鋒小旗二十四名，馬甲二千三百四名，步甲三百三十六名，炮手四十八名，養育兵二百八十名，匠役四十八名。

烏魯木齊滿營軍械

協領六員

每員盔甲一副，撒袋[5] 一副，腰刀一把，弓二張，箭二百五十枝，帳房[6] 一架，銅鍋一口。

佐領二十四員

每員纛[7] 旗一杆，盔甲一副，撒袋一副，腰刀一把，弓二張，箭二百枝，帳房一架，銅鍋一口。

防禦二十四員

每員纛旗一杆，盔甲一副，撒袋一副，腰刀一把，弓二張，箭一百五十枝，帳房一架，銅鍋一口。

驍騎校二十四員

每員盔甲一副，撒袋一副，腰刀一把，弓二張，箭一百枝，帳房一架，銅鍋一口。

陳鳥槍委前鋒校前鋒小旗二十四名

每名小旗一杆，撒袋一副，腰刀一把，弓二張，箭七十枝，鳥槍[8] 一杆。

陳鳥槍委前鋒九十六名

每名撒袋一副，腰刀一把，弓二張，箭七十枝，鳥槍一杆，手槍一杆。

新鳥槍委前鋒校前鋒小旗二十四名

每名小旗一杆，撒袋一副，腰刀一把，弓二張，箭七十枝，鳥槍一杆。

新鳥槍委前鋒九十六名

每名撒袋一副，腰刀一把，弓二張，箭七十枝，鳥槍一杆，手槍一杆。

陳鳥槍催總領催七十二名

每名小旗一杆，撒袋一副，腰刀一把，弓二張，箭七十枝，鳥槍一杆。

陳鳥槍馬兵一千三百九十二名

每名撒袋一副，腰刀一把，弓一張，箭二十枝，鳥槍一杆。

新鳥槍領催四十八名

每名小旗一杆，撒袋一副，腰刀一把，弓二張，箭七十枝，鳥槍一杆，二人合長槍一杆。

新鳥槍馬兵九百一十二名

每名撒袋一副，腰刀一把，弓一張，箭五十枝，鳥槍一杆，二人合長槍一杆。

炮手四十八名

每名腰刀一把。

步兵領催四十八名

每名小旗一杆，撒袋一副，腰刀一把，弓一張，箭三十枝。

步兵二百八十八名

每名撒袋一副，腰刀一把，弓一張，箭三十枝。

以上官員共七十八員。纛四十八杆，盔甲七十八副，撒袋七十八副，腰刀七十八把，弓一百五十六張，箭一萬二千三百枝，帳房七十八架，銅鍋七十八口。

共兵三千四十八名。小旗一百二十六杆，撒袋三千副，弓三千三百六十張，箭十萬八千七百二十枝，腰刀三千四十八把，鳥槍二千六百六十四杆，手槍一百九十二杆，長槍四百八十杆。

庫貯纛三十二杆，小旗一百四十杆，帳房一千三百三十二架，銅鍋一千三百三十二口，棉甲一千五百件，鳥槍五百杆，馬槍一百二十杆，威遠炮四位，大神炮四位，劈山炮四十四位。

巴里坤滿營軍械

協領二員

每員盔甲一副，撒袋一副，腰刀一把，弓二張，箭二百五十枝，帳房三架，銅鍋三口。

佐領八員

每員纛一杆，盔甲一副，撒袋一副，腰刀一把，弓二張，箭二百枝，帳房二架，銅鍋二口。

防禦八員

每員盔甲一副，撒袋一副，腰刀一把，弓二張，箭一百五十枝，帳房二架，銅鍋二口。

驍騎校八員

每員盔甲一副，撒袋一副，腰刀一把，弓二張，箭百枝，帳房一架，銅鍋一口。

委前鋒校八員

每員小旗一杆，撒袋一副，腰刀一把，弓二張，箭五十枝，鳥槍一杆。

委前鋒小旗四名

每名小旗一杆，撒袋一副，腰刀一把，弓二張，箭五十枝，鳥槍一杆。

委前鋒二十八名

每名撒袋一副，腰刀一把，弓二張，箭五十枝，鳥槍一杆，手槍一杆。

催總領催四十名

每名小旗一杆，撒袋一副，腰刀一把，弓二張，箭五十枝，鳥槍一杆。內箭手十六名，二人合長槍一杆。

馬甲七百六十八名

每名撒袋一副，腰刀一把，弓二張，箭五十枝，鳥槍一杆。內箭手三百二十名，二人合長槍一杆。

步兵一百四十四名

每名撒袋一副，腰刀一把，弓二張，箭五十枝。

炮手十六名

每名腰刀一把。

以上官員共二十六員。纛八杆，盔甲二十六副，撒袋二十六副，腰刀二十六把，弓五十二張，箭四千一百枝，帳房四十六架，銅鍋四十六口。

共兵一千八名。小旗五十二杆，撒袋九百九十二副，弓一千九百八十四張，箭四萬九千六百枝，腰刀一千八把，鳥槍八百四十八杆，手槍二十八杆，長槍一百六十八杆。

庫貯纛十杆，小旗四十八杆，帳房四百九十九架，銅鍋四百九八口，棉甲四百二十四副，劈山炮八位，威遠炮二位，大神炮二位。

古城滿營軍械

協領二員

每員纛一杆，盔甲一副，撒袋一副，腰刀一把，弓二張，箭二百五十枝，帳房一架，銅鍋一口。

佐領八員

每員纛一杆，盔甲一副，撒袋一副，腰刀一把，弓二張，箭二百枝，帳房一架，銅鍋一口。

防禦八員

每員盔甲一副，撒袋一副，腰刀一把，弓二張，箭一百五十枝，帳房一架，銅鍋一口。

驍騎校八員

每員盔甲一副，撒袋一副，腰刀一把，弓二張，箭一百枝，帳房一架，銅鍋一口。

委前鋒校八名

每名小旗二杆，撒袋一副，腰刀一把，弓二張，箭七十枝，鳥槍一杆。

小旗四名

每名撒袋一副，腰刀一把，號二張，箭七十枝，鳥槍一杆。

委前鋒二十八名

每名撒袋一副，腰刀一把，弓二張，箭七十枝，鳥槍一杆，手槍一杆。

催總領催四十名

每名小旗二杆，撒袋一副，腰刀一把，弓二張，箭七十枝，鳥槍一杆。

馬兵七百六十八名

每名撒袋一副，腰刀一把，弓二張，箭五十枝，鳥槍一杆。

步兵一百四十四名

每名撒袋一副，腰刀一把，弓二張，箭五十枝。

炮手十六名

每名腰刀一把。

以上官員共二十六員。纛十八杆，盔甲二十六副，撒袋二十六副，弓五十二張，箭四千一百枝，腰刀二十六把，帳房二十六架，銅鍋十六口。

共兵一千八名。小旗九十六杆，撒袋九百九十二副，弓一千九百八十四張，箭五萬一千二百枝，腰刀一千八把，鳥槍八百四十八杆，手槍二十八杆。

庫貯棉甲四百四十副，銅鍋四百九十八口，帳房四百九十三架，威遠炮二位，劈山炮八位，大神炮二位。

吐魯番滿營軍械

協領二員

每員纛一杆，盔甲一副，撒袋一副，腰刀一把，弓二張，箭二百五十枝，帳房一架，銅鍋一口。

佐領四員

每員纛一杆，盔甲一副，撒袋一副，腰刀一把，弓二張，箭二百枝，帳房一架，銅鍋一口。

防禦四員

每員纛一杆，盔甲一副，撒袋一副，腰刀一把，弓二張，箭一百五十枝，帳房一架，銅鍋一口。

驍騎校四員

每員盔甲一副，撒袋一副，腰刀一把，弓二張，箭一百枝帳房一架，銅鍋一口。

委前鋒校四名

每名小旗一杆，撒袋一副，腰刀一把，弓二張，箭七十枝，鳥槍一杆。

委前鋒小旗四名

每名小旗一杆，撒袋一副，腰刀一把，弓二張，箭七十枝，鳥槍一杆

委前鋒三十二名

每名撒袋一副，腰刀一把，弓二張，箭七十枝，鳥槍一杆，手槍一杆。

陳槍手催總四名

每名小旗一杆，撒袋一副，腰刀一把，弓二張，箭七十枝，鳥槍一杆。

領催八名

每名小旗一杆，撒袋一副，腰刀一把，弓二張，箭七十枝，鳥槍一杆。

陳槍手馬兵二百三十名

每名撒袋一副，腰刀一把，弓一張，箭七十枝，鳥槍一杆。

新槍手領催八名

每名小旗一杆，撒袋一副，腰刀一把，弓二張，箭七十枝，鳥槍一杆，二人合長槍一杆。

新槍手馬兵一百五十四名

每名撒袋一副，腰刀一把，弓一張，箭五十枝，鳥槍一杆，二人合長槍一杆

炮手八名

每名腰刀一把。

步兵五十六名

每名撒袋一副，腰刀一把，弓一張，箭三十枝。

以上官員共十四員，纛十杆，盔甲十四副，撒袋十四副，弓二十八張，箭兩千三百枝，腰刀十四把，帳房十四架，銅鍋十四口。

共兵五百名，小旗二十八杆，撒袋五百副，弓五百六十張，箭二萬五千二百枝，腰刀五百把，鳥槍四百四十四杆，手槍三十二杆，長槍八十一杆。

庫貯纛十杆，小旗二十八杆，棉甲二百二十二副，帳房二百一十九架，銅鍋二百一十九口，威遠炮二位，劈山炮四位。

烏魯木齊提屬綠營兵丁七千九百四十三名

馬兵三千九百七十名，步兵三千九百七十三名。

烏魯木齊提屬綠營軍械
提標中營

馬兵四百七十四名，步兵四百七十五名。

庫貯鐵棉甲盔七百八十四副，甲包四百七十四副，大纛旗十套，先鋒號令旗十三杆，弓四百二十五張，皮弦四百二十五根，絲弦四百二十五根，撒袋四百二十五副，戰箭一萬七千四百六十枝，箭罩八百五十副，鳥槍四百三十九杆，九龍袋四百三十九副，威遠、大神、劈山炮十位，鉛丸十七萬一千出，火繩一萬六千四百七十丈，大炮生鐵封口一千出，大炮群子一萬四千

顆，大炮鉛子一千二百出，大炮火繩三百一十丈，夾帳房一百六十六架，繃子二十五塊，銅鈴一百六十六個，梅花椿一百六十六根，馬掌一千九百六十副，腰刀九百二十三把，大麻繩三百四十一根，號褂[9]九百四十九件，號帽[10]九百四十九頂，長矛四十一杆，馱馬鞍三百四十四副，騎馬鞍三百七十五副，水火皮袋三百五十四個，鐵火筒一百六十六個，銅鐵鑼鍋一百九十口，戰鼓二十一面，鉛一萬一千四百五十斤二兩，火藥三萬九千五百五十六斤四兩九錢，官箭一千七百五十枝，藤牌四十四面，牌刀四十四把，虎衣二十身，蟒筒一對，風繩六百六十四丈，圍繩六百六十四丈。

提標左營

馬兵四百七十四名，步兵四百七十五名。

庫貯大纛旗十一套，先鋒旗八套，號令旗五杆，弓四百二十五張，皮弦四百二十五根，絲弦四百二十五根，撒袋四百二十五副，戰箭一萬七千四百六十枝，箭罩八百五十副，號掛九百四十九件，虎帽九百四十九頂，腰刀九百二十四把，鳥槍四百三十七杆，鉛丸十六萬三千八百出，火繩一萬六千三百五十丈，九龍袋四百三十七副，槍套八百七十四副，威遠、子母、劈山炮十位，大炮封口一千出，大炮群子一萬顆，火繩三百四十丈，風繩六百六十丈，圍繩六百六十丈，馬絆[11]二百五十副，長矛四十二杆，馬掌一千九百六十副，大麻繩三百三十四根，騎馬鞍三百七十九副，馱馬鞍二百五十七副，帳房一百六十五架，布棚子二十五塊，梅花椿一百六十五根，鋼鈴一百六十五個，銅鐵鑼鍋一百九十口，盔甲七百八十四幅，甲包四百七十四個，水火皮袋三百五十五個，戰鼓二十一面，蟒筒一對，官箭一千四百二十枝，槍①一萬一千五十斤二兩，鎧[12]十八把，藤牌四十四面，牌刀四十四把，牌槍四十四杆，虎衣二十身。

提標右營

馬兵四百七十四名，步兵四百七十五名。

---

① "槍"，國圖抄本、刻本作"鉛"。

庫貯大纛旗十二套，先鋒旗十二套，盔甲八百四十九副，甲包四百七十四個，弓四百二十五張，弓弦八百五十根，撒袋四百二十五副，箭罩八百五十副，戰箭一萬七千六百四十枝，鳥槍四百四十杆，九龍袋四百四十副，槍套八百八十副，號褂九百四十九件，號帽九百四十九頂，腰刀九百一十二把，鉛丸十六萬五千出，火繩一萬六千五十丈，威遠、子母、劈山炮十位，大炮封口一千出，大炮群子一萬顆，大炮鉛丸一千二百出，大炮火繩三百一十丈，長矛四十一杆，帳房六十五架，圍繩八百七十六丈，風繩六百六十丈，大麻繩二百五十根，鋼鈴一百六十五個，布绷子二十五塊，鑼鍋一百九十口，水火皮袋一百五十五個，馱馬鞍二百五十副，騎馬鞍二百五十副，馬掌一千九百六十副，馬絆二百五十副，鉛三千八百四十三斤十二兩，戰鼓二十一面，蟒筒一對，藤牌二面，牌刀二把，牌槍二杆，虎衣兩套。

提標城守營
馬兵五百名，步兵五百名。

庫貯大纛旗十二套，先鋒旗十二套，盔甲八百七十八副，甲包五百副，弓四百八十張，弓弦九百六十根，撒袋四百八十副，戰箭一萬九千二百八十九枝，箭罩九百六十副，官箭一千三百七十枝，鳥槍四百三十五根，九龍袋四百三十五副，槍套八百七十副，鉛丸十四萬三千五百出，火繩一萬四千三百五十張①，威遠、劈山炮六位，大炮鉛丸一千一百出，大炮封口八百出，大炮群子八千顆，大炮火繩二百九十丈，號褂一千件，號帽一千頂，腰刀九百七十四把，騎鞍一百三十三副，馱鞍二百三十五副，馬掌八百副，馬絆一百副，帳房一百九十架，鋼鈴一百九十個，梅花椿一百九十根，鑼鍋二百口，風繩七百六十丈，圍繩七百六十丈，水、火皮袋三百九十個，火筒一百九十個，戰鼓二十二面，蟒筒一對，長矛二十杆，鉛三千九百四十斤零十兩。

---

① "張"，國圖抄本、刻本作"丈"。

提標鞏寧營

馬兵一百五十名，步兵一百五十名。

庫貯大纛旗二套，先鋒旗七十杆，盔甲二百三十二副，甲包一百五十六副，弓一百五十張，弓弦三百根，撒袋一百五十副，戰箭六千一百六十枝，箭罩二百一十個，官箭四百九十枝，鳥槍一百二十八杆，鉛丸四萬二千四百出，九龍袋一百二十八副，槍套二百五十六個，帳房五十八架，梅花椿五十八根，鋼鈴五十八個，風繩二百三十二丈，圍繩二百三十二丈，鑼鍋六十口，水火皮袋一百二十個，火筒五十八個，威遠、劈山炮四位，大炮封口六百出，大炮群子六千顆，大炮鉛丸六百出，戰鼓六面，騎鞍三十副，馱鞍三十副，馬絆三十副，號褂三百件，號帽三百頂，長矛八杆，鉛丸一千一百二十一斤四兩。

提標濟木薩營

馬兵四百五十四名，步兵四百五十五名。

庫貯大纛旗十四套，先鋒旗四套，號令旗五杆，盔甲九百一十七副，甲包二百八十副，弓弦八百六十四根，撒袋四百三十二副，戰箭一萬七千五百二枝，箭罩八百六十二副，鳥槍三百九十九杆，九龍袋四百六十八副，槍套八百二十六副，火繩一萬五千六百六丈，鉛丸十五萬一千四百出，威遠、劈山炮六位，大炮封口八百出，大炮群子八千顆，長矛二十六杆，腰刀八百九十七把，帳房一百六十九架，鑼鍋一百八十三口，號褂九百一十七件，號帽九百一十七頂，梅花椿二百一根，鋼鈴一百一十九個，騎、馱馬鞍一千三十四副，藤牌二十三面，牌槍二十三杆，牌刀二十三把，虎衣二十三件，官箭一千五百六十枝，鉛三千六百四十斤。

提標喀喇巴爾噶遜營

馬兵一百五十名，步兵一百五十名。

庫貯大纛旗五套，先鋒旗六套，盔甲三百四副，甲包一百五十三副，號褂三百件，號帽三百頂，腰刀三百四把，弓一百四十張，弓弦二百八十副，戰箭五千八百六十枝，撒袋一百四十副，箭罩二百八十個，鳥槍一百三十四杆，九龍袋一百三十四副，槍套二百六十八副，鉛丸四萬九千六百出，火繩四千九百六十丈，長矛八杆，威遠、劈山炮四位，大炮封口八百出，大炮群子八千顆，大炮鉛子六百出，帳房五十三架，繃子八塊，梅花椿五十三根，鋼鈴五十三個，風繩二百一十二丈，鑼鍋六十口、水火袋、火筒各五十九個，戰鼓一面，騎鞍七十六副，馱鞍七十六副，馬絆七十六副。

提標瑪納斯左營

馬兵三百九十七名，步兵三百九十七名。

庫貯大纛旗十五套，先鋒號令旗八套，盔甲八百四副，甲包四百七副、弓三百六十一張，弓弦七百二十二根，撒袋三百六十二副，戰箭一萬五千二百一十四枝，箭罩七百二十二副，官箭一千五百枝，鳥槍三百四十八杆，九龍袋三百四十八副，鉛丸十四萬三千三十七出，火繩一萬三千二百四十丈，槍套六百九十六副，威遠、劈山、大神炮六位，大炮封口六百出，大炮群子六千顆，大炮鉛丸一千二百出，火繩三百七十丈，長矛三十杆，腰刀七百六十八把，騎鞍一百九十八副，馱鞍一百九十八副，馬絆一百九十八副，帳房一百四十架，繃子三塊，梅花椿一百三十九根，銅鈴一百三十九個，水火皮袋二百五十九個，火筒二百五十九個，風繩五百五十六丈，圍繩五百五十六丈，鑼鍋一百五十九口，號褂七百九十四件，號帽七百九十五頂，蟒筒三對，鉛六千四百三十九斤二兩一錢。

提標瑪納斯右營

馬兵三百九十七名，步兵三百九十六名。

庫貯大纛旗十五套，先鋒旗三套，號令旗五杆，鑫甲八百三副，甲包四百七副，弓三百六十二張，弓弦七百二十四根，撒袋三百六十二副，戰箭一萬四千九百六十四枝，箭罩一千四百四十八個，官箭一千二百二十枝，鳥槍三百四十八杆，九龍袋三百四十八副，鉛丸十四萬三千二百三十七出，火繩一萬三千二百六十丈，槍套六百九十六個，威遠、劈山、大神炮六位，大炮封口六出，大炮群子六千顆，大炮鉛丸一千二百出，長矛三十二杆，騎鞍一百九十九副，馱鞍一百九十九副，馬絆一百九十九副，帳房一百四十架，綳子三十一塊，梅花椿一百三十九根，鋼鈴一百三十九個，水火皮袋二百九十九個，火筒一百三十九個，風繩五百五十六丈，圍繩五百五十六丈，鑼鍋一百五十一口，號褂七百九十六件，號帽七百九十六頂，戰鼓二十八面，蟒筒三對，鉛六千四百四十二斤十四兩，藤牌七面，牌刀七把，虎衣七件，牌槍七杆，腰刀七百六十八把。

提標庫爾喀喇烏蘇營

馬兵三百名，步兵三百名。

庫貯大纛旗八套，先鋒旗四套，號令旗五杆，盔甲六百九副，甲包三百九副，弓二百七十五張，弓弦五百五十根，撒袋二百七十五副，戰箭一萬一千三百一十枝，箭罩五百五十個，官箭一千八十枝，鳥槍二百八十三杆，鉛丸十萬四千七百出，火繩一萬四百七十丈，九龍袋二百八十三副，槍套五百六十六副，帳房一百六架，綳子十五塊，梅花椿一百六根，鋼鈴一百六個，風繩四百二十四丈，圍繩四百二十四丈，戰鼓六面，蟒筒一個，威遠、劈山炮八位，大炮鉛丸一千二百出，大炮封口一千六百出，大炮群子一萬六千顆，長矛二十二杆，腰刀六百把，鑼鍋一百十二口，騎鞍一百五十五副，馱鞍一百五十五副，馬絆一百五十五副，水火皮袋四百五十個，火筒一百六個，號褂六百件，號帽六百頂。

提標精河營

馬兵二百名，步兵二百名。

庫貯大纛旗五套，先鋒旗三套，號令旗五杆，盔甲四百二副，甲包二百二副，弓一百八十三張，弓弦三百六十六根，撒袋一百八十三副，箭罩三百六十六個，戰箭七千五百一十枝，官箭七百枝，鳥槍一百九十杆，九龍袋一百九十副，槍套三百八十個，鉛丸七萬二千二百出，火繩七千二百二十丈，威遠、劈山炮四位，大炮封口八百出，大炮群子八千顆，大炮鉛丸六百出，長矛六杆，腰刀四百把，帳房六十九架，梅花椿六十九根，鋼鈴六十九個，鑼鍋八十一口，騎鞍一百一十五副，馱鞍一百一十五副，風繩一百四丈，圍繩一百四丈，號褂四百件，號帽四百頂，戰鼓五面，馬絆一百一十五副，鉛一千四百一十六斤四兩。

巴里坤鎮屬綠營兵丁三千六百七十八名

馬兵二千一百二十五名，步兵一千五百五十三名。

巴里坤鎮屬綠營軍械

鎮標中營①

馬兵四百一十四名，步兵二百三十九名。

庫貯大纛旗六套，先鋒旗五套，號令旗五杆，盔甲六百三十六副，甲包四百九副，弓二百七十九張，弓弦五百五十八根，撒袋二百七十九副，戰箭一萬二千一百七十枝，箭罩五百五十八個，威遠、劈山、大神炮六位，鳥槍三百四十二杆，九龍袋三百二十八副，槍套六百五十六副，鉛丸十二萬一千一百出，火繩一萬二千四百八十丈，大炮封口一千六百出，大炮群子一萬六千顆，帳房八十六架，鋼鈴八十六個，鑼鍋一百一十口，號褂五百五十七件，號帽五百五十七頂，騎鞍二百五十七副，馱鞍二百五十七副，長矛七十四杆，腰刀五百五十七把，鉛丸千一百七十四斤，梅花椿八十六根，官箭一千八百二十枝。

鎮標左營

馬兵四百一十二名，步兵二百三十八名。

庫貯大纛旗六套，先鋒旗五套，號令旗五杆，盔甲六百三十六副，甲包四百九副，弓二百八十五張，弓弦五百七十根，撒袋二百八十五副，戰箭一萬二千四百枝，箭罩五百七十個，鳥槍三百四十杆，九龍袋三百二十一副，

---

① 底本“鎮標中營”在“庫貯大纛旗六套”之前，據國圖抄本、刻本改。

槍套六百五十四個，威遠、劈山、大神炮六位，大炮鉛丸一千一百出，大炮封口一千九百出，大炮群子一萬六千顆，鉛丸十萬三千九百出，火繩一萬二千三百七十丈，帳房八十九架，鋼鈴八十九個，鑼鍋一百一十四口，號褂五百七十一件，號帽五百七十一頂，梅花椿八十九根，騎鞍二百五十七副，馱鞍二百五十七副，長矛七十四杆，腰刀五百七十一把，鉛九千四百三十八斤，官箭一千四百二十枝。

鎮標右營

馬兵四百一十三名，步兵二百三十九名。

庫貯大纛旗五套，先鋒旗五套，號令旗五杆，盔甲六百三十七副，甲包四百一十副，弓二百七十五張，弓弦五百五十根，撒袋二百七十五副，鳥槍三百四十三杆，九龍袋三百二十三副，鉛丸十二萬四千三出，槍套六百五十八個，威遠、劈山、大神炮六位，大炮封口二千二百出，大炮群子一萬六千顆，大炮、鉛丸一千一百出，帳房四百八十五架，梅花椿八十五根，鋼鈴八十五個，鑼鍋一百一十口，騎鞍二百五十六副，馱鞍二百五十六副，號褂五百四十九件，號帽五百四十九頂，腰刀五百四十九把，長矛七十四杆，火繩一萬二千六百八十丈，鉛九千四十二斤，官箭一千四百二十枝。

鎮標城守營

馬兵一百一十二名，步兵七十名。

庫貯大纛旗二套，先鋒旗二套，號令旗五杆，盔甲一百八十四副，甲包九十二副，弓九十二張，弓弦一百八十四根，撒袋九十二副，箭罩一百八十四個，戰箭三千七百九十枝，號衣一百八十四件，號帽一百八十四頂，威遠、劈山炮二位，大炮封口三百出，大炮群子三千顆，鉛丸三萬一千九百出，火繩三千三百二十丈，鳥槍九十二杆，九龍袋九十二副，帳房三十三架，長矛十二杆，鋼鈴三十三個，鑼鍋三十七口，騎、馱馬鞍八十副，腰刀一百八十四把，梅花椿三十三根，官箭六百四十枝，鉛三千三十六斤。

鎮標古城營

馬兵二百五名，步兵二百名。

庫貯大纛旗四套，先鋒旗四套，號令旗五杆，盔甲四百五副，甲包四百五副，弓四百六張，弓弦八百八十二根，撒袋四百六副，箭罩八百十二個，戰箭八千二百枝，長矛十八杆，鳥槍二百二杆，鉛丸六萬五千六百出，火繩六千五百六十丈，九龍袋二百二副，槍套四百個，腰刀四百五把，帳房七十六架，梅花樁七十六根，鋼鈴七十六個，鑼鍋八十一口，騎、馱馬鞍五百副，威遠、劈山炮四位，大炮封口六百出，大炮群子六千顆，大炮鉛丸八百出，鉛六千六百六十六斤，官箭八百三枝。

鎮標木壘營

馬兵一百四十四名，步兵一百六十名。

庫貯大纛旗三套，先鋒旗三套，號令旗五杆，盔甲三百二副，甲包一百三十副，號褂三百二件，號帽三百二頂，腰刀三百二把，威遠、劈山炮四位，大炮封口五百出，大炮群子五千顆，長矛十七杆，鉛丸六百出，騎、馱馬鞍一百副，梅花樁五十五根，帳房五十五架，槍套三百二個，九龍袋一百五十一副，鳥槍一百五十九杆，火繩五千三十丈，鉛丸五萬三百出，弓一百九十一張，弓弦三百二根，撒袋一百五十一副，戰箭六千二百枝，箭罩三百二個，官箭四百九十枝，鉛四千九百八十斤。

鎮標哈密營

馬兵四百二十五名，步兵四百五名。

庫貯大纛旗八套，先鋒旗八套，號令旗五杆，盔甲八百一十六副，甲包四百一十一副，弓四百八張，弓弦八百一十六根，撒袋四百八副，戰箭一萬七千六十枝，箭罩八百一十六副，鳥槍四百八杆，九龍袋四百八副，槍套八百一十六個，鉛丸十四萬二千四百出，火繩一萬四千二百四十丈，威遠、劈山大神炮八位，大炮封口一千二百出，大炮群子一萬二千顆，大炮鉛丸一千四百出，大炮火繩二百六十丈，帳房一百四十三架，鋼鈴一百四十三個，梅花椿一百四十三根，圍繩八十丈，水火袋四百二十九個，火筒一百四十三個，鑼鍋一百六十三口，號褂八百一十六件，號帽八百一十六頂，腰刀八百一十六把，長矛六十杆，刀十把，戰鼓十五面，騎、馱馬鞍四百副，蟒筒二對，官箭一千九百七十枝。

吐魯番差營

兵丁三百三十名。

庫貯官箭六百二十枝，弓八十二張，弓弦一百六十四根，撒袋八十二副，戰箭二千二百九十二枝。腰刀三百二十八把，鳥槍八十二杆，九龍袋八十二副，鉛丸八千二百出，火繩八百二十丈，帳房二十二架，鑼鍋二十二口。以上軍械均係由營帶領，五年班滿帶回原營收貯。

屯田兵丁七百名

庫貯官箭六百二十枝，弓一百五十張，弓弦三百根，撒袋一百五十副，戰箭四千五百枝，鳥槍二百杆，九龍袋二百副，鉛丸二百五十斤，火繩三百六十二丈，帳房四十八架，鑼鍋四十八口。以上軍械均係由各原營帶領，五年班滿仍帶原營收貯。

【注释】

〔1〕八旗：八旗制度是清代一種全民皆兵的制度，由清太祖努爾哈赤在女真人牛録制的基礎上建立。八旗分別是正黃、正白、正紅、正藍、鑲黃、鑲白、鑲紅、鑲藍。努爾哈赤將所有滿洲人都編入八旗之内，每三百人爲一牛録，五牛録爲一甲喇，五甲喇爲一固山，一固山爲一旗。八旗既是社會生産組織，又是軍事組織，旗内男子平時牧獵，戰時從伍。滿洲入關後，八旗兵成爲職業兵。後清太宗又在滿洲八旗的基礎上建立蒙古八旗和漢軍八旗。清中期後，漢軍八旗逐漸式微，因此人們所説的八旗通常只指滿洲八旗。八旗之中，由皇帝控制的鑲黃、正黃、正白三旗，稱爲上三旗；由諸王、貝勒

統轄的正紅、鑲紅、正藍、鑲藍、鑲白五旗，稱爲下五旗。

〔2〕綠營：是由明朝降軍和招募的漢族士兵組成的各省地方軍。以綠旗爲標志以別于八旗，所以稱之爲"綠營"，又叫"綠旗"。嘉慶《大清會典》卷三十五"綠旗兵"條：國初定八旗之色，以藍代黑，黃、白、紅、藍各於所勝之方，惟不借東方甲乙之色。及定鼎後，漢兵令皆用綠旗，是爲綠營"。綠營和八旗兵一樣，是國家的正規軍，稱經制兵。綠營兵分標、協、營、汛等級。提督、總兵所屬稱標兵，副將所屬稱協兵，參將、游擊等所屬稱營兵，千總、把總所屬稱汛兵。綠營兵約有六十多萬，分布在全國各地。綠營平時擔負繁重的地方雜役，如維持地方治安，鎮壓反抗，守護城池、官衙、倉庫，解送餉銀、錢粮、人犯，防護河道，護運漕粮等。戰時奉調出征，爲八旗兵打先鋒，當後勤，在平定三蕃之亂時發揮了重要作用。綠營兵的待遇遠不如八旗兵，裝備也很落後，處處受到壓制。綠營本是募兵制，但承平日久，父終子繼，逐漸轉化爲世兵制。後來，綠營軍紀廢弛，戰鬥力下降，以至於鎮壓太平天國運動時不得不依靠湘軍等鄉勇。

〔3〕領催：清朝八旗軍下級軍官。順治元年（1644），定滿、蒙八旗每佐領下設六人，漢軍八旗每佐領下設四人。由"馬甲"（即八旗驍騎營兵士）內選充，滿、蒙八旗兼於本佐領識字護軍外挑補。康熙四十三年（1705），滿、蒙每佐領下裁一人。掌登記檔册，支領官兵餉。

〔4〕前鋒校：清朝前鋒營之下級軍官。順治元年（1644），定前鋒營編制時稱噶布希賢壯達。十七年，定漢名爲前鋒校，額定九十六人，左、右翼各四十八人，正六品，掌分轄營眾，扈從宿衛。員缺由滿洲、蒙古八旗之前鋒內題補。

〔5〕撒袋：即箭袋。來源於蒙古語"撒答"。明代郭造卿《盧龍塞略》卷二〇《戎具類第九》："撒袋曰撒答"；王鳴鶴《登壇必究》卷二二《軍器什物門》：箭插作"撒答"；茅元儀《武備志》卷二二七《北虜考》引《薊門防禦考》："撒袋"作"撒答"。箭插或漢語中通用爲箭袋之義的"撒袋"，在蒙古語裏作"撒答"，實際上是一個漢語中借來的蒙古語詞。

〔6〕帳房：即行軍帳篷，行旅帳房一般用白帆布縫成，樣式有馬脊式、

平頂式、尖頂式、雙頂閣樓式，占地大小不等。

〔7〕纛：軍中用作儀仗或軍中指揮之大旗。歐陽修《相州畫錦堂記》：“高牙大纛，不足爲公榮。”又稱爲“坐纛”。戚繼光《紀效新書·旗鼓》卷十六釋“坐纛”爲“此不可用于行陣，重大也。杆高一丈六尺，旗大一丈，黑緑緞爲之，白綾爲邊，纓頭飾以珠絡，極其華麗。”

〔8〕鳥槍：又稱“鳥銃”，明清時期軍隊裝備的一種火繩槍，因其能射中天上飛鳥而得名，或説因其彎形槍托形似鳥喙而稱之爲“鳥嘴銃”。又云得之倭寇，故又名“倭銃”。

〔9〕號褂：即軍服，每個士兵配給傳統式的紅布鑲黑邊前後書“兵”字的號褂。

〔10〕號帽：即軍帽，清朝緑營的軍帽分作夏天的斗笠形涼帽和冬天的暖帽兩種。

〔11〕馬絆：騎馬用具。用牛毛繩或皮條約一米多，休息或扎營時拴在馬的兩前蹄上，使其活動受到限制，不能跑動。

〔12〕鏜：應爲钂，始於明代，是由槍發展而來的。茅元儀《武備志》載：“此器自有倭時始用，在閩、粤、川、貴、雲、湖皆舊有之，而制不同。”周緯《中國兵器史稿》也説：“钂兵之重要者爲槍頭齒翼月牙钂，長與月牙鏟同。茅氏注曰：以純鐵爲之，蓋恐用生鐵則易折其翼也；鐏亦有尖刀，可倒用爲刺兵，左、右、中三面均可刺，其齒形钂則兼有碴兵、句兵之用，誠屬利器，惟恐使用較難，須經過精細之練習耳。”钂在清代應用甚廣，爾後逐漸減少。钂是長重器械，形似叉而重大，中有利刃槍尖，稱爲“正鋒”，側分出兩股，彎曲向上成月牙形，下接钂柄，柄長七尺左右。有鳳翅钂、雁翅钂、牛頭钂、溜金钂、鋸齒钂和流星钂等多種形式。

馬政門

謹案：心星居大辰之次，曰天駟[1]，主馬。馬者，大火之精也。然名馬不出於東方而出於西域者，蓋乾爲良馬，坤爲牝馬，物聚於乾坤之内①，故西域多産名駒而易於蕃息也。漢時得渥窪之馬，曰神馬。渥窪者，今敦煌縣之黨河[2]耳。又貳師將軍[3]伐大宛，取其善馬數十匹，中馬以下三千餘匹，作《天馬之歌》[4]，封貳師海西侯。大宛者，今伊犁、塔爾巴哈台毗連哈薩克境皆是也。我朝駐將軍、參贊於其地，而大宛之馬款輸市易，歲以萬計。求其堪充上駟之選不數觀馬，又何足珍哉？今考輪台、蒲類間徙牧屯雲，攻駒合月，巴里坤總兵專其政，烏魯木齊提督董其成，陝甘總督考其績。良壯者則給戎行，中材者則充傳置。馬政之善，莫備於新疆。爰依次編纂。

乾隆二十六年，由安西、凉州、肅州等處，存剩馬匹一千五百餘匹，解到巴里坤設立孳生東廠。

乾隆三十四年，因塔爾巴哈台解到馬匹，同該廠節年孳生，共馬五千餘匹。次設古城西廠。

乾隆四十年，兩廠共有馬匹八千餘匹。又添設木壘之廠，名爲三廠。此項孳生馬匹，定例巴里坤總兵專司辦理，由該鎮徑行咨報提督、總督查核，并不由都統衙門核轉。

乾隆五十一年，各廠孳生馬匹共有一萬五千餘匹。因牧廠窄狹，恐擁擠傷駒，陝甘總督福康安奏明，將口老、殘廢、矮小、不堪孳生之馬，挑出一千五百七十餘匹。議請挑出頭等馬匹作價銀四兩，撥補屯工，無庸變價；二等馬匹作價銀三兩，招户民領買；三等馬匹作價銀二兩，交地方官變價；四

---

① "内"，國圖抄本、刻本作"位"。

等馬匹亦作價銀二兩，著落經理不善之廠員賠補。以上變獲馬價，解貯鎮迪道作爲正項。

乾隆五十七年，各廠孳生馬匹共有一萬八千餘匹。陝甘總督勒保[5] 奏請，挑變不堪孳生之馬三千餘匹，仍照五十一年之例辦理在案。

嘉慶十年，各廠孳生馬匹共有三萬一千餘匹。陝甘總督倭什布奏請，挑不堪孳生之馬三千一百九十匹，仍照前次辦過成案，辦理在案。

嘉慶十二年，經陝甘總督倭什布於上年咨行巴里坤鎮，將木壘馬廠改歸濟木薩營員管理。每年收穫孳生馬匹，割騸計歲出群，撥補各處營塘屯台缺額；再有盈餘，解送內地綠營補缺。其三年考成，五年均齊之例，總①由巴里坤總兵徑報陝甘總督核辦。其挑變馬匹，部議定以三年均齊，俟屆六年均齊二次之後，准其挑變一次。每百匹不得挑變過六匹，定爲成例。

欽定中樞政考

一、巴里坤東廠、西廠、三廠牧放馬匹，每廠兒騍②二千九百十二匹，派游擊、都司、守備各一員統率。每廠分爲五群，每群派千總、把總一員爲牧長，外委一員爲牧副，按馬二十四匹派兵一名牧放。三年期滿，該總督委員逐廠查驗，分晰馬數，叙明賞罰具題，仍將各廠牧③及孳生馬數詳造一冊，將應賞應罰之處及各廠官兵姓名詳造一冊，咨明兵部查核。牧馬兵丁，每月給銀三錢，於司庫扣貯。提督、總督④各營建曠項下動支，報明戶部。所牧馬匹不論兒騍馬，每三匹取孳生馬一匹。三年內一群之馬除孳生額數之外，多孳生一匹至一百七十六匹者，千總、把總加一級，外委紀錄二次，兵丁每名賞銀一兩；多孳生一百七十七匹至三百五十二匹者，千總、把總加二級，外委加二級，兵丁賞銀二兩；多孳生三百五十三匹以上者，千總、把總、外

---

① “總”，國圖抄本作“均”。
② “騍”，國圖抄本作“騾”。
③ “牧”，國圖抄本、刻本作“原牧”。
④ “總督”，國圖抄本作“總兵”。

委俱以應升之缺即用，兵丁每名賞銀三兩。所賞銀兩亦於［營］建①曠項下動支，報明户部。如少孳生二十匹以下者，千總、把總罰馬五匹，外委、兵丁各責四十棍；少孳生四十匹以下者，千總、把總罰馬七匹，外委、兵丁各責五十棍；少孳生八十匹以下者，千總、把總罰馬九匹，外委、兵丁各責六十棍；如於原數內缺少者，千總、把總斥革，罰馬十八匹。外委革退，外委、兵丁各捆責八十棍。所罰之馬俱歸入馬群核算。其五群得賞之游擊、都司、守備俱加二級；四群得賞，一群得罰之游擊、都司、守備加一級；三群得賞、二群得罰之游擊、都司、守備俱免處分；二群得賞，三群得罰之游擊、都司、守備降一級留任；一群得賞，四群得罰之游擊、都司、守備降一級調用；五群全罰之游擊、都司、守備革職。巴里坤鎮統轄東廠、西廠、三廠，如十五群得賞者，加一級；十四群、十三群得賞者，紀録二次；十一群、十群、九群得賞者，紀録一次；八群、七群得賞者，免其處分；九群、十群得罰者，罰俸半年；十一群、十二群、十三群得罰者，罰俸一年；十四群、十五群得罰者，降級調用；如於原牧數內缺少者，除將千總把總罰出馬數補入外，其餘著落游擊、都司、守備、總兵各半分賠。

一、巴里坤孳生馬廠內，七歲②以下之騸馬，留廠經牧，以備撥用，每年每百匹准開報倒斃馬六匹。八歲以上之騸馬，遇有營馬倒缺撥補，至二十歲以上之課③馬、及口老、碎小之兒馬交地方官，分別據實變價解司，其所缺孳生兒課④馬數，即以續得孳生兒課⑤馬數抵補，分晰造冊送部，俟考成時，將頂補過馬駒，仍舊算入孳生案內，以定功過。

巴里坤孳生駝隻。乾隆三十八年，實在駝四百三十餘隻。五十七年，都統尚安查出孳生駝三百一十八隻，共駝七百四十九隻。揀選健壯⑥者五百隻，

---

① 此處前文作"營建"，據補。
② "七歲"，國圖抄本作"六歲"。
③ "課"，國圖抄本、刻本作"騍"。
④ "課"，國圖抄本、刻本作"騍"。
⑤ "課"，國圖抄本、刻本作"騍"。
⑥ "健壯"，國圖抄本、刻本作"壯健"。

調至烏魯木齊，交運駝户運官粮①，其餘駝二百四十九隻，仍歸廠孳生，至五年均齊考成一次，俱由巴里坤總鎮徑報陝甘總督核辦。

烏魯木齊滿營馬匹

兵丁原額馬匹七千九百九十二匹，騎馬二千六百六十四匹，馬價五千三百二十八匹。每匹價銀八兩，存貯公庫。

巴里坤滿營馬匹

兵丁原額馬二千五百四十四匹，騎馬八百四十八匹，馬價一千六百九十六匹。每匹價銀八兩，存貯公庫。

古城滿營兵馬

兵丁原額馬二千五百四十四匹，騎馬八百四十八匹，馬價一千九百九十六匹。每匹價銀八兩，存貯公庫。

吐魯番滿營馬匹

兵丁原額馬一千三百三十二匹，騎馬四百四十四匹，馬價八百八十八匹。每匹價銀八兩，存貯公庫。

烏魯木齊綠營馬匹

中營兵丁騎操馬四百七十四匹。

左營兵丁騎操馬四百七十四匹。

右營兵丁騎操馬四百七十四匹。

城守營兵丁騎操馬五百匹。

瑪納斯協營兵丁騎操馬八百一十六匹。

濟木薩營兵丁騎操馬四百六十二匹。

---

① 此句國圖抄本、刻本作"交運户駝運官粮"。

庫爾喀喇烏蘇營兵丁騎操馬三百九匹。

晶河營兵丁騎操馬二百六匹。

喀喇巴爾噶遜營兵丁騎操馬一百五十四匹。

鞏寧城守營兵丁騎操馬一百五十六匹。

巴里坤緑營馬匹

鎮標三營兵丁騎操馬一千二百三十九匹。

城守營兵丁騎操馬一百一十二匹。

古城營兵丁騎操馬二百五匹。

木壘營兵丁騎操馬一百四十四匹。

哈密協營兵丁騎操馬四百二十五匹。

【注释】

〔1〕天駟：古人以馬上應星宿，是古代二十八宿之一，爲東方蒼龍七宿之第四宿，房宿，又名房四星，由四顆星組成，意思是由四匹爲一組的天馬。《國語・周語中》："駟見而隕霜。"韋昭注："駟，天駟，房星也。"宋代有養馬機構爲"天駟監"。

〔2〕黨河：河名，是蒙古語"党金郭勒"漢語譯名的簡稱。這條河發源於祁連山，位于甘肅省西北部、河西走廊西端。上源薩拉河源出青海省祁連山脉西段疏勒南山和黨河南山之間，西北流到敦煌縣北入疏勒河。在漢代稱氐置水，唐代叫甘泉水，宋代改稱都鄉河，從元至今叫"黨金郭勒"。"黨金"是元代初期鎮守黨河流域一帶的黨金洪台吉的名字。黨金洪台吉駐守黨城灣一帶時，把都鄉河改名爲黨金郭勒，一直延續至今。中華人民共和國成立後，由於興修管道，灌溉農田，下游不再注入疏勒河。

〔3〕貳師將軍：即李廣利（？—前88年），漢武帝妃李夫人之兄，李延年之弟。中山（郡治今河北定縣）人。武帝太初元年（前104年）被任命爲貳師將軍，西征大宛。

〔4〕《天馬之歌》：據《漢書》載，元鼎四年（前113年）秋，馬生渥

窪水中，漢武帝作《天馬之歌》。太初四年（前 101 年）春，將軍李廣利斬大宛王首，獲汗血寶馬，又作《西極天馬之歌》。

〔5〕勒保（1740—1819）：費莫氏，字宜軒，滿洲鑲紅旗人，大學士溫福之子。監生出身，以筆帖式充軍機章京。乾隆五十九年（1794），任陝甘總督。六十年（1795），調任雲貴總督，協助大將福康安等鎮壓苗民起義。嘉慶二年（1797），圍攻貴州王囊仙起義軍，焚毀苗寨。次年，以四川總督任經略大臣，節制四川、湖北、陝西、甘肅、河南五省軍務，鎮壓川楚白蓮教起義軍。後因久駐達州，無功奪職。尋起爲四川總督，在川十年。回京後，任武英殿大學士兼軍機大臣。著有《平定教匪紀事》，嘉庆二十四年卒。

台站門

謹案：《傳》曰"速於置郵而傳命。"置，驛也，郵，馹也。楊升庵[1]
謂：驛者，日行一程，馹者，倍道兼行①。置緩郵急，驛遲馹速②，古之制也。
新疆南北兩路立軍台，設驛站。驛站惟北路安設。軍台之名，始於軍營，驛站之
名，仿乎直省。事有緩急，故行有遲速。其事緩，則日行無里數，其事急，
則限行幾百里；事急而不限行，則事多貽誤，事緩而有限行，則迹涉張惶。
緩急之間，於新疆尤不可不慎也。此外，又有營塘，所以接濟差務，爲不時
之需；又有卡倫[2]，所以嚴備邊防，爲不虞之警。守以弁兵，設以馬駝，備
以車輛，各有專管，兼轄界址。爰依次纂列。

軍台[3]

烏魯木齊

中營參將管理南路軍台六處

鄂倫拜星底台　　南至昂吉爾圖淖爾一百二十里。

委筆帖式一員，外委一名，字識兵丁一名，供差兵丁十三名，回子九
名。馬三十匹，鐵車三輛。

昂吉爾圖淖爾台　　南至喀喇巴爾噶遜台一百一十里。

外委一名，字識兵丁一名，供差兵丁四名，當差回子九名。馬二十五
匹，鐵車三輛。

喀喇巴爾噶遜台　　南至柏楊河腰台五十五里。

---

① 國圖抄本作"馹者，日行一程，驛者，倍道兼行"。

② 國圖抄本作"馹遲驛速"。

委筆帖式一員，外委一名，字識兵丁一名，供差兵丁九名，當差回子九名。馬二十五匹，鐵車三輛。

柏楊河腰台　南至哈必爾漢布拉克台五十五里。

兵丁五名，回子五名。馬五匹，鐵車三輛。

哈必爾漢布拉克台　南至根忒克台一百里。

外委一名，字識兵丁一名，供差兵丁四名，回子九名。馬二十五匹，鐵車三輛。

根忒克台　南至吐魯番底台五十里。

委筆帖式一員，外委一名，字識兵丁一名，供差兵丁四名，回子九名。馬二十五匹，鐵車三輛。

以上南路六台，係乾隆二十五年（1760年）以前安設，至二十六年，每台設車二輛、馬二匹，其哈畢爾布拉克設馬四匹。嗣於三十七年，每台添車一兩，并增柏楊河腰台一處，兵丁五名，車三輛。

吐魯番

領隊大臣管理東路軍台六處

吐魯番底台　東至勝金台九十里。

委筆帖式一員，千總一員，兵丁十一名，字識兵丁一名，回子十名。馬二十九匹，鐵車三輛。

勝金台　東至連木沁台六十里。

外委一名，字識兵丁一名，兵丁四名，回子十名。馬十九匹，鐵車三輛。

連木沁［台］①　東至闢展台六十里。

外委一名，字識兵丁一名，兵丁四名，回子十名。馬一十九匹，鐵車三輛。

闢展台　東至蘇魯圖台六十里。

---

① 國圖抄本、刻本作 "連木沁台" 字，據補。

委筆帖式一員，外委一名，字識兵丁一名，兵丁五名，回子十名。馬十九匹，鐵車三輛。

蘇魯圖台　東至七克騰木台五十里。

外委一員，字識兵丁一名，兵丁一名，回子十名。馬十九匹，鐵車三輛。

七克騰木台　東至巴里坤所屬之鹽池台一百八十里。

委筆帖式一員，把總一員，字識兵丁一名，兵丁六名，回子十名。馬十九匹，鐵車三輛。

以上東路六台，係乾隆二十五年以前安設。內闢展至吐魯番四台，於乾隆二十六年，每台設車二輛、馬二匹。嗣於乾隆三十七年，每台添車一輛。

吐魯番所屬南路二台

布幹台　東至吐魯番六十里，南至托克遜台一百三十里。

外委一名，字識兵丁一名，兵丁四名，回子十名。馬十八匹，車三輛。

托克遜台　南至喀喇沙爾所屬之蘇巴什台九十里。

委筆帖式一員，把總一員，字識兵丁一名①，兵丁四名，回子十名。馬十八匹，車三輛。

以上南路二台，係乾隆二十五年以前安設。

巴里坤

左營游擊管理東路軍台八處

鹽池台　東至惠井子腰站②五十里。

把總一員，字識一名，兵丁四名，回子十名。馬三十一匹。

惠井子腰台　東至梧桐窩台七十里。

兵丁二名③，馬四匹。

---

① 國圖抄本作“字識一名”，脫“兵丁”二字。

② 國圖抄本作“惠井子腰台”。

③ 國圖抄本作“兵丁三名”。

梧桐窩台　　東至托賴井子腰台六十里。

把總一員，字識一名，兵丁三名，回子十名。馬三十匹。

托賴井子腰台　　東至陶賴台八十里。

兵丁二名，馬四匹。

陶賴台　　東至肋巴泉台六十里。

把總一員，字識一名，兵丁三名，回子十名。馬二十一匹。

肋巴泉台　　北至蘇吉台七十里。

守備一員，字識一名，兵丁五名[1]，回子十名。馬三十一匹[2]。

蘇吉台　　東至巴里坤底台九十里。

把總一員，字識一名，兵丁二名，回子十名。馬十四匹，木車二輛。

巴里坤底台

把總一員，字識一名，兵丁九名。馬十三匹，木車二輛。

以上東路八台，係乾隆二十五年以前安設。

哈密

副將管理東西兩路軍台十三處

哈密底台　　東至黃蘆崗台七十里，西至頭堡台六十里[3]。

把總一員，兵丁八名。馬二十匹。

頭堡台　　至三堡台六十里。

外委一名，兵丁八名。馬二十匹。

三堡台　　至鴨子泉台七十里。

外委一名，兵丁八名。馬二十匹。

鴨子泉台　　至瞭墩台八十里。

外委一名，兵丁八名。馬二十匹。

瞭墩台　　至橙槽溝八十里。

---

① 國圖抄本作"兵丁三名"。

② 國圖抄本、刻本作"馬三十三匹"。

③ 國圖抄本脫"西至頭堡台六十里"句。

外委一名，兵丁八名。馬二十匹。

橙槽溝台　至巴里坤所屬肋巴泉三十里。

外委一名，兵丁八名。馬二十匹。以上六台係哈密迤西。

黃蘆崗台　西至哈密底台七十里，東至長流水台七十里。

外委一名，兵丁八名。馬十七匹。

長流水台　至格子烟墩台七十里。

把總一員，兵丁八名。馬十九匹。

格子烟墩台　至天生墩腰站七十里。

把總一員，兵丁八名。馬十九匹。

天生墩腰台　至苦水台七十里。

兵丁三名，馬五匹。騾二頭。

苦水台　至沙泉子台七十里。

外委一名，兵丁八名。馬十九匹。

沙井子①台　至星星硤台七十里。

外委一名，兵丁八名。馬十九匹

星星硤［台］②　至安西所屬馬連井子台八十里。

把總一員，兵丁八名。馬十九匹。以上七台係哈密迤東。

以上東西兩路十三台，俱係乾隆四十二年以前安設。

烏魯木齊

提標中營參將管理西路軍台二處

洛克倫台　東至鄂倫拜星底台七十五里，西至呼圖壁台六十里。

外委一名，字識一名，兵丁十四名。馬三十匹，鐵車三輛。

呼圖壁台　西至瑪納斯所屬土古里克台六十里。

委筆帖式一員，外委一名，字識一名，兵丁十四名。馬三十匹，車

---

① "沙井子"，國圖抄本作"沙泉子"。

② 刻本作"星星硤台"，據補。

三輛。

以上西路二台，係乾隆二十七年以前安設。嗣於乾隆二十八年，每台設車二輛。又於三十七年每台添車一輛。

瑪納斯

副將管理西路軍台四處

土古里克台　　西至瑪納斯底台七十五里。

委筆帖式一員，外委一名，字識一名，兵丁十三名。馬十三匹，鐵車三輛。

瑪納斯底台　　西至烏蘭烏素台八十里。

委筆帖式一員，外委一名，字識一名，兵丁十三名。馬三十匹，鐵車三輛。

烏蘭烏素台　　西至安濟海台七十里。

外委一名，字識一名，兵丁十三名。馬三十匹，鐵車三輛。

安濟海台　　西至庫爾喀喇烏蘇所屬奎屯台七十里。

委筆帖式一員，外委一名，字識一名，兵丁十三名。馬三十匹，鐵車三輛。

以上西路四台，係乾隆二十七年安設。至二十八年每台設車二輛，於三十七年每台添車一輛。

庫爾喀喇烏蘇

游擊管理西路軍台五處

奎屯台　　西至庫爾喀喇烏蘇五十里。

委筆帖式一員，外委一名，字識一名，兵丁十三名。馬三十匹，鐵車三輛。

庫爾喀喇烏蘇台　　西至布林噶齊台六十五里。

委筆帖式一員，外委一名，兵丁十三名。馬四十匹，牛十隻，鐵車三輛。

布林噶齊台　　西至墩穆達台六十里。

外委一名，字識一名，兵丁十三名。馬四十匹、牛十隻，鐵車三輛。

墩木達台　　西至古爾圖台五十里。

委筆帖式一員，外委一名，字識五名，兵丁十三名。馬四十匹，鐵車三輛。

古爾圖台　　西至精河所屬托多克台五十里。

外委一名，字識一名，兵十三名。馬四十匹，牛十隻，鐵車三輛。

以上西路五台，係乾隆二十七年安設，至二十八年每台設車一[①]輛。嗣於三十七年，每台添車一輛。

庫爾喀喇烏蘇

游擊管理北路軍台三處

庫爾河台　　南至奎屯台九十里，北至沙拉烏蘇台九十里。

外委一名，字識一名，兵十三名。馬三十匹，牛五隻，鐵車三輛。

沙拉烏蘇台　　北至鄂倫布拉克台七十里。

外委一名，字識一名，兵丁十三名。馬三十匹，牛五隻，鐵車三輛。

鄂倫布拉克台　　北至塔爾巴哈台所屬烏蘭圖布拉克台九十里。

委筆帖式一員，外委一名，字識一名，兵丁十三名。馬三十匹，牛五隻，鐵車三輛。

車牌子腰台

兵丁四名，馬六匹。

以上北路三台，係乾隆三十二年安設，其車牌子腰台一處，至四十三年安設。

晶河

都司管理西路軍台五處

托多克台　　西至噶順腰台六十里。

---

①　國圖抄本作“二輛”。西路五台各設車三輛，應以國圖抄本爲是。

委筆帖式一員，外委一名，字識一名，兵丁十八名。馬四十匹，牛十隻，鐵車三輛。

噶順腰台　<small>西至晶河台六十五里。</small>

兵丁五名。馬五匹，車三輛。

晶河台　<small>西至托里台六十里。</small>

外委一名，字識一名，兵丁十八名。馬四十匹，牛十隻，鐵車三輛。

托里台　<small>西至托霍穆圖台七十里。</small>

外委一名，字識一名，兵丁十三名。馬四十匹，牛十隻，鐵車三輛。

托霍穆圖台　<small>西至伊犁所屬之胡素圖布拉克台九十里。</small>

外委一名，字識一名，兵丁十三名。馬四十匹，牛十隻，鐵車輛。

以上西路五台，係乾隆二十七年安設，至二十八并三十七等年，每台設車三輛，其噶順腰台嗣於三十七年安設。

以上軍台筆帖式由吐魯番、烏魯木齊滿營派撥。提標中營參將所管南路軍台六處當差回子，由吐魯番派撥，三年更換。吐魯番所管東南兩路軍台八處當差回子，由該處撥派更換。巴里坤鎮屬所管西路軍台五處當差回子，由哈密派往，按半年更換。

驛站

迪化州管理東路二驛

鞏寧驛　<small>東至黑溝驛六十里。</small>

驛書一名，馬夫三名。馬七匹。

黑溝驛　<small>東至康樂驛七十里。</small>

驛書一名，馬夫二名。馬五匹。

阜康縣管理東路二驛

康樂驛　<small>東至栢楊驛九十里。</small>

驛書一名，馬夫二名。馬五匹。

栢楊驛　<small>東至三台驛八十里。</small>

驛書一名，馬夫二名。馬四匹。

濟木薩縣丞管理東路二驛

三台驛　　東至保惠驛七十里。

驛書一名，馬夫二名。馬四匹。

保惠驛　　東至孚遠驛九十里。

驛書一名，馬夫二名。馬五匹。

奇台縣管理東路七驛

孚遠驛　　東至屏營驛六十七里。

驛書一名，馬夫二名。馬五匹。

屏營驛　　東至白水驛七十里。

驛書一名，馬夫二名。馬五匹。

白水驛　　東至三泉驛九十里。

驛書一名，馬夫二名。馬五匹。

三泉驛　　東至三泉腰站九十里。

驛書一名，馬夫二名。馬五匹。

三泉腰站　　東至盤安驛三十里。

馬夫一名，馬三匹。

盤安驛　　東至盤安腰站四十里。

驛書一名，馬夫二名。馬四匹。

盤安腰站　　東至巨溝驛六十里。

馬夫一名，馬三匹。

宜禾縣管理東路五驛

巨溝驛　　東至湧泉驛九十里。

驛書一名，馬夫二名。馬五匹

湧泉驛　　東至肋巴泉驛六十里。

驛書一名，馬夫二名。馬五匹。

肋巴泉驛　東至望山驛九十里。

驛書一名，馬夫二名。馬五匹。

望山驛　東至會寧驛九十里。

驛書一名，馬夫二名。馬五匹。

會寧驛　東哈密境界。

驛書一名，馬夫二名。馬五匹。

以上迪化迤東各驛站，於乾隆四十一年安設。至迪化州所管鞏寧驛底，原設驛馬五匹，於乾隆四十五年添設馬二匹。

迪化州管理南路六驛

鹽池驛　南至望墩驛九十里，北至鞏寧驛五十里。

驛書一名，馬夫一名。馬三匹。

望墩驛　南至打坂根腰站七十里。

驛書一名，馬夫二名。馬四匹。

打坂根腰站　南至山陽驛六十里。

馬夫二名，馬二匹。

山陽驛　南至通津驛八十里。

驛書一名，馬夫二名。馬四匹。

通津驛　南至蘆溝驛九十里。

驛書一名，馬夫二名。馬四匹。

蘆溝驛　南至陽和驛四十里。

驛書一名，馬夫二名。馬四匹。

吐魯番同知管理南路一驛

陽和底驛　迤南喀喇沙爾境界。

驛書一名，馬夫一名。馬三匹。

以上迪化迤南各驛站，於乾隆四十五年烏魯木齊都統索諾木策凌奏准安設。

昌吉縣管理西路二驛

寧邊驛　東至鞏寧底驛七十里，西至景化驛七十里。

驛書一名，馬夫二名。馬五匹。

景化驛　西至樂土驛六十里。

驛書一名，馬夫二名。馬五匹。

綏來縣管理西路二驛

樂土驛　西至靖遠驛七十五里。

驛書一名，馬夫二名。馬五匹。

靖遠驛　綏來縣底站，迤西并未設驛站。

驛書一名，馬夫二名。馬五匹。

以上迪化迤西各驛站，於乾隆四十四年安設。

營塘

提標迪化城守營管理東路營七處

迪化底塘　東至黑溝塘六十里。

兵丁八名，馬八匹。

黑溝塘　至阜康塘七十里。

兵丁九名，馬九匹。

阜康塘　至大泉塘九十里。

兵丁九名，馬九匹。

大泉塘　至清水塘七十里。

兵丁八名，馬八匹。

清水塘　至三台塘九十里。

兵丁八名，馬八匹。

三台塘　至濟木薩塘九十里。

兵丁十名，馬十匹。

濟木薩塘　至古城塘六十里。

兵丁十名，馬十匹。

古城營管理東路營塘二處

古城塘　至奇台塘九十里。

兵丁八名，馬八匹。

奇台塘　至木壘塘九十里。

兵丁八名，馬八匹。

巴里坤管理各路營塘十處

木壘塘　至阿克他斯塘九十里。

兵丁八名，馬八匹。

阿克他斯塘　至烏浪烏素塘九十里。

兵丁十名，馬十匹。

烏浪烏素塘　至邑必塘六十里。

兵丁十名，馬十匹。

邑必塘　至噶順塘八十里。

兵丁八名，馬八匹。

噶順塘　至烏兔水塘九十里。

兵丁八名，馬八匹。

烏兔水塘　至肋巴泉塘七十里。

兵丁十名，馬十匹。

肋巴泉塘　至蘇吉塘九十里。

兵丁十名，馬十匹。

蘇吉塘　至巴里坤底塘九十里。

兵丁八名，馬八匹。

巴里坤底塘　至奎素塘九十里。

兵丁八名，馬八匹。

奎素塘　　至哈密所屬松樹塘八十里。

兵丁八名，馬八四。

哈密營管理各路營塘十一處

松樹塘　　至羊圈溝塘三十里。

兵丁三名，馬六匹。

羊圈溝塘　　至南山口塘四十里。

兵丁三名，馬六匹。

南山口塘　　至黑帳房塘四十里。

兵丁三名，馬六匹。

黑帳房塘　　至哈密底塘五十里。

兵丁三名，馬四匹。

哈密底塘　　至黃蘆崗塘七十里。

兵丁三名，馬七匹。

黃蘆崗塘　　至長流水塘七十里。

兵丁三名，馬六匹。

長流水塘　　至格子烟墩［塘］① 七十里。

兵丁三名，馬六匹。

格子烟墩［塘］②　　至苦水塘一百四十里。

兵丁三名，馬六匹。

苦水塘　　至沙泉子塘七十里。

兵丁三名，馬六匹。

沙泉子塘　　至星星硤塘七十里。

兵丁三名，馬六匹。

①　國圖抄本、刻本作"格子烟墩塘"，據補。
②　國圖抄本、刻本作"格子烟墩塘"，據補

星星硤塘　　至安西塘八十里。

兵丁三名，馬六匹。

喀拉巴爾噶遜營管理北路營塘三處

噶遜底塘　　至柴窩卜塘一百一十里。

兵丁二名，馬二匹

柴窩卜塘　　至迪化底塘一百一十里。

兵丁五名，馬五匹。

迪化底塘

兵丁三名，馬三匹。

瑪納斯營管理東路營塘五處

迪化底塘　　至昌吉塘九十里。

兵丁三名，馬三匹。

昌吉塘　　至呼圖壁塘九十里。

兵丁六名，馬六匹。

呼圖壁塘　　至土古里克塘五十里。

兵丁五名，馬五匹。

土古里克塘　　至瑪納斯塘七十五里。

兵丁五名，馬五匹

瑪納斯塘　　至庫爾喀喇烏蘇所屬烏蘭烏蘇塘八十里。

兵丁五名，馬五匹。

庫爾喀喇烏蘇營管理西路營塘四處

烏蘭烏蘇塘　　至安濟海塘七十里。

兵丁四名，馬四匹。

安濟海塘　　至奎屯塘五十里。

兵丁四名，馬四匹。

奎屯塘　　至庫爾喀喇烏蘇底塘七十里。

兵丁四名，馬四匹。

庫爾喀喇烏蘇塘　　至晶河所屬布林噶濟塘六十里。

兵丁四名，馬四匹。

晶河營管理西路營塘五處

布林噶濟塘　　至墩木達塘五十里。

兵丁三名，馬三匹。

墩木達塘　　至古爾圖塘五十里。

兵丁三名，馬三匹。

古爾圖塘　　至托多克塘六十里。

兵丁三名，馬三匹。

托多克塘　　至晶河底塘一百二十五里。

兵丁三名，馬三匹。

晶河底塘

兵丁三名，馬三匹。

卡倫

迪化城守營管理卡倫十二處

洛克倫卡倫　　距城一百六十里。

外委一名，兵丁七名。馬八匹。

昌吉舊卡倫　　距城八十里。

兵丁七名，馬七匹。

阿爾哈特克卡倫　　距城一百二十里。

兵丁十名，馬十匹。

大卡子溝卡倫　　距城一百六十里。

兵丁五名，馬五匹。

添棚溝卡倫　　距城一百七十里。

兵丁五名，馬五匹。

澤打坂卡倫　距城一百四十里。

兵丁五名，馬五匹。

大西溝卡倫　距城一百二十里。

兵丁五名，馬五匹

板窩鋪卡倫　距城一百二十里。

兵丁五名，馬五匹。

水西溝卡倫　距城九十里。

兵丁五名，馬五匹。

三岔河卡倫　距城一百四十里。

兵丁十名，馬十匹。

烏什城卡倫　距城一百三十里。

兵丁十名，馬十匹。

紅渣山口卡倫　距城一百七十里。

外委一名，兵丁六名。馬七匹。

瑪納斯左、右二營管理卡倫九處

紫泥泉卡倫　距城一百四十里。

外委一名，兵丁五名。馬六匹。

呼圖壁卡倫　距城一百六十里。

外委一名，兵丁十名。馬十二匹。

牛莊子卡倫　距城一百八十里。

外委一名，兵丁四名。馬五匹。

安濟海卡倫　距城一百五十里。

外委一名，兵丁七名。馬八匹。

瑪納斯山口卡倫　距城五十里。

兵丁四名，馬四匹。

三岔口卡倫　距城三百二十里。

外委一名，兵丁四名。馬五匹。

頭道河子卡倫　距城三百二十里。

外委一名，兵丁四名。馬五匹。

石小口卡倫　距城一百七十里。

外委一名，兵丁五名。馬六匹。

哈濟克卡倫　距城七十里。

外委一名，兵丁七名。馬八匹。

庫爾喀喇烏蘇營管理卡倫二處

車排子卡倫　距城一百三十五里。

外委一名，兵丁五名。馬四匹。

五里泉子卡倫　距城二百七十五里。

外委一名，兵丁五名。馬四匹

濟木薩營管理卡倫三處

大泉卡倫　距城四十里。

外委一名，兵丁四名。馬四匹。

沙山口卡倫　距城一百五十里

外委一名，兵丁六名。馬六匹

火燒溝卡倫　距城一百五十里。

外委一名，兵丁十二名。馬十二匹。

噶遜營管理卡倫三處

紅山嘴卡倫　距城十五里。

兵丁八名，馬八匹。

後溝卡倫　距城十二里。

兵丁五名，馬五匹。

五個山卡倫　距城五十里。

兵丁五名，馬五匹。

巴里坤鎮標各營管理卡倫七處

羊圈灣卡倫　距城五百餘里。

把總一員，兵丁十名。馬七匹。

噶順溝卡倫　距城三百二十里。

外委一名，兵丁二十名。馬十匹。

七個井子卡倫　距城三百二十里。

外委一名，兵丁十名。馬九匹。

北木城卡倫　距城九十里。

外委一名，兵丁五名。馬四匹。

駱駝巷卡倫　距城九十里。

外委一名，兵丁四名。馬三匹。

鏡兒泉卡倫　距城九十里。

外委一名，兵丁四名。馬三匹。

尖山子卡倫　距城四十里。

外委一名，兵丁五名。馬四匹。

古城綠營管理卡倫四處

下八戶卡倫　距城二百四十里。

外委一名，兵丁五名。馬六匹。

素必口卡倫　距城四十里。

兵丁五名，馬五匹。

噶順布拉克卡倫　距城一百八十里。

兵丁五名，馬五匹。

蘇吉塘卡倫　距城三百三十里。

兵丁五名，馬五匹。

古城領隊管理滿營［卡倫］① 一處，乾隆四十年安設。

素必口卡倫　距城四十里。

前鋒校一名，兵丁五名。

木壘營管理卡倫一處

白山子卡倫　距城三百一十里。

外委一名，兵丁十名。馬十一匹。

巴里坤領隊管理滿營卡倫四處

木城子卡倫　距城七十里。

驍騎校一員，兵丁七名。

駱駝巷卡倫　距城七十里。

兵丁七名。

托里烏蘇卡倫　距城七十里。

兵丁七名。

鄂什希卡倫　距城四十里。

驍騎校一員，兵丁七名。

以上木城子四卡係乾隆四十年安設，羊圈灣一卡嗣於五十二年安設。

哈密協管理卡倫十［八］處②

河源小堡卡倫　距城二百三十里。

兵丁五名，馬三匹。

廟爾溝卡倫　距城一百三十里。

兵丁三名，馬二匹。

---

① 國圖抄本、刻本有"卡倫"二字，據補。

② 刻本作"十八處"。國圖抄本作"八處"。據刻本補。

上莫艾卡倫　距城二百八十里。

外委一名，兵丁四名。馬三匹。

哈什布拉卡倫　距城二百七十里。

兵丁五名，馬三匹。

三間房卡倫　距城四百六十里。

外委一名，兵丁六名。馬三匹

一碗泉卡倫　距城四百五十里。

外委一名，兵丁四名。馬二匹。

截打坂卡倫　距城三百里。

外委一名，兵丁三名。馬二匹。

頭道溝卡倫　距城二百六十里。

兵丁三名①，馬一匹。

柳樹溝卡倫　距城二百二十里。

兵丁二名，馬一匹。

葫蘆溝卡倫　距城一百三十里。

兵丁二名。

南山口卡倫　距城九十里。

兵丁五名。

柵門口卡倫　距城一百五十里。

外委一名，兵丁四名。馬二匹。

三道柵卡倫　距城一百六十里。

兵丁四名，馬二匹②。

胡吉太卡倫　距城二百一十里。

外委一名，兵丁四名。馬五匹。

鹽池卡倫　距城二百八十里。

---

① "三名"，國圖抄本作"二名"。

② 國圖抄本脫"馬二匹"。

外委一名，兵丁四名。馬五匹。

土古魯卡倫　　距城三百八十里。

外委一名，兵丁四名。馬五匹。

葦子硤卡倫　　距城四百六十里。

外委一名，兵丁四名。馬五匹。

鹹水硤卡倫　　距城六百七十里。

外委一名，兵丁四名。馬五匹。

吐魯番領隊管理卡倫一處

伊拉里克[①]卡倫　　距城一百八十里。

領催一名，兵丁九名。

吐魯番差營管理卡倫六處

東呵呵雅爾卡倫　　距城三百里。

兵丁十名。

西呵呵雅爾卡倫　　距城一百八十里。

兵丁十名。

桂樹溝卡倫　　距城二百二十里。

兵丁十名。

哈爾起布拉克卡倫　　距城二百里。

外委一名，兵丁十名。

了頭溝卡倫　　距城一百八十里。

兵丁十名。

沱吉斯[②]卡倫　　距城二百四十里。

兵丁十名。

---

① "里"，國圖抄本作"星"。
② "吉"，國圖抄本、刻本作"古"。

【注释】

〔1〕楊升庵（1488—1559）：名慎，字用修，號升庵，四川新都人。書香世家。父楊廷和，官至太子少師。少好學能文，二十四歲考中明正德六年（1511）狀元，歷官翰林院修撰、翰林學士。嘉靖三年（1524），因"大禮議"而得罪，廷杖後謫戍雲南永昌（今雲南省保山縣），歷盡艱辛，至古稀之年，體衰多病，回到老家，又被押解回雲南。自嘲："遥想生還成夢幻，縱令死去有誰憐。"兩年後病逝，年七十二歲。

〔2〕卡倫：卡倫是滿洲語音譯，意爲"更番候望之所"。何秋濤的《朔方備乘》卷十《北徼卡倫考叙》中也説："更番候望之所曰台，國語謂之喀倫，亦作卡倫，又稱卡路、喀龍者，皆翻譯對音之轉也。"也稱斥候或哨。按其性質，卡倫可分爲内地卡倫和邊境卡倫，常設卡倫和移設卡倫。

〔3〕軍台：清代設在新疆的郵驛，專管軍報和文書的遞送。清王朝爲確保順利用兵于新疆，在前代原有驛站的基礎上，按照軍情通達之需要，於乾嘉年間，增設了專爲軍用的驛傳機構。軍台的主要任務是傳遞軍政文書，一般百姓概不能利用。每座軍台都配有車輛和兵丁若干人，負責軍政文書傳遞。

《三州輯略》卷之六

禮儀門

　　謹案：周官大宗伯掌五禮[1]九儀[2]，吉禮示敬，朝禮①示尊，所以定民志，答神庥者，典綦重矣。蓋自虞代柴禋遍於群祀，漢廷綿蕝飭於千官，後世雖捐②益不齊，要皆③行之千百載而不差，推之千萬里而不忒，此新疆諸臣所宜恪遵弗懈也。今考烏魯木齊都統，政不加繁，忝④列萬民之望；官不滿百，儼爲四塞之瞻。是以恭逢聖壽良辰，元春亞歲，押班共肅於彤庭。又先農方鎮，風伯龍師，享物時陳於神座。若夫封章上達，拜跪如儀，暘雨愆期，齋明以禱，則隨時舉行者也。謹分條纂列：

　　一、每年十月初六日黎明，都統率文武官員，朝服齊集萬壽宮，行三跪九叩首禮。

　　一、每年冬至節黎明，都統率文武官員，朝服齊集萬壽宮，行三跪九叩首禮。

　　一、每年元旦黎明，都統率文武官員，朝服齊集萬壽宮，行三跪九叩首禮。

---

　　① "朝禮"，國圖抄本作"朝儀"。
　　② "捐"，國圖抄本、刻本作"損"。
　　③ 國圖抄本脫"皆"字。
　　④ "忝"，國圖抄本作"添"。

一、每年正月①初一日，都統率文武官員，朝服紅山嘴，望祭博克達山，
行三跪九叩首禮。

祝文[3]

致祭博克達山之神曰：

維神作鎮西陲，效靈中土，出雲降雨，陰陽肸蚃之功；切漢憑霄，龍虎
縈回之勢。邁祁連而聳秀，嘉名并《王會圖》中；指元圃以建標，顯位在
《大荒經》外。式昭有赫，永奠無疆。高宗純皇帝撫運重熙，敉寧六合。日
月照臨②之地，盡入版圖，乾坤覆載之區，悉歸亭育。萬物登諸仁壽，百神
攝以懷柔。惟茲烏魯木齊實當聖地，巴爾哈達舊接神皋。山林之保障斯存③，
境内之屏藩攸寄。幅隕④計里，不殊左右戶庭，屯牧如雲，遙接東西候尉。
是宜登之祀典，載在禮官。爰卜日於春初，俾定期以時享。升香瘞⑤玉，適
均列岳之班；宣氣調神，常峙塞垣之域。式扶鼇紀，丕鞏鴻圖，用薦苾芬，
惟祈歆格！

一、春秋二季，都統率文武官員，朝服恭祭大成至聖先師，行三跪九叩
首禮。

祝文

惟先師德隆千聖，道冠百王，揭日月以常行，自生民所未有。屬文教昌
明之會，正禮和樂節之時。辟雍鐘鼓，咸格薦於馨香；泮水膠庠，益致嚴於
籩豆。茲當仲春、秋。祗率彝章，肅展微忱，聿修祀典。以復聖顏子、宗聖曾
子、述聖子思子⑥、亞盛孟子配，尚饗！

一、春秋二季，都統率文武官員，朝服恭祭關聖大帝，行三跪九叩
首禮。

---

① "正月"，國圖抄本、刻本作"二月"。
② "照臨"，國圖抄本作"光照"。
③ "存"，國圖抄本作"在"。
④ "幅隕"，刻本作"幅員"。
⑤ "瘞"，國圖抄本作"痊"。
⑥ "子思子"，國圖抄本作"子思"。

祝文

惟帝浩氣凌霄，丹心貫日。扶正統而彰信義，威震九州；完大節以篤忠貞，名高三國。神明如在，遍祠宇於寰區；靈應丕昭，薦馨香於歷代。屢徵异迹，顯佑群生，恭值嘉辰，遵行祀典①。筵陳邊豆，几奠牲醪，尚饗！

一、春秋二季，都統率文武官員，朝服恭祭文昌帝君，行三跪九叩首禮。

祝文

惟神績著西垣，樞環北極。六匡麗曜，協昌運之光華；累代垂靈，爲人文之主宰。扶正久彰夫感召，薦馨宜致其尊崇。兹值仲春、秋。用昭時祀②。尚其歆格，鑒此精虔！

一、春秋二季，都統率文武官員，朝服恭祭社稷，行三跪九叩首禮。

祝文

惟神奠安九土，粒食萬邦。分五色以表封圻，育三農而蕃稼穡。恭承守土，肅展明禋。時届仲春、秋。敬修典祀。庶凡凡松柏，鞏磐石於無疆；翼翼黍苗，佐神倉於不匱。尚饗！

一、春秋二季，都統率文武官員，蟒袍恭祭龍神，行兩跪六叩首禮。

祝文

惟神德施寰海，澤潤八方。允襄水土之平，蒼生樂利；廣積源泉之用，膏雨及時。霖霖③田疇，占年豐之大有；功資育物，欣庶類之蕃昌。仰藉神庥，宜隆報享。謹遵祀典，式協良辰。敬布幾筵，肅陳牲幣。尚饗！

一、每年仲春，都統率文武官員，朝服恭祭先農壇，行三跪九叩首禮。儀注與社稷壇同。

祝文

惟神肇興稼穡，粒我蒸民。頌思文之德，克配彼天；念率有④之功，常

---

① "祀典"，國圖抄本作"典祀"。

② "祀"，國圖抄本作"事"。

③ "霖"，國圖抄本、刻本作"霂"

④ "有"，刻本作"育"。

陳時夏。茲當東作，咸服先疇。洪惟九五之尊，歲舉三推之典。恭膺守土，敢忘勞民？謹承彝章，聿修祀事。惟願五風十雨，嘉祥恒沐於神庥；庶幾九穗雙岐，上瑞頻書於大有。尚饗！①

文廟儀注

正祭日寅時，各官朝服齊集廟所。

通唱執事者各執其事。

主祭官就位，陪祭官各就位。通唱瘞毛血迎神。上香。歌詩。奏樂。引贊唱詣洗所。盥手、淨巾。畢。詣至聖先師香案前。跪。上香，上瓣香。畢。行一跪三叩首禮。興。復位。

通唱主祭官、陪祭官皆跪。行三跪九叩首禮。興。通唱歌詩、奏樂。畢。奠帛。行初獻禮。

引贊唱詣酒樽所。引至酒樽所酌酒。詣至聖先師神位前。跪，奠帛，獻爵。畢。行一跪三叩首禮。興。復位。

通唱歌詩、奏樂。畢。讀祝。

引贊唱詣讀祝位。引主祭官詣讀祝位。立。讀祝生至祝案前，捧祝版，立於案左。通唱主祭官、陪祭官俱跪。讀祝文。

讀祝生跪，讀祝文。畢，捧祝版②仍供案上，各官俱三叩首。興，復位。行亞獻禮，與初獻禮同。獻爵，不獻帛，行一跪三叩首禮。畢。興。

引贊引主祭官復位，行終獻禮，與亞獻禮同。獻爵，不獻帛，行一跪三叩首禮。畢。興。

引贊引主祭官復位。立。

通唱飲福，受胙。

引贊引主祭官詣飲福位立。跪飲福酒，受福胙，主祭官行一跪三叩首禮。畢。興。復位。

---

① 國圖抄本脫"祭先農壇"此段及祝文。

② 國圖抄本作"捧祝官"。

通唱徹饌送神。歌詩，奏樂。

主祭官、陪祭官皆跪，行三跪九叩首禮，畢。興。讀祝者排祝，執帛者捧帛，各詣燎所。

引贊唱詣望燎位。焚祝，焚帛。望燎。復位。禮畢。退班。[①]

關帝廟儀注

正祭日寅時，各官朝服齊集廟所。

主祭官就位，陪祭官各就位。

通唱瘞毛血迎神，上香。

引唱引主祭官詣盥洗所，盥手淨巾畢。

引唱引主祭官詣關聖帝君香案前。立。主祭官跪上香。上瓣香，行一跪三叩首禮。畢，興。

引生引復位。主祭官、陪祭官俱行三跪九叩首禮。興。奠帛，行初獻禮。

引唱詣酒樽所。引詣酒樽所酌酒，詣關聖帝君神位前，跪奠帛，進爵。畢，行一跪三叩首禮。畢，興。復位。

引生引復位。立，讀祝文。

引生引主祭官詣讀祝位。立。

讀祝生至祝案前，捧祝版立於案左，主祭官、陪祭官俱跪。

讀祝生跪讀祝文。畢，捧祝版仍供案上。各官俱三叩首，興。復位。行亞獻禮。與初獻禮同，獻爵不獻帛。行一跪三叩首禮。畢，興。

引生同主祭官至復位。立，行終獻禮。與亞獻禮同，獻爵不獻帛。行一跪三叩首禮。畢，興。

引生引主祭官至復位。立，行飲福受胙禮。

引生引主祭官詣飲福位立。跪飲福酒，受胙。主祭官行一跪三叩首禮。畢，興。

引生引主祭官至復位，立。主祭官行三跪九叩首禮。各官俱隨行禮。興。

---

① 國圖抄本此句作"引贊唱詣望燎位。焚祝，焚帛。望燎所位。"

233

焚祝帛。

　　主祭官、各官旁立，候祝帛焚禮。畢，退班。

文昌宮儀注

　　正祭日寅時，各官朝服齊集宮所。

　　主祭官就位，陪祭官各就位。立。

通唱瘞毛血迎神，上香。

引唱[①]引主祭官詣盥洗所，盥手净巾，畢。

引唱引主祭官詣文昌帝君香案前，立。

　　主祭官跪上香。上瓣香，行一跪三叩首禮。畢，興。

引生引復位。主祭官、陪祭官俱行三跪九叩首禮。興。奠帛，行初獻禮。引唱至酒樽所。引至酒樽所酌酒，詣文昌帝君神位前，跪奠帛進，畢，行一跪三叩首禮。畢。興。復位。

引生引復位。立，讀祝文。

引生引主祭官詣讀祝位，立。

讀祝生至祝案前，捧祝版立於案左。主祭官、陪祭官俱跪。

讀祝生跪讀祝文。畢，捧祝版仍供案上。各官俱三叩首。興。復行亞獻禮。與初獻禮同，獻爵不獻帛。行一跪三叩首禮。畢，興。

引生引主祭官至復位。行終獻禮。與亞獻禮同。獻爵不獻帛。行一跪三叩首禮。畢，興。

引生引主祭官至復位。立，行飲福酒，受胙禮。

引生引主祭官至復位。立。主祭官行三跪九叩首禮。各官俱隨行禮。興。焚祝帛。主祭官、各官旁立，候祝帛焚半，禮畢，退班。

社稷壇儀注

　　正祭日寅時，各官朝服齊集壇所。

---

① "引唱"，國圖抄本作"引贊"。

引生引主祭官就位。陪祭官各就位。立。

通唱瘞毛血迎神上香。

引唱引主祭官詣盥洗所。盥手净巾，畢。

引生引主祭官詣社稷香案前。立。主祭官跪上香。上瓣香，行一跪三叩首禮。畢，興。

引生引復位。主祭官、陪祭官俱行三跪九叩首禮。興，奠帛。行初獻禮。

引唱詣酒樽所。引至酒樽所酌酒，詣社稷神位前。跪奠帛，進爵。畢，行一跪三叩首禮。畢，興，復位。

引生引復位。立，讀祝文。

引生引主祭官詣讀祝位。立。

讀祝生至祝案前。捧祝版，立於案左。主祭官、陪祭官俱跪。

讀祝生跪讀祝文。畢。捧祝版仍供案上。各官俱三叩首。興。復位。行亞獻禮。與初獻禮同。獻爵不獻帛。行一跪三叩首禮。畢，興。

引生引主祭官至復位。立。行終獻禮。與亞獻禮同，獻爵不獻帛。行一跪三叩首禮。畢，興。

引生引主祭官至復位。立，行飲福受胙禮。

引生引主祭官詣飲福位。立，跪飲福酒，受胙。主祭官行一跪三叩首禮。畢，興。

引生引主祭官至復位。立，主祭官行三跪九叩首禮。各官俱隨行禮。興，焚祝帛。

主祭官、各官旁立。候祝帛焚半，禮畢。退班。

【注释】

〔1〕五禮：形成於周代的五大類禮儀。分別是吉禮、凶禮、軍禮、賓禮和嘉禮。其中，吉禮是祭祀天地祖宗的宗教禮儀，凶禮是哀吊死傷灾禍的禮儀，軍禮是與軍旅活動有關的禮儀，賓禮是君臣以及各色人等相見的禮儀，嘉禮是喜慶活動的禮儀。其最早記載見於《周禮》。

〔2〕九儀：即九命之儀，也稱爲九賓。周代官爵分九個等級，授命儀式

各不相同，稱九儀。《史記·藺相如傳》："秦王齋五日後，乃設九賓禮於廷，引趙使者藺相如。"裴駰《集解》引韋昭曰："九賓，則《周禮》九儀。"《周禮·秋官·大行人》："以九儀辨諸侯之命，等諸臣之爵，以同邦國之禮，而待其賓客。"鄭玄注："九儀，謂命者五，公、侯、伯、子、男也；爵者四，孤、卿、大夫、士也。"《漢書·叔孫通傳》："大行設九賓，臚句傳，於是皇帝輦出房，百官執戟傳警，引諸侯王以下至吏六百石以次奉賀。"顏師古注引韋昭云："九賓，則《周禮》九儀也，謂公、侯、伯、子、男、孤、卿、大夫、士也。"漢代時期公、侯、伯、子、男五等爵，與三孤、九卿、大夫、士之總稱，實泛指百官。後世常用"九儀"咏朝廷命官。

〔3〕祝文：是祭饗鬼神的文辭。"祝"的本義是祭官，據《禮記·周禮》說，周代設置大祝以掌"六祝"之辭，後來引申為祭神祈福的文章。祝文包括祝、祈、祠、告、禱、詛等，即所謂"六祝"。古代的祝文一般由翰林院擬制，行禮時由讀祝官誦讀。

旌典門

謹按：臣道莫大於忠，婦道莫大於節。我國家獎忠表節之規，獨隆於前代，所以宣聖化、重人倫也。古之乘史，執干戈，衛社稷，殁於王事者，蔭及子孫；守貞操，歷冰霜，之死靡他者，表其閭里。矧當今之世，海隅日出，帝德覃敷。守土者苟掩其石矢①捐軀之烈，略其柏舟矢志之貞，其何以勵忠貞而倡風化乎？且考爲烏斯藏[1] 建雙忠祠②，乾隆十六年建，祠傅清、拉布敦。葉爾羌建顯忠祠。乾隆二十四年建，祠納木扎勒、三泰。雖番夷效命，亦嗣蔭榮銜矣，在西藏。雖僕役殞身，亦同蒙奠酹矣。在葉爾羌。今烏魯木齊駐防八旗滿洲官弁，其叙功議蔭，掌自夏官[2]，立祠建坊③，頒由宗伯[3]，例與京師同。爰按年纂列。

鞏寧城昭忠祠

副都統職銜穆克登布[4]，漢中府華陽山陣亡。

筆帖式和津太，湖北陳家河陣亡。

【注释】

〔1〕烏斯藏：一作烏思藏，元明兩代對西藏的稱謂。本爲吐蕃，元改稱烏斯藏，以吐蕃僧八思巴爲大寶法王領其地。明置烏思藏都指揮使司。

〔2〕夏官：官名。《周禮》把執政大臣分爲六官，即天官、地官、春官、夏官、秋官、冬官，分掌邦政。夏官掌軍政和軍賦。武則天曾改兵部爲夏官，旋復舊稱。後世亦稱兵部爲夏官。

---

① "石矢"，國圖抄本、刻本作 "矢石"。
② "雙忠祠"，國圖抄本作 "霜忠祠"。
③ "立祠"，國圖抄本作 "立祀"。

〔3〕宗伯：官名。《周禮》六卿之一，西周始置，掌典禮。《周禮·春官》："乃立春官宗伯，使帥其屬而掌邦禮，以佐王和邦國。"春秋時魯國沿設，掌管宗廟祭禮等禮儀。《孔子家語·執轡》亦載，孔子説："宗伯之官以成仁。""以之仁，則國和"，故"父子不親，長幼失序，君臣上下乖離异志，曰不和，不和則飭宗伯"。

〔4〕穆克登布（？—1803）：鈕祜祿氏，滿洲正紅旗人，成都將軍成德子。乾隆間，從征金川，授藍翎侍衛。嘉慶初，鎮壓川、陝、楚白蓮教義軍，是額勒登保重要帮手之一。歷任參將、副將、總兵、提督、御前侍衛、晋騎都尉世職。嘉慶七年（1802），入川擒景英。嘉慶八年，搜捕義軍殘部，又擒宋應伏、姚馨佐于南江。後爲義軍頭領熊老八設伏刺斃于老林。

烏魯木齊滿洲世職

德興額，鑲黃旗滿洲富凌佐領下人。伊父副都統職銜穆克登布，在陝西漢中府華陽山陣亡。嘉慶五年承襲騎都尉，再准襲二次。

舍鴻額，鑲藍旗滿洲成格佐領下人。伊父筆帖式和津太，在湖北陳家河陣亡。嘉慶三年承襲恩騎尉。再准襲一次。

吉慶阿，正白旗滿洲富奎佐領下人。伊曾祖佐領阿補達里，在察罕鄂卜陣亡。乾隆五十三年，承襲恩騎尉。

巴里坤滿洲世職

富克金，正黃旗蒙古敬温佐領下人。伊父雲騎尉圖倫太，隨將軍兆惠平定準噶爾有功，承襲雲騎尉。再准襲一次。

色明阿，鑲白旗滿洲永貴佐領下人。伊祖父委前鋒校吳蘭布，在西藏陣亡。承襲雲騎尉。再准襲二次。

吐魯番滿營世職

托克托布，正白旗滿洲特吞太佐領下人。伊祖父前鋒校吳巴海，在江西陣亡。承襲恩騎尉。

迪化州綠營世職

金維翰，_{迪化州人。}伊父都司金三重，在陝西盩厔縣黑圪塔陣亡。嘉慶十年，承襲雲騎尉。

烏魯木齊滿營節婦

乾隆三十九年，烏魯木齊都統索諾木策凌咨請禮部議准：烏魯木齊、巴里坤駐防官兵係由西安、寧夏等處移駐。自新疆式廓以來，耕屯日闢，人知向化，現已改設州郡，建立膠庠[1]，實惟邊陲一大都會。仰惟我皇上廣勵風化於各省，兵民婦女有能完全節操者，無不上邀表彰令典。該處駐防雖係新設，實與內地無异，似應推廣皇仁，俾遐方共沐聲教。且該駐防前在西安等處有貞烈婦女均得援例請旌，該都統因向未辦有成案，咨請到部。臣等謹據咨奏明。可否照各省駐防例一體旌表，以示觀感之處出自聖恩！如蒙俞允，所有前鋒特柱之妻民覺羅氏，即令該都統照例取具保結，冊送臣部入於彙題等因。乾隆四十年，禮部咨查八旗并各省駐防，節孝人等例於每年彙題一次，於三月內通行各旗并各省駐防，將合例應請旌表人等造冊送部，年終彙題等因，奉旨依議。欽此。

【注释】

〔1〕膠庠：學校。《周禮·王制》："周人養國老於東膠，養庶老於虞庠。虞庠在國之西郊。"鄭玄注："東膠亦大學，在國中王宮之東。"又《禮記·學記》："古之教者，家有塾，党有庠。"周稱大學爲膠，小學爲庠。後以"膠庠"通稱學校。宋樓鑰《攻愧集》卷三六《樞密院檢詳李祥國子司業》："爾馳譽膠庠，見謂前輩文學行誼，久服眾心"。

姜氏　_{正黃旗滿洲觀保佐領下馬甲全保之妻；}

李家氏　鑲紅旗滿洲五十九佐領下馬甲薩三泰①之妻；

杭阿壇氏　正藍旗滿洲常德佐領下馬甲伊桑阿之妻；

薩克達氏　鑲藍旗滿洲吉禄保佐領下馬甲柯②星額之妻。

以上四口，乾隆三十九年旌表。

京克里氏　正黃旗滿洲寧山佐領下馬甲伊三太之妻。

乾隆四十年旌表。

瓜爾佳氏　正黃旗蒙古福印佐領下前鋒金三之妻；

車穆特氏　正白旗蒙古固林太佐領下馬甲岳蘇土之妻。

以上二口，乾隆四十一年旌表。

瓜爾嘉氏　正白旗滿洲阿琳佐領下馬甲三虎之妻。

乾隆四十二年旌表。

烏札拉氏　正白旗滿洲伍雲珠佐領下馬甲巴靈阿之妻；

錫拉努特氏　正藍旗蒙古三啓克佐領下馬甲董寧之妻。

以上二口，乾隆四十三年旌表。

札噶齊氏　鑲黃旗蒙古富興保佐領下馬甲觀住之妻；

莽努克氏　正藍旗蒙古三起③克佐領下馬甲西爾膽之妻。

以上二口，乾隆四十四年旌表。

吳佳氏　鑲黃④旗滿洲紀録保佐領下馬甲得凌阿之妻；

瓜爾佳氏　鑲黃旗滿洲貴保佐領下馬甲達三太之妻。

以上二口，乾隆四十五年旌表。

孫氏　鑲藍旗滿洲紀録保佐領下馬甲四達色之妻。

乾隆四十六年旌表。

索啓爾氏　正黃旗滿洲大達色佐領下馬甲德隆阿之妻；

---

① "泰"，國圖抄本、刻本作"太"。

② "柯"，國圖抄本作"阿"。

③ "起"，國圖抄本作"啓"。

④ "黃"，國圖抄本、刻本作"藍"。

吳佳氏　正黃旗滿洲大達色佐領下馬甲德克金①布之妻；

以上二口，乾隆四十九年旌表。

富察氏　正黃旗滿洲莫爾根佐領下馬甲景福之妻；

鄂岳爾氏　鑲白旗滿洲安申②布佐領下馬甲富森③布之妻；

瓜爾佳氏　鑲黃④旗滿洲鄂爾吉佐領下馬甲富靈保之妻；

趙佳氏　正黃旗蒙古來明阿佐領下馬甲庫匕⑤爾之妻；

什莫爾氏　鑲白旗滿洲安申⑥布佐領下馬甲七十六之妻；

以上五口，乾隆五十年旌表。

吳佳氏　正藍旗滿洲西凌阿佐領下馬甲得克京厄之妻。

乾隆五十二年旌表。

朱氏　正黃旗滿洲常清佐領下馬甲賚福之妻。

乾隆五十三年旌表。

瓜爾佳氏　鑲白⑦旗滿洲安紳布佐領下馬甲扒山之妻；

瓜爾佳氏　鑲白旗蒙古良太佐領下馬甲凌德之妻；

周氏　正紅旗滿洲薩里納佐領下馬甲鳳林之妻；

石佳氏　鑲藍旗滿洲傅⑧爾洪阿佐領下馬甲珠明阿之妻。

以上四口，乾隆五十四年旌表。

張佳氏　正紅旗滿洲薩里納佐領下馬甲富常之妻；

赫佳氏　正紅旗蒙古禄克京額佐領下馬甲顔禄之妻；

瓜爾佳氏　鑲黃⑨旗滿洲常山佐領下馬甲色清阿之妻；

---

① "金"，國圖抄本、刻本作"精"。
② "申"，國圖抄本作"紳"。
③ "森"，國圖抄本作"泰"。
④ "黃"，國圖抄本、刻本作"藍"。
⑤ "匕"，國圖抄本、刻本作"庫"。
⑥ "申"，國圖抄本作"紳"。
⑦ "白"，國圖抄本作"藍"。
⑧ "傅"國圖抄本作"富"。
⑨ "黃"，國圖抄本、刻本作"紅"。

富查氏　鑲紅旗滿洲常山佐領下馬甲花沙布之妻；

阿布拉爾氏　鑲紅旗蒙古凌德佐領下馬甲六十七之妻；

韓氏　正藍旗蒙古富清額佐領下馬甲蘇太之妻；

薩克塔氏　鑲藍旗［滿洲］① 付爾洪阿佐領下馬甲海保之妻；

五②佳氏　正紅旗滿洲靈太佐領下閑散楊桑阿之妻。

以上八口，乾隆五十五年旌表。

哈爾吉氏　正黃旗滿洲靈太佐領下馬甲圖桑阿之妻；

牛呼哩氏　鑲黃旗滿洲七凌阿佐領下馬甲裕保之妻；

黑佳氏　正藍旗滿洲永德佐領下馬甲伊明阿之妻；

馬甲氏　鑲藍③旗滿洲福興阿佐領下馬甲定福之妻；

赫舍里氏　鑲藍旗滿洲傅勒賀佐領下馬甲蘇金太之妻；

瓜爾佳氏　正紅旗滿洲薩里納佐領下馬甲百歲保之妻。

以上六口，乾隆五十六年旌表。

富察氏　鑲白旗滿洲安紳布佐領下馬甲五十一之妻；

王佳氏　正白旗蒙古明德佐領下馬甲伯雲保之妻；

阿斯④圖氏　鑲紅旗蒙古凌德佐領下前鋒金福之妻；

伊爾根覺羅氏　正白旗滿洲扎錫佐領下馬甲阿克東阿⑤之妻；

伊爾根覺羅氏　正黃旗滿洲靈太佐領下馬甲超凌阿之妻；

王氏　鑲白旗滿洲綏德佐領下馬甲惠保之妻。

以上六口，乾隆五十七年旌表。

那喇氏　正白旗滿洲蒼泰佐領下馬甲和僧額之妻；

赫舍里氏　正黃旗滿洲色克圖佐領下閑散海林保之妻；

白佳氏　鑲白旗滿洲安紳布佐領下馬甲關寧之妻。

---

① 國圖抄本作"厢藍旗滿洲"。據補。
② "五"，國圖抄本作"丑"。
③ "藍"，國圖抄本、刻本作"白"。
④ "斯"，國圖抄本作"氏"。
⑤ "阿克東阿"，國圖抄本作"超克東布"。

以上三口，乾隆五十八年旌表。

瓜勒佳氏　正藍旗滿洲札隆阿佐領下馬甲特通阿之妻；

杜裡氏　正紅旗滿洲存家保佐領下馬甲什德之妻；

袁氏　鑲黃①旗滿洲常山佐領下馬甲卓凌阿之妻。

以上三口，乾隆五十九年旌表。

趙佳氏　正藍旗滿洲札隆阿佐領下馬甲達音太之妻；

李佳氏　正藍旗滿洲署永德佐領下馬甲阿勒京阿之妻；

烏佳氏　鑲黃旗蒙古額勒京額佐領下閑散觀太之妻；

田佳氏　鑲黃②旗蒙古佟信佐領下馬甲根寧之妻。

以上四口，乾隆六十年旌表。

邢佳③氏　正紅旗蒙古禄克精額佐領下馬甲伊勒圖之妻。

嘉慶元［生］④年旌表。

鄂卓特氏　正黃旗蒙古克孟額佐領下馬甲德克金布之妻；

馬佳氏　鑲藍旗滿洲札郎阿佐領下馬甲月寧之妻；

朱佳氏　鑲白旗滿洲安紳布佐領下馬甲常有之妻；

以上三口，嘉慶三年旌表

王佳氏　正白旗滿洲富奎佐領下閑散忠紳保之妻；

劉佳氏　鑲白旗滿洲多敏佐領下馬甲海蘭之妻；

高佳氏　鑲白旗滿洲多敏佐領下馬甲渭和岱之妻；

那拉氏　正藍旗滿洲札隆阿佐領下馬甲德明阿之妻。

以上四口，嘉慶四年旌表。

伊拉哩氏　正黃旗滿洲伊明阿佐領下馬甲佟山之妻；

伊拉哩氏　正黃旗滿洲富寧佐領下馬甲都隆阿之妻；

沙爾圖勒氏　鑲白旗滿洲多敏佐領下馬甲官凌之妻；

---

① "黃"，國圖抄本、刻本作"紅"。

② "黃"，國圖抄本、刻本作"藍"。

③ "佳"，國圖抄本作"崔"。

④ 國圖抄本、刻本無"生"字，疑爲衍文。

寧古塔氏　鑲紅旗滿洲德清阿佐領下養育兵福禄之妻；

他他喇氏　鑲黃旗蒙古額勒京額佐領下前鋒和成保之妻；

伊爾根覺羅氏　正紅旗滿洲富倫布佐領下馬甲郝楞額之妻。

以上六口，嘉慶五年旌表。

巴雅爾拉氏　正黃旗滿洲英太佐領下馬甲伊凌阿之妻；

羅佳氏　正黃旗滿洲英太佐領下閑散諾音太之妻；

瓜勒佳氏　鑲藍旗滿洲札郎阿佐領下馬甲公格保之妻。

以上三口，嘉慶六年旌表。

白虞特氏　正藍旗滿洲多隆武佐領下前鋒因保之妻；

嘉慶七年旌表。

瓜爾佳氏　正黃旗滿洲富寧佐領下馬 [甲]① 琪琳保之妻；

土魯努特氏　鑲藍旗蒙古托布奇佐領下馬甲官全之妻；

那拉氏　鑲黃旗滿洲富凌佐領下馬甲錢粮保之妻；

白佳氏　鑲紅旗滿洲德清阿佐領下馬甲佟禄之妻。

以上四口，嘉慶八年旌表。

圖爾努特氏　鑲紅旗滿洲德清阿佐領下馬甲多禄之妻；

納拉氏　鑲藍旗滿洲成格佐領下前鋒中福之妻；

張佳氏　鑲白旗滿洲綏德佐領下馬甲五凌阿之妻。

以上三口，嘉慶十年旌表。

噶爾②特氏　正黃旗蒙古巴哈喇佐領下馬甲莫爾太之妻。

嘉慶十一年旌表。

巴里坤滿洲節婦

民覺羅氏　正紅旗 [蒙古]③ 對齊佐領下前鋒特柱之妻。

乾隆三十九年旌表。

---

① "馬"，國圖抄本、刻本作"馬甲"，據補。

② "爾"，國圖抄本、刻本作"吉"。

③ 底本、刻本空缺"蒙古"二字，國圖抄本作"正紅旗蒙古"，據補。

薩克達氏　鑲黃旗蒙古俄圖渾佐領下馬甲七靈阿①之妻；

納拉氏　正藍旗蒙古葉布肯俄佐領下馬甲伊常阿之妻；

瓜爾佳氏　鑲藍旗蒙古圖楞太佐領下馬甲吉爾哈特②之妻；

以上三口，乾隆三十九年旌表。

搭③他拉氏　正黃旗蒙古噶思圖佐領下馬甲七十六之妻；

高家氏　鑲黃④旗蒙古塔克興阿佐領下養育兵崇禄之妻；

完顏氏　鑲黃旗蒙古鄂圖渾⑤佐領下養育兵他青阿之妻；

布爾哈楚特氏　正紅旗蒙古五十九佐領下前鋒窩仁太之妻；

巴彥特氏　正白旗蒙古哈爾通阿佐領下馬甲布占之妻；

鄂爾圖特氏　鑲紅旗⑥蒙古華寧阿佐領下馬甲烏林太之妻。

以上六口，乾隆四十年旌表。

齊普索特氏　鑲紅旗蒙古佟安佐領下馬甲烏爾纏之妻。

乾隆四十一年旌表。

柯木秋氏　正藍旗蒙古葉布肯俄佐領下馬甲王家保之妻。

乾隆四十二年旌表。

那拉氏　鑲白旗蒙古福印佐領下養育兵保禄之妻；

常家氏　鑲白旗蒙古福印佐領下養育兵常格之妻。

以上二口，乾隆四十三年旌表。

瓜爾佳氏　鑲白旗蒙古福印佐領下馬甲伊靈阿之妻。

乾隆四十四年旌表。

李　氏　正紅旗蒙古五十九佐領下馬甲色克京阿之妻；

西特里氏　鑲黃旗蒙古俄圖渾佐領下馬甲卜七希之妻。

---

① "靈"，國圖抄本作"凌"。

② "特"，國圖抄本作"太"。

③ "搭"，國圖抄本作"塔"。

④ "黃"，國圖抄本、刻本作"藍"。

⑤ "鄂圖渾"，國圖抄本作"額圖"，無"渾"字。

⑥ "紅"，國圖抄本作"黃"。

以上二口，乾隆四十五年旌表。

李佳氏　鑲黃旗蒙古烏蘭泰佐領下前鋒富得禄之妻；

公古爾氏　鑲白旗蒙古福音①佐領下馬甲都倫太之妻。

以上二口，乾隆四十八年旌表。

瓜爾佳氏　正藍旗蒙古葉布肯俄佐領下養育兵八十四之妻。

乾隆四十九年旌表。

烏莫特氏　鑲白旗蒙古福印佐領下馬甲巴爾奈②之妻。

瓜爾佳氏　鑲白旗蒙古福印佐領下馬甲泰尚阿之妻。

以上二口，乾隆五十年旌表。

趙佳氏　正白旗蒙古禄明佐領下馬甲太明之妻。③

嘉慶三年旌表。

赫舍勒氏　鑲藍旗④蒙古塔克興阿佐領下馬甲進禄保之妻。

嘉慶五年旌表。

吳色氏　正藍旗［蒙古］⑤葉布肯俄佐領下步甲申德之妻。

嘉慶六年旌表。

巴雅特氏　鑲黃旗蒙古太英佐領下炮手禄興阿之妻。

嘉慶七年旌表。

富察氏　正白旗蒙古和僧阿佐領下馬甲定國保之妻；

馬佳氏　鑲黃旗蒙古太英佐領下馬甲德清之妻。

以上二口，嘉慶八年旌表。

馬佳氏　鑲黃旗蒙古太英佐領下馬甲諸音太之妻。

嘉慶九年表。

伊拉禮氏　正紅旗蒙古富爾素佐領下馬甲德林之妻；

① “音”，國圖抄本作“印”。
② “奈”，國圖抄本作“泰”。
③ 國圖抄本“趙佳氏”後脫此句。
④ “藍”，國圖抄本作“白”。
⑤ 底本、刻本脫“蒙古”二字，國圖抄本作“正紅藍旗蒙古”，據補。

寡爾家氏　鑲紅旗蒙古納清阿佐領下馬甲德常保之妻。

以上二口，嘉慶十一年旌表。

古城滿洲節婦

伊爾根覺羅氏　正紅旗蒙古對齊佐領下前鋒特柱之妻。

乾隆三十九年旌表。

伊爾根覺羅氏　鑲白旗蒙古巴格佐領下馬甲道保之妻。

乾隆四十年旌表。

舒氏　鑲黃旗蒙古石家保佐領下領催和隆武之妻。

乾隆四十一年旌表。

瓜爾佳氏　鑲白旗蒙古巴格佐領下馬甲得什①之妻。

乾隆四十二年旌表。

伊爾根覺羅氏　正黃旗滿洲傅森太佐領下馬甲顧納之妻；

克楚特氏　正白旗蒙古達浪阿佐領下馬甲朱隆阿之妻；

傅察氏　鑲紅旗蒙古石家保佐領下馬甲五十一之妻。

以上三口，乾隆四十三年旌表。

佟氏　正白旗滿洲達浪阿佐領下馬甲舒敏之妻。

乾隆四十五年旌表。

何舍里氏　正藍旗蒙古關保②佐領下馬甲六十三之妻；

葛佳氏　正黃旗蒙古富森太③佐領下馬甲佟安之妻。

以上二口，乾隆四十六年旌表。

巴雅拉氏　正白旗蒙古他思哈④佐領下馬甲白達色之妻。

乾隆四十七年旌表。

---

① "得什"，國圖抄本作"得柱"。
② 國圖抄本作"固山關保"。
③ 國圖抄本作"固山富森太"。
④ 國圖抄本作"固山他哈"，脫"思"字。

關　氏　鑲黄旗蒙古六十五①佐領下馬甲皂保之妻。

乾隆四十九年旌表。

索佳氏　鑲白旗蒙古七達色②佐領下馬甲吉住之妻；

王佳氏　鑲藍旗蒙古谷寧阿佐領下步甲韋陀保之妻③。

以上二口，乾隆五十年旌表。

舒木魯氏　鑲白旗蒙古保浪阿④佐領下馬甲額爾得你之妻。

乾隆五十一年旌表。

富查氏　鑲黄旗蒙古六十五⑤佐領下馬甲林住之妻。

乾隆五十五年旌表。

李佳氏　正白旗蒙古他思哈⑥佐領下步甲佛得保之妻。

乾隆五十七年旌表。

李佳氏⑦　正黄旗蒙古訥爾布⑧佐領下馬甲六十九之妻。

乾隆五十八年旌表。

鄂勒佳氏　正紅旗蒙古明福佐領下前鋒小小兒之妻。

乾隆六十年旌表。

莫勒折勒氏　正藍旗蒙古六十八⑨佐領下馬甲佟格之妻；

托和落氏　正紅旗蒙古明福明⑩佐領下馬甲勒凌阿之妻；

以上二口，嘉慶元年旌表。

牛胡魯氏　正紅旗蒙古明福佐領下馬甲額勒登保之妻。

---

①　國圖抄本作“固山六十五”。

②　國圖抄本作“固山七達色”。

③　國圖抄本此句僅“廂藍”二字。

④　國圖抄本作“固山保浪阿”。

⑤　國圖抄本作“固山六十五”。

⑥　國圖抄本作“固山他思哈”。

⑦　刻本作“季佳氏”。

⑧　國圖抄本作“固山諾爾布”，刻本作“諾爾布”。

⑨　國圖抄本作“固山六十八”。

⑩　“福明”，國圖抄本、刻本作“明福”。

嘉慶二年旌表。

瓜拉佳氏　　正藍旗蒙古堯住①佐領下馬甲那丹珠之妻。

嘉慶四年旌表。

塔塔爾氏　　鑲黃旗蒙古穆通阿佐領下馬甲薩哈布之妻；

付察氏　　正藍旗蒙古堯住佐領下馬甲杭什之妻。

以上二口，嘉慶五年旌表。

楊吉爾氏　　正黃旗蒙古色保佐領下馬甲哈思哈②之妻；

楊察氏　　正白旗蒙古博棟武佐領下前鋒巴里珠之妻；

吳　氏　　正紅旗蒙古阿布太佐領下馬甲札勒杭阿之妻；

郝舍勒氏　　鑲紅旗蒙古拜靈阿佐領下馬甲寧古奇之妻；

趙　氏　　正藍旗蒙古堯住佐領下馬甲來保之妻。

以上五口，嘉慶八年旌表。

魏佳氏　　鑲黃③旗蒙古佛爾卿額佐領下馬甲保明之妻；

特木克氏　　正藍旗蒙古堯住佐領下馬甲烏靈阿之妻。

以上二口，嘉慶十一年旌表。

吐魯番滿洲節婦

瓜爾佳氏　　鑲白旗滿洲西林布佐領下馬甲貴明之妻。

乾隆五十四年旌表。

寧古塔氏　　鑲黃旗滿洲阿爾綳阿佐領下馬甲七星保之妻。

乾隆五十八年旌表。

瓜爾佳氏　　正白旗蒙古科凌阿佐領下馬甲伊興阿之妻；

孟氏　　鑲藍旗蒙古海得④佐領下馬甲五十五之妻；

以上二口，乾隆六十年旌表。

———————————

① 國圖抄本作"固山堯住"
② 國圖抄本作"塔思哈"。
③ "黃"，國圖抄本、刻本作"紅"。
④ 國圖抄本、刻本作"海德"。

吳佳氏　鑲白旗蒙古西林布佐領下馬甲喀喇之妻。

嘉慶二年旌表。

壽婦

納喇氏　正紅旗滿洲富倫布佐領下馬甲穆理庫之妻，壽至百歲。

嘉慶八年旌表。

烈婦

關成氏　巴里坤滿營正黃旗蒙古和僧阿佐領下馬甲圖挖謙本之妻，因强奸不從，被害殞命。

嘉慶九年旌表。

閻張氏　綏來縣民婦，因被强奸不從，致遭慘殺。

嘉慶十年旌表。

朱王氏　奇台縣民婦，被調奸，捐軀明志。

嘉慶十一年旌表。

徐侯[①]氏　迪化州民婦，因被奸不從，致遭慘殺。

乾隆四十八年旌表。

侯氏　奇台縣民婦，因强奸不從，致遭慘殺。

乾隆五十年旌表。

---

① "侯"，國圖抄本、刻本作"俟"。

學校門

謹案：《大戴記》載，虞、夏、商、周四代之學，後世因之，制雖不同，賢才於是乎出焉。學校之重於天下也久矣。明洪武中，詔天下府州縣皆立學，復設科取士。宣德中，置提督學校官，考取附學生，遂定廩膳[1]，增廩生[2] 之制。我朝文教誕敷，南軨桂海，西探月竁，爲前古所未有。而直省士子炊經酌史，擷藻摛華，亦往代所罕及，洵千載難逢之嘉會也。昔裴光庭[3] 因吐蕃求賜《詩》《書》《春秋》《禮記》，奏言宜允所請，使漸陶教化，謂禮義忠信自《詩》《書》出也。況烏魯木齊悉内地民人，分隸府廳州縣，其勢與酒泉、張掖諸郡等。學校顧可不興乎？且膠庠定制，文武并登，取其文采風流，足以化嚚凌之習，録其蹶張勇力，足以收捍禦之材。幼而習焉，長而安焉，蒸蒸日上，於兹厚望云①。

【注释】

〔1〕廩膳：科舉時代國家定期發給在學人員的膳食津貼。《元史·選舉志一》："成宗大德十年春二月，增生員廩膳。"《明史·太祖紀二》："命天下學校師生，日給廩膳。"

〔2〕廩生：又稱廩膳生，科舉制度中生員名目之一，"廩膳生員"的簡稱。明代州、府、縣學生員最初都供給廩膳，補助其生活。及清代，則須經歲科兩試一等前列的才能取得廩生名義，成爲資歷較深的生員。成爲廩生，謂之"食餼"。童生應試，例須請廩生具保，稱作廩保。《明史·選舉志一》："提學官在任三歲，兩試諸生。先以六等試諸生優劣，謂之歲考，一等前列者，視廩膳生有缺，依次充補，其次補增廣生……繼取一二等爲科舉生員，

---

① "云"，國圖抄本作"焉"。

俾應鄉試，謂之科考，其充補廩、增給賞、悉如歲試。"

〔3〕裴光庭：字連城，絳州（今山西省運城市新絳縣）人。其父裴行儉於高宗朝爲臣，于裴光庭八歲時去世，母厙狄氏賢慧有婦德，寵信于武氏，裴光庭因此起用，并逐漸升爲太常丞。後娶武三思之女爲妻，武三思被誅後受到牽連，貶爲郢州司馬。開元初，主要擔任過司門郎中、兵部郎中、鴻臚少卿等職務。開元十七年（729），裴光庭被任命爲中書侍郎、同中書門下平章事，其後兼任過侍中、吏部尚書、弘文館學士等職。二十年又受拜爲光禄大夫，賜爵正平男。在處理民族關係方面多有建樹。唐朝賜吐蕃經典事見《舊唐書·吐蕃傳》和《資治通鑑》。

迪化直隸州學

乾隆三十四年，烏魯木齊辦事大臣溫福奏准學額，歲入文生四名，武生四名，科入文生四名。四十五年，陝甘總督勒爾謹[1]題准，額設廩生二名，增生二名。

昌吉縣學

歲入文生四名，武生四名。科入文生四名，廩生二名，增生二名。

阜康縣學

乾隆四十一年，烏魯木齊都統索諾木策凌奏准學額，歲入文生四名，武生四名，科入文生四名。五十七年，陝甘總督勒保題准，額設廩生二名，增生二名。

綏來縣學

乾隆四十三年，烏魯木齊都統索諾木策凌奏准學額，歲入文生四名，武生四名，科入文生四名。五十七年，額設廩生二名，增生二名。

以上四學，考試之年，由陝甘學政將文武童生題目封送烏魯木齊都統。扃試，考畢，將試卷并技勇册移送學政，按額取進。

鎮西府縣①

乾隆三十八年，陝甘總督勒爾謹奏准學額，歲入文生四名，武生四名，科入文生四名。五十四年，陝甘總督勒保題准，額設廩生二名，增生二名。

宜禾縣學

歲入文生四名，武生四名，科入文生四名。

乾隆五十一年，陝甘總督福康安題准，額設廩生二名，增生二名。

奇台縣學

乾隆四十一年，烏魯木齊都統索諾木策凌奏准學額，歲入文生四名，武生四名，科入文生四名。五十七年陝甘總督勒保題准，額設廩生二名，增生二名。

以上三學，考試之年，由陝甘學政將文武童生題目徑發鎮西府[2]。屆試，考畢，將試卷并技勇册呈送學政，按額取進。

迪化州

文舉人一名：

侯鎮遠　乙卯科中式。

武舉十名：

翟世芳　甲午科中式。

袁玉麟　庚子科中式。

劉廷棟　庚子科中式。

王三雄　丁酉科中式。

馮　瑾　丁酉科中式。

周　緟　丁酉科中式。

---

① 國圖抄本、刻本作"鎮西府學"。

党世奇　己酉科中式。

邱元凱　己酉科中式。

彭　玢　己酉科中式。

何　炳　壬子科中式。

拔貢二名：

遲永振　乾隆四十四年拔貢。

楊汝霖　乾隆五十六年拔貢。

歲貢三名：

田裕國　乾隆五十六年貢。

喬世德　乾隆五十九年貢。

李英發　嘉慶八年貢。

昌吉縣

武舉十三名：

楊自發　庚寅科中式。

沈國相　辛卯科中式。

李奮麟　甲午科中式。

劉　綸①　丁酉科中式。

段義儒　己亥科中式。

趙　璉　庚子科中式。

馬天功　癸卯科中式。

鄔海慶　丙午科中式。

馬　耀　己酉科中式。

于　貴　己酉科中式。

王丕俊　戊申科中式。

段義海　壬子科中式。

---

① “劉綸”，國圖抄本、刻本作“周綸”。

鍾志清　己卯科中式。

拔貢一名：

蘇寧清　乾隆己酉科拔貢。

歲貢三名：

張在雲　乾隆五十三年貢。

雷　浩　乾隆五十九年貢。

何志穎　嘉慶六年貢。

阜康縣

武舉六名：

韓　城　庚子科中式。

馬龍鼎　戊申科①中式。

王蘭桂　己酉科中式。

官　紳　壬子科中式。

王兆元　甲寅科中式。

康　祥　戊午科中式。

恩貢一名：

高志立　嘉慶四年貢。

歲貢一名：

雷連茹　嘉慶五年貢。

綏來縣

武舉五名：

楊應鶴　己酉科中式。

王萬禄　甲寅科中式。

富　貴　庚申科中式。

① "戊申科"，國圖抄本作"戊午科"。

文登舉　　辛酉科中式。

劉伏基　　辛酉科中式。

恩貢一名：

秦登蘭　　嘉慶四年貢。

歲貢一名：

陳奎中　　嘉慶五年貢。

鎮西府

武舉十一名：

劉安得　　庚寅恩科①中式。

侯祖恩　　丁酉科中式。

楊保元　　己亥科中式。

雷輔清　　癸卯科中式。

烏　振　　丙午科中式。

呂增禄　　戊申科中式。

楊風龍　　壬子科中式。

白璽貴　　壬子科中式。

楊　傑　　乙卯科中式。

陳存壽　　庚申科中式。

李　炯　　甲子科中式。

拔貢一名：

李可桂　　丁卯科拔貢。

歲貢一名：

孫繩武　　嘉慶八年貢。

恩貢 [三]② 名：

---

① 國圖抄本無“恩科”二字。

② “一名”，刻本作“三名”，據改。

卞嘉賓　嘉慶八年貢。

陳乃榮　嘉慶三年貢，九年加捐教諭。

柴殿揚　嘉慶六年，由附生加捐理問。

宜禾縣

武舉十一名：

李可梁　甲午科中式。

白　琛　丁酉科中式。

李可挺　己亥科中式。

丁　興　庚子科中式。

李可相　甲寅科中式。

高連元　戊午科中式。

張積賢　戊午科中式。

閆天桂　辛酉科中式。

李國棟　辛酉科中式。

閆登科　甲子科中式。

李漸逵　甲子科中式。

副榜一名：

孫　江　甲寅科中式。

歲貢二名：

王吉玉　嘉慶二年貢。

張正心　嘉慶八年貢。

恩貢一名：

王蘭芳　嘉慶十一年貢。

捐貢一名：

趙守懿　乾隆五十五年貢。

奇台縣

武舉七名：

秦　敏　庚子科中式。

朱殿元　癸卯科中式。

巫殿甲　甲寅科中式。

巫殿元　己酉科中式。

李文魁　壬子科中式。

王耀元　辛酉科中式。

徐光伏　辛酉科中式。

拔貢二名：

巴玉龍　乾隆五十四年拔貢。

段學閔　嘉慶六年拔貢。

歲貢三名：

馬　龍　嘉慶三年貢。

馬鵬遠①　嘉慶六年貢。

康萬憲　嘉慶六年貢。

恩貢一名：

劉賡成　嘉慶六年貢。

義學[3]

乾隆三十二年，辦事大臣温具奏：新疆地方，兵民子弟教演技藝，固屬要務，而講習文理，亦當稍知文墨。請於每城置房數間，各設義學所。於民人內擇其品行端方，文理通順，堪以教讀，并於年老辭粮兵丁內擇其弓馬嫻熟者，每學揀選二名作爲教習[4]。其應需膏火[5]，令各該處於附城空閑地內，量其支用，撥給地畝，雇人耕種，每年所獲粮石，作爲教習之費等因，奏准在案。

【注释】

〔1〕勒爾謹（？—1781）：滿洲鑲白旗人。乾隆初由翻譯授刑部主事，

_____

①　“馬鵬遠”，國圖抄本作“馬鵬達”。

累遷陝甘總督。乾隆四十二年（1777），率軍鎮壓甘肅河州黃國其、王伏琳領導的回民反清斗爭。四十六年，青海循化撒拉族發生教爭，勒爾謹命蘭州知府楊士璣和河州協副將新柱前往調解、彈壓。隨之，撒拉族教爭演變爲反清武裝斗爭，蘇四十三率衆進圍河州，勒爾謹前往堵截未果。後蘇四十三等圍攻蘭州，勒爾謹因"觀望失機"，被朝廷革職問罪。不久又因牽涉甘肅布政使王亶望"監粮案"，坐死獄中。

〔2〕鎮西府：雍正九年（1731）置安西廳同知，隸甘肅布政司，治所即今新疆巴里坤縣。乾隆三十七年（1772），設巴里坤領隊大臣。三十八年，升爲鎮西府，領宜禾、奇台二縣。咸豐五年（1855），降爲鎮西直隸廳。光緒十二年（1886），轉歸新疆省。1913 年改爲鎮西縣。1953 年改名巴里坤縣。1954 年 9 月 30 日建立巴里坤哈薩克自治縣。

〔3〕義學：是清代一種重要的辦學形式，又稱義塾，即免費學塾。經費以官款、募捐或宗族祠堂地租爲主要來源，招收貧寒子弟入學。

〔4〕教習：學官名。明代選進士入翰林院學習，稱庶吉士，給庶吉士上課的人稱爲教習。清代沿用此制，翰林院設庶常館，由滿、漢大臣各一人任教習，選侍講、侍讀以下官任小教習。官學中亦有設教習者。清末興辦學堂，其教師也沿稱爲教習。

〔5〕膏火：原指照明的油火，《莊子·人間世》："膏火自煎也。"吳榮光《吾學録·學校門》："諸生中貧乏無力者，酌給薪水，各省由府州縣董理酌給膏火。"後指稱官府或學校、書院發給學生的津貼費用，一般用于資助家境貧寒之生徒，也有普遍散發或用作獎勵者。

迪化州虎峰書院一所

膏火地六百五十畝，歲獲租銀四十兩。

昌吉縣書院一所

膏火官房二所，歲獲租銀四十兩。

綏來縣書院一所

膏火市房十間，歲獲租銀一百兩，［地］租銀①二十兩。

阜康縣書院一所

膏火地一千二百畝，歲獲租銀六十兩。

濟木薩書院一所

膏火地六十畝，歲獲租銀六十兩。

呼圖壁書院一所

膏火②。

奇台縣書院一所

膏火地六十畝，歲獲租銀六十兩。

以上義學膏火地畝租銀，由該管地方官徵收，按季交付教習之人。近俱選派效力當差文廢員，每處一二名不等，前往教讀，并有派武廢員在各營教習弓箭。

---

① 國圖抄本、刻本作“地租銀”，據補。

② 此處原文內容缺。

流寓門

　　謹案：志書體例，凡載官尹異政，則曰名宦；土著賢才，則曰人物。非官尹非土著僑居於其地者，則曰流寓，未有泯而不傳者也。烏魯木齊設官分職，其創制規模，清理政務，已詳設官等門，不必更載名宦。至商民戶口，悉由甘省遷移，尚無世居土著，故人物亦闕焉。惟內地大小文武官員落職後，奉旨謫遣新疆，俾效力自贖，其釋回年限，恭候恩諭遵行。今烏魯木齊自乾隆二十五年至嘉慶十二年，册載三百八十餘員，其間蒙恩起用，歷登顯宦者，正不乏人，要可按册而稽也。具①考《廣輿記》所載，如張曲江[1]之荊南，陸宣公[2]之臨江，李青蓮[3]之夜郎，寇萊公[4]之雷州，程伊川[5]之涪陵，蘇東坡之儋耳，悉入"流寓門"，而地以人傳矣。爰依其例，詳核名籍原銜，按年纂例。

【注释】

　　[1] 張曲江：即張九齡（673—740），字子壽，韶州曲江（今廣東省韶關市）人。唐中宗景龍初年進士。玄宗時，官至同中書門下平章事、中書令。在朝直言敢諫，是開元時代賢相之一。後被李林甫排擠出朝。早年以文學爲張說所激賞，贊爲"輕嫌素練，濟時適用"。其詩辭彩富豔，而情致深婉。晚年遭受讒毀，被貶荊州，感慨加深，詩歌風格轉趨質樸簡勁。有《張曲江集》。

　　[2] 陸宣公：即陸贄（754—805），字敬典，蘇州嘉興（今浙江省嘉興市）人。年十八舉進士及第，曾任鄭縣尉、渭南主薄、監察御史。德宗時，官翰林學士，參預機要，後累遷中書侍郎同平章事。性情剛直，指陳朝政，

---

　　① "具"，國圖抄本、刻本作"且"。

多切中時弊。所作奏議，文筆流暢洗練，論述以雄辯著名。然終因直言極諫，爲德宗疏遠，又以裴延齡讒毀罷相，貶忠州別駕。順宗即位後，欲召回京城，但詔書未至而卒。謚曰"宣"，後世稱爲陸宣公。有《陸宣公翰苑集》。

〔3〕李青蓮：即李白（701—762），字太白，號青蓮居士，唐代偉大的浪漫主義詩人。他的詩歌想像奇特，充滿浪漫色彩，語言清新自然，有"清水出芙蓉，天然去雕飾"之美，在文學史上產生了巨大影響。與杜甫齊名，世稱"李杜"，又有"謫仙""詩仙"之美譽。其《菩薩蠻》詞，被稱爲"百代詞曲之祖"。安史之亂爆發後，因參加永王李璘之變，被流放夜郎，中途遇赦得還，不久病死于當塗。

〔4〕寇萊公：即寇準（961—1023），字平仲，北宋政治家，太宗時任參知政事（副宰相），真宗時任宰相，謚忠湣。華州下邽（今陝西省渭南市東北）人，其父寇相曾封三國公。寇準幼年喪父，家境貧寒，但他發奮讀書，19歲登進士第。淳化五年（994）爲參知政事，景德元年（1004）拜相。遼兵攻宋時，他力排衆議，主張堅决抵抗。寇準爲官清正廉明，政績卓著，性情豪奢，喜愛歌舞，有"寇萊公，柘枝顛"之稱。因政見曾三次被貶，最後一次流放到雷州。

〔5〕程伊川：即程頤（1033—1107），字正叔，世稱伊川先生，河南洛陽人。北宋思想家。官至崇政殿說書，著有《易傳》《春秋傳》等，後人將其著作編入《二程全書》。治學以"四書"爲標指，而達於"六經"，以窮理爲本。曾因爲"元祐黨案"，兩次被流放，一次到涪陵，一次到峽州。

乾隆二十五年

納　山　原任歸化城通判。

乾隆二十六年

觀　成　原任御史。

乾隆二十八年

薩音綽克圖　原任歸化城驍騎校。

那親阿　原任天津道。

乾隆二十九年

鄔德麟　參革海州知州，鄔承顯之子，原任縣丞。

德　保　原任正紅旗滿洲佐領。

七達色　原任鑲紅旗蒙古雲騎尉。

裴家樂　原任廣西義寧協都司。

任　景　原任福建軍標游擊。

劉　洪　原任福建將軍。

李文榮　原任外委，廣東陸豐縣人。

松　山　原任正黃旗滿洲輕車都尉。

劉紹汜　原任海豐縣知縣。

乾隆三十年

李　清　原任世襲佐領，正白旗漢軍。

額爾克圖　原任圍場翼長，鑲黃旗蒙古。

吞　多　原任大理寺筆帖式，鑲白旗人。

婁正高　原任寶慶協外委，湖南武岡州人。

陳題橋　原任竹山縣知縣，福建人。

羅學旦　原任大成縣知縣，廣東人。

羅崇德①　原任涇陽縣知縣，湖北人。

乾隆三十一年

張廷顯　原任閩安協都司，福建人。

赫達色　原任理藩院員外郎，正白旗蒙古。

常　安　原任侍衛，鑲黃旗滿洲。

① "羅崇德"，國圖抄本作"羅宗德"。

邱天寵　原任高台縣縣丞，陝西人。

衆神保　原任正紅旗包衣藍甲校。

賀成恩　原任永州營外委，湖南祁陽縣人。

程夢元　原任咸陽府知府，安徽人。

乾隆三十二年

永　保　原任河南彰德府知府，鑲白旗滿洲。

孔繼韶　原任湖南①沅州府通判，鑲紅旗漢軍。

陳尚禮　原任四川巴縣知縣，貴州畢節縣人。

奇　山　原任寧海縣知縣，鑲黃旗滿洲。

寧古齊　原任協領，正白旗滿洲。

乾隆三十三年

徐世佐　原任直隸嚴鎮場大使，湖南人。

紀　昀　原任翰林院編修，直隸河間府獻縣人。

蘇起文　原任元江營千總，雲南元江府人。

二　格　原任鳳凰城防禦，鑲黃旗滿洲。

德　恒　原任盛京刑部郎中，正白旗滿洲。

和　永　原任員外郎，正黃旗滿洲。

額爾金布　原任員外郎，正黃旗滿洲。

乾隆三十四年

王　龍　原任臺灣笨巷汛千總，福建閩縣人。

宋　鈺　原任文進士。

邱佐邦②　原任督標千總，廣東高安縣③人。

① "湖南"，國圖抄本作 "湖北"。
② 國圖抄本作 "邱佐鄂"。
③ 國圖抄本、刻本作 "高要縣"。

賽尚阿　原任廐長，正白旗滿洲。

金　良　原任廐長，鑲黃旗滿洲。

劉治賢　原任廐長，正白旗滿洲。

乾隆三十五年

呼延華國　原任廣東化州知州。

王國昌　原任順德協外委，廣東順德縣人。

鄭遇時　原任成都普安營把總，四川馬邊廳人。

梁東暘　原任甘肅提標游擊，世襲三等男、候補副將，陝西長安縣人。

楊逢元　原任廣西武緣縣知縣。

乾隆三十六年

陳大吕　原任雲南永昌府知府。

六十七　原任佐領，正白旗滿洲。

李　翔　原任貴州駐防把總。

童士奇　原任巡檢，貴州桐梓縣人。

馬守全　原任甘肅階州營游擊，江寧府上元縣人。

朱廷瑞　原任江西萬縣灘頭司巡檢，浙江山陰縣人。

乾隆三十七年

吳青華　已革文舉。

倪萬邦　原任貴州普華縣知縣。

章密密　原任廣東靈山縣典史。

董成宣　原任雲南大理府城守營都司，直隸豐潤縣人。

胡　光　原任雲南提標中營參將，直隸密雲縣人。

乾隆三十八年

楊茂春　原任廣州漢軍協領。

乾隆三十九年

劉紹濂　原任廣西奉議州州判，湖南溆浦縣人。

游宗義　原任瀘寧營把總，四川會理州人。

乾隆四十年

張必捷　原任登州營守備。

武維治　原任濟南①城守營守備，山西寧武縣人。

福官保　原任山東德州防禦，正黃旗蒙古。

珠拉克　原任德州驍騎校，鑲黃旗蒙古。

六十八　原任德州防禦，正黃旗滿洲。

喬大椿　原任河池州知州，江蘇寶應縣人。

劉守章　原任把總，雲南寧洱縣人。

六十七　原任中書。

圖　拉　原任司獄。

强　清　原任護軍校。

福　祿　原任藍翎長。

武元宰　原任副指揮職銜，山西汾陽縣人②。

阿里爾庫③　原任黑龍江驍騎校。

明　福　原任藍翎長，鑲白旗滿洲。

乾隆四十一年

蔣龍昌　原任廣東嘉應州知州。

蔡錫伯　原任廣東惠州協都司。

潘復和　原任州同職銜。

---

① "濟南"，國圖抄本作"湖南"。

② 國圖抄本無"山西汾陽縣人"句。

③ 國圖抄本作"阿寧爾庫"。

范全孝　原任候補同知，江蘇如皋縣人。

開　泰　原任員外郎。

海　齡　原任刑部廣東司郎中，鑲白旗滿洲。

唐　輝　原任興漢鎮游擊。

程大治　原任廣西太平府知府，安徽休寧縣人。

乾隆四十二年

裕　福　原任王門下散騎雲騎尉。

薛隆紹　原任湖南永州游擊。

馬　全　原任山東安丘縣縣丞，天津縣人。

薛　閎　原任廣東長樂縣知縣，河南南陽縣人。

張家鵬　原任山東安丘縣典史，宛平縣人。

四　寅　原任護軍校。

乾隆四十三年

高起鳳　原任通會河北岸上汛外委，直隸武清縣人。

孔　鵬　原任歸安縣縣丞，江南高淳縣人。

王祖夔　原任東昌衛千總，直隸晉州人。

萬世通　原任臨清衛守備，湖南桃源縣人。

繆　倫　原任齊齊哈爾正藍旗協領。

余應豪　原任湖州鎮標左營千總，廣東饒平縣人。

乾隆四十五年

桑額得　原任盛京佐領。

阿密爾渾　原任黑龍江呼蘭城佐領。

音　孫　原任黑龍江呼蘭城驍騎校。

朱秉智　原任把總，江西南昌縣人。

徐廷獻　原任福建壁頭汛把總，福建同安縣人。

乾隆四十六年

徐　勉　原任雲南試用從九品，江西新建縣人。

趙得功　原任福建彭湖協副將。

席　鈺①　原任隴西縣典史，江蘇太湖廳人。

張　瓏　原任雲南東川②府知府。

方　洛　原任江蘇同山縣知縣。

楊　大③　原任昆明縣知縣，江南元和縣人。

曹麟開　原任黃梅縣知縣，安徽貴池縣人。

蔣業晋　原任漢陽縣知縣，江南長洲縣人。

章　紳　原任廣東提督，直隸天津縣人。

胡元琢　原任河南關山縣知縣，浙江山陰縣人。

李福善　原任臨安府經歷，江南銅山④縣人。

沈　超　原任西城兵馬司正指揮，浙江會稽縣人。

鄭天浚　原任廣東左翼鎮總兵，福建長樂縣人。

乾隆四十七年

周得升　原任千總，福建人。

黃登溥　原任把總，福建人

甘國榮　原任外委，福建人。

甘國麟　原任外委，福建人。

王大年　原任蘇松鎮標把總，江南崇明縣人。

李　治　原任雲南沾益州知州，浙江山陰縣人。

吳　彬　原任守備，江南上元縣人。

---

① "席鈺"，國圖抄本作"席銓"。

② "東川"，國圖抄本作"東州"。

③ "楊大"，國圖抄本作"楊奮"。

④ "銅山"，國圖抄本作"桐山"。

范　麟　　原任四川梁山縣知縣，江蘇如皋縣人。

張本麟　　原任四川太平縣知縣，湖南湘潭縣人。

張心鑒　　原任四川大竹縣知縣。

夏　恒　　原任安化縣知縣，浙江嘉興縣人。

屠士林　　原任封川縣巡檢，浙江會稽縣人。

吳　尉　　原任江蘇沛縣知縣。

周恭先　　原任雲南建水縣知縣，湖南興化縣人。

五明安　　原任盛京蓋平縣知縣。

景　椿　　原任雲南候補知州，江蘇昭文縣人。

文　臣[①]　　係舉人。

乾隆四十八年

何永昌　　原任貴州思恩府知府，安徽歙縣人。

曹聯捷　　原任思州府經歷，山西靈石縣人。

德　親　　原任鑲黃旗滿洲二等侍衛。

同　福　　原任正紅旗滿洲三等侍衛。

色　倫　　原任正紅旗滿洲三等侍衛。

奇納保　　原任三等侍衛，正紅旗滿洲。

巴杭阿　　原任熱河防禦，鑲黃旗滿洲。

黃濟清　　原任典史，湖南平江縣人。

陳大鍾　　原任新陽縣典史，大興縣人。

朱　越　　原任英吉沙爾換防游擊。

宋遵仁　　原任貴州甕安縣土縣丞。

興　銘　　原任候補筆帖式，綏遠城鑲白旗人。

張履觀　　原任婁縣知縣，雲南建水縣人。

黃恩彩　　原任福建提標把總，福建晉江縣人。

---

① "文臣"，國圖抄本作"文辰"。

白文常　原任鎮標游擊，直隸河間縣人。

德克登額　原任福建鎮標中營游擊，正白旗人。

查　史　原任候補副將，鑲黃旗蒙古。

來　格　原任山西新平路營參將，正紅旗蒙古。

納延太　原任盛京錦州佐領。

七十八　原任盛京復州曉騎校。

馬殿翼　原任湖北漢川縣知縣，福建長汀縣人。

買千壽　原任江西廣信營守備，河南河內縣人。

乾隆五十年

黃得秀　原任河南沈丘縣典史，廣東鎮平縣人。

觀　索　原任盛京①內務府佐領。

馬林保②　原任寧古塔佐領。

葉爾太　原任防禦。

善　德　原任雲騎尉。

蘇倫保　原任藍翎長。

范樹棟　原任廣興③營參將，鑲黃旗漢軍。

五神保　原任烏里雅蘇台主事，正白旗滿洲。

福　得　原任內務府筆帖式。

孔衍昆　原任章丘縣訓導，山東曲阜縣人。

葉　虎　原任鞏昌營把總，甘肅靈州人。

王宏毅　原任固原城守營守備，正黃旗漢軍。

薩繼勛　原任海城營千總，西安府長安縣人。

吳　榛　原任福建寧德縣知縣，貴州畢節縣人。

林逢升　原任把總，廣東歸善縣人。

---

① 國圖抄本無“盛京”二字。

② “馬林保”，國圖抄本、刻本作“烏林保”。

③ “廣興”，國圖抄本、刻本作“廣信”。

談英雄　原任平海營千總，廣東新安縣人。

奎　亮　原任藍翎拜唐阿。

王風清　原任山東海陽縣知縣，四川璧山縣人。

陳得福　原任海壇鎮標外委，福建福清縣人。

李智和　原任驍騎校，盛京鑲紅旗漢軍。

札克丹　原任禮部郎中。

巴　什　原任世襲騎都尉，[鑲白旗滿洲]①。

乾隆五十一年

孫　挺　原任正白旗漢軍佐領。

富　貴　原任內閣中書。

王篤佑　原任洮州同知，安徽全椒縣人。

吳　趲　原任靜寧州知州，江蘇山陽縣人。

王　詢　原任南平縣知縣，山西臨汾縣人。

那　福　原任江蘇高貲營都司，正紅旗滿洲。

潘　成　原任江西河標中營都司，安徽壽州人。

蔡大猷　原任千總，廣東徐聞縣人。

關衛邦　原任把總，廣東陽江縣人。

周玉駒　原任福建水師參將，浙江臨海縣人。

黃宗侁　原任武進士，鑲白旗漢軍。

張　拱　原任靜寧州副將，安徽廬江縣人。

恒　德　原任佐領，鑲黃旗滿洲。

和寧安　原任靖逆營游擊，鑲白旗滿洲。

富明阿　原任雲南尋霑營參將，正藍旗滿洲。

孫成基　原任狄道州州判，湖南澧州②人。

---

① 國圖抄本作"厢白旗滿洲"，刻本作"鑲白旗滿洲"，據補。

② "澧州"，國圖抄本作"豐州"。

乾隆五十二年

劉淑楓　原任蘇州通判，山西洪洞縣人。

張啓林　原任汀州鎮游擊，陝西涇陽縣人。

六十三　原任汀州鎮游擊，正黃旗漢軍。

彭朝龍　原任汀州鎮游擊，湖北松滋縣人。

傅嵩安　原任候補助教，鑲白旗滿洲。

吳啓元　原任福建澎湖協游擊，福建同安縣人。

色　欽　原任莊浪佐領。

景　文　原任洮州廳同知，正黃旗滿洲。

王廷玉　原任西河縣①典史，四川岳池縣人。

乾隆五十三年

沈明掞　原任湖廣歸陽州同知，直隸天津人。

達冲阿　原任工部員外郎，鑲藍旗滿洲。

正　柱　原任護衛，正白旗滿洲。

陳國棟　原任山東德平縣典史，大興縣人。

富　興　原任鑲藍旗滿洲世襲佐領。

馬奮麟　原任貴州正元鎮守備，安西州人。

張惇典　原任保安州知州，山西孝義縣人。

王蕙元　原任湖北漢川縣知縣，鑲白旗人。

重　福　原任佐領。

富森太　原任户部銀庫庫使，鑲紅旗滿洲。

乾隆五十四年

官正邦　原任捐納從九品，江西南城縣人。

①　“西河”，國圖抄本作“四河縣”。

蔡永勝　原任外委，福建晉江縣人。

趙　勇　原任臺灣水師協標游擊，福建詔安縣人。

孔天荷　原任廣東西寧縣知縣，陝西渭南縣人。

寧淑昌　原任隴西縣知縣，直隸樂亭縣人。

胡有元　原任漢陽營外委，湖北漢陽縣人。

王紹元　原任蔡店巡檢，江南丹徒縣人。

邵振剛　原任守備。

席　榮　原任千總。

陳朝魁　原任千總。

帥　挺　原任千總。

巫　昆　原任千總。

許朝芳　原任把總。

黃廷揚　原任千總。

鄭攀鳳　原任把總。

陳國太①　原任把總。

靳金梁　原任把總。

孫朝亮　原任把總。

葉琪英　原任把總。

石生輝　原任把總。

傅敦仁　原任把總。

沈祖禮　原任千總。

鄭名邦②　原任千總。

董學海　原任把總。

李生魁　原任把總。

王殿開　原任把總。

---

①　國圖抄本作“陳國泰”。

②　國圖抄本作“鄭廷邦”。

施必得 原任把總。

石光升 原任把總。

李大特① 原任宜城縣教諭，湖南芷江縣人。

蔡日助 原任福建臺灣把總，福建晉江縣人。

徐維城 原任雲南通海縣知縣，鑲黃旗漢軍。

吕憬蒙 原任漳浦縣知縣，安徽旌德縣人。

柴必魁 原任連江營游擊，福建閩縣人。

黄金印 原任把總，福建建安縣人。

徐　機 原任臺灣鎮都司。

乾隆五十五年

王　勇 原任江西南贛鎮把總，江西贛縣人。

傅殿揚 原任桂元司巡檢，四川成都縣人。

延　恂 原任安平協副將，正黃旗包衣。

鄭元好 原任臺灣安平營游擊，福建龍溪縣人。

楊世忠 原任臺灣游擊，福建福清縣人。

張繼勛 原任臺灣鎮總兵，浙江永嘉縣人。

金上達 原任温州守備，浙江錢塘縣人。

彭　鋆 原任松潘［廳］② 同知，直隸曲陽縣人。

成　城 原任臺灣府鹿耳門同知，浙江仁和縣人。

陳士份 原任福寧鎮標游擊，福建龍溪縣人。

楊飛鵬 原任福寧鎮標外委，福建霞浦縣人。

王　洪 原任把總，福建長汀縣人。

徐鼎士 原任平安縣副將，江蘇上元縣人。

鄔維蕭 原任福建臺灣同知，大興縣人。

---

① 國圖抄本作“李天特”。

② “松潘”，國圖抄本、刻本作“松潘廳”，據補。

許廷瑞　原任福建安平協①千總，福建泉州府人。

謝元斌　原任水師營守備，福建龍岩州人。

乾隆五十六年

龍　鐸　原任江蘇吳江縣知縣，直隸宛平縣人。

孟　芮　原任震澤②縣知縣，直隸③東明縣人。

王光陛　原任江蘇上海縣縣丞，直隸永清縣人。

費元震　原任江蘇句容縣縣丞，浙江歸安④縣人。

德　征　原任候選教職，正紅旗漢軍。

潘元焯　原任臺灣佳里司巡檢，江蘇長洲縣人。

李鳳鳴　原任福建海壇營把總，福建福清縣人。

王　楠⑤　原任廣西平南縣知縣，河南輝縣人。

周丹霽　原任福建諸羅縣縣丞，江蘇上元縣人。

祿　德　原任世襲佐領，正紅旗蒙古。

史映彩　原任福建南靖縣縣丞，江蘇元和縣人。

乾隆五十七年

周一雷　原任江蘇松江鎮游擊，浙江臨海縣人。

謝祖錫　原任太平縣知縣，廣東陽春縣人。

陳開源　原捐州同職銜，直隸天津縣人。

陳　揚　原任潛山營外委，安徽潛山縣人。

唐思勛　原任福建嘉義縣知縣，雲南嵩明州人。

劉文敏　原任黃岩鎮總兵，正紅旗漢軍。

---

① "安平協"，國圖抄本作"平安協"。

② "震澤"，國圖抄本作"鎮宅"。

③ 國圖抄本無"直隸"二字。

④ "歸安"，國圖抄本作"臨安"。

⑤ "王楠"，國圖抄本作"王柄"。

林贊盛　原任湖北京山縣知縣，湖南巴陵①縣人。

李時景　原任武緣縣知縣，河南武安縣人。

王遇彩　原任湖北嘉魚縣知縣，山西萬全縣人。

張兆鯤　原任蘇松鎮②千總，江蘇南匯縣人。

尤應麟　原任漳州鎮千總，福建羅源縣人。

陸進深　原任漳州鎮外委，福建龍溪縣人。

乾隆五十八年

汪文昭　原任公安縣屠陵巡檢，宛平縣人。

何星源　原任福建連③江縣典史，安徽懷寧縣人。

哈　集　原任佐領，鑲藍旗滿洲。

潘鳳翼　原任新安營把總，山西左雲縣人。

沈　峻④　原任廣東吳川縣知縣，天津縣人。

楊　坊　原任福建光澤汛外委，廣東嘉應州人。

顧　熙　原任浙江溫州府通判，河南河內縣人。

張廷春　原任湖北咸寧縣知縣，貴州綏陽縣人。

沙爾布　原任驍騎校，鑲藍旗滿洲。

林雨化　原任福建寧德縣教諭，福建閩縣人。

張　漢　原任樂平縣駐汛把總，山西孟縣人。

盧翰燾　原任龍岩營千總，福建崇安縣人。

陳威揚　原任龍岩鎮外委，福建龍溪縣人。

吳夔龍　原任福建提標把總，福建晉江縣人。

---

① “巴陵”，國圖抄本作“巴巴”。

② “蘇松”，國圖抄本作“蘇江”。

③ 國圖抄本脫“連”字。

④ “峻”，國圖抄本作“竣”。

乾隆五十九年

觀得保　原任鑲白旗滿洲①。

達　敏　原任刑部筆帖式，鑲黃旗滿洲。

伊蘭太　原任參領，鑲白旗滿洲。

郭維垣　原任靈石縣訓導，山西壺關縣人。

趙文照　原任山東文登縣知縣，山西孟縣人。

蔡起發　原任游擊，浙江里安縣人。

陳大剛　原任千總，浙江黃岩縣人。

林國彪　原任外委，浙江黃岩縣人

林茂貴　原任把總，浙江黃岩縣人。

鮑鳴鳳　原任海寧州，安徽青陽縣人。

諸源智②　原任文登縣靖海司巡檢，浙江山陰縣人。

王連元　原任昌石營都司，嚴州府建德縣人。

沈則文　原任山東即墨縣知縣，浙江仁和縣人。

乾隆六十年

阮　曙　原任福建漳浦縣知縣，江蘇江寧縣人。

明　亮　原任伊犁將軍。

郭　瑸　原任浙江莆田縣知縣，江西新城縣人。

陳一桂　原任蕭山縣龕山汛把總。

穆如藺③　原任河南巡檢。

---

① 刻本作"鑲白旗滿洲"，脱"原任"二字。

② "源"，國圖抄本作"遠"。

③ "如"，國圖抄本、刻本作"和"。

嘉慶元年

武綸布①   原任江蘇蕭縣知縣，宛平縣人。

月　明   原任盛京副關防。

王以中   原任四川筠連縣知縣，貴州遵義縣人。

陳世章   原任保康縣知縣，江西寧州人。

顧　掞   更名顧佺，原任澄海縣知縣，江蘇長洲人。

嘉慶二年

德　恩   原任福建福寧鎮標游擊，正黃旗內務府人。

汪光緒   原任福建霞浦縣知縣，直隸宛平縣人。

牛世顯   原任福建建寧縣知縣，直隸南樂縣人。

熊言孔   原任浙江江山縣知縣，直隸大興縣人。

謙　益   原任試用鹽大使，正白旗滿洲。

楊　瑚   原任福建大田縣知縣，湖南安鄉縣人。

嘉慶三年

徐　午   原任江西南昌縣［知縣］②，安徽歙縣人。

嘉慶四年

劉雲卿   原任湖北鍾祥縣知縣。

招夢熊   原任電白營外委，廣東電白縣人。

嘉慶五年

陳上高   原任黃岩鎮總兵，廣東歸善縣人。

---

① “綸”，國圖抄本作“倫”。
② 國圖抄本、刻本作“南昌縣知縣”，據補。

陳大立　原任南路營守備，福建浦田縣人。

陳鳴鐸　原任安平協把總，福建閩縣人。

葉金印　原任南路營千總，福建同安縣人。

方定選　原任南平縣知縣，江西安義縣人。

嘉慶六年

王　錫　原任①貴②州候補府經歷。

王應詔　原任福建平和縣知縣，四川閬中縣人。

陳聖域　原任山西潞安府經歷，浙江仁和縣人。

張曾敉　原任隨州知州，安徽桐城縣人。

嘉慶七年

鞠清美　原任福建詔安縣知縣，鑲黃旗漢軍。

莫子捷　原任湖北應山縣知縣，廣東高明縣人。

嘉慶八年

鍾鳳騰　原任山東膠萊通判，福建武平縣人。

德　生　原任山東濟南府知府，正黃旗滿洲。

官　信　原任山東兗州鎮總兵③。

額爾登布　原任驍騎校，正紅旗滿洲。

嘉慶九年

寶　善　原任參領。

烏爾圖那蘇圖④　原任佐領。

---

① 刻本脫"原任"二字。

② 國圖抄本脫"貴"字。

③ "兗州鎮總兵"，國圖抄本作"兗州總鎮"。

④ 國圖抄本作"烏爾蘇那蘇圖"。

額勒精額　原任佐領。

李景善　原任委官。

巴彦布　原任驍騎校。

穆克登額　原任驍騎校。

瑪哈那　原任防禦。

全　德　原任委官。

侯文利　原任花馬池營把總，甘肅靈州人。

方應恒　原任漳州府知府，湖南巴陵縣人。

嘉慶十年

黃　玠　原任直隸試用知縣，四川三台縣人。

吕秉成　原任領運千總。

盛　住　原任總管内務府大臣。

公　峨　原任貴州布政司①，鑲黄旗滿洲。

博　慶　原任世襲佐領，正白旗滿洲。

嘉慶十一年

伊　誠　原任承德縣知縣。

書　成　原任普洱鎮總兵。

孫貽謀　原任河南林縣知縣，江蘇六合縣人。

茹紹基　原任安徽靈壁縣知縣，浙江山陰縣人。

劉　榮　原任碣石鎮左營守備，廣東東莞縣人。

黃官顯　原任碣石鎮中營守備，廣東歸善縣人。

明　善　原任讀祝官。

李漢升　原任廣東碣石鎮總兵，福建晋江縣人。

成　明　原任副都統。

─────────

① "布政司"，國圖抄本、刻本作 "布政使"。

常　興　原任理藩員外郎，鑲白旗蒙古①。

木特布　原任古北口防守禦。

成　林　原任駐藏辦事大臣。

嘉慶十二年

龔啓曾　原任廣州府司獄，宛平縣人。

程行敏　原任番禺②縣典史，湖北孝感縣人③。

德　成　原任二等護衛。

顔　檢　原任直隸總督。

祥　玉　原任正紅旗佐領、世襲騎都尉。

李鑾宣　原任雲南按察使。

盧家元④　原任宜昌府通判，福建南平縣人。

陳錦章　原任貴州按察使司獄，四川合州人。

慶　福　原任佐領，鑲白旗人。

四達色　原任山東沂州協副將。

鄭廷安　原任碣石鎮都司，廣東新安縣人⑤。

倭什布　原任陝甘總督筆帖式銜，滿洲正紅旗人。

遇　昌　原任江蘇按察使⑥，鑲白旗滿洲⑦。

---

① 刻本脫"鑲白旗蒙古"五字。

② 國圖抄本作"番昌"。

③ 國圖抄本脫"湖北孝感縣人"六字。

④ 國圖抄本作"盧元家"。

⑤ 國圖抄本作"廣東新安新縣人"。

⑥ "按察使"，國圖抄本作"臬司"。

⑦ 國圖抄本作"鑲白旗人"。

《三州輯略》卷之七

藝文門上

　　謹案：太史公[1]南游江淮，上會稽，探禹穴，窺九疑，浮沅、湘，涉汶、泗，西征巴蜀，南略邛、筰、昆明，周歷數十載，著書百萬言。李太白游江、淮、汶、濟，西經梁、益，南窮滇池、夜郎，過洞庭、彭蠡[2]，客游數千里，吟詩①千首。邵康節[3]生平所游歷，不過走吳適楚，過齊、魯，客梁、晉，久之歸洛，曰“道在是矣”，遂傳先天之學。脫令三子者，馳驅於萬里之外，如羅娑、阿耨、勃律、蒙池，文教不加之地，睹詭風譎俗之奇，則龍門之集、青蓮之什、河洛之書，必將發奇思，占奇句，要其會心未有不奇而法者。蓋宇宙間無分遐邇，大而象緯山川，細而蟲魚草木，無往而非文，無往而非詩，即無往而非道也。西域通自漢、唐，而宋、元、明罕傳其迹。國朝闢新疆四十餘年，恐有提槧懷鉛②，吟披嘯卷③於其間而湮沒不傳者，爰博采以觀乎人文，亦足徵化成天下之盛云。

【注释】

〔1〕太史公：即司馬遷（前145年—?），字子長，夏陽（今陝西韓城

---

①　“吟詩”，國圖抄本作“吟請”。
②　“懷鉛”，國圖抄本作“懷銘”。
③　“嘯卷”，國圖抄本作“綉卷”，刻本作“嘯咏”。

市）人。少而好學，二十歲以後，游踪幾遍全國，考察各地民風，搜集佚聞傳說。初任郎中，元封三年（前108年）繼父職，任太史令，得讀大量皇家藏書。太初元年（前104年）著手編寫《史記》，後因替投降匈奴的李陵辯解，被處以腐刑。出獄後任中書令，發憤著述，完成了這部巨著。後人稱遷“有良史之材”，稱《史記》“其文直，其事核，不虛美，不隱惡，故謂之實錄”。

〔2〕彭蠡：即鄱陽湖。因近鄱陽山，隋改爲鄱陽湖。在江西省北部，爲贛江、修水、鄱江、信江等河的總匯。湖形似葫蘆，中爲細腰，因而有南北二湖之分，南曰宮亭湖、族亭湖；北曰落星湖、左蠡湖。爲湖南與長江的交通要道。湖水北經湖口注入長江，爲我國最大淡水湖。

〔3〕邵康節：即邵雍（1011—1077），北宋哲學家。字堯夫，別號伊川丈人，自署安樂先生，又稱百源先生。祖先爲范陽（今河北省涿州市）人，幼年隨父邵古徙居共城（今河南省輝縣市）。曾隱居蘇門山百源之上，潛心學問。後從共城縣令李之才習《周易》象數之學，多所自得，創先天象數學，開百源學派之先河，與周敦頤、張載、程顥、程頤并稱“北宋五子”，成爲宋代理學重要人物。晚年居洛陽，與富弼、司馬光等交游，屢被薦於朝，皆堅辭不受。熙寧十年（1077）病故，贈秘書省著作郎，諡康節。其易學代表作《皇極經世》十一卷，用多種圖式，以易理和易數推究宇宙起源、自然演化與社會術數，有重要影響。另有《古周易》八卷及《先天圖》一卷。其他著作尚有《漁樵問答》《伊川擊壤集》等。

漢《張騫碑》 在伊犁南山，文字剥蝕，餘二十字。

進鴻鈞於七五，遠華西以八千，南接火藏，北抵大宛。

漢《裴岑[1] 碑》 在巴里坤城北關帝廟。

維漢永和二年八月，敦煌大守①雲中裴岑，將部卒五千人②，誅呼衍王，斬馘部衆，克敵全師，除西河之叛③，蠲四郡之害。邊境乂④安，誠威武無二，建祠以志萬世⑤。

【注释】

〔1〕裴岑：東漢雲中（今山西省大同市）人，東漢順帝永和年間任敦煌太守。永和二年（137），裴岑率本郡三千兵馬出擊北匈奴，斬殺呼衍王，取得四十年來漢朝在這個地區的一次重大軍事勝利，贏得了該地區十三年的安定局面。如此重要的戰役，《後漢書》中却未記録，實屬疏漏。幸有裴岑仿竇憲勒銘燕然，此碑保存至今，六十個字得以補史書之缺。清人紀昀、祁韵士、徐松在他們的著作中對此碑都有記載。其時，北匈奴呼衍王勢力大增，屢次進攻漢朝邊境。裴岑出擊北匈奴後，河西四郡及西域地區始得安寧。敦煌百姓爲歌頌太守裴岑，乃建祠以紀念。

西域圖記序

隋尚書左丞　裴矩

臣聞禹定九州，導河不逾積石[1]；秦兼六國，設防止及臨洮。故知西胡

---

① "大守"，國圖抄本、刻本作"太守"。

② "將部卒五千人"，《全上古三代秦漢三國六朝文·全後漢文》（河北教育出版社1997年版，第919頁）作"將郡兵三千人"。《敦煌縣志》卷六《藝文志》收此碑文，亦作"三千人"。

③ "除西河之叛"，國圖抄本作"除西域之灾"。《敦煌縣志》亦作"灾"。

④ "乂"，國圖抄本作"艾"。《全上古三代秦漢三國六朝文》《敦煌縣志》亦作"艾"。

⑤ "誠威武無二，建祠以志萬世"，國圖抄本作"振威到此，立德祠以表萬世"。《全上古三代秦漢三國六朝文》作"振威到此，立海祠以表萬世"。《敦煌縣志》作"振威到此，立德祠以表萬世"。

異種①，僻居遐裔，禮教所不及，書典所罕傳。自漢氏興基，開拓河右[2]，始稱名號者，三十六國②，其後分立，乃五十五王。仍置校尉、都護，以存招撫，叛服不恒③，屢經征伐，後漢之世，頻廢此官。雖大宛[3] 以來，略知戶數，而諸國山川，未有名目。至如姓氏風土，服章物產，全無纂錄，世所未聞④。復以春秋遞謝，年代久遠，兼并誅討，互有興亡。或地是故邦，改從今號，或人非舊類，因襲昔名。兼復部民交錯，封疆改移，戎狄音殊，事難窮驗。于闐[4] 之北，葱嶺以東，考於前史，三十餘國。其後更相屠滅，僅有十存。自餘淪没，掃地俱盡，空有丘墟，不可記識。

　　皇上膺天育物，無隔華夷，率土黔黎，莫不慕化。風行所及，日入以來，職貢皆通，無遠不至。臣既因撫納，監知關事，尋訪書傳，采訪胡人，或有所疑，即譯衆口⑤，依其本國服飾儀形，王及庶人，各顯容止⑥，即丹青模寫，爲《西域圖記》[5]，共成三卷，合四十四國。仍別造地圖，窮其要害。從西傾以去，北海之南，縱橫所亘，將二萬里。諒由富商大賈，周游經涉，故諸國之事，罔不遍知。復有幽荒遠地，卒訪難曉，不可憑虛，是以致闕。而二漢相踵，西域爲傳，戶民數十，即稱國王⑦，徒有名號，乃乖其實。今者所編，皆千餘戶⑧，利盡西海，多產珍異。其山居之屬，非有國名，即部落小者，多亦不載。

　　發自敦煌，至於西海。凡爲三道，各有襟帶。北道從伊吾，經蒲類海[6]、鐵勒[7] 部、突厥可汗庭，度北流河水，至佛菻國[8]⑨，達於西海；其中道從高昌、焉耆、龜茲、疏勒，度葱嶺，又經鏺汗[9]、蘇對沙那國、康國、曹國、何

---

① “異種”，《隋書·裴矩傳》作“雜種”。
② “三十六國”，《隋書·裴矩傳》作“有三十六國”。
③ “叛服不恒”，《隋書·裴矩傳》作“然叛服不恒”。
④ “未聞”，《隋書·裴矩傳》作“弗聞”。
⑤ “即譯衆口”，《隋書·裴矩傳》作“即詳衆口”。
⑥ “容止”，國圖抄本作“榮止”。
⑦ “國王”，國圖抄本作“爲王”。
⑧ “皆千餘戶”，《隋書·裴矩傳》作“皆餘千戶”。
⑨ “佛菻”，國圖抄本、刻本作“拂菻”，《隋書·裴矩傳》作“拂菻”。

國、大小安國、穆國，至波斯，達於西海；其南道從鄯善、于闐、朱俱波、喝盤陀，度葱嶺，又經護密、吐火羅、挹怛、忛延①、曹國②，至北婆羅門，達於西海。其三道諸國，亦各有路，南北交通，其東女國、南波羅門國等，并隨其所往，諸處得達。故知伊吾、高昌、鄯善，并西域之門户③。總湊敦煌，是其咽喉之地。

以國家威德，將士驍雄，泛蒙汜〔10〕而揚旌，越昆侖而躍馬，易如反掌，何往不至？但突厥、吐渾分領羌胡之國，爲其所擁遏，故朝貢不通。今并因商人密送誠款，引領翹首，願爲臣妾。聖情涵養，澤及普天，服而撫之，務存安輯。故皇華遣使，弗動兵車，諸蕃既從，渾、厥可滅。混一戎夏，其在兹乎？不有所紀，無以表威化之遠也。

【注释】

〔1〕積石：山名。有大小兩積石山。大積石，即今大雪山，土名阿木奈瑪勒占木遜山，蒙古語曰木素鄂拉，在今青海東南部，相傳大禹導河自此；小積石山，即古唐述山，在今甘肅省臨夏回族自治州西北。《史記·夏本紀》："浮于積石，至於龍門、西河。"《隋書·地理志》："龍支縣西九十八里。南與枹罕縣分界。舊《志》小積石山，在西寧衛東，東南一百七十里，即古唐述山也。"《大清一統志·西寧府·山川》："積石山，在西寧縣東南。"

〔2〕河右：又名河西，古地區名。《爾雅·釋地》："河西曰雍州。"春秋戰國時指今山西、陝西兩省間黄河南段之西。漢唐時指今甘肅、青海兩省黄河以西，即河西走廊與湟水流域。北朝時又泛指今山西省吕梁山以西的黄河東西兩岸。此處指漢唐時河西地域。

〔3〕大宛：古國名，國王駐貴山城。據《漢書》記載，有六萬户，三十萬人，能當兵的有六萬人。設有副王和輔國王各一名。北與康居、南與大月氏接近，土地、氣候、物産和民俗與大月氏、安息相同。

---

① "忛延"，《隋書·裴矩傳》作 "帆延"。
② "曹"，《隋書·裴矩傳》作 "漕"。
③ 《隋書·裴矩傳》作 "西域之門户也"。

〔4〕于闐：古国名，在今新疆維吾爾自治區和田地區西南，都城是西山城。據《後漢書·于闐傳》載，東漢時，有"户三萬二千，口八萬三千，勝兵三萬餘人。""其地方亘千里，連山相次。"是塔里木盆地南緣的一個强大城邦。

〔5〕《西域圖記》：隋煬帝大業年間（605—606），裴矩任西域校尉，長駐張掖（今甘肅張掖），掌管接待外國使者和互市。裴矩親自向西域的使者和商人采訪各國各族的山川、道里、風俗、物産等，將其中四十四國的情况編成此書，提供了詳細的資料并配有插圖，故名《西域圖記》。原書已佚，其主要内容被采入《隋書·西域傳》中，該書的《序》則大多保存于《隋書·裴矩傳》中。《西域圖記》是隋朝記述西域情况的唯一史籍，對研究絲綢之路中段北道的歷史具有重要意義。

〔6〕蒲類海：湖泊名。《西域圖志》中稱其爲巴爾庫勒，即今新疆維吾爾自治區巴里坤西北的巴里坤湖。東漢永平十六年（73），竇固、耿忠逾天山追匈奴呼衍王於此海。

〔7〕鐵勒：中國古代民族名，亦稱赤勒、敕勒。因所用車輪高大，又稱高車。源于漢代的丁零。魏晋南北朝時期，游牧於東至貝加爾湖畔，西至土拉河以西、阿爾泰山及塔爾巴哈台一帶的廣大地區。以馬、牛、羊、駱駝爲主，生産繁茂興盛。部分遷居漠南的鐵勒族逐漸學會農耕。5世紀中葉歸屬北魏。弓箭、貂皮爲其朝貢的特産。突厥興起後，分屬東、西突厥。散處漠北者有十五部，以薛延陀與回紇爲最强。

〔8〕佛菻國：我國古代史籍中對東羅馬帝國（即拜占庭帝國）的稱謂，古代亦稱大秦或海西國。隨歷史時期之不同，此名有時也指苦國（今叙利亞）等地中海東岸地區，宋、元時代又用以稱呼塞爾柱突厥人統治的小亞細亞。

〔9〕鏺汗：隋唐時期栗特人統治的國家。在今烏兹别克斯坦的費爾幹納盆地。初臣屬於西突厥，後歸唐。龍朔二年（662），唐高宗在其地設休循州及軍府。開元二十七年（739），助唐平定突騎施吐火仙可汗之亂。唐玄宗封其國王爲奉化王。天寶三年（744），與唐和親。其國與唐朝關係最爲密切。

〔10〕蒙汜：古代神話傳説中太陽止息的地方。屈原《天問》有"出自湯谷，次於蒙汜"之句，王逸注："汜，水涯也，言日出東方湯谷之中，暮入

西極蒙水之涯。"《楚辭章句》記"日出東方湯谷之中，暮于西方蒙水之濱"。

唐左屯衛將軍姜行本勒石碑文[1]　　在巴里坤東南松樹塘。

交河道行軍總管、右臻衛將軍上柱國_缺派吳仁領右軍十五萬。交河道行軍總管、左武衛將軍上柱國既械縣開國公牛進達領兵十五萬。

　　昔匈奴不滅①，竇將軍[2] 勒燕山之功；閩越泯清，馬伏波[3] 樹銅柱之烈。然則振英風於絶域，申壯猷於异方，莫不騰 [懋]② 實③於 [千載]④，播芳猷於亘古⑤者矣。_缺大唐德合二儀，道高五帝。握金鏡以朝萬國，調玉燭以馭兆民。濟濟冠裳，煌煌禮樂。車書順軌，扶桑之表俱同；治化所沾，蒙汜之鄉咸暨。菀天山而池瀚海，内比户以静幽都，莫不解辮髪於 [稿]⑥ 街，改左衽[4] 於 [夷陋]⑦。高昌國者，乃是西漢屯田之壁遺，兵之所居。麴文泰[5] 即其苗裔也。洎因晋室多難，群雄競馳，中原乏主，邊隅遂隔，間屆我於_缺多拔王摩_缺洞至今⑧靡遺啓政⑨。自皇威遠被，稽顙來庭，雖沐仁風，情懷首鼠。杜遠方之職貢，阻重驛之往來，肆豺狼之心，起蜂蠆之毒，[若]⑩ 德聚 [庶]⑪，賊

───────────────

　　① 《全唐文新編》作"殄滅"。見周紹良主編《全唐文新編》卷一六二，吉林文史出版社 2000 年版，第 1894 頁。

　　② 原文缺，《全唐文新編》作"懋"，據補。

　　③ 政協巴里坤哈薩克自治縣委員會文史資料編輯委員會編：《巴里坤文史資料》第 4 輯《古跡》作"垂懋績"。

　　④ 原文缺，《全唐文新編》作"千載"，據補。

　　⑤ 《全唐文新編》作"萬古"。

　　⑥ 原文缺，《全唐文新編》作"稿"，據補。

　　⑦ 原文缺，《全唐文新編》作"夷陋"，據補。《巴里坤文史資料》作"夷邸"。

　　⑧ 《全唐文新編》作"吟"。

　　⑨ 《全唐文新編》作"間屆我于多拔王磨至吟靡遺啓政"。《巴里坤文史資料》作"間屆戎狄，竊多撥王，磨□至今，靡遺聲教"。

　　⑩ 原文缺，《全唐文新編》作"若"，據補。

　　⑪ 原文缺，《全唐文新編》作"若德聚庶"，據補。《巴里坤文史資料》作"發徒衆庶"。

盛無已。聖上憋彼蒼生，申茲吊伐，乃詔使持節、光禄大夫、吏部尚書、上柱國、陳國公侯君集，交河道行軍大總管，副總管、左屯衛大將軍、上柱國、永安郡開國公薛萬均，副總管、左屯衛將軍、上柱國、通州縣①開國男姜行本等，爰整三軍，張行天罰。但妖氣未殄，將軍逞七縱之威；百雉②作圍③，英奇申九功之略。以通川公深謀間出，妙思縱橫，命缺前軍營造攻具。乃統沙州刺史、上柱國、望都縣開國侯劉德敏，右監門中郎將、上柱國、淮安縣開國公衡智錫，左屯衛中郎將、上柱國、富陽縣開國伯屈昉，左武候郎將李海崖，前開州刺史時德衡，右監門府長王進威等，并率驍雄，鼓行而進。以貞觀十四年五月十日，師次伊吾折羅漫山，北登里紺所。未盈旬④，克成奇功。伐木則山林殫盡，叱吒則山谷蕩薄。衝梯罄〔整〕⑤，百櫻⑥冰碎，機檐一發，千石雲飛。墨翟之拒無施，公輸之妙詎比。大總管運籌帷幄，繼以中軍鐵騎亘原野，金鼓動天地，高旗蔽日月（缺），長戟彗雲〔霓〕⑦。自秦、漢出師未有如斯之盛也。班定遠[6]之通西域，故烈罕存；鄭都護[7]之滅車師，空聞前史。雄圖世著，彼獨何人？勒石紀功，傳諸不朽，其詞曰：

於赫大唐，受天明命。化齊得所⑧，功無極竟⑨。荒服猶阻，夷居不定。乃拜將軍，殄茲梟獍。

六奇動思⑩，群雄逞力。陣開龍騰，營缺測缺麗星光⑪，旗明日色。揚旌塞外⑫，振威西極。

---

① 《全唐文新編》作"通川縣"，刻本作通川縣。
② "百雉"，國圖抄本作"百姓"。
③ 《全唐文新編》作"固"。
④ 《全唐文新編》作"旬月"。
⑤ 原文缺，《全唐文新編》作"整"，據補。
⑥ 原文缺，《全唐文新編》作"櫻"，據補。《巴里坤文史資料》作"櫓"。
⑦ 原文缺，《全唐文新編》作"霓"，據補。《巴里坤文史資料》作"長戟撥風雲"。
⑧ 《全唐文新編》作"化濟得成"。
⑨ 《全唐文新編》作"功寧山境"。《巴里坤文史資料》作"功無與兢"。
⑩ 此句《全唐文新編》作"謀六奇動思"。
⑪ 《巴里坤文史資料》作"營設虎踞，氣遮星光"。
⑫ 《全唐文新編》作"塞表"。

峨峨峻嶺，渺渺平原。塞雲暝結，潮風①晝昏。缺長紀［落雪］②。缺銘功贊德缺③。

大唐貞觀十四年歲次庚子閏六月丁卯朔［廿五日辛卯］④ 立。

瓜州司法參軍河内司馬太貞[8] 詞具⑤。

【注釋】

〔1〕唐左屯衛將軍姜行本勒石碑：又稱《唐姜行本碑》，也稱《天山碑》。碑刻于唐貞觀十四年（640）六月，詳記當年唐軍平定高昌之役的初始經過、行軍路線和戰略部署，具有重要的史料價值。石碑原立于巴里坤，司馬太貞撰文。清雍正十一年（1733），駐守巴里坤的岳鍾琪將此碑移至天山廟。二十世紀三十年代，馬仲英攻哈密，焚毀天山廟，石碑弃於郊野，中華人民共和國成立後，運至烏魯木齊，現碑石藏于新疆維吾爾自治區博物館。碑高二百五十厘米，寬九十厘米，厚二十五厘米。碑文楷書十八行，行四十七字；碑額五行，行三字。碑額題“大唐左屯衛將軍姜行本勒石記功碑”。

〔2〕竇將軍：即竇憲（？—92），字伯度，扶風平陵（今陝西省咸陽市西北）人，其妹爲漢章帝皇后。章帝、和帝時外戚權臣。章帝建初二年（77）拜爲郎，不久升爲侍中。後因征討匈奴有功，拜大將軍，寵信日隆。和帝即位後，太后臨朝，竇憲在内掌握機密，對外宣布語令。其弟竇篤、竇景都占據要職，且驕縱不法，對皇帝構成威脅。永元四年（92），和帝利用宦官鄭衆等人剥奪了竇憲的大權，竇憲被迫自殺。

〔3〕馬伏波：即馬援（前14年—49年），字文淵，右扶風茂陵（今陝西省興平市）人，東漢名將。光武帝時，參加攻滅槐囂的戰爭，後任隴西太

---

① 《巴里坤文史資料》作“胡風”。

② 原文缺，《全唐文新編》作“落雪”，據補。《巴里坤文史資料》作“經年凝冰，長紀落雪”。

③ 《巴里坤文史資料》作“高樹吟猿，銘功贊德”。

④ 原文缺，《全唐文新編》作“廿五日辛卯”，據補。

⑤ 《全唐文新編》無此句，作“裴弘獻”。

守，平定臨洮、金城一帶。後又任伏波將軍，征交趾，以功封爲新息侯。其爲人慷慨有大志，曾説："丈夫立志，窮當益堅，老當益壯。"又説："男兒要當死於邊野，以馬革裹屍還。"後死在軍中。馬援曾向楊子阿學習名師傳授的相馬骨法，著有《銅馬相法》。

〔4〕左衽：衽，就是衣襟。在上古時代，人們的上衣大多數爲交領斜襟，衣襟向右掩，稱爲右衽；衣襟向左掩，也就相應的稱爲左衽。右衽是古代漢民族的傳統服飾，傳説黄帝在製作衣服時，交領右衽，大意爲用左邊那片衣襟遮掩包住右邊那片衣襟。在中國古代服飾禮儀習俗中，只有尚未開化的人才穿左衽。因此"披髮左衽"往往指不講禮儀文明的野蠻之邦，如孔子就曾説過"管仲相桓公，霸諸侯，一匡天下，民到於今受其賜。微管仲，吾其被髮左衽矣"。

〔5〕麴文泰（？—640）：唐朝時期高昌國王。麴伯雅之子，高昌重光元年（620）嗣位。貞觀四年（630），偕妻宇文氏朝唐，太宗賜其妻李姓，預宗親，封常樂公主。十三年，乙毗咄陸可汗統一西突厥，阻隔西域商道。太宗下書責之，并索中原逃亡其地之人，征阿史那矩入朝，皆不應。唐朝乃遣兵部尚書侯君集爲交河道大總管率軍出討。十四年，唐軍臨磧口，西突厥援軍不至，驚懼無計，病發死。子智盛立。

〔6〕班定遠：即班超（34—104），字仲升，扶風安陵（今陝西咸陽東北）人。漢代著名外交家、軍事將領，曾任蘭台令史，因弃筆從戎和出使西域而載入史册，在西域三十一年，和輯諸國，爲邊疆鞏固和民族團結做出了貢獻。永元七年（95），因功封定遠侯，食邑千户。父親班彪、兄長班固、妹妹班昭都是著名史學家。

〔7〕鄭都護：即西域都護鄭吉。

〔8〕司馬太貞：生卒年不詳，河内人，貞觀十四年爲瓜州司法參軍。

西陲紀略

唐鍾輅[1]《續前定録》載，李逢吉家老婢善代人作夢。今在巴里坤有貝子袞布[2]所屬之厄魯特[3]名吞吐者，善代人作夢。人有以事問者，先告以所祈，越日，吞吐以夢告之，事無不驗。

【注释】

〔1〕鍾輅：唐朝詩人，生卒年、爵里及事迹俱不詳。文宗太和二年（828）進士，官至崇文館校書郎，今存《前定録》《續前定録》和《緱山月夜聞王子晋吹笙》詩一首。

〔2〕衮布：和碩特部台吉，又作固木布，號阿齊巴圖爾，博爾濟吉特氏，固始汗第三子達蘭泰子，初駐牧嘉峪關外。康熙三十六年（1697）春，遣宰桑祃木特至清軍營請內附，四十三年，康熙以其先于諸台吉內附，封多羅貝勒。爲青海和碩特前左翼頭旗祖。

〔3〕厄魯特：清代對漠西蒙古諸部的總稱，國外泛稱卡爾梅克。明末清初，形成準噶爾、杜爾伯特、和碩特、土爾扈特四大部。十七世紀中期後開始使用托忒文。各部分牧而居，互不統屬。十七世紀七十年代，巴爾喀什湖東南伊犁河流域成爲準噶爾政治中心和部族會盟地，統轄天山南北，勢力遠及中亞各地。準噶爾敗亡後，各部先後歸附清朝。

西域蒙古祈雨，以砟答浸水中，咒之，輒有驗，其人亦名砟答齊。砟答，生牛馬驢羊諸畜腹中，在腎者尤良，形如鸚鵡嘴者爲最重。大可如拳，色或黃或白，堅如石。生畜腹中，畜漸羸瘦，久則死，生剖得者爲靈物。宋牧仲[1]塚宰《筠廊偶筆》載，崇禎甲申七月季，家馬生卵，紅白相間，重三斤，小者斤許，凡三枚；大者如升，質色如雀卵。考之書，凡獸皆有之，名曰砟答，治奇疾難名者，生牛馬腹中者良。觀此，可知砟答古已有之，不特可以祈雨，兼可以治疾也。

貝子衮布所屬有砟答齊者，雍正十一年祈雨，頗驗。既而霖雨不止。自陳於帥府，既優渥矣，宜止之，無使爲禾患。帥府優賞而遣之，雨亦未即止也。雍正十二年，又使祈雨，久不應，乃曰："喇嘛相妒爲抗耳"。既而哈密貝子額敏遣其砟答齊以砟答石試之，翼日雨。

【注释】

〔1〕宋牧仲：宋犖（1634—1713），字牧仲，號漫堂、西陂、綿津山人，晚號西陂老人、西陂放鴨翁。歸德府（今河南省商丘市）人。歷任侍衛、湖北黄州通判、江西巡撫、吏部尚書。清代詩人、畫家、政治家，"後雪苑六子"之一。編著有《西陂類稿》五十卷、《漫堂説詩》及《江左十五子詩選》等。

有自安西獻鐵假面於帥府，云得之土中。長可五寸餘，寬三之二，兩目及鼻口皆竅焉，色如柿漆，鍍銀爲白，周圍小孔二十有六，蓋以綴於護頰者。定爲漢唐時物。殆即蘭陵王之假面[1]，狄武襄之銅面具[2]耶？

【注释】

〔1〕蘭陵王之假面：蘭陵王，是南北朝時期北齊高祖高歡之孫高肅，字長恭，又名孝瓘，因屢建戰功，先後被封爲徐州蘭陵郡王、大將軍、大司馬、尚書令等職。因其被封爲蘭陵郡王，故名蘭陵王。假面，也稱爲代面。《舊唐書·音樂志》云："代面出於北齊。北齊蘭陵王長恭，才武而面美，常著假面以對敵。嘗擊周師金墉城下，勇冠三軍，齊人壯之，爲此舞以效其指揮擊刺之容，謂之《蘭陵王入陣曲》。"

〔2〕狄武襄之銅面具：狄武襄即狄青（1008—1057），字漢臣，汾州西河縣（今山西省呂梁市文水縣）人。出身寒門，年少入伍，因面有刺字，善於騎射，人稱"面涅將軍"。宋仁宗時，憑借戰功，累遷延州指揮使。皇佑五年（1053），領兵夜襲昆侖關，平定儂智高之亂。此後歷任樞密副使、護國軍節度使、河中尹，遷升樞密使。于嘉佑元年（1056）免樞密使之職，加同中書門下平章事之衛，出知陳州。嘉佑二年三月，狄青抑鬱而終，年僅四十九歲。獲贈中書令，謚武襄。《宋史》卷二九〇《狄青傳》稱其"臨敵披髮，帶銅面具，出入賊中，皆披靡莫敢當。"

巴里坤南山老松，高數十尋，大可百圍，蓋數千載未見斧斤物也。其皮之厚者尺許，向有携以入內地者，特以罕覯示奇，然未知主治。置之茶肆中，肆者雜入茶內，飾色而售。鄰媼弱病，久不愈，日買茶而飲焉。未幾，病如失。詢之肆者，具以實告，於是知松皮之爲功懋矣。帥府令人就山斫而煉爲膏，凡皮一車可得膏一盞，費工力一晝夜，需薪無算也。醫院劉裕鐸[1]、邵正文參定主治十二症，刊而布之。大要皆治血症，而於婦人爲尤宜。然性最熱，用可數分耳。

【注释】

〔1〕劉裕鐸（1686—1757）：字鋪仁，回族，爲清雍正、乾隆年間御醫。曾任太醫院吏目、御醫、右院判、院使。醫術超邁，雍正間爲當時朝廷的"第一醫官"，被雍正譽爲"京中第一好醫官"。乾隆年間，奉命與吳謙共同擔任《醫宗金鑑》的總修官。

回鶻

《舊唐書·回紇傳》：元和四年，藹得曷里禄没彌施合密里迦可汗，遣使願改爲"回鶻"，義取旋回轉捷如鶻也。今考回疆，自哈密至喀什噶爾皆其種類也。

木乃伊

陶宗儀《輟耕録》：回回有年七八十歲老人自願捨身濟衆者，絶不飲食，惟澡身啖蜜。經月，便溺皆蜜。既死，國人斂以石棺，仍滿以蜜浸。鎸志歲月於棺蓋，瘞之。俟百年後啓封，則蜜劑也。凡人損折肢體，食少許，立愈。彼國人亦不多得，俗曰蜜人，回語木乃伊。

高昌謡

高昌即今之吐魯番。《唐書·高昌國傳》：先是，其國童謡云："高昌兵馬如霜雪，漢家兵馬如日月。日月照霜雪，回首自消滅。"麴文泰始捕其初唱者，不能得。

火州靈山記

楊應琚

　　火州[1]安樂城西北百里外有靈山在焉。四面青壁斗絶，周行約二十餘里。溪澗中五色沙石，雲沉電射，騎馬警鳴。入山步行十數里，雙崖門立，石色鬒黑，皴畫細若毛髮。上有古松數株，垂枝伸爪，穿水沸浪而上下。有流泉上湧尺餘，觸石雷奔而下。陟山磴巇，有石屋供小佛像五，前有池，墮物潒然，水紋羊角而上，歷久乃息。崖側白石，累累成堆，光澤如玉，握之應手而碎，豈不屑爲世用耶？再折而東，群峰墻環，溪流帶繞，石筍劍拔，人立高下，巨細奇形异態，不可名狀。每夕星月明朗，有白鶴數百連翼而至，各立一石，侵晨相向而鳴，聲震岩谷。山僧游客以此别昏曉，如鷄鳴云。山中草木叢茂，皆從石隙中生，多不知名。羽鱗狸互①之物不易見，必有奇特，大都非塵世也。酒泉文殊山番僧羅卜藏言之不去口，年八十餘，曾三至靈山。眸子炯然，眉龐齒兒，謂人曰：“吾居酒泉二十年，而靈山之妙，日盤一車輪耳！”其愛慕如此。

【注释】

　　〔1〕火州：又名哈剌，在柳城西七十里，土魯番東三十里，即漢車師前王地。隋時爲高昌國。唐太宗滅高昌，以其地爲西州。宋時回鶻居之，嘗入貢。元名火州，與安定、曲先諸衛統號畏兀兒，置達魯花赤監治之。

巴里坤南山運道記

丁菼

　　雍正十有一年，歲在癸丑，大將軍統西路兵之次年也。兵部員外郎阿炳

---

　　① “互”，國圖抄本作“豆”。

安[1]，承大將軍[2]指修南山運道成。先是，大將軍以制軍籌餉於酒泉，輪轅相接，至南山而閡[3]，必紆道[4]以達於軍。八月以往，冰雪載途，則積哈密以俟春輪，僕夫苦之。大將軍久屬意焉，稽諸地圖，詢諸輿人之口，率未敢輕議。壬子，既受天子命統軍巴里坤，逾南山時，雪深於人，不能以措足①。大將軍曰：“從者且爾，謂執輿者何[5]？”於是相度其上下，有成算。既至軍，周爰咨之，得阿子説相吻合，俾復審而肩其事。峻者曲之，疏者築之，隘者輔之。浚之溝以備其衝，架之梁以平其險，凡數十盤而後上。周之以回欄，穩之以喬木。不兩月而工竣，化竣坂[6]爲康莊矣[7]。伊里螳背②耳，大軍犁其庭，不難滅此而朝食也。

天子弗忍，姑駐師以待之。因壘而降可以旬計，何鑿山以慮餉爲？況聞拙速未睹巧之久[8]，豈其弗之③？然而速以拙孰若巧以速乎？天作高山，一蹴夷之。若輪台，若陽關，按：陽關在瑪納斯西南，厄魯特名陽爲巴爾噶遜④，漢人曰陽關。非沙洲之古陽關也。爾據爲險乎？屢朝發而夕至矣。魚游於釜[9]，生其餘幾。且軍之實若山積，猶緩爾須臾。

皇上之仁如天也。禽獸猶知儀舞，寧怙終以速禍。未幾，乙卯春二月，準噶爾策凌遣使吹納木喀來謝罪，詞極恭順，願歲歲貢如儀。僉曰：此固九夷八蠻之通道哉！宜識之石[10]。

【注釋】

〔1〕阿丙安：滿洲人，時任兵部員外郎。

〔2〕大將軍：原指查郎阿，時以吏部尚書、陝西總督署理寧遠大將軍。

〔3〕閡：阻礙、阻隔。

〔4〕紆道：繞道。紆，屈折。

〔5〕從者且爾：隨行的人尚且這樣難以通過。爾，這樣。執輿者何，駕

---

① “措足”，國圖抄本作“借定”。
② “螳背”，刻本作“螳臂”。
③ “之”，國圖抄本、刻本作“知”。
④ 此句國圖抄本、刻本作“名爲陽巴爾噶遜”。

車的人馬怎麼通過。執，駕馭。輿，指車箱，引申指車。

〔6〕峻阪：陡坡。

〔7〕康莊，四通八達的大路。《爾雅·釋宮》："五達謂之康，六達謂之莊。"

〔8〕此句意爲聽説用兵寧拙於機智而貴在神速，《孫子·作戰》："野兵聞速拙，未睹巧之久也。"

〔9〕魚游釜中：比喻不能久存。《後漢書·張綱傳》："若魚游釜中，喘息須臾間耳。"釜，一種無足鍋。

〔10〕宜識之石：應該記在石碑。識，記。

饋餉修路碣

皇威震疊，底定西酉。整厥虎旅，駐於伊州。啓拓疆宇，騰聲遐陬。轆轤飛挽，駕馬服牛。地靈助順，荒磧泉流。惟山磊砢，輪蹄是憂。聿來善民，攘剔平修。王道坦蕩，振古長留。

雍正十三年春三月，監運使者爲善人楊可禄立石於星星硤。

戰功記

雍正十二年九月，大將軍札郎阿入①副將軍張廣泗鎮守。會準噶爾賊數千來寇，守卡軍士探有伏，聽虜數百人在烏爾兔水，即古務塗谷。張將軍隨調副都統班第達什、原任總兵張元佐、游擊郎建業，各帶兵丁於哈透②以南廬草溝搜剿。固原提督樊庭③赴礆泉子搜剿。班第等進兵，道遇虜兵數千。我兵奪踞山梁，虜於溝西排陣。鋒正交，復有巴顔鄂博之虜飛繞而來，我兵左衝右突，槍炮齊施，虜不能支，敗走。我兵下山追殺，而樊庭兵轉自山坳殺出，虜膽喪奔逃。我兵追殺，過噶順，直抵峨侖磯達巴罕。自辰至酉，且戰且行八十餘里，斬首虜四百級，生擒虜三十六名，奪大纛二杆，獲馬三百餘

---

① "入"，刻本作"及"。

② "哈透"，刻本作"哈密"。

③ "樊庭"，國圖抄本作"樊廷"。

匹。其盔甲、鳥槍、弓矛、撒袋、馱鞍、口粮、衣帽盈滿道路，畢收鹵獲。餘賊負重傷遁去。奉上諭，張廣泗分遣調度，悉協機宜，在事將弁兵丁俱各奮勇直前。得獲全勝，甚屬可嘉，俱着①從優議叙。欽此。

如是我聞

紀昀

按：紀昀，字曉嵐，直隸河間府獻縣人。甲戌進士。戊子，以翰林緣事革職，遣戍烏魯木齊。辛卯釋回。後仕至禮部尚書，壽八十卒。贈協辦大學士。

乾隆甲戌，余殿試後尚未傳臚[1]，在先師董文恪[2] 公家，遇一浙士能拆字。余書一"墨"字，浙士曰："龍頭竟不屬君矣！里字拆之爲二甲，下作四點，其二甲第四乎？然必入翰林。四點庶字脚，土吉字頭。是庶吉[3]是②矣。"後果然。又戊子秋，余以漏言獲譴，獄頗急，日以一軍官伴守。一董姓軍官云能拆字。余書"董"字使拆。董曰："公遠戍矣，是千里萬里也。"余拆"否"字。董曰："下爲口字，上爲外字偏旁。是口外矣。日在西爲夕，其西域乎？"問："將來得歸否？"曰："字形類君，亦類召，必賜環[4]也。"問："在何年？"曰："口爲四字之周邊而中缺兩筆，其不足四年乎？今年戊子，至四年爲辛卯。夕字卯之偏旁，亦相合也。"果從軍烏魯木齊，以辛卯六月還京。

【注释】

〔1〕傳臚：科舉制度中殿試的唱名儀式。其制始于宋代，殿試結束後，連續兩日舉行唱名儀式，由應殿試的舉人參加，知貢舉官宣讀皇帝詔命，呼喚舉人姓名，按甲次授予本科及第或出身，軍頭司立于殿陛下以次傳唱，故稱傳臚。明代稱二、三甲第一名進士爲傳臚，清代則專指二甲第一名爲傳臚。此處指考試後尚未揭榜。

---

① "着"，國圖抄本作"著"。
② "是"，國圖抄本、刻本作"士"。

〔2〕董文恪：雍正、乾隆間名士董邦達（1696—1769），字孚存、爭存，號東山、非聞，浙江富陽人。乾隆間任督察院左都御史，署翰林院掌院學士，工部尚書等，以畫工名世。

〔3〕庶吉：即庶吉士，采《書》"庶常吉士"之意。明洪武初，於六科設庶吉士，使新進士歷練辦事。永樂初始專設于翰林院。清制略同，于翰林院設庶常館，選新進士優於文學書法者，改翰林院庶吉士，入館學習。三年後（若遇次年有恩科會試，則不待三年），舉行考試，成績優良者分別授以翰林院編修、檢討等官，其餘分發各部任職，或以州縣官優先任用，稱爲"散館"。凡改庶吉士者，簡稱庶常，俗稱爲翰林。明代以學士、侍郎等掌教習，清代以大臣爲庶常館總教習，以侍讀、侍講學士爲教習，督其課業。《清史稿·儒林傳二·惠周惕》載："三十年，成進士，選翰林院庶吉士。散館，改密雲縣知縣。"

〔4〕賜環：舊時指放逐之臣，遇赦召還。

烏魯木齊遣犯劉剛，驍健絕倫，不耐耕作，伺隙潛逃至根克特，將出境矣。夜遇一叟，曰："汝逋亡者耶？前有卡倫①，恐不得過，不如暫匿我屋中，俟黎明耕者畢出，可雜其中以脫也。"剛從之。比稍變②色，覺恍如夢醒，身坐老樹腹中。再視叟，亦非昨貌。諦審之，乃夙所手刃弃尸深澗者。錯愕欲起，邏騎已至矣。乃弭首就擒。軍屯法：遣犯私逃二十日内自歸者，尚可貸死。剛就擒在二十日將曙，介在兩岐。屯官欲遷就活之，剛自述所見，知必不免，願早伏法，乃送轅行刑。殺人於七八年前，久無覺者，而游魂爲厲，終索命於萬里外，可畏也哉！

嘉峪關外有戈壁，徑一百二十里，皆積沙無寸土。惟居中一巨阜，曰天

① 《閱微草堂筆記》（天津市古籍書店 1998 年影印本）自注："卡倫者，戍守瞭望之地也。"
② "變"，刻本作"辨"。

生墩，戍卒守之。冬積冰，夏儲水，以供役①使之往來。初，威信公岳鍾琪西征時，疑此墩本一土山，爲飛沙所没，僅露其頂。既有山必有水，發卒鑿之。穿至數十丈，忽持鍤者皆墜②下。在穴上者俯聽之，聞風聲如雷吼，乃輟役。穴今已圮。余出塞，仿佛尚見其遺迹。案佛氏有"地水風火"之説。余聞陝西有遷葬者，啓穴時，棺已半焦③，蓋地火所灼。又獻縣劉氏母卒，合葬啓穴，不得其父棺，迹之，乃在七八步外，倒置④土中。彭雲楣⑤亦云其鄉有遷葬者，棺中之骨攢聚於一角，如積薪然，蓋地風所吹也。是知大氣斡運於地中，陰氣化水，陽氣則化火、化風。水土同爲陰類，一氣相生，故無處不有。陽氣包於陰中，其微者爍動之性，爲陰所解，其稍壯者聚而硫黄、丹砂⑥之屬。其最盛者，鬱而爲風、爲火，故恒於聚一所，不處處皆見耳。

伊犁城中無井，皆出汲於河。一佐領曰："戈壁皆積沙無水，故草木不生。今城中多老樹，苟其下無水，樹安得活？"乃拔木，就根下鑿井，果皆得泉，特汲須修綆耳。知古稱雍州土厚水深，灼然不謬。後烏魯木齊築城時，鑒伊犁之無水，乃卜道⑦通津，以就流水。余⑧雜詩有曰："半城高阜半城低，城外清泉盡向西。金井銀床無用處，隨心引取到花畦。"紀其實也。然或雪消水漲，則南門爲之不開。又北山支麓逼近譙樓，登岡頂關帝廟⑨戲樓，則城中纖微皆見。故余詩曰⑩："山圍芳草翠烟平，迢遞新城接舊城。行到叢祠歌舞處，緑氍毹上看棋枰。"巴公彦弼鎮守時，参將海起雲請於山麓

① "役"，《閲微草堂筆記》作"驛"，當是。
② "墜"，《閲微草堂筆記》作"墮"。
③ 《閲微草堂筆記》此句後有"茹千總大業親見之"句。
④ "置"，《閲微草堂筆記》作"植"。
⑤ 《閲微草堂筆記》作"彭芸楣参知"。
⑥ 《閲微草堂筆記》"丹砂"後有"礜石"。
⑦ "卜道"，國圖抄本、刻本作"卜地"。
⑧ 《閲微草堂筆記》，"餘"字後有"作是地"。
⑨ "廟"，《閲微草堂筆記》作"祠"。
⑩ "曰"，《閲微草堂筆記》作"又曰"。

堅築小堡，爲犄角之勢。巴公曰："汝但知野戰，殊不知兵。北山雖俯瞰城中，然敵或結柵，可築炮臺仰擊。火性炎上，勢便而利。地勢逼近，取準亦不難，決不能屯也。如築小堡於上，兵多，則地狹不能容兵，少則力弱不能守，爲敵所據，反資以保障矣！"諸將莫不嘆服。

烏魯木齊泉甘土沃，花草繁盛。江西臘五色畢備，朵若巨杯，瓣葳蕤如洋菊、虞美人，花大如芍藥。大學士溫公[1] 以倉場侍郎[2] 出鎮時，階前虞美人一叢，忽變异色，瓣深紅如丹砂，心則綠①如鸚鵡，映日灼灼有光，似金星隱耀，雖畫工設色不能及。公旋擢福建巡撫去。余以彩線繫花梗，秋收其子，次歲種之，仍常花耳。乃知此花爲瑞兆，如揚州芍藥，偶開金帶圍也。

【注释】

〔1〕溫公：即溫福（？—1773）。時任烏魯木齊提督。

〔2〕倉場侍郎：清代管理漕糧收貯的行政長官。隸屬於戶部的倉場衙門，全稱爲總督倉場侍郎，簡稱倉場侍郎。由於倉場侍郎是倉場的總管，因此又稱倉場總督，由滿、漢各一人任職。

烏魯木齊巡檢所駐曰呼圖壁。呼圖，譯言鬼。呼圖壁，譯言有鬼也。嘗有商人夜行，暗中見樹下有人影，疑爲鬼。呼問之。曰："吾日暮抵此，畏鬼不敢前，待結伴耳。"因相趁共行，漸相款洽。其人問："有何急事，冒凍夜行？"商人曰："吾夙負一友錢四千，聞其夫婦俱病，飲食藥餌恐不給，故往送還。"是人却立樹背，曰："本欲祟公求小祭祀，今聞公言，乃真長者，吾不敢犯公。願爲公前導，可乎？"不得已，姑隨之，凡道路險阻皆預告。俄缺月微升，稍能辨物，諦視，乃一無首人，栗然却立，鬼亦奄然而滅。

---

① "綠"，《閱微草堂筆記》作"濃綠"。

南山口北①，有闢石圖嶺，爲哈密、巴爾庫爾界。闢石圖，譯言碑也。有唐太宗時侯君集平高昌碑在山脊，守將砌磚石封之，不使人摹榻②，云摹③之風雪立至，屢試不爽。蓋山有神，木石有精，示怪異以要血食，理固有之。巴爾庫爾又有漢順帝時裴岑破呼衍王碑，在城西十里海子上，則隨人榻摹，了無他异。惟云海子爲冷龍所居，城中不得鳴夜炮。鳴夜炮則冷龍震動，天必奇寒。是則不可以理推矣。

昌吉遣犯彭杞一女，年十七，與其妻皆病瘵，妻先歿，女亦垂盡。彭有官田耕作不能顧女，乃弃置林中，聽其生死，呻吟悽楚，見者心惻。同遣者楊熺語彭曰：“君太殘忍，世寧有是事！我願舁歸療治。死則我葬，生則爲我妻。”彭曰：“大善。”即書券付之。越半載，竟不起。臨歿語楊曰：“蒙君高義，感沁心脾。緣伉儷之盟，老親慨諾。故飲食寢處，不畏嫌疑。搔抑撫摩，都無避忌。然病骸憔悴，迄未能一薦枕席④，實多愧負。若没而無鬼，夫復何言？若魂魄有知，當必有以奉報。”嗚咽而終。楊涕泣葬之。後夜夜夢女來狎昵歡好，一若生人。醒則無所睹，夜中呼之終不出。才一交睫，即弛服橫陳矣。往來既久，夢中亦知是夢。詰以不肯見形之由，曰：“吾聞諸鬼矣。人陽而鬼陰，以陰侵陽必爲人害。惟睡則斂陽而入陰，可以與鬼相見。神雖遇而形不接，乃無害也。”夫盧充金碗，於古嘗聞；宋玉瑶姬，偶然亦見。至於夜夜相覿，皆在夢中，則載籍之所希睹也。此丁亥春事，至辛卯春四年矣。⑤

————————————

① “南山口北”，《閱微草堂筆記》作“嘉峪關外”。
② “摹榻”，《閱微草堂筆記》作“讀”。
③ “摹”，《閱微草堂筆記》作“讀”。
④ “席”，《閱微草堂筆記》作“衾”。
⑤ 《閱微草堂筆記》：“此丁亥春事，至辛卯春四年矣。”後有“余歸之後，不知其究竟如何。”且全在“夫盧充金碗”句之前。

烏魯木齊提督巴公彥弼言：昔征①烏什時，夢至一處山麓，有六七行幄，而不見兵衛。有數十人相往來，亦多似文史。試往窺視，遇故護軍統領某公②，握手相勞苦，問："公久逝，今何事到此?"曰："吾以平生拙直，得授冥官，今隨軍籍記戰没者也。"見其几上諸册，有黃色、紅色、紫色、黑色數種。問："此以旗分耶?"微哂③曰："安有紫旗黑旗④?此別甲乙之次第耳。"問次第安在，曰："赤心爲國，奮不顧身者登黃册；恪遵軍令，寧死不撓者登紅册；隨衆驅馳，轉戰而殞者登紫册；倉皇奔潰，無路求生，蹂踐裂尸，追殲斷脰者登黑册。"問："同時授命，血濺尸横，豈能一區分，毫無舛誤?"曰："此惟冥官能辨矣。大抵人亡魂在，精氣如生。應登黃册者，其精氣如烈火熾騰，蓬蓬勃勃；應登紅册者，其精氣如烽烟直上，風不能搖；應登紫册者，其精氣如雲漏電光，往來閃爍。此三等中，最上者爲明神⑤，最下者亦歸善道。至應登黑册者，其精氣縮瑟摧頹，如死灰無焰。⑥陰曹以常鬼視之，不復齒數矣。"

程易門在烏魯木齊，一夕，有盗入室，已逾垣將出。所畜犬追嚙其足，盗抽斫之，至死嚙，終不釋，因就擒。時易門有僕曰龔起龍，方負心反噬。皆曰："程太守家有二異，一人面獸心，一獸面人心"。易門名夢元，原任咸陽府知府。安徽人。

烏魯木齊⑦驍騎校薩音綽克圖守紅山口卡倫，一日將曙，有烏啞啞對户

---

① "征"，《閱微草堂筆記》作"從征"。

② "公"，《閱微草堂筆記》作"錢公"，自注"某名凡五字，公以滾舌音急呼之，今不能記"。

③ "哂"，《閱微草堂筆記》作"陋"。

④ 《閱微草堂筆記》自注"雖舊制本有黑旗，以黑色夜中難辨，乃改爲藍旗，此公蓋偶未知也。"

⑤ "明神"，《閱微草堂筆記》作"神明"。

⑥ 此處《閱微草堂筆記》有"在朝廷褒崇忠義，自一例哀榮"句。

⑦ "烏魯木齊"，《閱微草堂筆記》作"余在烏魯木齊日"。

啼叫，惡其不吉，引骹①矢射之，嗷②然有聲，掠乳牛背上過。牛駭而奔，呼數卒急追。入一山坳，遇耕者二人，觸一人僕。扶視無大傷，惟足跛難行，問其家不遠，共舁送歸。入室，坐未定，聞小兒連呼有賊。同出逐③捕之，則私逃遣犯④，方逾垣盜食其瓜，因共執焉。使烏不對户啼，則薩音綽克圖不射，不射則牛不驚逸，牛不驚逸則不觸人僕，不觸人僕則數卒不至其家，徒一小兒必不能執縛盜瓜之人⑤，乃輾轉相引，終使逃犯受執伏誅。此烏之來，豈非有物憑之哉？

佐領額爾赫圖守濟木薩卡倫，夜聞團焦⑥外嗚嗚有聲，人出逐，則漸退，人止則止，人返則復來，如是數夕。一夕，戍有膽者竟操刃隨之，尋聲迤邐入山中，至一僵尸前而寂。視之，有野獸嚙食痕，已久枯矣。卒還以告，心知其求瘞也，具棺葬之。遂不復至。

特訥格爾民⑦，一牛⑧入其牧群，甚肥健，久而無追尋者。詢訪亦無失牛者，乃留畜之。其女年十三四，偶跨此牛往親串家。牛至半途，不循蹊徑，負女度嶺驀澗，直入亂山。崖陡谷深，墜必糜碎，惟抱牛頸呼號。樵牧者聞聲追視，已在萬峰之頂，漸没⑨於烟靄間，生死未可知矣。

翰林院筆帖式伊寶，從征伊犁時，血戰突圍，身中七矛死，越兩晝夜復蘇，疾馳一晝夜，猶追及大兵。余與博晰齋[1]同在翰林時，見有傷痕，細

---

① 國圖抄本脱“骹”字。
② “嗷”，《閱微草堂筆記》作“激”。
③ “逐”，《閱微草堂筆記》作“助”。
④ 《閱微草堂筆記》作“遣犯韓雲”。
⑤ 此句《閱微草堂筆記》作，“徒一小兒見人盜瓜，其勢必不能執縛”。
⑥ “焦”，國圖抄本作“蕉”。
⑦ “民”，刻本作“氏”。《閱微草堂筆記》作“嚴家”。
⑧ 《閱微草堂筆記》，“一牛”前有“忽”字。
⑨ “没”，《閱微草堂筆記》作“滅没”。

詢顛末。自言被創時絕無痛楚，但忽如沉睡，既而漸有知覺，則魂已離體。四顧皆風沙澒洞，不辨東西，了然自知爲已死。俄念及子幼家貧，酸徹心骨，便覺身如一葉，隨風漾漾欲飛。俄念及虛死不甘，誓爲厲鬼殺賊，即覺身如鐵柱，風不能搖。徘徊佇立間，方欲上①山巔，望敵兵所在。俄如夢醒，已僵臥戰血中矣。晰齋太息曰："聞斯情狀，使人覺戰死無可畏。然則忠臣烈士，正復易爲，人何憚而不爲也！"

【注释】

〔1〕博晰齋：博明（1726—1774），蒙古鑲藍旗人，博爾濟吉特氏，字希哲，號晰齋、西齋。乾隆十七年進士，授編修，與修《續文獻通考》。歷春坊中允，外任雲南迤西道，内官兵部郎中。少時孤貧力學，奔走四方，爲地方官幕僚。博學多識，精熟滿、蒙、藏文，嫻于經史詩文書畫，著有《鳳城瑣録》《西齋偶得》《西齋輯遺》等書。

恒王府長史東鄂洛②謫居瑪納斯，烏魯木齊之屬地③也。一日詣烏魯木齊，因避暑夜行，息馬樹下，一人半跪問起居，云是戍卒劉青。與語良久，上馬欲行，青曰："有瑣事乞公寄一語，印房官奴喜兒欠青錢三百。青今貧甚，宜見還也。"次日見喜兒，告以青語，喜兒駭汗如雨，面色如死灰。怪詰其故，知青久病死。初死時，陳竹山閔其勤慎，以錢三百付喜兒市酒脯楮錢奠之，喜兒以青無親屬，遂盡乾没，無知者，不虞鬼之見索也。

昌吉平定後，軍俘逆黨子女，分賞諸將。烏魯木齊參將某，實司其事。自取最麗者四人，教以歌舞。脂香粉澤，彩服明璫，儀態萬方，宛然嬌女，見者莫不傾倒。後遷金塔寺副將，將戒期啓行。諸童檢點衣箱，忽篋中綉履

---

① 《閱微草堂筆記》作"直上"。
② 《閱微草堂筆記》有自注，云："據八旗氏族譜，嘗爲董鄂，然自書爲東鄂，案牘册籍，亦書爲東鄂，公羊傳所謂名從主人也。"
③ "屬地"，《閱微草堂筆記》作"支屬"。

四雙翩然躍出，滿堂翔舞，如蛺蝶群飛。以杖擊之，乃墮地，尚蠕蠕欲動，呦呦有聲。識者訝其不祥。行至闢展，以鞭撻台員，爲鎮守大臣所劾，論戍伊犂，竟卒於謫所。

大學士溫公，征烏什時爲領隊大臣，方督兵攻城，渴甚，歸帳飲。適一侍衛亦來求飲，因讓茵與坐。甫拈碗，賊突發巨炮，一鉛丸洞其胸死。使此人緩來頃刻，則必不免矣。張鷟[1]《朝野僉載》[2]云：唐青州刺史劉仁軌[3]知海運，失船過，除名爲民，遂遼東效力，遇病平壤城下，襄幕①看兵士攻城。有一兵直來前頭背坐，叱之不去。須臾，城頭放箭，正中心而死。微此兵，仁軌幾爲流矢所中，此事正與溫公相似。後公征大金川，卒戰於木果木。知人之生死各有其地，雖命當陣殞者，苟非其地，亦遇險而得全。然則畏縮求免者，不多一趨避乎哉？

【注释】

〔1〕張鷟（658—740）：字文成，號浮休子、青錢學士，唐深州陸澤（今河北省深州市）人。調露中舉進士，官至岐王府參軍、長安尉、鴻臚丞、司門員外郎、監察御史。長於文史，撰有《游仙窟》《朝野僉載》和《龍筋鳳髓判》。

〔2〕《朝野僉載》：筆記。唐張鷟撰。原二十卷，今本六卷，或作三卷（《說郛》本）。凡三百七十條。今本補輯九十四條，合爲四百六十四條。書中所記爲唐初至開元間事，其中武則天時事居十分之七，對武氏政權多所暴露，較有參考價值。《新唐書》《資治通鑑》均引及本書。原書分三十五門，而今本逐條連寫，不分門類。另外，今本有敬宗朝事，可斷爲後人增入；還有記張鷟事者，也非出自作者之手，大約是宋人把原書和補遺摘録、合并，又删去了門類的結果。

〔3〕劉仁軌（601—685）：字正則，汴州尉氏（今河南省尉氏縣）人。

---

① 國圖抄本此處衍"襄幕"二字。

少時貧困力學。唐武德初年爲縣尉。高宗顯慶年間，以任青州刺史督海運覆船，免官。龍朔元年（661），率軍合新羅兵與百濟作戰。三年，與劉仁願、孫仁師破日本水軍于白江口。乾封元年（666）爲右相。後改左僕射、同中書門下三品。一度出鎮洮河軍（在鄯州，今青海省海東市樂都區），防禦吐蕃。武則天臨朝，廢中宗，命他知西京留守事。曾上疏陳述漢朝呂後事以申規勸。

後漢敦煌太守裴岑破呼衍王碑在巴里坤海子上，屯軍耕墾，得之土中也。今移在城北關帝廟中。其事不見《後漢書》，然文句古奧，字畫渾樸，斷非後人所依托。以僻在西域，無人摩搨，石刻鋒棱猶完整。乾隆庚寅，游擊劉存存①摹刻一本本②，灑火藥於其上，燒爲斑駁，絕似古本③。

姑妄聽之

紀昀

烏魯木齊遣犯剛朝榮言：有二人詣西藏貿易，各乘一騾，山行失路，不辨東西。忽十餘人自懸崖落下，疑爲夾壩。西番語，强盜也④。漸近，則皆長七八尺，身氄氄有毛，或黃或綠，面目似人非人，語啁哳不可辨。知爲妖魅，度必死，皆戰栗伏地。十餘人乃相向而笑，無搏⑤噬之狀，惟挾人於脅下，

① "劉存存"，《閱微草堂筆記》作"劉存仁"，後有自注"此是其字，其名偶忘之矣，武進人也。"

② "本本"，國圖抄本、刻本作"木本"。

③ "本"，《閱微草堂筆記》作"碑"。此段《閱微草堂筆記》後有："二本并傳於世，賞鑒家率以舊石本爲新，新木本爲舊。與之辯，傲然弗信也。以同時之物，有目睹之人而真僞顛倒尚如此，況於千百年外哉！《易》之象數、《詩》之小序、《春秋》之三傳，或親見里人，或去古未遠，經師授受，端緒分明。宋儒曰，漢以前人皆不知，吾以理知之也。其類此夫。"

④ 《閱微草堂筆記》自注爲"西番以搶劫爲夾壩，猶厄魯特之瑪哈沁也。"

⑤ "搏"，刻本作"搏"。

而驅其騾。行至一山坳，置人於地。二騾一推墜坎中，一抽刀屠割，吹火燔熟，環坐吞啖。亦提二人就坐，各置肉於前。察其似無惡意，方飢困，亦姑食之。既飽之後，十餘人皆捫腹仰嘯，聲類馬嘶。中二人仍各挾一人，飛越峻嶺三四重，捷如猿鳥，送至官路旁，各予一石，瞥然竟去。巨如瓜，皆綠松也。攜歸貨之，得價倍於所喪。[1] 殆幽岩窮谷之中，自有此一種野人，從古未與世通耳。

西域之果，蒲桃莫盛於吐魯番，瓜莫盛於哈密。蒲桃，京師貴綠者，取其色耳，實則綠色乃微熟，不能甚甘。漸熟則黃，皆[2]熟則紅。熟十分則紫，甘亦十分矣。此福松岩名福僧額。[3] 鎮闢展時爲余言。瓜則充品者，真出哈密。饋贈之瓜，皆金塔寺産。然貢品亦只熟六分有奇，途間封閉包束，瓜氣自相鬱蒸，可熟至八分[4]。如以熟八九分者貯運，則蒸而霉爛矣。余嘗問吐魯番[5]王蘇賴滿[6]："京師園户，以瓜子種殖者，一年形味并存，二年味已改，惟形粗近，三年則形味俱變盡。豈地氣不同與[7]？"蘇賴滿曰："此地土暖泉甘而無雨，故瓜味濃厚；種於内地，固應少减。然亦養子不得法。如以今年瓜子明年種之，雖[8]亦不美，得氣薄也。其法當以灰培瓜子，貯於不濕不燥之空倉，三五年後乃可用。年愈久則愈佳，得氣足也。若培至十四五年者，國王之圃乃有之，民間既不能待，亦不能久而不壞也。其語似爲近理。[9]

哈密屯軍，多牧馬西北深山中。屯弁或往考牧，中途恒憩一民家。主翁

---

① 此處《閲微草堂筆記》多一段，"事在乙酉丙戌間，朝榮曾見其一人，言之甚悉。此未知爲山精，爲木魅。觀其行事，似非妖物。"

② "皆"，國圖抄本、刻本作"再"。

③ 《閲微草堂筆記》自注作"名福僧額，怡府婿也。"

④ 《閲微草堂筆記》作"至京可熟至八分。"

⑤ "吐魯番"，《閲微草堂筆記》作"哈密國"。

⑥ 《閲微草堂筆記》自注"額敏和卓之子。"

⑦ "與"，刻本作"歟"。

⑧ 刻本"雖"後有"此地"二字。

⑨ 《閲微草堂筆記》多一段"然其灰培之法，必有節度，亦必有宜忌。恐中國以意爲之，亦未必如所説也。"

或具瓜果，意甚恭謹，久漸款洽。然竊怪其無鄰無里，不圃不農，寂歷空山，作何生計。一日偶詰其故，翁無詞自解，云實蛻形之狐。問狐喜近人，何以僻處？狐多聚族，何以獨居？曰：修道必世外幽居①，始精神堅定。如往來城市，則嗜欲日生，難以煉形服氣，不免於媚人采補，攝取外丹。倘所害過多，終干天律。至往來墟墓，種類太繁，則踪迹彰明，易招戈獵，尤非遠害之方，故均不爲也。屯弁喜其誠樸②，亦不猜懼，約爲兄弟，翁亦欣然。因出便旋，循墻環視。翁笑曰："凡變形之狐，其室皆幻。蛻形之狐，其室皆真。老夫尸解以來，久歸人道，此并葺茅伐木，手自經營。公無疑如海市也。"他日再往，屯軍告月明之夕，不睹人形，而石壁時現二人影，高并丈餘，疑爲鬼物，欲改牧場③。屯弁以問，此翁曰："此所謂木石之怪夔罔兩也。山川精氣，翕合而生。其始如泡露，久而漸如烟霧，久而凝聚成形，尚空虛無質，故月下惟見其影。再百餘年，則氣足而有質矣。二物吾亦嘗見之，不爲人害，無庸避也。"後屯弁泄其事，狐遂徙去，惟二影尚存④。

烏魯木齊牧廠一夕大風雨，馬驚逸者數十匹，追尋無迹。七八日後，乃自哈密山中出。知爲烏魯木齊馬者，馬有火印故也。是地距哈密二千餘里⑤，何以不十日即至？知窮谷幽岩，人迹未到之處，別有捷徑矣。大學士溫公遣台軍數輩，裹糧往探，皆糧盡空返，終不得路。

余從軍西域時，草奏草檄日不暇給，遂不復吟咏。或得一聯一句，亦境過輒忘焉。《烏魯木齊雜詩》百六十首，皆歸途追憶而成，非當日作也。一日，功加毛副戎自述生平，悵懷今昔，偶爲賦一絕句，云：雄心老去漸頹

① "居"，《閱微草堂筆記》作"棲"。
② "誠樸"，《閱微草堂筆記》作"樸誠"。
③ "場"，《閱微草堂筆記》作"廠"。
④ 《閱微草堂筆記》作"惟二影今尚存焉。"後有一段："此哈密徐守備所説。徐云久擬同屯弁往觀，以往返須數日，尚未暇也。"
⑤ "二千餘里"，《閱微草堂筆記》作"二十餘程"。

唐，醉臥將軍古戰場。半夜醒來吹鐵笛，滿天明月滿林霜。

庫爾喀喇烏蘇①台軍李印，嘗隨都司劉德行山中，見懸崖老松貫一矢，莫測其由。晚宿郵舍，印乃言："昔過是地，遙見一飛騎馳來，疑爲瑪哈沁[1]，伏深草伺之。漸近，則一物似人而非人，據馬上，馬乃野馬也，知爲怪。發矢中之，嗡然如鐘聲，化黑烟去，野馬亦驚逸。今此矢在樹，知爲木妖也。"

【注釋】

〔1〕瑪哈沁：準噶爾首領噶爾丹策凌歿後，台吉宰桑們爭權奪利，内部紛爭不斷，清朝也借此機會進攻準噶爾。爲了躲避戰亂，大量困苦的厄魯特人不得不背井離鄉，四處逃散，其中有即時投附清廷者，有奔往周邊哈薩克、布魯特牧地者，亦有一些藏匿山谷，依靠覓取肉食爲生者。這些逸居深山幽谷之人，被稱爲"瑪哈沁"。

蒙古以羊骨卜，燒而觀其坼兆，猶巒峒雞卜也。霍丈②易書在奎蘇圖軍台時，有老婦解此術。使卜歸期，婦側視③良久曰："馬未鞍，人未冠，是不行也。然鞍與冠形已具，行有兆矣！"越數月，又使卜。婦一視即拜，曰："行矣，馬已鞍，人已冠矣。公不久其歸乎？"已而果還。又大學士溫公言：昔征烏什，俘回部十餘人，禁地窖中。一日，指口訴飢，投④以杏，眾分食訖。一年老者握其核喃喃密祝，擲於地上，觀其縱橫奇偶，忽失聲哭。其黨環視亦皆哭，既而駢誅之命⑤至。疑其法即⑥火珠林[1] 錢卜也。是與蓍龜雖不

---

① 《閱微草堂筆記》有自注"庫爾喀喇譯言黑，烏蘇譯言水也。"
② "丈"，國圖抄本作"文"。
③ "視"，《閱微草堂筆記》作"睍"。
④ "投"，國圖抄本作"報"。
⑤ "命"，《閱微草堂筆記》作"牒"。
⑥ "即"，《閱微草堂筆記》作"如"。

同，然以骨取象①，龜之變；以物取數者，蓍之變。其藉人精神以有靈，則一耳②。

巴公彥弼言征烏什時，一日攻城急。一人方奮刀酣戰，忽有矢自旁來，不及見也。一人在側見之，急舉刀代格，反自貫顱③死。此人感而哭奠之。夜夢死者曰：“爾我前世爲同官，凡任勞任怨之事，吾皆卸爾。凡是功見長之事，則抑爾不得前。以是因緣，冥司注今生代爾死。自今以往，兩無恩仇矣。”

濟木薩台軍言：嘗追雉入山中，見懸崖之上似有人立。越澗往視，去地不四五丈，一人衣紫氆氇[2]，面及手足皆黑毛，茸茸長寸許。一女子甚姣麗，作蒙古裝，惟跣足不靴，衣則綠氆氇也。方對坐炙肉，旁侍黑毛人四五，皆如小兒，身不著寸縷，見人嘻笑。其語非厄魯特，非回部，非西番，啁哳如鳥不可辨。忽擲一物於下，乃熟野騾肉，半肘也。拜謝之，皆搖手。再與牧馬者往，不復見矣。④

烏魯木齊參將海起雲言：昔征烏什時，戰罷還營，見崖樹下一人，探首外窺，疑爲間諜。奮矛刺之⑤，中石上，火光激进，矛折，臂幾損，疑爲目眩。然矛上地上皆有血迹，不知何怪⑥。又⑦一游兵見黑物蹲石上，疑爲熊，

---

① 刻本“象”後有“者”字。
② 《閱微草堂筆記》作“理則一耳”。
③ “顱”，國圖抄本作“顙”。
④ 《閱微草堂筆記》此句後有“意其山神歟。”
⑤ 《閱微草堂筆記》有自注：“軍中呼矛曰苗子，蓋聲之轉。”
⑥ 《閱微草堂筆記》此句後有：“余謂此必山精也。深山大澤，何所不有。白澤圖所載，雖多附會，殆亦有之。”
⑦ “又”，《閱微草堂筆記》作“又言有”。

引滿射之，而此物夷然如不知①。此皆山精也②。

　　烏魯木齊軍校王福言，曩在西寧，與同隊數人，入山射生。遥見山腰一番婦獨行，有四狼隨其後③。共相呼噪，番婦如不聞。一人引滿射狼，乃誤中番婦，倒擲墮山下。衆方驚悔，視之亦一狼也。四狼則已逸去矣。蓋妖獸幻形，誘人而啖，不幸遭殛也。

【注释】

〔1〕火珠林：一種卜筮方法。又有一部占筮書叫《火珠林》，源出《京氏易傳》，其占筮方法爲："以三錢擲之，兩背一面爲拆，兩面一背爲單，俱面爲交，俱背爲重。"與文王課類似，因而有人認爲《火珠林》占筮方法即文王課。由於其法使用簡便，筮時不須蓍草，只要采用三枚銅錢便可挪出卦爻，所以人稱"以錢代蓍"法。

〔2〕氆氇：藏語音譯。又稱"南木楚"，藏族民間手工織品。流行於西藏、青海、甘肅、四川及雲南等地。一般采用粗羊毛手工紡成毛紗，上木氆氇機織成。總稱"南木氆"，以質地分爲六種，氆氇即其一。刷毛未剪者稱"胥瑪"，質地最佳；已剪去刷毛者謂之"協瑪"，質地次之；其它依次是"胥沃""氆氇""青瑪"，最次者爲"拉哇"（即褐子）。從《新唐書·吐蕃傳》中有關褐、素褐及氀毼的記載看，早在唐代藏族已能織氆氇類織品。氆氇多爲黑白兩色，有的將白氆氇染成紅、黄、藍等色，爲製作藏袍、農區氆氇靴、藏帽、墊褥的主要材料。

---

① 《閲微草堂筆記》此句後作"駭極，馳回呼夥伴。携銃往，則已去矣。"
② 《閲微草堂筆記》作"余謂此皆山精耳"。
③ 《閲微草堂筆記》此句後有"以爲狼將搏噬，番婦未見也。"

鞏寧城廟宇碑記

關帝廟　東亭碑文

皇帝龍飛御極三十有七年，以烏魯木齊向爲準夷游牧，今歸版圖十餘載，生聚教養，與内地無异。又值準夷舊部落土爾扈特[1]部人等數萬户款關内附，因設重兵於要衝，建鞏寧城，築舍九千五百餘間，分駐滿洲官兵三千員名。命臣索諾木策凌總統烏魯木齊等處屯田營制事宜，責綦重也。伏念皇上神武，威加海内外，於平定準夷一事，拓土二萬。考巴里坤爲古蒲類[2]、大小高昌國，烏魯木齊或即漢之輪台、車師前後王歟？自漢、唐以來，未嘗列爲郡縣。如今日之盛者也，唯我皇上，聖不自聖，凡新闢疆土，咸歸功於神，以祈靈佑而保敉寧。乃於鞏寧城敕建關帝廟，索諾木策凌督率文武官弁實司其事，於乾隆二十九年九月望日告成。敬泐碑書襄事銜名，恭紀其盛。至神之靈佑顯應，載在國史，達於九有。凌何人斯？敢贅辭於揚詡頌禱之間乎？

乾隆三十九年歲次甲午秋九月，誥授光禄大夫，總統烏魯木齊、巴里坤等處滿漢屯田官兵事務，世襲一等男長白索諾木策凌撰文。

西亭

烏魯木齊去伊犁千三百餘里，爲新疆諸路咽喉重地。自版章歸附，欽命大臣統屯防兵，於①置粮務官司，始有户民。作城邑，請於上，賜名迪化城，州治昉此。厥後，開營制，駐眷兵，復築城於北，爲迪化新城。今統稱二城爲漢城，以鞏寧城爲滿城云。我皇上威德誕敷，八荒在宥。西域既平，南定回疆，北通哈薩克一帶貢道。而土爾扈特部落人等，歸誠内屬又不下數萬户。若塔爾巴哈台，若烏什、喀什噶爾諸回城，設防增戍，咸倚伊犁八旗駐防兵爲重。乾隆三十有六年冬，皇上允廷臣請，移内地駐防滿兵於烏魯木

---

①　刻本後有"此"字。

齊、巴里坤，與伊犁爲犄角。

時議烏魯木齊分駐涼、莊兵三千，乃別築城爲駐防所。卜於迪化城之西北十里許，曰吉。越明年，壬辰，余奉命以參贊大臣統軍務，始荒度土功，爰董所司，各恭乃事。鳩工則奏調近邊各營鎮兵千數百名，教之版築，增之廩餼，而兵不疲。庀材則伐木於山，開冶於礦，輦載以官之車馬牛①，而民不擾。迄一年城成。城周九里三分，里之一徑三里許。城内恭建萬壽宮、關帝廟如制。都統署一，領隊副都統署一，理事通判署一，協領六，佐領以下官四倍之。自協領以下官兵房皆如額，其他公廨、賓館、義學、庫藏、街衢、市井悉治。是役也，計費帑金十萬有奇，粮萬二千餘石。奏上，皇上察其費廉而工巨也，不下所司議，悉准銷。且命嗣後新疆工程奏銷，著爲例②。特恩也。乃錫城名曰鞏寧，門曰承曦，曰宜穡，曰軌同，曰樞正，自軍機處題額，備滿、漢、托特、回部四體書，謹刊懸城之上方。是時，新疆底定垂二十年，土地闢，户口蕃，新附之民益衆。自烏魯木齊以東，始改粮務官司，置都縣。改巴里坤同知爲鎮西府，改迪化州同知爲迪化直隸州。州郡各率其所屬隸兵備道，道率其屬隸都統。其自道以下，舊治迪化者，悉移治鞏寧，與都統同城。於是都統之任益重，而鞏寧城遂爲滿漢官、民、兵、吏群聚而待事之所。軺軒之使，冠帶之倫出於其塗者，莫不於是觀政焉。今之稱鞏寧者，從其朔也。城工竣於癸巳，今五載矣。屢欲執筆爲之記，顧以部勒公務未遑也，惟祗遵聖天子命名鞏寧之義曰三復焉。其在《書》曰："民惟邦本，本固邦寧。"撫兹城者，必將以民疇爲基址，以治行爲垣墉，以武備爲捍衛，以忠悃爲金湯，然後可以聯三邊[3]之門户，壯八表[4]之規模，而弼億萬年之平成於勿替也。是以夙夜兢兢，惟恐不克副皇極敷言之萬一，兹乃申繹厥旨，用自勖勉，因并建城之顛末，而詳志之，以告後之君子。是爲記。

乾隆四十二年歲次丁酉秋九月，誥授光禄大夫，總統烏魯木齊、巴里

---

① 刻本無"牛"字。

② "例"，國圖抄本作"記"。

坤、古城等處滿漢屯田官兵事務，世襲一等男長白索諾木策凌撰文。

【注释】

〔1〕土爾扈特：漠西蒙古之一。大約在十六世紀，漠西蒙古分爲和碩特、準噶爾、杜爾伯特、土爾扈特四部。土爾扈特部的二十餘萬人不堪忍受準噶爾的暴虐壓迫，於明崇禎元年（1628）被迫從塔爾巴哈台地區向西遷移。他們越過哈薩克草原，渡過烏拉爾河，輾轉來到伏爾加河下游地區。當時那里人烟稀少，便於放牧，他們就在那里逐水草圍獵，設立執事官員"宰桑"，建立了一個獨立的游牧汗國。乾隆三十六年（1771），土爾扈特人在首領渥巴錫的率領下重返祖國。他們不顧俄羅斯軍隊的圍追堵截，克服重重困難，忍受着巨大的犧牲，行程萬餘里，歷時半年，終于回到伊犁，但僅剩下一半人口。

〔2〕蒲類：即巴里坤鹽湖，位於新疆維吾爾自治區巴里坤縣西北十八千米處，古稱蒲類澤、蒲類海。

〔3〕三邊：歷代所指各有不同，漢代稱匈奴、南越、朝鮮或幽州、并州和涼州爲三邊。明代也陝西三鎮延綏鎮、寧夏鎮、固原鎮爲三邊。正統年間，朝廷爲抵禦韃靼的入侵，在白于山與毛烏素沙漠的走廊地區設置了定邊、安邊、靖邊，簡稱爲三邊。

〔4〕八表：也稱作八荒，即八方之外極遠之處。

博克達山天池碑文

天一生水，肇兹靈脉於天山；地六成能，用者①神功於地軸。源既通乎星宿[1]，勢匯西溟；派早別夫尾閭，膏流少海。莫窮所自，藏蚪窟於峰頭；孰測其深，秘龍堂於水底。納衆流而潤下，氤氲勝出岫之雲。引百谷以歸墟，晃漾卷遥峰之雪。昔則蓄而不泄，全荒準部之膏腴。今則沛乎其宣，遍潤阜陽之畛域。

---

① "者"，國圖抄本、刻本作"著"。

　　某承恩北闕，遥建辰旗，出鎮西垂①，重屯戊校，勤求治理。計每重夫②民生，籌畫安全。功莫先乎水利，編魚鱗之舊册。十③萬衆久隸黄圖，添雁户之新居；五千人乍遷赤縣，緬遺墟於烏壘。趙營平則深④浚甘泉，循故道於渠犁。姜行本則宏開廣陌，然彼已境隨時過，溝洫全湮。而兹則疆與日新，灌濡正切，爰是躬登翠巘，堂洋而虔致精誠；手畫規模，鑿石而懇分潤澤。銀河倒瀉，飛流直下三千；繡壤深沾，慈惠普周萬頃。惟輸灌不勞人力。既有開而必先故呵護。久賴鴻恩，更告虔其恐後。

　　功隆四瀆，遵崇望祀於《虞書》；秩視三公，特重明禋於《周禮》。自此水耕火耨，宣蓄周資從教。贊：玉濺珠跳，涵濡遍足。年登大有，雨暘不歉於三時；澤被無私，禾黍倍饒夫九塞。謹切希仁之祝，用殫寅忱；聊申答貺之章，莫酬坎德。伏惟神鑒。仰冀來歆。

【注释】

〔1〕星宿：即星宿海，又名星宿川。在青海省曲麻萊縣東部。北臨約古宗列渠，東通扎陵湖，西與卡日曲相接。由黄河上游散流面形成淺湖群、沼澤、沙丘相間地段。長約三十公里、寬約十七公里的低窪積水盆地。以其散布如星，故名。

靈山天池疏鑿水渠碑記

　　籌邊之務莫重於屯政，而屯政之要莫先乎水利。《周禮·司徒》："經土地而井牧"，遂人辨上地、中地、下地。一夫有遂，十夫有溝，百夫有洫，千夫有澮，萬夫有川。莫不因高卑之宜，驅自然之勢，以取利於水。其爲農計者綦詳矣。厥後，西門[1]起鄴，鄭國[2]行秦，白公[3]鑿涇，文翁[4]溉蜀，胥此意焉。若夫鄭吉田渠犁，充國營蒲類，君集略高昌，行本屯車師，擴雄

---

① "西垂"，國圖抄本、刻本作 "西陲"。
② "夫"，國圖抄本作 "氏"。
③ "十"，國圖抄本作 "一"。
④ "深"，國圖抄本作 "探"。

邊而饒積貯，尤於水利爲兢兢。阜康、濟木薩二邑爲唐金滿[5]舊壤，戊己校尉昔屯於此。其地遼闊，其土肥甘，最宜禾黍。乃邑人因水利不充，曠爲牧野，余心惜之。

舊歲巡閱伊吾，道經是地，爰飭邑令，相度水源，知阜康之陽，靈山屏列，峰勢出沒雲霧中，上有天池在焉。俗傳此水爲蛟龍窟宅，雪罨冰封，莫窮所自。有人欲探其勝者，至山麓輒爲風雨所阻。余聞而頷之，擬將親登翠剡，虔致祝釐，疏鑿靈派，引注南畝。議者多以風雨爲解，不知聖天子奄有中外，懷柔百神，凡名山大川，有能澤潤民物者，必秩而祭之。余承簡命，出鎮北庭，宣布德威，周咨民瘼。山靈有知，其必有以默相之，振潛起蟄，敷解澤於窮荒，豈降雲①出雨之精能久②秘而不泄耶？爰約飭騎從，自南山口取道而入。溪流曲折，山徑紆回，林木交陰，蔚然深秀。穿崖越壑，盤旋於松雲蓊鬱之間，真不減蠶叢[6]百折也。再登再憩，漸就平崗。聞水聲潺潺，噴薄於斷崖之上者，小龍潭也。潭水深碧，其源弗長，然雖流細力微，亦足以沾漑近郭。從此越崇嶺數層，始臻絕頂，見神池浩淼，如天鏡浮空，沃日蕩雲，洵造物之奧區也。於時，天風徐來，暑雨初收，曾無所被阻。人登覽者，用齋宿告虔，默申頌禱，指畫形勢，刻日鳩工。畚鍤雲興，依山鑿澗，一落千丈，飛瀑與銀河爭流。更爲設壩以防其潰，建閘以遏其奔。宣洩隨時，功成不日，此其順軌之速也，非靈貺默孚而能若是乎？由是浚畎澮，治畛涂，以瀦蓄水，以防止水，以溝滿水，以遂均水，以澮瀉水。水利之興，一本乎《周禮》井邑成同之制，若漢唐之備邊，則又不足論矣。從此安駐屯兵，編排雁戶，有③年有幹，多黍多稌，甌脫之區化爲腴壤。謹繪具圖説，上呈睿覽，以仰副皇上撫惠邊氓，無遠弗屆之至意。

是役也，渠長計五十丈有奇，面寬五丈，底寬一丈有奇，深七丈三尺。視小龍潭之灌注，則十倍而贏焉。渠工告蕆，凡五越月。協領經度其始，邑宰董率其事。因約綜端委，以告後之長民者，善保厥成。俾屯工永享萬年之

---

① "雲"，國圖抄本作"雪"。

② "久"，國圖抄本作"至"。

③ "有"，國圖抄本作"省"。

樂利，是所望也。勒石而爲之記。

【注释】

〔1〕西門：即西門豹，河北人，戰國時期魏國人，歷史上著名的政治家和水利家。魏文侯時曾任鄴令，主持修築引漳十二渠灌溉工程，在漳河上建無壩取水樞紐和十二座低溢流堰，引出十二條灌渠，既減少了河水泛濫之禍，又肥沃了土壤。十二渠經人們不斷整治，灌溉效益一直延續到唐至德年間。

〔2〕鄭國：戰國末期韓國新鄭人，著名的水利工程師，爲秦築渠三百餘里，號稱"鄭國渠"，被後世奉爲"水神"，關中農民多有奉祀。

〔3〕白公：生卒年不詳，漢趙中大夫，古代著名的水利專家。漢武帝太始二年（前95年），因當時關中著名水利工程鄭國渠竣工已逾百年，年久失修，效益大減，長安粮荒嚴重。白公奏請在鄭國渠以南再穿鑿管道灌溉農田，引涇水，起谷口（今王橋鎮西北五公里處），入櫟陽（今臨潼區櫟陽鎮東北十公里處），注渭水，長二百里，溉田四萬餘頃，是關中地區古代著名水利工程，爲紀念白公功績，該渠被命名爲"白公渠"，又與鄭國渠合稱"鄭白渠"，民間稱其爲"白渠"。

〔4〕文翁（前187—前110年）：西漢廬江郡舒縣（今安徽省廬江縣）人，西漢著名循吏，曾任蜀郡郡守，在任重視水利，發展生產的同時，選拔郡縣小吏到長安授業學習，又修建官學於成都市中，招各地子弟爲官學生，入學者免除徭役。成績優异者爲郡縣吏，稍次者爲孝悌力田，巴蜀地區風氣爲之一變。

〔5〕金滿：古城名、縣名，或訛作金蒲。東漢永平中耿恭爲戊己校尉屯此城，地屬車師後部。唐貞觀十四年（640）置縣，爲庭州、北庭都護府治所。故址在今新疆維吾爾自治區吉木薩爾北破城子。寶應元年（762）改名後庭。

〔6〕蠶叢：又稱蠶叢氏，族屬氐羌，古蜀王名號，三代蜀王之一。相傳其目縱，在蜀地始稱王者。《華陽國志·蜀志》云："有蜀侯蠶叢，其目縱，

始稱王"。

庫爾喀喇烏蘇城工落成碑記

《禹貢》稱："析支[1] 渠搜，西戎即叙。"《周書》紀："九夷八蠻，西旅底貢。"自是而外，西域之山川都會，弗載圖經。歷覽史册，三代而還，漢、唐御宇亦雲廓矣。然漢武擊匈奴，勒兵十八萬，僅置張掖、酒泉諸郡。李貳師[2] 伐大宛，旌旗徑千餘里，師行二十三年，海内虛耗，所得不償所失。唐太宗經略四方，控弦百萬，僅與突厥盟於渭水。嗣侯君集成交河，群臣諫以軍行萬里，恐難得志，且天界絶域，縱得之不可守。是二君者勤於遠略，雖能威行天山迤南，建官設都，而天山迤北則不能至也。即有一二羈縻之國，然叛服不常，徵調弗應，又安能履其地而强索之哉？

我皇上文武聖神，擴清邊徼，準噶爾以元人牧圉①竄伏西荒，蠶食諸藩，寖成四衛，其四衛拉特者，綽羅斯部、都爾伯特部、和碩特部、土爾扈特部。其輝特一部本附庸於都爾伯特，後土爾扈特竄入俄羅斯，遂别輝特爲一部，仍稱四部。昭代以來，屢干撻伐，皇上戢兵禁暴，保定大功②。自竇③以西，擴地二萬餘里，收遼古未附之龍荒，蕆列聖待成之鴻業。凡古烏孫、康居、莎車、鄯善、疏勒、姑師、勃律、于闐諸部，悉入版圖。於是經駐防，簡侯尉，啓庠序，範幣帛，行國而土著之，廬帳而城郭棟宇之。式闢汙萊，遂成沃壤，花門之俗蒸蒸於變，月異而歲不同。庫爾喀喇烏蘇介乎其中，實爲玉陲扼要之地。雄關屹屹，東控北庭；重鎮峨峨，西連伊水。以葱嶺爲屏，以鹽澤[3]爲帶。雪山綿亘，冶鐵鎔金，墨水瀠洄，苞④原抱隩。於乾隆壬午歲，制其地而屯戍之。編成户籍，隸在司徒。定以租庸，統於都護。至辛卯春，土爾扈特種落率衆歸誠，聖天子念其向化情殷，爲之封汗位，建台吉，立宰桑，分置諸邊，而濟爾噶浪之地屬其游牧。莫不延頸跂踵，遐邇傾心。

---

① "圉"，刻本作"圍"。
② "保定大功"，國圖抄本作"保大定功"。
③ "自竇"，國圖抄本作"白竇"，刻本作"月竇"。
④ "苞"，刻本作"包"。

余仰承簡命，節制輪台，乘秋獮之期，簡搜軍政，由伊吾、高昌巡閱而至是區。見其川原清曠，草木華滋，雉堞崇墉，與晶河相犄角。念此地介突厥東、西兩部，最是要樞①；當單于南、北二庭，更爲衝路。曩者，乙酉歲出師烏什，曾取道於斯。歷年以來，修其郛②郭，繕其堂隍，三市九衢，通圜帶闤，廬井鱗次，亭隧星繁，瓌③貨川流，胅胅綉錯，建牙守土，大啓岩疆。其風景之富庶繁昌，迥殊疇昔。爰是延攬勝概，不禁穆然深思。竊謀綏邊之略，非經營控制之爲難，而養安無事之足慮。聞之禮，諸侯歲三田，講武閱兵，皆乘農隙，入而振旅，歸而飲。至以數軍實，明貴賤，辨等威，順少長。凡此者，非以爲苟勞而已，將以馴至服習邊氓之心，不至養安而貽患也。方今邊部寧謐，百穀順成，寢甲包戈，一意與民體④息。非不足以布⑤天子德化於翎侯[4]、大禄[5]、騎君、西夜皆西域官名。之鄉，然而有備無患，安不忘危，是在守土者撫育訓練，振士卒久安易怠之氣，收遠人畏威懷德之心。表皇輿之有截，拓土宇於無疆。從此驗分野於諸躔，已出二十八星之外；頒正朔於藩服，悉準七十二侯之宜矣。讀《西域圖志》[6]及《西域同文志》[7]，煌煌乎大一統之模，雖三五未臻斯治也。彼漢唐之幅員版籍，詎可同年而語哉？是役也，守城副都統力任辛勞，勤襄乃事，克期落成。爰書顛末，勒諸堅珉，以垂永久。若夫城堞之尋尺，丁乎⑥之多寡，田宅之廣狹，則有營制可稽。兹特詳言其大者。是爲記。

【注释】

〔1〕析支：古西戎國名，亦作賜支。在青海東南部黃河河曲一帶。《書·禹貢》稱："析支渠搜，西戎即叙。"司馬彪曰："羌者，自析支以西濱於河

---

① "樞"，刻本作"區"。
② 國圖抄本脱"郭"字。
③ "瓌"，國圖抄本作"壞"。
④ "體"，刻本作"休"。
⑤ "布"，國圖抄本作"仰"。
⑥ "丁乎"，國圖抄本、刻本作"丁户"。

首左右居也。河水屈而東北流，涇于析支之地，是爲河曲羌。"應邵曰："《禹貢》：析支屬雍州，在河關之西，東去河關千餘里，羌人所居。謂之河曲羌。"

〔2〕李貳師：即貳師將軍李廣利。

〔3〕鹽澤：即今羅布泊，位於塔里木盆地東部。古代有許多不同名稱，《山海經》稱之爲泑澤，《史記》稱之爲鹽澤，《漢書》稱之爲蒲昌海，《水經注》稱之爲牢蘭海，《大唐西域記》稱之爲納縛波，元代稱之爲羅卜，清代人稱之爲羅布淖爾（淖爾爲蒙古語，意爲湖泊）。面積約三千多平方千米。注入鹽澤的古代水系，在西北邊有今塔里木河、西南部有今車爾臣河，東北有甘肅流入的古疏勒河。

〔4〕翎侯：也叫葉護，突厥語音譯，漢作"翎侯"。突厥、回紇官名。地位僅次於可汗。世襲。

〔5〕大禄：官名。漢代西域烏孫等國置之。

〔6〕《西域圖志》：也稱爲《皇輿西域圖志》，是清朝官修的第一部新疆地方志。始修於乾隆二十一年（1756），二十七年完成初稿，至四十七年增訂爲今本，凡五十二卷。首四卷爲天章，此下分爲圖考、列表、晷度、疆域、山、水、官制、兵防、屯政、貢賦、錢法、學校、封爵、風俗、音樂、服物、土産、落屬、雜録十九門。所載包括當時新疆全部，兼及甘肅嘉峪關以外州縣。資料皆根據當時實地調查所得，《大清一統志》新疆部分即據此書纂成。

〔7〕《西域同文志》：清朝傅恒等撰。乾隆二十八年（1763）編成。共二十四卷。包括新疆（分天山南北兩路）、青海和西藏地區的地名、山名、水名及各部治者人名。每個名稱都用滿、漢、蒙、藏、托忒（準噶爾部及今新疆使用的蒙古文）、維吾爾六種文字標明，并注有漢字"三合切音"，用漢文注釋語源、含義、地方沿革、人物世系簡歷等。是研究以上地區地理、歷史和少數民族語言的重要工具書，也是體現中國歷史上各民族交往交流交融的重要史料。

迪化城關帝廟碑文

蓋聞靈輝朝覲，稱物納照，時風夕灑，稱形賦音。是以易知簡能，先天著不違之妙；存神過化，至誠宏不測之功。惟我關聖帝君，神周六合，道炳九垓。山陬海澨，咸仰神靈。絕域殊方，備沾佑穀。而烏魯木齊界在西陲，越爲夷服，恭逢聖天子武功大定，式瞻帝君，神應無方。以故建城之初，即崇廟祀，而自綏來之後，默荷神庥。蓋新疆初隸版圖，百度①幾同綿蕝。而時和歲稔，歷十年頻見豐盈；汰息民恬，二萬里群歌樂利。昔日之冰天雪窖，今已涼燠應時；昔日之氈幕穹廬，今已閭閻匝地。此皆盛朝德化所涵育，而即帝君英爽所護持也。義等貿遷而來，當轂擊肩摩之會，經營所至，睹民康物阜之休，思展蟻誠，藉伸葵向，仰瞻紺宇，載拓壽宮。道一風同，慶②車書於玉塞；明禋祝嘏，永廟貌於金城。爰勒貞珉，以紀歲月。凡諸同志，各附姓名。

乾隆三十二年建。

補建關帝廟碑文

忠義爲人心共秉之彝，上下數百年，含英蘊秀之材，何嘗不鼓努競③強，慨然以名教自任，乃未能彪彪炳炳，全身於大節之臨，蓋浩氣之未易充而小善之不足尚也。間嘗竊讀三國史，其記述關夫子之梗概，大都在武功威望間，後之儒者亦不過據秉燭一節爲稱首。夫陳氏[1]非古良史才也，即其正偽之統不明，何足闡揚盛美。當後漢之末，氣節淪亡，雖有雄略人者，皆苟且以博時榮，而昧然於漢賊之辨，以至互相雄長，日尋干戈，百姓雕傷，乾坤震撼，不靖之故，厥有由籍，非偉人誰能底柱④。夫子佐流離之漢胄，續欲絕之餘音，滅魏吞吳，志先乎出師一表。將千古之大經大法，於是乎在，

---

① "百"，國圖抄本作"吉"。

② "慶"，國圖抄本作"變"。

③ 國圖抄本缺"競"字。

④ 刻本作"厥有由來，籍非偉人誰能底柱"。

向使有旁搜遠紹之士，提其要，鈎其元，必有加於秉燭而傳美人口者也。

　　茲地於乾隆辛巳歲建有廟貌，以安^①神靈，第堂宇促狹，不足蔽風塵而陳樽俎。某等謹與同郡人捐金鳩工，即其地勢而增修膳廳三大間，非敢謂足以報功德也，懼其褻也，且以見忠義之在人心，有同悅焉。

乾隆三十五年補修。

【注释】

〔1〕陳氏：即陳壽（233—297），西晋史學家。字承祚。安漢（今四川省南充市北）人。師事同郡譙周。蜀漢時爲觀閣令史。入晋，歷任著作郎、治書侍御史。時人稱其善叙事，有良史之才。晋滅吳後，集合三國時官私著作，著成《三國志》。另撰有《益部耆舊傳》等，編有《蜀相諸葛亮集》。

城隍廟碑文

　　迪化漢城小會關厢之外，西北不數里有乾州廟焉。廟建自乙卯年起，工程浩大，創造艱辛，非我乾州之獨力可成也。乃乾屬永、武二邑，均有樂善不倦之念，同心築其廟址，協力建其殿楹。前有綠水，儼若地產玉帶；後依青山，不啻天生錦屏。助聲靈之赫濯，狀廟貌之巍峨。裝演煥彩，翬飛鳥革。久^②以外觀之有耀，不惟對越神明，是以^③將其誠意，抑且長幼咸集，可以共活鄉情。創建之至意，無不彰明較著也。仰蒙聖天子臨御萬方，四海一家，即我乾郡地分三界，誼同一鄉，越數千里而來者，較前益衆。睹前人之盛舉，增無可增，冀後此之補治，華愈求華。拜獻之餘，有願莫伸。爰謀監立^④宮燈、旗杆、石獅，樂輸囊資，竭其蚊力，衆撑^⑤之願，指日觀成，赤幟

---

① "安"，刻本作"妥"。
② 國圖抄本無"久"字。
③ "是以"，刻本作"足以"。
④ "監立"，國圖抄本作"豎立"，刻本作"建立"。
⑤ "撑"，刻本作"擎"。

上凌①霄漢，青獅下鎮山門。曷敢曰惟此薄舉，盡善盡美，而俎豆陳設，或有缺略未備之處，須念創之於前者，猶當繼之於後，則前可彰其美而後可傳其盛也。是爲勒石以志之，并將施銀人等姓名，詳列於碑陰焉，是爲記矣！

嘉慶丁巳年六月

　　昔唐德宗遭東山朱泚[1]之亂，維時我州城隍大施神力護佑，永成大寶之功。是以唐敕封奉天輔德侯，其靈應昭昭於乾之地者，非一日也。自乾隆二十四年開闢新疆，我州之人雲集烏魯木齊者不少，以爲我州奉天城隍靈應丕昭，可護庇我乾人於東者，亦可護庇我乾人於西。是以於乾隆四十二年②，在漢城西北擇地創修廟宇，所占地基與所買園地共五十三畝，以備香火養贍之資，每歲交納國③課銀六兩。有信士王守德等呈請觀太爺施恩，委吳老爺驗明，念其工費浩大，准其永遠爲尚書地，以作香火養贍之資，免輸地糧，有名帖官銜可據，實爲乾州一郡士民之福澤也。雖永壽、武功二縣本屬乾州所轄，許彼二縣士民亦在廟中傍殿塑像祀神。至四十三年創修大殿，四十九年創修戲樓，五十五年創修山門，五十七年創修鐘樓，層層功成④并地畝基業，均我乾一州士民同力告成，并無賴藉永、武二縣士民一臂之力也。今我滿城眾會信士人等慮其世遠年湮，或致功忘而名滅。恐終不可復睹矣，於是原⑤勒斯石以記大功⑥，并列合會姓名於後，以志不朽云。

渭南縣儒學生員王眾震撰文并書

嘉慶三年八月

---

① “凌”，刻本作“陵”。

② “四十二”，國圖抄本作“四十三”。

③ “國課”，國圖抄本作“園課”。

④ “成”，刻本作“程”。

⑤ “原”，刻本作“願”。

⑥ “大功”，國圖抄本作“天功”。

【注释】

〔1〕朱泚（742—784）：唐朝叛將，幽州昌平（今北京市昌平南）人。與其弟朱滔并爲幽州盧龍節度使李懷仙部將。大歷三年（768）朱希彩殺李懷仙，繼任幽州盧龍節度使。因同姓故，對他顧加信任，七年（772）朱希彩亦爲部將所殺，朱泚任盧龍節度使。九年（774）入朝長安，其弟任其職。建中三年（782），朱滔叛唐，乃免其鳳翔隴右節度使職務，以太尉衙留居長安。四年（783）涇原兵變，德宗出奔奉天（今陝西省乾縣），變兵擁朱泚爲帝，立國號爲秦，年號應天。明年（784），改國號爲漢，稱天皇元年，與朱滔相呼應。不久，被李晟等戰敗，弃涇州（今甘肅省涇川縣）。後至寧州彭原（今甘肅省寧縣西北），被部將所殺。

藥王廟碑文

蓋聞宇宙①之設，所以仰聖德而答神庥也。恭維兹土，東郊之阜，建有藥王神廟一座。遠山若屏，近水如帶，其地之氣脉，則發源於東，蜿蜒而西，層巒迭嶂，蜂腰鶴膝，結穴天然，有回龍顧祖之像。建廟於此，亦可謂迪化一奇觀歟。考其功德，創自乾隆辛卯。先是王文隆等初發善念，重以邀請此地衆商賈及由口内發買藥材之客，善信同心，協力募化，捐資以共襄盛事，自草創以迄成功，其殿廡并山門歌樓，率由積漸而臻斯勝境，蓋歷有年所矣。暨乙卯春，台榭傾圮，規模亦狹，於是公議重修，雖由舊基，而功力倍之。經理會首人等，伏念同濟②食力此方，仰托神佑感格，願輸囊資，無不竭力捐助，除本處募化不敷需費外，且不憚勞遠，赴昌吉、綏來、伊犁等處，在於各同鄉善信内告助，是以不數月而工竣。此非衆擎易舉，凡兹功德，故可設也。爰集中③善佈施，勒之於石，以志不朽。更從而歌曰：山明水秀兮，左右其傍。維神宛在兮，廟適中央。天然位置兮，人工以匡。出艮

---

① "宇宙"，刻本作"宇廟"。
② "同濟"，刻本作"同儕"。
③ "中"，刻本作"衆"。

入坤兮，蜿蜒而長。鎖以橋梁兮，庶己①其祥。歌功頌德兮，樓臺斯張。春祈秋報兮，永保無疆。

提督甘肅烏魯木齊等處地方奢特親巴圖魯　興奎[1]

署烏魯木齊提標中營參將左營游擊世襲騎都尉帶尋常記録一次　黃聯輝

嘉慶元年上浣穀旦[2]

【注释】

〔1〕興奎：瓜爾佳氏，滿洲鑲白旗人。曾任安西、寧夏將軍。清嘉慶四年（1799）由烏魯木齊提督轉任烏魯木齊都統。十四年（1809）後，兩次出任烏魯木齊都統。因事被革職。

〔2〕上浣穀旦：古代每月初一至初十稱爲上浣，也稱上旬。"穀旦"一詞源自《詩經·陳風·東之門》，詩中有"穀旦於差，東方之源"之説。《毛傳》解説："穀，善也。"因此，穀旦指晴朗美好的日子。古石碑上記穀旦，指的是良辰的意思。上浣穀旦指的是上旬某個良辰吉時。

重修廟宇碑文

蓋聞乃聖乃神，顯無窮之妙術；稱功稱德，著有應之奇方。是以岐黃秘訣[1]，救世何僅十全；龍海奇傳，濟人非止三折。然而刀圭[2]量州②，無不思療於衆生；砭石治癰，何物不沾於神劑。鴻功貫於今古，有禱有通；澤庇無分夷夏，至靈至應。稱之不盡，贊莫能窮。

竊氏江蘇上海人也，幼在南，從未究銀丸金匱[3]之婦，抵紅廟而湊手上藥，中醫之功爲非神助，誰其信之？於乾隆三十六年，歲在辛卯，適遇道人陳教法總司郭良莫③，述稱藥祖之神靈，欲興蒸嘗之祀典，氏即告夫文隆及兄徐氏耀輝，公同商酌，不吝數十金，隨建小廟於迪城東郊之阜，裝塑靈軀，常供香火。歷經壬辰，及至癸巳，遇有古晋秦氏龍光，精察地理，邀請瞻

---

① "己"，刻本作"幾"。

② "州"，刻本作"用"。

③ "莫"，國圖抄本作"英"。

之，相其山景而對氏言曰：此山景象，從東發源，脉連瀚海，氣接天山，蜂腰鶴膝，迭嶂層巒。南畔有水出自淵泉，回龍顧祖，左右盤旋，不比蓬瀛勝境，聊爲迪化奇觀。必得創修巨宇，方可氣脉完全。氏從其言，盡傾夙蓄囊資百兩，卜吉興工，爰①自竪柱，斯金盡數罄，懸事在半途，烏得前功盡弃。氏等睹其工程誠爲峻大，如斯維艱，非一力之可成。朝夕躊躇，無十分而難，就是以龍光商酌，始懇鄉約文灝郭氏薦延，隨請大成車氏②，協力同心，募化十方善信；晝勞夕役，書録四路紳衿。及至甲午，廟工昉竣，乙未丙申，兩③廡告成。至戊戌而山門④始立，其貌頗可觀瞻。時幸迪化通街善信藥室衆等處⑤誠獻舞梨園，萬姓千家，分祈名標匾額。但逢祭祀，高結彩樓，所費之資，何止百兩。氏見捐資有限，每歲花銷，莫若啓建歌臺，亦可餘金積幣。就壬寅歲，與文灝等募化金資，創建藥樓一座。嗣甲辰三月，驟起狂風，撥落山門，而戲樓盡行坍塌，是年歌臺重修，全憑藥室共助；他歲山門復立，無非衆姓捐金。勞力勞心，重修重整。自此逢時報賽[4]，遇誕笙歌。叵⑥此廟居山峰之險，不無風雨之傷，故爾歲歲添磚，年年補瓦，無限辛苦，豈其一日耶！歷經數載，迨至甲寅，戲樓復被風傷，形爲倒塌。意欲重新整理，氏身財力雙艱，幸得通街藥室等努⑦募修，重勷盛事，抵自乙卯工竣，廣揚聖德神功。伏思五二之春，其⑧功始就，盡費千千⑨之力，斯景方周。固爾⑩刊銘石碣，爲千百年不朽云耳，以是爲志！

　　　　　賜進士出身烏魯木齊提屬瑪納斯協副將　何廷臣

---

① "爰"，刻本作"爰"。
② "車氏"，國圖抄本作"畢姓"。
③ "兩"，國圖抄本作"而"。
④ "山門"，國圖抄本作"三門"。
⑤ "處"，刻本作"虔"。
⑥ "叵"，刻本作"奈"。
⑦ "努"，刻本作"努力"。
⑧ "其"，國圖抄本作"共"。
⑨ "千千"，刻本作"萬千"。
⑩ "固"，刻本作"因"。

　　　　　　　江蘇提屬分防海汛原任千總王大年敬撰
　　　　　　　甘肅直隸迪化州陰陽學典術王思孝敬書
　　　　　　　　　　嘉慶元年五月吉旦

【注释】

〔1〕岐黄秘訣：即中醫理論，又被稱爲"岐黄之術"或"岐黄之道"。由於《黄帝内經》采用"黄帝"與"岐伯"問答的形式，古人爲了表達對先祖的尊敬，就以他們名字的合稱"岐黄"來代指中醫學。與之相關的詞語還有"岐黄家"，指以中醫給人治病的醫生或醫學家；"岐黄書"，指有關中醫理論的著作；"岐黄業"，指中醫行業。

〔2〕刀圭：古代容量單位，也指取藥末的用具。陶氏《本草·序例》云，刀圭皆十分方寸七之一準，梧桐子大。《醫心方》引《范汪方》云，二麻子爲一小豆，三小豆爲一桐實，二十黍栗爲一簪頭，三簪頭爲一刀圭。

〔3〕金匱："匱"同"櫃"；金匱，指古代帝王藏書的處所。

〔4〕報賽：民間對所信仰神明的報答和祭祀活動，也稱賽社。一般在秋冬或春季進行，周代叫蜡，即歲十二月祭祀鬼神之意，有些地方稱賽神，即專一的報祭某種神衹。有些地方稱賽會，具儀仗簫鼓雜戲而迎神酬神。還有賽願，即爲了某種原因先許願，在滿願之後備酒食、歌舞而還願。

一官廟①碑文

迪化州舊城東有廟焉，廟塑何神？曰如來，曰孔聖，曰老君，曰救苦祖師，曰魯之巧師。是廟也，創正殿②三十一歲，通街六行之協力，建舞樓於三十四載，六行匠師之同心。買園地，而五行捐助；蓋廊房，而鐵匠獨成，歲在甲之紀。辦木植而山門③乃建，唯木匠以勇④躍爭先，亦即甲子之秋。

---

① "一官廟"，國圖抄本、刻本作"三官廟"。
② 刻本"殿"後有"於"字。
③ "山門"，國圖抄本作"出門"。
④ "勇"，刻本作"踊"。

正殿、獻殿[1]，泥水行成於四十一歲，石獅、旗杆，六行師立於四十四年，且西道房原屬陶冶鐵之造作，而東道房乃即温大章、秦仲廠之修理。至中殿創自四十七年，而大功告竣。仍即通六行之貨財，若畫彩輝煌，却係解匠一行之樂施。自今而視，廟貌巍峨，固爲迪化之觀①。而遡厥由來，積累歲月，無非衆人之叢成，苟不爲之彰明表著，亦安能以勸人心，存如在之誠哉！是以勒之珉石，庶永垂於不朽云爾！

乾隆四十七年五月穀旦

【注释】

〔1〕獻殿：是中國古代神廟布局中一座基本建築，又稱拜殿、獻亭、香亭等，一般爲四周開敞或前後開敞式。獻殿與正殿、東西配殿一起圍合成四合院形式，稱爲殿庭。

財神樓碑文

竊維三事修和，正德與厚生并重；四民承流，養身與治心兼資。以故聖朝教育之隆，既無遠而弗屆；神靈佑啓之德，亦無微之不周。明鑒②在兹，時祀告虔，禮宜然也。烏魯木齊之漢城建立財神樓，迄今十有五年。先有善士吳淘成、李唐貴、王榮、周延英等，請命於提憲喬，准令於屯城北門樓增修樓閣三間，北塑文昌、魁星像各一尊，南塑財神像一尊，側修道房二間。邇來商賈更增，庶士饒習，日漸醇良。鄉約會首等感神靈之昭回，知衆情之踴躍，公議捐銀二千餘兩，增厚城臺，崇峻棟宇，裝嚴③法象。自癸丑歲孟夏興作，越六月而工乃峻。巍巍乎！鳥革飛翬出，重霄結寶篆。居中衢而壯齊雲落星之觀，識者即士民之答神庥而知神惠之溥士民矣。

予竊有感焉：夫神之阜財求瘝，文人所以陰翊王度[1]，躋斯人於賢能樂壽之域者，不過因其善行增厚福禄耳。烏地屬乾，乾，天也，爲金，爲玉，

---

① “觀”，刻本作“巨觀”。
② “明鑒”，國圖抄本作“時鑒”。
③ “嚴”，國圖抄本作“儼”。

329

爲良馬，爲木果。自新疆開闢，西域數十餘國盡入版圖，而烏地實爲重鎮，疏勒、沙州亘其東，闢展、柳州衛其南，以及和闐、烏什、雅爾之所産生其間，金玉皮革往來交易，惟烏魯木齊之漢城稱尤盛焉。舉凡擁高奇貨，因天地自然之利而操其奇贏，則神之嘉惠於邊徼者，富饒可駕①於天下，而士之沉酣經史，亦未嘗無靈秀之鍾，足以黻文治之光華。惟在善承神惠，以心地廣福田耳，果其净意焚香，登樓之餘，學士除囂凌之習，工商戒淫佚之行，將見財源浚發，既增高以繼長；文教聿新，亦聯科而及第。則斯樓之重秀者，可遞衍以不朽。而神明之眷顧且日新月盛，而未有憑也。爲証②。

乾隆五十八年修

馬王廟碑文

神之爲靈昭昭也，咏於詩，著於書，總見於搜神一記。雖婦人孺子皆知其靈，而罔有不敬者也。然人知其敬而不知其所以敬，則雖曰敬也，其亦與不敬同。烏魯木齊，新疆也，其東南山崖之上建馬王廟一小間以奉祀事。軍民見其規模狹隘，非栖神所也，因欲移之城東，廓其基址，大其殿宇，庶神靈於以妥③侑矣。然又恐財用不給，難遂厥志，爰是會衆一議④，衆歡⑤趨之。卜吉日，相基地，辦物料⑥，董匠興工，不數月而廟成。恭塑天駟房星、火帝真君、賜福財神之像於正殿，因時致祭勿替，引之或曰，三神在天爲星，在地爲祗⑦。烏也，僻在西陲，恐其靈不眷顧於是也。余曰：否！否！三神之靈在天下，猶水之在地中，無所往而不在也，而烏人獨信之深，敬之至，烝蒿悽愴，若或見之，譬如鑿井得泉，而曰水專在是，豈理也哉！

---

① "駕"，國圖抄本作"嘉"。
② "証"，刻本作"記"。
③ "妥"，國圖抄本作"安"。
④ "一議"，國圖抄本作"以議"。
⑤ "歡"，國圖抄本作"惟"。
⑥ 國圖抄本脫"辦"字。
⑦ "祗"，國圖抄本作"兹"。

丙戌孟秋，軍民①等請書其事於石，因爲作文以記之云。

乾隆三十一年蓮月穀旦

創建山西會館碑文

維北庭之沃壤，壯西域之雄封。自蕃部遠被天威，聲教不遺。夫處月而天方始崇神寺，靈蔭遍及於無雷。緬兹版圖，煌煌者文物萃起；瞻彼觀宇，恢恢乎神人罄宜。猗歟盛哉！何莫非我皇上廓永奠之鴻圖，而陰沐關聖、武穆[2]之静鎮也。

余等西魯末土，聚處於斯，歷有年所。人烟雖曰輻輳，而山寺竟屬幾希。就②非宗垣，寧忘尊親之意；既經注籍，時切雨露之恩。慶誕始自丙申，義舉成於己巳。爰購得吉地一處，畚土鳩工，經營伊始，越甲辰而大殿彩樓丕振，兩廊告成。敢曰獨任仔肩，庀良材而始搆，亦云③諸將伯，庶勝迹之克全。燦爤丹鉛，法像偕綉幡競麗；輝煌金碧，猊座與梵宇峥嵘。既足以壯盛朝之統一中外，復又以答神功之福照邊疆。則敦桑梓④之誼，廣雍睦之休者，豈徒爲佛家增色已耶？因歷⑤端委，勒諸堅珉，以垂永久，以待後之軺軒補助云耳。

乾隆四十四年建修

【注释】

〔1〕陰翊王度：指輔助國家進行社會治理，維係社會道德，維持社會穩定。

〔2〕武穆：即指岳飛（1103—1142），字鵬舉，湯陰（今屬河南）人。出身農家，宣和中應募入伍。南渡後，屢立戰功，官至樞密副使。爲秦檜所

---

① 刻本无"民"字。
② "就"，刻本作"孰"。
③ 刻本"云"字後有"告"字。
④ "桑梓"，國圖抄本作"宗梓"。
⑤ 刻本作"歷叙端委"。

陷，被害於大理寺獄。孝宗時追諡武穆，寧宗朝追封鄂王，改忠武。

重修廟宇碑文

迪化之富庶，甲於西域，故四方商賈雲集而麕至者日益衆，大抵山右之客爲尤多。乾隆四十四年，創建會館於舊城西門外，以護國佑民爲念，奉祀關聖。殿宇崇閎，旁有配殿，兩廡鐘鼓樓俱極壯麗。非特肅觀瞻，實所以敦信義而昭誠敬也。構數椽於東偏爲僧舍，往來賓客憩息於斯，頗有幽趣。其時，都護策公爲文勒石以紀之。迄今二十餘載，榱桷窗櫺，丹楹碧瓦，間有朽壞者。僉曰：吾儕生逢盛世承平之際，中外一家，邊逢①清晏，乃得安其業而享其利焉。此皆賴聖德之覃敷，何莫非神庥之默佑乎？亟宜新之。爰集衆捐資，鳩工庀材，至乙丑仲秋畢其事，咸請余文以繼策公後。因思余之來守兹土也，於今八年矣。凡教養之方，補救之術，有志未逮②者，尚俟後之君子。而竊幸仰荷主恩，塵叨靈貺，與商民共受斯福。今俸滿，行有日矣，樂觀厥成，能不慶遭逢而樂道其善也耶？爲記。

嘉慶十年重修

都統明亮望祀博克達山長歌一章　勒石上方山頂

穹窿乎，博克達山[1]之高高極天！吐納日月陰陽，莫能測其候；變幻晴雨寒暑，不得司其權。乾坤苞符欲啓尚未啓，土父澤母精氣融結雲根懸。其勢博大崇巃，未可以數記，比諸嵩高[2]、太華[3]有過之而無不及焉。試問此山之名，何爲弗與五岳并？惜哉神坵③靈岫飛墜乎星河月竄之西偏。縱橫雖極亥章[4]步，幾曾遠越龍沙雁磧窮根源。谷蠡荒僻闕文獻，洞天深秀凌虛華蓋藏雲烟。烏孫游牧弗敢近，偶過其麓無不下馬頓顙心拳拳。西去薄昆侖，東來接祁連。兩峰對峙遠隔數千里，其中突起與爭雄長一氣相蜿蜒。控高昌爲右臂，憑伊吾爲左肩。橫亙五郡俯據大地脊，平分兩界上跨層霄巔。千支

---

① "邊逢"，國圖抄本作"邊庭"，刻本作"邊烽"。

② "逮"，國圖抄本作"建"。

③ "坵"，刻本作"墟"。

萬派絡繹恣回抱，如孫承祖大小紛聯綿。蘊蓄佳氣造化不遽泄，葱葱鬱鬱乃結爲北庭之塞垣。語言所不通，聲教所弗及。於是地也，則有準噶別種滋蔓延，蠶食諸蕃成四部，睢盱慓①悍無從詳考其歲年。盛世天威播遠徹，傳尺檄而定之，遂擴地於萬有二千。帶康居，絡于闐。凌大宛小宛，界右賢左賢。岩疆大啓依崇巒，爲屏爲翰山靈宣。卓然巨鎮綏雄邊，上有靈湫深黑杳無底，引集百谷匯爲萬古不竭蛟龍淵。

亮奉恩綸守茲土，首重屯政開新阡。疏渠灌溉苦不足，爰是穿雲鑿壑導引下注萬頃膏腴田。蒲海不足帶，鹽澤不足環。經傳山川有能潤於百里者，天子秩而祭之加敬虔。而況此山興雲出雨之功用，更與泰岱[5]同其廣博而彌漫。帝德懷柔百神集，遠頒宸翰輝瑤箋。特命守臣崇望祀，茅蕝載肅吉日涓②。越宿齋心致儼恪，苾芬初薦神祇昭格來翩翩。阜成兆民錫多祐，功崇保障巍巍秩并三公傳。謹作長歌記靈應，摩崖勒石以待采風西域之輶軒③。

博克達山三峰險峭不能上，其山頂之平處有一大龍潭。周遭數十里，水清而甘美，深不可測，振古如斯。又於隔山之坳出爲瀑布，隨山赴壑，以灌阜康[7]之田。山腰又有小潭，周十餘里，土人皆名之曰海子，其水亦下流而灌田。阜康地多水少，猶虞不能遍給。乾隆四十八年，都統明[6]由阜康南山登躋至山上之大海子，見水口爲大石阻截不能下瀉，查勘估工約費二千金，可以鑿石下注。奏明准行，爲文致祭，開石引流，其年灌溉饒足。次年五月，潭水不至，再往履勘，則潭水暴落，渠口高出水面數十尺。又兼天氣寒冷，於麥苗無益。經署都統圖[8]具奏停止，仍令前都統明繳賠所費帑項焉。

【注释】

〔1〕博格達山：位於新疆中東部，屬北天山東段。爲準噶爾盆地和吐魯

---

① "慓"，國圖抄本作"慄"，字近而誤。
② "涓"，國圖抄本作"捐"。
③ 此文永保撰《烏魯木齊事宜》亦有載，疑《長歌》至此結束，後文爲明亮開鑿龍潭水的記述。

番盆地的界山。

〔2〕嵩高：亦作“崧高”“嵩丘”“嵩室”，即嵩山。五岳之中岳，在河南省登封縣北。

〔3〕太華：一般指華山。華山，古稱“西岳”，雅稱“太華山”，爲五岳之一，位於陝西省渭南市華陰市，在省會西安以東一百二十公里處。南接秦嶺山脉，北瞰黄、渭，自古以來就有“奇險天下第一山”的説法。

〔4〕亥章：指竪亥和大章。古代傳説中善走的人。《文選·七命》：“躡章、亥之所未迹。”李善注引《淮南子》：“禹乃使大章步自東極，至於西極，二億三萬三千五百里七十步；使竪亥步自北極，至於南極，二億三萬三千五百七十里。”

〔5〕泰岱：即泰山。泰山又名岱宗，故稱。

〔6〕明：指明亮，富察氏，鑲黄旗滿洲，傅恒之侄。乾隆四十六年（1781）七月至乾隆四十八年六月，嘉慶七年（1802）七月至嘉慶九年九月兩次擔任烏魯木齊都統。

〔7〕阜康：縣名。在新疆維吾爾自治區昌吉回族自治州中部、準噶爾盆地南部。唐置金滿縣，清初稱特納格爾，是天山以北主要的墾區。乾隆四十一年（1771）設阜康堡，後改阜康縣。

〔8〕圖：指圖思義，鑲黄旗滿洲，乾隆四十九年（1784）四月至乾隆五十年三月任烏魯木齊都統。

觀風鎮迪各屬文

維北庭之沃壤，壯西域之雄封。自蕃部被聲教之隆，遂邊郡毓人文之秀。天山啓泰潛，看文焰摩空；蒲海鍾英爭，見詞源倒峽。闢屯田於戊己，户樂農桑；沐教澤於膠庠，材呈械樸。由耕而讀，蒸然聞四境弦歌，既富且安久矣。待百年禮樂，秋高桂苑，此邦曾賦攀花雨化，黌宫多士，競賡采藻，固已休風丕變。合廣漢而作新文治，光華遍新，興而鼓舞矣。

本道承丹陛之殊恩，參庭州之政事。下車伊始，喜氣象頓改其常；廣訪而還，念陶淑莫辭其責。雷封課最，思造士以多方；月旦親評，切觀風於六邑。納青衿於矩矱，深嘉風雨漸摩；期紫塞之書升，首重圭璋特達。爰是，文則課以三題，詩則試之八韻。破雷同之見，好發心聲；斥風影之談，多嫻掌故。閎中肆外，闡理解而游刃恢恢；扢雅揚風，據典則而引經鑿鑿。寸心杼軸，束規矩以大家；滿腹精神，斂菁華於小品。跌宕於思路，回環之内，文有閑情；吞吐於意旨，綿邈之餘，題無剩意。才高者氣渾，闢易多人；神足者機流，光芒萬丈。爭雄文陣，一鳴成拔幟之奇；決勝名壇，聯翩逞奪標之技。

若夫詩本言乎情形①，體則備夫風騷。既積健以爲雄，詞兼律細；更因奇而見正，句出天成。郁韓潮蘇海於行間，執②窺涯涘；錯宋豔班香於字里，難辨町畦。未到水窮又看雲起；莫愁月盡自有珠來。夢得句而有神，池頭草綠；曲將終而不見，江上峰青。法唐人應制之篇，好音不墜；遵聖代古文之式，大雅攸存。欣投我以驪珠，用虛衷而藻鑒。若弃取無關得失，何煩手③定丹黄；倘評衡或與愛憎，那用眼分青白。

本道則秉先輩之準繩，律諸生之制藝，譬如有試，反復而不憚其煩；好豈能阿，簡閲而務精於擇。兼資華實，無美不收；弗掩瑕瑜，有長必録。機雲優劣④，辨以幾微；王後盧前，嚴於次第。一經題品，騰雁磧以萱聲；從此文章，播鷄林而傳誦。力維正始，開來學之先資；得拔真才⑤，豈國家之小補。涉星源以被濯，將入關皆［即］⑥鹿而來；從月窟以扶摶，佇發軔即登龍而上。勉而益望，敢云度以金針；公乃生明，轉自愧夫水鏡。

---

① "形"，刻本作"性"。

② "執"，國圖抄本作"就"，刻本作"埶"。

③ "煩手"，國圖抄本作"頻於"。

④ "機雲優劣"，刻本作"機優雲劣"

⑤ "得拔真才"，國圖抄本作"得援真本"。

⑥ 此處底本、國圖抄本皆缺字，刻本有"即"字，據補。

祈雨博克達山文

和寧　泰菴①

嘗聞雲行雨施，大造所以無私；山澤通氣，萬物以之有賴。博克達者，神靈之謂也。雄鎮一方，佑兹萬姓，歲時柴望，載於典章。蓋澤在山上，山之體虛而受澤，澤之氣升而爲雲。雲從龍，龍致雨，是龍之靈以尊神之靈爲靈。邇者雨澤②愆期，旱幹遍野，和奉天子命保厘兹土，厥職與尊神等。政不就理，咎在都統；澤不下逮，咎在尊神。心之憂矣，民何與焉？敢布告於博克達山神，其鑒之無或私，乃龍湫屯其膏澤。謹虔誠致禱！

禱風神文

致告於風神之前曰：嘗聞大塊之氣，噫而成風。蓋巽主風，陰在內，陽在外，周旋不舍，而風作焉。其神曰飛廉，曰折丹；其地爲風門，爲風井。司天之號令，而人事應之。時則爲休徵，恒則爲咎徵。此不易之理也。邇來望澤情殷，密雲屢布，輒以風輪自南來，而雲向空飛，澤不下逮意者，大吏失中正之道，號令不端於上歟？抑或小民失柔順之道，號令不從於下歟？不然是箕畢之好不齊，而風將爲虐也！

敢敬告於司風正神：其速止之，庶甘霖大沛，用慰三農。謹禱！

告城隍文

致告於城隍之神曰：聰明正直而一之謂神。神也者，妙萬物而爲言者也。往者以雨澤稀少之故，禱於龍神，望於山鎮，祝於風伯，乃霽晴罔應。或雲卷若席，或雨灑如珠，隱憂滋甚。

今再告於尊神：如有冤獄，神其雪之；如有虐魅，神其除之。有官守者

---

① 國圖抄本无落款，刻本作“和瑛太菴”。
② 國圖抄本脫“邇者雨澤”四字。

無素餐，享廟食者無尸位。恐懼修省，幽明共一肩也。謹禱！

西陲牧唱詞六十首　并序

王芑孫[1]　惕甫

乾隆五十三年夏五月，上幸避暑山莊，芑孫從董尚書出塞。既即次多雨，無以自遣，檢架上書，得《西域圖志》，讀之，仰見我國家昄章之厚，綏來之廣，以及山川風氣之殊，服物語言之別，奇聞軼事亦往往錯見其中。凡漢、唐以來所約略而不能晰，占畢[2] 之儒所茫昧而莫能詳者，一旦入我版圖，登我掌故。於戲，盛矣！輒占作絕句六十章，或附麗前聞，或質言今質①。刪取原文，少加融貫，件繫成詩。以二萬餘里之中，準、回兩部居其大凡。準部世資游牧，不事農工。回部雖務農工，利兼畜牧。且自耆定[3] 以來，耕屯日闢。兆協薪烝，又國家綏萬屢豐②之慶也。遂題之曰"西陲牧唱"。所謂不賢者識其小者，因以助牧人之扣角[4] 云爾。

是歲七月既望，長洲王芑孫自序。

【注釋】

〔1〕王芑孫（1755—1817）：長洲（今江蘇省蘇州市）人，字念豐，一字漚波，號惕甫，一號鐵夫、雲房，又號楞伽山人。清代文學家、賦論家。乾隆五十三年（1788）召試舉人，先後任國子監典籍、咸安宮教習、華亭縣教諭。後辭官，任揚州樂儀書院山長。學問宏博，以文章名世。詩工五古，被尊爲"吳中尊宿"。著有《碑版廣例》《楞伽山房集》《淵雅堂集》等。

〔2〕占畢：出自《學記》"呻其占畢"，鄭玄注："呻，吟也。占，視也。簡謂之畢，言吟誦其所視簡之文。"謂經師不解經義，但視簡上文字誦讀以教人，後以之泛稱誦讀。

---

① "質言今質"，國圖抄本作"質古今制"，刻本作"質言今實"。
② "豐"，國圖抄本作"農"。

〔3〕耆定：《詩·周頌·武》有"嗣武受之，勝殷遏劉，耆定爾功。"之句，耆定，即達成、平定的意思。

〔4〕扣角：相傳春秋時衛人寧戚家貧，在齊，飯牛車下，適遇桓公，因擊牛角而歌。桓公聞而以爲善，命後車載之歸，任爲上卿。見漢劉向《新序·雜事五》。後以"扣角"爲求仕的典故，王芑孫在這裏是引起注意的意思。

二萬①輿圖指掌通，大荒直北是西濛。

冰天火地皆堯壤，一髮祁連界畫中。

中華當大地之東北，西域則中華之西北，爲大地直北境也。自準部、回部以迄藩部，圓廣二萬餘里，在古爲西戎。漢唐都護府置羈縻州，皆虛存統帥，初未服屬，今則悉隸版圖。其地在肅州嘉峪關外。東南接肅州，東北直喀爾喀[1]，西接葱嶺，北抵俄羅斯，南界蕃藏。天山以北準噶爾部居之，俗强悍，逐水草，無城郭；天山以南回部居之，風氣柔弱，有城郭，習耕種。天山即祁連山，綿亘三千餘里，宇宙間山無大於此者。《漢書》：匈奴謂天爲祁連，今準語猶然也。大抵今回部諸城，爲《漢書》"有城郭之三十六國"，所謂與匈奴、烏孫異俗者。準部在天山北，并爲烏孫地，其東境猶屬匈奴耳。

【注释】

〔1〕喀爾喀：喀爾喀蒙古初見於明，爲東蒙古六萬户之一，屬左翼三萬户，共十二部，其中居喀爾喀河東者爲内喀爾喀五部，居河西者爲外喀爾喀七部。内五部清初居大興安嶺東南，編爲巴林、札魯特、敖漢、奈曼等四部五旗，屬内札薩克（内蒙古）。外七部清初并爲土謝圖汗、車臣汗、札薩克圖汗三部；雍正三年（1725），從土謝圖汗部分出三音諾顔汗部，成四部，屬外札薩克，仍襲用喀爾喀蒙古稱呼。

群山莽莽走中原，岡底斯蹲氣脉尊。

青海南趨葱嶺北，太行王屋總兒孫。

———

① "二萬"，國圖抄本作"一萬"。

　　右西域山勢。大地群山之脉，自西而東。其在中土，唐一行[1]嘗論河山兩戒①。謂北戒自三危[2]、積石，負終南地脉之陰，東及太華，逾河并雷首、底柱、王屋、太行，[3]北抵常山之右。乃東循塞垣，至濊貃[4]、朝鮮；南戒自岷山、蟠塚[5]，負地脉之陽，東及太華，連商山[6]、熊耳、外方、桐栢，自上洛[7]南逾江漢，携武當、荆山至於衡陽。乃東循嶺徼，達東甌[8]、閩中是也。其在西域，實自西南而東北。按其統宗起脉之處，在西藏極西②之岡底斯山[9]。其山直甘肅西寧西南五千五百九十餘里，地勢由西南徼外以漸而高，至此爲極。

　　康熙五十六年，遣使測量，以此處爲天下之脊，衆山之脉，皆發於是。其分幹有四向。西北者爲僧喀布巴岡里木遜諸山，繞阿里而北，蜿蜒起伏以趨西域，是爲葱嶺。葱嶺爲西域西南境。自葱嶺而東，分爲兩幹，《漢書》謂之南、北山。其南山由今葉爾羌西之杭阿喇特達巴分支，經葉爾羌、和闐南境，屬回部舊疆。由是綿亙而東，岡嶺連屬，經安西州南，又東至陝西肅、甘、凉三州南，又東南達於苦水③堡。其東南一支南包青海，又南爲庫爾坤，隨河水曲折而東，入陝西岷州界，繞渭水之南而東，爲武功太白[10]、太乙諸山；又東北達於太華。是即一行所謂北戒。但當日不知從西域之南山一脉分承，故直以三危爲北戒之首也。

　　其北山由葱嶺分趨東北，循烏什、阿克蘇、庫車諸地之北至於伊犁，乃折而東。經迪化州之南，闢展之北，直走鎮西府哈密東，至於塔勒納沁鄂拉，總名爲天山。其間土名隨地而异者，蓋以百數。最著者曰木素爾鄂拉，曰汗騰格里鄂拉，曰博克達鄂拉。在古則曰雪山、曰靈山，唐時又稱折羅漫山，是在北戒之北，東西綿亙西域境內，一行所未及推論者。自塔勒納沁鄂拉折而西北爲天山分幹，遠逾沙磧，是謂漠北之阿勒坦鄂拉[11]，即古金山，又爲漠北諸山之祖。當西域之東北境，山分四支，延袤二千餘里。北一支入俄羅斯國；東一支，又東北一支，又東南一支并入喀爾喀境。其自阿勒坦鄂拉西麓分支者，爲阿拉坦鄂拉、博克達烏魯罕鄂拉。又一支爲奇喇鄂拉、阿爾察克鄂拉，西抵鄂爾齊斯郭勒東岸而止。其別自天山分支西北行者一支，位伊犁之北，爲博羅布林噶蘇鄂拉、塔勒奇鄂拉、博羅和洛鄂拉。又折而東北行經千有餘里，至塔爾巴哈台鄂拉、朱爾庫朱鄂拉，東抵鄂爾齊斯郭勒西岸。又一支自伊犁郭勒[12]西北分支西行，經圖斯庫勒北；又一支經圖斯庫勒南，西北行至吹郭勒[13]南；又一支亦西北經塔勒斯郭勒南。皆屬準部舊疆，爲天山北麓分支，尤一行所未及推論者也。

　　故推究西域山脉，斷以西藏之岡底斯爲來龍，以中土北戒諸山、漠北之阿勒坦諸山，爲南北兩大山之支幹。經絡方隅，此其大略也。漢武以南山爲昆侖，一行以三危爲經首，前代淆訛，從此可以辨正。其毗連西域而不在西域版圖之內者，若西藏、青海以及漠北諸蒙古，則久已納土

---

① "戒"，刻本作"界"。

② "西"，國圖抄本作"南"。

③ "水"，國圖抄本、刻本作"木"，似誤。

獻圖，爲我臣僕，乃得總覽天下名山之大全，而一岡一阜，數之掌上，豈不盛哉？蒙古謂山爲鄂拉；回語謂山爲塔克。嶺則同謂之達也。

【注释】

〔1〕一行（673 或 683—727）：唐高僧、天文學家、易學家。俗名張遂，巨鹿（今河北省巨鹿縣）人，一説魏州昌樂（今河南省南樂縣）人。唐太宗功臣張公謹之孫。早年精歷象陰陽五行之學，二十一歲時隨荆州景禪師出家，習禪學。開元五年（717）從善無畏、金剛智學密法，參與譯《大日經》，開中國佛教密宗之宗。又參與改造《大衍曆》，創“黃道游儀”及“渾天銅儀”，重新測定一百五十餘顆恒星位置，并測算出子午線的長度。又通易學，有《易傳》十二卷，孟喜、京房之學概見其書，已佚。清馬國翰《玉函山房輯佚書》輯有《易纂》一卷。

〔2〕三危：地名。一是指敦煌附近的三危山。二是指西北地方的廣大片區。《後漢書·西羌傳》言：“西羌之本，出自三苗。……及舜流四凶，徙之三危，河關之西南羌地是也。”李賢注：“以上并《續漢書》文。”從而提出三危在隴西之説。蒙文通對此的叙述是：“漢晉説三危、瓜州皆在今青海之（黃）河南。”顏師古注《漢書·司馬相如傳》則又认爲“三危山在鳥鼠山之西，與岷山相近。”另外，三危還是是古代對青藏高原的一種稱呼，是史書記載中最早的敦煌地名。《清史稿》記載：“西藏：《禹貢》三危之地。在四川、雲南徼外，至京師萬有四千餘里。周爲西戎，漢爲西羌。唐爲吐蕃，其君長號贊普。至宋朝貢不絕。”從上述古籍中可见三危不是“敦煌縣南”這麼一個點，而是從西北的敦煌，經隴西和青海的黃河南岸，到達四川北部岷山的漫長一線。

〔3〕雷首、底柱、王屋、太行：皆爲古山名。《禹貢》記載：“導壺口、雷首至於太岳，底柱、析城至於王屋、太行、恒山至於碣石，入於海。”雷首即今山西省永濟市東南。底柱，即三門山，在今山西省平陸縣東五十里的黃河中。王屋，即王屋山，在今河南省濟源市西北，西跨山西省垣曲縣，綿延至山西、河北，山有三重，形如屋舍，故名王屋。太行，即太行山，在今

山西、河北、河南三省交界處。

　　〔4〕濊貊：是古時候我国東北地區古濊族和貊族系統的總稱。有人認爲"濊"古音讀"Sei"或"Sae"，"貊"讀"Bak"或"Baek"，在其後裔高句麗語中，前者意爲"東方"，後者乃"光明"的意思，意思是東方的光明。族稱可能是春秋之際因受戎狄逼迫東遷，把東方看作是光明的出路而得名。濊貊最早應該活動在華北一帶，屬於東夷的一支。《周官》里就有"九貊"的説法，是對這些濊陌部落的統稱。後世的扶餘、沃沮、高句麗、百濟等國家據説就是濊貊人建立的。

　　〔5〕蟠塚：古代山名，又名漢王山，爲西漢水發源地。《水經注》："《漢中記》曰，蟠塚以東水皆東流。蟠塚以西水皆西流，故以蟠塚爲分水嶺。"《辭海》載："後人既知西漢水并非漢水上源，因又指今陝西寧強縣北漢源所出之山爲蟠塚。北魏并置蟠塚縣於山側"。

　　〔6〕商山：又名楚山、地肺山，位於陝西丹鳳縣城西五公里的丹江南。相傳爲西漢初期四皓東園公唐秉、夏黄公崔廣、綺里季吴實、甪里先生周術四人的隱居之地。商山山形奇特，由商鎮遠望，宛如一個"商"字。山間古柏葱鬱，林木茂盛。四皓祠即建于商山脚下。歷代文人如李白、白居易等都曾拜謁并留下詩章。

　　〔7〕上洛：又名上雒，是現陝西省商洛市古建置的名稱之一，也稱"古上洛"，西周至戰國時邑名。治所在現商州區寒川佛誕公園下的孝義古城。

　　〔8〕東甌：古族名，又稱甌越。越族的一支，相傳爲越王勾踐的後裔。分布在今浙江省南部甌江、靈江流域。其首領摇助漢滅項羽，受封爲東海王，因都東甌（今浙江省温州市），俗稱東甌王。後世以東甌指浙江南部地區或温州市。

　　〔9〕岡底斯山：西藏地區山名。地處西藏自治區西南部，與喜馬拉雅山相平行。海拔約六千米。主峰岡仁波齊峰海拔六千六百五十六米。"岡"，藏語"雪"之意，"底斯"，梵語，意爲"雪人"。據《辭海》解釋："岡底斯"藏語意爲"衆山之主"。

　　〔10〕太白山：秦嶺山脉一部分。位於陝西省眉縣南部，東入周至縣，

西入太白縣，南至佛坪縣。又名太乙峰。因山體高聳，山頂長期積雪，故名。是黃河水系和長江水系分水嶺最高地段。

〔11〕阿勒坦鄂拉：即阿爾泰山。蒙古語：阿勒坦，金也；鄂拉，山也。山色如金，故名。

〔12〕伊犁郭勒：即今新疆維吾爾自治區境内的伊犁河。《西域同文志》卷五稱："伊犁郭勒，準語，光顯達之謂也。郭勒，河也。"唐爲伊里河，一名伊麗水，又名帝帝河。

〔13〕吹郭勒：又名吹河，即清《西域圖志》卷二十六中所記之"吹郭勒"，"在圖斯庫勒（今伊塞克湖）西北二百里"，"西北入於和什庫勒"。今譯作楚河。

淖爾探源星宿低①，方流圓折總無蹊。
書生只挾蹄涔見，費煞箋疏弱水西。

右西域水源。凡水發源多從山出，因高就下，不擇四方。以中國言之，西北多山，東南地下，江河大瀆順流循軌，理所固然。然黑水[1]南，弱水[2]西，因地成勢已有异同。謂水之東流爲本性者，非確論也。西域南、北、西三面大山環繞，百泉競發，分流合流，各有歸宿。山南之水，莫大於羅布淖爾；山北之水，其大者在東爲赫色勒巴什淖爾[3]。其北爲烘和圖淖爾，次西爲額賓格遜淖爾[4]，又西爲布勒哈齊淖爾[5]，又西北爲巴爾噶淖爾，又西南爲圖斯庫勒，又西北爲和什庫勒，爲塔拉斯郭勒。是皆大澤，廣周數百里，小亦數十里。群水所歸，番中往往目之爲海。

又極西有騰格斯鄂謨，博大容蓄，無所不納，蓋古人所謂西海者也。小流小澤隨處有，難以悉記，記其最大者如此。班固曰：于闐之西，水皆西流，注西海。其東水東流，注鹽澤。雖語焉不詳，而大勢頗合。固又稱：鹽澤潛行地下，南出於積石，爲中國河。水經因之推溯河源，論者疑爲荒渺，今萬里朝宗，極陬履勘，河水伏流説非無據。淖爾謂海，郭勒謂河，鄂謨者，大海之稱。

【注释】

〔1〕黑水：指黑河。黑河古稱翼水，是長江支流岷江的上游最大支流，發源於黑水縣雅克夏山東麓，在四川省茂縣兩河口匯入岷江。也有學者认

---

① "低"，國圖抄本作"底"。

爲，黑水是古代传说中的水道，無可确指。

〔2〕弱水：又稱額濟納河。在甘肅省西北部。黑河自張掖流經金塔縣天倉到額濟納段的別稱。

〔3〕赫色勒巴什淖爾：湖泊名。《西域同文志》卷五"赫色勒巴什淖尔，回语：赫色勒，红色。巴什谓头。水源色红，故名。"又名"噶勒扎爾巴什淖爾""奇薩勒比斯淖爾"，位於阿爾泰山南，今稱烏倫古湖。

〔4〕額賓格遜淖爾：也寫作額彬格遜淖爾，又叫阿雅爾淖爾。徐松《西域水道記》卷三："準語謂老婦爲額彬，謂腹爲格遜，沿其舊名也。今又曰阿雅爾淖爾。淖爾當紅柳峽、清水峽之中，安濟哈雅軍台正北二百餘里。圓橢形，東西斜長百數十里，南北廣數十里"。即今新疆維吾爾自治區和布克賽爾蒙古自治縣南瑪納斯湖。

〔5〕布勒哈齊淖爾：即艾比湖。《西域圖志》："布勒哈齊淖爾，爲天山西北一大澤，周回四百餘里（東西百五十里，南北十八里），冬夏不盈虧。東會額布圖郭勒、濟爾噶朗郭勒、庫爾郭勒，西會鄂拓克賽里郭勒（即博羅塔拉河）、庫巴木蘇克郭勒，南會晶郭勒。"《西域水道記》："淖爾在安阜城北百三十里，即今精河廳治也，其水自然成鹽，土人謂之鹽海子。"位於新疆維吾爾自治區準噶爾盆地西南部精河縣境，阿拉山口東南。

流沙騰海一重重，路出安西繞白龍。
露把三危釀化洽，玉門關外絕傳烽①。

右安西南路。今之安西，即漢酒泉、敦煌故壤，久爲西陲屏障，近復設置州縣。出嘉峪關而西，延袤千里。昔人所稱國當乾位，地列艮墟，水有懸泉之神，山有鳴沙之异，川無蛇虺，澤無虎兕者也。三危、流沙，其迹最古，玉門、陽關，亦在於是。色爾騰海[1]者，其水最大，近白龍堆[2]。

【注释】

〔1〕色爾騰海：指敦煌西南的蘇幹湖。清康熙年間，額濟納舊土爾扈特

部始封於此。《清史稿·地理志》："塞爾騰海在舊沙州衛西南，水出雪山之陰，西北流瀦爲澤，爲青海要地"。

〔2〕白龍堆：白龍堆沙漠，在新疆維吾爾自治區羅布泊以東至甘肅省玉門關之間，海拔一千米左右，東北—西南走向。溝谷內有流沙堆積，彎曲如龍，故名。

鎮西哈密限崚峗，庫舍圖山扼二邦。

右地北庭歸我闥，漢唐寧不愧招降。

右安西北路。安西州之哈密與鎮西府同在天山東陲，南北相隔，中爲庫舍圖嶺，扼形勢，控極徼。自哈密西出，通天山南路回部諸境。自鎮西府西出，通天山北路準部諸境，蓋西域之咽喉也。於古爲伊吾舊壤，永和之古碑、金滿之斷石，至今猶在。西北接伊犁境準部，以伊犁爲庭。自鎮西至伊犁三千里之間，以烏魯木齊爲適中膏腴之地，今爲迪化州。全境於古爲匈奴右地，以唐爲北庭都護府，其左右諸境并宜耕牧。漢所謂單桓[1]、蒲類、移支諸國，唐所謂處月[2]、處密[3]、後庭、金滿諸國疑亦在此。庫舍圖達巴，譯言①碑嶺，唐貞觀中姜行本紀功碑在此。嶺以碑名。

【注释】

〔1〕單桓：古西域國名。在今新疆烏魯木齊一帶。王治單桓城。戶二十七，口一百九十四，勝兵四十五人。國王以下有輔國侯、將、左右都尉、譯長各一人。是當時西域最小的國家。

〔2〕處月：西突厥部落名稱。與處密部落相鄰或雜居，游牧于金莎嶺（今吉木薩爾以南的天山），後有部分西遷至邪邏川（今塔城一帶）和伊犁河流域。唐顯慶五年（660），唐軍西征，該部落歸降，唐朝在其地設金滿州（今吉木薩爾）、沙陀州（今奇台縣）。唐軍平定西突厥後，伊犁河流域的處月部落也歸降。

〔3〕處密：西突厥十姓部落之一。原游牧于金莎嶺（今吉木薩爾以南的天山），後有部分行至巴音布魯克草原，又有部分遷至塔城、庭州、伊犁河

---

① "言"，國圖抄本作 "信"。顯誤。

上游。唐顯慶二年（657），唐朝平定西突厥後，他們分別歸金山都護府和昆陵都護府管轄，由興昔亡可汗統領。

屯開巴噶路交馳，太白山陰宅準夷。

柳谷赤城雄保障，鷹莎伊列控綱維。

右天山北路之塔爾巴哈台、庫爾喀喇烏蘇諸屬。太白山陰，準夷是宅，而北境猶廣。東抵阿勒坦，北界俄羅斯，南臨沙磧，中間土地肥腴，厥名塔爾巴哈台，爲古匈奴、烏孫交壤處，唐則西突厥地焉。金山以爲屏，邏水以爲池，此五單于角逐之場，三葛邏憑凌之地也。其西接伊犁，伊犁形勢甲西域，高山長河，表裏環抱，爲漢之烏孫大昆彌治，唐之突厥可汗庭。其在於古則鷹莎、伊列之故流，柳谷、赤城之遺址。今分兩路。其東路惠遠、惠寧諸城及巴顏台諸地；其西路則圖爾根[1]、烏蘭烏蘇諸地。將軍所治在東路，其南境與迪化州接畛。斥鹵彌望，略同瀚海，蓋即唐之沙陀州云①。

【注释】

〔1〕圖爾根：地名，位於伊犁河南岸，原屬準噶爾游牧地。乾隆二十二年（1757），清朝平定準噶爾後屬伊犁西路，爲哈薩克牧地。同治三年（1864）簽訂《中俄勘分西北界約記》，被俄方割占。

闢展安恬夜闢扉，花門帕首慶同歸。

班超只取封侯樂，不解耕屯就土肥。

右天山南路之闢展、哈喇沙爾、庫車諸屬。西域城郭多在山南，而闢展所屬尤盛。近依金嶺，遠抱天山，南北流泉，彎環如帶。周圍千餘里，爲高昌、交河舊地。昔回人見逼，準夷內附甘、沙，自大功耆定，俾復故居。哈喇沙爾及庫車當闢展西境，良田沃壤，充牣其中，爲漢焉耆、龜茲最饒樂地，班超所上書請兵者也。李唐四鎮并重，而碎葉、龜茲居二於此。豈非以地勝歟？

鼎峙三城姑默墟，氈裘板屋得寧居。

試從阿克蘇邊望，雪嶺嵯峨切太虛。

右天山南路之賽喇木、拜、阿克蘇諸屬，自庫車西出爲賽喇木、拜、阿克蘇三城，古龜茲

---

① 國圖抄本無"云"字，刻本無"州"字，作"云爾"。

西境，姑默、温宿兩國地也。赫色勒郭勒、哈布薩朗郭勒、木素爾郭勒、阿克蘇郭勒，托什幹達里雅經流環抱於三城之間，而阿克蘇城爲尤大，實爲回部中扼要之地，北逾木素爾鄂拉，路通①準部，高峰峻坂，人艱登涉，是曰雪山，亦曰白山，冬夏積雪不消，千里同縞。木素爾謂冰，蓋回語也。

> 百十名城儼畫區，就中疏勒有遺都。
>
> 東趨烏什如瓴建，松塔崎嶇亦坦途。

右天山南路之喀什噶爾、烏什諸屬。回部名城不一，而喀什噶爾爲之冠。西屏葱嶺，東引長河，蓋疏勒之遺都也，漢班超經營於此者數十年，其東爲烏什城，亦山南諸境適中扼要地，今則盤蒿、稹中之迹已消，而兜題、安國②之風胥化矣。松塔什塔克，由喀什噶爾至烏什中途也。

> 葉爾羌原枕極西，遙看葱嶺插天低。
>
> 蒲捎曾此從東道，豈但苕華入歲齎。

右天山南路之葉爾羌屬。西域以葱嶺爲西屏，葱嶺之東，南、北名城相望，有若對待。而葉爾羌地近南山，左接和闐，右臨疏勒，境尤寬廣，漢代莎車王賢建國地也。襟帶之間得古皮山[1]、渠莎[2]、西夜、子合[3] 諸地，左右毗連，遺墟可指。要以葉爾羌爲極西門户，西通布魯特、巴達克山諸蕃部。葉爾羌以地近和闐，産玉，歲時入貢。

【注释】

〔1〕皮山：又稱固瑪。在和田西皮山縣所在地。西漢時是西域三十六國之一的皮山國，最早見於《前漢書》"王治皮山城"。

〔2〕渠莎：莎車舊稱。莎車位於今新疆維吾爾自治區莎車縣一帶，爲"絲綢之路"南道的要衝。漢武帝時內屬，後隸西域都護。三國時屬魏，附於疏勒。南北朝稱渠莎。

〔3〕西夜、子合：即漢代西夜、子合兩個國家。《汉书·西域传》云："西夜国王号子合王，治呼犍谷。"《后汉书,西域传》云："《汉书》中误云西夜、子合是一国，今各自有王。""西夜国一名漂沙"，"子合国居呼犍谷"。兩部書記載不一。

---

① "通"，國圖抄本作"過"。
② "安"，國圖抄本作"女"。

璿源玉隴溯巔涯，和闐之玉或采於山，或撈於水，山之材大而瑕，水之材小而精。玉隴，和闐采玉處地名也。喀瑪還聞追琢佳。金勒天章記綏靖，雲龍寶甕上瑤階。

　　右天山南路之和闐屬。漢自敦煌西南行，爲南道，通于闐。晋魏以降，南道阻絶。唐時號爲磧尾，設毗莎鎮，其地即今和闐也。於回部中爲最南境，而南山之南，地通西藏，聯南北爲一家。由是溯昆侖之古源，尋樹枝之舊脉，星軺絡繹，玉石分羅，非同博望西馳，粗傳厓略矣。喀瑪，回中巧匠名，元時人。

　　　　玉茲三部擾而馴，裨小諸王内面親。

　　　　凹凸圖中看獻馬，萬年壽穀頌皇人①。

　　右左右哈薩克部。哈薩克處西域之西北境，無城郭宫室，以畜牧爲業，寇鈔爲資，倏忽往來，不常厥處。左部群山四抱，山泉浚②發，回環合沓，頗占形勝；右部西逾沙磧，長河亘帶，視左部爲尤荒遠。以今證古，左部當屬康居舊壤，右部已涉大宛之北境。聲教素隔，今皆俯俯首内面。哈薩克有三玉茲[1]，曰鄂圖爾玉茲，屬左部；曰烏拉克玉茲、奇齊克玉茲，屬右部。有别部偏西，與奇齊克玉茲偕來者，曰烏爾根齊部。哈薩克未歸之前曾來獻馬，上命西洋人郎世寧[2]爲圖。

【注释】

　　〔1〕玉茲：突厥語，意爲"部分"或"方面"。十六世紀時，哈薩克汗國因内亂分裂爲三大部分：中玉茲（左部）分布于錫爾河、伊施姆河諸流域；大玉茲（右部）分布于楚河、塔拉斯河和伊犁河諸流域；小玉茲（西部）分布於烏拉爾河、土耳蓋河等流域。三者又各分成若干部落。

　　〔2〕郎世寧（1688—1766）：清代畫家、建築家，意大利米蘭人，天主教耶穌會傳教士。康熙五十四年（1715）來華，歷任康熙、雍正、乾隆三朝宫廷畫師，并參與增修圓明園建築，官至三品。與王致誠、艾啓蒙、安德義合稱"四洋畫家"，形成新體畫風。擅長人物、肖像、花鳥、走獸，亦作山水，尤工戰役圖。主要特點是中西畫法結合，寫生能力强，造型準確。通過明暗關係，增强立體感，注重近大遠小的透視關係和空間深度等。其人物肖像畫，形神逼真，爲皇帝及王公大臣作了不少肖像畫。乾隆三十一年（1766）卒。

---

　　① "人"，刻本作"仁"。
　　② "浚"，國圖抄本作"濟"。

東西布魯似屯雲，錯壤仍看部落分。

王會自來圖不到，却從塞種證遺聞。

右東西布魯特^[1] 部。東西布魯特附天山、葱嶺而居，言語服飾與山南諸部异。逐水草，事游牧，舊界準噶爾、哈薩克之間。視其興衰以爲叛服，不常所屬也。東西部境地鄰接，由喀什噶爾北行經鄂什，逾山則正其錯壤處那林，河源出焉。北與安集延諸部接。在古則烏孫昆莫西走月氏之地也，《漢書》稱大月氏，西君大夏塞王，南君罽賓^[2] 塞種，則往往分散爲數國。是在當時爲塞種，今則回部別種云。

【注释】

〔1〕布魯特：清朝時期對柯爾克孜族的稱呼。歷史上漢文曾對他們有"堅昆""契骨""點戛斯""布魯特"等譯稱。天山以北爲東布魯特，天山以南爲西布魯特。早期一度受準噶爾控制，乾隆二十四（1759）年後歸附清朝。

〔2〕罽賓：漢代的罽賓，即今喀什米爾，唐代稱之爲個失蜜或迦濕彌羅。唐代又有一罽賓國，《隋書》誤認爲漕國。漕國即訶達羅支（漕矩吒），在今阿富汗的加兹尼。至於唐代的罽賓國，當在今阿富汗之努里斯坦。據《大唐西域記》載，從梵那衍國（即帆延國，今阿富汗的巴米安）"東行入雪山（興都庫什山），逾越黑嶺，至迦臂試國"，迦臂試國當在今巴米安之東，興都庫什山之東南，喀布爾之東北，就是今天的努里斯坦。

逾北參差列數城，大宛遺迹儼分明。

當年漢使真空到，屬邑曾無一紀名。

右霍罕、安集延、瑪爾噶朗、那木干、塔什罕諸部。漢自北道西逾葱嶺，出大宛。今霍罕諸部當葱嶺西北麓，與右部哈薩克接應，屬漢大宛地，《史記》稱大宛屬邑大小七十餘城。今自霍罕左右諸部，北抵右哈薩克，境内城堡星羅，與游牧逐水草者殊异，固即大宛土著舊俗也。考諸部方位，安集延最東，其西爲瑪爾噶朗，爲霍罕，北爲那木干^①，又西爲塔什罕。貳師遺迹宜

---

① "那木干"，國圖抄本作"那木干人"。

在於是。

烏秅難兜約略推，貉裘猿飲石門開，

象胥格磔煩傳語，重譯中還重譯來。

右巴達克山、博洛爾[1]、布哈爾[2] 諸部。葱嶺之中岡巒回互，其間部落錯處。史傳所稱累石爲室，民接手①猿飲者往往而是。巴達克山部②居葱嶺中最東境博洛爾，近鄰東鄙，於漢當統爲烏秅國。布哈爾介其西，於漢當爲難兜國[3]。唐於葱嶺置守捉，爲極邊戍，宜亦在此。由其地東北行近葉爾羌，顧其習俗、語言又③不能無異，蓋爲回部別種之近西者。山南回部習帕爾奇語，巴達克山諸部別習帕爾西語，必重數譯而後能通。按：巴達克山，《元史》訛爲巴達哈傷，《明史》訛爲八答黑商。今俱更正。

【注释】

〔1〕博洛爾：清藩屬國。在今巴基斯坦控制區喀什米爾北部。乾隆《西域圖志》卷四十六載，博洛爾"在拔達克山東，有城郭，戶三萬有奇。四面皆山，西北面有河。乾隆二十四年，其酋沙瑚沙默特與拔達克山同時内附。"

〔2〕布哈爾：即今烏茲別克斯坦布哈拉。

〔3〕難兜國：西域古國，今新疆西部葉什勒一帶。出五穀、葡萄諸果，産五金，漢初屬罽賓。西漢神爵二年（前60年），始屬西域都護。

早聞四駿廁飛黄，琛賮頻頻貢上方。

偏是痕都工刻楮，天球陳寶共輝光。

右愛烏罕[1]、痕都斯坦、巴勒提[2] 諸部。由巴達克山西南行，有部曰愛烏罕，東南爲痕都斯坦部，俱葱嶺外大國。又東爲巴勒提，或亦漢罽賓地也。境内崇山四圍，長河襟帶，濱河城堡相望。自巴達克山内附後，亦傾心向化。痕都斯坦東境，直西藏之西，愛烏罕西境濱海爲西境極西徼云。御製有《愛烏罕西④駿》詩，痕都斯坦所供玉器，盤碗杯盂無所不有，質薄如紙，紋細如髮，疑於鬼工。群見《御製詩》。

---

① "手"，國圖抄本作"乎"。
② "部"，國圖抄本作"都"，似誤。
③ "又"，國圖抄本作"久"。
④ "西"，國圖抄本、刻本作"四"。

【注释】

〔1〕愛烏罕：國名，即阿富汗。乾隆二十七年（1762）遣使進貢，與清朝建立關係。一八三九年被英軍入侵，占領大半疆域。一八七八年淪爲英國勢力範圍。一九一九年獨立。

〔2〕巴勒提：又稱爲巴爾蒂斯坦，巴勒提特，在今克什米爾西北部。

北庭都護各分符，戎索開成益地圖。

鐵汗已除留贊普，判銓流外列簪裾。

新疆自設鎮開屯，分遣重臣，瓜期迭代。曰伊犁將軍，曰烏魯木齊都統，其尤重者也。其餘曰辦事大臣、參贊大臣、領隊大臣，皆轉制①一方，統理諸務。至準噶爾舊制，有四衛拉特[1]、二十四鄂托克[2]、九集賽[3]、二十一昂吉[4]之名。四衛拉特分統準噶爾全部，皆有大台吉主之，亦稱汗。餘小台吉皆汗之宗屬爲之。鄂托克爲汗之屬，昂吉爲各台吉之屬。鄂托克游牧之地環於伊犁，昂吉游牧又環諸②，鄂托克秩③八旗都統，昂吉視外省督撫。昂吉，準語，部分也。集賽專理喇嘛事，亦各領以宰桑，當芟夷蘊崇之後，制度一新，其事皆不復仿行矣。唯回部自二酋授首，諸城伯克望風内附，爰仍舊號，阿奇木、噶納齊以下，厘以中朝之品級，而授職如故，自三品至七品量材簡授，其詔禄之制以授地爲差。三品伯克員給二④百帕特瑪[5]籽種地畝，種地人百名。其餘以次遞殺。官有大小，悉自慶爲王人，非復前世請封置吏，與戌己、骨都僅存虛號者比也。

【注释】

〔1〕衛拉特：亦稱"額魯特""厄魯特"，清朝對西部蒙古各部的總稱。元譯"斡亦剌"，明譯"瓦剌"。初分布於葉尼塞河上游，主要從事狩獵，兼以游牧，後歸附成吉思汗，分爲四千户。元末，南遷至匝盆河（扎布汗河）流域和準噶爾盆地，經營牧業并有部分農業。明初，封其首領馬哈木爲"順

---

① "轉"，國圖抄本、刻本作"專制"。

② "諸"，刻本作"之"。

③ "秩"，國圖抄本、刻本作"視"。

④ 國圖抄本自"三品伯克員給二"以後缺。

寧王", 太平爲 "賢義王", 把禿孛羅爲 "安樂王"。十五世紀中葉, 首領也先曾短期統一蒙古各部。明末清初分四部, 分別为杜爾伯特、準噶爾、土爾扈特、和碩特。土爾扈特西遷後, 輝特列爲四部之一。

〔2〕鄂托克: 亦作 "鄂拓克", 蒙古的一種社會和經濟單位, 相當於元朝時期蒙古的千户。由地域接近又有近親關係的家族組成, 屬民和牧地都歸一定的領主, 屬民向領主交納貢賦并服兵役、差役。每個蒙古人都必須加入一定的鄂托克, 不許逃亡。由其壯丁組成的軍隊稱 "和碩", 由若干鄂托克構成魯思 (萬户)。入清, 鄂拓克演變爲旗。

〔3〕集賽: 蒙古語, 意爲 "班組" "輪值" "值勤" "當番"。爲清朝時期準噶爾部掌管喇嘛事務的機構, 相當於清代的喇嘛旗。

〔4〕昂吉: 蒙古語 "分支" "部分" "隊伍" 之意, 爲台吉所屬領地組織, 而統轄於準噶爾汗或琿台吉。

〔5〕帕特瑪: 清朝時期塔里木西部地區維吾爾族民間的重量單位。根據乾隆時期的標準, 一帕特瑪相當於當時的官石四石五斗。

左右賢分舊制①疆, 甘泉遞覯拜天章。

自從璽紱皇朝授, 不是當年犁汗王。

準噶爾四衛拉特者, 都爾伯特、綽羅斯[1]、輝特[2]、和碩特也。乾隆癸西冬, 都爾伯克首先納土, 爲諸部倡, 嗣是而綽羅斯、輝特、和碩特, 鱗集鱅至②, 衛拉全疆統歸涵宥。迨乾隆辛卯, 土爾扈特部復自西北萬里外率屬偕來, 由是準部民人, 無不隸我版籍矣。諸台吉等列爵分符③, 光榮帶礪。其列爵之次曰: 和碩親王, 多羅郡王, 多羅貝勒, 固山貝子, 鎮國公, 輔國公凡六等。有賜留汗號者, 視王爵爲倍優。

【注释】

〔1〕綽羅斯: 衛拉特蒙古準噶爾、杜爾伯特部首領之姓。又爲部落名。

---

① "制", 國圖抄本作 "列"。
② "至", 國圖抄本作 "互"。
③ "符", 國圖抄本作 "封"。

初爲衛拉特聯盟成員之一，後逐漸被準噶爾代替，且從中分出杜爾伯特。

〔2〕輝特：即杜爾伯特部一支。與準噶爾同宗，姓綽羅斯。原游牧於額爾齊斯河畔，乾隆年間"三車凌"率所部歸附朝廷，編爲賽音濟雅哈圖盟，定牧於科布多烏蘭固木地區。後分左右翼共十四旗。

瓦剌提封盡入邊，衛拉，《明史》稱爲瓦剌。新藩瞻謁到伊綿。

拘彌紀載多荒略，世係翻邀御筆傳。

舊稱四衛拉特者，蓋指都爾伯特、和碩、綽羅斯、土爾扈特部四姓以爲言。因土爾扈特當巴圖魯渾台吉時，北徙俄羅斯之額濟勒，故附以輝特而稱四衛拉特，其實土爾扈特乃故準部也。辛卯，土爾扈特汗渥巴錫[1] 等款附來朝，宴覲於木蘭圍中之伊綿谷，其遷徙分合以及世系源流，備詳《御製文》。

【注释】

〔1〕渥巴錫（1743—1775）：土爾扈特蒙古部第七代首領阿玉奇汗曾孫。乾隆八年（1743）出生於伏爾加河流域，乾隆三十六年（1770）爲擺脫沙俄的欺辱和壓迫。渥巴錫毅然率領本部十七萬人東歸，回到伊犁，受到清朝的歡迎和優待，乾隆皇帝冊封渥巴錫爲烏訥恩素誅克圖舊土爾扈特部卓里克圖汗。

種出烏孫本四家，未應聲教限羅叉。俄羅斯一名羅叉。

歸降歸順皆奴隸，定遠何煩一矢加。

考準部厄魯特四姓稱四衛拉特者，於漢屬匈奴右地及烏孫、車師，於唐爲突厥、沙陀[1]。其時但虛錫封號，未嘗臣僕之。

【注释】

〔1〕沙陀：古部落名，爲西突厥別部。唐貞觀年間（627—649），居金莎山之陽、蒲類海之東，有大磧名沙陀，故號沙陀突厥。

率先歸附自員渠，帶礪恩叨世不虛。

忠耿一心常捧日，看他携貳入誅鋤。

右都爾伯特部。都爾伯特汗策凌於乾隆甲戌年首先内附，其嗣至之綽羅斯汗噶爾藏多爾濟、和碩特汗沙克多爾漫濟、輝特汗巴雅爾雖亦同時封汗，旋因携貳，自即誅夷，汗號并除。獨都爾伯特一部忠謹自保，授爲札薩克，移其部於阿勒坦，承襲罔替云。

依人窮鳥忽飛翻，重作降王得備藩。

麟閣書勳來後俊，信圭承寵錫便蕃。

右綽羅斯部。綽羅斯台吉噶爾藏多爾濟，受封後旋爲叛者所殺，其後達瓦齊俘至，以其未抗顔行，仍令備藩京邸。維時薩拉爾[1] 者，以識時早歸，并以軍功自效，封爲超勇伯，在五十功臣列。圖形紫光皆异數，外藩錫封無伯爵。

【注释】

〔1〕薩拉爾（？ —1760）：又譯作薩喇勒、薩喇爾，原爲準噶爾部台吉達什達瓦屬下宰桑。乾隆十五年（1750）率部衆内附，被安置於察哈爾，授散秩大臣、參贊大臣，因軍功遷正白旗領侍衛内大臣。二十年，以定邊右副將軍征討達瓦齊，封一等超勇公。二十四年，授散秩大臣、鑲白旗蒙古副都統。復封二等超勇伯，以功臣畫像列于紫光閣。二十五年卒。

不將仁義自漸摩，驕蹇誰能避譴訶。

應悔夜郎空倨大，妖腰亂領入天戈。

右和碩特部。自沙克都爾曼濟[1] 投誠封汗，命爲盟長，居全部於巴爾庫勒，其子亦并邀封賚。乃不知感德效忠，旋萌异志，自取誅夷。平定後，公格納噶等仍酌予貝勒、公，列爵有差。

【注释】

〔1〕沙克都爾曼濟（？ —1756）：和碩特部台吉。初駐牧於準噶爾之烘郭爾鄂籠等地。曾領準噶爾一昂吉。乾隆二十年（1755），清軍進入伊犁，率衆迎降。旋至避暑山莊朝覲乾隆，封和碩特汗，授盟長。後受命隨定西將軍策楞追擊阿睦爾撒納。二十一年，被雅爾哈善部將懷疑貳意而襲殺。

雙親王爵沐殊榮，却向潢池盜弄兵。

掃蕩不留餘孽在，栽培傾覆理分明。

右輝特部。輝特部台吉阿睦爾撒納於乾隆十九年來歸，封爲雙親王。其後負恩背叛，旋伏冥誅。平定後無復遺孽。

通貢曾來拜建章，渥巴錫之父先於乾隆丙子年，假道俄羅斯，遣使奉貢來朝。小昆彌學雁隨陽。皈依壽佛知無量，不但思歸望故鄉。

右土爾扈特部。土爾扈特爲舊四衛拉特之一。其汗和鄂爾勒克當巴圖魯渾台吉時，與三衛拉特不和，率屬徙去，居俄羅斯之額濟勒地。其地南限哈薩克，東阻俄羅斯。久慕國家，聲教不得通。且俄羅斯素不奉佛，土爾扈特在彼俗尚不同，聞伊犁黃教振興，思歸故土。又聞前此投誠諸部得膺封爵，樂業安居，尤生欣羨。乾隆三十六年，其汗渥巴錫等遂決計弃其游牧，率所屬三萬餘户，行八閱月，經萬有餘里，款關來附。命加優恤，封賚有差，列爵視都爾伯特諸部云。

焉耆頡利幾單于，詔祿中朝古所無。

置爵從新稽典屬，通名何必藉臚句。

回部向惟青吉斯稱汗，餘則概稱和卓，無王公諸爵。今以聖化遐敷，天方來格，舊藩新部，并列冠裳。其汗歲俸銀二千五百兩，幣四十，親王歲俸銀兩千兩，幣二十五，皆得自置屬護衛、長史，以及四五品典儀，均得用花翎、藍翎。其下貝勒、貝子、公遞殺有差。凡給雙親王俸者，官屬亦倍增。其世子歲俸銀一千五百兩，幣二十餘，札薩克碩等台吉皆給歲俸銀一百兩，幣四。官屬不具，不在列爵之數。其準部汗王以下俸亦視此。

哈密圖經鄙善通，時承累洽化厖鴻。

頓顙髡鑢膺毗寄，一例馳驅世篤忠。

右哈密屬。哈密回部伯克額貝多勒拉於康熙五十三年內附，居哈密。其明年，以擒獻準噶爾逆酋，論功授一等札薩克。編旗分視蒙古，世效忠款。其後玉素富於西師之後[1]，從征有勞，遂命駐防[2]烏什，繼復駐防新疆。不惟世爵叨榮，倚任亦綦重也。

---

① “後”，國圖抄本、刻本作“役”。

② “防”，國圖抄本、刻本作“守”。

土魯番原舊款關，從征有客握刀環。

凌烟毛髮何生動，自致功名褒鄂間。

右土魯番屬。土魯番回酋額敏和卓，於雍正初年避準噶爾侵擾，內移瓜州，在今安西府敦煌縣地。乾隆十九年，以從征有勞，由公爵晉爲郡王，圖形紫光閣。

烏什諸城近闕賓，輸誠葉護未逡巡。

狼心已逐鴞音革，朱轂長安度好春。

右烏什屬。烏什阿奇木伯克霍集斯，故爲回部中望族，於乾隆二十年王師抵伊犂時，與伯克鄂對等同時歸順。其後爲小和卓木所愠，遷延觀望。及我師進討，復携衆獻城，堅心降附。其後履立戰功，因邀封爵，令但備藩京邸。弗假事權，保全終始云。

講射敦書聚子襟，干城樸棫化駸駸。

行看竹筆銅刀侶，也欲提名到上林。

準部削竹爲筆，長四寸，上闊下銳，取墨以①髮帚以作字，謂之烏珠克。回部煉銅爲刀，其形彎，至頭而愈昂，謂之克凌齊。西域土風剛勁，詩書羽鑰之盛，渺乎未有聞焉。今巴爾庫勒、烏魯木齊諸境，慕化向風，漸興文教，既立郡縣，遂有文武生員，或附進額於安西，或置義塾於寧邊。學校之政，以次而備。

雷音千佛起何時，山號鳴沙果亦奇。

集古錄中參闕軼，拓來蟬翼大賓②碑。

鳴沙山在敦煌縣南十里，積沙所成，而峰巒峭削，逾於石山。四面皆沙，隴背如刀刃，人登之即鳴，隨足墮落。經宿風吹，輒復如故。天氣清朗③時，沙鳴聞於城內，其西即《禹貢》所謂餘波入於流沙者也。其東有千佛洞、雷音寺，不詳何代所建，并有唐朝《散大夫鄭王府咨議隴西李大賓④碑》。

打坂山邊更有山，唐碑穹岇據屐顔。

---

① "以"，國圖抄本作"於"。
② "大賓"，國圖抄本、刻本作"太賓"。
③ "清"，國圖抄本作"晴"。
④ "大賓"，國圖抄本、刻本作"太賓"。

開疆可笑姜行本，妄欲銘勳竇馬間。

自哈密東北行五十里，即山南入嶺處，名庫舍圖達巴，俗名打坂。打坂，即達巴之轉音也。其上有《唐左屯衛將軍姜行本紀功碑》。其文有"匈奴未滅，竇將軍勒燕然之功；閩越未清，馬伏波樹銅柱之績"語。

野合桑中世作汗①，準噶爾字汗背正妻與他婦野合生子，婦弃之澤中，字汗收養之。其後長大，遂嗣統厥部，世不絕云。魯台訛譯史重刊。額魯特別出有元阿魯台之部，其後聲訛，遂稱爲額魯特云。有元苗裔華風在，也解尊名諱脫歡。

衛拉特始祖爲脫歡太師，蒙古語舊稱釜②爲脫歡。今準人避祖諱，改稱釜③爲海蘇。

瑪哈沁已作邊民，蒙古以貧無賴覓食者爲瑪哈沁，伊犁平後多逃藏山谷間，擾害行旅。乾隆二十五年，於伊犁編設額魯特旗分，招徠撫恤，許其悔罪自新。今教育有年，風移俗化，亦無復向時瑪哈沁迹矣。黍麥年來滿倉屯。準地於五穀之屬，有黍、大小麥，亦間有稻米，其性如粳而不黏。紅柳孩藏山谷静，不教落日恐行人。烏魯木齊深山中，每當紅柳發生時，有名紅柳孩者，長僅一二尺許，好結柳葉爲冠，赤身跳躍山谷間。人捉獲之，則不食而死。蓋亦猩猿之屬也。

人傳釋種教稱黃，黃教以宗喀巴爲始祖，其流派或即漢時塞種。顏師古注以塞種爲釋種，則其奉佛之俗由來久矣。宗喀薪傳又幾床。蒙古語以喇嘛坐床者爲西勒圖。學佛不曾知五戒，露臀列拜向都綱。

額魯特尊尚黃教，凡決疑定計，必咨於喇嘛而後行。自台吉、宰桑以下，頂禮膜拜，得其一撫摩，一接手，以爲大福。禮拜之儀，衆喇嘛偏祖脫褲，露肩及臀以爲敬。人生六七歲即令識喇嘛字，誦喇嘛經。病則先延喇嘛諷經，然後服藥。若大台吉有事諷經，則其下爭輸貨物於喇嘛以爲禮。都綱者，衆喇嘛聚而諷經之室也。

何須耕種論肥磽，千足牛羊盡富饒。

---

① "汗"，國圖抄本作"漢"。
② "釜"，國圖抄本作"金"。
③ "釜"，國圖抄本作"金"。

却怪貧人好生計，乳茶入腹不愁枵。

　　準部不乏泉甘土肥之地，而不尚耕作，以畜牧爲業，問富強者數畜以對。飢食其肉，渴飲其酪，寒衣其皮，馳驅資其用，無一不取給於牲。欲粒食則因粮於回部，回人苦其鈔掠，歲賦以粟。然所賦僅供酋豪饘粥，其達官貴人夏食酪漿酸乳，冬食牛羊肉。貧人則但食乳茶，亦足度日。畜牧之外，歲以熬茶西藏爲要務。

　　人從日出拜光天，《北史·突厥傳》：其俗，穹廬牙帳皆東開，蓋敬日之所出也。牙帳東開準噶爾方位之名，以東爲南，以南爲西，西爲北，北爲東。彼處户東向者，即内地之南向。《北史·突厥傳》之所謂東開者，其實非東開也。布錦聯。準語，都爾布錦者，以羊毛織成，制同内地之坐褥。木匕樺燈準俗知用碗而不知用箸，其飲食皆用匕。匕之制，大小不同，以木與皮爲之。其地有樹如樺，準人取其油以爲燈火云。陳玉醴，準俗，於四月馬潼新得時置筵酬神，筆馬爲慶，謂之玉醴斯。皮囊取醉賀新年。準人縫皮爲袋，中盛牲乳，束其口，久而成酒，味微酢，謂之挏酒。

　　梵咒旗幡卷碧綃，準部台吉、宰桑皆建旗纛，或以綠緞，或以雜色布幅爲之，書喇嘛經咒於其上，謂遇風展動，則種福與諷誦等。駕駝施炮舊天驕。準語曰包者，即炮也，以鐵爲腔，駕於駝背以燃放。寶權大慶歸皇極，耆定後，準部寶器悉歸俘獲，獻入尚方。有鐵章一，其文曰"厄爾德尼卓里克圖洪台吉之章"，華語所謂"寶權大慶王"也。蓋自策妄阿拉布坦[1]時，乞自達賴喇嘛，用梵書刻印，錫予以爲準噶爾世傳之器。今則嘉祥識在天朝。金印圓隨鋒鏑銷。台吉之印，其形圓，范金爲之。宰桑以下之印，其形方，或以銀，或以銅、鐵、錫五金備用，各視其職掌，以爲差等云。

【注释】

〔1〕策妄阿拉布坦（1663 或 1665—1727）：清朝時期準噶爾蒙古部首領。僧格長子，噶爾丹之侄，號"卓里克圖琿台吉"。康熙三十六年（1697），噶爾丹敗死，策妄領其餘衆，自立爲汗。五十五年，遣軍大敗俄國遠征軍於準噶爾轄地亞梅什湖。次年，乘西藏内亂，令大策凌敦多布攻入拉薩，殺拉藏汗。五十九年，爲清軍擊潰。雍正三年（1725），向清廷請求劃給吐魯番，與喀爾喀勘分游牧界，允其貿易商隊由喀爾喀路行走，獲准。雍

正五年死。

舞分軟健肄旄人，周官，旄人[1]掌教夷樂，唐開元樂有軟舞、健舞，皆西音也。鬥右西傖抱器陳。古者，四夷之樂用陳門右，宋王延德《高昌行紀》云高昌俗好音，行者必抱樂器而出。鑒格揚聲宣佛力，布圖編曲頌皇仁。準部系由元臣，樂音與蒙古相近，大抵以絲爲主，而竹附之。其鼓曰鑒格爾格者，喇嘛誦經所用。有曲曰逐雅布圖達爾者，皆彼處頌禱之詞，歡會宴飲所用。

【注释】
〔1〕旄人：掌教散樂及夷樂舞蹈之教官。《周禮·春官》："旄人，掌教舞散樂、舞夷樂……凡祭祀賓客，舞其燕樂。"一説爲周朝置。

錦袍右衽燦金鑲，準部之拉布錫克，即袍也。台吉用錦緞爲之，飾以綉；宰桑則絲，綉氆氇爲之。賤者多用綠色。禦冬無棉，以駝毛爲絮，名庫绷。亦有止衣羊皮者。皆右衽，平袖，四圍連紉。男子衣不鑲邊，婦衣用棉綉兩肩、兩袖，及交襟續衽處，鑲以金花。其民婦則以染色皮鑲之。紫帽紅靴嫁宰桑。其冠無冬夏之別，但以毛質厚薄爲差。白氈爲裏，外飾以皮，貧者飾以氈，或染紫綠色。其頂高，其邊平，略如內地暖帽，而綴纓止及其帽之半。婦人冠與男子同。台吉靴以紅香牛皮爲之，中嵌鹿皮，刺以文綉；宰桑用紅香牛皮，不嵌不綉；民人穿皮履，或黑或黃，無敢用紅色者。婦人靴制，貴賤視其夫。嬌曳流蘇長委地，其帶以絲爲之，端垂流蘇，其長委地。好珠瑟瑟綴新妝。婦人辮髮雙垂，約髮用紅帛在辮之腰。帛間綴以好珠，瑟瑟之屬，望若繁星。

書繙托忒準噶爾字書之名。應中聲，ㄆ音阿。ㄇ音額。ㄑ音衣。從字母生。十五字頭音百五，誤他師古注旁行。準噶爾字共十五頭，每一字頭凡七音，共得一百五音。其法直下右行，用木筆書。顏師古注《漢書》，謂外裔書皆旁行者，非也。

四節三哀別紀年，《唐書》：堅昆俗，謂歲首爲茂。師哀，以三哀爲一時，以十二物紀年，如歲在寅，則曰虎年。星家珠露撰新編。君王置閏當春月，蹋鞠天長潑水天。準俗：每歲以元旦及四月八日、五月望日、十月二十五日爲四大節，禮佛諷經，不殺生。其春月則女子有蹋鞠之戲，秋月則酋長爲馬射之棚，長夏則親朋有馬潼之會，三冬則孩稚有潑水之樂。積年置閏，亦同中國，但不拘月分。届當閏之年，則宰桑等請於大台吉，隨意中所欲置閏於某年。遇小建之月亦不定，無三十日，隨台吉之意而中去一日①焉。自寅至丑，每月皆可閏，自朔至晦每日皆可虚也。其地亦無二十四歲②，其星家之書，名曰《珠露海》[1]。

【注释】

〔1〕《珠露海》：衛拉特蒙古星學家使用之書名，主要用於占卜吉凶和選擇良辰吉日。如男女婚配前行聘、娶婦、舉行結婚儀式，即需請其擇吉。也用於卜葬風俗。

誦經結髮婦隨夫，細馬馱來不用扶。

珍重證盟羊胛骨，定情昨夜在氊廬。

準俗：以羊馬爲聘。昏之日，婿至女門，女家諷喇嘛經。婿與女共持一羊胛骨拜天地日月，夫婦交結其髮，女家爲開蒙古包以成婚。明日婿先歸，別擇日以娶婦。新婦乘馬至婿家，婿家亦諷喇嘛經③。

五行葬法豈天真，無奈番僧法力神。

薄俗於今涵孝治，草青時有祭先人。

準俗不立喪制。死之日，其子孫親屬丐延喇嘛諷經。檢《珠爾亥》書，有應五行葬法者，則以其法葬。如應金葬，則置諸山；如應木葬，則懸諸樹；應火葬，則焚諸火；應水葬，則沉諸河；應土葬，則埋諸地。如不應五行葬者，則撤蒙古包，弃尸道旁。自亡日起誦經四十九日，不殺牲，不薙頭，有剪髮以爲孝者。每忌辰設果食渾乳以祭。每遇草青時，思其祖父，亦酹奠於野④。

紙帽行游事可羞，教奴短布累奴愁。

---

① “去一日”，國圖抄本作“十去一日”。

② “歲”，國圖抄本、刻本作“氣”。

③ 此句國圖抄本脱“亦諷喇”三字。

④ 此句國圖抄本脱“於野”二字。

兒郎愛馬偷騎去，妾貌如花當九牛。

準法：從軍失伍者，冠以紙冠，并令妻穿短布衣，游行徇衆。盜馬者，罰九牛，或九羊九馬給事主。無牲畜者，則給盜者之妻與事主以償之。無妻者鞭腰，此準部所行之形①法也。

青吉爲君派噶師，回部舊汗，以青吉斯爲第一世。爲婚同姓轉蕃滋。派噶木巴爾爲秉特②回教之祖，因所生四子俱夭，以女妻同祖兄子阿里爲妻，以傳回教。蓋同姓爲婚，回俗不禁。編年紀載陀犂克，回書中有陀犂克者，猶内地之史也。千有餘年見聖時。回回祖國名墨克默德那，在葉爾羌境極西。相傳派噶木巴爾自祖國東遷至今山南等處，回教始盛。故回部紀年，自派噶爾木巴爾始，至乾隆己亥歲，共千一百九十三年矣。

有天無佛是回疆，俗祀祆神舊史詳。回部不信佛，《唐書·西域傳》：疏勒俗事祆神，按《廣韻》[1]，祆，呼烟切，音訐。《説文》：關中謂天爲祆，即今回人之所奉天神也。七日阿渾同拜月，三年墨克去燒香。回人拜天爲禮，每城設禮拜寺。其始生教主曰派噶木巴爾，每日對之誦經五次，拜五次，拜畢宣贊其儀略，曰："至尊至大，起無初，了無盡。無極無象，無比無倫，無形無影，大造化天地主兒"。每當月初生時，臣民咸向西號呼而拜，其掌教阿渾每閲七日，則爲衆誦經祈福一次。回部西萬餘里有默克祖國，回人凡終身必親往禮拜一次。辦裝裹粮，往返期以三年。其貧者資於富人以往。

【注釋】

〔1〕《廣韻》：古代第一部官修韵書，北宋時期陳彭年等奉詔編撰。是在隋唐《切韵》基礎上擴充增訂而成，故全稱爲《大宋重修廣韵》，簡稱《廣韵》，就是本《切韵》而廣之的意思。全書共收字二萬六千餘個，分爲二百零六韵，注解近二十萬字。既注明反切，又解釋字義，還分析字形，實際上是一部融形、音、義爲一體的"同韵字典"，這是它超過前代韵書包括《切韵》《唐韵》的地方。《廣韵》是隋唐《切韵》系韵書的集大成之作，審音辨韵精密嚴格，又是官修，是北宋的國頒標準，其他韵書都因此而廢。

---

① "形"，國圖抄本、刻本作"刑"。
② "特"，刻本作"持"。

建元莫問幾星躔，自度人間大小年。

正是把齋時候到，葫蘆燈向樹頭燃。

回部以教主始生之間爲元年，閱一歲則加一年，雖汗新立亦不改元。刻年數於汗之印上以爲識，云可傳之無窮。每三百六十日爲一年，不增不減。故每四年而餘二十一日，四十年而餘七月，四百八十年而餘七年矣。滿三百六十日爲一年者，謂之大年。大年第一日如中國之元旦。伯克戎裝向教主纛前行禮，大小相慶賀。先期三十日，必把齋，不茹葷，不殺牲。把齋者俱日出而閉關，星見而後開齋。其大年之前十五日，相傳謂教主下降，察人間善惡。男婦舉家誦經，不寢達旦。懸葫蘆燈於樹頭，油盡燈落則踏破之，以是爲破除一切灾咎云。元旦後七十日爲小年，殺羔祭天。餘事如大年例。

回書旁注宛蟲窠，乚音愛里普。し音之木。音圓轉似螺。按回音，凡音二字、三字、四五字者，皆合讀成一音。單字連文由互化，諧聲會意乳孳多。回部與準噶爾接壤，而其書特異。其字書名阿里卜，凡二十九字頭，或兼數音而成一字，或聯數字而成一音。又有化單字法，化連字法。凡字上加乚則皆成重讀，正音於每單字上加△，則數字相連，隨時配合成音。大略總以乚字爲綱。

墓石遙傳刻畫工，回地歷代教主，墓前多樹碑石，大書深刻，與內地無异，惟不事墨榻流傳，故往往有碑無帖。和通技本擅雕蟲。準噶爾呼回人爲和通，和通性巧，最擅雕刻之技。有碑無貼真堪惜，漢字回文出洞中。庫車山中有漢字石刻，方徑尺許，用回文折旋，皆釋典中語。疑是唐時遺迹，不著書人姓氏，緣起無考。

赤仄新頒九府泉，漢武帝時，公卿請鑄官錢赤仄，一以當五。官用非赤仄不得行。如淳注：謂以赤銅爲郭。今回部錢全用紅銅，不但爲郭郭，猶古赤仄意也。怯盧回字冪①文鐫。乾隆通寶今無外，元祐堪嗤議鐵錢。

舊以準部强而回部弱，回人服屬於準噶爾，歲輸錢於準人，準人賴以爲用。其錢制小而厚，圓橢而首微銳，中無方孔，面鑄準部台吉之名，背附回字。凡台吉新立即易名更鑄，舊錢皆銷。乾隆二十四年，西域奠定，更鑄錢文，初仍舊式，後改如內地。面鑄"乾隆通寶"漢字，而以設局地名附於背。更定每一普爾重一錢二分，冪文兼用回字者，從其俗也。回地以一錢爲一普爾，

---

① "冪"，國圖抄本作"幂"。

每以①普爾直銀一分。初以五十普爾爲一騰格，直銀一兩。凡千錢直銀二十兩，銀甚賤而錢甚貴。迨定二十餘年，價就平減，近以百普爾爲一騰格，直銀一兩。功令回人每歲所輸額銅，即於其地分撥各局。兼於其地開山采取，以供鼓鑄，無事内地運銅。宋蘇軾議於邊地行使鐵錢，蓋維時中國銅少，而外域之銅不登天府②故也。

五旦五旦七調與中華五均七音之旨相合，蓋回部樂器九音皆備。以華譯之，旦即均也。雙弦其器有喀爾奈③者，狀類洋琴，凡十八弦。惟第一單弦，自第二至第八皆雙其弦。應和多，天方新唱陌摩訶。鐵腔鼓里行鼓以鐵爲腔，冒以革，上大下小，擊以二木枝。吹蘆哨，有器如銅角而木管，木管上安銅管，銅管上安蘆哨，而口吹之。此回樂鼓吹也。珠魯翻成朱鷺歌。珠魯，彼處曲名，蓋亦馬鼓吹之詞也。

度索尋橦絶伎兼，《御製回人絶技詩序》：繩技，即古尋橦度索之遺。部分雙引到重檐。錦襴紅襪蹲蹲舞，巧赴鋼絲昔昔鹽。

《文獻通考》：答臘鷄婁鼓等十種爲一部，隋唐以備燕樂。其曲有昔昔鹽、一臺鹽之類。今回部樂音，自平定後隸在樂官。每三大節筵宴，高麗國俳呈技之後，回人奏伎司舞，二人舞盤，二人皆服背褂、錦腰襴綢接袖衣，冠錦面倭緞緣邊回回帽，著青緞靴，繫絲綢帶。於樂作後即上司舞，二人起舞，舞盤，二人隨舞。舞畢，次呈雜伎。大回子四人皆服背褂，上身雜色綢，下身接袖衣，冠五色綢回回小帽。小回子二人，服雜色綢絹衣，冠五色綢回回小帽，走索尋橦，百戲具陳。樂止乃下。

硝磺棉米産分區，不止葡萄入歲租。
麟趾褭蹄詩志瑞，金三品獨賤銀鏤。

準、回兩部自入版圖，輸租請吏賦。葡萄之外，歲貢稻米、棉花、硝磺、紅花等物不一，皆爲定額。惟回地以銅爲貴，以銀爲賤，黃金則其地所出，亦入土貢。昔漢武帝幸回中，下詔書封岱，時見西域金氣之祥，因鑄麟趾褭蹄[1]以示後世。乾隆庚辰歲，命以回部貢金仿鑄麟趾褭蹄。有《御製紀事詩并序》。

---

① "以"，國圖抄本、刻本作 "一"。
② "天府"，國圖抄本作 "禾府"。
③ "奈"，國圖抄本作 "季"。

【注释】

〔1〕麟趾褭蹄：麟趾金與褭蹄金的并稱，相傳漢武帝時期鑄造的金錠的形狀。《漢書·武帝紀》詔曰："有司議曰，往者朕郊見上帝，西登隴首，獲白麟以饋宗廟，渥窪水出天馬，泰山見黄金，宜改故名。今更黄金爲麟趾褭蹄以協瑞焉"。沈括《夢溪筆談·异事》："襄隨之間，故春陵白水地，發土多得金麟趾、褭蹄。麟趾中空，四傍皆有文，刻極工巧。褭蹄作團餅，四邊無模範迹，似於平物上滴成，如今干柿，土人謂之'柿子金'"。

饊金吉語繞夒螭，典故稽從眉哩時。師遷，俘獲噬嚕蓊，蓋貯漿器也。範銅而金銀錯，其文皆旁行。回子①不可識，令阿渾譯之，則云：元時有汗曰眉哩特木爾，世居伊椤，令其地良匠喀瑪爾所造。銘文皆祝嘏之詞，其事緣起載在《陀犁克》云。跟肘辨來迷噶愛，始知彼國有冰斯。

內府舊藏唐銅器一，似豆而短足，亦以金銀爲文。令吐魯番、哈密回子辨之，惟識噶愛兩字，餘皆不識。蓋彼經亦有今古之异，人不能盡識也。

讞刑②灌水似鞭蒲，懸架懲奸法外科③。
怪底兒童齊拍手，官人入市倒騎驢。

回部鞫囚之法：仰卧犯者於地，以水灌之。或縛置高處，令足不著地，而以繩勒其腹。不服則鞭其腰，又不服則刖其足，甚則囚之地牢，即吐實定讞，設木架於市，懸以示衆，至三日無不死者。職官有犯，則以墨塗其面，令倒騎驢入市示衆以辱之。

也道居喪不著緋，墨衰聊用布爲衣。
不愁今歲寒無帽，新向墳頭送葬歸。

回俗：居喪無服制，但去紅緑著黑布而已。人死殯之。以無底棺槨上所覆綢緞以分致送葬者爲小帽。

---

① "回子"，國圖抄本、刻本作"回字"。
② "讞刑"，國圖抄本作"讞行"
③ "科"，刻本作"殊"。

連襟^[1] 報諾便烹羊，教主前頭設誓長。

緑毹舁^[2] 來扶上馬，嬌羞未肯拜姑章①。

回俗：婿家邀媒氏至女家，以連襟爲詞，未敢質言議昏。既報可，則烹一羊，藉之以綢，覆之以被，送女家爲定。前娶之三日，婿宿女家而不入内，至第三日女家延阿渾誦經。設誓於教主前，女無大故，不敢凌虐②。乃坐女於氈毹，四人舁以出門，抱以上馬。至家先拜灶神，澆油於灶門。然後入房，不即拜姑也。或半歲或經年，婿之卑幼入房，去新婦障面，始出拜舅姑焉。

【注释】

〔1〕連襟：姊妹丈夫之互稱或合稱。

〔2〕舁：《説文解字》：“舁，共舉也”，多人抬的意思。

峨冠五寸髮垂垂，無扣貂褕稱意披。

倭墮^[1] 鶱哥回語婦人爲鶱哥。好妝束，絳幃雙枕燦金絲。

回部暖帽頂高五寸，邊寬，前後獨鋭各五寸。貴者用貂帽，紅色織花綉紋，而不綴纓。婦人帽頂尖圓，中腰稍細，形若葫蘆之半。辮髮雙垂，束以紅帛，不用珠綴。其曰托恩者，袍也。領無扣，袖平不鑲，四圍連紉，貴者用錦綉。冬用貂枕之制，略如内地，多用金絲緞，且以兩枕迭而用之。帷帳或青或紅，與内地同。

【注释】

〔1〕倭墮：古代婦女的一種髮式，髮髻向額前俯偃，也稱爲墮馬髻。流行於魏晋南北朝時期。《陌上桑》：“頭上倭墮髻，耳中明月珠”。

小雅詩傳考牧篇^[1]，傑倬有唱譜③新編。

阿誰慣打雞婁鼓^[2]，與我同搊馬尾弦。

準、回諸部，樂器多以馬尾爲弦，無用絲者。其弦之大小，以棕之多小④爲差。亦間有皮

---

① “章”，疑當作“嫜”。

② “凌虐”，刻本作“陵虐”。

③ “譜”，國圖抄本作“諸”。

④ “多小”，國圖抄本作“多少”。

弦者。

【注释】

〔1〕考牧篇：指《詩經·小雅·無羊》篇，該詩序："無羊，宣王考牧也。"鄭玄箋："厲王之時，牧人之職廢，宣王始興而復之，至此而成，謂復先王牛羊之數。"孔穎達疏："牧事有成，故言考牧也。"

〔2〕鷄婁鼓：一種手鼓，隋、唐時用於龜兹、疏勒、高昌諸部樂。馬端臨《文獻通考》："鷄婁鼓，其形加甕，腰有環，以綬帶繫之腋下。"

昆侖山釋

陽湖　洪亮吉[1]　稺存

昆侖山即天山也，其首在西域。《山海經》：昆侖墟在西北，河水出其東北隅。釋氏《西域記》謂之阿耨達山。《爾雅·釋水》云：河出昆侖墟。《史記》太史公曰：《禹本紀》言河出昆侖墟，其高二千五百餘里之類是也。其尾在今肅州及西寧府。《漢書·地理志》：金城郡臨羌縣有弱水、昆侖山祠。《郡國志》：臨羌有昆侖山，其地在西寧塞外。崔鴻《十六國春秋》云：張駿時，酒泉太守馬岌[2]上言，酒泉南山即昆侖之體。周穆王見西王母樂而忘歸，謂此山也。《括地志》《元和郡縣志》《輿地廣記》《太平寰宇記》并云：昆侖山在酒泉縣西南八十里是矣。杜佑《通典》云：吐蕃自言昆侖山在國中西南，河之所出。《唐書·吐蕃傳》云：劉元鼎使還，言自湟水入河處，西南行二千三百里有紫山，直大羊同國，古所謂昆侖虜。曰悶摩黎山，東距長安五千里，在今西海界。《一統志》：今黄河發源之處，雖有三山而其最西而大，爲真源所在者，巴顔喀喇也，東北去西寧邊外一千四百五十五里，延衺約千餘里。山不極峻，而地勢甚高。自查靈、鄂靈二海子[3]之西，沙漸而高①，登至三百里始抵其下，山脈自金沙江發源之犁石山，蜿蜒東來，

---

① "沙"，國圖抄本、刻本作"以"。

結爲此山。自此分支向北，層岡迭嶂，直抵嘉峪關。東趨大雪山至西寧邊，東北達甘肅涼州以南大小諸山并黃河南岸。至西傾山，抵河、洮、階諸州，至四川松潘口諸山。河源其東，而其枝幹盤繞黃河西岸，勢相達屬[1]，蒙古概名之曰枯爾坤。枯爾坤，華言昆侖也。益可知自賀諾木爾至葉爾羌，以及西海[2]之枯爾坤，綿延東北千五百里至嘉峪關，以迄西寧，皆昆侖山也。華言或云敦薨之山，或名葱嶺山，或名于闐南山，或名紫山，或名白山，或名天山，或名大雪山，或名酒泉南山。又有大昆侖、小昆侖、昆侖丘、昆侖墟諸異名，釋言則名阿耨達山，又云闓摩黎山，又名騰七里塔，又名麻瑋剌山，又名枯爾坤，其實皆一山也。善乎馬炎之言曰："酒泉南山即昆侖之體，明昆侖山首在西域，其體則綿亘漢敦煌、《漢書·地理志》：敦煌郡廣至有昆侖障。酒泉、金城等郡界。"《穆天子傳》《爾雅》以及《史記》《漢書》所言昆侖，皆指今酒泉南山及臨羌大雪山而言，不遠迹至于闐、葉爾羌以及先零、燒當等境也。《禹貢》所言昆侖、析支、渠搜亦當去雍州不遠。昆侖國蓋因附近昆侖山而名。今考《水經注》引《涼土異物志》：葱嶺之水分流東西，東爲河源，禹紀所謂昆侖山者是也。是葱嶺名昆侖之證。《漢書·張騫傳》：天子按古圖書，名河所出爲昆侖山，即指今于闐南山。是于闐南山名昆侖之證。《唐書·吐蕃傳》：其南三百里，三山中高而四下，曰紫山，直大羊同國，古所謂昆侖者也。是紫山名昆侖之證。《元史·河源附錄》云：吐蕃朵甘思東北有大雪山，亦名麻不莫剌，其山最高。譯言騰七里塔，即昆侖也。是大雪山名昆侖之證。馬炎言酒泉南山爲昆侖之體，是酒泉南山爲昆侖之證。總之，昆侖者，人之首；昆侖山者，山之首，亦地之首，故以爲名[3]。《河圖括地象》云：昆侖山爲地首是也。今考南山自西域，至[4]酒泉、金城，實皆南條諸山之首，故可總名爲昆侖。此山邐迤至雍州境，即爲太乙、終南諸山。山名終南，明塞外之南山至此已終也。

---

① "達"，國圖抄本、刻本作"連"。
② "西海"，國圖抄本作"青海"。
③ "爲名"，國圖抄本作"屬名"。
④ "至"，國圖抄本作"其"。

【注释】

〔1〕洪亮吉（1746—1809）：字君直，一字稚存，號北江、更生。江蘇陽湖（今常州）人。經學家、文學家。乾隆五十五年（1790），成一甲第二名進士。授翰林院編修，後任貴州學政。嘉慶四年，上書《乞假將歸留別成親王極言時政啓》，以直言批評朝政，被遣戍伊犁，百日即遇赦還。通經史、音韻訓詁及輿地之學。工詩，尤精駢文。著有《卷施閣集》《更生齋集》《北江詩話》等。關於新疆的著作有《伊犁日記》《天山客話》《萬里荷戈集》等

〔2〕馬岌（？—354）：前涼主張茂時任參軍。前趙劉曜率衆二十八萬攻涼，河西大震，勸茂親征，茂從之，尋稱藩于趙而罷兵。張駿時任涼州刺史、酒泉太守。張祚時任尚書。祚淫暴不道，以切諫，被免官。後被秦州刺史王擢所殺。

〔3〕查靈、鄂靈二海子：指青海境内黄河上游的扎陵湖和鄂陵湖。

西海釋

吾家《容齋隨筆》以爲四海一也，無所謂西海，其實不然。《山海經·海外大荒經》云：西海之南，流沙之濱，有大山，名曰昆侖。《漢書·西域傳》云：于闐之西水皆西流，注西海。《水經注》引《涼土异物志》云：葱嶺之水分流東西，西入大海。大海即西海，與《西域傳》略同。又引康泰[1]《扶南傳》云：恒水之源乃極西北，出昆侖山中，有五大源，枝扈離大江出山西北流，東南注大海。又引法顯云：恒水又東到多摩犁軒國，即海口。云海口，即西海口也。班固《西域傳》：犁軒、倏支國臨西海。范蔚宗《西域傳論》云：甘英臨西海以望大秦。《晋書》：安息、天築①人與大秦國交市海中。又云：鄰國使到者途經大海，海水不可食。杜佑《通典》：大秦國即拂菻。在西海之西，亦云海西國。此西海之見於唐以前史傳者。

---

① "築"，刻本作"竺"。

若以近今證之，葉爾欽即古于闐國。《西域聞見錄》：葉爾欽西行六十餘日，至克食米爾，克食米爾復西南行，四十餘日至溫都斯坦，水亦可通云云。又云溫都斯坦其地之江河皆通海洋，時有閩廣海航到彼停泊。是西海即在溫都斯坦之西，東西南北之海無不通，故西海中亦時有閩廣船到也。所云葉爾欽水可通溫都斯坦，又可證。《西域傳》：于闐之西水皆西流，注西海矣。余遣戍伊犁親遇溫都斯坦人，以筆詢其曲折甚悉，土人又云：喀什噶爾連界有阿諦國，在西海之濱。而《一統志》於榜葛剌、拂菻、古里、柯枝、錫蘭山、西洋瑣里諸國下，皆云在西海中，又可知昆侖之西實有西海，與東、南、北三面之海并通，非荒遠浩渺，無所指實者可比矣。

蓋西海有泛言者。《漢書》：王莽立西海郡，在今青海。《續漢志》：建安末，以張掖、居延屬國置西海郡。歐陽忞《輿地志》：北庭大都護下有西海縣，云唐寶應二年置等是也。

有土俗名爲西海而實非西海者。《禹貢山水澤地》記：谷水出姑藏南山，北至武威入海，屆此，水流兩分，一水北入休屠澤，俗謂之西海。《水經注》又云：敦薨之水，自西海遥①尉犁國，去都護治所三百里。此西海即鹽澤，一名黝澤。《水經》稱爲蒲昌海等是也。

容齋又疑西海即蒲昌海，亦非是。有實言西海所在者，前後《漢書·西域傳》及《山海經》《水經注》，以迄上文所稱《异物志》《扶南傳》及《一統志》《西域聞見錄》等所述是也。

或又難余曰：故書言河源上通天漢，則河源當在地之極西。今既言實有西海，則河源在西海之外乎？西海之內乎？曰：河源介西海之南，《淮南子·墜形訓》可證矣。云河出昆侖東北陬，貫勃海，入《禹貢》所導積石山。高誘注：渤海，大海也，河水自昆侖由地中行。書曰：導河積石。入，猶出也。蓋河水伏流，自積石山始出耳。故《漢書·西域傳》云：于闐之西水皆西流，注西海；其東水東流，注鹽澤，河源出焉。下語極有斟酌。不言水東流注黃河，而云注鹽澤，河源出焉者，明從此以上河皆伏流，不礙于闐

---

① "遥"，《水經注》作"徑"。

以西之水注西海也。是黄河又伏流於西海之下，與濟水之伏流於河水下等耳。南宋疆域既蹙，皋蘭以外即如异域，又何况萬里外之葉爾欽、温都斯坦等乎？此則校《容齋隨筆》，又未嘗不首欽昭代輿圖之廣得以目驗口述者，證前人所未及也。

【注释】

〔1〕康泰：三國吴人，爲中郎。《梁書》云：及吴孫權時，遣宣化從事朱應、中郎康泰通焉。其所經及傳聞，則有百數十國，因立記傳。書似原名《扶南土俗傳》，或作記，今佚。

長流水關神武廟碑記

人有代謝，神亦有代謝。神代謝者，若周之社主①、漢之城陽景王〔1〕、漢末蔣子文〔2〕諸人是也。惟忠義之氣塞天地者，則歷百世如一日焉，神武與唐之張、許〔3〕、宋之岳忠武是矣。而神武廟猶遍天下。

己未歲，余以罪戍伊犁，出嘉峪關，抵惠遠城。東西六千餘里，所過鎮堡城戍，人户衆者多僅百家，少則十家、六七家不等。然必有廟，廟必祀神武。廟兩壁必繪二神，一署曰平神，武子也。見裴松之注所引《署②記》。一署曰周倉，則宋以前悉無可考，僅見於元人所作演義。神其説者，或云近世山西人掘地得周墓，有石碣焉，亦附會不足信。吾鄉有里儒，撰《神武世系》。據《吴志·魯肅傳》云爭荆州日，坐有一人云云，遂定爲周倉。夫陳壽固未嘗標姓名，則百世下何由知之，此真里儒之見矣。

余前奉使貴州，過鎮寧州關索嶺。嶺有廟，香③火極盛，世人及方志皆云神武子也。正與周倉事相類，并不足信。神本謚壯繆，本朝定謚神武。余蒙恩赦回，過長流水，值里人欲新神廟，乞爲記其壁如左云。

---

① “社主”，國圖抄本、刻本作“杜主”。

② “署”，國圖抄本作“蜀”，《三國志》與之同。底本、刻本誤。

③ “香”，國圖抄本訛作“有”。

【注释】

〔1〕城陽景王：指朱虛侯劉章（前200—前177年），西漢初年宗室，劉邦之孫，齊悼惠王劉肥次子。吕后稱制期間被封爲朱虛侯，後在誅滅吕氏過程中因有功被封爲城陽王。死後謐景王。

〔2〕蔣子文：名蔣歆，字子文。三國時廣陵（今揚州）人，漢末爲秣陵尉，追逐强盜至鍾山（即紫金山）脚下，戰死後葬在鍾山脚下，民間傳説其成爲陰間十殿閻羅的第一殿秦廣王，南朝齊永明中封以帝號，南唐追謐莊武帝。

〔3〕張、許：指唐朝安史之亂中堅守睢陽的張巡、許遠。

天山贊

自凉州以西，抵伊犁凡七千餘里，地勢積高，天形轉下。其横亘南北，界畫中外，戴雪萬仞，排雲百重。半嶺以上，靈禽不飛。百步之外，晴霾尚炫者，皆爲天山，亦名雪山，北人所呼爲祁連山也。

夫天者，特積氣爾。今祁連諸峰，尚有出積氣之上者。又况外則磧鹵，中藏秀靈，松相①芝菌，延年養生之藥，無一不備。寒暄晝夜，風雨晴晦之節，與外適殊。懸溜飛瀑，高逾石門；雲液石乳，百倍天目。而世人不之知，逸客不之訪者。豈非以徑路絕遠，逾流沙瀚海，火山風穴之險，始足以盡其奇耶？且漢世雖嘗通西北國矣，然票騎涅野，挺劍持載，既無意於搜奇；博望定遠，鑿空進執，亦不期於攬勝。是則天地之奇，山川之秀，寧不待千百載後，懷奇負异之士，或因行役而過，或以遷謫而至者，一發其底蘊乎？夫太華太室，僅中土之奥區；南條北條，又此山之支絡。爰爲之贊曰：

積高惟天，誰能企②焉，抗不相讓，實惟祁連。首沐塔里，足排居延，萬古積雪，無人及巔。其標挺外，其秀貯腹，松滿撑柱，高出若木。我登支

---

① "松相"，國圖抄本、刻本作"松栢"。
② "企"，國圖抄本作"欺"。

峰，意欲濯足，洪流汹汹，斜出飛瀑。

瀚海贊

自嘉峪關以外，皆屬戈壁。古云瀚海，亦曰流沙，亦曰大漠，亦曰鹽磧。今略計之，玉門、敦煌、安西、哈密、巴里坤、奇台、古城、濟木薩、阜康、烏魯木齊、瑪納斯、呼圖壁、綏來、精河、伊犁之頭台、二台、三台以迄鎮堡所在三道溝、疏勒泉、格子敦①、長流水、松樹塘、菩薩溝、肋巴泉、三個泉、木壘河、安濟海、滋泥泉、四十里井、蘆草溝等有水草者，不過二十餘處，餘皆戈壁也。平沙漫漫，寸土不入。極目千里，殊無遁形。陰陽未分，霜雪不積。禽畜則四足、二足以上，草木則一寸、二寸以下。飛鳴杳然，萌蘗頓絕。水草則遠至三百里、五百里，方可負汲。程途則久至二十日、三十日，亦皆露宿。甚則怪火時出，光逾日星，陰風倏來，勢撼天地。鳴沙逐人，則迅雷無其屬也；飛石擊客，則霜刃無其銛也。嗚乎，此亦天之所以限中外而域南北乎？蓋凡不火食而露處，前後至六十日方抵戍所。爰爲之贊曰：

沙行如龍，極乎天表。負昆侖山，复絕而杳。冥冥日月，有暗無曉。人行著沙，如蟻之小。一風排空，車軸競飛。十里五里，愁無據依。白氣周匝，元氣蕩摩。時出丈②火，曾無勺波。

冰山贊

伊犁之南，渡渾河五六百里，有冰山焉。俗名爲八達坂，爲適葉爾羌、西藏要路。其冰一日數拆，亦終古莫解。高撐層霄，下絕九地，能分輊陰陽，回轉日月。過此坂者，必以子夜。人馬半道，亦輒聞天傾地裂之聲，或竟有陷入無間者。開合既倏，孰窺神奇。呼吸未周，已判人鬼。每星郵羽檄，取道於斯。雖蚊行蟻步，蛇枉蟻③挈，咸震栗失形，回皇墮魄。然舍

---

① "敦"，國圖抄本作"墩"。

② "丈"，國圖抄本作"文"，脫"火"字。

③ "蟻"，國圖抄本作"魚"。

此以往，別無他道。若夫①風不鳴條，魄②晃朗，涉其巔者，又輒聞百丈以下，弦管絲竹，嘈嘈并舉。聆其清聲，絶肖《子夜》。或以爲流漸沙石，上下博擊，其幽咽吞吐，響或類斯，亦卒莫究，其奇矣。主宿頓者，必日撥回户二十，鑿冰棧冰梯，以通過客。余偶隨將軍至此，既訝③其靈异，又莫測幽隱。爰爲之贊曰：

陰陽顯晦，倏爾萬變，飛仙失足，亦墮無間。冰梢爍日，波末閃電，清商夜聆，奇鬼畫見。危茲達坂，高乃百盤，南馳于闐，北走大宛。洶洶隆隆，地軸半拆，熇熇爍爍，天宇五色。

净海贊

未至三台有水焉，廣闊可五百步，深至無底，有島嶼，無委輪。不生一物，不染一塵。投以巨細，頃刻必漂流上岸。土人稱爲西方净海，譯名賽爾謨淖爾是也。余自烏魯木齊以來，盥沐久廢，又欲休馬力，日步行半程，足亦繭栗。驟聆此名，殊④愧塵垢。爰税駕路側，餐白雪以洗心，籍⑤行潦而盥手，然後進焉。則見百樹之葉，隨雲外馳；四山之禽，擘霰東邁。若有所避，不容稍遲，心始异之。及抵其境，則西南北三面，盡皆雪山。中波外沙，儼欲分界。流既百折，綠若再染。怪石林立，頹峰斂容。晷刻已移，心形并澈。歸途則又值仲夏上旬，涼風蕭蕭，弦月欲落，携此枕簟，坐臥岸側，不復就舍館矣。山寡別木，惟松之竦而上者；岸乏⑥雜草，惟莖之翠而圓者。塊坐無事，因歷數宇内，靈山秀壑，笠屐所至者，或同兹幽奇，實遜此邃潔。誠西來之异境，世外之靈壤矣。爰爲之⑦贊曰：

---

① "夫"，國圖抄本作"天"。
② "魄"，國圖抄本、刻本作"月魄"。
③ "訝"，國圖抄本作"目"。
④ "殊"，國圖抄本作"列"。
⑤ 國圖抄本"籍"後有"隨"字。
⑥ "乏"，國圖抄本作"之"。
⑦ "爰爲之"，國圖抄本作"是鴻之"。

雲分電擘，山空月華。中有緑海，旁周素沙。奇峰倒影，幽草舒芽。時飄遠磬，時墮空花。百步之外，靈禽不栖；十里以内，驚塵詎飛。赤日縱炙，元霜不墮。庶幾成連，抱琴來過。

《三州輯略》卷之八

藝文門中

烏魯木齊賦

紀昀[1]

臣謹案：《周禮》[2]"司徒掌天下之圖"，周知其地域廣輪之數。蓋古昔盛時，天下輿圖悉上於內府[3]，而又陳詩考俗，博采土風，以抒寫見聞，咏歌閭澤。然漸被所及，止於六服[4]，而外此略焉。雖《詩》[5]① 紀來王，《書》[6] 載通道，方之沈潛沕潏，<small>物畢，相如《封禪文》：沕潏，曼羨。注：沕，没也；潏，泉號。</small>被澤如內地者殊矣。自漢而後，以賦爲古詩之流，綴文之臣，類多雍容揄揚。按地形，擴方志，皆述中土之山川都會，而外域罕聞，他郡邑圖經蓋無載及。重譯者誠以聲教未臻，罔克鑿空撰述也。欽惟我皇上聖神廣運，月出同宙。以西，<small>揚雄《長揚賦》："西厭月出"。</small>罔不綏定，縣遝古未附之遐方，<small>縣係於郡也。</small>蔵列聖待成之鴻業。<small>蔵，備也。《左傳》：以蔵陳事。</small>而烏魯木齊，爰隸②籍版。皇心所燭，普覆同天，命儒臣纂《平定西域方略》《西域志》[7] 諸書，咸奉睿謨垂示，煌煌乎邦治之隆規，三五[8] 所未有也。夫斯土自爲天朝赤子，俾昒爽得耀乎光明。<small>昒，音勿。相如《難蜀父老》："昒爽暗昧，得耀乎光</small>

---

① "詩"，國圖抄本作"書"。
② 國圖抄本無"隸"字。

明"。聖天子是彝是訓[9]，無异嘔夏。設官建學，制産定賦，行國而土著之，
廬帳而城郭棟宇之。歲律暄和，汙萊[10] 式闢，僻處之俗，蒸乂於變，月异
而歲不同。

今者恭逢慈慶，薄海内外，敷福臚歡，惟兹暘雨益時，年益康物，産亦
豐蔚。泳化抒懷，不歌而頌，亦下忱①所以宣也。臣前以奉職無狀，蒙恩薄
譴，發往兹土，戴罪效力。廬此五年，俾得備覽其幅員風物，與其民鼓舞作
新，咏仁蹈德。兹奉恩綸，復回舊里，感激皇仁倍萬。衆庶因於習睹②之餘，
不揣搗昧。搗音禱，無知貌。郭璞[11]《爾雅·序》："不揆搗昧"。謹撰《烏魯木齊賦》
一篇，并圖其地上進，其辭曰：

伊筠冲[12] 之沃壤，《廣奥記》："筠冲，古天方國。"宅六幕之金方，《漢書·禮樂
志》：紛紜六幕大海③。注：猶言六合也。大蒙襟乎女汜，《爾雅》："日所出爲泰④平，日所入
爲泰⑤蒙"。又云："大蒙之人信"。依耐界乎婼羌，依耐、婼羌皆西域國名，見《漢書·西域
傳》。婼，音兒。杓首未分之野，杓，斗柄也，五至七爲杓。觜婺不屬之鄉，觜，同觜，
平聲。觜，觸宿名；婺，星名。竪亥、大章之所不及步，《淮南子》：禹使大章步東極至西
極，使竪亥步北極至南極。童律、大費之所莫能詳。童律，禹臣。大費，伯益名。禹佐
庚辰，古《無瀆經》：禹治淮水，使水神名無支祁，授之童律、烏木田，皆不能制；授之庚辰，
徙之。未聞流沙弱水之源，能窮誕溜。馬觀⑥《瀛涯勝覽》："弱水三千，舟行遇風，一
失入溜，則水弱沉溺"。宋張暢[13]《河清頌》："龍門誕溜"。漢屯戊己，漢置戊己校尉，屯田
西域。不聞奄蔡、康居之表，《漢書·西域傳》："康居去長安二千三百里，不屬都護。其
西二千里奄蔡國，臨北海。"悉入版章。翳此奥區，久淪月竁。竁，昌瑞切。顏延年[14]
詩："月竁來賓"。牙駐昆彌，烏孫國王號，見《西域傳》。城居伽利。木削筆而殊文，
氄裁衣而异制。自開闢以來，安於睢盱喔咿者，《魯靈光殿賦》："鴻荒外略，厥狀睢

---

① "忱"，國圖抄本作"恍"。
② "習睹"，國圖抄本作"習觀"。
③ 《漢書·禮樂志》作"紛紜六幕浮大海"。
④ "泰"，刻本作"太"。
⑤ "泰"，刻本作"大"。
⑥ 《瀛涯勝覽》作者應爲明代馬歡。三本均作馬觀。

旰"。質樸之形。其歲月蓋不可綴。懿聖主之重熙，泂億載而一會。梏貳負於重岩，《山海經》：貳負殺窫窳，黃帝乃梏之疏屬之山。腦窫窳於古塞，窫窳，音執俞。《淮南子》注：堯之時，窫窳、封豕爲人害。腦，陷其頭也。張樹①〔15〕《東京賦》：腦方良。命方召而罙入，毛詩："罙入甚阻。" 壯猷邁乎驃、衛，驃，驃騎，霍去病也；衛，衛青也。見《長楊賦》。葱嶺不足鐔，葱嶺在敦煌山西，高大多葱。鐔，音尋，劍口也。《東京賦》："鐔以大吪。" 鹽澤不足帶，鹽澤，地名。於是乎貴霜、大祿、騎君、西夜之倫，貴霜等皆西域官名，見《西域志》。罔不延頸企踵，鱗集面内。天子爲之經駐防，簡候尉，啓黌序，範泉幣。故烏魯木齊之土，丕變胥匡，而塊圠庵靄之觀，塊，音養，圠音揠。揚雄〔16〕《甘泉賦》："塊圠無垠"，注：廣大貌。左思〔17〕《蜀都賦》："茂八區庵靄。" 注：翳薈也。羌難得而數計。

爾其封域以外，東則道巴里坤，直抵哈密，瀚海維隍，玉門維閟，軌躅互摩，輪蹄儳集。儳，音雜。許善心〔18〕《神雀頌》："嘉祝儳集。" 數千里而入瓜、沙，瓜州、沙州，敦煌地名。曾不宿舂而自給。仰北拱於神京，識長安之近日。西則雄鎮屹屹，厥惟伊犁建牙，大帥實蒞實治。虎旅肅以萬灶，龍庭蔚其千畦。北則岡巒糾紛，谽呀崛岉，谽呀，大貌，見《上林賦》；崛岉，高山也，見《靈光殿賦》。含溪懷谷，苞原跨隰，偉鴻顥之設險，畫九野而限窮髮。莊子："窮髮之地。" 注：不毛之地。登高一望，廣莫無極。南則南山迤邐，丹嶂萬里。以闢展爲堂奧，以烏什爲垣墉，吐魯番鍵其户，庫車、阿克蘇介其衝。爰及葉爾羌、和闐、喀什噶爾之境，里不可計。無不外表嵃嵯《南都賦》：其山則崆峣嵃嵯。注：高峻②貌。以襲險，内闢膏沃以耕耰。蓋西域之土，罔不犪朗拓落，《魏都賦》：或犪朗而拓落。謂高明廣大也。而烏魯木齊實樞紐乎其中。

第言其所治則巨浸，右縈崇巒，左歸徑途，所亙③二千餘里。博克達山臨河中峙，其河以東諸屯，則自七個打坂，跨濟木薩而底特納格爾。特納格爾今改阜康縣。其河以西諸屯，則由寧邊城、洛克倫，爰暨呼圖壁、瑪納斯、庫

---

① "張樹"，應爲"張衡"。

② "峻"，國圖抄本作"俊"。

③ "亙"，國圖抄本作"獲"。

爾喀喇烏蘇、晶河①邐迤。寧邊，今改昌吉縣，在迪化西九十里。洛克倫在昌吉西三十里。呼圖壁在昌吉西九十里，有巡檢司。瑪納斯在昌吉西一百七十里，今改綏來縣，有靖邊關。庫爾喀喇烏蘇在綏來縣西四十里，有領隊大臣。晶河在庫屯西四百八十里。咸皆堤塍連脉，畇畝分綺。埴墳之撥如膏，《禹貢》：厥土赤，埴墳。埴，黏土。墳，土膏肥也。徑遂之夷若砥。遂，小溝。《周禮》：夫間有遂，遂上有徑。闢萊作乂，畝收維秭，畎田宅乂者，億兆其家。而於全壤，曾不足當引尋之咫尺。

其山則杳兮營岑營音簪。岑音吟。《南都賦》："幽谷營岑"。注：高峻也。剈兮拳嵒音學，山高石大。爐潨甀欹《上林賦》作甀錡。甀也，上大下小。有如甀之欹也。陰清陽燠，或百里而邐連，或數步而起伏。服疇者不能名，摘檗者不勝錄。礐紅山嘴，壁立霞駮。霞，一作葭。郭璞《江賦》："壁立葭駮"。鞠巍巍其超天，鞠，高也。揚雄《羽獵賦》："鞠巍巍其隱天"。矼溟涬而一握。矼，至也。《甘泉賦》："登椽奕而矼天"。溟涬，自然氣。《莊子》：大同乎溟涬。河水菈菈，水聲。《上林賦》："菈菈上瀨。"是控是束。博克達之作鎮屹，綱維乎柱軸大府焉，迟迟奇旭。《甘泉賦》："靈迟迟兮。"注：即栖遲也。帝德懷柔，天文孔倬。辰良方望，《楚詞》："吉日兮辰良"。《公羊傳》："天子有方望之事"。注：郊時望，祀群神。茅蕝載蕭，蕝，同蕞。《晉語》："楚爲荊蠻，置茅蕝。"注：謂束茅立之，所以縮酒。有司繞壝。音唯，土埒也。《周禮》：封人掌設王之土壝。而九周致精誠於祝嘏，神來格止，克綽永福。

其水則潚濎㵎瀏，皆大波相激聲②，見《江賦》。滯沛圛淪。《上林賦》："奔揚滯沛"。注：奔暢貌。圛，音彎。《江賦》：涽㵎圛瀰。注：迴旋貌。河流孔滂，觸濫南山。釃之網綸，釃，音洗，分也。《漢書》：乃釃二渠以引河。匯之雷奔，當伏秋之盛漲，亦順軌而洄漩。譙雉千仞，基置其濆。帶崇墉而呀浚洫，呀，空貌。《西都賦》："呀周池而城淵"。津洪流而塹重闉，汩乎順阿，汩，於筆切，從日。《上林賦》："汩乎混流，順阿而下"。泌㵎山垠，泌㵎，音筆櫛。《上林賦》："逼側泌㵎"。水相楔也。觸穹石，激雲根，馳波跳沫，空嵌旁穿。赴葦河之泱漭，泱漭，大也。《上林賦》："過乎泱漭之野。"泛神委而攏長川。《江賦》："表神委於江都"。攏，音壟，猶束也，見《江

---

① 國圖抄本、刻本"晶河"後有"之"字。

② "聲"，國圖抄本作"睹"。

賦》。曶滈滈以東注，曶，音浩，水光白貌。《上林賦》：“曶乎滈滈”。渺不知厓隒之所存。隒，魚檢切，崖也。《東京賦》：“設切厓隒”。於是引湍帶澅，大啓新田，普淖伊蠡，《儀禮》：普淖。普，大也。淖，和也。德普人和，乃有黍稷也。磴流如鱗。磴，小坎，水分派也。《魏都賦》：“磴流十二”。相泉流以滋土化，灑渠口以敞雲門。《蜀都賦》：指渠口以爲雲門。又有醴泉神瀵，《列子》：終北國壺嶺山，有水湧出，名神瀵。協氣氤氳，盥礪則蕩邪而難老，枕洸則愁湧而常溫。《魏都賦》：“溫泉愁湧而自浪，華清蕩邪而難老”。咸畢黃瑞而流潤，宏坎德於璿源。揚雄《符命》：“黃瑞湧出”。爾乃城之内外，則櫛比斥堠，亭跱廨宇。守土命吏，此焉撫綏。衢術互經，千甍萬户。旗亭有閱，隱展行旅。閱音有①，連也。隱展，重車聲，見《西京賦》。列隧星繁，瑰貨淵聚。揚袂巳風，揮②汗斯雨。紛儦嘉而鈯挶，儦嘉，音澀墊，喧雜也。《吳都賦》：“儦嘉梟獠”。鈯音霹，挶音規。《蜀都賦》：“鈯挶兼呈”。注：裁木爲器曰鈯，裂帛爲衣曰挶。平質劑以廉賈。《周禮》：“買賣以質劑”。注：謂兩書一札，而別之。豈無纖麗③之芬葩，貴兹菽粟與布縷。陋射利之邪贏，制器良而背窳。窳，庚，上聲。病也，惡也。《魏都賦》：“貨物窳而就攻”。

　　其草則有阿魏一信，肅州、火州土産阿魏。振株獨立，有臭氣。人取其汁熬膏。可液可膠，味醇辛桂。馨秘申椒，馬努芳芬。馬努，狀類人參，俗名鞭子參。儲用尤饒，儷三椏與五葉，實中氣之所蘇。桐君不及譜，陶隱居《本草》，有《桐君藥錄》[19]。長桑未嘗料。《史記》：長桑君取采禁方書授扁鵲。秋采柳絮，珠累綴條，經風戾而蓑蓑。音思，華下垂也。《南都賦》：“敷華蕊之蓑蓑”。浮乳碧於桦銚，桦音舛，茶也。銚音遙，溫器。菌曰長壽，蔻茂陵苕，蔻音銳，草生初達之貌。《吳都賦》：“鬱兮蔻兮”。輔體延齡，希算松喬。其他蘫蘱之所靖，蘫音漚。《爾雅》曰：蘫華也。蘫與敷同。蘱音育，茂也。《吳都賦》：“異荈蘫蘱。”注，花開貌。花實之所毛，森蓁蓁以葱蘢，蓁，兹捐切，茂盛也。《南都賦》：“森蓁蓁以刺天”。爭莛蔓而彌皋。

　　其木則垂連歐，拔千尋，潚茸馱蔓，皆茂也，馱音奧。《吳都賦》：“潚茸蕭瑟，又卉木馱蔓。”戔拔骩委葥蓼。戔骩，蟠戾貌，葥蓼，枝竦擢也。《葥賦》：雀葥戔骩。又：紛

---

① “有”，國圖抄本作“管”。
② “揮”，國圖抄本作“渾”。
③ 國圖抄本無“纖麗”二字。

溶萌蔘。循河壩以極目，翠千里之濃陰。火雲韜耀於高枝，長風自鼓於密林。宜恢台之彤暑，選美蔭以延清。若夫薄魁庬，音匯，枝節盤錯也。供薪蒸，冬夏陰陽，周官是循。方輨以載，昕夕相輯。音困，車軸相連也。《南都賦》："堤塍相輯"。櫹矗者，不改其蓨楸。櫹矗，長直也。蓨，大也。《吳都賦》："櫹矗森萃"。《上林賦》："實葉蓨楸。"萃甲者，益蔚其宗生。《吳都賦》：宗生高岡。注：宗，類而生也。允矣泰媼，億載之儲蓄，泰媼，天地也。《漢郊祀歌》：泰元尊媼神蕃厘。注：泰元，天神。媼，地神。供取材落實於昌辰。

其果蓏則有蒲桃、馬乳、崖密、鶯含，密，櫻桃。《爾雅注》：大而甘者謂之崖密。《呂覽注》：鶯所食，故曰含桃。瓜名回帽，黃瓡尤甘。瓡，部田切。陸機《瓜賦》有黃瓡之語。

其名葩則有縵華异種，縵華，即茉莉，佛書名縵華。石竹珠杞，芷茉剪錦，芷茉，音鼻缶，荍也。《爾雅翼》："一名錦葵"。燕支染紫。象穀重臺，小囊貯米。《本草》：罌粟一名米囊花。麗春應舞於清歌，《群芳譜》：麗春即虞美人，見人謳歌則搖曳如舞。鴨脚擄誠於同畢。鴨脚，葵名。

羽類則花鳥藻其鞦臆，潘岳[20]《射雉賦》："青秋莎靡，丹臆蘭綷。"注：鞦，夾尾間也。臆，胸前也。鳳冠綷於矩①朱。綷，離采也。仙驥雜網②而自舞，仙驥，鶴也。爽鳩脫鏃而可呼。爽鳩，鶯也。雕鷃鷙屬，搏擊平蕪。鵲止枯澀，鳥翹畢通。惟舞鑒之瑞翼，歲作貢於皇都。莫不聲虮皋澤，虮，魚乙切，多也。《吳都賦》：魚鳥聲也。雕啄菰蒲。刷羽儀而引吭，倏湛淡以凌虛。湛淡，迅速貌。《吳都賦》："湛淡羽儀。"

蹄類則牛牟駝圂，圂音碣，駝鳴，牟牛聲。《韓詩》："椎肥牛呼牟，載寁駝鳴圂。"兔躍鹿拔，狐祥翰翠，《吳越春秋》：禹有白狐之祥。《尚書大傳》：散宜生之西海，取白狐青翰獻紂。翰鶩，鵠類。豕饜梓肥。《本草》：以梓葉飼，猪肥大。黃羊羘羊，觤羷鬚髯。觤音詭。《爾雅》：角不齊。羷，力冉切。《爾雅疏》：羊角卷。鬚髯，毛多也。滕山之廬，則捷稱青骹。音敲。《西京雜記》曰：臘狗青骹（高犬）。吠巷之獫，則驚號懸蹄。《說文》：犬狗之有懸蹄者。挈六擾而賤奇畜，《周禮》："其畜六擾"。注：馬、牛、羊、鷄、

---

① "矩"，國圖抄本作"雉"。

② "雜網"，國圖抄本、刻本作"離網"。

狗、豸也。勤游牧而息蕃滋。又何必祈蹄刻蹄远之理，《爾雅》：豸之迹刻，兔之迹远。远，音航。衡物毛物贏之宜。《周禮》：山林動物宜毛物，原隰動物以①贏物。

至於熬波飛雪，積潤成霜。元滋素液，《魏都賦》："墨井鹽池，元滋素液。"浩溔相望。溔，以紀切，白也。見《魏都賦》。氓不識牢盆之給，《史記·平準書》："因官器作煮鹽，官給牢盆。"注：名廩煮鹽盆。吏不啓渠展之場。齊桓公有渠展之鹽，見《管子》。任釜鍾以挹彼，洵坤洛之無盡藏，惟流黃之稍紬，亦輦至以頡頏。其他鐵山可治，硝土多芒。均足利民用，備戎行。版麗黃圖，人熙紫陌。涵醰粹之醇風，《魏都賦》："宅心醰粹"。浸龐鴻之厚澤。吐氣含和，群夷以懌。

若夫丹陵、華渚之揆辰，《帝王世紀》[21] 曰：堯生於丹陵。《河圖》云：少昊母見大星下流華渚，感而生帝。紫闥金根之慶節。《後漢書》：太后法駕金根車，非法駕則乘紫闥輧車。三元銘栢之陽晁，《漢書》："歲之元，日之元，時之元"。晁，古朝字。千炬傳柑之令夕。鬪萬麀，喧五劇，鶴焰相輝，蚖膏互藝。《淮南子》：取蚖膏爲燈，置水中即見諸物。曩慧地之四章，揆摩訶之一闋。茄，卷蘆葉吹之。張博望在西域，惟得《摩訶兜勒》一曲。桃箄曇鼓，都曇，似腰鼓而小，又曰答獵鼓，俗名楷鼓。見《古今樂錄》。嚐呔拍格。候緩節以安歌，竹絲肉其更迭。肉，而就反。匪徒備肆②於鞮鞻。音提婁。《周禮》：鞮鞻氏，掌四夷之樂官。斯實衢謠而壤擊，泳元化而釋侏傔。《孝經鉤命決》曰：東夷之樂曰侏，西夷之樂曰傔。

故按之鳳管而什協，三時農隙，講武閱兵，幕開人蕭，沙迴蹄輕，劍華玉珥，甲耀金鱗。犀鎧則壽逾三屬，鎧，甲也。《魏都賦》："三屬之甲"。《考工記》："犀甲七屬，兕甲六屬，合甲五屬。犀甲壽百年，兕甲壽二百年，合甲壽三百年"。鶴脛則彩炬重英。《吳都賦》："家有鶴脛"。注：矛也。如鶴脛，上大下小。雲簫則紅陽紫燕，"簫音蹛"。《漢書·天馬歌》：簫浮雲。張協[22]《七命》："駕紅陽之飛燕"。《西京雜記》："文帝良馬九，一曰紫燕。"星流則赤羽青莖。《太公六韜》注：電影青莖。赤羽，以銅爲首，謂箭也。神槍電激，飛炮雷轟。近廣澤而層波自湧，傳深谷而萬竅皆鳴。九天九地[23]，奇正相生。指麾倏忽，變化有神，厥被風濡化，環乎牙門之外，盆樹頷扶服。見《長楊賦》頷音蛤，扣頭頤向上也，扶服即葡萄。騛洪罔而憺威棱，《羽獵

---

① "以"，刻本作"宜"。
② "肆"，刻本作"肄"。

賦》："醇洪邑之德。"憺，徒濫切，動也。漢武《與李廣書》："威棱憺乎鄰國"。版安息兮吏條支[24]，安息、條支，西域國名。大丕天兮崇以恢。奉慈禧兮普錫羨。《甘泉賦》："錫允錫羨。"注：錫，與也。羨，饒也。下暢埏兮上沍垓，《封禪文》："上暢九垓，下沍八埏"。逖矣兹土之人。昔也石留，留與溜通。《戰國策》：成皋，石溜之地。注：古作石留。龍荒草鞠。今厓汀隆，一作窊隆。窊，下也。隆，高也。《吳都賦》："窊隆异等"。田里場牧。昔也霄貌，《魏都賦》："霄貌蓑陋"。服卉耳鐻。音渠，金銀器。《山海經》：青要之山，神武羅司之，穿耳以鐻。今莘①於膠，《東都賦》："俎豆莘又。多也。膠，謂膠庠。藻志詩書。太和所扣，温逾黍穀。金風皆春，雪山彌煥。耆年蔓壽，嘉種時熟。何瑞不穰，何生不育。

剙萱宫之大慶，浸元黎以厚福。頌德軒闥，鞠腮蛾伏。考自古介繁祉者，惟是禮岳，聞乎觀河受籙固未有。燾天閽之末光，《甘泉賦》："天閽决兮地垠開"。注：天門之闈也。麗坤垠之外軸。而浸潤衍溢，酌幽舩而申華祝者也。闢瀛汜兮無際，淳蕘陋兮文治。汜布延洪兮安念籹，念音豫，籹音志。《東京賦》："膺多福以安念"。注：喜也。沐浴孝熙兮億萬歲。

【注釋】

〔1〕紀昀（1724—1805）：字曉嵐，一字春帆，直隸獻縣（今河北省獻縣）人，乾隆年間進士，官至禮部尚書、協辦大學士，曾主持編纂《四庫全書》。紀昀才思敏捷，學識淵博，性格恢諧，是清代很有影響的學者。著有筆記小說集《閲微草堂筆記》。全書共二十四卷，總計一千一百九十六條。該書主要記述狐鬼神怪故事，間雜瑣聞。寫法上，刻意模仿晉宋筆記小說質樸的風格。此書脱稿後，一時風行文壇，竟與《聊齋志异》相垺，文人相率擬作。本書所收，是關于新疆部分的内容。

〔2〕《周禮》：儒學經典"三禮"之一。原名《周官》，因其記載周公"體國經野，設官分職"的詳細規劃，類似後代正史中的《職官志》，故名。《周禮》將官職分爲六類，即天官、地官、春官、夏官、秋官、冬官，其中

---

① "莘"，國圖抄本作"莘"。

天官塚宰掌國家政務，兼管宮廷事務，所屬官職計有六十二種，因其掌邦治，所以又叫"治官"。《周禮》一書，尊之者謂爲周公所作，疑之者謂爲劉歆僞造。其實，既非出周公之手，亦非劉歆一人所能爲，實戰國時人哀輯列國政治而成官制彙編。《漢書·藝文志·六藝略·禮家》，著録《周官經》六篇，而不言作者名。顏師古注云："即今之《周官禮》也。亡其《冬官》，以《考工記》充之。"

〔3〕内府：官名。《周禮》謂天官所屬有内府，爲府藏諸官之一，有中士二人及府、史、徒等人員。"内府掌受九貢、九賦、九功之貨賄，良兵，良器，以待邦之大用。"清代的内府是皇宮内負責監管製造器具的部門，就是内務府。

〔4〕六服：周朝時侯王畿以外的諸侯邦國曰服，其等次有六：侯服、甸服、男服、采服、衛服、蠻服。《周禮·秋官·大行人》："邦畿方千里，其外方五百里，謂之侯服，歲一見，其貢祀物。又其外方五百里，謂之甸服，二歲一見，其貢嬪物。又其外方五百里，謂之男服，三歲一見，其貢四物。又其外方五百里，謂之采服，四歲一見，其貢服物。又其外方五百里，謂之衛服，五歲一見，其貢材物。又其外方五百里，謂之要服，六歲一見，其貢貨物。"鄭玄注："要服，蠻服也，此六服去王城三千五百里，相距方七千里，公侯伯子男封焉。

〔5〕《詩》：即《詩經》，是我國第一部詩歌總集，收録了自西周到春秋中期約五百年間的詩歌共三百零五首，包含"風""雅""頌"三個部分。"風"又稱"國風"，收録西周至春秋時代十五個諸侯國和地區的詩歌，大多是當地民間歌謠，是《詩經》中的精華。"雅"分"大雅"和"小雅"，主要是貴族文人的作品。"頌"主要是王室和諸侯祭祀用的樂歌舞曲，用於歌功頌德或宣揚神權天命。《詩經》多采用四言句和賦比興的藝術形式反映當時的社會生活，開創了我國現實主義詩歌傳統，成爲我國古典詩歌的源頭。

〔6〕《書》：即《尚書》，亦稱《書經》，儒家經典之一，是我國最早的一部歷史文獻，彙集了春秋以前歷代政府檔案和部分追述古代事迹的政治著述。相傳由孔子編選而成，但據當代學者研究，其中不少篇章形成于戰國時

代。《尚書》在漢代形成了兩種版本，一種是今文，一種是古文，後至東晉，又出現了梅賾所獻的僞古文《尚書》。現在通行的《十三經注疏》本《尚書》，就是今文《尚書》與僞古文《尚書》的合編。《尚書》文辭古老艱深，晦澀難懂，但它開源啓流，對中國古代散文有深遠影響。注本有唐孔穎達《尚書正義》、清孫星衍《尚書今古文注疏》等。

〔7〕《西域志》：即《欽定皇輿西域圖志》，又稱《西域圖志》。乾隆二十年（1755）平定準噶爾部後，派何國宗、劉統勳等人前往該處，實地調查測量，繪製輿圖。乾隆二十四年平定回部後，又派明安圖等人實地測繪，修訂前圖。乾隆二十六年，諭令劉統勳、何國宗將所辦《皇輿西域圖志》稿交由軍機處方略館辦理。初稿成於乾隆二十七年。該本不見於著錄。乾隆三十八年，《四庫全書》開始編纂，該本擬收入其中。至乾隆四十七年五月，《西域圖志》五十二卷增纂完成，由武英殿刊印，并被繕入《四庫全書》。

〔8〕三五：三皇五帝。在古籍中，三皇五帝有不同的説法。三皇一般指《尚書大傳》中的燧人、伏羲和神農。五帝一般是《史記》中記載的黄帝、顓頊、帝嚳、堯和舜。

〔9〕是彝是訓：彝訓，解釋爲日常的訓誡，也指尊長對後輩的教誨、訓誡。《書·酒誥》："聰聽祖考之彝訓。"孔傳："言子孫皆聰聽父祖之常教。"

〔10〕汙萊：指沒有被開墾的荒蕪之地。

〔11〕郭璞（276—324）：字景純，河東聞喜（今山西省聞喜縣）人。西晋滅亡，隨晋室南渡，後因反對王敦謀反，被殺。郭璞博學才高，注釋過《周易》《爾雅》《山海經》《楚辭》等書。他的詩賦都很有名，《晋書》本傳説他"詞賦爲中興之冠"。歷來被推崇的是《游仙詩》十四首和《江賦》，尤以《游仙詩》更爲後人傳誦。他本有的數萬言詩文多數散失，後人輯有《郭弘農集》。

〔12〕筠冲：即西域，又叫天堂，地多曠漠。《島夷志略》中記其地"風景融和，四時之春也。田沃稻饒，居民樂業。雲南有路可通。一年之上可至其地。西洋亦有路通。名爲天堂。有回回曆，與中國授時曆前後只差三日，其選日永無差異。氣候暖，風俗好善。男女辮髮，穿細布布衫，繫細布

捐。地産西馬，高八尺許。人多以馬乳拌飯爲食，則人肥美。貿易之貨，用銀、五色緞、青白花器、鐵鼎之屬。"

〔13〕張暢（408—457）：字少微，吳郡吳縣（今江蘇省蘇州市）人。生於東晉義熙四年（408），張敞孫。父祥，歷宦州府，琅琊王國郎中令。少有文才，與從兄張敷、張演、張鏡齊名，被譽爲後進之秀。大明元年（457）卒於官，謚"宣子"，著有《張暢集》《張暢録》。

〔14〕顏延年（348—456）：名顏延之，字延年，琅琊臨沂人，南朝宋護軍司馬顏顯之子。文學家，與謝靈運、鮑照并稱元嘉三大家。南朝宋建立，授太常博士，遷尚書義曹郎、太子舍人。反對司徒徐羨之擁立劉義符，出任始安郡守。宋文帝劉義隆即位後，出任中書侍郎，轉太子中庶子，歷任步兵校尉、秘書監、光禄勳、太常。劉劭弑立，授光禄大夫。宋孝武帝即位，擔任金紫光禄大夫、湘東王劉彧師，後世稱其"顏光禄"。享年七十三歲，追贈散騎常侍、特進，謚號爲憲，明人輯有《顏光禄集》。

〔15〕張衡（78—139）：東漢著名科學家、天文學家、哲學家。字平子，南陽郡西鄂（今河南省南召縣石橋鎮）人。張衡少時在三輔學習，邊學習邊觀察瞭解社會情況，不久又到洛陽攻讀五經，鑽研六藝，還深入研究了算學、天文、地理和機械製造等方面的知識，由此而産生了對天文、陰陽、曆算和機械製造方面的濃厚興趣。與司馬相如、揚雄、班固并稱漢賦四大家。在東漢歷任郎中、太史令、侍中、河間相等職。著有《靈憲》《渾儀圖注》《算罔論》等天文學著作，文學作品以《二京賦》《歸田賦》等爲代表。《隋書·經籍志》有《張衡集》十四卷，久佚。永和四年（139），張衡逝世，享年六十二歲。宋徽宗大觀三年（1009），張衡因算學方面的成就被追封爲西鄂伯。

〔16〕揚雄（前53—18）：字子雲，蜀郡成都人，西漢著名辭賦家。少而好學，博覽群書。"口吃，不能劇談，默而好深湛（沉）之思"。成帝時至長安，獻《甘泉》《羽獵》等賦，被任爲郎官，給事黃門。王莽篡漢，"以耆老久次，轉爲大夫"。天鳳五年（18）卒，年七十一。代表作品有《甘泉賦》《羽獵賦》《長楊賦》《解嘲》《解難》《逐貧賦》《酒賦》等。另有《法

言》《方言》等。今有張震澤《揚雄集校注》。

〔17〕左思（約250—305）：字太冲。齊國臨淄（今山東省淄博市）人，西晉文學家。出身寒微，相貌醜陋，言語遲鈍，不好交游，但博學能文，且勤於用力。據載，所作《三都賦》，使“洛陽爲之紙貴”，因此顯名。其文學成就主要在五言詩，《咏史》八首爲其代表作：或借史咏懷，或陳古刺今，表達寒門出身的知識份子身受壓抑的强烈憤懑和反抗情緒。詩作意旨深刻，感情充沛，語言淳樸，筆調勁挺。後人輯有《左太冲集》。

〔18〕許善心（557—618）：字務本，高陽北新城（今河北省徐水縣）人，先仕陳，陳滅入隋，以文才爲世所稱。繼承其父遺志，續修《梁史》。後隨煬帝到江都，宇文化及發動政變，殺煬帝，許善心因不與之合作而被害。

〔19〕《桐君藥録》：《隋書·經籍志》著録爲三卷，《通志·藝文略》作二卷。又名《桐君采藥録》，已佚。

〔20〕潘岳：即潘安（247—300），字安仁，滎陽中牟（今河南省中牟縣東）人。少時有奇童之稱，二十歲時便才名卓著。他熱心做官，但不得志；形象俊美，但品格卑污。趙王司馬倫輔政時，他被趙王的親信孫秀害死，成爲西晉統治集團內部斗爭的犧牲品。潘岳在文學上與陸機并稱“潘江陸海”，鍾嶸《詩品》稱“陸才如海，潘才如江。”特別是《悼亡詩》成爲中國文學史上悼亡題材開先河之作，歷代被推爲第一，成爲中國古代文學史上的名篇。其主要作品有《悼亡詩》《秋興賦》《閑居賦》《哀辭》《滄海賦》《登虎牢山賦》《狹室賦》《懷舊賦》。

〔21〕《帝王世紀》：西晉皇甫謐撰。是專述古代帝王世系、年代及事迹的一部史書。所叙上起三皇，下迄漢魏。現存《帝王世紀》計有十卷，其中第一卷記天地開闢至三皇，第二卷記五帝，第三卷記夏，第四卷記殷商，第五卷記周，第六卷記秦，第七卷記前漢，第八卷記後漢，第九卷記魏，第十卷記歷代星野、墾田及户口。是繼司馬遷《史記》之後，第二個整理歷代帝王世系的歷史書籍，具有一定的史料價值。

〔22〕張協（？—307）：字景陽，安平（今河北省安平縣）人。與其兄

張載，以及張華齊名，并稱"三張"。晉初辟公府掾，轉秘書郎，補華陰令，遷中書侍郎。轉河間內史。因見天下已亂，盜賊頻起，遂弃絕人事，屏居草澤，以吟咏自娛。永嘉初，又征他爲黄門侍郎，托疾不就，終於家。今傳《張景陽集》輯本—卷。

〔23〕九天九地：九天，天空的最高處。九地，地下的最深處。天上的最高處，地下的最深處。比喻上下懸殊，差別極大。《孫子兵法·形篇》："善守者，藏於九地之下，善攻者，動於九天之上。"（唐）李賢注引《玄女三官戰法》"九天九地，各有表裏"。

〔24〕條支：漢西域國名，在今底格里斯河、幼發拉底河之間，瀕臨波斯灣（西海），唐代曾在西域訶達羅支鶴悉那城（今阿富汗的兹尼加）設置條支都督府。在文學作品中常泛指遥遠的西域。李白《戰城南》有"洗兵條支海上波，放馬天山雪中草"句。

天山賦并序

歐陽鑑[1]

惜乎！昆侖當大地之中，《河圖》及《水經注》皆謂昆侖當地之中。而蒞其麓者，未克達乎其四境也。不深可惜哉？即有所達，亦各達其達。疆域自爲風氣，老死不相往來，又烏從而知之？抑余聞之，發而東北爲葱嶺，《西陲記略》[2]：葱嶺南自葉爾羌，直北行千里到伊犁。葱嶺西入太秦①，《魏略》：太秦在西海之西。南委捐毒，《史記》名身毒，即天竺。支離澈洌，都無從悉其巅末矣。自葱嶺一折而東，直通震旦者惟天山，《樓炭經》：葱河以東，曰震旦。脉五岳，源江河，綿絡我神州，《孟荀傳》：中國曰赤縣神州。非雲起欲頹，風吹輒斷比也。歷來名天山者，指伊吾一截，伊吾即今哈密。其實自西凉出嘉峪，抵烏孫，即今伊犁。綿綿亘亘，斷續出没，遥望崔嵬，皓皓負雪，冬夏如一者，皆天山也。余以嶺外人來宰焉支，攝白亭，客姑臧[3]，日與山對，得非緣耶？獨嘆其偃蹇遐荒，弗獲與

---

① "太秦"，國圖抄本、刻本作"大秦"。

中華名勝騁美黃圖，爲大可惜。唐《藝文志》：《三輔黃圖》一卷。顧具此奇特竟落
吾輩眼中，又不可謂非山之幸也。倘淡漠置之，不更可惜乎？爰即所見聞，
考諸載籍，徵之同人，不揣弇鄙，敷陳其名爲《天山賦》。將以歸示我南人，
使知造物磅礴奇崛之氣，或鍾於人，或鍾於物，有不可窮其涯涘矣，亦猶之
望洋興嘆而已。至若探懷五色，自憐筆墨無靈；如云學步三都，翻怪風塵多
事矣。亦良①自惜耳。

　　天山一名雪山，一名白山，一名時羅漫，亦曰祁連。係單于之舊號，雜
羌、紇之繹言。曠邈古而莫問，越秦、漢而始傳。突起伊吾廬，橫絶巴里
坤，古渠犁。接葱嶺，辭昆侖，帶黎軒，《大宛傳》：北有黎軒。款玉門，《肅州志》：
玉門在今安西州。越磧度磧，牽支曳脈，夭矯矯而直走中原。過嘉峪，嘉峪關之
山。蹋甘泉，甘州府。達燕然，在今宣化府東南。北包河曲，山西。東至恒、鹿，恒
山、涿鹿。逾於孤竹，《爾雅·釋地》：孤竹北戶，西王母日下，謂之四荒。歸於蟠木[4]。
落片石於太行，乃長途而中宿。程子曰：太行山，千里一片石。步大章[5]之履，
通邠國之軌，《爾雅》[6]：西至於邠國。昭矩之所踦，葉光之所倚，《詩含神霧》[7]曰：
昭矩，北方黑帝，葉光，紀。羲娥[8]假道於其表，冥融劃界於其裏，《掘外紀》②：顓
頊高陽氏命官，水正曰玄冥，北方之神；火正曰祝融，南方之神。規之莫窮其首，度之莫
究其尾。據所睹記，蓋持蛟黿劍，研吳淞剪，取巫峽之段雲，昆山之片璧
耳。而已膠葛迤邐三千餘里，《一統志》：天山自哈密東北境綿亘而西，經舊土魯番，又
西入準噶爾界，殆三千餘里。又西南與葱嶺相接。拔五岳而爭奇，跨三邊而未已。信
乎天下名山有八，而三在蠻夷，茲殆其離奇瑰詭者矣。巍巍桓桓，峻極於
天，巉巉巖巖，吞雲吐烟。搏鯤鵬而莫上，冒觜鬼於嶅巒，《天文志》：觜觿與
鬼，西北方分星。運金精之元氣，太白詩：白帝金精運元氣。媚玉女之烟鬟。西岳有玉
女峰。屍南溟於足下，《莊子》：南溟者，天池也，謂南海。列北陸於眉間。《爾雅》：北
陸，虛也，謂虛宿。有客携詩，殆可搔首而一問；何人鬭捷，實難跕足於焦原。
《尸子》：莒國有石焦原，極險峻，有勇士却行，齊踵於其上。

　　其北則瓦剌[9]捷枝[10]，輪台渠犁，瓦剌，見《明史》。餘詳《漢書》。烏孫附

---

①　"良"，國圖抄本作"復"。

②　《掘外紀》，國圖抄本作《搜神記》，刻本作《拙外紀》。

綴，刺勒羈縻，即鐵勒。見《北魏》及《唐書》。逖矣西土之人，介然山徑之蹊。公孫上屯田之奏，《漢書》：公孫宏①奏，輪台以東，捷枝、渠犁可屯田。賓王賦蒲類之詩，唐駱賓王有《晚泊蒲類》，詩曰："二庭歸望斷，萬里客心愁。山路猶南屬，河源自北流"之句。

　　逾北則沙漠所起，奸蘭所之。堠連甌脫，地實華離。無符傳而私出市曰奸蘭，沙漠中隙地置守處曰甌脫。并見《匈奴傳》。《周禮·夏官·形方氏》：無華離之地。注：華離，謂（觚 kua）邪；離，絕也。漢興冒頓，夏造淳維[11]。維唐西突厥，今俄羅斯。并北邊之地。蚩寒門而路絕，《淮南子》：北極之山曰寒門。《韓詩》：淒如蚩寒門。臨瀚海而人稀，《漢書》：霍去病臨瀚海。獨塚埋青，上國之雙娥不返；《歸州圖經》：塞外草白，惟昭君塚獨青。孤踪嚙雪，南天之一雁長飛。涼州北鎮番東南爲蘇武牧羊處，有蘇武山。當西河未闢，黃河以西，甘、涼之地，自漢武帝始闢河西四郡。值南幕未開。即沙漠南畔。休屠[12]利其藪澤，呼衍窟以蒿萊。休屠、呼衍：北邊二酋名。振斿裘之襬奈襪戴，騁畜牧之毬裴毬綏。其所以下馬羅拜，稱天而呼祁連也哉？匈奴恃此山爲天，過之必下馬羅拜，呼天曰祁連。故曰祁連山。

　　其南則高昌渥窪[13]，娃。疏勒莎車，柳中且末，鄯善瓜沙。瓜州，唐名沙州。高昌，晋名。且末，隋名。餘俱漢名。由鍾、崟密。以東望，《西山經》：昆侖東有鍾山，又東崟山，産玉石。極鄧林[14]兮悠遐，《山經》：鄧林在導河、積石之西。挾兩山而谺閜，蝦，上聲，司馬相如：谽谺豁閜。連衆派之紛拿。洋洋浼綏浼，蒲昌所匯。于闐、烏孫兩山夾葱嶺以東，衆派至高昌之南，匯爲蒲昌海，即鹽澤也。良金則披沙可揀，嘉玉則溯流可采。南路和闐玉道②二道，産玉，又流沙處處産金。耀瓊碧之璘瑜，賓。聚璆琳之磈磥，同磊。抵烏鵲以羊脂，羊脂，美玉。《鹽鐵論》[15]：昆山之旁以玉抵烏鵲。錯三分於百琲，裴，上聲。《拾遺記》："石崇賜妾百琲珠。"俗諺：西土三分玉。無如磽磧童斷，《葬經》：五害不侵。注：五害童斷，石過獨也。按《釋名》：山無草木曰童。怪風狂灑，同洒。哈密、吐魯番、闢展，常有怪風吹失人馬。火澤孤暎，雷雨失解。黑水坐昧其所歸，《括地志》：伊吾有黑水，東南流至三危山。今不可考。青春不知其何在。生蒭如玉，嗟落日以難逢；沙路揚絲，遇長風而即改。迷屈子於赤蟻元蜂，

---

①　"宏"當作"弘"，因避諱而改。

②　"玉道"，國圖抄本作"玉河"。

《楚詞①》：西方之害，流沙千里。些赤蟻若像元蜂，若壺些。困張騫於星河宿海。河源出星宿海。所以尋河者悵焉而莫得其源，閉關者略之而不通其賄。

爾其山之爲狀也，則如龍如蚪，如沉如浮。鯨呿鰲擲，林牧②論李賀詩。風駭雲流。聚如矢束，散若絲抽。平行若紐，互。曲轉如鈎。直奔九虎，王邁通《楊監丞啓》："何憂九虎之守關"。橫回萬牛。杜詩：萬牛回首丘山重。劃然中斷，決起仍投，烟中縹緲，物外雕鏤。雖巨靈之手擘太華，見《括地志》注。共工之頭觸不周，《淮南子》：共工頭觸不周。又《西山經》：不周之山，東望渤澤，河水所潜。鐵鑄六州四十縣，五代羅紹威云：聚六州四十二縣，鐵鑄一個錯不成。雲起五城十二樓。《渤海十洲記》：昆侖山有五城十二樓。曾何足以當其半壁，方其奇尤。又況倉靄緬邈，寒雲參錯。乍陰乍陽，可驚可愕。奇峰每擘絮將飛，怪石直粘天下③落。朝旭曜則黃金射牓，暮霞烘則胭脂染蕚。無端而萃隱樓頭，不意而青懸屋角。似幻蜃之朝浮，訝藏舟於夜壑。《莊子》："藏舟於壑"。若乃窮年積雪，竟體凝冰。千岩刻玉，萬壑雕瓊。冰梯巉截嶒薜，雪海瀠映溟。《木華賦》："經途瀯溟"。沆漾晶杳湝，亦音杳。通透瓏玲。伊犁往南，路中有冰梯，上下百里，奇險萬狀。有雪海，深廣莫測。碎剪流沙之月，《山海經》所謂流沙者，形如月生五日。橫堆二品之經。《禹貢》：惟金三品。其二品銀也。凍④銀河而下墜，戰玉龍而上升。增元英之寒沍護，陵⑤朱夏之炎蒸。皸均瘃竹幽崖之魍魎，《趙充國傳》："手足皸瘃。"蟄藏太古之雷霆。《國史補》[16]：雷州多雷，形似人，冬則伏蟄。夜半結沆瀣之氣，終朝連靉靆之陰。雲混山而一致，天與雪而交瑩。月下玩燭天之勢，文軫薄桂海，聲教燭冰天。荒中餘不夜之城。《齊地記》："齊有不夜城"。五月無花，寒空有色。太白《塞下曲》："五月天山雪，無花只有寒。"四邊伐鼓，靜不聞聲。岑參《輪臺歌》："四邊伐鼓雪海湧。"此所以得雪山之號，而又有白山之名。則有雪蟾皴逡皰，皰，《説文》：皴，皮細起痕。面瘡也。雪蛆蜿灗。同潭，《史記》："蜿灗膠戾。"雪蓮韡鄂，雪鳥鷇寇。卵。

---

① "詞"，當作"辭"，下同。
② "林牧"，國圖抄本、刻本作"杜牧"。
③ "下"，國圖抄本、刻本作"不"。
④ "凍"，國圖抄本作"束"。
⑤ "陵"，刻本作"凌"。

雪水冬榮，雪花寒胃。雪獸示邁往之踪，雪鷹唤迷途之返。冰梯中有神獸，非狼非狐，行旅晨視其踪之所往，循而踐之，不致迷途。有神鷹，聞其聲往即之，必歸正路。同生六出之中，并是三凌之產。《周禮》：令斬冰三其凌。豈玻璨之敲聲，何燭龍之眴楦。眼。然而山澤潛通，乘時消融。流渐淅瀝，倒壑淞床。淙。雹飛白日，練破青空。暗春郊之厭浥，解夏蘊之隆蟲。青渠交纏於綠野，陰膏并浹於三農。布種穉之先後，《周禮》：司稼辨種穉之種。滋戊己之屯豐。漢屯田，置戊己校尉。不藉滂沱之畢，何關鮓苔之風。蒙古、回回諸部落皆用鮓苔求雨，鮓苔乃牛羊野畜腹中所生，堅如石，大如鶏卵。洞天乙之遺澤，河圖數：天一生水。實滕六之豐功。滕六，雪神。《漢蕭至忠傳》：滕六降雪。故能載物夥夥，遺，《魏都賦》："繁富夥夥"。多生亭毒。毒讀育。《老子》："亭之毒之"。動植飛潛，靡不并育。紀其所見與所聞，已難屈指而更僕。

彼夫連卷讀權。朴楸，速，《南都賦》："峨眉連卷"。山巔水曲。崖幹參天，途根礙躅。綴翠迎眉，敷丹悦目。赤檉低叢，白楊高簇。青啼細柳之鶯，紅放桃林之犢。沙棗纂纂而遺香，沙棗五月初開花，極香。石柏纖纖而泛馥。似柏而小，生山石間，高不過丈餘，大不過寸許。橛思蹊儲雀鼠之粮，橛，似桃而小。榆葉孕蚊蟲之族。蚊蟲多生榆楊葉上。覆物砢稞翠於盤阿，《周禮·大司徒》："置物宜覆。"沙果爛填於空谷。沙果似林檎，大者似蘋果。潸潸墮淚，醫傳胡律之桐；桐流液入土，掘得之名胡桐淚，可醫病。落落干霄，史載松橢誤盤切。之木。《漢書》：烏孫多松橢。惜有杏而無梅，權將蘆而代竹。彼梨梨之可口，土人呼物，每雙聲。呼梨曰梨梨子。實釘①盤之所録。即瑣瑣之不材，亦供爐而見蓄。瑣瑣木作薪炭。至如書載維穌，詩歌彼苗。潤落芳蓀，崖敱石髮。藿苔格盈途，蘪麋蘅蔽膝。芨箕箔卷而珠瑩，芨箕草圓瑩，爲帚，織簾，西方人甚賴之。菡苕絲牽而玉潔。碧蓮花小如盞，莖柔如絲。露凝古戍之薔薇，密湛高昌之羊刺。音見前，高昌有羊刺草生蜜。阿魏臭而見珍，見《本草綱目》。馬努香而供爇。馬努狀類參，俗呼達子參，香可焚爐。有無核之葡萄，瑣瑣葡萄，小而無核。似回帽之瓜瓞。哈密瓜進貢，俗名回回帽。地蠟焚宵，地蠟草可以代燭。地椒盈陌。羊食地椒名椒羊，味辛香。婆娑紅柳，枝垂薇省之花；紅

---

① "釘"，國圖抄本作"釘"。

柳花似紫薇。折迷紅棉，絮染桃夭之色。南路産紅棉。野莖化物，夏草冬蟲。雪山中有草，葉如韭。夏生冬枯，根蠕動，化爲蟲，名夏草冬蟲。碧瓦名松，濕死幹活。瓦松連根懸室中，自長葉開花，經冬青翠。食桴苡而宜男，周文時，康居國獻桴苡草，食之宜男。活殘生於易簣。漢武時，月支國獻活人草三莖，人死，以草覆面即活。他如薜蘿山鬼之衣，芳草王孫之宅。亦河畔之俱青，豈塞外之全白？復有异萼奇葩，掩平彌澤，吐風晻掩。薆，愛，又與薀、藹同。《郊祀歌》：露夜零，晝醃藹。《楚詞》：揚雲霓之醃藹。形標异赫。開萬里之戎王，杜詩："萬里戎王子。"戎王子：西域草名。散曼陀於香國。《法華經》：天雨曼陀華。此實神農所未嘗，《離騷》所未識。無從考其根株，故不可得而覯羅。悉。

粤稽獸族，則呼牟鳴圛，圛。牛鳴曰牟，駝鳴曰圛。搴鬅果裸觚。蒲入、枯入二切，并本《韓詩》聯句。犎風犖敏駒陶蜑窮。犎，《漢書》作封。《山海經》：黃山有獸，似牛曰觚駒。《山海經》：敦頭之山有獸，狀如馬，曰駒蜑。相如賦：蹙蜑蜑，驎距虛。豻羚犿猲，豻，野犬。《周禮》：士射豻。羚，野羊，陶宏景曰：羚出西域，犿，野豕。猲，《爾雅》：短喙猲獢。悉野牲之狂勸，《韓詩》：渾奔似狂勸。紊家牲之趬喬點結。趬，《説文》：善走也。點，揚子《方言》：慧也。更有圜題赤首，本《上林賦》。鈎爪巨牙。《神异記》[17]：西北有獸，鈎爪巨牙，曰窮奇。跑崖嗥嘯，槮骨穴鬖髿。《南史》：孤槮穴。《郭璞傳》："緑苔鬖髿。"或連臂之猩猩，或九尾之綏綏。曾無數於虎豹，又何論乎熊羆。岐乎爾角之漦漦，多哉維足之伎伎。家羊有大尾種，骨①哈喇汗野羊有羚有羬，有黃羊，青羊，有大頭。亦有獨峰之駝，善走，價值千金。一角之麒。漢武郊雍所獲即此獸。帝江神識，《山海經》：天山有神，狀如黃囊，亦如丹火。六足四翼，渾沌無面目，能識歌舞，惟帝江也。人猨兒啼。人猨狀類小兒，能啼笑，嘗②入人家竊粮。羨角端之解語，鐵門關有一角獸，即角端也，能解語。嘉獬豸之知非。亦一角獸。豈特表似麃之符拔，《後漢書》：水鹿城。章帝章和元年來獻符拔，形似麟而無角。鳴玉虎之犮麖。

再稽禽類，則林巢溪宿，水唼雲飛。鸛鶴掠澗，雕鶻盤厓。黑鳥浴而海風颯，鴻雁下而天文垂。雕翩啄銅之异，《墨客揮犀》[18]：河州有骨托禽，狀如雕，高三尺餘，其名自呼，食鐵石。《本草綱目》：唐時吐火羅獻駝鳥，高七尺，足如駝，鼓翅而行，日

---

① 國圖抄本無"骨"字。

② "嘗"，國圖抄本作"常"，刻本無"嘗"字。

行三百里，食銅鐵。駝蹄食火之奇。劉郁《西域記》：富浪有駝蹄鳥，高丈餘，食火炭。《北史》：波斯有鳥如駝，能飛，不高，日行七百里。食草與肉，亦噉火。識畢方於曼倩，東方朔字。《西山經》：三危之西，天山之東，有鳥狀如鶴，一足。赤文青質而白喙，其名自呼。漢武有獻此鳥者，東方朔[19]曰：此畢方也。化大鶚於欽鴉。《西山經》：欽鴉化爲大鶚。有時風毛而血雨，唐李百藥[20]：獻鳥落風毛。《前五行志》：天雨血。凡皆弃瘠而取肥。穹廬以雉兔爲葱韭，楊雄賦：碎轒輼，破穹廬。注：穹廬，旃帳也。縱獵以千里爲長圍。至於蚑行竭蹶，蠕飛掘閱。魁局地而毒飛，有土蛇，見馬則首插地而身筆立，馬即腹膨而倒，鑽入馬鼻而螫其腦焉。蠍銜冰而雹發。蜥蠍類蛙，含冰作雹。鼓靁變調以鳴琅，靁鳴琅琅，而鳥語亦與内地异。八蠟乘風而嚙鐵。八蠟似蜘蛛，極毒。

或注《爾雅》所遺，或補《山經》[21]之闕。況其遠勢所兼，大局所含，崩雲畜崖，墜露澄潭。匯淖闟爾之八九，名海子者二三。塞外瀦水皆曰海子，或呼淖爾，如蒲昌、蒲類，乃最著者。深涵雪乳，倒浸晴嵐。秋光瀉練，曉鏡開奩。市浮潭沱，島露峍崟。裊微飆而潗集潘，尼立切。馘同䓪。驚濤之㴱七妙切。洫貪。并見木華[22]《海賦》。

時睹天馬之出没，《塞外志》：水中出天馬。遥聞鼓樂之喧闐。《沙州志》：人登沙山之嶺，即聞山麓潭中作鐘鼓聲。知彼岸之何極，亦向若而永嘆①。復有白龍作堆，白龍堆在沙州。黑婁爲部，黑婁部在哈密、吐魯番間。火山扇焰，火山：吐魯番産硫磺。鹽池烏鹵。《前漢·溝洫志》：終古烏鹵兮生稻粱。注：烏同塢。盤礜水晶之鹼，山上有水晶鹽，可鑿盤盛肉，自鹹。油然石腦之炬。有石油發火，得水愈熾，即名石腦油。沙填而古井不湮，沙州有泉名月牙泉，古云陽關之西有不滿之沙井，即此。劍刺而飛泉遂溥。泉在沙州。漢李廣利西征，士卒渴，而廣利以劍刺出水。見《東漢記》。諸如青鳥三危，三危山在沙州。《山海經》：此山有青鳥居之。鳴沙卑羽。《括地志》[23]：三危亦名卑羽。碉礵赭者空青，碉沙空青，俱見《本草綱目》。金剛石乳。西地有金剛鑽，大如鷄卵者。沈約[24]詩："石乳室空籠"。每光怪而陸離，并斯山之包舉。泂荒夷之洞天，乃仙靈之奧府。吾知其連層城，通元圃。《淮南子》：掘昆侖以下，地中有層城九重。《十洲記》[25]：昆侖有三角，正西曰閬風巔，正東曰昆侖宫，正北曰元圃台。住②禹疆，《山海經》：北海有神，曰

---

① "歎"，國圖抄本作"歡"。
② "住"，國圖抄本作"偶"。

392

禹疆。過夸父。夸父追日景，投枝北鄧林。軒帝受金液以來游，《九州要記》：黃帝受金液神丹於天山。老聃^[26]出函關而托處。《列仙傳》：老子游流沙之西。籛彭一去千春，《神仙傳》^[27]：彭祖生三歲，遇犬戎之亂，流西域百有餘年。仕殷去後，不知所之。後有人見之於流沙之西。和仲宅流萬古。見《堯典》。閑敲木客之詩，東坡云：山中木客解吟詩。謂山魈也。静按雲陽之語。《抱朴子》曰：山中樹能人語者，其精曰雲陽二事，今巴里坤間亦有之。拍肩常比於洪崖，郭璞《游仙^①詩》：右拍洪崖肩。采藥寧需乎赤斧。蜀仙人名。是以名著張、曹，沙州節度唐張義潮^[28]、五代曹義金^[29]，并忠臣。聲飛索、闞。喊。沙州索靖^[30]、闞琳，并文學。朱邪始來，後唐之祖，興沙陀。公輸再見。《河西舊事》：敦煌魯班與公輸子同名同巧，即飛木鳶者。高昌繪問政之圖，高昌王麴嘉嘗繪哀公問政於孔子圖，置座側。皇甫^[31]著復仇之傳。酒泉趙娥白日手刃父仇，晋皇甫謐作傳。古道^[32]不愧乎藥王，《續^②仙傳》^[33]：韋古道字歸藏，西天竺人。奧林允稱夫碩彦。肅州人，端靖能文。至正間知奉化州，有惠政。由余^[34]款關以霸秦，繆公求士，西取由余於戎。由余聞之，款關相見。日磾^[35]低受姓而輔漢。《漢書》：磾，休屠王太子，入漢賜姓金，後爲名臣。并人杰之誕鍾^③，識地靈之幽贊。

嗚呼，噫嘻！睹人物之爲是憲憲者，夫寧不足於觀耶？又孰克窮其畔也，而謂何渠不如漢也。《陸賈傳》：尉佗^[36]曰：使我居中國，何渠^④不如漢。胡爲乎自建元以來，概乎其未有傳也。考夫孝武啓邊，右臂是虔。既獲金人，通道祁連。此之祁連，乃甘肅南山。驃騎^[37]深入，遠逾居延，二千餘里，至祁連還。此之祁連，乃單于稱天。《漢書》：元狩二年，使驃騎霍去病出隴西，過焉支山千有餘里，破匈奴，得休屠王祭天金人，又深入二千餘里，逾居延，至祁連山而還。貳師既出，西擊右賢，至於天山。此之天山，始屬華言。《史記》：李廣利擊右賢王於天山。竇固^[38]耿秉^[39]，出昆侖塞，擊白山虜，至於蒲類，此則白山之名，始見記載。竇、耿，漢明帝時人。迨乎唐擊高昌，勒碑崇岡，時羅漫之名，至是始彰。時羅或作祁羅，惟阿之相去幾何？吾獲睹夫石刻，知豕魚魯亥之爲訛。貞觀十

---

① "仙"，國圖抄本、刻本作"山"。

② "續"，國圖抄本作"讀"。

③ 國圖抄本脫"鍾"字。

④ "何渠"，國圖抄本作"何其"。

四年，姜行本等破高昌勒石記功，碑在巴里坤之南山，可讀者尚有七百餘字。友人拓以東歸，余獲見之。《元和志》作祁羅，疑誤也。然而考諸載籍，終難晰剖。蓋祀不①臚於西望，名不罣於九有。岑參〔40〕高咏，惟聞白雪輪台。見前。嘉運〔41〕遙吟，但著黄花戍守。蓋嘉運《伊州歌》：聞道黄花戍，云云。

久矣夫，漢家荒之而弗彰，唐人徂兮而已朽。宋②割西夏，如朗月之虧弦；明劃峪關〔42〕，似得星而移斗。坐令③莫高之占，求遯失義。《易》：天山遯。淵通之士，欲考未精。嗟夫，篤實輝光，遠自他而有耀；敷哀時對，待其人而後行。

維我皇清，天覆地載，雷動風驅，無遠弗届。萬物歸并育之中，四海在邦域之内。雕題〔43〕鑿齒，重九譯以來王；烏弋黄支，驗三陛而款塞。烏弋山離〔44〕、黄支皆西域國④。東極湯谷，西通蒙汜似。南至俱藍，《續綱目》：海外俱藍最遠。元世祖時，曾遣使入貢。北過骨利。《唐太宗紀》：北至骨利是也。狼狐西靖，寧須三箭之歌；薛仁貴事，將軍三箭定天山。宛馬東來，焉用貳師之使。《漢書》：太初四年，貳師將軍李廣利斬大宛王首，獲汗血馬來。七十二家所未聞，二十一史〔45〕所未志。莫不延頸喁喁，向風慕義。於是乎以大瀛爲外藩，《史記》：乃有大瀛，環乎其外。指昆侖爲中岳，懸斗柄於中央，睹南星之夜燦，知兹天山小矣。一卷同旅獒之司閽，備圉人之外閑。置守連屯，設台經野。虎頭宣萬里之威，班超，燕頷虎頭。豕首避皇華之馬。《楚辭》：西方流沙，豕首縱目。居不聞黄竹之歌，謝惠連〔46〕：滿申歌於黄竹。行無俟垂棘之假。出陽關而故人轉多，度玉門而春風更灑。版圖既入，物華斯出，天作益形，其高敦艮，愈增其吉。器車毓於喬林，金盤達於帝室。山車澤馬，蓋瑞應之物。道無往而不通，通無往而不悉。中書君拾其香草，夢已生花；松使者罋王合切。以雲嵐，壺將溜漆。《拾遺記》：周靈王二十三年，浮提國獻神通善書二人。出肘間金壺四寸，中有墨汁，如淳漆，灑地及石，皆成篆隸蝌蚪。雖以予小子之不才，亦幸得托其崖麓，窺其崔巍。每一軒而静對，

---

① "祀不"，國圖抄本作"不祀"。

② "宋"，國圖本作"來"。

③ "令"，國圖抄本作"食"。

④ "國"，國圖抄本作"國名"。

常撫景以徘徊。排闥送青，開門便見；推窗掛碧，天外飛來。情既日與爲往還，口雖欲默而難緘。聊擬天臺之作，附諸小酉之函。上以昭皇圖之廣運，下以抒胸臆之包涵。倘使巨鼇^[47]可戴，《列子·問海》：海東有岱輿、員嶠、方壺、瀛洲，隨波^①上下，帝使巨鼇十五舉首戴^②。秦鞭可撼，《三齊記》：秦始皇作石橋，有神人能驅石，不速，神輒鞭之。夸蛾^[48]能負，《列子》：北山愚公欲移太行、五臺之山，帝感其誠，命夸娥氏二子負之。五丁^[49]能刪，逝將留其兩端，節其中權，置之大江以北，大河之南，用以補岱、華之中斷，與中原奇士翹首而共瞻。

【注释】

〔1〕歐陽鎰：字梅塢，廣西馬平人。乾隆四十五年（1780）舉人，官甘肅合水知縣、徽縣知縣等。著有《瀦野吟草》《知還書屋詩鈔》等。

〔2〕《西陲記略》：嘉慶十二年（1807）祁韵士就《西陲總統事略》重新考輯錄要而成之書，凡四卷。有嘉慶刻本、道光十七年（1837）筠渌山房刻本、光緒四年（1878）至八年（1882）同文館本，并輯入《粤雅堂叢書》《小方壺齋輿地叢鈔正編》。光緒間上海石印本及《皇朝藩屬輿地叢書》本更名《新疆要略》。參見《西陲總統事略》。

〔3〕姑臧：武威古地名。惠棟《後漢書補注》："《西河舊事》曰：昔匈奴蓋藏城也，後人音訛，名姑臧。案此，則臧音藏也。"《水經注》：姑臧城，武威郡及涼州治也，本匈奴所築，故城今涼州府武威縣治。

〔4〕蟠木：屈曲之木，不成材，後常用來比喻人不成材。《漢書》卷五一《鄒陽傳》載，鄒陽獄中上書曰："蟠木根柢，輪囷離奇，而爲萬乘器者，以左右先爲之容也。"顏師古注："蟠木，屈曲之木也"。

〔5〕大章：古代傳說中善走的人，與竪亥同樣善走。《文選·七命》："躡章、亥之所未迹。"李善注引《淮南子》："禹乃使大章步自東極，至於西極，二億三萬三千五百里七十步；使竪亥步自北極，至於南極，二億三萬

---

① "隨波"，國圖抄本作"隨度"。

② "戴"，國圖抄本作"戲之"，刻本作"戴之"。

三千五百七十里"。

〔6〕《爾雅》：儒家經典。是古今唯一被尊爲經的"字書"。"爾"同"邇"，近的意思；"雅"，正的意思。"爾雅"意即"近正"，近于古義。《爾雅》相傳爲周公所作、孔子所增，其實是西漢學者輯取經子諸書訓詁名物之文，分類彙編而成的一部訓詁書。

〔7〕《詩含神霧》：《詩》緯的一種。出現於兩漢之際。謂天命人事，統於神靈。神靈下降時，氣象是霧氣茫茫的，故名。三國魏宋均曾爲之作注。原書及宋注皆佚。

〔8〕羲娥：羲和與嫦娥。古代傳説中羲和爲日御，嫦娥爲月神，故以"羲娥"代指日月。韓愈《釘鼓歌》："孔子西行不到秦，掎撅星宿遺羲娥。"

〔9〕瓦剌：明朝時對西部蒙古各部的總稱。元朝滅亡後，蒙古族分爲韃靼、瓦剌、兀良哈三部。瓦剌部主要活動在今蒙古國和新疆北部的科布多河流域。

〔10〕捷枝：漢朝時西域國名，在今新疆維吾爾自治區輪台縣東境。《漢書·西域傳》載，桑弘羊奏言："故輪台東捷枝、渠犁皆故國"。

〔11〕淳維：夏朝的首領。司馬遷《史記·匈奴列傳》記載："匈奴，其先祖夏後氏之苗裔也，曰淳維。唐虞以上有山戎、獫狁、葷粥，居於北蠻，隨畜牧而轉移"。意思是夏人的另一支隨其首領淳維北遷草原，經與草原土著人的融合，形成匈奴族群。

〔12〕休屠王（？—前121年）：匈奴貴族，統轄匈奴休屠部。西漢元狩二年（前121年），漢軍西征，匈奴大敗。單于欲殺其與渾邪王，二人欲投漢。後其反悔，被渾邪王所殺。

〔13〕渥窪：水名。在今甘肅省安西縣內。漢武帝時有人得神馬于渥窪水中。見《史記·樂書》。後因用以代指神馬。杜甫《和江陵宋大少府暮春雨後同諸公及舍弟宴書齋》有"渥窪汗血種，天上麒麟兒"句。

〔14〕鄧林：古代神話傳説中的樹林，爲夸父追日死後弃其手杖所化。見《山海經·海外北經》。韓愈《海水》："海水非不廣，鄧林岩無枝。"亦喻指手杖。

〔15〕《鹽鐵論》：西漢桓寬所著。桓寬（生卒年不詳），字次公，汝南（今河南省上蔡縣西南）人。是書主要記録的是漢昭帝時期召開的鹽鐵會議的内容。涉及漢武帝時期政治、經濟、軍事、外交、文化等方方面面的國家政策，甚至基本囊括了中國古代之基本經濟、政治、軍事、文化思想。或稱"這是儒家思想與法家思想的最後一次公開大論戰"。鹽鐵會議結束後三十餘年，當年親身經歷此事的桓寬根據此次會議的文獻記載，加工整理成《鹽鐵論》六十篇。該書傾向于賢良、文學，贊成貴義賤利，重本抑末，主張教化的觀點。《鹽鐵論》保存了中國經濟思想的不同觀點，具有重要的價值，也是研究西漢經濟史、政治史的重要史料。

〔16〕《國史補》：唐李肇撰。李肇，趙州贊皇（今河北省贊皇縣）人。元和、長慶間，曾由監察御史充翰林學士，後任澧州刺史、中書舍人等。該書共三卷，記唐代開元至長慶間一百年事。有汲古閣景宋本、《津逮秘書》本等。收有《裴晏射虎》《王積薪聽棋》等寓言。

〔17〕《神异記》：晋王浮撰。王浮，晋惠帝時道士，生卒年不詳。清文廷式《補晋書藝文志》收有此書，但未言卷數，亦不知亡於何時。魯迅《古小説鈎沉》輯其佚文八則。書中收有《還願得報》《仙賜大茗》等故事。

〔18〕《墨客揮犀》：宋代筆記體小説作品。作者彭乘（985—1049），字利建，益州華陽（今四川省成都市）人。大中祥符五年（1012）進士，官至漢陽軍判官、集賢校理、普州及安州知州、提點京西刑獄、知制浩、工部郎中、翰林學士、群牧使。通文史，撰有《墨客揮犀》和《續墨客揮犀》各十卷。記宋代朝野軼事，旁及詩話文評，徵引恰當翔實，具有很高的史料價值。

〔19〕東方朔（前154年—前93年）：字曼倩，平原厭次（今山東省惠民縣）人，西漢文學家。好古傳書，愛經術。自幼博覽群書，武帝即位時，徵集天下舉方正賢良文學材力之士，不拘常次，超擢提拔。東方朔上書自薦，武帝奇之，雖受愛幸，但僅爲常侍郎、太中大夫、給事中等。朔"能言切諫"，有正義感，一生"高自稱譽"。所上之言，武帝亦多有采納，却未能施展懷抱，"官不過侍郎，位不過執戟"。滑稽多智，圓轉自如，被稱爲滑稽

之士。又多恢諧，善辭賦，常在武帝前調笑取樂，被武帝看作俳優。著有作品二十二篇，大都亡佚，唯《答客難》《非有先生論》《七諫》等篇被保留下來。

〔20〕李百藥（565—648）：字重規，定州安平（今河北省安平縣）人，唐朝史學家。李百藥出身於官宦家庭，他的父親李德林，北齊時官至中書侍郎，參與國史修撰，編成紀傳體《齊史》二十七卷。貞觀十年（636），李百藥在其父舊稿基礎上，撰成《齊史》五十卷。至宋改稱《北齊书》。

〔21〕《山經》：《山海經》的一部分。《山經》共《南山經》《西山經》《北山經》《東山經》《中山經》五卷，主要記載上古地理中諸山。

〔22〕木華：字玄虛，生卒年不詳，約晉惠帝初年（290）前後在世，作者今存《海賦》一篇，被蕭統《昭明文選》選錄，是西晉一篇很有特色辭賦作品，在當時極負盛名。

〔23〕《括地志》：是唐朝時的一部大型地理著作，由唐初魏王李泰主編。《括地志》五百五十卷《序略》五卷，吸收了《漢書·地理志》和顧野王《輿地志》兩書編纂上的特點，創立了一種新的地理書體裁，爲後來的《元和郡縣志》《太平寰宇記》開了先河。全書按貞觀十道排比三百五十八州，再以州爲單位，分述轄境各縣的沿革、地望、得名、山川、城池、古迹、神話傳說、重大歷史事件等。徵引廣博，保存了許多六朝地理書中的珍貴資料。原書字數無考，今存《括地志輯校》四卷，約十三萬字。

〔24〕沈約（441—513）：字休文，吳興武康（今浙江省德清縣）人。宋時爲尚書度支郎，齊時任太子家令、國子祭酒，梁時官至尚書令。沈約是永明聲律運動的主要人物之一，著有《四聲譜》，對此後近體格律的發展產生極大影響。著作今存《宋書》一百卷，詩文集已佚，明人輯有《沈隱侯集》。

〔25〕《十洲記》：又稱《十洲三島記》《海内十洲記》，一卷。舊題東方朔撰，但劉向《別錄》著錄的東方朔著作，無此書名。《漢書·藝文志》不載，始見於《隋書·經籍志》。隨後，新、舊《唐書》中的《藝文志》和《經籍志》，《宋史·藝文志》《通志·藝文略》《郡齋讀書志》《直齋書錄解題》等官私目錄均有記載，恐爲六朝人所依托，而成書年代頗爲久遠。通行

本有《漢魏叢書》本、《古今逸書》本、《秘笈》本、《明刊石氏十種書》本、《説郛》本、《子書百種》本、《道藏》本等。

〔26〕老聃：指道家思想創始人老子。"聃"，本指耳朵大又長者，老子以爲字。一説老子姓李，名耳，"聃"是謚號。老子，春秋末思想家、哲學家，通曉上下古今之變，晚年隱居，射耕授徒，講經論道，孔子曾問禮於他。著有《道德經》，即今本《老子》。1973年長沙馬王堆三號漢墓出土的帛書《老子》應是當時的傳抄本。老子學説對中國哲學的發展有極大影響。

〔27〕《神仙傳》：《隋書·經籍志》著録十卷，題葛洪撰。與《神仙傳自序》、《抱朴子外編·自序》、《晋書》卷七二《葛洪傳》所説相同。《舊唐書·經籍志》《新唐書·藝文志》著録并同。《日本國見在書目》析爲二十卷。《崇文總目》《通志·藝文略》《國史·經籍志》俱著録葛洪《道家傳略》一卷，大約是僅存梗概之節本。

〔28〕張議潮（799—872）：一作張義潮，沙州敦煌（今甘肅省敦煌市）人，唐朝將領。張議潮出身沙州豪族，自少有大志。大中二年（848），乘吐蕃内亂之機，率衆驅逐沙州的吐蕃鎮將，遣使向唐廷告捷，被唐宣宗任命爲沙州防禦使。此後逐步收復瓜、伊、西、甘、肅、蘭、鄯、河、岷、廓等十州之地，派使者携十一州地圖户籍入朝。宣宗于沙州置歸義軍，授張議潮爲歸義軍節度使。咸通二年（861），張議潮率蕃、漢軍收復涼州，至咸通七年（866）再收復西州、輪台、清鎮等城，吐蕃勢力被徹底逐出河西、隴右之地，此後"西盡伊吾，東接靈武；得地四千餘里，户口百萬之家；六郡山河，宛然而歸"。次年，張議潮入朝，拜右（一作左）神武統軍，加司徒。自此留居長安。累封南陽郡開國公。咸通十三年（872）逝世，贈太保。

〔29〕曹議金（？—935）：唐末五代沙州人。歸義軍節度使索勛婿，張議潮外孫婿。後梁乾化四年（914）後掌政瓜沙，始名曹仁貴，自稱節度兵馬留後，後稱名議金。龍德二年（922）稱"托西大王"。後唐同光元年（923），以管内三軍百姓名義求授旌節，得靈武節度使韓洙保薦，後唐莊宗授以爲沙州刺史、歸義軍節度使、瓜沙等州觀察處置使、檢校司空。清泰元年（934），稱歸義軍節度使令公大王。正月，沙州遣使附甘州回鶻使，同瓜

州使入貢於後唐，受後唐閔帝錦袍、銀帶等賞賜。二年病故，朝廷追贈太師。

〔30〕索靖（239—303）：字幼安，後漢張芝姊之孫。敦煌人。官歷尚書郎、酒泉太守。曾爲征西司馬，人稱索征西。年輕時就洛陽太學，時稱"敦煌五龍"之一。博通經史，與潘岳、顧榮等齊名。後討河間王司馬顒之亂受傷而卒。善八分、章草。《晋書》稱其"草書與尚書令衛瓘爲絕世名手，武帝寶愛之"。有書論《草書狀》傳世。《晋書》卷六十有傳。

〔31〕皇甫：即皇甫謐（215—282），字士安，幼名静，自號玄晏先生，安定朝那（今甘肅省靈台縣）人。漢太尉皇甫嵩之曾孫，祖父皇甫叔獻曾任霸陵令，父親皇甫叔侯，僅舉孝廉，家道中落。皇甫謐幼年喪母，由叔父母撫養。建安二十四年（219）後，隨叔父徙居新安（今河南省澠池縣）。在叔母教誨下，奮志於學。因家貧，帶經而農，耽玩典籍，手不釋卷，時人稱爲"書淫"。經多年刻苦學習，遂博通百家之言，成爲歷史上杰出的文學家、史學家、醫學家。著有《禮樂》《聖真》《玄守》《釋勸》等論和《帝王世紀》《年歷》及《高士》《逸士》《烈女》等傳，另有《皇甫謐集》《玄晏春秋》《郡國志》等文史著作十八種。

〔32〕古道：即韋慈藏（644—741），唐代醫生，名訊，京兆人，善醫術。武則天執政時（648），曾爲侍御醫。龍景中（707—709）任光禄卿。晚年辭官歸里，爲人治病，在當時和後世均有很大名望。封建時代人們尊之爲"藥王"。

〔33〕《續仙傳》：也作《續神仙傳》，共三卷。作者沈汾，唐代人，爵里不詳，此書《新唐書·藝文志》作三卷。《道藏》《道藏舉要》《四庫全書》亦作三卷。另外，《太平廣記》收有十三篇，《雲笈七簽》收有三十三篇。此書上卷載飛升十六人，中卷載隱化十二人，下卷有隱化八人。包含《賣藥翁》《宜君王老》等故事。

〔34〕由余：春秋時秦國大夫。一作繇余，戎族。其祖先原爲晋人，逃亡入戎。初在戎任職，能晋言，戎王聞秦穆公賢，使入秦觀察。穆公知由余是人材，用計招之降，任爲上卿，與謀伐西戎之策，秦穆公三十七年（前

623年），秦用由余謀伐戎王，益國十二，開地千里，遂霸西戎。

〔35〕日磾：即金日磾（前134—前86年），字翁叔，本是駐牧武威（今甘肅省武威市）匈奴休屠王太子，後爲衛青俘獲，充入漢宮爲奴。因品行出衆，獲漢武帝賞識，得以隨侍左右，賜其姓爲“金”（此前漢武帝因獲休屠王祭天金人），以處事忠謹著稱。後元二年（前87年），漢武帝病重，托付霍光與金日磾共同輔佐太子劉弗陵，不久金日磾病逝。金日磾一生，爲維護漢朝統一和社會安定建立了不朽功績，是歷史上有遠見卓識的少數民族政治家。他的子孫後代也因忠孝顯名，七世不衰，歷一百三十多年，爲鞏固西漢政權，維護民族團結做出了重要貢獻。

〔36〕尉佗：即趙佗（約前240—前137年），南越武王，恒山郡真定縣人，秦朝南海龍川令，南越國創建者。原爲秦朝將領，與任囂南下攻打百越。秦末大亂時，趙佗割據嶺南，建立南越國。南越國建立伊始，趙佗實施“和輯百越”政策，引入中原農耕技術與先進文化，同時又將异域文化和海洋文化引進嶺南，使嶺南地區從落後的刀耕火種進入農耕文明時代。漢高祖三年（前204年）至建元四年（前137年）在位。

〔37〕驃騎：即霍去病（前140—前117年），河東平陽（今山西省臨汾市西南）人，西漢名將、軍事家，官至大司馬驃騎將軍，封冠軍侯。霍去病是名將衛青的外甥，善於騎射，用兵靈活，善於長途奔襲、大迂回、大穿插作戰。在兩次河西之戰中，霍去病大破匈奴，俘獲匈奴的祭天金人，直取祁連山。在漠北之戰中，霍去病封狼居胥，取得了巨大勝利。

〔38〕竇固（？—88）：東漢扶風平陵（今陝西省咸陽市西北）人，字孟孫。中元元年（56），襲父封顯親侯。明帝永平十六年（73），任奉車都尉，與騎都尉耿忠率兵一萬二千騎，出酒泉塞至天山擊北匈奴呼衍王，追至蒲類海（今新疆維吾爾自治區巴里坤湖）。又與耿秉等出玉門，擊敗北匈奴在車師一帶的勢力。後歷任光禄勳、衛尉。

〔39〕耿秉（？—91）：東漢扶風茂陵（今陝西省興平縣東北）人，字伯初。明帝時任駙馬都尉。永平十七年（74），與竇固率兵一萬四千騎，擊敗北匈奴在車師一帶的勢力。後任征西將軍。永元元年（89年），又與竇憲

各率兵四千騎和南匈奴騎兵一起擊敗北匈奴，直追至燕然山，使北匈奴的力量受到沉重打擊。封美陽侯。

〔40〕岑參（717—770）：荊州江陵（今湖北省荊州市）人。天寶三載（744）登進士第。曾任安西節度使幕府掌書記。安史之亂後，做過嘉州刺史，世稱"岑嘉州"。天寶八載（749），赴安西節度使高仙芝幕中任職。一度回京任職。天寶十三載，赴北庭節度使封常清幕下。約於至德二載（757）東歸。岑參幾度出塞，善於描寫西域地區邊塞風光與軍旅生活，是盛唐著名的邊塞詩人，與高適齊名，并稱"高岑"。有《岑嘉州集》存詩三百八十餘首。

〔41〕嘉運：即唐朝將領蓋嘉運，生卒年不詳，開元時人。歷任北庭都護、磧西節度使等職。曾在碎葉城以東的賀邏嶺大敗突騎施，立有戰功，於是詔加河西、隴右兩節度使。其既是邊將，也是詩人，深通音律，所製樂府曲調除《伊州歌》外，還有《胡渭州》《雙帶子》等，內容上多抒發征人久戍與行旅之情懷。據宋代郭茂倩所編《樂府詩集》卷七十九《近代曲辭》引《樂苑》曰："《伊州》，商調曲，西京節度蓋嘉運所進也。"

〔42〕峪關：即嘉峪關。

〔43〕雕題：古族名。始見於周代。指有文面文身習俗的民族，分布在古代中國南方。《小戴記王制》說："東方曰夷，披髮文身，南方曰蠻，雕題交趾。"文身對百越族系來說，作爲一種民族習俗一直保留到近代。

〔44〕烏弋山離：古西域國名，簡稱烏弋。《漢書·揚雄傳》："乃萃然登南山，瞰烏弋。"注："服虔曰：'三十六國，烏弋最在其西。'"《漢書·西域傳》："自玉門、陽關出南道，歷鄯善而南行，至烏弋山離，南道極矣。"其轄境在今阿富汗境內。

〔45〕二十一史：明代于宋代所稱十七史之外，增入《宋史》《遼史》《金史》《元史》，合稱二十一史。

〔46〕謝惠連（397—433）：南朝宋文學家。陳郡陽夏（今河南省周口市）人。幼年能文。因在爲父守喪期間作詩贈人，長期不得官職。後爲彭城王劉義康法曹參軍。能詩賦。所作《雪賦》較有名。與族兄靈運并稱"大小

"謝"，原有集，已散佚，明人輯有《謝法曹集》。

〔47〕鼇：傳說中海里的大龜或大鼇。傳說能負山。《説文新附·黽部》："鼇，海大鼇也。"《玉篇·黽部》："鼇，《傳》曰：有神靈之鼇，背負蓬萊之山在海中。"

〔48〕夸蛾：神話中的大力神。傳說北山愚公想挖掉攔住他出路的兩座山，感動了上帝，上帝派夸蛾氏之二子將兩座山搬開。見《列子·湯問》。韓愈《南山詩》有"巨靈與夸蛾，遠賈期必售。"

〔49〕五丁：《華陽國志·蜀志》記載（開明）時蜀有五丁力士，能移山，舉萬鈞。每王薨，輒立大石，長三丈，重千鈞，今石笋是也，號曰笋里。"另一則説：蜀王娶了武都的一個女子爲妃，此妃死後，蜀王徵發五丁力士到武都取土，擔回成都，爲妃做冢。《蜀王本紀》："于是，秦王知蜀王好色，乃獻美女五人于蜀王。蜀王愛之，遣五丁迎女。還至梓潼，見一大蛇入山穴中。一丁引其尾，不出。五丁共引蛇，山乃崩，壓五丁。五丁踏地大呼，秦王五女及迎送者皆上山，化爲石，蜀王登臺，望之不來，因名五婦侯臺。蜀王親埋作冢，皆致萬石，以志其墓"。

螻蟻賦 葉爾羌

和寧

葉爾羌署果木最繁，而螻蟻若恒河沙數。自三月至八月，往來如織，無處不有，無時不然。雖李德裕[1] 蚍蜉之賦、沈銛[2]① 喻白蟻之文不能盡此情態也。予感而賦之曰：

維西蒙之域，螻蟻屯雲；和②卓之園，蚍蜉成陣。藏身土壤，了無蜂甬之痕；遺迹垣墉，微辨蝸涎之印。感陽氣之潛萌，聞雷聲而始振。一拳之宮，乍啓寸塊之臺未峻。其始也，趑趄三兩，出喧暖旭之暉；其繼也，游奕

① "沈銛"，疑爲"姚銛"。
② 國圖抄本脱"和"字。

百千，行避淺池之潤。號其衆，則旅雁偕來；得其門，則貫魚并進。勢迅乎郵傳，候同乎花信。其爲物也，等身之鐵舉若秋毫，識元駒之多力；九曲之珠穿如熟路，訝蛾子之通靈。蕞爾樓臺，勝立江潮之廟；豁然天日，漫開礧石之庭。扛百足之蟲，亶其遺獲；呷一臠之肉，綽有^①餘腥。乃復夤緣林木，泮奐畦町，豈舍館之未定，何羈旅之靡寧。垤上昂頭，似登壟斷而罔利；蹊旁偶語，如問道途於已經。

且也納牖巡簷，升堂入室，游宮圃而神疲，羨高齋而時術。床榻蒙茸，盤盂洋溢，倏爾沾衣，忽然造膝。齧足困乎蛟鯨，嚼僮同乎蚤虱。

其來也，巧於花鷹入户，過駒隙而無聲；其去也，捷於蜂子投窗，伺針芒而徑出。爾乃一麾使去，去而復還。如日月之擬於繞磨，不招自來，來而不往；若園林之收以養柑，駢頭并進，銜尾齊探。花罽盤旋，恍行獵於繡塍之野；硯池縈繞，將觀漁於紫石之潭。脉脉兮暗依琴珍；訌訌兮漸逼書函。點綴乎雲箋鋪翠，掩映乎筆架層嵐。遜白魚之藏編，豈識神仙之字；非金蟻之蝕壁，聊親大士之龕。斯固雅人所不怪，而爲貴客之難堪。

於是主人作色，赫然震怒，恚曰：“禁鳴蛙而不辭杖，放蠅而不顧家。”童^②改容，恧然若驚。詈曰：“憾大樹而不量，鑽枯梨而弗住。”長亭短亭，列於千步，正兵奇兵，動於萬數。或掃以竹簀，或粘以棉布。其遠者，決其封，則百隊千行，暗度盧龍之塞；泥其户，則四通八達，罔迷花度之樓。其近者，塞以絮，則如陰平之裹氈而墮；繚以灰，則如霸橋之踏雪而游。或云防其隙。布之炭屑，又云偵其徑，膩以桐油。審物理之相制，假客氣以爲仇。然而日曝油乾，似黃河合凍，風飄屑散，似黑水絕流。履之坦坦，度之優優。揮赤幘而直前，竟無須乎編竹；擁烏衣而飛越，更何待乎登舟！

主人斂衽而嘆曰：“感造物之無私，體好生之大德。康節^[3]齠齡，窺穴曾傳羲畫之圖；淳于^[4]醉夢，爲官遂化槐安之國。階除救蟻，報於宋祁^[5]，棘刺標蠅，戲於成式。或白或黑、或足或翼，族種既繁，更僕難極。矧犬羊

---

① “有”，國圖抄本作“月”。
② “童”，國圖抄本、刻本作“僮”。

之地，逐臭而來；果蓏之鄉，攫蟲而食。密雲不雨，拒辭負土而譽訏；寸壤得泉，徒托遷居而偃息。防患是其先幾，慕羶乃其本色。若夫數其罪，則善攻欂棟；摘其害，則慣潰堤防。焚以徐元之之烈火[6]，澆以朱應子之沸湯[7]，雖不留其遺子，實有虧於慈祥。乾之道，各正性命；坤之德，萬物化光。未聞因毒螫而絕蜂薑，爲搏噬而蔑虎狼。夫奚恨乎螻蟻？又何論乎戎羌？

【注释】

〔1〕李德裕（787—849）：字文饒，趙郡（今河北省趙縣）人。唐穆宗、敬宗、文宗時歷官中書舍人、御史中丞、兵部侍郎、兵部尚書、中書門下平章事，又先後出任鄭滑、劍南西川、興元、淮南等地節度使。武宗朝，以宰相拜太尉，封衛國公。當國六年，勛業炳著。宣宗時，白敏中、令狐綯執政，被讒毀，貶死崖州。著作存有《會昌一品集》，其中有《蚍蜉賦》一文。

〔2〕沈鎔：疑爲姚鎔。姚鎔字干父，號秋圃，南宋人，生平事迹不詳，一生未仕，畢生從事教學，壽六十餘。著述多散佚，其弟子周密《齊東野語》中收有《姚干父雜文》四篇，其一即爲《喻白蟻文》。

〔3〕康節：即邵雍，字堯夫，自號安樂先生、伊川翁等，卒後賜謐康節，故稱邵康節。宋代理學象數派創立者，與周敦頤、張載、程顥、程頤并稱"北宋五子"。

〔4〕淳于：淳于棼，唐朝李公佐《南柯太守傳》中人物。淳于棼醉後夢入大槐安國，官任南柯太守，二十年享盡榮華富貴，醒後發覺原是一夢，一切全屬虛幻，即南柯一夢。

〔5〕宋祁（998—1061）：字子京，小字選郎，祖籍安州安陸（今湖北省安陸市），高祖父宋紳徙居開封府雍丘縣，遂爲雍丘（今河南省民權縣）人。北宋時期著名文學家、史學家、詞人。曾與歐陽修等合修《新唐書》，《新唐書》大部分爲宋祁所作，前後長達十餘年。宋祁與兄長宋庠并有文名，時稱"二宋"。詩詞語言工麗，因《玉樓春》詞中有"紅杏枝頭春意鬧"句，世

稱“紅杏尚書”。

[6] 徐元之之烈火：見《物怪録·虯蚼傳》，載《合刻三志》志怪類、《唐人説薈》一六集、《唐代叢書》卷二十，冒名唐徐嶷撰。凡四條，皆怪物事。其一爲《徐玄之》，也作《虯蚼傳》，因爲避諱，和寧寫作“徐元之”。

[7] 朱應子之沸湯：見《藝文類聚》卷九七，晋太元中，桓謙忽見有人長寸餘，被鎧執槊從中出，數百爲群，部障指揮，更相撞刺，又還入穴中。蔣山道士朱應子令桓謙以沸湯澆穴，掘之，有斤許大蟻死在窟中。

放狐賦 喀什噶爾

和寧

客有以生黄羊、山雉、野狐爲予壽者，予刲羊烹雉，而蓄狐於庭前。狐足跛，跧伏階除。朝暮飼以粱肉，句餘，環柱跳踉，輕捷如故，然非家畜也。吾聞好生以及物者，乃自生之方，施安以及物者，乃自安之術。況狐之爲物，不生於城市而生於山林，不安於家食而安於野捕，予故放之北山，以生之安之而已矣。戲爲之賦。其辭曰：

維蒼龍之宿，大火之精，載瞻狐相，厥肖心星，既本天而親上，復在地而成形。喙尖尖而噬利，眸炯炯而光棱，足循循而成内，體縮縮而披氀。伏土兮知雨，渡河兮聽冰。媚珠兮譎變，丹寶兮通靈。何居乎弋人之篡，獵士之能？乃取彼在穴而繫爾於庭①。憶夫田有苗兮迎虎以保，室有鼠兮畜狸以搜。狐兮狐兮，一臠之腥不登於鼎，只皮之腋不足於裘。饕釜殢兮素飽，啖機肉兮無謀。倘脱身於杙索，且爲害於樹鶩②，不如聽潜藏於阡陌，希幻化於髑髏。

於焉釋其銜橛，放之丘墟。飲流泉兮甘冽，攫橡栗兮清脼。或狎齟齬，或友猿狙。或號參軍，贈誰家之妓；或稱博士，講何氏之書。毋游犬隊兮而

---

① 國圖抄本作“繫爾乃於庭”。
② “樹鶩”，國圖抄本、刻本作“廚鶩”。

爲臨江之鹿，毋假虎威兮而爲黔水之驢。爾其率幽草兮翹彗尾，突①叢棘兮理雪毛。時竦身而拜月，偶散髮而吹簫。全天年以終老，適②野性以自豪。尚其感吾文之解祟，無或逞爾智以爲妖。

送查大塚宰領大將軍出嘉峪關

鄂爾泰[1]

宣麻[2]西下領諸侯，小駐籌邊望戍樓。關塞地連青海曲，營屯人過赤金頭。旌旗一變思干羽，撻伐重光問虜酋。高築受降功倍遠，期君飲至赴皇州。

【注释】

〔1〕鄂爾泰（1680—1745）：字毅庵，西林覺羅氏。隸滿洲鑲藍旗。雍正、乾隆朝大學士、軍機大臣。康熙十九年（1700）襲佐領，授三等侍衛，累官至雲貴總督，拜保和殿大學士，兼兵部尚書。在任雲貴總督期間，主持"改土歸流"，較有影響。乾隆十年（1745）卒，謚文端。其詩曾得到袁枚、沈德潛等人的推崇。他精於字句的錘煉，如"從知三萬六千日，半是東南西北人。"（《滇中回宿易隆詩送行者》），"楊柳情多因帶水，芭蕉心定不聞雷。"（《偶成》）皆見其文学功夫。所著有《鄂文端公遺稿》（又名《西林遺稿》）六卷、《文蔚堂詩集》八卷，輯有《南邦黎獻集》十六卷。

〔2〕宣麻：唐宋拜相命將，用白、黄麻紙公布於朝，稱爲"宣麻"。

題敦煌古寺

常鈞[1]

曾奏南熏解舜顔，敦煌祠廟白雲間。靈旗影里銅烏静，社鼓聲中鐵馬

---

① "突"，刻本作"穴"。
② "適"，刻本作"逈"。

閑。萬里平沙開瀚海^{〔2〕}，一屏晴雪瑩天山。高城月落飛羌笛，又見春光度
玉關。

【注释】

〔1〕常鈞（？—1789）：字和亭、可園。葉赫那拉氏，滿洲鑲紅旗人。
雍正四年（1726），由翻譯舉人授中書，乾隆二十六年（1761）由倉場侍郎
授河南巡撫，歷江西、甘肅、湖北、雲南巡撫。三十一年，任湖南巡撫，後
因事降三等侍衛。五十一年，參加千叟宴。著有《敦煌雜鈔》《敦煌隨筆》
各二卷。

〔2〕瀚海：一說指北海，在蒙古高原東北。一說指今内蒙古自治區之呼
倫湖、貝爾湖。泛指我國北方及西北少數民族地區。盧照鄰《結客少年場
行》："追奔瀚海咽，戰罷陰山空。"王維《燕支行》："迭鼓遥翻瀚海波，鳴
笳亂動天山月。"李白《塞上曲》："蕭條清萬里，瀚海寂無波。"韋莊《寄
薛先輩》："龍翻瀚海波濤壯，鶴出金籠燕雀驚。"馬戴《送和北虜使》："日
入流沙際，陰生瀚海邊。"另外，瀚海在文學中也指沙漠。高適《燕歌行》：
"校尉羽書飛瀚海，單于獵火照狼山。"岑參《白雪歌送武判官歸京》："瀚
海闌幹百丈冰，愁雲慘澹萬里凝。"皇甫冉《送客》："城下春山路，營中瀚
海沙。"陶翰《出蕭關懷古》："孤城當瀚海，落日照祁連"。

題烏魯木齊驛壁

伍米泰^{〔1〕}

極目孤城上，蒼茫見四郊。斜陽高樹頂，殘雪亂山坳。牧馬思歸櫪，啼
鳥倦返巢。秦兵真耐冷，薄暮尚鳴骹。

【注释】

〔1〕伍米泰：即伍彌泰（？—1786），伍彌氏，蒙古正黃旗人，副將軍
三等伯阿喇納子。雍正二年（1724）襲爵，授公中佐領，擢散秩大臣，遷鑲

白旗蒙古副都統。乾隆十五年（1750），賜伯號曰誠毅。二十年，授涼州將軍。旋命以將軍衘駐西藏辦事。二十四年還，授正藍旗蒙古都統，出爲江寧將軍。二十七年，以散秩大臣協辦伊犁事務。哈薩克越境游牧，師逐之出塞。上以伍彌泰不諳軍務，令隨行學習。四十五年，授綏遠將軍，護送六世班禪進京。四十八年，授吏部尚書、協辦大學士、鑲白旗蒙古都統，充上書房總諳達。四十九年，授東閣大學士。上以伍彌泰年逾七十，命與大學士嵇璜、蔡新俱日出後入朝，風雪沍寒，免其入值。五十年，預千叟宴。五十一年，卒，贈太子太保，賜祭葬，謚文端。

南山松歌

沈青崖[1]

軍中醫院推察藥性，采皮熬汁成膏，號曰“松齡”，以貽同志。因歌以紀之。

南山松，百里陰翳車師東。參天拔地如虯龍，合抱豈止數十圍，拜爵已受千年封。其間最古之老樹，或曾閱歷漢唐平西戎。山椒①據險築營壘，牧夫樵采孫枝空。金戈鐵馬恣蹂躪，燎原不盡仍青葱。茯苓蟠其根，蒼鼠游其叢。鱗甲裹層冰，柯條撼朔風。王師十萬征西域，伊吾直②走陽關通。中材相度構廣廈，大材臃腫莫可攻。剥取霜皮厚三尺，花紋綉蝕胭脂紅。宋斤魯削成异彩，軍城製作几筵供。下餘木屑香且豔，清泉亂拂霞光濃。更調乳酥入穹帳，臭味竟與團茶同。養榮益胃滋藏府，服食③常覺精神融。玉華金液任君餌，願躡鹿皮仇季[2]之仙踪。

【注释】

〔1〕沈青崖：字艮思，號寓舟，浙江嘉興人。雍正元年（1723 年）舉

---

① “椒”，國圖抄本作“啣”。
② “直”，國圖抄本作“真”。
③ “服食”，國圖抄本作“飲食”。

人。雍正十一年，以西安粮鹽道管軍需庫務駐肅州。曾出關至哈密。乾隆元年（1736），改授延榆綏道。乾隆三年，川陝總督查郎阿劾其與肅州道黃文煒侵帑，并及劉於義徇庇。後官河南開歸道。著述有《毛詩明辨録》《尚論編》《寓舟詩集》等。另有署陝西巡撫劉於義修、沈青崖纂的《陝西通志》和同駐肅州時與黃文煒一起主持修纂的《重修肅州新志》傳世。

　　〔2〕仇季：也作仇季子，古仙人。陶弘景《真誥》卷四："仇季子咽金液而臭徹百里。"言其屍解也。《天地官府圖》：七十二福地第三十五金精山（在虔州虔化縣），仇季子治之。

山市

丁棻[1]

　　祁連六月堆晴雪，赤日當天凍雲結。北面巨浸虎臂舒，謂巴爾庫爾蒲類海。漫漫道是滄溟穴。將軍幕枕百尺樓，書生冬曉樓上頭。北望山連數百里，桔槔[2] 指點烟雲浮。羲馭將升九霄紫，黯霧東迎半山起。千態千①狀頃刻間，傍人爲我説山市。昔聞山市海市同，定有妖蜃[3] 藏其中。寶光暫向甘泉浴②，憑空變幻迷長空。懷疑已久未敢説，豈有光天肆妖孽。自來細柳乃三年，理窺感應心怡然。初看山市在子丑，丙子乙丑。妖氛殺氣彌山川。往往西隅飛一縷，先爲蛇豕後虓虎[4]。飢鷹瘐狗争奔騰，焂怵睥突散復聚。介然鐵騎從東來，髀槊腰弓莫可數。指日瞥從戈影回，卷風直使旌聲怒。恍聞鼙鼓萬馬嘶，倡狂鳥獸皆禽虜。兩年變態非一端，大抵規模仿佛取。前年七月秋風凉，弓勁刀寒人馬强。元戎簡騎新巡歷，松柏俄成劍戟光。聞報賊人衆徂匿，白楊溝外銜枚列。一麾將士氣吞牛，四面蜂圍萬里③壁。野麋在囿豕在牢，霜作刀銛雨作鏑。生擒死馘[5] 無遁藏，唱凱歸來斂干戚。去年九月哈透邊，合圍夾擊如從前。帝嘉懋功與懋賞，錫以寵命頒金錢。天子曰：嘻！

---

　　① "千"，刻本作"萬"。
　　② "浴"，國圖抄本作"落"。
　　③ "萬里"，國圖抄本作"萬重"。

賊已憼，均我赤子何殲焉？十月使星乍西指，山市形容頓不爾。春樹烟籠有萬家，家家禾黍兼桑麻。又化金城數千雉，繞城五色芙蓉花。晴旭熙熙曲阿上，散作祥光歸蒼淛。別有餘霞蟠結成，紫府仙人白鶴氅。東向神京拜至尊，金盤甘露承仙掌。更喜新年吐慶雲，玉芝輪囷金柯分。自從元旦至元夕，碧落朝朝呈錦文。知是天山通帝座，紛紜瑞靄先期賀。非關伊麗彈丸歸，安懷恩被乾坤普。二月星軺萬里還，策凌泥首陀奇山。後車貢使泥金表，新從大宛携腰裹。革心革面備四①藩，陽關烽燧一時了。萬年處處山海間，凝成鸞鳳青天曉。

【注释】

〔1〕丁棻：江蘇蘇州人。雍正十年（1732），以州同知身份參與大將軍查郎阿幕府事務。本書所收除此詩外，另有《巴爾庫爾南山運道記》一文。

〔2〕桔槔：汲水工具。民間亦稱“吊桶”“吊杆”。一種原始的提水工具，春秋時代已經應用，一橫木支架在木柱或樹幹上，一端用繩掛一水桶，另一端繫石塊等重物，使兩端上下運動以汲取水。《莊子》：“且子独不见夫桔槔者乎？引之則俯，舍之則仰。”

〔3〕蜃：海中的怪獸。《説文》：“雉入海化为蜃。”漢代鄭玄注《禮記》：“蜃，大蛤也。”一説爲海中的蛟屬，能吐气成海市蜃楼。

〔4〕虓虎：咆哮的老虎。用於形容將領的作戰勇猛。引《詩·大雅·常武》：“進厥虎臣，闞如虓虎。”《後漢書·龐参傳》：“宣王立中興之功，文帝建太宗之號。非惟兩主有明叡之姿，抑亦扞城有虓虎之助。”

〔5〕馘：古代戰爭中割掉敵人的左耳計數獻功。《説文》：“馘，军战断耳也。”《春秋》传曰：“以为俘馘。”

---

① “四”，國圖抄本、刻本作“西”。

西域詩十二首_{有序}

褚廷璋^[1] 筠心

璋備員史局，承修《西域圖志》《同文志》^[2]諸書，考索印證，七年於茲，紀聖朝之疆索，闡前代之見聞。編纂之餘，爰成斯什，用志天山南北都會城郭之大略，以補史乘所未備，且藉以咏歌盛烈。竊附於《江漢》《常［武］》^①之義云。

【注釋】

〔1〕褚廷璋（1728—1797）：字左峨，一字左莪，號筠心，江蘇長洲（今江蘇省蘇州市）人。乾隆二十八年（1763）進士，官至翰林院侍讀學士、編修。曾被派充《西域圖志》《西域同文志》纂修官。以忤和珅罷歸。著有《筠心書屋詩鈔》。徐珂《清稗類鈔》入"狷介類"。

〔2〕《同文志》：即《西域同文志》，漢文同藏文、蒙文、察合台文對照人名地名詞典。傅恒等奉敕撰，乾隆二十八年（1763）成書，共24卷。按地區排列，以地名、山水名、人名為序，敘述名稱的由來、含義、沿革、世系等。對研究清代新疆和青藏地區的民族、歷史、地理和語言文字均有參考價值。

烏魯木齊

厄魯公孫此建翎，_{地爲厄魯特公族葛爾丹多爾濟之昂吉。}天戈萬里下風霆。山圍^②蒲類分西谷，_{漢蒲類國地，治天山北疏榆谷云。}雲護沙陀拱北庭。_{唐爲北庭大都護府，北接沙陀突厥地。}不斷角聲橫月白，無邊草色入天青。輯懷城_{今鞏寧城東四十里古牧地。}上舒雄眺，盡把耕疇換牧坰。

---

① 國圖抄本、刻本"常"後均有"武"字。據補。
② "山圍"，國圖抄本作"山國"。

伊犁

人驅風雪獸驅烟，猶見烏孫立國年。爲漢烏孫建庭處，烏孫爲行國，逐水草。海
氣萬重吞麗水，伊犁河，唐時名伊麗河，亦名伊列水，西北流入巴爾喀什淖爾，彼中海也。
山容三面負祁連。伊犁有汗騰格里山，即古祁連山，東西南三面分支環抱。盤雕紅寺朝
鳴角，有海弩克、固爾札兩廟。散馬青原夜控弦。紀績穹碑銜落日，固爾札廟東建有
前後勒名①《伊犁碑》。英靈班鄂想迴旋。定北將軍班第[1]、參贊大臣鄂容安[2] 盡節於此。

塔爾巴哈台

多羅川外夜吹蘆，雉堞新城接上腴。舊城在雅爾地方，冬令雪大，難以駐扎。乾
隆三十年，移近二百里楚呼楚[3] 地方築城，氣候稍暖，屯田無殊内地。塞月已寒三葉
護[4]，唐三姓葉護地在北庭西北，金山之西。邊風猶動五單于。漢呼揭[5]、車犁[6]、烏
藉[7]、振閏、郅支[8] 五單于地。名藩甲捲烟消漠，西北接哈薩克界。大兵追阿睦爾薩納入
其境，哈薩克撤帳數千里，因而内附。健將弓開血灑蕪。巴圖魯侍衛奇徹布[9] 克敵制勝於
此。不是皇威宣北徼，春光誰遣遍墳壚②。

額爾濟斯

西州直北勢憑陵，瀚海迢遥過白登。鈴澤風高奔怒馬，今洪郭圖淖爾，譯言
鈴澤。金山雪暗下飢鷹。今阿勒坦鄂拉，譯言金山。曾傳舊壤開都伯，舊爲都爾伯特游
牧處，四衛喇特之一也。都爾伯特急讀則成都伯。僅見降王保策凌。都爾伯特有三策
凌者，首先歸附，封王爵，今存。四部蟲沙成底事，好將忠謹化驍騰。

吹

梯空勁率倚屏③顏，巴圖魯阿玉璽，以二十五人敗六千餘衆於格登山[10]，在吹東境。
徑出盤雕落雁間。波浪遠翻圖庫水，圖斯庫爾河，即唐時碎葉川，又名細葉川，亦名素

---

① "名"，國圖抄本、刻本作"銘"。
② "墳壚"，國圖抄本作"墳墟。"
③ "屏"，國圖抄本作"屏"。

葉水，今伊犂河西之水最大者，周廣六百餘里。風雲高護格登山。千屯此日開榆塞，自圖斯庫爾北岸，傍吹河西北行五百餘里，總名爲吹。今屯種之所。十箭當年阻玉關，唐沙缽羅咥利失可汗分十部，部授一箭，曰十箭。程知節討①之不克，蘇定方督軍進討，敗之，分西突厥地。置昆陵都護府居碎葉川西，蒙池都護府居碎葉川東，以彌射爲興昔亡可汗押咄陸部落，以步真爲繼往絶②可汗押五弩什畢部落。自此吐蕃强盛矣。碎葉長川流不極，猶懸邊月照潺湲。

闢展

人間乍識龍泉碗，吐魯番掘③地得來龍泉窰瓷碗。塞上新犂回鶻疆。舊壘峰烟留吉勇，斷碑榛莽没侯姜。唐侯君集、姜行本平高昌舊碑，存松樹塘。黃驪魅磧駝鳴月，闢展東南有沙磧，唐名莫賀延磧，宋名大患鬼魅磧。白擁天山馬立霜。西北有博克達山，天山主峰也。指點耕屯餘沃壤，前庭門戶重堤防。漢爲車師前王庭，唐置前庭縣。

哈喇沙爾

風雨猶疑鐵騎屯，至今沙磧有遺痕。焉耆鎮啓龍庭遠，唐設焉耆都督府，爲四鎮之一。都護城懸烏壘尊。西境爲漢烏壘城，都護居此，於西域爲中。弓掛輪台飛皎月，西有地名玉古爾，漢輪台地。劍磨蒲海設晴暾。南有羅卜淖爾爲古蒲昌海，河源至此潛行。戍樓高處分襟帶，山水遺經費討論。

庫車

龜兹古鎮白雲中，都護安西此倚弓。爲漢龜兹地，唐設安西都護於此。終古名疆開廣利，漢貳師將軍李廣利，始通西域。何年別種徙筠冲。回部一名筠冲。狐窺計水春流碧，南有塔里木河，東流爲厄爾勾河，即古黃河。一名計式水。鶻起田山夜火紅。北有額爾齊巴什山，爲古阿羯田山。聞說龍驤西下日，征回第一有奇功。大兵初攻庫車，敗回衆於托和鼐之地。御製詩云：是爲征回第一戰，遂叨天佑威遐荒。

---

① "討"，國圖抄本作"計"。
② "繼往絶"，刻本作"斷往絶"。
③ "掘"，國圖抄本作"握"。

阿克蘇

天邊冰雪鬱嵯峨，穆素風高朔氣多。城北有穆素爾嶺，多冰雪。蒙古語穆素，冰也。壕上射生城落雁，軍前饗士帳鳴鼉。東縈姑墨千年磧，阿克蘇東塔里木河北岸爲古姑墨國，地今賽里木拜城是也。南走于闐一線河。和闐河北流至此，入塔里木河。待把方言垂竹筆，回人用竹筆。阿蘇溫宿漫承訛。阿克蘇爲古溫宿也。

喀什噶爾

往代羈縻迹漸更，渾河西望莽縱橫。喀什噶爾河下流入塔里木河，於古亦名思渾[①]河。鎮傳疏勒唐貞觀，貞觀中疏勒内附，置都督府於此，即今喀什噶爾地。人去兜題[11]漢永平。永平中，疏勒王兜題爲漢吏田慮所執。飲馬雪深尋舊井，晾鷹風勁上高城。陽春萬里吹還到，散作天方畫角聲。回部亦名天方。

葉爾羌

將軍絶域倚弓刀，要射天狼灑血毛。月白夜營金甲冷，雲寒秋壘綉旗高。大兵追兩和卓木至葉爾羌城南之喀喇烏蘇，堅壁三月。驚沙萬馬曾飛電，參贊大臣阿里袞，以馬千里馳會，軍威大振。黑水千年總怒濤。雙義威神知宛在，靈旗森蕭下空壕。都統納木札勒、副都統三泰，奉命代兆惠、富德爲將軍、參贊，至葉爾羌，盡節。御製《雙義詩》并建顯忠祠。

和闐

毗沙府號古于闐，和闐爲古于闐國，唐設毗沙都督府，西倚葱嶺。葱嶺千盤積翠連。大乘西來留法顯，《水經注》：釋法顯至于闐，其國有大乘學。重源東下問張騫。《漢書》：河有兩源，一出于闐。漁人秋采河邊玉。于闐有綠玉河、黑玉河，即今玉瓏哈什、哈喇哈什諸河也。戰馬春耕隴上田。今日六城歌舞地，六城：曰伊里齊、曰玉瓏哈什、曰哈喇哈什、曰齊爾拉、曰塔克、曰克勒底雅。唐家風雨漢家烟。

---

① "渾"，國圖抄本作"澤"。

【注释】

〔1〕班第（？—1755）：蒙古鑲黄旗人。乾隆十九年（1754）署定邊左副將軍出北路，收降烏梁海宰桑車根、赤倫及其部衆，擒獲準噶爾部頭領庫克新瑪木特、通瑪木特等。旋任定北將軍。次年，參加平定達瓦齊之役，封一等誠勇公。阿睦爾撒納叛，班第帥五百人在伊犁與之激戰，寡不敵衆，自刎。以功臣列像紫光閣。

〔2〕鄂容安（？—1755）：滿洲鑲藍旗人，大學士鄂爾泰之子。乾隆十九年（1754）授參贊大臣，出征準噶爾部，出西路。平定伊犁後，與定北將軍班第駐守。阿睦爾撒納反叛，力戰不勝，自盡。以功臣列像紫光閣。

〔3〕楚呼楚：地名，即綏靖城。係準噶爾駐牧地。乾隆三十一年（1766）築城，乾隆賜名“綏靖”，駐塔爾巴哈台參贊大臣、各領隊大臣及滿營綠營官兵。同治三年（1864）在新疆戰亂中焚毁。光緒十四年（1888）在舊城附近另築新城，仍名綏靖。十六年爲塔城直隸廳治。今爲塔城市。

〔4〕葉護：突厥、回紇大官名，世襲，無員限。

〔5〕呼揭單于：西漢時匈奴單于。神爵年間（前60—前58年）本爲匈奴西部呼揭王。時屠耆單于統治無方，呼揭王于五鳳元年（前57年）與唯犁當户謀，共誣右賢王欲自立。屠耆單于輕信讒言，殺右賢王父子，後知其枉，復殺唯犁當户。呼揭王恐，遂叛，自立爲呼揭單于，參與五單于爭立，復與烏籍單于、車犁單于合兵，且同烏籍共去單于號，并力尊輔車犁單于。屠耆單于親率四萬騎西擊車犁單于，車犁單于兵敗，呼揭王隨之奔西北。五鳳二年（前56年）呼韓邪單于戰敗屠耆單于，屠耆單于自殺，呼揭王隨車犁單于東降呼韓邪單于。

〔6〕車犁單于：西漢時匈奴單于。原爲右奥鞬王，日逐王先賢撣之兄。宣帝五鳳元年（前57年）奉屠耆單于命與烏籍都尉各率兵防備呼韓邪單于，因屠耆單于殺右賢王父子，發生内訌，他乘機自立，號車犁單于。旋被屠耆單于擊敗，率部退走西北，後受烏籍等擁戴，兵勢復振，但不久又爲屠耆單于所敗。五鳳二年，屠耆單于被呼韓邪單于擊敗自殺，乃降呼韓邪單于。

〔7〕烏累單于（？—18）：名咸，王莽時期匈奴單于，原匈奴右犁汗王。新朝初年，王莽派人誘招右犁汗王咸父子入塞，任咸爲孝單于，咸子助爲順單于。烏珠留單于率匈奴執政大臣須卜當及其妻雲（王昭君長女），擁立右犁汗王咸爲烏累單于，并勸咸與王莽和親。經努力和親實現，而王莽仍繼續施行歧視匈奴的錯誤政策，貶賤"匈奴"之號爲"恭奴"，"單于"爲"善于"，因此不能根本改變與匈奴的關係。天鳳五年（18）卒。

〔8〕郅支單于（？—前36年）：西漢時匈奴單于，名呼屠吾斯，爲虛閭權渠單于長子，呼韓邪單于之兄。五鳳二年（前56年），自立爲單于。大敗呼韓邪單于，統一蒙古高原。後領兵西征，征服烏揭、堅昆、丁零。呼韓邪單于在漢朝帮助下，乘機北歸蒙古高原，郅支不能東歸，數年後遷居康居國，築郅支城，經常侵擾烏孫等西域國家。建昭三年（前36年），被漢朝軍隊擊殺。

〔9〕奇徹布（？—1757）：滿洲人。乾隆二十二年（1757），以侍衛銜征討準噶爾部。阿睦爾撒納叛，在追捕其部屬巴雅爾時陣亡。乾隆皇帝作《御製舒布圖鎧巴圖魯奇徹布歌》，以功臣列像紫光閣。

〔10〕格登山：在今新疆維吾爾自治區昭蘇縣西邊境處，"格登"是蒙古語"後腦骨"的意思。乾隆二十年（1755），將軍班第進攻準噶爾，翼長阿玉錫、章京巴圖濟爾嘎爾、桑察哈什三个準噶尔蒙古勇士率二十二名驍勇騎兵，前往偵察。阿玉錫等二十五名勇士利用他们在服飾、語言上的有利條件，乘夜襲擊，達瓦齊部衆七千餘人敗逃於此，乾隆皇帝有《御製平定準噶爾勒銘格登山》碑文。

〔11〕兜題：東漢時疏勒王，本龜茲人，任龜茲左侯。永平十七年（74），匈奴所立的龜茲王建，倚仗匈奴的威勢，控制西域北道。進攻疏勒，殺死疏勒王成。將兜題立爲新王。班超派屬官田慮去勸兜題投降。敕慮曰："兜題本非疏勒種，國人必不用命。若不即降，便可執之。"田慮乘其無備，劫縛兜題。班超召集疏勒軍民，述說龜茲無道之狀，立其故王兄子忠爲王，國人大悦。忠及官屬皆請殺兜題，班超爲了樹立威信，將兜題釋而遣之。

塞上竹枝詞叙

曹麟開[1]

蓋聞山歌白紵澤唱青菱，調非子夜芙蓉，曲异烏孫黄鵠。張博望遠游西域，語鑿空而半失不經；王延德[2]遍歷北庭，記偶成而未題以句。使于闐於匡鄸[3]，惜晋以後之無徵；通赭支於杜環[4]，杜環《經行記》：石國一名赭支，一名大宛。覺漢以前之或略。宋膺[5]之志①异物，得毋仍有缺文。韋郎[6]之紀諸蕃，未免尚多疑義。何則？文既殊而教弗類；夏蟲不可以語冰。種各別而名復訛，周鼠或譏於誤璞。《秦策》：鄭人謂玉未理者璞，周人謂鼠未臘者朴。周人懷朴過鄭，曰："欲買朴乎？鄭人曰："欲之！"出其朴，乃鼠也。因謝不取。聲音互异，薑且呼蔞；薑蔞，蕪青也。陳、楚之交謂之薑，齊、魯之交謂之蔞。出《方言》。地土非宜，橘還化枳。夫豈閱歷所未周而謂心思可獨造耶？

新疆者，天方舊服，月竃名藩。襟鄯善而帶莎車，控黄支[7]而抵烏弋。負嵋雄長，氈作帳而毳作衣；習獷蚩氓，藜爲羹而乳爲酪。聚花門之兄弟，右賢犄角乎左賢；通葱嶺之門庭，突利[8]聲援乎頡利[9]。肆其蠶食，分據五城；并以鯨吞，寢成四部。利②細君於昆莫，元封中，遣江都王建女細君爲公主，以妻焉。誰續婚姻？尚伯雅[10]以華容，隋大業中，伯雅尚宗女華容公主。徒傳甥舅。屯分戊己，捫漢碣而烟沉；尉隷東西，撫唐碑而燼滅。聆兜離[11]之語，虛屬羈縻；聽囉嗊之歌，從可③摭拾。今者天威遠被，正當風行雨化之時；聖澤宏敷，同在日照月臨之内。隷版章而綏部落，奸頑罔遁秋毫；闢阡陌以定租庸，荒陋盡回春色。疆通重譯，五單于仍與分封；城啓受降，三葉護依然并建。銅山別鑄，銷條支、安息之金錢；石廩增高，儲粟弋、渠犂之玉粒。人多游手，新知犢劍牛刀；地昔不毛，近樂鷗④筐蟋杼。貢西來之驎駼，會

---

① "志"，國圖抄本作"忠"。
② "利"，國圖抄本、刻本作"和"。
③ "可"，國圖抄本作"何"。
④ "鷗"，國圖抄本脱，刻本作"鵙"。

經萬二程餘；定分野之星躔，似出三千界外。溫吹於黍，頻聞擊壤之聲；炙獻其芹，宜有采風之作。

僕也抱心葵藿，矢口芻蕘，迹比梁鴻[12]，征從袁虎[13]。《世說》：袁虎從宣武北征，倚馬草檄。水程山驛，每懷苞栩之吟；月店霜橋，擬答采薇之什。白千層而雪積，飄渺天山；黃十丈以塵飛，蒼茫瀚海。狼胥烏壘，爲耳目所未經；雁磧[14]龍沙[15]，豁胸襟而遠到。顧賢勞莫非王事，而去留總屬君恩。訪未見之舊聞，聆無稽之方語。偶焉流覽，即無景處傳神；久作栖遲，隨有賞時托興。狀山川之形勢，那能易地皆然；貌羌狄之音容，勿使他人可假。比美人於香草，含情在吞吐之間；問別種於谷蠡[16]，觸目切流連之致。晰疑存信，即所聞所見而兼以所傳；酌古準今，取其事其文而合之其義。尋橦走索①，間以描摹；橫笛吹鞭，都成點綴。見譏遼豕，借妙語以解頤；取笑蠻魚，假詼諧而得趣。琪花瑤草，咏去生香；翠羽珍禽，寫來如畫②。雜農歌與轅議，鍾嶸《詩品》：諒非農歌轅議，敢致流③別。意寧淺而較真；綜瑣語與讕言，《文心雕龍》：讕言兼存，瑣語必錄。事雖新而必切。體本東陽兩韵，題三十首之竹枝；義宗《常武》諸篇，譜廿四番之蘆管。心如可解，何妨老嫗傳將；腕果有靈，一任蕃④童唱去。從此遐陬僻壤，聲不壅聞；即兹攬勝卧游，景堪悦目。折衷繩墨，尚希錦里才人；下采風謠，徐俟輶軒使者。

【注释】

〔1〕曹麟開：生卒年不詳，字麟我，號雲瀾，安徽貴池縣人。乾隆三十六年舉人（1771）。曾任黃梅知縣，乾隆四十六年以事謫戌烏魯木齊。

〔2〕王延德（939—1006）：北宋時期大名（今河北省大名縣）人，太宗時爲供奉官，後官至左千牛衛上將軍。太平興國六年（981），王延德受太宗之遣出使高昌回鶻（今吐魯番市東哈拉和卓）。其時，高昌國篤信佛教，

---

① "索"，國圖抄本作"素"。
② "如畫"，國圖抄本、刻本作"入畫"。
③ "流"，國圖抄本作"致"。
④ "蕃"，國圖抄本、刻本作"番"。

有五十餘座佛教寺廟，"皆唐賜額"，"復有摩尼寺，波斯僧各持其法"。雍熙元年（984），王延德偕回鶻等族使者百餘人回宋。著有《西州程記》一書，叙述旅途見聞和高昌的風土人情、生産情況等，是研究吐魯番的重要史料。

〔3〕匡鄴：指後晋時期的張匡鄴，生卒年不詳，曾任赴于闐使，原任後晋供奉官。天福三年（938），因于闐王李聖天遣使朝貢，遂以其爲鴻臚卿、正使，携高居誨等出使于闐，册封李聖天爲"大寶于闐王"。此行歷經四年，行程萬里，是唐朝末以來内地與西域的第一次使者往返。

〔4〕杜環：杜佑的族子，生卒年不詳。唐天寶十載（751）曾隨鎮西節度使高仙芝西征，被大食所俘，後得以游歷西亞、北非地區，并在那里生活了十一年。寶應元年（762），乘海船經印度洋歸國。著有《經行記》一書，對伊斯蘭教的有關記述，最爲切實具體，説伊斯蘭教徒"不食猪狗驢馬等肉"，只吃牛肉羊肉等。是已知史籍中第一部記述阿拉伯地理情況的著作，而杜環則是有史可考的第一個到過西亞、北非的中國海外旅行家。其事迹賴杜佑《通典》得以保存。

〔5〕宋膺：事迹不詳，漢、晋時人。曾著有《异物志》，該書不見著録，卷目无考，已佚。其《异物志》所存數條佚文分見《史記正義》《通典注》《太平御覽》《太平寰宇記》等书，皆記月氏、大宛、大秦、渠搜等国异物。

〔6〕韋郎：指隋煬帝時期出使印度的韋節。韋節，生卒年及事迹不詳，《隋書》亦無傳，在《隋書》《通典》《資治通鑑》《册府元龜》諸書中僅留其名字。《隋書》卷八三《西域傳》序中曾記其作爲侍御史，與司隸從事杜行滿一道出使西域事。"煬帝時，遣侍御史韋節，司隸從事杜行滿使於西蕃諸國。至罽賓，得碼瑙杯。王舍城，得佛經。史國，得十舞女、師子皮、火鼠毛而還。"此外，韋節曾著有《西蕃記》一書，僅在《通典·邊防典》中有部分佚文，而《隋书·经籍志》《舊唐书·经籍志》《新唐书·艺文志》中没有著録。

〔7〕黄支國：古國名，《漢書·地理志》："自夫甘都盧國船行可二月餘，有黄支國。"約在今南亞地區（印度建志補羅），其地風俗類同中國海南，自漢武帝後與中國往來頻繁，王莽時厚贈其王，令其遣使獻活犀牛。一

般認爲即建支、建支補羅，今東印度南部海岸康契普臘姆，也就是《厄立特里亞航海記》中提到的印度東海岸著名商港波杜克。該港在公元前 1 世紀後半葉至 2 世紀末成爲印度與羅馬海上貿易的中心。或曰在克里納河入海口之維查雅瓦達，即康泰《扶南傳》之橫跌國。

〔8〕突利可汗：原是東突厥小可汗之一，名染幹，是沙缽略可汗的兒子。沙缽略可汗臨終前，嫌弃諸子無能，不能對抗西突厥，以其弟處羅侯即位。後處羅侯去世，沙缽略可汗的另一個兒子阿史那雍虞間即位，稱都藍可汗，而染幹爲突利可汗，居住在北方。隋文帝開皇十七年（597），隋朝以安義公主尚突利可汗，借以離間。都藍可汗派兵侵隋，因突利可汗洩密，都藍可汗侵隋失敗。十九年，都藍可汗攻打突利可汗。突利可汗奔隋。隋文帝封其爲啓民可汗，在朔方地區築大利城使居之。仁壽元年（601），隋派楊素助啓民可汗北征，啓民可汗獨霸東突厥。煬帝大業五年（609），啓民可汗卒。

〔9〕頡利可汗（？—634）：東突厥可汗。名咄苾。啓明可汗少子。在位時（620—630）突厥連年灾荒，課斂繁重，所屬各部多叛。頡利屢擾唐，貞觀四年（630）被唐將俘送長安。

〔10〕伯雅：即麴伯雅（？—623），祖籍金城（今甘肅省蘭州市），高昌王麴幹固之子，高昌麴氏第八代君。601 年即高昌王位改年號延和，大業五年（607）至張掖朝見隋煬帝，被封爲光祿大夫、弁國公、高昌王。大業七年隨征高麗，隋煬帝將華容公主宇文玉波嫁給麴伯雅。大業九年歸國後失去王位，後於唐高祖李淵武德三年復國，改元重光。武德六年去世，子麴文泰繼位。

〔11〕兜離：古代西部少數民族音樂名，又作“林離”“朱離”。班固《東都賦》：“四夷間奏，德廣所及傑伕、兜離，罔不具集。”注引《孝經·鈎命訣》“西夷之樂白林離”。《詩·小雅·鼓鐘》毛傳稱：西方樂曰朱離。

〔12〕梁鴻：字伯鸞，扶風平陵（今陝西省咸陽市）人，生卒年不詳，大概生活在東漢初年。少孤，受業太學，博覽無不通。與妻孟光隱居霸陵山中，耕織爲業，後居齊魯，又到吳地，爲人傭工。原有著作集二卷，今存詩《五噫歌》《適吳詩》《思友詩》三首，均見《後漢書·梁鴻傳》。

〔13〕袁虎：即袁宏（328—376），字彦伯，東晉史學家、文學家。陽夏（今河南省太康縣）人。少孤貧，刻苦好學，有文才，作《咏史詩》，爲豫州刺史謝尚愛重，引爲參軍。後任大司馬桓温的記室，又經謝安推薦，出任東陽太守，卒于任。長於史學，積八年之功，仿荀悦《漢紀》作《後漢紀》三十卷，編排精審嚴謹，史料較《漢紀》爲充實，内容亦有許多不同之處，兩書互相參證，成爲後人研究東漢史的寶貴文獻。工詩賦，風格真率壯烈，作《北征賦》《東征賦》《三國名臣頌》等三百篇，享譽當時。著《竹林名士傳》三卷。《世説新語》記：桓宣武北征，袁虎時從，被責免官。會須露布文，喚袁倚馬前令作。手不輟筆，俄得七紙，殊可觀。東亭在側，極嘆其才。袁虎云："當令齒舌間得利。"

〔14〕雁磧：戈壁灘和荒漠，一般指北方地區。"磧"本意是水中的砂石。

〔15〕龍沙：指白龍堆沙漠，在絲綢之路的西部地區。"龍沙"一詞語出《後漢書·班超傳贊》："坦步葱嶺，只尺龍沙。"歷史上關於白龍堆的記載都指在南道，但是具體的路段却説法不一。唐代稱鳴沙山爲白龍堆。此外，《水經注》中記載説，在羅布泊東北即白龍堆沙漠。

〔16〕谷蠡：爲匈奴品級很高的官號，詩文中常以其喻指與中央王朝敵對的部族首領。《史記·匈奴傳》："然至冒頓，而匈奴最强大，盡服從北夷，而南與中國爲敵國，其世傳國官號乃可得而記云。置左右賢王，左右谷蠡王，左右大將，左右大都尉。"

竹枝詞

星海西頭月竄東，顏延年詩：月竄來賓。昆彌鹽食據筇冲。昆彌，烏孫國王號，見《西域傳》。自從即叙西戎後，《尚書》：西戎即叙。《史記》：天方國，古筇冲地，一名西域。一變羈縻化外風。班固論曰：自建武以來，西域咸樂附内地，莎車、于闐諸國數請都護置質。聖人遠鑒古今，因時之宜，羈縻不絶，辭而未許。

永和貞觀碣重重，漢永和《裴岑碑》，唐貞觀《侯君集碑》。博望殘碑碧蘚封。

《張騫碑》在伊犁之南山，文字剝蝕，尚餘二十字。進鴻鈞於七五，遠華西以八千。南接火藏，北抵大宛。**何似御銘平準績，風雲長護格登峰。**《御製平定準噶爾勒銘格登山之碑》：格登之崔嵬，賊固其壘。我師堂堂，其固自摧。格登之巉嶭，賊營其穴。我師洸洸①，其營若綴。師行如流，度伊犁川。粵有前導，爲我具船。渡河八日，遂抵格登。面淖背岩，藉一②昏冥。曰搗厥虛，曰殲厥旅。豈不易易，將韜我武。將韜我武，詎曰養寇，曰有後謀，大功近就。彼衆我臣，已有成辭。火炙昆岡，懼乖皇慈。三巴圖魯，二十二卒。夜斫賊營，萬衆股栗。人各一心，誰爲汝守？汝頑不靈，汝竄以走。誰其納之？縛獻軍門，追悔其遲。於恒有言，曰寧殺育③。受俘赦之，光我擴度。漢置都護，唐拜將軍。費略勞衆，弗服弗臣。既臣斯恩，既服斯義。勒銘格登，永詔④萬世。

戊己分屯遍海邦，《文獻通考》：自敦煌西出玉門、陽關，涉鄯善，北通伊吾千里。自伊吾通車師前部高昌壁，千二百里。自高昌北通車師後部金蒲城，五百里。此西域⑤之門戶，故漢戊己校尉更互屯焉。注⑥：戊己，中央鎮覆四方。又開渠播種，以爲厭勝，故稱戊己。**諸蕃爭拜碧油幢。車師前後王庭地，新築高城是受降。**唐貞觀十四年，命侯君集討高昌。既平，以交河城爲交河縣，始昌城爲天山縣，田北城爲柳中縣，東鎮城爲蒲昌縣，高昌城爲高昌縣。初，西突厥遣其葉護，屯兵可汗浮圖城[1]，與高昌爲影響。至是，懼而來降。以其地置庭州，後改北庭都護府，治金蒲縣，又領輪台、蒲類二縣。今烏魯木齊之迪化城，即庭州舊迹也。

廿四新聲譜竹枝，大橫吹合小橫吹。《古今注》：橫吹，羌笛也。大橫吹、小橫吹，以竹爲之，笛之類也。昔張博望入西域，傳其法於西京，得《摩訶》《兜勒》[2]二曲。李延年更造新聲二十八解，以爲武樂。晉⑦魏以二十八解不存，其所用者，惟《黃鶴》《隴頭水》《折楊柳》等十四曲。唐樂大橫吹、小橫吹，大橫吹有節鼓二十四曲，小橫吹有六種。失傳矣。**只今葱嶺西傳曲，誰唱《摩訶》《兜勒》辭。**唐《禮樂志》：宣宗時，葱嶺西曲，其土女踏

① "洸洸"，國圖抄本作"沉沉"。
② "一"，國圖抄本作"二"。
③ "殺育"，國圖抄本作"殺有"，刻本作"教育"。
④ "詔"，國圖抄本作"語"。
⑤ "西域"，國圖抄本作"西城"。
⑥ 國圖抄本無"焉"字，作"馬注"。當是。
⑦ "晉"，國圖抄本作"昔"。

歌爲隊，詞言葱嶺之民傾心內向。

合羅川里冰蠶浴，《一統志》：合羅川在哈密西，乃唐公主所居。城基向①在，近有湯泉。碎葉城邊桑葉肥。《唐史》：碎葉城，西突厥地也。貞觀十四年，西突厥呬利失可汗分其國爲十部，左五咄陸居碎葉東，右五努失畢居碎葉西。貞觀末，安西都護統碎葉鎮，後西突厥別部烏置勒徙居之，謂碎葉川爲大牙，弓月城、伊麗川爲小牙，其地東直②西庭州。織女自夸花蕊巧，《高昌傳》：地有野蠶，結繭苦參上，取之爲綉文花蕊布。親從河上得支機。

花鬘少婦親提瓮，茜帽丁男力荷鋤。
笑問兩家年孰長，汝年屬鼠我年豬。
回鶻兒女皆不自知其年，但云似是豬年，似是鼠年耳。陳誠《西域記》：俗不用甲子，以七日爲一周，擇吉用事，則以第一日名阿諦納爲上吉云。

萬壑爭從淖爾輸，《西域圖考》：羅卜淖爾在火州南五百餘里。淖爾者，華言潴水也，方廣數百里③。塔里木河自西南來，厄爾勾河自正西來，梅杜河自西北來，咸歸入羅卜淖爾。水中有山，有回人居之，捕魚采蒲黄而食，人多壽，即古蒲昌海也。向屬吐魯番部，歲納添巴、麻枲、褐連之屬。策凌既破吐魯番，詐稱回人，誘④至羅卜淖爾，勒取添巴。其後潛居島中不復出。渭干河水合開都。渭干河在庫車，開都河在喀喇沙爾。細鱗巨口天生繪⑤，兩河俱出細鱗，巨口紅腮，俗多疑爲鱸也。那減吳淞玉尺鱸。《談苑》：松江鱸魚，長橋南所⑥出者天生膾材也。楊萬里詩⑦：買來玉尺如何短，鑄出銀梭直是圓⑧。

東侯尉接西侯尉，新疆南北兩路，分駐將軍、參贊大臣，亦猶漢之東西都護也。大月

---

① "向"，國圖抄本、刻本作"尚"。
② "直"，國圖抄本作"置"。
③ 國圖抄本無"里"字。
④ "誘"，國圖抄本作"請"。
⑤ "繪"，國圖抄本、刻本作"鱠"。
⑥ "所"，國圖抄本作"石"。
⑦ "詩"，國圖抄本作"請"。
⑧ "圓"，國圖抄本作"圖"。

氏連小月氏。《文獻通考》：大月氏本行國也，控弦十萬，隨畜移徙。始居敦煌、祁連間，後遠去大宛，西擊大夏而臣之，嬀水[3]北爲王庭。其餘衆小不能去者，保南山羌，號小月氏。晋天福時有仲雲徙居胡盧磧，今哈密即其遺種也。**穆素爾山中隔斷，往來長是踏冰梯。**《新疆圖考》：阿克蘇北山路通伊犁，有穆素爾達巴罕。蒙古語冰爲穆素爾，嶺爲達巴罕。山上皆冰，四時皆雪。設回户隨時鑿冰爲梯，以利行旅。

鹿骨瑩圓戲具偕①，承空上下斗村娃。

乘鸞暗卜誰先兆，信手攤來四色皆。

蒙古、回人風俗，以鹿蹄腕骨名曰羅丹，隨手攤擲爲戲，視其偃仰②橫側爲勝負。小者以獐，大者以鹿，瑩澤如玉。婦女圍坐，一手攤擲，承空上下各取之，以不動局上者爲工。腕骨一具，四面不同，持四枚擲之各得一色，以此分勝負。又有以薄圓石擊之，名曰帕格。

古木多年臥水隈，水中生焰不然灰。

番夷截取懸宵榻，笑指珠光孕蚌胎。

《高昌傳》：葡萄溝多山杏，其根入水千年，光如明月珠。夜懸帳，毫髮畢現。

鄂博峰頭壘石磷，立杆懸帛致精禋。

經喧梵宇搖金鐸，晴雨争祈砟苔神。

回俗不建祠廟，山川神示著靈應者，壘石象山塚，懸帛以致禱。若報賽則植木爲表，謂之鄂博，過者無敢犯。凡祈雨晴皆在於此，又謂之砟苔。按砟苔生牛羊馬腹中，形似卵，色如石，回夷以之祈雨謂之砟苔齊，蓋以砟苔石祈雨於鄂博，非鄂博即砟苔神。

帽檐鷺鵃插繽紛，荒服由來陋不文。《一統志》、陳誠《使西域記》：其王子髡髮，戴罩刺帽，插鷺鵃翎，設彩綉氈帳，席地而坐。**恩賞花翎飄孔翠，榮尊大禄與騎君。**《西域志》：烏孫國大昆彌治赤谷城，相大禄，左右大將二人，騎君一人。

準夷部落雜烏孫，游牧南山與北村。土爾扈特全部來歸，分插其户於雅爾之濟爾

---

① "偕"，國圖抄本作"階"。

② "仰"，國圖抄本作"似"。

霍博克薩里，伊犁附近之荒草湖、博羅塔拉[4]，精河附近之古爾班晶庫色木什克，庫爾喀喇烏蘇之古爾班吉爾噶朗，烏里雅蘇台之青濟爾，喀喇沙爾附近之庫克哈布齊海①、珠勒都斯等處游牧。

一笑相逢斟七格，割鮮共啖燎毛燔。 蒙古、回部以牛乳釀酒，名阿爾湛。以馬乳釀酒名七格，即挏②馬酒[5]也。

迷離蜃市罩山巒，曉起呼郎拭眼看。

天上瓊樓如可到，君騎白風妾騎鸞。

《西陲記略》：巴里坤海子即古蒲類海，每於春秋晴爽之時，杲[日]③初升，海中雲起，忽依山而成市，變幻莫可名狀。蓋滄溟與元氣呼吸，神化不測，如佛經所云，龍王能興種種雷電雲雨於本宮，不動不搖，山海幽深，容有此理也。

娘子泉頭花事閑，崖兒城外鳥聲關。

春游何處尋飛塔，壽窟無量丁谷山。

《一統志》：娘子泉在哈密畏兀兒河東，回人呼爲克敦布拉克。《四夷考》：吐魯番一名土爾番，本交河縣之安樂城。其西二十里有崖兒城，相傳爲交河縣治。《一統志》：于谷山④在吐魯番柳陳城北，中有唐時古寺及無量壽窟塔。《宋史·高昌傳》云：佛寺五十餘處，皆唐時所賜額，中有《大藏經》《唐韻》《玉篇》《經音》等真迹⑤。

截肪美玉采于闐，《四裔考》：于闐，漢時通焉居⑥，葱嶺之北二百餘里，國城東有白玉河，城西綠玉河、烏玉河。三河皆源出昆侖，每秋⑦水落采玉。**職貢蒲梢走右賢。**《張騫傳》：烏孫馬曰西極馬，大宛馬曰天馬。蒲梢，馬名，漢武伐大宛所得。大宛，今哈薩克部。**白荅厄丹交易市，** 回部呼棉花爲白荅，哈薩克織罽爲綢，名曰厄丹。**賺將文馬闞賓錢。**

---

① 國圖抄本脱"海"字。
② "挏"，國圖抄本作"桐"。
③ 國圖抄本誤爲"果"。刻本作"杲日"，據補。
④ "于谷山"，國圖抄本、刻本作"丁谷山"。
⑤ 《宋史》卷四九〇《外國傳六·高昌》，此句作"佛寺五十餘區。皆唐朝所賜額。寺中有《大藏經》、《唐韻》、《玉篇》、《經音》等。"
⑥ "焉居"，國圖抄本作"馬居"。
⑦ "秋"，國圖抄本作"於"。

綠眼番兒逞捷趫，驕騎生馬箭橫腰。

衝寒慣喜春游獵，阿耨山頭去射雕。

《宋史·高昌傳》：居民春月游者，馬上持弓矢射諸物，謂之禳災。《通考》：于闐有阿耨達山，河源出焉。按阿耨達山不在于闐，去于闐南二千餘里，後藏之西北，其路不可通。山名岡底斯，乃阿耨達四大水之源，非河源也。

絡索銜環等播鞉，鼕鼕繭紙手輕敲。巫歌踏臂迎神曲，《宋史①·吐蕃傳》：尊釋信詛，疾病不知醫藥，巫覡視之，焚柴聲鼓②。假面還餘鐵甌顋。《西陲紀略》：有人於土中③抉得④一鐵假面，目鼻口皆竅焉。

河源春漲漾飛濤，刳木爲舟妄學操。伊犁河，即古伊麗水。刳巨木虛其中而銳其首尾。大者可容五六人，小者可容兩三人，名曰威呼。刳木爲槳，捷若飛行。泥馬睒枯郎斗捷，自矜赤鯉跨琴高。泥馬睒枯者，以樺皮爲之，止容一人兩手持小槳劃行，更爲迅速。見《西陲紀略》。

羌女妖嬈細馬馱，鼙婆邏迤曼聲歌。

一年一度蘆笙會，別唱三春摩烏歌。

楊維楨[6]《鼙婆引》：梅卿上馬彈鼙婆。即琵琶也。陸游詩：西蜀琵琶邏迤槽。《文獻通考》：漢有吹鞭之號，笳之類也。今多卷蘆爲之，回人謂匏笙爲摩烏。每三月中，婦女吹匏笙，唱季春歌。歌云"綽木挪三宏"，華言特⑤值季春也；"紀鵲宏那綳⑥"，華言日晴月又明也；"厦睢瑪左生"，華言使者游山川也；"戲目紀從生"，華言熱氣升也；"堵却鋪烏盂"，華言四野新也。侏僳頗有古節。

---

① "宋史"，國圖抄本作"來文"。

② 《宋史》卷四九二《外國傳八·吐蕃》，此句作"尊釋氏。不知醫藥，疾病召巫覡視之，焚柴聲鼓。"

③ "土中"，刻本作"上中"。

④ "抉得"，國圖抄本作"挾得"，刻本作"拾得"。

⑤ "特"，國圖抄本、刻本作"時"。

⑥ "綳"，國圖抄本作"翎"。

　　　　　　與郎游戲水之涯，交潑紅裙濕浪花。

　　　　　　願得情長如海水，相從東去附仙槎。

《宋史·高昌傳》：俗以三月九日爲寒食，以銀及鍮石爲筒，貯水激以相射，或以水交潑爲戲，謂之壓陽氣①云。

　　　　　　白羝烏犍用谷量，孳生歲歲樂輸將。

　　　　　　萬千豢養閑無用，給作貔狖口食粮。

《宋史·王延德使高昌記》：王后、太子各牧馬及牛羊以五色，群滿山谷間②。

　　膏然流水石脂明，《博物志》：延壽山南有山石出泉，水大如筥，注池爲溝③，兼兼永永，如不凝膏。燃之極明，不可食，縣人謂之石脂。今赤金東南有水如油，取以爲燈。鹽鑿空山白玉晶。《北史》：高昌有白鹽，其形如玉。《金樓子》④：番中有白鹽，洞澈如水晶，名玉華鹽。今北庭之柴鄂博、鴛鴦湖、晶河，皆產白鹽。不用熬波兼秉燭，花門利用出天生。

　　瑤草琪花眼⑤未經，玉芝垂實菌生釘⑥。天山有雪蓮，生冰壑；巴里坤松山產菌芝、釘頭蘑菇。山翁日把金鴉嘴，冰雪松根劚茯苓。茯苓大者如斗甕。其老松千年，大可百圍，皮可尺許，色如琥珀。土人取以煎膏，名曰松齡，性熱，活血。

　　　　　　百尺竿頭步可登，分棚雲際絚長繩。

　　　　　　捷兒逞技凌空舞，不數尋橦度索能。

───────────────

①　《宋史》卷四九〇《外國傳六·高昌》，此句作"謂之壓陽氣去病"。

②　《宋史》卷四九〇《外國傳六·高昌》，此句作"地多馬，王及王后、太子各養馬，牧放平川中，彌亘百餘里，以毛色分別爲群，莫知其數。"

③　"溝"，國圖抄本作"潽"。

④　"金樓子"，國圖抄本作"金婁子"。

⑤　"眼"，國圖抄本作"眠"。

⑥　"釘"，國圖抄本作"訂"。

回人有繩技，即度索之遺意，歸誠後曾載此技入貢。《西京賦》：都盧尋橦，注①：都盧國人，體輕善緣。

> 蘇幕遮頭白氈裘，鴉鬟赭面撥箜篌。
> 不辭婦女無顏色，願把燕脂貢帝州。

《宋史·高昌傳》：婦人戴油帽，謂之蘇幕遮。以赭塗面，辮髮而縈之。漢霍去病過焉支山，執渾邪王。乃歌曰："亡我焉支山，使我婦女無顏色。"

> 望氣狼胲[7] 紫霧深，褢蹄麟趾躍青岑。
> 近來都護清如水，不是金山亦產金。

《西域志》：狼胲地產金，其民與漢人常夜市，以鼻臭金，知其貴賤。

幕北[8] 迢遙接幕南，龍荒甌脫被恩覃。《史記·匈奴傳》：中有弃地莫居千餘里，各居其邊，名曰甌脫。邊氓老不聞刁斗，耕出渠犁折劍鐔。

> 郎披狐貉妾披縑，隔嶺相看兩不嫌。
> 一樣地形天氣异，庭州多雪火州炎。

《宋史·王延德使高昌記》：地無雨雪而極熱。大暑，人皆穿地爲穴以處。過嶺即多雨雪。度②嶺即是北庭。

> 殊語方言采大凡③，雄邊久歷鬢絲鬖。
> 他年歸著西征記，夸說囊中有异函。

【注释】

[1] 浮圖城：又稱可汗浮圖城。在今新疆維吾爾自治區吉木薩爾縣北破

---

① "注"，國圖抄本作"法"。
② "度"，國圖抄本作"北度"。
③ 國圖抄本作"殊語方來言大凡"。

城子。唐太宗貞觀二年（628），突厥阿史那社爾爲薛延陀所敗，西保可汗浮圖城。後唐同光二年（924），契丹耶律阿保機遣兵逾流沙，拔浮圖城。唐置庭州，北庭都護府治此。

〔2〕摩訶兜勒：漢朝時期西域樂曲，"摩訶兜勒"之名出于梵語，摩訶（Maha）言"大"，兜勒即"吐火罗"（Tuhara），亦即"大夏"，"摩訶兜勒"即大夏国的音乐。張騫通西域後將此曲帶回中原地區。李延年以之爲素材，寫成橫吹樂曲二十八首。《晋書·樂志》云："橫吹有雙角，即胡樂也。張博望入西域，傳其法於西京，惟得《摩訶兜勒》曲。李延年因胡曲更造新聲二十八解，乘輿以爲武樂。"有人以爲《摩訶兜勒》是《摩訶》《兜勒》兩首曲子，也有人認爲《摩訶兜勒》有兩曲。

〔3〕嬀水：即烏滸河，阿姆河的古稱。源出興都庫什山脉北段，流經今土庫曼斯坦及烏兹别克斯坦，注入咸海。

〔4〕博羅塔拉：地名。原爲準噶爾游牧地。清朝平定準噶爾後，於乾隆二十九年（1764）移駐察哈爾左營，置領隊大臣管理。後屬精河直隷廳，隷伊塔道。中華民國置博羅縣，隷伊犁行政區。今爲博爾塔拉蒙古自治州州府。

〔5〕挏馬酒：即馬酪。因取馬奶制成，故稱"挏馬"。因馬酪味如酒，故稱"酒"。《説文》：挏，推引也。從手，同聲。漢有挏馬官，作馬酒。按，取馬乳汁挏治之，味酢可飲。《顔氏家訓》：撞挏，謂撞檮挺挏之。又有挏乳（取馬奶制酪）、挏馬（漢官名，主取馬乳制酒）、挏馬酒（馬酪）。

〔6〕楊維楨（1296—1370）：字廉夫，號鐵崖，别號東維子、鐵笛道人、梅花道人等。諸暨（今浙江省紹興市）人。元末明初詩人、文學家、書畫家。泰定年間進士。官至建德路總管府推官、江西等地儒學提舉。其詩風格奇詭，在元末詩壇獨樹一幟，時稱"鐵崖體"，頗有盛名。有《東維子文集》《鐵崖文集》和《鐵崖古樂府》傳世。

〔7〕狼胱：南蠻國名，指偏遠的地方。

〔8〕幕北：古代對蒙古高原大沙漠以北地區的稱呼，亦作"漠北"。

新疆記事十六首

曹麟開

伊犁

準夷梗化蹈危機，準噶爾厄魯特本元臣僕，叛據西海。至噶勒丹稍强，吞噬鄰蕃，闌入北塞。康熙間三臨朔漠，大破其師，元惡伏冥誅。厥侄策旺阿喇布坦逞其詐力，計誘拉藏汗[1]，以女妻其長子丹衷，襲殺拉藏汗。部落滋衆，竊據伊犁。雍正間，逆子噶勒策凌能用其父舊人，掠畜於巴里坤，襲營於科布多，爲額駙策愣敗於厄爾德尼招。攘奪相尋據海圻。嫣塞遺封吞駒鞬，《漢書》：莎車王賢擊滅嫣塞王，立其國貴人駒鞬①爲王。噶勒丹策凌死，其子策旺多爾濟那木札勒殘暴，喇麻達爾札篡奪之。俞林舊服徙驪歸。《漢書》：賢又徙于闐王俞林爲驪歸王，立弟位侍爲王。喇麻達爾札既篡策旺而奪其位，達瓦齊偕阿睦爾薩納奔哈薩克，藉其聲援，復篡喇麻達爾札。鴟張四部争雄長，蠶食諸蕃集怨誹。呼衍渾邪紛納款，乾隆癸酉冬，都爾伯特台吉策凌等率數萬人來歸。次年秋，輝特②台吉阿睦爾薩納、和碩特台吉策珠爾又率萬人來歸，乞師以彰天討。師行時雨籲天威。請命情殷許輯寧，時議二路進兵。北路以二月丙辰，西路以二月己巳起行。貔貅兩路耀霜硎。斫營廿五騰驍騎，五月乙亥，師至伊犁，達瓦齊於格登山麓結營以待。將軍遣阿玉錫等二十五人，夜斫營③，覘賊向。賊兵大潰，降七千餘人。我二十五人無傷損者。執馘三千掃彗星。神策獨籌排築室，王師大順迅犁庭。自乙亥春，兩路大兵進發，所過迎降，及秋已告藏事，無頓弦遺鏃之費。鷄竿既赦仍優賚，達瓦齊以百餘騎竄。六月，回人阿奇木霍濟斯執達瓦齊獻俘。準噶爾既平④，赦不誅，仍賜王。浩蕩恩波溢海濱。姿狀豺狼性虺蛇，飽揚飢附逞呼邪。時阿睦爾薩納潛蓄异志，乘我師既平準噶爾，覬爲四部大台吉未遂，中途叛遁去。城圍且固軍郵斷，阿睦爾薩納煽惑逆黨，如伊犁之巴桑克什木、西路之阿巴噶斯哈丹、北路之包沁⑤等，紛紛四出，竊占伊犁，斷台站，道路爲梗。路出高昌漢使遮。丁丑春，覆命將軍成衮札

---

① "駒鞬"，國圖抄本作"駒驏"。

② "輝特"，國圖抄本作"渾特"。

③ "斫營"，國圖抄本作"研營"。

④ "既平"，國圖抄本作"已平"。

⑤ "包沁"，國圖抄本作"巴沁"。

布、參贊舒赫德等由珠勒都斯路進伊犁，將軍兆惠、參贊富德[2] 等由厄林沁畢爾罕進塔奔集賽，而成將軍等進克勒特、烏魯特、沙喇斯、瑪琥斯塔等，皆撫降其衆，不取其馬駝。及大軍過，而賊皆反去。蝸角自殘投鄂畚，諸將分兩路直抵伊犁。時札納噶爾卜①殺其叔綽羅斯汗噶爾藏多爾濟，欲并其衆，又爲台吉達瓦所殺。時阿睦爾薩納復自哈薩克逃回伊犁，聚衆爭長，突遇我師，仍竄回哈薩克。鄂畚，哈薩克地名。狐踪飛躡入羅叉。將軍富德窮追阿逆，適遇哈薩克之兵。而哈薩克素稔阿逆反復，且畏我兵威，稱臣貢馬，請擒賊自效。逆勢益蹙，投俄羅斯，即羅叉，又曰羅刹。不仁之守遭天殛，阿逆奔俄羅斯，斃焉，遣侍郎三泰驗實以聞。解網恩施貸蘖芽。阿逆之侄伊什札布爲我兵所俘，上念其年幼無知，且非逆酋嫡子孫，敕釋之。銘勛宸翰蠹穹碑，御製《平定準噶爾勒銘格登山之碑》。立國烏孫認舊基。麗水源穿星宿出，此句似誤。格登峰作陣屏垂。汗封昧蔡徠天馬，漢李貳師破大宛，立貴人昧蔡爲可汗。平定伊犁後，封綽羅斯及都伯特、輝特爲可汗，立二十一昂吉。穴掃呼韓抵谷蠡。漢校尉常惠擊呼韓至右谷蠡王庭。班鄂忠貞千古在，晴香風雨閃靈旗。達瓦齊既擒，大兵凱旋，定北將軍班第、參贊大臣鄂容安駐伊犁。阿睦爾薩納復叛，二公同時致命疆場，御製《雙烈詩》恤之。

喀喇沙爾

磧路當年闢復迷，幾多折戟没沙泥。《唐史》：焉耆王龍突騎遣使來朝，云自墮亂磧路閉，故取道高昌，請開磧路以利行旅。帝許之。高昌怒，攻陷五城。遣使言狀，詔侯君集討平高昌。歸所俘及城。鐵門險振焉耆北，《通考》：沙州刺史楊宣兵次鐵門，其王熙邀於遮留谷。宣疑有伏，遣部將張植單騎嘗之。伏發，擊平之，熙乃降。烏壘宣威突騎西。唐貞觀中，都護郭孝恪執其王突騎支，更以粟婆準攝國事。徤水一支吞海闊，《新疆圖考》：地有開都河，爲西域要渡，其水湍激，直抵羅卜淖爾，即蒲昌海。回峰四面抱城低。《四裔考》：其國四面皆山，險阻易守，有水曲入西山之内，周匝其城三十餘里。祇今西域徵遺傳，笑説豐碑勒白氏。唐阿史那社爾②擒其王那支，以其地爲都督府，勒石紀功。

庫車

種徙筇冲地勢恢，《史記》：天方國，古筇冲之地，徙別種於龜兹。天戈萬里剪

---

① "札納噶爾卜"，國圖抄本作"札爾噶爾卜"。
② 國圖抄本作"阿史那杜爾"。

蒿萊。名藩自昔龜茲著，《唐史》：貞觀中阿史那社爾始置安西都護於龜茲，統于闐、碎葉、疏勒，號四鎮。雄鎮何年孝傑開。唐儀鳳時，吐蕃攻没四鎮；長壽中，王孝傑破吐蕃，仍復四鎮，置都護，以鐵騎三萬鎮守龜茲。雜處氏羌鄰布露，《唐書·西域傳》載：布露或曰勃律，即今布魯特部。遠宣聲教近無雷。《前漢·西域傳》：無雷國治盧城。蕃情比似河源水，《通考》：龜茲城南有大河名計戍水，即黄河也。乃今之渭干河。長逐東流滚滚來。

托和鼐

路梗龍堆欲進難，方大軍圍庫車，小和卓木引兵赴援，大戰於托和鼐。詔更韓范迅登壇。時將軍雅爾哈善用穴地火攻計，賊覺，横截一溝焚燒兵丁。因命將軍兆惠、副將軍富德往代①。兩軍回合聲齊振，九伐重申膽已寒。間道銜枚殲頡利，唐貞觀中，破滅頡利，舉其族七城來降。大廷對簿縛樓蘭。《漢書》：李貳師伐大宛，便道捕樓蘭王，詣闕對簿。蜂旗獵獵爭先拔，鳥篆空餘五色傳。大軍一殲之於托和鼐，再殲之於鄂根河②，獲逆酋銅旗大纛，五色書，不曉其義。

阿克蘇

左右龍庭路幾千，輸誠部落走銜肩。霍集占既還舊部，各城皆置其心腹，以爲協制。比聞大將軍在阿克蘇，回衆即協力與逆酋距戰，逐其所置伯克，遂獻城請降。雪山梯鑿盤雕路，阿克蘇北有穆素爾③達巴罕，冰嶺也，鑿冰爲梯，以達伊犁。洋海波騰飲馬泉。阿克蘇有洋海。賦減康居新玉粒，韋節《西番記》：康居治蘇薤城，與粟弋鄰，氣候温暖，宜穀。將軍兆惠既定回城，請定賦役，視噶勒丹策凌徵取之數，蠲減有差。鑄更安息舊金錢。將軍定錢制，正面用年號，以城名回字附之於背。□□□□□□④，正朔遥頒化外天。

烏什

戍士無勞夜枕戈，永寧城外散鳴駝。先是，達瓦齊自格登山窮竄，霍集伯克設計

---

① "代"，國圖抄本作 "伐"。
② "鄂根河"，國圖抄本作 "鄂振河"。
③ "穆素爾"，國圖抄本作 "穆蘇爾"。
④ 此處脱詩一句，各本均以 "闕" 字代。此處以虛缺號代。

縛獻。茲小和卓木投烏什，霍集斯延圖擒，因事覺遁去。遂率衆以城降。**東回姑墨千峰雪，**《通考》：姑墨一名亟墨，北界烏孫，南接于闐，至後魏時役屬龜茲。**南下于闐九折河。五翁侯仍招舊部，**《西域志》：老上單于西擊大夏，分其國爲部翁侯。準噶爾厄魯特又名四衞喇特部，内有綽羅斯、輝特、和碩特、都爾伯特四族①，各領其衆。其綽羅斯爲長，噶勒丹策凌時設二十昂吉。昂吉者，部落之稱也，爲其汗公屬。達瓦齊既執歸京師，於四部各封一汗，二十一昂吉則歸之公屬，如八旗蒙古然，仍擇其世族宰桑董長之。**二昆彌已靖沙陀。**逆酋和卓木兄弟遠竄。將軍富德飛檄拔達克山汗素爾坦沙，遮截於阿爾渾楚之哈嶺。酋退②伏嶺下齊那爾小河，相持再戰。蘇爾坦沙生擒布喇尼敦，槍斃霍集占來獻。**吹鞭爭唱天鵝曲，**軍營鐃吹，多奏《海青捉天鵝》曲。**不數摩訶兜勒歌。**《古今注》：張博望入西域，得《摩訶》《兜勒》二曲，因之造新聲二十八解，以爲武樂③。後亡之。

葉爾羌

戰苦曾聞黑水隅，喀喇烏蘇在葉爾羌城東七十餘里。**浮梁徑渡險逾瀘。孤軍深入重圍合，**葉爾羌城爲逆酋窟穴，緣邊畫溝，立隊自固。將軍以賊游牧在城南英俄奇盤山，計乘虛襲輜重以制賊。十月十三日取道渡河，未及半，賊步馬萬餘，張左右翼來戰，而地皆沮洳，人馬不能用力，遂堅壁於洗箔。**三月相持力不渝。**將軍兆惠高壘深壕，以待集師協剿，適掘地得粮百餘窖。賊或用雲梯，或欲決水，應手破之。故相持三月，人有固志。**末弩固難穿魯縞，**將軍以搜準噶爾餘黨至布魯特，款服其衆。於是克庫車，存沙雅爾，定阿克蘇，略烏什，收和闐。復以四百人衝賊二萬餘騎，亦猶强弩之末矣。**奇兵倏見拔螯弧。**尚書舒赫德於阿克蘇先簡駐城銳卒，并督諸路兵先至者星馳往援。將軍富德所統滿洲、索倫、察哈爾及綠營兵，取道雲集至呼爾滿地方，遇賊騎五千，轉戰五日夜。會參贊阿里袞督解馬匹至，賊衆潰奔，將軍兆惠屬兵邀戰，焚賊營數處，生擒五千餘人。内外夾攻，其圍遂解。逆首大和卓木肋中槍傷，賊衆奔竄④。螯，音茅；弧，弓名。**旄頭已得無多殺，半築鯨鯢半獻俘。**

---

① "四族"，國圖抄本作"四旗"。
② "退"，國圖抄本作"逆"。
③ 此句國圖抄本作"以武爲樂"。
④ "奔竄"，國圖抄本作"界竄"。

和闐

開府毗沙迹已塵，《唐史》：上元初，于闐王擊吐蕃有功，帝以其地爲毗沙都督府。于闐雄鎮闢疆新。將軍圍解之後，即遣副都①駛救和闐，撫定。漫夸使者通回鶻，漢張騫使于闐。晋天福三年，遣高居誨、張匡鄴使于闐[3]。重見降王册硣麟。《文獻通考》：嘉佑中，其王乞賜歸忠保順硣麟黑韓王。玉闐詩：金翅鳥爲硣麟，黑韓乃可汗之訛也。獻②于闐阿奇木伯克[4]，以縛達瓦齊襃功録賞，比討回部，復請從征，遣子漢雜帕兒入覲，授公品級。秋月印川人采玉，《漢書》：國東有白玉河[5]，西有緑玉河[6]。國人秋水退時，視月光采玉。冰鹽成繭户輸緡。《漢書》：國初無鹽，丐於鄰國，不肯出。其王求婚，許之，將迎，乃告曰：國無帛，可持鹽爲衣置蛹③絮中。關吏不敢驗，自是始有鹽繭。青唐[7]達靼歸平蕩，不用邊圖貢阿辛。宋元豐初，遣使阿辛入貢，上詢之。曰：去國四年，道途居其半，歷黄頭回紇[8]、達靼、青唐，惟懼契丹抄掠耳，因使圖上諸國遠近爲書。

喀什噶爾

西望渾河似帶縈，徠寧城郭已新更。親和疏勒唐天寶，天寶十載，和義公主[9]嫁於疏勒。王縛兜題漢永平。《漢書》：永平中，攻殺疏勒王成，自以左侯兜題爲疏勒王，班超縛兜勒④而立成之兄爲王。職貢牟尼遺祴⑤在，《魏書》：文成末，王遣使貢釋迦牟尼袈裟。帝異之，試置火中，終日不然。準噶爾昔掠西藏，得一佛鉢真帝，青石也，質古而色潤，信爲釋迦所持之物，今獻之。與法顯所云"千百年當復來中國"之語適合。折衝都尉賜排榮⑥。《唐書》：天寶中，首領裴國良[10]來朝，授折衝都尉，賜紫袍魚袋。喀什噶爾回目和濟默爾等納款投誠，襃賞有加，以示無外。文身歧指沾天澤，《通考》：其俗文身碧瞳，手足指皆六，非六指者不育。遍白山南盡耨耕。《漢書》：國有勝兵，都北山之南。

---

① "都"，刻本作"都统"。
② 國圖抄本無"獻"字。
③ "蛹"，國土抄本作"蝟"。
④ 此有誤，"兜勒"疑爲"兜題"。
⑤ "祴"，國圖抄本、刻本作"械"，顯誤。
⑥ "排榮"，刻本作"緋榮"，國圖抄本作"榮緋"。

博羅齊① 在和闐哈拉哈什境

遥探虎穴耄霜刀，時雨王師入不毛。無弋脱囚曾爾貸，《後漢書·西羌傳》：羌無弋爰劍者，秦厲公時爲秦所拘執，以爲奴隸，後亡歸。羌人以奴隸爲無弋，故名之。逆酋大和卓木布喇尼敦爲準噶爾拘繫於阿巴噶斯之地而役使之。自大兵定伊犁，乃出諸繫中，遣使送歸舊部。時葉爾奇木、喀什噶爾城中伯克不容，賴我兵力攻克其城，始得復統其衆。夙沙自潰復何逃。黑水之圍既解，大和卓木潜遁喀什噶爾，小和卓木乘間往襲和闐。波澄玉隴投鞭斷，副都統等率偏師救玉隴哈什[11]等城。雪滿天山積甲高。車定指南功立就，蚩尤吐霧總徒勞。大霧，恢復三城。

霍斯庫魯克[12]

烏孫蔓衍性貪狙，竊據花門認舊墟。前部齒唇依後部，《漢書》：車師前王庭曰前部，治高昌；車師後王庭曰後部，治務塗谷。僑如兄弟倚榮如。《左傳》：魯叔孫得臣敗狄於鹹，獲長狄三人僑如、焚如、榮如。逆首大和卓木竊據喀什噶爾，小和卓木據葉爾奇木，犄角相持，支吾策應。九嬰[13]魚海氛空煽，《淮南子》：堯使誅九嬰於凶水之上。二竪龍沙翼已鋤。逆首兩和卓木望風先遁，參贊毅勇公明瑞[14]進擊於霍斯庫魯克嶺，以前峰九百殲賊衆六千，助逆之阿布都克勒木等，及大伯克數千人皆臨陣殲之，逆黨殆盡。賜翰炳麟褒毅勇，勛名衛霍孰方諸。

阿爾楚爾[15]

穿雲詰屈路難攀，設伏雙峰倚險艱。時逆酋方設伏於阿爾楚爾之西峰頂，遣賊迎誘之。兵有先聲成破竹，副將軍富德、參贊明瑞、阿桂領左翼，參贊阿里袞[16]、巴禄[17]領右翼，四面應援，所向無敵，人無後至立焚關。大軍燒焚賊寨，賊中有伯克等呼籲乞降。霍集占自山頂遮截不得止，四路伏兵齊起，賊大潰，逆酋僅以殘衆四五百人遁去。鯨奔急蹕伊西洱，伊西洱庫爾淖爾，其地倚山臨水，單騎可容，將軍統勁旅窮追，如入無人之境。獸困窮投拔達山。二酋敗竄無路，遂投拔達山。至沙木爾伯克所轄之錫克南村，詭稱赴默克地

---

① 國圖抄本作“博羅齊爾”。

方尋回教祖師瞻禮。不是倒戈能效命，誰教荒部識天顏。

拔達克山

勃律蕃王職貢修，勃律，即今布魯特，爲回部別族，自古不通中國。因西征小和卓木道經其界，其酋長遮道自陳：向爲厄魯特所阻，今西域既平，願爲臣僕。大宛部曲切同仇①。哈薩克左部汗阿布賚、右部汗阿比里古卜與塔什罕回人接壤，時相構釁。適將追捕準夷餘黨，兵至其地，因遣侍衛宣諭威德。右部叩額輸誠，回目莫爾多薩木什亦同時納款。建瓴已斷胸奴臂，傳檄終懸毋寡頭。時二酋竄入拔達克山。其汗素爾坦沙生擒大和卓木布喇尼敦，并獻小和卓木霍集占首級，以全部歸，西域遂平。再叛再擒操左券，三征三克定西酉。從茲霄旰紓西顧，有截勛成閱五秋。西師之役始於乙亥，蔵於己卯。

【注释】

〔1〕拉藏汗（？—1717）：青海和碩特部貴族首領，襲職藏王，固始汗曾孫。康熙四十年（1701），達賴汗卒，子拉藏汗繼位，繼續對青海、西藏、四川等藏區行使統治權力。四十四年，與第巴桑結嘉措結有仇怨，第巴桑結嘉措謀害拉藏汗未遂被處死。廢桑結嘉措所立六世達賴倉央嘉措，另主意喜嘉措爲六世達賴，并奏報康熙帝，詔封翊法恭順汗，賜金印，并命解送倉央嘉措到北京（途中病死青海湖畔）。五十五年，策妄阿拉布坦率兵再次侵擾西藏。次年，拉藏汗被準噶爾騎兵擊殺。意喜嘉措被囚于藥王山，達仔娃任第巴。至此，和碩特部貴族控制西藏政權前後達七十五年後宣告結束。

〔2〕富德（？—1779）：瓜爾佳氏，滿洲正黃旗人。乾隆十三年（1748）從征大金川；二十年從征準噶爾部，授參贊大臣督西部台站；二十二年，佐定邊將軍成袞扎布赴巴里坤，又佐定邊右副將軍兆惠追輝特部台吉阿睦爾撒納至哈薩克境。因招撫哈薩克有功授雲騎尉世職。兆惠被大小和卓叛軍圍困於喀喇烏蘇（今莎車縣境內），馳援解圍；復追逃敵於葱嶺（今帕米爾）伊西洱庫爾淖爾（今雅什里庫爾湖，塔吉克斯坦境內）。和卓之亂平定後，封

---

① "同仇"，國圖抄本作"爲仇"。

一等靖遠威勇侯，官至御前大臣、軍機處行走、理藩院尚書。因貪污事發，兼誣告等罪，處斬。

〔3〕張匡鄴、高居誨使于闐：後晋天福三年（938），張匡鄴、高居誨奉命出使于闐，從靈州（今寧夏回族自治區靈武市南）出發，行兩年到達于闐，七年（942）冬返回。途經涼州（今武威）、甘州（今張掖）、肅州（今酒泉）、瓜州（今瓜州東）、沙州（今敦煌西）。歸來後，高居誨撰《行記》，記敘他們這次出使時來往所見山川地理情況。原書已佚，《新五代史·四夷傳附錄》保存有部分内容。

〔4〕阿奇木伯克：原爲回部各城維吾爾族最高官員的稱呼，世襲。清統一新疆後，改革伯克制，廢除世襲，削弱其權力，給予一定數目的田地、農奴等。南疆設此官的共三十一城，光緒十年（1884）建省後裁撤。

〔5〕白玉河：今玉隴喀什河。玉隴喀什，維吾爾語，意爲白玉。耶律楚材《西游録》（足本）："高昌西三四千里，有五端城，即唐之于闐國也。出烏、白玉之二河在焉。"

〔6〕緑玉河：今喀拉喀什河。即今新疆維吾爾自治區的和田河，見《梁書·西北諸戎傳》《新唐書·西域傳》等。今喀拉喀什河和它的一條支流，古代稱緑玉河及黑玉河，均見《新五代史·四夷傳附錄》。

〔7〕青唐：唐朝所設鄯城縣，後没於吐蕃，稱青唐城。其地在今青海省西寧市，一説在今青海省樂都縣。《宋史·唃厮囉傳》載："明道初，吐蕃首領唃廝囉殺歸化將軍遹奇，徙居青唐。其後首領董氈、阿里骨、瞎征等皆都於此"。

〔8〕黄頭回紇：古族名。甘州回鶻的一支。十一世紀初甘州回鶻爲西夏攻破，除部分留居河西、投降西夏外，大部分三支遷徙。其中一部退處沙州（今甘肅省敦煌市）西南，史稱"黄頭回鶻"，依附西州回鶻，且與宋、遼保持朝貢關係。以游牧爲主，信奉佛教。黄頭回紇即撒里維吾兒，今天甘肅省境内的裕固族即源於撒里維吾兒。

〔9〕和義公主：唐宗室告城縣令李參女。天寶三載（744），册封爲和義公主，嫁拔汗那王阿悉爛達干。

〔10〕裴國良：唐朝中期疏勒首領。天寶十二載（753），受疏勒國王派遣出使長安，唐玄宗任命其爲折衝都尉，賜緋紫袍、金魚袋。

〔11〕玉隴哈什：地名。和闐六城之一。位於玉隴哈什河東岸。乾隆二十四年（1759），設四品阿奇木伯克、五品商伯克、六品哈子伯克、七品明伯克各一名，隸和闐辦事大臣。光緒九年（1883），改伯克爲鄉約，隸于闐縣。二十三年，置洛浦縣，爲該縣之玉隴哈什鎮。

〔12〕霍斯庫魯克：也稱作和什庫珠克嶺，在今新疆西南蔥嶺中。乾隆二十四年（1759），參贊大臣明瑞擊敗大小和卓木軍於此。

〔13〕九嬰：是古代神話傳説中的凶獸之一。出自《淮南子·本經訓》，高誘注解説："九嬰，水火之怪，爲人害。"堯時出，爲害人間，被羿射殺于北狄凶水之中。

〔14〕明瑞（？—1768）：字筠亭，富察氏，滿洲正黃旗人。自官學生襲承恩公爵，乾隆二十一年（1756）授領隊大臣，從征阿睦爾撒納。二十四年從征霍集占，加雲騎尉世職，升正白旗漢軍都統。二十七年出爲伊犁將軍。三十年率師平定烏什回亂，三十二年任雲貴總督兼兵部尚書征緬甸，十一月敗敵於木邦、蠻結，封一等誠嘉毅勇公。次年二月，因孤軍深入，彈盡粮絕，全軍覆没，自縊死。

〔15〕阿爾楚爾：地名，又稱阿喇楚勒。帕米爾八部之一。乾隆二十四年（1759），清軍追擊大小和卓於此，殲敵四千餘，乾隆作歌以紀其功。光緒四年（1878），在此置圖斯庫爾卡倫和蘇滿卡倫。十年（1884），簽訂《中俄續勘喀什噶爾界約》，成爲待議未定界。

〔16〕阿里袞（？—1777）：字松崖，鈕祜祿氏，滿洲正白旗人。乾隆十六年（1751），授戶部侍郎，擢尚書，歷刑、工、戶三部，兼鑲白旗漢軍都統。二十一年（1756），以領隊大臣銜出西路。次年，至巴里坤、喀喇沙爾、庫爾勒等地追捕叛敵，旋駐巴里坤，授參贊大臣。選馬、駝赴南疆援助平定大小和卓，解黑水營之圍，在伊西洱庫爾淖爾擊敗小和卓霍集占，列像紫光閣。任《欽定皇輿西域圖志》總裁之一。

〔17〕巴祿：博爾濟吉特氏，蒙古鑲黃旗人，一等誠勇公班第之子。乾

隆初任察哈爾總管，襲父爵，授鑲紅旗蒙古都統，從定伊犁，師討霍集占，授參贊大臣，援將軍兆惠有功，駐軍和闐。戰伊西洱庫爾淖爾，屢敗霍集占，師還，加雲騎尉世職，圖形紫光閣，爲後五十功臣之首。

八景詩
曹麟開

輪台秋月

輪台露白塞雲收，台湧冰輪豁遠眸。舊壞昆彌屯葉護，受降君集置庭州。砧寒雁磧三城戍，笛弄龜茲萬里秋。應識故園當此夕，團圓兒女念邊頭。

《李訔傳》：獨孤曰："公試吹梁州"，至曲終，曰："公亦妙甚。然聲調得毋有龜茲之似[1]乎？"李起拜曰："丈人[2]神絕！某本師實龜茲人也。"

葱嶺晴雲

葱嶺嵯峨碧漢齊，氤氳佳氣滿丹梯。山分左股盤烏弋，雲起中峰偏白題。五翕侯封依保障，二庭藩服別東西。漫輕出岫無心者，飛去爲霖遍庶黎。

紅山曉鍾

崖前伏虎依僧定，雲外鯨鏗警夢殘。下界正當群籟息，上方飛落一聲寒。喚回海鶴來仙嶠，敲散天花滿戒壇。去國不知身絕域，關心猶作早朝看。

祁連晴雪

雪從太古積蒙溟，秀聳祁連若建瓴。雄跨兩關開月窟，勢盤五郡控龍庭。

---

① "似"，刻本作"師"。
② "丈人"，國圖抄本作"大人"。

蒼茫氣界中邊白，皎潔光摇天地青。記得貳師争戰處，摩崖水壑[1]尚留銘。

紅橋烟柳

蛇[2]蝘長虹跨碧潯，拂欄柳色染烟深。閲人多矣攀條過，今我來思側帽吟。情盡故低迎送路，魂銷慢綰别離心。記從廿四橋頭望，明月吹簫思不禁。

瀚海沙流

龍荒漠漠望無涯，地閲滄桑幾歲華。弱水回波趨瀚海，合黎餘浪入流沙。預知風色駝鳴磧，遠[3]帶秋聲雁落霞。不識蓬萊何處是，幾人曾此泛仙槎。

温泉夜雨 泉在烏魯木齊城東二十里

曾試華清第二泉，温湯復此弄漪漣。沸珠洞底敲朱火，皎鏡潭心噴紫烟。黍穀氣蒸飛作雨，渠黎波暖[4]溉爲田。依稀共話巴山夜，剪燭西窗憶往年。

涨瀁晚渡

涨瀁渡口碧瀠洄，漠漠流沙暄色催。幾處伏流穿塞合，一支健水劃城開。谷蠡偏溉氏羌種，龍勒[5]重屯戊己來。《後漢書》：耿恭爲戊己校尉，以疏勒城旁有澗水，可固據之。不識勞勞問津者，個中誰是濟川才[6]。《漢書》：本始三年，遣校尉常惠護烏孫兵，昆彌將五萬騎西入谷蠡王庭，乃得獲大勝。

---

① “水壑”，國圖抄本、刻本作“冰壑”。

② “蛇”，刻本作“蜿”。

③ “遠”，國圖抄本作“逮”。

④ “波暖”，國圖抄本作“波浪”。

⑤ “龍勒”，刻本作“疏勒”。

⑥ “濟川”，國圖抄本作“濟州”。

《三州輯略》卷之九

藝文門下

天山歌

洪亮吉

地脉至此斷，天山已包天。日月何處栖，總掛青松巔。窮冬棱棱朔風裂，雪復包天没山骨。峰形積古誰得窺，上有鴻蒙萬年雪。天山之石緑如玉，雪與石光皆染緑。半空石墮冰忽開，對面居然落飛瀑。青松崗頭鼠陸梁，一一競欲餐天光。沿林弱雉飛不起，經月飽啖松花香。人行山口雪没踪，山腹久已藏春風。始知靈境迥然异，氣候頓與三霄通。我謂長城不須築，此險天教限沙漠。山南山北爾許長，瀚海黄河兹起伏。他時逐客倘得還，置塚亦象祁連山。控弦縱遜票騎霍，投筆或似扶風班。別家近亦忘年載，日出滄溟倘家在。連峰偶一望東南，雲氣濛濛生腹背。九州我昔歷險夷，五岳頂上都標題。南條北條[1] 等閑耳，太乙太室[2] 輸此奇。君不見，奇鍾塞外天奚取，風力吹人猛飛舉？一峰缺處補一雲，人欲出山雲不許。

【注释】

〔1〕南條北條：《漢書·地理志》云：“《禹貢》：北條荆山，在馮翊懷德縣南。南條荆山，在南郡臨沮縣東北。”清顧祖禹《讀史方輿紀要》卷五十三：“至於荆山，所謂北條之荆山也。”錢謙益《新阡八景詩序》：“南條

之龍萬里，度江自沙山而香山而虞山，結爲縣治，東爲馬鞍山。"清代地理學家常用南條指代以巴山爲主的山脉，以北條指代以太行山爲主的山脉。

〔2〕太乙太室：太乙，也稱太一，即終南山，今名太白山，在陝西省眉縣。太室即嵩山，在河南省登封縣北。

松樹塘萬松歌

千峰萬峰同一峰，峰盡削立無蒙①茸。千松萬松同一松，幹悉直上無回容。一峰雲青一峰白，青尚籠烟白凝雪。一松稍紅一松墨，墨欲成霖赤迎日。無峰無松松必奇，無松無雲雲必飛。峰勢南北松東西，松影向背雲高低。有時一峰承一屋，屋下一松仍覆谷。天光雲影四時綠，風聲泉聲一隅足。我疑黃河瀚海地脉通，何以戈壁千里非青葱？不爾地脉貢潤合作天山松，松幹怪底一一直透星辰宮。好奇狂客忽至此，大笑一聲忘九死，看峰前行馬蹄駛，欲到青松盡頭止。

抵巴里坤

南山高瞰城，下復裂深谷。巉岩千丈堞，排齒入山腹。晴天飛雪霰，即已没車軸。陰寒中人深，肩背苦瑟縮。千年留戰地，往往鬼夜哭。殘年風益暴，客至裹重幄。燈火集一城，宵驚燭光綠。

肋巴泉夜起冒雪行

北風排南山，山足亦微動。寒光亘千尺，壁立雪若衕。車箱沁肌骨，清絕無一夢。更殘欣出穴，飛白壓衣重。百里僅數家，山房叠成甕。相將依爨火，漿濁感分送。人氣亦少蘇，無如馬蹄凍。

古城立春

短轅車逐短衣人，萬里來尋塞上春。識路未應呼老馬，歧途先已泣孤

---

① "蒙"，國圖抄本作"濛"。

臣。雲邊一笛驚殘夢，天外三山伴此身。肯把障泥容易澣，就中猶有帝京塵。

木壘河

到得山村夜已迷，窗櫺全不辨東西。狼馴似馬憑鞭策，鵲大於①鷄共樹栖。穴鼠岸然欺客睡，墜猿②時復雜兒啼。峰峰③塞路誰能究，只覺簷前北斗低。

安濟海夜起

夜闌安濟海[1]，波熖燭天紅。迥异雲霞色，都疑神火烘。松杉開嶺末，鳥鵲繞圍中。待得鷄頻唱，關門日始東。

自烏蘭烏素至安濟海，雪皆盈丈，十餘日不見寸土。因縱筆作。

烏蘭烏素[2]④ 迄安濟，十日見天不見地。有時見雪不見天，天與雪光原不异。惟交日午與月午，日月破空光獨麗。皂雕如鵬排齒舞⑤，黑蜥象龍交角戲。雙峰獨峰駝背闊，三角一角羊頭細。家牛渾[3]⑥乳酥⑦尤厚，野雉作羹膏過膩。水⑧厓倏爾超百仞，雪窟不須分四季。狹哉竪亥⑨東西步，笑絶唐虞[4]朔南暨。漢家亦僅開張掖，惹得控弦益無忌。何如聖世中外一，并斷匈奴左邊臂。南庭北庭[5]幕已空，陽關玉關[6]門不閉。二千餘年方拓壤，

---

① "於"，國圖抄本作"與"。
② "墜猿"，刻本作"野猿"。
③ "峰峰"，國圖抄本作"峰烽"。
④ "烏蘭烏素"，國圖抄本作"烏蘇烏素"。
⑤ "舞"，國圖抄本作"復"。
⑥ "渾"，國圖抄本作"潼"。
⑦ "酥"，國圖抄本、刻本作"酪"。
⑧ "水"，刻本作"冰"。
⑨ "竪亥"，國圖抄本作"竪海"。

三十六國皆請吏。尤欣栖畝盡軍實，不爾開疆虧國計。温都斯坦^[7]布魯特，退木爾沙哈拉替^[8]，修眉羅刹^[9]久作汗，戴角博羅都號比。群驅羊馬作互市，從此番回悉衣被。賜之瑰麗手加額，目以酋豪①頭戴髻。昆侖去天纔咫尺，日月藉此相隱蔽。金銀臺殿誰得過，我欲乘風縱游彎。渾河入地波乍冽，熱海逼冬泉亦沸。山傾西北悉破碎，河界天人此分際。張騫鑿空乃得到，伯益^[10]躔實何其諦。荒寒近始遭抉剔，神妙誰能復思議。元霜更在昆岡外，手握龜蛇出人意。只憐我亦老史臣，振筆欲增西域記。會看拓地過西海^[11]，不使群生②有殊氣。閩船已具千百艘，宛馬益多三萬騎。寒門銅柱親勒銘，功德高於百王帝。

【注释】

〔1〕安濟海：亦作安集海。即今新疆維吾爾自治區沙灣縣西安集海鎮。《新疆識略》卷二《烏魯木齊》"安集海台"條："西至庫爾喀喇烏蘇所管奎屯台九十里"。《新疆圖志》卷七九《安集海驛》："安集海乃安濟哈雅之音訛。準語，安濟，藥草名，哈雅，采取也。"

〔2〕烏蘭烏素：清代驛站，在今木壘哈薩克自治縣和大石頭鄉之間。

〔3〕牛湩：即牛奶。《通俗文》云："乳汁曰湩。"宋陸游《冬晴與子坦子聿游湖上》詩之三言："道邊白水如牛湩，知是山泉一脉來。"

〔4〕唐虞：唐堯與虞舜的并稱，亦指堯與舜的時代。《論語·泰伯》："唐虞之際，于斯爲盛。"常用來形容古人認爲的太平盛世。

〔5〕南庭北庭：東漢時匈奴分裂爲南北二單于，史稱南匈奴建庭爲南庭，北匈奴建庭爲北庭。

〔6〕陽關玉關：陽關，絲綢之路南道必經之地，遺址在今甘肅省敦煌市西南古董灘附近。玉關，玉門關的省稱，絲綢之路通往北道的咽喉要隘，在敦煌市西北九十千米處的戈壁灘中。

---

① "酋豪"，國圖抄本作"首豪"。
② "群生"，國圖抄本作"群臣"。

〔7〕温都斯坦：又作痕都斯坦。土邦名，地處印度河上游，西藏之西，今喀什米爾。乾隆二十四年（1759）成爲清朝之藩屬。

〔8〕退木爾沙哈拉替：退木爾沙，一説即爲哈默特沙汗。此處所指當爲巴達克山附近的西域邦國。哈拉替即喀拉提錦。西布魯特部落之一，游牧於喀什噶爾西，布哈爾東。乾隆二十四年（1759）臣屬清朝。

〔9〕羅刹：惡鬼之統稱。梵語音譯，亦稱羅刹娑（羅刹婆爲誤寫）、羅叉娑、羅乞察娑、阿落刹娑等。意譯爲可畏、速疾鬼、護者等。男羅刹皆爲黑身、朱發、緑眼，女羅刹謂羅刹女、羅叉私（羅刹斯）等，悉如絶色美婦，富有魅人之力，專食人之血肉。《一切經音義》："羅刹，此云惡鬼也。食人血肉，或飛空或地行，捷疾可畏也。"又曰："羅刹娑，梵語也，乃惡鬼名也。男即極醜，女即甚姝美，并皆食啖於人。"相傳"羅刹"原爲印度土著民族的名稱，雅利安人征服印度後，遂成爲惡人之代名詞，演變爲惡鬼之總名。

〔10〕伯益：生卒年不詳。相傳善於畜牧狩獵，所以帝舜任命伯益爲虞官，掌管山澤禽獸，并協助大禹治水。因伯益治水有功，大禹將其選爲繼承人。一説伯益被禹的兒子啓所殺，夏王啓終結了禪讓制，成爲世襲制第一人；另一説是伯益讓位于啓，避居於箕山之陽。

〔11〕西海：古代并不單指某一海洋或湖泊。一説指青海湖，一説指里海，一説指地中海。

呼圖壁

一日渡百河，馬力亦已疲。星光瀉空灘，懸溜復四飛。豈惟乏纖鱗，波急草亦稀。渡旁茅屋中，燈火已出扉。騎馬入土城，夙與仙尉期。佇聽鄉井談，藉以慰渴飢。兼聞徐南昌，時同年徐大令午亦納贖，將南歸。先時理征衣。倘得合伴歸，百驛庶不迷。語盡夜已闌，當窗警晨鷄。

道白山口取小南路往哈密

一山傾欹一山斷，宛轉前行入螺旋。山頭雲氣復四飛，人行忽如虱綴①

① "綴"，國圖抄本作"緞"。

衣。行完百里無一家，荒寂并乏栖林鴉。黃羊上嶺客登樹，相望遥遥徹天曙。是夕，人馬依高樹下宿。

道中遇大風，避入山穴，半晌乃定

白山之東絕椽瓦，間有土房人亦寡。雲光裹地衣裹天，風力飛人復飛馬。馬驚人哭拌作泥①，吹至半天仍分飛。一更風頹樵者唤，人落山頭馬山半。

節節草店露宿

新雨乍傾飛瀑溜，一尺水深疲馬瘦。雙鞭齊舉馬忽騰，傾刻已過坡三層。駝蹄峰前只一家，新月欲出峰②攔遮。車箱兀坐忘夜永，腐齒猶能截堅餅。

瞭臺三老柳行

自根及頂僅二尋，老幹橫披忽千丈。枝梢幸遇陂陀轉，不爾居然勢奔放。驅車覓路尤盤曲，騎馬入林時俯仰。風飄羊角忽迅厲，枝撼鵲巢頻震盪。排空欲攫雷電影，入暝爭言鬼神狀。土人所言如次③。清泉竟爾流根窟，飛瀑無端掛枝上。半晴半雨勢乍分，一幹一枝形不讓。近看十户居民繞，遠與萬株④松翠抗。煉形或是倚丹井，相近⑤有丹井，挺幹終須抉青嶂。距村十里復掉頭，攔路青葱尚堪望。

題長流水壁

秦承恩[1] 芝軒

在昔伊吾郡，遺踪説漢唐。當年戎馬地，今日黍禾鄉。雪擁天山秀，源

---

① "拌作泥"，國圖抄本作"拼作況"、刻本作"拚作泥"。
② "峰"，國圖抄本作"風"。
③ "次"，國圖抄本、刻本作"此"。
④ "株"，國圖抄本、刻本作"林"。
⑤ "相近"，國圖抄本作"相井"。

分柳谷[2] 長。老饕①堪慰藉，瓜剖水晶瓢。

忽見扶疏緑滿枝，陰森匝地②曉風吹。十年多少栽培力，路上行人知未知？

【注释】

〔1〕秦承恩（？—1809）：字芝軒，江蘇江寧人。乾隆二十六（1761）年進士，選庶吉士。乾隆二十八年授編修，歷任左贊善、侍講、順天鄉試正考官、京察等。乾隆四十五年後歷任福建延建邵道、按察使、陝西按察使、四川布政使、湖南布政使、陝西布政使、直隸布政使等職，因在湖南布政使任内失察來陽縣生員賀世盛編造的逆書，降二級調用，奉旨從寬留任。五十三年七月，升任陝西巡撫。嘉慶四年（1799），因剿白蓮教不力，謫戍伊犁。嘉慶七年釋回，後任江西巡撫。《清史稿》卷三四五及《國朝耆獻類徵初編》卷九五有傳。

〔2〕柳谷：即柳中城。今新疆维吾尔自治区鄯善縣西南魯克沁，距鄯善縣城西五十千米。西漢屬車師前部地。東漢時爲西域長史、戊己校尉治所。貞觀中設柳中縣。其後《王延德行記》稱六鐘，《元史》稱魯古塵。明清時又稱魯陳城、柳陳城、魯珍城兒、柳城、魯城、魯克察克、魯克沁、陸布沁等。自古以柳色而聞名，曾有"城郭日日柳年年，火焰山下楊柳春"的詩句。

甘州歌　壬戌

和寧　太庵

朔風滭沷天山高，弱水[1] 凍澀流沙焦。行人到此縮如蝟，況復西指瀚海遥。老我崛強興不淺，夜半起舞聽鷄號。欲寫胸中磊魂氣，挑檠炙硯濡冰

---

① "饕"，國圖抄本作"餐"。
② 國圖抄本脱"地"。

豪。古稱秦折天下脊，張兹臂掖霍嫖姚。我朝幅員邁往古，拓疆二萬神武昭。删丹合黎今内腹，削平版土蘇碱燒。五十二渠盡沃壤，南蕃北部無喧囂。斯民衽席奠厥始，屈指旗常輝斗杓。聚米坪前孟心亭，掃除賀逆如燖毛。順治二年，賀錦[2] 據甘州，總督孟喬芳[3] 討平之。心亭，喬芳字也。聚米坪在平凉，馬援聚米爲山谷，畫策征隗囂[4] 處。次者喀喇巴圖魯，蜚熊更突八捆鞱。康熙四年，青海蒙古乞大草灘爲牧地。副將王進寶[5] 不可，謂大草灘爲甘、凉扼要，與之不便，乃白軍門靖逆。張勇[6] 遂乘八捆車往①止之，蒙古乃退。進寶面黑，號爲喀啦巴圖魯。勇，字蜚熊。草灘以北無桥帳，黑河青海沉波濤。嘻，籲乎！祁連東下數千里，終南直達川楚交。軍容十萬勞七載，三帥齊名凌烟[7] 標。愧予不能持寸鐵，八聲甘州歌刁刁。更聞屯圖能代夢，伊吾策馬鳴蕭蕭。

【注释】

〔1〕弱水：一般指黑河下游段。也稱合黎水、羌谷水、鮮水、覆表水、副投水、張掖水、甘州河，是我國西北地方第二大内陸河，甘肅省最大的内陸河。發源於祁連山北麓中段，流經青海、甘肅、内蒙古自治區，下游稱弱水（古弱水）。《山海經》："弱水、青水出西南隅，以東，又北，又西南，過畢方鳥東"。

〔2〕賀錦（？—1651）：明末農民起義軍首領。綽號左金王，一説爭世王。明末農民起義軍榮陽大會時，爲十三家首領之一。崇禎十一年（1638），起義軍各部在明官軍追趕下普遍受挫，諸首領多受撫降明，賀錦仍繼續堅持斗爭，率部轉戰于鄂、皖邊境的英霍山區，與賀一龍、馬守應、劉希堯、藺養成共號左革五營。十四年，李自成起義軍席卷河南，賀氏率部加入。大順政權建立，受封制將軍。十六年冬，賀錦派副將軍魯文彬從張掖南下湟水沿岸，遭西寧地方勢力祁廷諫、祁興周父子及李天俞聯合率兵抵抗，賀錦親率部越過祁連山，次年攻下西寧城。順治二年（1645），與李過、高一功等聯合抗清，後退入廣西。八年，在由黔入蜀途中，遭孫可望襲擊而亡。

① "往"，刻本作 "突往"。

〔3〕孟喬芳（？—1654）：字心亭，直隸永平（今河北省盧龍縣）人。明末爲副將，因事被罷職居家。天聰四年（1621），清太宗皇太極領兵攻取永平，孟喬芳及知縣等官吏投降，奉命率降兵守城，仍爲副將，不久隨清軍北撤。五年，清王朝設六部，他任刑部漢員承政。崇德三年（1631）改任左參政。順治元年（1644）隨清軍入關，改任左侍郎，率兵西進。二年，以兵部右侍郎兼右副都御史任陝西三邊總督，總督陝西近十年，爲清朝基本穩定了西北形勢，順治十年病逝，賜諡忠毅。

〔4〕隗囂（？—33）：字季孟，天水成紀（今甘肅省秦安縣）人。新莽末，被當地豪强擁立，據有天水、武都、金城等郡，一度依附劉玄，自稱西州上將軍。建武九年（33），以屢爲漢軍所敗，憂忿而死。其子隗純降漢。

〔5〕王進寶（1626—1685）：字顯吾，甘肅靖遠人。初隨陝西總督孟喬芳平河西叛回，授守備，隸甘肅總兵張勇標下。順治十一年（1654），張勇調經略右標總兵，進寶隨往湖南。十五年進征貴州。在十萬溪擊敗安西王李定國都督羅大順，以功遷任經略右標中營游擊。康熙二年（1663），師還甘肅，升參將、副將，擢西寧總兵。隨甘肅提督張勇屢敗吳三桂勢力，克榆中、定西，破臨洮，攻降蘭州，擢昇陝西提督。康熙十八年，再次參加征討三藩之亂，康熙二十四年，卒于家。

〔6〕張勇（1616—1684）：字蜚熊，陝西咸寧（今陝西省西安市）人，初任明副將。順治二年（1645）投降英親王阿濟格，授陝西督標游擊，從孟喬芳進入甘肅。六年，任甘肅總兵。十年，從洪承疇攻破南明桂王政權，任經略右標總兵加右都督銜。十五年，隨洪承疇征貴州，授貴州提督。十七年，署臨沅總兵。十八年，授雲南提督。康熙二年（1663），署甘肅總兵。十三年授靖逆將軍、甘肅提督。在平定三藩之亂中任西線主將，相繼收復洮州、鞏昌、平涼等地，安定陝甘，論功晉封一等侯。後長期駐守甘肅，二十三年卒，諡襄壯。

〔7〕凌烟：即凌烟閣，古代專門陳列功臣畫像的檔案庫房建築，名稱始見於北周。唐太宗貞觀十七年（643），爲表彰功臣建築繪有功臣圖像的高閣，是太極宮組成部分。圖畫開國功臣長孫無忌、杜如晦、魏徵、尉遲敬德

等二十四人于凌烟閣，由閻立本畫像，褚遂良題字，太宗本人作畫像贊。

戈壁道上

千里行軍匪養魚，壺漿那管萬人虛。閑情更著名泉譜，爭識西來一勺無？

汲得澄泉載後車，不堪滿腹惜如珠。陰陰默禱同雲雪，却勝東坡調水符。

宿安西州贈胡息齋[1] 同年

雄鎮大灣頭，鳴沙第一州。月氏秦漢迹，疏勒古今流。地水堪容衆，天山利建侯。西陲靖戎馬，那用帶吳鈎？

不唱陽關[2] 曲，安西[3] 更有西。風沙隨地轉，雪嶺與天齊。僕馬貧能壯，琴書老仕①携。子高原曠達，揖別漫愁凄。

沙泉

地竇澄泉湧，平沙月臥簾。有孚占習坎，不滿見流謙。率土甘漿渥，行人潤德沾。一瓢期飲服②，那復問貪廉。

哈密度歲簡胡息齋　癸亥

驛路七千二，年華六十三。伊吾除舊歲，葉爾稅徵驂。適奉恩命，赴葉爾羌辦事。戎俗春光鬧，勞人夜夢酣。五更羊胛熟，爆竹聽何堪。

涇渭真源譜，天教二妙成。李石渠觀察著《渭源記》，胡息齋著《涇源記》。談經逾鄭叟，注水邁酈生。信有文章價，能傳事業名。河源探③取日，更話月氏城。

---

① "仕"，國圖抄本、刻本作"任"。
② "服"，國圖抄本、刻本作"腹"。
③ "探"，國圖抄本作"采"。

風戈壁吟

自梧桐窩、十三間房至齊克騰木台^[4]四百餘里，春多怪風。

大塊有噫氣，一息千里通。巽二撓萬物，折丹^[5]神處東。風穴^①地軸裂，風門天關衝。奇哉風戈壁，勃發乾兌沖。當夫初起時，黑靄蟠虯龍。焚輪瞬息至，萬奇^②奔長空。石飛輕於絮，輜重飄若蓬。靈駝識猛烈，一吹無停踪。我度瀚海半，屈指輪台中。忽傳伊吾廬，朵雲下郵筒。恩命撫莎車，兼馭于闐戎。泥首天山陽，聖慈廣帡幪。改轍^③吐蕃道，行李戒僕僮。鹼燒絕滴水，漱我淯泉豐。雪瘴凌氣海，鼓我泰兖充。天罡不可敵，默禱馮夷公^[6]。巨料驅車日，太清無纖蒙。野寮星月朗，白鳳栖梧桐。支炷不暇炊，忍飢馱鐵驄。坐生已度想，關展變春融。乃知廣莫候，太乙葉蟄宮。履道獲坦坦，無乃憐吾窮。原筮利西南，努力往有功。蜚廉^[7]不我戲，此意感蒼穹。

吐魯番

戰績侯岑説有唐，西州名易舊高昌。而今莫問童謠讖，日月年年照雪霜。

喀喇沙爾大玉

喀喇沙爾^[8]東一百八十里，烏沙克塔拉軍台有大玉三塊。大者青色，重萬斤；次者葱白，重八千斤；小者白色，重三千斤。四輪車三輛俱置於路旁。台弁云：此玉運至葉爾羌，西臣將以入貢。嘉慶四年二月奉旨停運，毋運京師，截留此台。遂以土屋封蓋云。

詔弃于闐玉，埋輪蔓草蕪。來從西旅道，産自罽賓隅。駕鼓勞天馬，投淵却海珠。何如此頑石，罷役萬民蘇。

不刻摩崖字，光明帝德昭。瑞同麟在野，喜見鵲來巢。昆璞完然古，羌戎逖矣朝。鬼神牢守護，莫任斧斤招。

---

① "穴"，國圖抄本作"六"。
② "奇"，國圖抄本、刻本作"騎"。
③ "轍"，國圖抄本作"陬"。

海都河冰橋

喀喇沙爾城西南有海都河，俗名通天河。冬月冰凍甚堅，車馬徑過，名曰冰橋。

天造輿梁穩，春冰迨未開。時正月廿八日。馬騰銀漢上，人駕玉虹來。濡尾狐猶聽，潛波魚尚猜。兩驂忙叱馭，快似碾輕雷。

庫車

萬里龜茲國，千尋佛洞山。城西六十里，山有大佛洞。壁經唐代古，洞有觀音大士像，壁刻漢楷《輪回經》一部，唐人所爲。城壘漢時殘。城東十里有土城一段，漢時屯兵處。土甲榮奇木，回語奇木，廣大也。故其阿奇木①稱阿奇木伯克。田庚徙惰蘭。惰蘭者，回人中別種，專爲酋長養鷹鶻者，今徙居此。天西無警燧，那獨柳陳安。

阿克蘇渾巴什河

城西五十里，源出穆蘇爾達巴罕，乃冰山也。水自北來西南折，東南流入蒲昌海。

地坼②長虹渚，天開冷玉峰。穆蘇融向日，羅卜暗朝宗。羅卜淖爾即蒲昌海，周數千里，潛行地中至星宿海，復出爲黃河源。一水今如席，三軍昔若龍。鑿冰千萬仞，懸度正嚴冬。將軍自伊犁度冰山。

葉爾羌

羌城古塔綠陰屯，塔高十五六丈。名迹曾探和卓園。節署即回酋和卓木舊園。百戰風雲沉義塚，官兵戰没合葬二塚，高丈餘，在城東五里，清明致祭。九霄霜月護忠魂。都統納木札勒[9]、參贊三泰盡節於城中。敕建顯忠祠致祀。御製《雙義詩》，勒碑記。呼鷹盡出桑麻里，戲馬閑看果蓏村。鎮撫羌兒高枕卧，雙岐銅角聽黃昏。回俗每於日入時，鼓吹誦經，其銅角雙岐兩口。

---

① "阿奇木"，刻本作"大頭目"。

② "坼"，國圖抄本作"拆"。

洗箔　城東七十里

當年黠虜遑妖氛，衆志堅城義薄雲。欲訪黑河三捷處，逢人大樹指將軍。將軍兆惠被圍於此，掘得米窖，士卒堅壁以守。逆酋放鳥槍悉中大樹，獲鉛丸數萬。後援軍至，賊衆大潰，內外夾攻。今樹創痕尚存。

咏園中五雁

天末隨陽鳥，呼群韵不孤。稻粱寧素飽，信義總同符。曾軼凌霄鶴，聊親泛水鳧。故應馴野性，得桷①也嬉娛。

西度陽關迥，從風翼力微。寒經蒲海瘴，暖逐玉山暉。莫厭銜蘆瘦，行看飼秕肥。氐羌同化日，況是弋人稀。

四海心何壯，來賓大食城。古稱月氏，大食國。徘徊低顧影，嘹唳遠含情。陣結秦雲斷，行分蜀月驚。定知兵氣盡，安集少哀鳴。喜聞川陝捷音。

年華催雪羽，小憩共園林。點落書空字，聲希別調琴。南翔饒旅夢，北鄉識歸心。願起能鳴侶，天衢送好音。

見説隨軒舞，依依戀我池。似窺蘇武[10]節，更繫郝經[11]詩。養翮修翎日，眠沙宿鷺時。帝鄉春色好，太液好栖遲。

玉河采玉

兩極昆侖産，琳琅貢紫宸。千斤未爲寶，一片果何珍。幟揚青雲杪，人喧白水濱。惰蘭齊攫拾，伯克竟游巡。自分澄心滓，還須洗眼塵。琢成和氏璧，良璞免沉淪。

觀雕搏狐

羨爾英雄姿，羌中獨來往。摩雲葱嶺低，沸波蒲海[12]廣。蛟螭入水搏，虎豹出山攘。藐兹狐兔群，聊以燠爪掌。

---

① "桷"，國圖抄本作"桶"。

獲白玉重三十八斤

天璞盈鈞①重，携從闢勒東。韞藏山有力，滌宕水居功。未必連城貴，由來任土供。昔年曾抵鵲，爭識氣如虹。

聖主賢惟寶，長城倚四隅。漫夸虞願[13]石，敢詡孟嘗[14]珠。絶域人磨砧，遐方象載瑜。豐年寰海報，多勝玉膏輸。

闢勒山書事二十四韵

玉圃東南蜕，撑霄彌勒台。闢勒山，又名彌勒台，昆侖東幹。河源三疊上，河源自温都斯坦西北大山中流出，至此五千餘里，勢若建瓴，出峽爲玉河。曲屈流三千餘里，至闢展東南，入羅卜淖爾，即蒲昌海也。潛行地下至星宿海，復出繞積石山，名黃河。天柱九區開。《龍魚河圖》云：昆侖山，天中柱也，此其東麓。凡内地諸山皆從此分脉。鱗次龍沙坦，《漢書》：白龍堆，沙漠也。今考吐魯番、闢展，哈密迤西戈壁悉在北天山之陽。翬飛鷲嶺崔。山勢東行至和闐分爲二，南支通後藏西北之岡底斯雪山，古稱鷲嶺。佛書：奇闍②崛，又名阿耨達山。巴延山似礪，山自和闐東行，徑七十九番族，名巴延喀拉達巴罕。山南爲草地，金沙江南幹諸水之源。山北爲星宿海。羅卜海如杯。羅卜淖爾一名黝澤，又名鹽池。禹力不能到，《酈經》[15]猶未該。閉關元宋小，遺壘漢唐猜。阿里瑪斯梁噶爾西南十餘里，有頹垣百餘堵，如營壘。或云漢，或以爲唐。聖德敷光遠，神漠決勝裁。馬懸葱嶺度，人跨斗牛來。四紀銷侵侮，雙星重撫徠。澤臨宜不雨，回地賴渠水灌田，歲不過微雨數次，多則傷稼。地豫豈無雷。葉爾羌古號無雷國[16]，近年春亦發聲，夏有霹靂。戎俗休輕革，羌心在久培。歲時知有慶，年穀未聞灾。厥貢輝千仞，其琛并五材。靈山寧愛寶，頑石也爭魁。琟碻披無算，瑕瑜辨幾枚。漫矜懷璞客，愧少勒銘才。牙帳[17]占鳥静，霜皋獵騎隤。維婁依樹底，烟火入雲隈。百寨安温飽，千夫聽溯洄。不須刁斗衛，更絶羽書[18]催。籠瀉青珠掛，謂葡萄。盤盛火齊堆。謂石榴。花瓜方蜜醴，甜瓜西瓜，秋後更佳。冰果亞瓊瑰。冰蘋果經夏，雪凍復長青，赤若琉璃，香芬耐久。役罷秋容老，詩成午夢回。昆侖人罕到，

---

① "鈞"，國圖抄本作"鈞"。

② "闍"，國圖抄本作"闍"。

咫尺問瑶臺。

祭河神

水伯來天上，中原四瀆[19]宗。清搖銀漢影，淺步玉沙踪。萬里奔如馬，千年矯若龍。星池穿一線，砥柱坼三峰。宕石功猶小，安瀾德最崇。心香祝靈府，順軌佐皇封。

英吉沙爾[20] 甲子

斗大孤城兩面開，能量千萬斛牟來。地傳依耐[21]虛遷國，古依耐國，回部附庸。河繞圖舒任剪萊。圖舒克塔什河[22]由城西入境，回人賴其水利。萬馬昔懸葱嶺度，西通巴達克山部，我軍追和卓木，由此度嶺。百花今傍柳泉栽。城南有柳樹泉，花果最盛。羌登衽席歡無比，羯鼓年年鬧古臺。城南十里兆公臺，回人四月間繞臺歌舞。

壺天園臥游閣 喀什噶爾

北牗壺天景，丹青筆筆留。夕陽孤榻滿，遠岫一房收。臥治才無補，游觀興足侔。揮弦頻悵望，塞雁已橫秋。

四照軒澄心潭①

欲洗囂塵眼，澄澄水一方。清虛觀內景，靜泰發奇光。倦鳥憑空宿，游魚徹底忙。莫輕投片瓦，童②皺總汪洋。

巡邊宿阿斯圖阿爾圖什[23] 乙丑

霢雲土雨釀花繁，默克人家和卓園。早是莎車登衽席，更於疏勒樹屏藩。葉爾羌，漢莎車國；喀什噶爾，古疏勒國。

邊沙夜靜馬蹄印，嶺雪春消雁爪痕。憑仗天戈揮月窟，此邦永睹舊

---

① "潭"，國圖抄本作"渾"。
② "童"，刻本作"穀"。

兒孫。

伊蘭烏瓦斯河

春林繫馬戍城閑，柞帳團團綠水灣。無限長蛇全蟄户，其地多蛇。定傳啞
虎會巡山。

布魯特酋長獻鷹馬却之

絡馬鞲鷹獻使君，使君答①却意何云。穹廬夜不驚雞犬，便是祥麟威
鳳群。

圖舒克塔什河

輕車軋軋碾金波，水面春寒料峭多。縮地黃河穿九曲，一朝九渡快
如何。

喀浪圭[24]

不見人烟只見駝，一叢田鼠拜荆窠。罕开路趁經商遠，古稱罕开，即今安集
延部。勃律名傳別種訛。布魯特，即古之勃律音譯訛也。此日羶帷懸庫露，幾年駞
酪憶蓬婆。磨牛步步皆陳迹，争比崎嶇歷落多。

烏什城遠眺

百戰經營漫負嵎，尉頭幾换古名區。泉開楊柳枝頭水，城南有柳樹泉，水自
樹孔中流出，蓋數千年奇景也。山抱驪龍頷下珠。山勢自東而西，蜿蜒如龍形。東向突起一
峰，城邊②當其壁。絕國牛羊今受牧，降王雞犬昔遭屠。謂賴黑木圖拉[25]之變，丁
寧旌節花開處，長使春暉入畫圖。

---

① "答"，國圖抄本、刻本作"笑"。
② "邊"，國圖抄本、刻本作"適"。

恩召還都恭紀七律　丙寅

天面^①兀兀守殘暉，許拜温綸駙馬歸。臺選身名叨齒録，冠加孔翠勝牙緋。心清不壓^②升沉夢，力定能占下上飛。六十猶痴臣未老，年開七秩勉知非。

別巢燕

林間幕上繫危情，自到閑堂夢少驚。卵育一方真樂國，不勞銜土更培城。

渡海茫茫事見猜，寒冬應蟄白龍堆。邊庭絶少屠酤汁，豈有爭巢野族來。

離群玉鵲與誰徒，君子堂前托抱雛。小智漫夸明戊己，世間他日了然無？

梁上栖遲弱羽拳，烟霄直達喜聯翩。徠城別爾先秋社，記爾飛曾過酒泉。

曉起嚶嚶^③教語頻，相要秋去返來春。誰知燕燕秋爲客，送客還鄉作主人。

明窗几硯飽窺予，萬里争煩繫足書。此日相抛情脉脉，剩看靈羽集承廬。

回首春明路正遥，鷦鷯舊壘恐漂摇。歸心欲倩^④烏衣使，助我雲軒勝馬軺。

西塞荒凉四度秋，裁詩權作蠟丸留。他年偶憶呢喃語，含翠堂前到也不。

---

① "天面"，國圖抄本、刻本作"天西"。
② "壓"，國圖抄本作"厭"，刻本作"魘"。
③ "嚶嚶"，刻本作"喃喃"。
④ "倩"，國圖抄本作"債"。

三堡口號　哈密西

一派霜林近小春，荒亭容膝意何親。六千沙磧開顏處，得見黃花似故人。

苦水①守風簡成誤庵[26]　侍郎

土口截祁連，空輪一噫旋。輜車[27] 輕似羽，砂石揚如綿。水絕猶名海，風行自信天。莫愁平地險，說輨②穩於船。

水以甘爲美，無端耐苦泉。風饕低撼地，雪虐遠兼天。貼席仍成寐，_{行李未至。}挑燈不礙眠。寒窗吾舊業，得句興依然。

馳驛返宿苦水　自涼州復出關

玉門重出感殘年，都護恩綸降自天。遙指北庭心膽壯，再嘗苦水是甘泉。

聞城上海螺　烏魯木齊

書劍孤懸物外身，曉窗寂寂少聞③塵。忽傳別調西風里，喚起天山渴睡人。

祁連南北兩吾城，咫尺鄉音萬感生。春度玉門關外滿，不須聽作戰場聲。

博克達山

博達神皋擁翠鬟，_{北天山之中，三峰聳抱，高出群巒。}晶瑩四望白雲間。_{南路吐魯番望之在北，蘇巴什台望之在東，北路巴里坤望之在西，烏魯木齊望之在東。}遙臨地澤千

---

① “苦水”，刻本作“苦水驛”。
② “輨”，刻本作“輻”。
③ “聞”，刻本作“閑”。

區潤，高捧天山一抸慳。彌勒南開晴雪圃，彌勒岱，又名^①闢勒山，即玉山，葉爾羌西南。穆蘇西接古冰顏。穆蘇爾達巴罕在阿克蘇、伊犁之間，即冰山，與此山相連。鍾靈脉到伊州伏，爲送群峰度玉關。山至哈密北鹽池山截然而止，伏入地中。所謂錫爾哈戈壁也，由星星峽過脉，東南復出，爲嘉峪關内之南祁連山。

【注释】

〔1〕胡息斋：即胡紀謨（1743—1810），字獻嘉，號息齋，浙江山陰人。乾隆三十三年（1768）舉人，曾任甘肅中衛知縣，後升安西直隸州知州。和寧與胡紀謨爲乾隆三十三年戊子同年。嘉慶七年（1802），和寧西戍，途經安西，有《宿安西州贈胡息齋同年》。行至哈密，又有《哈密度歲簡胡息齋》，因爲胡紀謨曾於乾隆五十五年奉命考察涇河源頭，作《涇水真源記》，所以和寧稱贊胡紀謨："談經逾鄭史，注水邁酈生。"

〔2〕陽關：古地名，爲交通西域的要道，在今甘肅敦煌西南。《漢書·西域傳》："西域，孝武時始通，東則接漢，厄以玉門、陽關，西則限以葱嶺。"《元和志》："陽關居玉門關之南，故曰陽關。本漢置，謂之南道。"陽關是中國古代陸路對外交往的交通咽喉，是絲綢之路南路必經的關卡。西漢時期設關，因在玉門關之南，所以叫陽關。到宋代以後，逐漸衰落廢止。

〔3〕安西：即安西都護府，唐貞觀十四年（640）置，治所在西州（今新疆維吾爾自治區吐魯番市東南高昌廢址）。顯慶三年（658）移治龜兹都督府（今新疆維吾爾自治區庫車縣東郊皮朗舊城）。轄境約包括今阿爾泰山以西、咸海以東以及阿姆河流域、葱嶺東西、塔里木盆地大部地區。咸亨元年（670）以後又移治碎葉鎮，長壽二年（693）還治龜兹都督府。貞元六年（790）後其城爲吐蕃攻占，遂廢。

〔4〕齊克騰木台：一作齊克塔木台。清乾隆年間置，即今新疆維吾爾自治區鄯善縣東七克台鎮。《西域圖志》載："齊克塔木，在納呼西一百四十里，東距闢展城七十里。自納呼西入谷口，山徑崎嶇。自高而下，七十里就

---

① "又名"，國圖抄本作"人名"。

平地。又七十里，至齊克塔木。有水草，可駐牧，有墩有城。"《西域同文志》記載："齊克塔木"由回語（即維吾爾語）"齊克"（長）和"塔木"（墻）組成，其地有高大的墻垣，故名。《林則徐日記》載，道光二十五年（1845）七月初七日，"至七克騰木軍台"。

〔5〕折丹：傳説中的風神名。《山海經·大荒東經》："大荒之中，有山名曰鞠陵於天，東極、離瞀，日月所出。有神名曰折丹，東方曰折，來風曰俊，處東極以出入風。"郭璞注："折丹，神人。"《駢雅·釋天》："折丹、飛廉，風師也"。

〔6〕馮夷公：即馮夷，神話傳説中的水神名，即河伯。《楚辭·遠游》："使湘靈鼓瑟兮，令海若舞馮夷。"錢起《省試湘靈鼓瑟》："馮夷空自舞，楚客不堪聽"。

〔7〕蜚廉：亦作飛廉，是古代漢族神話傳説中的风神。文獻稱飛廉是鳥身鹿頭或者鳥頭鹿身。最早出現于《楚辭·離騷》："前望舒使先驅兮，後飛廉使奔屬。"另一説法是飛廉是黃帝孫子顓頊的後裔，嬴姓，商朝大臣。有子二，分別是惡來和季勝，其中惡來是秦人的祖先，季勝是趙國的祖先。

〔8〕喀喇沙爾：明時爲別失八里部，自天山北南徒，據其地，更號伊勒巴拉。乾隆二十三年（1758），修建喀喇沙爾城。二十四年，置喀喇沙爾辦事大臣，在今新疆維吾爾自治區焉耆回族自治縣。光緒八年（1882）七月，置焉耆直隸廳。

〔9〕納木札勒：指納穆札爾（？—1758），圖伯特氏，蒙古正白旗人，都統拉錫子。自閑散授藍翎侍衛，累遷工部侍郎、鑲藍旗滿洲副都統。乾隆十五年（1750），與班第同任駐藏大臣。二十一年，以參贊大臣與將軍成袞扎布率索倫兵追捕青滾雜卜。二十二年授工部尚書、正紅旗滿洲都統，署定邊左副將軍。乾隆二十三年，大小和卓木叛亂，再任參贊大臣，尋授靖逆將軍，在救援兆惠的過程中，納穆札爾及參贊大臣三泰率領二百人在阿克蘇被叛軍三千人所圍，力戰陣亡，追封三等義烈公，謚武毅，圖形紫光閣。《清史稿》卷三一二有傳。

〔10〕蘇武（前140—前60年）：字子卿，漢代杜陵（今陝西省西安市）

人。代郡太守蘇建之子，天漢元年（前100年）拜中郎將。當時漢朝和匈奴的關係時好時壞。漢武帝爲了表示友好，派遣蘇武率領一百多人出使匈奴。不料匈奴發生内亂，蘇武一行受到牽連被扣留，且被要求叛漢歸附，蘇武寧死不從。留居匈奴十九年，持節不屈。始元六年（前81年），方獲釋回漢。蘇武去世後，漢宣帝將其列爲麒麟閣十功臣之一，彰顯其節操。

〔11〕郝經（1223—1275）：字伯常，澤州陵川（今山西省陵川縣）人，金、元時著名大儒。家貧，日勞夜讀，苦學不輟。元世祖忽必烈曾問以安民之道。官翰林侍讀學士，後充國使至宋，被羈十六年方歸。卒謚文忠。郝經工詩文，其文豐蔚豪蕩，而其詩多奇崛。著有《陵川集》《續後漢書》《太極演》《原古録》《通鑑書法》《玉衡貞觀》等。

〔12〕蒲海：即蒲類海。即今新疆維吾爾自治區巴里坤縣海子沿鄉的巴里坤湖。漢朝時附近有蒲類國，唐朝稱爲婆悉海。《后汉书·窦固传》：“（竇固）擊呼衍王……追至蒲類海。”李賢注：“蒲類海，今名婆悉海。”

〔13〕虞願（426—479）：字士恭，會稽餘姚人。宋文帝時爲國子生，遷湘東王國常侍。明帝立，以藩國舊恩，甚受信任與重用。盡忠直諫，不阿所好。出爲晉平太守，在郡立學堂教授，不營財利。官至廷尉、東觀祭酒卒。著作有《五經論問》《會稽記》。《南齊書》本傳有虞願觀越王石的故事。

〔14〕孟嘗：生卒年不詳，字伯周，會稽上虞（今浙江省紹興市市上虞區）人。初仕郡爲户曹史，後策孝廉，舉茂才，拜徐令。因能力出衆，調任合浦太守。“珠還合浦”的故事就是在任時發生的。《後漢書》有傳。

〔15〕酈經：即酈道元所著的《水經注》。

〔16〕無雷國：西域城國，國都在盧城（今新疆維吾爾自治區塔什庫爾干塔吉克自治縣境）。西漢神爵二年（前60年）後屬西域都護府。

〔17〕牙帳：將帥樹牙旗於軍帳之前，故稱牙帳，指主將所居的營帳。牙旗，將軍之旌，旗杆上以象牙飾之，故云。杜甫《寄董卿嘉榮十韵》：“聞道君牙帳，防秋近赤霄。”李賀《貴主征行樂》：“女垣素月角咿咿，牙帳未開分錦衣。”

〔18〕羽書：古代一種徵調軍隊的文書。杜甫《秋興》：“直北關山金鼓

振，征西車馬羽書馳。"烏能飛翔，而在當時條件下，要快莫過於烏，故在信上粘或插烏的羽毛，表示信件必須飛快送達。粘插雞毛則稱爲"雞毛信"。

〔19〕四瀆：古人對獨流入海的四條大川的總稱。《爾雅·釋水》："江、淮、河、濟爲四瀆，發源注海者也。"古代天子祭天下名山大川的大川即指四瀆。《史記·殷本紀》："東爲江，北爲濟，西爲河，南爲淮，四瀆已修，萬民乃有居"。

〔20〕英吉沙爾：維吾爾語意思是"新城"。《西域圖志》作英噶沙爾，自古爲葉爾羌與喀什之間的重鎮，乾隆朝重新統一新疆後曾經於此設軍台。光緒九年（1883）置英吉沙爾廳，治所即今新疆維吾爾自治區英吉沙縣，1913年改爲英吉沙縣。

〔21〕依耐：古國名，王治盧城，在今新疆維吾爾自治區葉城縣。《漢書·西域傳》："依耐國……戶一百二十五，口六百七十，勝兵三百五十人"，居住地北接疏勒，東北鄰莎車，南接子合。從事游牧生產，少谷，寄田疏勒、莎車。兩漢先後屬西域都護和西域長史，三國時屬魏，附於疏勒。南北朝時役屬嚈噠。

〔22〕圖舒克塔什河：即今新疆維吾爾自治區烏恰縣之恰克馬克河。《新疆圖志》卷六八《水道志二》"喀什噶爾河"條載："又東，圖舒克塔什河合伊蘭烏瓦斯河，自北來注之。圖舒克塔什河，源發蘇岳克冰嶺南，兩水東南流，匯爲托雷河，經鐵蓋山西南麓，有察罕瑪克河，源發烏圖魯碑博西南冰嶺下，經喀喇鐵列克山西麓，西南流，至碑素爾罕卡倫西合流，是爲圖舒克塔什河"。

〔23〕阿斯圖阿爾圖什：指阿圖什市，新疆維吾爾自治區克孜勒蘇柯爾克孜自治州的首府。位於新疆維吾爾自治區西南部，天山南麓，塔里木盆地西緣。

〔24〕喀浪圭：地名。位於喀什噶爾西北七十千米處，是通往中亞要衝。乾隆五十一年（1786）設置卡倫，駐侍衛一員，領滿營兵駐守。今爲烏恰縣黑孜葦鄉境。

〔25〕賴黑木圖拉：烏什人，維吾爾族，小伯克（地方官吏）出身。乾

隆三十一年（1765）二月，烏什辦事大臣素誠與阿奇木伯克阿卜都拉派遣民夫運送沙棗樹，被徵人員不堪苛虐，在賴黑木圖拉的組織下舉行起義，素誠父子畏罪自殺，阿布都拉被俘，義軍占領烏什城。清軍先後派阿克蘇辦事大臣卞塔海、伊犁將軍明瑞與喀什噶爾參贊大臣納世通率軍前往圍剿，屢戰屢敗，納世通被乾隆皇帝處死。後清朝派遣阿桂率重兵轟擊烏什城，賴黑木圖拉不幸中彈犧牲，其子額色木圖拉繼爲首領。後烏什城陷落，起義失敗。

〔26〕誤庵侍郎：指時任哈密辦事大臣的穆成書。穆成書（1760—1821），字倬雲，號誤庵，莫爾查氏，滿洲鑲白旗人。乾隆四十九年（1784）進士，先後歷户部主事，翰林院侍講、侍讀、侍講學士、詹事府詹事等。嘉慶三年（1798）至六年，遷内閣學士、盛京兵部、户部侍郎，工部、兵部、户部侍郎等。十年三月，改二等侍衛，充哈密帮辦大臣，十一年正月擢辦事大臣。十一月回京復授工部右侍郎。十九年，授直隸泰寧鎮總兵。二十一年，因泰陵被盜伐，以失察罪二次出關，降職古城領隊大臣，轉烏什辦事大臣。二十四年正月，調葉爾羌辦事大臣。二十五年返京補太常寺少卿。道光元年（1821），擢兵部左侍郎，尋改户部右侍郎。六月，卒于往山東、河南審案途次。曾兩次到新疆任職，有《多歲堂詩集》傳世。

〔27〕輜車：即有帷幔的車子，多用於載物，帷幔可以遮蔽風雨，防止貨物損壞，人也可以在里面寢卧。《史記·孫子列傳》："於是乃以田忌爲將，而孫子爲師，居輜車中，坐爲計謀。"

與顏岱雲同游紅山

成林[1]　漵園

我自西方來，無心問風景。迢迢一載程，晷刻少寧静。到此説紅山，上建招堤境。相約去同游，散步巉岩嶺。登臨放心目，天空忌①形影。清風徐徐來，促坐酌香茗。俯瞰有城村，炊烟分灶井。水紋動簾幕，山黛耀明靚。

---

① "忌"，國圖抄本、刻本作"忘"。

叢樹通市闤，淺溪絕漁艇。清談有同志，心脾爲之醒。擬作他年話，且消今日永。誰識此時情，相將共引領。

復同赴智珠山小集

留心學内典，渾俗原無碍。戒行全不知，根塵曉梗概。天外來故交，彼此益相愛。歷落盡天真，時露風流態。只宜大白浮，不覺是荒塞。平生丘壑心，悠然暗相會。一醉天地寬，那知中與外。

【注释】

〔1〕成林（？—1817）：字漪園，伊爾根覺羅氏，滿洲鑲藍旗人。乾隆四十五年（1789），由廩生考取内閣中書。歷任广西按察使、工部左侍郎及盛京副都統等職。嘉慶八年（1803）授駐藏帮辦大臣。在任上，與駐藏辦事大臣策拔克不和，相互攻訐。結果在嘉慶十年，成林以"違例支借庫項"罪名革職，次年遺戍烏魯木齊。十二年賞三等侍衛，授喀什噶爾參贊大臣。二十四年卒。本書收其詩作兩首。

丙寅除日

顔檢[1] 岱雲

此行欲出陽關去，此日且向西涼住。西涼風景問何如，彩貼宜春歲又除。詰旦行年五十一，身經一萬八千日。萬八千日數再巡，康强祝爾百齡人。

新正四日由永昌縣[2] 至水泉馹感懷

去年白泉住，寺古聽泉鳴。去年居易州之白泉。正月四日，命蓁兒偕汪少海孝廉赴龍山寺讀書。今日水泉宿，山高空水聲。已行三月路，惟願一春晴。計仲春望後，方可到戍。眷爾燕台客，緘予塞上情。

宿鹽池馹

郵亭息征馬，夕陽山半銜。暮雲忽暝合，明月生庭簾。東道具鷄黍，庖人列虀鹽。欲語食中味，其如殊酸鹹。

由肅州至嘉峪關

山外環山望未真，蒼茫烟氣逼嶙峋。出關半是青雲客，行路多憐白髮人。草貼浮沙埋亂石，車橫長軸駕寬輪。殷勤策馬邊墙去，域外風光領略新。

嘉峪關

關雄鎮拱北，水逝潛朝東。極目流沙外，同居化宇中。天山留雪白，邊市映燈紅。時正月望日也。出塞無惆悵，還思塞上翁。

由惠回堡過赤金湖^[3] 至赤金峽二首

荒途無人烟，岡陵自重沓。颯颯邊風號，莽莽黃沙壓。人從烟霧行，馬向冰凌踏①。九溝十八坡，一步一蹀躞。昨聞土人言，口囁神亦懾。我謝彼殷勤，怡然笑而答。久作行路人，艱險頗與狎。秣芻命倌人，行矣心無怯。不惜馬虺隤，但覺路駆駤。朝餐赤金湖，暮宿赤金峽。

倚山自成峽，無水乃名湖。朝沙載雙轂，乘車如乘桴。我從峽上觀，雲龍氣相噓。車從峽下過，若舟出巫瞿。屋在峽之陽，村人聚族居。日居赤金地，可有黃金無。笑予入郵舍，西山日未晡，擎杯酌孤酒，舉箸嘗新蔬。僕夫交相慶，出險趨坦途。坦途本蕩蕩，戚戚胡爲乎？

由安西至白墩

我不能如霍嫖姚^[4]，燕然^[5]勒石勛名標。又②不能如張博望，河漢乘槎來天上。負罪謫居出玉門，敝車羸馬相朝昏。邊風自送行騎去，廣轍但看流沙痕。安西城頭望曉月，白敦堡外融寒雪。荒程百里無人烟，芳時空度初春節。我馬踏草如踏花，我車碾冰如碾沙。日涉坦途走大漠，何如平地生

---

① "踏"，國圖抄本作"蹈"。
② "又"，國圖抄本作"人"。

褒斜。

出紅柳園

騎馬朝辭紅柳園，蒼茫霧氣曉猶昏。新正晴暖多如願，舊日襟懷且莫論。年侄王辛叔同行，每謂予曠懷不殊舊日，故云。曠野無林飛鳥斷，空原有路大車奔。如今自笑雙行腳，了却雲泥不著痕。

大泉至馬蓮井二首

不盡西陲路，征車日日過。窮邊居室少，弱草受霜多。轍廣輪徐轉，沙平輞細磨。請纓非有志，出塞竟如何。

猶是敦煌境，荒郵三宿間。春光前日度，雲迹幾時還。旱磧泉多涸，童山石亦頑。星星留古峽，詰旦更追攀。

宿沙泉

路上半沙磧，山中寧有泉。水懸車一篝，人憩屋三椽。墻角喚新鳥，几前寒舊氈。天涯不岑寂，展篋理詩篇。

宿苦水

昨日宿沙泉，今日宿苦水。沙泉泉不甘，苦水水非旨。水胡以苦名，事則以實紀。以此例沙泉，純盜虛聲矣。日午聞村鷄，我車適至止。茶爐手自烹，松炭烟徐起。挹彼峽水來，車中携星星峽水。悟徹清泠指。古琴和者希，獨彈有妙理。澹味知者誰，交深莫與比。惝惝證素心，穆然思君子。

長流水二首

漢差①人已往，唐鎮迹仍留。不少去來客，都懷今古愁。三春驚半度，一水竟長流。好把輕瓢浥，烹泉酌茗甌。

---

① "差"，國圖抄本、刻本作"槎"。

暫息輪蹄處，邊村落日斜。簷前栖怖鴿，樹外聽歸鴉。繞屋垂溪柳，當春放野花。此間有佳境，原不异中華。<small>自安西來絕無林鳥，惟此處有之。</small>

由長流水至黃蘆崗[6]

東方欲明曉星起，晨雞喔喔鳴不已。鞭絲遙指黃蘆岡，一日征程八十里。馬足蹴踏浮沙間，春風蕩漾春光還。朝暾初射邊方路，積雪微明塞外山。山色莽莽雪分界，我來看山如看畫。白雲當空如雪霏，白雪在山如雲掛。雲滿山腹雪滿巔，奇觀還結域外緣。正若窮探香雪海，瓊英玉屑堆青天。方今四海盡涵宥，準回諸部置亭堠。西緣葱嶺北沙陀，重譯而來爭輻輳。我從馬上瞻遙峰，峰峰環列如附庸。詰朝行過南山口，濤聲入耳聞青松。

由南山口至松樹塘[7]

南山之南山岩嶢，滿山白雪堆瓊瑤。我從山口入山去，直欲置身絕頂捫①青霄。所在皓以潔，入目清無囂。危峰互高下，怪石爭磽礐。十里五里時有疏林相掩映，還聽冰融春澗潺湲一水鳴輕濤。輕濤殊不惡，游禽亦自樂。幾陣烏鴉繞樹飛，忽聞雌雉山梁作。引嶺②望山梁，高處生寒光。崩厓欲斷不得斷，凍雲如臥還如僵。雲接山峰峰積雪，混然一氣含蒼茫。山靈招我顧我笑，微風拂拂恍惚相引來天閶。亂山束車路，山鳥導先步。步步入崔嵬，一步一回顧。回顧已失嶺下村，舉頭復見青松樹。松樹爭籠蔥，樹樹涵烟容。嗟我月餘不及見，對之能勿開心胸？心胸開，坐莓苔，松風入耳聲悠哉。風聲松聲相喧豗，一鞭遙指頂上來。頂上真穹窿，崇高立孤廟。群山相與環，旭日臨空照。觀者於茲嘆神奇，愧我塵踪今亦到。此山穹隆自今古，我來俯仰還憑吊。廟中却立循階墀，廟外躑躅觀唐碑。碑文漫漶字殘蝕，碑石斑駁光陸離。匆匆拂拭不能盡其詞，詞中約略惟紀侯姜師。侯姜師績不足

---

① "捫"，國土抄本作"問"。

② "嶺"，國圖抄本、刻本作"領"。

尚，貞觀事業猶於千載想見之。驅車下山去，短橋復幾度。山雪溪雪白有痕，嶺松澗松碧無數。君不見盤旋屈曲如游龍，當空一落奇勢飛動多橫縱。又不見虯髥巍巍直立致夭矯①，獨以瘦硬鐵骨支撐寒漠奮鱗爪。或且謖謖如鳴籟，或復亭亭如張蓋。參差歷落不知幾經春，坐閱往來過客同漚塵。孤幹貞心總不改，蒼顏翠黛終有神。松兮松兮孰與寫其真，竟與天光山光相噓相噏浩渺通無垠。去路何洄沿，四面凌巉屼。鑿石以開道，盛夏猶餘寒。縈紆山勢曲而曲，毗連磴道盤復盤。圍以石墻垣，繚以木欄干。緣溪絕窈窕，何處聞嘩喧。悠然雪徑開三三，鬱然松蔭青毿毿。雲迷北山北，路越南山南。人影亂移樹影靜，後車還接前車談。前後車遙長亘里，聲息相聞僅如咽。纔看古幹橫馬前，倏仰喬柯出雲底。憶昔宦南滇，曾上哀牢山[8]。哀牢山頭老松數萬本，松花松葉落地如鋪②氈。清陰下，跨驄馬。欻戡③徐行神瀟灑，飄飄一若登仙者。今日坐松間，又似重游也。乃知人間清閑真境不易得，得之往往在於寂寞荒涼之窮野。日落晚風涼，人來松樹塘。眼波集暮景，鼻觀聞林香。山峨峨兮水湯湯，雪皚皚兮松蒼蒼。安得此間買田一二頃，終吾身兮以徜徉。

巴里坤

背郭嶺嵯峨，環城海不波。鎮西[9] 新府治，拱北舊沙陀。事紀唐貞觀，碑留漢永和。裴公[10] 遺迹在，悔未一摩挱。

由巴里坤至鹹泉

圖城④西域壯山河，國朝有《西域圖志》。邊外岩城氣概多。蜃海樓臺呈色相，郡城面蒲類海，常見蜃樓海市。漢唐疆宇盡包羅。片雲度漠隨征馬⑤，叢草依

---

① "夭矯"，國圖抄本作"天矯"。
② "鋪"，國圖抄本作"銷"。
③ "戡"，刻本作"段"。
④ "城"，國圖抄本、刻本作"成"。
⑤ "馬"，國圖抄本作"鳥"。

原散野駝。泉上傳餐泉上宿，林泉滋味竟如何。是日在孤拐泉朝食，宿於鹹泉。

由木壘河至東城口

紅廟東來第幾程，烏魯木齊，俗呼爲紅廟子。輿人衝曉復遄征。途多曲折車隨轉，澗有高低雪壅平。萬里自安游子遇，三春欲動故鄉情。好將餅餌充朝食，鞭指奇台東城口至奇台縣四十里。趁午晴。

濟木薩晤莫遠厓明府〔11〕

惠我音書閱幾秋，緘情遠道叙綢繆。遠厓宦楚，常通音問。康莊汗馬還多蹶，宦海風帆不易收。同里扳予終席話，大荒憐爾六年留。遠厓於壬戌到所。天山雪擁春深後，可有重縫耐冷裘？

抵烏魯木齊

車循西城①路，我到鞏寧城。烟火千家望，春波一水明。寺依山遠近，坡接樹縱橫。息影三椽屋，樓頭聽角聲。

寓城南行館四首

烏壘城南寄一廬，呼僮隨意掃階除。車停塞雪消晴後，我到春花報信初。時杏花初蕊。萬里心情憐去國，幾人出入尚聯裾。成撫軍公方伯俱同在戍所。無多家具自安放，一枕悠然醋睡餘。

八月馳驅過驛亭，余在途已八閱月矣！耳中猶以②聽征鈴。收繮駐馬身初穩，合眼觀空夢早醒。半面遠山常入户，户正對靈應山，一株嘉樹恰當庭。閑雲歸岫林投鳥，笑我清心豁窈冥。

數弓矮屋稱吾廬，惜少空園種野蔬。遥塞泥鴻仍作客，故人子侄喜同居。時有年侄王辛叔同來。風來柳下觀鄰弈，月到窗前讀我書。一樣栖遲供嘯

---

① "西城"，國圖抄本作"西域"。
② "以"，刻本作"似"。

咏，閑中滋味又何如。

户外纖纖草漸蘇，春深小雨復沾濡。欲張竹幌延新夢，且看菱花認故吾。去日已多年向老，古人相對境寧孤。息廬余居白泉，齋名。回憶林泉好，桃柳於今滿緑蕪。

出城望紅山二首[①]

城東門前路，迤邐見紅山。山上瀋白雲，山下流清湍。千澗匯崖谷，雙橋聽潺湲。浮屠凌空立，佳境欣追攀。

三峰插玉笋，到眼堆瓊瑰。可望不可即，寒光相縈回。紅山頂望博克達山，三峰積雪，高插雲霄。鐘聲出蘭若，木石無塵埃。願得日扶杖，還與參禪來。

題亦吾廬　都護和太庵先生顏寓齋曰亦吾廬

出門乘一車，入門觀群書。夜露濕墻樹，晨鳥翔庭[②]除。在物無不足，於我常有餘。此身寄天地，悠然樂吾廬。

松桐吟

澗松無好花，園桃爭顏色。桐幹無附枝，柳條爭拂拭。三冬成其陰，歲寒不改心。一琴適其用，調古不改音。回憶同生初，桃柳今何如。

誄硯

與我結夙緣，未嘗須臾別。風度易水寒，篋餘天山雪。於茲共晨昏，賴爾徂歲月。情同關山長，意若江湖悦。錦茵不沾[③]塵，勁筆還屈[④]鐵。何意賞心違，文房不爾設。墮[⑤]地聲鏗然，亦似唾壺裂。憶昔蘇長公，易硯作劍説。

---

① 國圖抄本脱此二詩標題。
② “庭”，國圖抄本作“逢”。
③ “沾”，國圖抄本作“法”。
④ “屈”，國圖抄本作“月”。
⑤ “墜”，國圖抄本作“隨”。

東坡以銅劍與張幾仲易龍尾子石硯。龍尾與赤蛇，東坡詩"我家銅劍如赤蛇"。妙物皆奇絶。以彼而易此，永好兩相結。新詩若懸河，餘波不能竭。"永以爲好"，"譬之桃李與瓊華"，又"那將屋漏供懸河"，又"試向君硯求餘波"，皆東坡句也。惜我非蘇才，出言愧詞拙。周旋亦已久，懷抱未能輟。德性本堅貞，風流何銷歇。愛爾磨不磷，憐爾剛易折。作誄明相思，用以箴吾缺。

效古

送君一寸心，隨君萬里外。此日成遠離，何時復良會。園花争時妍，愁人無好顔。窗禽亦巧語，我懷爲誰宣。

呈都護和太庵先生

萬里西濛境，輶軒采訪真。先生曾作《回疆通志》〔12〕及《西藏賦》〔13〕，考據詳而且確。近又纂烏魯木齊志書。從知持節使，不愧讀書人。裘帶今儒將，襟期古大臣。不才慚鈍拙，尚許接文①茵。

立秋日過都護署，復呈太庵先生

一榻羅書史，千秋有寸心。開軒納②凉意，論世暢遥襟。不厭多時話，如聞太古琴。欽③醇我先醉，豈在酒杯深。

【注释】

〔1〕顔檢（1754—1833）：字惺甫，一字耘圃，號岱雲，廣東連平縣人。乾隆四十二年（1777）拔貢生。嘉慶七年（1802）官至直隸總督。十年（1805）降爲浙江巡撫。二十年（1815）坐事奪職，發往烏魯木齊效力贖罪。四年後召回，復官直隸總督。顔檢詩峻爽有骨，不作平庸之語，有《衍慶堂奏議》《衍慶堂詩稿》等傳世。《清史稿》卷三五八有傳。本書收有顔檢遺

① "文"，國圖抄本作"支"。
② "納"，國圖抄本作"細"。
③ "欽"，國圖抄本作"斂"。疑當作"飲"。

戍新疆時所寫的二十四首詩作。

〔2〕永昌縣：河西走廊縣名。西汉置番和縣，治今址。西晋改番禾縣，隋開皇三年（583）复置番和縣。唐武德二年（619）又改番禾縣。天寶三載（744）改天寶縣。后地入吐蕃。元至元十五年（1278）置永昌路，治今縣。明洪武三年（1370）改永昌衛。清雍正二年（1724）改永昌縣。是絲綢之路河西走廊段必經之地。

〔3〕赤金湖：清代稱阿拉克池，也稱草湖，在今甘肅省玉門市北赤金鎮東南。清置驛於此。《清一統志·安西州》：赤金硖站"其東四十里至赤金湖"。

〔4〕霍嫖姚：即霍去病。

〔5〕燕然：燕然山即今内蒙古境内的杭愛山。永元元年（89），寶憲、耿秉率領的軍隊同南單于、度遼將軍鄧鴻的軍隊於涿邪山會師，與北單于在稽洛山交戰，戰勝了北匈奴。由於追擊匈奴，寶憲出塞三千多里，登上燕然山，并命令班固在燕然山刻石記功。

〔6〕黄蘆岡：即黄蘆岡驛，蒙古語稱"西拉呼魯蘇"，意爲黄蘆葦，驛因以得名。由於地近哈密，蘆草連片，回、漢居民較多，黄蘆岡驛站有土屋、官店、民鋪，建有烽火臺、關帝廟，爲哈密東八站之首。

〔7〕松樹塘：位於天山北麓，地跨哈密和巴里坤，是一處軍事要隘。古代曾在這里設驛站，建烽火臺。漢司馬任尚、唐代姜行本曾在這里立下赫赫戰功，附近有碑爲證。

〔8〕哀牢山：位於雲南省中部，爲雲嶺向南的延伸，是雲貴高原和横斷山脉的分界線，也是雲江和阿墨江的分水嶺。走向爲西北—東南，北起楚雄市，南抵绿春縣，全長約五百公里，主峰海拔三千一百六十六米。以古代哀牢部落在此繁衍生息而得名。

〔9〕鎮西：清代新疆地名。雍正七年（1729）建城于巴爾庫勒，改稱巴里坤。九年，在此設安西廳同知，隸甘肅布政司。乾隆三十七年（1772），設巴里坤領隊大臣。三十八年，設鎮西府。咸豐五年（1855）改鎮西府置鎮西直隸廳，屬甘肅省，治所即今新疆巴里坤哈薩克自治縣。光緒十二年（1886），改屬新疆省。

　　〔10〕裴公：指唐朝名將裴行儉（619—682）。字守約。絳州聞喜（今山西省聞喜縣）人。少從蘇定方學兵法，柳宗元大姊夫。高宗麟德二年（665）任安西都護，曾招撫西域諸國歸附。後遷吏部侍郎。儀鳳四年（679），西突厥十姓可汗阿史支那支及李遮匐叛唐，裴行儉率兵出西域，送波斯王子泥捏師歸國，師經莫賀延磧，俘獲阿史那都支，招降遮匐，拜吏部尚書。調露元年（679），又擊敗單于大都護屬下突厥人的叛亂，以功封聞喜縣公。

　　〔11〕莫遠厓明府：本名莫子捷，字遠厓，廣東高明縣（今廣東省佛山市高明區）人。乾隆三十六年（1771）舉人，原任湖北麻城、薪水、黃州通判，沔陽州同、應山縣知縣。嘉慶七年（1802），遣戍烏魯木齊。明府，清人對知縣的擬古尊稱。

　　〔12〕《回疆通志》：又名《回疆事宜》，和寧纂。

　　〔13〕《西藏賦》：和寧撰，成書於嘉慶二年（1797）。該書是和寧任駐藏大臣期間，以自身經歷并參考圖經地志、文獻典籍等撰成。記載了西藏地區歷史沿革、風俗習慣、達賴與班禪世系、職官設置、駐兵情况以及山川、人物、畜產、佛教、寺廟、物產、錢幣等。有光緒八年（1882）元尚居刻本、《榕園叢書》本、《守約篇》本、《舟車所至》本等版本傳世。

塞上曲

李鑾宣^[1]　石農

　　莫翻舊譜譜《伊》《涼》，野氣昏昏日影黃。一領羊裘便消夏，邊城六月有飛霜。

肅州二首

　　犄角關山百戰深，龍沙西去入窮陰。一州劃斷天中外，六合同維世古今。班馬有聲風獵獵，烽烟無警晝①沉沉。征人欲去頻搔首，寒色蕭條暮

---

　　①　"晝"，國圖抄本作"晝"。

靄森。

玉門萬里罷封侯，不用兼金買紫騮。古塞黃雲如陣合，天山白雪化溪流。荒烟一片迷衰草，畫角千聲起夕愁。篋里殘書壯行色，寄聲關吏莫勾留。

感興

親老兒遷謫，離思觸萬端。窮愁著書易，明哲保身難。日落寒鷗叫，天高健鶻盤。輪台風颯颯，何處著南冠。

烏鴉曲

朝聽烏鴉鳴，暮看烏鴉宿。烏鴉呼其雛，飛上誰家屋。

嘉峪關二首

睥睨曉蒼蒼，雄關扼大荒。版圖通月窟，形勢鞏金湯。積雪連雲白，流沙射日黃。丸泥無所用，綿亘塞垣長。

春風吹不到，抬眼見天山。一萬八千里，流人過此間。莫須驚遠戍，猶復冀生還。去去頻回首，行行今出關。

相逢行

男兒無家復無室，萬里投荒成決絕。酒酣拔劍歌忽哀，歌罷潸潸淚流血。血淚本爲生別滋，上有老父下無兒。人生百歲已過半，塞門一出何時歸。道逢一叟目已眊，滿面黃塵埋七竅。問之亦是戍邊人，草草歧途相慰勞。自言家住閩海東，母年八十雙耳聾。一子前年海上死，一弟消息久不通。一女十五尚未嫁，吁嗟遠徙天夢夢。我聞叟言淚不止，等是生離不如死。爾有母兮我有父，爾有女兮我無子。骨肉乖違魂夢隔，世間離別那有此？叟也前致辭，勸君莫深悲。君曾爲顯仕，何故貧如斯。我言叟乎爾弗知，膏粱醉飽皆民脂。不忍民間一路哭，遂令八口寒與飢。八口飢寒且勿顧，有父不養何以生。我爲蕭蕭白日氣慘凄，關河四面望欲迷。悲風卷樹樹欲折，但見荒烟蔓草不住寒鴉啼。

索科鄂模，古居延澤，《禹貢》導弱水，
餘波入於流沙，即此。系之以詩。

淳淳居延澤，弱水之所注。天寒冰未泮，銀海戲鷗鷺。上流無懷襄，不
激水不怒。下流無尾閭，不泄水斯住。流沙浩漫漫，沙丘莽回互。餘波漸
漫①滲，伏地作沮洳。是以謂之弱，瀠溟窮陰涸。耳食始何人，一誤復再誤。
負芥既不能，浮杯又安渡。瀛州與方壺，蓬萊在何處。山能隨風搖，水將奚
所附。三復禹貢書，淵流吾其溯。

玉門縣二首

行行玉門縣[2]，不見玉門關。陽關更何處，往迹難追攀。聖朝一區宇，
析支戶庭②間。刁斗静不設，角弓弛不彎。飲馬居延澤，驅馬祁連山。山有
太古雪，望望凋朱顏。

積雪搖光晶，赤日不能暵③。荒陲鳥獸絕，天寒行旅斷。百里無人烟，
沙深欲没骭。長刀短後衣，黄塵撲滿面。玉關冀生入，古人發長嘆。行矣毋
逡巡，從軍吾所願。

宿安西州

曉起風未息，門外猶揚沙。繫馬閉門坐，城上吹清笳。笳聲何嗚嗚，風
聲何颭颭。班馬何蕭蕭，飢鳥何啞啞。萬籟不肯静，千聲同一嘩。嗟我如蟄
蟲，坯户[3] 天之涯。

瀚海歌

莽莽兮無人，浩浩兮無垠。寥寥蕭蕭不知延袤幾千里，行人過此惻惻生

---

① "漫"，國圖抄本作"浸"。
② "庭"，國圖抄本作"逢"。
③ "暵"，刻本作"歎"。

悲辛。無秋無夏無三春，無飛無走并無介與鱗，無草無木亦無水與薪。凝睇何所見，但見沙中細石瑞且璘。抬眼何所見，但見天山雪積高嶙峋。陰雲黯黕掩娥魄，頹日慘澹埋羲輪。曠野時時露白骨，深夜往往飛青磷。有時怪火出，燭天之焰逾日星，有時怪風起，焚輪之勢搖蒼旻。鳴沙射人石噴雨，苦霧匝地天無津。人馬當之破空去，失勢一落千丈萬丈爲埃塵。不然流沙壓頂人與馬俱斃，新鬼舊鬼一旦嗟沉淪。君不見，沙行如龍際天表，祁連遏之怒猶矯。誰治瀚海作桑田，天荒一破乾坤小。

長流水題壁

朝過長流水，暮過長流水。流水流不休，行人行未已。

哈密四首

高山連闢勒，古郡控伊吾。地遠天難盡，沙明海不枯。舉頭飛鳥没，回首片雲孤。牽馬入城市，言尋賣酒壚。

東接敦煌郡，南連土魯番。咽喉通月骷①，衣帶俯河源。日影春城暗，風聲戌角喧。太平無絶徼，中外一屏藩。

回紇今奴隸，天朝世受恩。屯田疏柳谷，戎索絫花門。衍教尊和卓，翻經拜阿渾。狄鞮[4]歸戸闑，不許塞塵昏。

村落如棋布，炊烟屋上斜。耕田多服馬，戽水不懸車。錯壤平宜稌，衡門半種瓜。停驂揖老叟，暫與話桑麻。

薪栖[5]嘆

松林雜沓如蝟毛，林端不住飛雲濤。雪山雪白松亦白，松意欲與山爭高。惜哉樵采無厲禁，坐使歷劫仙難逃。十年之樹不及待，薪之栖之同蓬蒿。松兮，亦②何不居太山③之巔華山麓，沐日浴月凌霜皋。何爲托根窮徼外，

---

① "骷"，國圖抄本作"增"，刻本作"嶀"。

② "亦"，刻本作"爾"。

③ "太山"，刻本作"泰山"。

飛鳥不得安其巢。松兮松兮，願姑免此斧斤斲，爲棟爲梁天所篤，知爾原非不材木。

巴里坤城北尋漢永和二年碑

竟斷匈奴臂，穿碑勒此間。星弧彎夜月，鐵馬駐天山。斬馘誅呼衍，全師入漢關。至今捫古碣，血漬土花斑。

沙山來

沙山來，高崔嵬，苦霧四塞慘不開。黃雲匼匝黃塵霾，坤維忽裂聲轟雷。人馬駝牛生便埋，吁嗟何地求遺骸。沙山去，石如雨，飛廉噫氣箕伯[6]怒。白骨青磷亂無數，霎時飛去霎時仆。人馬駝牛不知處，吁嗟何地爲丘墓①！十月烈風饕，烈風烈如刀，人行墮指馬縮毛。五月熱風熇，熱風熱如燒，燭龍當午焱輪飂。火山燠，烏皓切。雪山皎，冰天火地無昏曉。盛暑猶凝太古雪，一片寒光寒不了。海非海兮山非山，熱非熱兮寒非寒。倏而來兮忽而去，去也無迹來無端。土囊竟從地底破，羊角不向天②衢搏。書生終日閉門坐，焉知六合以内六合以外咄咄多奇觀？我欲竟此曲，此曲凄以繁。平沙衮衮車班班，側身東望雲漫漫。

白楊河[7] 望博克達山

開門見南山，南山雪壓頂。萬丈琉璃屏，激射日光冷。晴雲起山腹，匹練縈如綆。高峰突遏之，怒氣結成癭。如馬困羈靮，欲騁不得騁。迷漫遍山谷，頃刻幻奇景。近山含光晶，遠山澹微影。雪附山不孤，雲動山逾静。此中分界畫，諦視頗井井。銀漢浩茫茫，一色納諸嶺。

抵戍

竟到輪台戍，君親夢未忘。邊庭嚴鼓角，春夢感滄桑。屋漏疏星入，燈

---

① "墓"，國圖抄本作"暮"。

② "天"，國圖抄本作"夫"。

殘點鼠忙。閉門宜省過，不敢更思鄉。

輪台即目四首

靈山晴擁玉蓮華，顥氣棱棱入望賒。二萬雄封今郡縣，三千弱水古流沙。辟雍[8] 鐘鼓開荒服，苜蓿[9] 葡桃陋漢家。蒙汜輸誠箕斂福，聖朝釀化本無涯。

耕田鑿井太平民，莫問條支與罽賓。拓地屯猶分戊己，罷官人自守庚申。重城犄角溪光繞，萬灶如鱗板築新。瀚海維隍玉門闥，堯天處處是陽春。

庭州原是古輪台，有客登臨倦眼開。征雁背人書字去，亂峰如馬入城來。貿遷强半通秦晋，函夏難容宅準回。望斷長安天際遠，一回凝涕一徘徊。

偶向郊坰跋馬過，斷烟衰草奈愁何。三峰叠雪晴如畫，雙塔摩雲水欲波。沽酒帘前人語鬧，夕陽城下柳陰多。請纓畢竟書生志，不得封侯便荷戈。

【注释】

[1] 李鑾宣（1758—1817）：字伯宣，號石農，別署散花龕主，山西静樂人。乾隆五十五年（1790）進士，授刑部主事。嘉慶三年（1798），擢升爲浙江温處兵備道，在任六年，修明文教，頗有政聲。後又調任雲南按察使，因不徇私情遭人誣陷，被流放于烏魯木齊。嘉慶十四年復出，歷任户部主事、天津兵備道、直隸按察使、廣東按察使、四川布政使。著有《堅白石齋詩集》，其中遺戍新疆的詩篇命名爲《荷戈集》。本書收其詩歌二十九首。

[2] 玉門縣：西漢置，治所在今甘肅省玉門市西北赤金堡稍東。北周改名會稽縣。隋開皇十年（590）復改玉門縣。唐末廢。清乾隆二十四年（1759）復置，移治今玉門市西北玉門鎮。

[3] 坯户：意思是小蟲開始藏於穴中，用細土封住洞口以防寒氣侵入。《禮·月令》："仲秋之月，蟄蟲坯户。"鄭玄注："坯，益也。蟄蟲益户，謂

稍小之也。"孔穎達疏:"户,謂穴也。以土增益穴之四畔,使通明處稍小。所以然者,以陰氣將至。此以坯之稍小,以時氣尚温,猶須出入,故十月寒甚,乃閉之也"。

〔4〕狄鞮:指通曉并能翻譯西方語言的人。《禮記·王制》:"五方之民,言語不通,嗜欲不同。達其志,通其欲,東方曰寄,南方曰象,西方曰狄鞮,北方曰譯。"孔穎達疏:"鞮,知也,謂通傳夷狄之語,與中國相知。"

〔5〕薪樲:《詩·大雅·棫樸》:"荒荒棫樸,薪之樲之。"毛傳:"樲,積也。山木茂盛,萬民得而薪之;賢人衆多,國家得用蕃興。"後因以"薪樲"比喻賢良的人才,亦喻選拔賢良的人才。

〔6〕箕伯:亦稱風師、風伯,古代神話中司風之神。相傳二十八宿之一的箕星能興風,故名。李善注引《風俗通》曰:"風師者,箕星也;主簸物,能致風氣也。"

〔7〕白楊河:即今新疆維吾爾自治區瑪納斯河。是準噶爾盆地最大的内陸河,最終注入瑪納斯湖。

〔8〕辟雍:爲西周天子所設大學。蔡邕《明堂月令論》云:其名乃"取其四面周水,圓如璧。"東漢以後,歷代皆有辟雍,但除北宋末年曾爲太學的預備學校外,均僅爲祭祀之所。

〔9〕苜蓿:又稱木栗、金花菜、三葉菜、盤岐頭、草頭、紫花苜蓿、蓿草等,爲豆科一年生或多年生草本植物。苜蓿廣泛分布於我國西北、東北、華東等地,適應性極强,對生長條件要求不嚴,在河邊、水渠邊、路邊潮濕處,均長勢良好。

物産門

物産門

謹按：天不愛道，地不愛寶，萬物生生不已，大造之所以無盡藏也。蓋五行之精，各以其氣應；八方之産，各以其類從。以五行合八方之卦，水火以氣，化而各一，金木土以形，成而各二。故坎離主水火，震巽主木，乾兑主金，坤艮主土。其生物也，陰陽剛柔之質於是乎始備。今考西域當乾兑之位，爲馬，爲羊，爲玉，爲金，爲水①，爲木果，爲澤，爲附决，爲剛鹵[1]，其②不以氣應而以其類從。姑取耳目所及，以志其大略云。

金

乾隆三十六年（1771），提督巴彦弼具奏，查烏魯木齊所屬瑪納斯地方南面一帶，入山伐木之人常獲金塊。又瑪納斯西接庫爾哈喇烏蘇，山勢綿亘數百里，砂礫内有金屑顯露，必有金砂苗線可尋。現在委員踏看，如果金苗旺盛，再行開采。嗣經徐績[2]、雅郎阿等查，奎屯河[3] 上游山中刨見金屑，令三十九人淘洗，七日得金一兩五錢八分。又於呼圖壁河上游令二十五人淘洗，五日得金六錢六分。

乾隆三十七年，伊犁將軍舒赫德查土爾扈特郡王巴木巴爾[4] 等游牧，與淘洗金沙之河相距三十餘里，安設卡倫，可否撤回淘洗兵丁，仍令屯田，於土爾扈特游牧無礙等因，具奏停止。

四十七年，都統明亮具奏，迪化州所屬南山一帶，并奎屯河、呼圖壁、瑪納斯、庫爾喀喇烏蘇等處，依山傍水，間産金沙，設立司金局，發給民人

---

① "水"，國圖抄本、刻本作"冰"。
② "其"，國圖抄本、刻本作"莫"。

路票入山，淘洗金沙，交納金課。

四十八年，都統海祿具奏，裁汰司金局，改歸鎮迪道總理，各州縣承辦。

迪化州屬

東溝口廠，東至馬圈溝，西至頭屯，南至後硤，北至水西溝。金夫一百九十名。

水西溝廠，東至雪山根，西至三盆口，北至大拉牌，南至馬圈溝。金夫一百七十三名。

白楊溝廠，東至東溝口，西至後硤，南至綉沙嘴，北至草達坂。金夫五十名。

綉沙嘴廠，東至水西溝，西至後硤，南至白楊口，北至駱駝脖子。金夫七十名。

頭屯廠，東至照壁山，西至西盆，南至三盆口，北至澇琪灣[①]。金夫五十五名。

駱駝脖廠，東至大拉牌，西至河沿，南至綉沙嘴，北至硤門子。金夫二十五名。

大西溝廠，東至河沿，西至澤達坂，南至硤門子，北至卡倫。金夫九十名。

以上七處共金夫六百五十三名，每名每月交課金三分，共課金一十九兩五錢九分。

昌吉縣屬

三屯廠，東至廟兒溝，西至呼圖壁廠，南至山硤，北至草達坂。金夫二十三名。

呼圖壁廠，東至三屯廠，西至清水河，南至山硤，北至溝口。金夫二十三名。

以上二廠共金夫四十七名，每名每月交課金三分，共收課金一兩四錢一分。

綏來縣屬

烏蘭烏蘇博羅屯古廠，東界紅栅，南界南山，西界金屯，北界戈壁。金夫二十二名。

紅栅廠，東至清水河，南至達子橋，西至烏蘭烏蘇，北至瑪納斯。金夫四十八名。

達子橋廠，東至清水河，南至南山，西至烏蘭烏蘇河，北至紅栅。金夫三十四名。

以上三處共金夫一百四名，每名每月交課全三分，共收課金三兩一錢二分。

---

① "澇琪"，刻本作"澇灞"。

庫爾喀喇烏蘇屬

濟爾嘎朗廠，南北直溝一道，南至腰沙台子，北至大崖頭，東至本溝山①，西至本溝山。金夫二百九名。

奎屯廠，南北直溝一道，南至三道河，北至九間樓，東至本溝山，西至本溝山。金夫二百一十名。

以上二處共金夫四百一十九名，每名每月交課金三分，共收課金一十二兩五錢七分。

各處金廠通共金夫一千二百二十三名，每月共應收課金三十六兩六錢九分。

【注释】

〔1〕剛鹵：堅硬的鹽碱地。剛，堅硬，鹵，鹽碱。《易·説卦》："其於地也爲剛鹵、爲妾、羊。"孔穎達疏："其於地也，剛鹵，取水澤所停，鹽鹵也"。

〔2〕徐績（1731—1811）：漢軍正藍旗人。乾隆三十四年（1769）以按察使銜往哈密辦事，補授哈密辦事大臣。次年擢工部侍郎、烏魯木齊辦事大臣。四十七年（1782）因事奪官，以三品頂戴往和闐辦事。旋授正黃旗漢軍副都統，遷正紅旗漢軍都統。六十年（1795）以奏報不實，又奪官。以六品頂戴往和闐辦事。嘉慶元年（1796）任和闐辦事大臣。四年（1799）改任烏什辦事大臣。後回京任宗人府丞，以病乞休。

〔3〕奎屯河：又名扎爾馬圖水。發源于天山北麓額林哈畢爾尕山，由南向北流經準噶爾盆地、烏蘇城東，北入庫爾喀喇烏蘇河，最後注入艾比湖，全長三百三十餘千米。

〔4〕巴木巴爾（？—1774）：土爾扈特蒙古部貴族，阿玉奇汗弟納扎爾瑪穆特之曾孫，渥巴錫族弟。乾隆三十五年（1770）秋，參加渥巴錫起義東歸決策。在搶渡烏拉爾河時立下戰功，是土爾扈特東歸鬥爭的重要領導人之一。翌年六月因病未能隨渥巴錫入覲承德，仍受封爲多羅郡王，游牧於庫爾

---

① "山"，國圖抄本作"一"。

喀喇烏蘇，是舊土爾扈特蒙古烏訥恩素珠克圖盟東路右旗的始祖。次年夏入覲承德，乾隆三十九年（1774）病逝，子車凌德勒克襲爵。

鐵

乾隆二十七年，辦事大臣旌額理等具奏，烏魯木齊每年各屯所需農具，俱由内地運送。今陸續遷移民户，所需農具較前倍多。若得本處產鐵，熔鑄打造，可省内地挽運之煩。隨詢悉喀喇巴爾噶遜、昌吉河源等處產鐵，隨調取吐魯番回子鐵匠四名，帶領厄魯特等前赴昌吉河源，刨獲鐵一百餘斤，鎔化試鑄農具，尚堪應用。再調取内地善炒熟鐵匠役，令其打造農具器皿，較之内地挽運大爲節省。

三十年，辦事大臣伍彌泰具奏，查現在鐵廠每月計出生荒鐵四千八百斤，一年可得生荒鐵五萬七千餘斤，生熟鐵器均能鑄造。派游擊同知二員在廠總理。嗣後，改歸迪化州中營參將管理。

嘉慶十二年止，實存廠荒生鐵五十八萬五千八百四十斤三兩。

銅

伊犁山中產銅，設爐鼓鑄，錢名寶伊[1]，通行烏魯木齊、巴里坤等處；又南路例有運送伊犁銅斤。

阿克蘇有上銅廠、下銅廠兩處，鼓鑄普兒錢[2]，各回城行使，至托克遜止。

【注释】

〔1〕寶伊：清政府在新疆鑄造錢幣的銅錢局。乾隆四十年（1775），清朝開始在惠遠城開鑄銅錢，正面鑄漢文“乾隆通寶”，背面爲滿文“寶伊”，與南疆所鑄漢、滿、維三體文字的“紅錢”，即普爾錢相區別。咸豐五年（1855），伊犁發生動亂後。停止運作。

〔2〕普兒錢：也叫作普爾錢，舊時新疆通用的銅幣名稱。新疆原使用中亞細亞式的銅幣，用紅銅鑄造，每枚重二錢，每五十枚稱爲一騰格，每騰格

值銀一兩。維吾爾語"普爾"譯意爲錢，騰格譯意爲銀錢。乾隆二十四年
（1759）在阿克蘇設局將普爾錢改鑄爲方孔錢，正面書"乾隆通寶"，背面標
"阿克蘇"，左滿文，右維吾爾文，仍稱普爾。因仍係用紅銅所鑄，亦稱紅
錢。普爾錢是清政府在新疆地區因俗而治經濟政策的直接反映。

煤

迪化城附近廣産版炭煤之類也，白烟者爲上，黑烟者次之。又巴里坤北
亦有煤窑，軍民甚便。

玉

乾隆五十四年，封閉瑪納斯緑玉廠，禁止開采。

嘉慶四年奉上諭：葉爾羌、和闐等處出産玉石，向聽民間售買，并無例
禁明文。因①高樸[1]串通商販采買玉石案内始行定例，凡私赴新疆偷販采買
玉石，即照竊盜例計贓論罪。原非舊例所有，況仍有偷帶貨賣者。今查案内
因此拖累多人，朕心殊爲不忍。著照刑部議，嗣後取買新疆玉石，無論已未
成器，蓋免其罪。欽此！

瑪納斯城南一百餘里名清水泉，又西行一百餘里名後溝，又西行百餘里
名大溝，皆産緑玉。

【注釋】

〔1〕高樸（？—1778）：滿洲鑲黄旗人，乾隆皇帝的皇親。乾隆三十七
年（1772）擢都察院左都御史。四十一年，授葉爾羌辦事大臣。奏請開采密
爾岱山（今莎車縣境）玉石。四十三年，阿奇木伯克色提巴爾第告發高樸私
役民夫盜采盜賣官玉，婪索金寶。乾隆皇帝命烏什辦事大臣永貴嚴審。審理
屬實，查獲契銀一萬六千餘兩、金五百餘兩。治罪就地處斬。

---

① "因"，國圖抄本作"同"。

鹽

鹽池海子二處。鞏寧城南二十里至一百二十里，大小淖爾產鹽如晶，堆積岸上，不需熬淋，味甚佳。軍民取食甚便。

飛類

雕　　產哈薩克部者最佳，能搏小鹿、黃羊，狐兔不足論也。塔爾巴哈台、伊犁厄魯特多畜之，南路回部阿奇木等亦有畜雕回戶，以獵狐、黃羊等畜。又烏里雅蘇台、科布多等處產雕數種，有芝麻雕、虎斑雕、皂雕，其翮翎可爲箭羽。惟獵之以取其翎，其家不能畜也。

鷹　　南北路多畜之以搏雉兔。南北路俱有，往往弋取之。烏魯木齊亦取雛，家伏之。

鵲、黑雀　　善鳴，毛黑色，白點。

鴿　　灰、白、花三色。

雀、金翅　　似雀而小，黃翅，紅頭，善鳴。

鳩　　南北路俱有，惟回城最多。

烏、鴟梟　　葉爾羌、喀什噶爾最多。

燕　　南北路俱有。好結巢屋梁，伏雛亦以春社來秋社去。

野雞　　烏魯木齊一帶山中獵得者最肥美，例充貢。嘉慶十年春，奉旨停止呈進。

野鴨、半翅、沙雞　　灰色，似雞而小，似鴿而大，足有羽，如貓脚。

鷂　　似白鷹，南路多畜之。

斗雞　　烏魯木齊好畜之。

鵪鶉、雞、鴨　　南北俱有。

走類

馬　　產哈薩克部者爲上，所謂大宛馬也。南路回城多產赤色棗騮[①]，而青色者少。巴里坤東廠牧盛，濟木薩、奇台牧廠次之。

牛、騾、驢、駝　　俱無殊內地。

犬、豕、羊　　羊之肥者伊犁爲最，烏魯木齊暨南路各回城次之。

———————————

① "棗騮"，國圖抄本作"冬騮"。

野猪　英吉沙爾地方最多。

黃羊　南路草廠多獵取之。

鹿　伊犁圍場得者佳，烏魯木齊亦多易獲，南路回城皆有。

麚、兔、孤、猞猁猻　天山中廣有。

虎　伊犁、葉爾羌有之，他處不聞常有，無林木故也。

鼠　無處不有。

貓　家多畜之。

狼　天山中最多，成群傷馬。

木類

松　巴里坤松樹塘山陰老松遍滿山谷，又松樹皮可熬成膏，名松齡膏，治病。

胡桐　《本草》《西域傳》云：車師國多胡桐。注：胡桐似桐不似桑，故名胡桐。蟲食其樹而汁出下流者，俗名胡桐淚，其入土石成塊者，名胡桐鹼。今南路回疆處處有之。

楊、柳、榆、桃、杏、梨、毆朴、蘋婆、核桃、柏、娑羅樹　葉爾羌署內株最高大，他處無之。

果類

葡萄　種數最多，出西域者佳，又可以造酒。

石榴、桃、杏、梨　西域梨最佳，無渣。瓜有黃、綠、白瓤三色，西域回人最佳品。

庵摩羅果　似李又似桃，紫赤色，佛書云"庵摩羅"。無分曉也。

西瓜　烏魯木齊有白瓤者最甘，他瓜與內地同。

甜瓜

花類

罌粟、虞美人、蜀菊、杏、桃、鳳仙、江西臘、菊、鬼子茉莉、金盞、丁香、雞冠、狗尾花。

草類

吉集草、處處有之，可以爲箸，長者可織爲簾，細者可織爲凉帽胎。喀喇沙爾最佳。馬蘭草、蒲草、萱草。

穀類

稻、糯　瑪納斯水田稻米最佳，南路亦有種者。

麥　南北兩路俱盛。

糜、穀、黃豆、豌豆、芝麻、蕎、青稞、大麥、高粱、菜子。

蔬類

白菜、芥、菠菜、韭、葱、蒜、王瓜、茄、蘿葡、蔓菁、沙葱、山藥、蘑菇、菜瓜、芫荽、黃花。

魚類

白魚、細鱗魚、鯰魚、小鱘湟魚。　出塔爾巴哈台，細而長，味與湟魚同。

蟲類

螻蟻　葉爾羌最多，喀什噶爾次之。

蚊　喀喇沙爾最盛，阿克蘇次之。

蠅、蜂、蝶。

附　録

和寧傳記資料

　　和瑛，原名和寧，避宣宗諱改，字太庵，額勒德特氏，蒙古鑲黄旗人。乾隆三十六年進士，授户部主事，歷員外郎。出爲安徽太平知府，調潁州。五十二年，擢廬風道，歷四川按察使，安徽、四川、陝西布政使。五十八年，予副都統銜，充西藏辦事大臣。尋授内閣學士，仍留藏辦事。和瑛在藏八年，著《西藏賦》，博采地形、民俗、物産，自爲之注。嘉慶五年，召爲理藩院侍郎，歷工部、户部，出爲山東巡撫。七年，金鄉皂役之孫張敬禮冒考被控，知縣汪廷楷置不問，學政劉風誥以聞，下和瑛提鞫，誤聽濟南知府德生言誣斷，爲給事中汪鋪所糾。上以和瑛日事文墨，廢弛政務，即解職，命鋪從侍郎祖之望往按，得實，褫和瑛職，又以匿蝗灾事覺，譴戍烏魯木齊。尋予藍翎侍衛，充葉爾羌帮辦大臣，調喀什噶爾參贊大臣。九年，授理藩院侍郎，仍留邊任。疏言："喀什噶爾、英吉沙爾倉儲足供軍食，請减運伊犁布匹，改徵雜粮四千石，减價出糶，且請嗣後折收制錢，以免運費。"允之。劾喀喇沙爾歷任辦事大臣私以庫款貸與軍民，及土爾扈特、回子取息錢入己，降革治罪有差。十一年，召還京爲吏部侍郎，調倉場。未幾，復出爲烏魯木齊都統。十三年，塔爾巴哈台參贊大臣愛星阿欲調瑪納斯戍兵四百人番上屯田，和瑛謂瑪納斯處極邊，戍兵專事操防，不諳耕作，咨駁以聞，上韙之。
　　十四年，授陝甘總督。坐前在倉場失察盜米，降大理寺少卿。十六年，遷盛京刑部侍郎。復州、寧海、岫岩飢，將軍觀明以匿灾罷免，授和瑛爲將軍，廉得邊門章京塔清阿等承觀明意，諱灾不報，降革有差。尋以誤捕屯民張建謨爲盜，鍛煉成獄，刑部覆訊雪其冤，議革和瑛職，詔寬之，留任。調熱河都統，未上，召爲禮部尚書，調兵部。坐失察盛京宗室裕瑞强娶有夫民婦爲妾，降盛京副都統，遷熱河都統。二十一年，授工部尚書。命赴甘肅按倉庫虧缺，得總督先福徇庇及貪縱狀，治如律。二十二年，調兵部，加太子少保，歷禮部、兵部。二十三年，授軍機大臣、領侍衛内大臣，充上書房總諳達、文穎館總裁。逾一歲，調刑部，罷内直。道光元年，卒，贈太子太保，謚簡勤。

和瑛嫺習掌故，優於文學，著書多不傳。久任邊職，有惠政。後其子璧昌治回疆，回部猶歸心焉。璧昌自有傳。

《清史稿》卷三五三《和瑛傳》

和瑛，額勒德特氏，蒙古鑲黄旗人，乾隆三十六年進士。以主事用，分户部，洊升員外郎。四十七年，充張家口税務監督。四十九年，充理藩院内管監督。五十一年，京察一等，六月，授安徽太平府知府，十二月，調潁州府。五十二年，擢盧鳳道。五十三年，遷四川按察使。五十五年二月，擢安徽布政使，九月，調陝西布政使。五十八年，賞副都統銜，命赴西藏辦事，尋授内閣學士兼禮部侍郎，仍兼副都統。嘉慶五年七月，遷理藩院右侍郎，十月，兼正白旗蒙古副都統。六年正月，調工部右侍郎，四月，轉左侍郎兼正紅旗滿洲副都統。七月，調户部左侍郎，九月，調倉場侍郎。十月，授安徽巡撫，十一月，調山東巡撫。七年四月，金鄉縣生員李玉燦訐告皁役孫張敬禮冒考，知縣汪廷鍇置不究，經學正劉鳳誥奏參，命和瑛提訊，旋以委審官知府德生等徇情誣斷，和瑛并不提鞫，爲給事中汪鏞所劾。七月，命鏞偕刑部左侍郎祖之望往按之，敕和瑛來京候旨。八月，祖之望等奏德生等濫刑枉斷屬實，諭曰："和瑛身任巡撫，於特旨交審事件，并不親提研鞫，一聽承審之員偏袒徇私，任情誣枉，以株累鄉民紳士，酷暑濫刑，實不料和瑛如此負恩，著交部嚴加議處。"尋如部所議革職。先是，上以直隸蝗灾，恐延及東省，諭和瑛查奏，和瑛以濟寧等處間有飛蝗，不傷禾稼奏覆。至是，仍命之望詳勘。之望又查明濟南等府屬五十餘州縣均被蝗災。諭曰："封疆大吏於民瘼攸關。竟敢視同膜外，實屬辜恩溺職。和瑛前於金鄉縣卓孫冒考一案，并不遵旨提訊，其咎止於袒庇，至匿蝗不報，其罪更重，僅予罷斥不足蔽辜，著發往烏魯木齊效力贖罪。"十一月，賞藍翎侍衛，充葉爾羌幫辦大臣。八年，擢三等侍衛，調喀什噶爾參贊大臣。九年七月，賞三品頂帶，授理藩院右侍郎。九月，轉左侍郎，仍留喀什噶爾辦事。十二月，奏喀什噶爾、英吉沙爾倉儲租支官兵口粮，請將從前減運伊犁布匹改徵雜粮四千石，減價出糶，并請嗣後將此項粮石折收錢文，以免運費。如所請，行十年。十一月，查參喀喇沙爾歷任辦事大臣私借庫項放給官兵、商民及土爾扈特、回子，降革治罪有差。十二月，兼正紅旗漢軍副都統，十一年正月，召回京，調吏部右侍郎，鑲藍旗滿洲副都統。五月調倉場侍郎。十月，授烏魯木齊都統。十三年五月，因塔爾巴哈台參贊大臣愛星阿商調瑪納斯兵屯田，輪班更換。和瑛以瑪納斯官兵專事操防，不諳耕作，一經調換，必致技藝生疏，咨駁以聞。上韙之。十月，召回京。十四年正月，署陝甘總督，五月實授。六月，以前在倉場侍郎任內失察倉書，私出黑檔，盜領米石，降五品京堂。十五年，補大理寺少卿。十六年三月，擢盛京刑部侍郎。十一月，復州、寧海、岫岩等處被災。上以將軍觀明玩視民瘼，褫其職，調和瑛盛京將軍，籌辦賑恤。和瑛查劾邊門章京員外郎塔清阿等匿災不報，黜革有差。十七年，以宗室移居盛京，奏請建房屋，給地租，又以發遣宗室養贍不敷，請一律給賞。諭曰："所奏大屬非是，和瑛單開宗室恩福等八人，皆係緣事獲罪，發往盛京充當苦差及嚴加管束圈禁之人，至見擬移往盛京之宗室各戶，事同移徙駐防，并非有罪發遣。若如和瑛所奏，先將犯事發往之恩福等賞給房屋地租，則此後資遣之閑散宗室，竟與獲罪發遣之人毫無區別，殊乖政體。和瑛冒昧陳請，太不曉事，著傳旨申飭。"先是，山海關副都統額勒金布緝獲匪犯王立安，供與新民屯之張姓勾結滋事。十九年正月，和瑛誤拿屯民張建謨等刑求，誤認械送京師，經刑部雪其冤，部議革職。上加恩改爲留任。二月，調熱河都統，閏二月，召回京，遷禮部尚書兼鑲紅旗滿洲都統。三月，調兵部尚書。四月，以前在盛京將軍任內失察謫居盛京宗室裕瑞買有夫之婦爲妾，降盛京副都統。五月，遷熱河都統。二十一年七月調回京，授工部尚書兼正黃旗漢軍都統。九月，充翻譯鄉試正考官，賞紫禁城騎馬。十二月，甘肅西寧道陳啓文奏參西寧縣知縣楊毓錦等虧缺倉庫，總督先福徇隱不辦，命偕刑部左侍郎帥承瀛往按之，得實。并究出先福收受饋遺，均治罪如律。二十二年六月，調兵部尚書加太子少保銜。七月，調禮部尚書兼鑲藍旗滿洲都統。十一月，復調兵部尚書。二十三年二月，命在軍機大臣上行走。三月，上謁西陵，命留京辦事。五月，充文穎館總裁官。八月，充崇文門總監。九月，授正黃旗領侍衛內大臣、閱兵大臣。十月，充上書房總諳達。二十四年正月，調刑部尚書，罷軍機大臣任。二十五年正月，諭曰："尚書和瑛年已八旬，著於本管部旗直日之期照常來園，其餘加班、奏事、引見之日，俱不比來園，用示朕優養耆年至意。"三月，上謁東陵，命留京辦事，以兵部遺失行在印，命同莊親王綿課等嚴行查究。四月，授內大臣，充翻譯鄉試正考官。尋以承審失印，久無確供，降二品頂帶，褫花翎，旋以訊明復原職及花翎。道光元年卒，諭曰："刑部尚書和瑛服官五十餘年，扶綏封圻，內擢正卿。總理部務，老成勤慎。宣力三朝，驟聞溘逝，沈煒軫惜，著加恩贈太子太保。其任內降罰處分，悉予開復，所有應得恤典，該衙門查例具奏。"尋賜祭葬，予諡簡勤。子慶清，三等侍衛；奎昌，山東登萊青道；壁昌，內大臣。孫恒福，大理寺卿。

右國史館本傳。

（清）李桓《國朝耆獻類徵初編》卷一〇〇

和寧，字太庵，後更名和瑛。額爾德特氏，_{爾，一作勒。}隸蒙古鑲黃旗。乾隆辛卯進士。五十一年，由户部員外郎授安徽太平府知府，歷官至盛京將軍、刑部尚書。道光元年卒，諡簡勤。奉使衛藏及西域前後凡十二年。著有《讀易彙參》《三州輯略》《易簡齋詩鈔》。

（清）盛昱《八旗文經》卷五八

參考文獻

（漢）司馬遷：《史記》，中華書局 1959 年版。

（漢）班固：《漢書》，中華書局 1962 年版。

（晉）陳壽：《三國志》，中華書局 1982 年版。

（唐）魏徵等：《隋書》，中華書局 1973 年版。

（後晉）劉昫等：《舊唐書》，中華書局 1975 年版。

（宋）歐陽修等：《新唐書》，中華書局 1975 年版。

（元）脫脫等：《宋史》，中華書局 1977 年版。

（清）盛昱、楊鍾義著，馬甫生等標校：《八旗文經》，遼沈書社 1988 年版。

（清）李桓：《國朝耆獻類徵初編》，民族圖書館整理 1984 年版。

（清）王樹枏等纂修，朱玉麒等整理：《新疆圖志》，上海古籍出版社 2017 年版。

（清）和寧撰，孫文傑整理：《回疆通志》，中華書局 2018 年版。

（清）和寧：《三州輯略》，載《中國西北文獻叢書》二編，線裝書局 2006 年影印版。

（清）和寧：《三州輯略》，臺北成文書局 1968 年影印本。

（清）和寧：《三州輯略》，國家圖書館藏刻本。

（清）和寧：《三州輯略》，國家圖書館藏抄本。

（清）嚴可均校輯：《全上古三代秦漢三國六朝文》，清光緒二十年（1894）刻本。

（清）紀昀：《閱微草堂筆記》，天津市古籍書店 1988 年據民國初年中華圖書館石印本影印本。

《大清歷朝實録》，中華書局 2012 年版。

趙爾巽等：《清史稿》，中華書局 1998 年版。

周紹良主編：《全唐文新編》，吉林文史出版社 2000 年版。

《古籍校勘釋例》，《書品》1991 年第 4 期，又載《古籍整理出版情況簡報》2000 年第 10、11 期。

政協巴里坤哈薩克自治縣委員會文史資料編輯委員會編：《巴里坤文史資料》第 4 輯《古迹》，2007 年版。

王希隆：《新疆文獻四種輯注考述》，甘肅文化出版社 1995 年版。

孫文傑整理：《回疆通志》，中華書局 2018 年版。

責任編輯:邵永忠

封面設計:胡欣欣

圖書在版編目(CIP)數據

《三州輯略》校注/(清)和寧 撰;牛海楨 校注. —北京:人民出版社,2024.6

ISBN 978-7-01-026533-9

Ⅰ.①三… Ⅱ.①和…②牛… Ⅲ.①烏魯木齊-地方史-清代②哈密地區-
地方史-清代③吐魯番地區-地方史-清代 Ⅳ.①K294.5

中國國家版本館 CIP 數據核字(2024)第 104545 號

《三州輯略》校注

SANZHOUJILÜE JIAOZHU

(清)和寧 撰;牛海楨 校注

人民出版社 出版發行

(100706 北京市东城区隆福寺街 99 号)

北京中科印刷有限公司印刷 新華書店經銷

2024 年 6 月第 1 版 2024 年 6 月北京第 1 次印刷

開本:710 毫米×1000 毫米 1/16 印張:32.75 字數:540 千字

ISBN 978-7-01-026533-9 定價:130.00 元

郵購地址 100706 北京市東城區隆福寺街 99 號

人民東方圖書銷售中心 電話 (010)65250042 65289539

版權所有 侵權必究

凡購買本社圖書,如有印製質量問題,我社負責調換。

服務電話:(010)65250042